요한복음

ESV 성경 해설 주석

편집자 주

- 성경의 문단과 절 구분은 ESV 성경의 구분을 기준하였습니다.
- 본문의 성경은 《성경전서 개역개정판》과 ESV 역을 주로 사용하였습니다.

ESV *Expository Commentary*: *John*

Originally published as *ESV Expository Commentary,* Volume 9: *John-Acts*
Published by Crossway
a publishing ministry of Good News Publishers
Wheaton, Illinois 60187, U.S.A.

ESV EXPOSITORY COMMENTARY

요한복음

ESV 성경 해설 주석

제임스 해밀턴 지음
이언 두기드·제이 스클라·제임스 해밀턴 편집
박문재 옮김

국제제자훈련원

추천의 글

성경은 하나님의 생명의 맥박이다. 성경은 사망에서 생명으로 옮겨 주는 생명의 책이다. 성경은 하나님의 창조와 구원 디자인에 따라 삶을 풍요롭게 하는 생활의 책이다. 성경을 바로 이해하고 적용해서 그대로 살면 우선 내가 살고 또 남을 살릴 수 있다. '하나님의 생기'가 약동하는 성경을 바로 강해하면 성령을 통한 생명과 생활의 변화가 분출된다. 이번에 〈ESV 성경 해설 주석〉 시리즈가 나왔다. 미국 필라델피아 웨스트민스터신학교의 이언 두기드 교수와 남침례교신학교의 제임스 해밀턴 교수와 커버넌트신학교의 제이 스클라 교수 등이 편집했다. 학문이 뛰어나고 경험이 많은 신세대 목회자/신학자들이 대거 주석 집필에 동참했다. 일단 개혁주의 성경신학 교수들이 편집한 주석으로 신학적으로 건전하다. 〈ESV 성경 해설 주석〉은 또한 목회와 신앙생활 전반에 소중한 자료다. 성경 내용을 총체적으로 이해하고 적용한 주석으로 읽고 사용하기가 쉽게 되어 있다. 성경 각 권의 개요와 주제와 저자와 집필 연대, 문학 형태, 성경 전체와의 관계, 해석적 도전 등을 서론으로 정리한 후 구절마다 충실하게 주석해 두었다. 정금보다 더 값지고 꿀보다 더 달고 태양보다 더 밝은 성경 말씀을 개혁주의 성경 해석의 원리에 따라 탁월하게 해석하고 적용한 〈ESV 성경 해설 주석〉이 지구촌 각 교회 지도자들과 성도들에게 널리 읽혀서 생명과 생활의 변화를 통해 하나님의 영광이 극대화되기 바란다.

권성수 | 대구 동신교회 담임목사

〈ESV 성경 해설 주석〉은 미국의 건전한 개혁주의 전통에 서 있는 젊고 탁월한 학자들을 중심으로 집필된 해설 주석이다. 이 책은 매우 읽기 쉬운 주석임에도 세세한 부분까지 놓치지 않고 해설을 집필해 놓았다. 성경 전체를 아우르는 신학적 큰 그림을 견지하면서도 난제는 간결하고 핵심을 찌르듯 해설하고 있다. 목회자들이나 성경을 연구하는 이들은 이 주석을 통해 성경 기자의 의도를 쉽게 파악하여 설교와 삶의 적용에 적절하게 활용할 수 있을 것이다.

김성수 | 고려신학대학원 구약학 교수

ESV 성경은 복음주의 학자들이 원문에 충실하게 현대 언어로 번역한다는 원칙으로 2001년에 출간된 성경이다. ESV 번역을 기초로 한 이 해설 주석은 성경 본문의 역사적 의미를 밝힘으로써 독자로 하여금 하나님의 영감된 메시지를 발견하도록 도울 목적으로 기획되었다. 각 저자는 본문에 대한 학문적 논의에 근거하여 일반 독자가 이해하고 적용할 수 있도록 충실하게 안내하고 있다. 또한 성경 각 권에 대한 서론은 저자와 본문을 이해하는 데 큰 도움을 준다. 이 주석은 말씀을 사모하는 모든 사람들, 특별히 말씀을 선포하고 가르치는 책임을 맡은 이들에게 신뢰할 만하고 사용하기에 유익한 안내서다.

김영봉 | 와싱톤사귐의교회 담임목사

제임스 해밀턴의 〈ESV 성경 해설 주석〉은 성경 해석의 정확성, 명료성, 간결성, 통합성을 두루 갖춘 '건실한 주석'이다. 저자는 단단한 문법적 분석의 토대 위에 요한의 문학적 테크닉을 따라 복음 스토리의 흐름을 잘 따라가며, 구약 본문과의 연관성 속에서 견고한 성경신학적 함의를 제시한다. 요한복음에 관심 있는 일반 독자들은 요한이 만난 예수님에 대한 최신 해석들을 접할 수 있으며, 설교자들은 영적 묵상과 현대적 적용에 통찰을 얻을 수 있을 것이다.

김정우 | 총신대학교 명예교수, 한국신학정보연구원 원장

〈ESV 성경 해설 주석〉은 목회자이면서 동시에 상담적인 영성을 가진 저자의 특징이 잘 드러난 책이다. 요한복음은 평범하지만 심오하여 독자의 수준에 맞게 자신을 계시하시는 하나님의 사랑을 증언한다. 〈ESV 성경 해설 주석〉은 단락 개요, 주석 그리고 응답의 구조로 전개되기 때문에 독자는 요한복음의 말씀들을 독자 자신의 영적 형편에 적합하게 적용할 수 있다. 특히 절 단위의 분절적인 주석이 아니라 각 단락을 하나의 이야기로 묶어 해석하기 때문에 본서는 요한복음이라는 전체 숲을 파

악하는 데 더없이 유익하다. 목회자, 성경 교사, 그리고 성경 애호적인 평신도들에게 추천할 만하다.

김회권 | 숭실대학교 기독교학과 구약신학 교수

성경 주석의 가장 중요한 사명은 하나님의 말씀을 바르게 해석하고 오늘날 청중에게 유익하게 적용할 수 있도록 안내하는 일이다. 〈ESV 성경 해설 주석〉은 목회자와 성도 모두에게 성경에 새겨진 하나님의 마음을 읽게 함으로 진리의 샘물을 마시게 할 뿐 아니라 하나님을 더욱 사랑하는 마음을 불러일으킨다. 성경과 함께 〈ESV 성경 해설 주석〉을 곁에 두라. 목회자는 강단에 생명력 있는 설교에 도움을 얻을 것이고 일반 독자는 말씀을 더 깊이 깨닫는 기쁨을 누릴 것이다.

류응렬 | 와싱톤중앙장로교회 담임목사, 고든콘웰신학교 객원교수

주석들의 주석이 아니라 성경을 섬기는 주석을, 학자들만의 유희의 공간이 아니라 현장을 섬기는 주석을, 역사적 의미만이 아니라 역사 속의 의미와 오늘 여기를 향하는 의미를 고민하는 주석을, 기발함보다는 기본에 충실한 주석을 보고 싶었다. 그래서 책장 속에 진열되는 주석이 아니라 책상 위에 있어 늘 손이 가는 주석을 기다렸다. 학문성을 갖추면서도 말씀의 능력을 믿으며 쓰고, 은혜를 갈망하며 쓰고, 교회를 염두에 두고 쓴 주석을 기대했다. 〈ESV 성경 해설 주석〉은 나를 성경으로 돌아가게 하고 그 성경으로 설교하고 싶게 한다. 내가 가진 다른 주석들을 대체하지 않으면서도 가장 먼저 찾게 할 만큼 탄탄하고 적실하다. 현학과 현란을 내려놓고 수수하고 담백하게 성경 본문을 도드라지게 한다.

박대영 | 광주소명교회 책임목사, 《묵상과 설교》 편집장

또 하나의 주석을 접하며 무엇이 특별한가 하는 질문부터 하게 된다. 먼저 디테일하고 전문적인 주석과 학문적인 논의의 지루함을 면케 해주면서도 성경 본문의 흐름과 의미 그리고 중요한 주제의 핵심을 잘 파악하게 해 준다는 점을 들 수 있다. 그래서 분주한 사역과 삶으로 쫓기는 이들의 시간과 에너지를 절약해 준다는 이점이 있다. 또한 본문에 대한 충실한 해석뿐 아니라 그 적용까지 이끌어낼 수 있도록 돕는다는 점이 유익하다. 더불어 가독성이 뛰어나다는 점에서 설교를 준비하는 이들뿐 아니라 성경을 바로 이해하기 원하는 모든 교인들에게 적합한 주석이다.

박영돈 | 작은목자들교회 담임목사, 고려신학대학원 교의학 명예교수

설교자가 갖는 가장 큰 고민은 성경에서 그 질문과 답을 찾아가는 것이다. 성경이 질문하고 성경이 답변하게 하는 방법론을 찾는 것이 이 시대에 성경을 연구하거나 가르치거나 설교하는 이들의 가장 큰 난제라고 할 수 있다. 그동안 접했던 많은 성경 주석서들의 내용이 너무 간략하든지, 또 지나치게 방대했다면 〈ESV 성경 해설 주석〉은 이 시대의 목회자들뿐만 아니라 진리를 갈망하는 모든 신자들, 특히 제자 훈련을 경험하는 모든 동역자들에게 매우 신선하고 깊이 있는 영감을 공급하는 주석이라서 이에 적극 추천해 드리고 싶다. 첫째, 매우 간결하면서도 담백한 깊이가 있는 해석을 담고 있다. 둘째, 영어 성경과 대조해서 본문을 폭넓게 이해할 수 있다. 셋째, 성경 원어(헬라어) 이해를 돕기 위한 세심한 배려는 목회자뿐만 아니라 성경의 깊이를 탐구하는 모든 신앙인들에게도 큰 유익을 준다. 넷째, 이 한 권으로 충분할 수 있다. 성경이 말하기를 갈망하는 목회자의 서재뿐만 아니라 말씀을 사랑하는 모든 신앙인들의 거실과 믿음 안에서 자라나는 다음 세대의 공부방들도 〈ESV 성경 해설 주석〉이 선물하는 그 풍성한 말씀의 보고(寶庫)가 되기를 염원한다.

박정식 | 은혜의교회 담임목사

〈ESV 성경 해설 주석〉는 성경 본문을 통해 저자가 드러내기 원하는 사고의 흐름을 따라가면서 예수님을 중심으로 하는 구원계시사적 관점에서 친절히 해설한다. 《ESV 스터디 바이블》의 묘미를 맛본 분이라면, 이번 〈ESV 성경 해설 주석〉을 통해 복음에 충실한 개혁주의 해설 주석의 간명하고도 풍성한 진미를 기대해도 좋다. 설교자는 물론 성경을 진지하게 읽음으로 복음의 유익을 얻기 원하는 모든 크리스천에게 독자 친화적이며 목회 적용적인 이 주석 시리즈를 기쁘게 추천한다.

송영목 | 고신대학교 신학과 신약학 교수

일반 성도들이 성경을 읽을 때 곁에 두고 참고할 만한 자료가 의외로 많지 않다. 그런 점에서 〈ESV 성경 해설 주석〉이 한국에 소개되는 것을 매우 기쁘게 생각한다. 학술적이지 않으면서도 깊이가 있는 성경 강해를 명료하게 담아내고 있기 때문이다. 성경을 바르고 분명하게 이해하려는 모든 성도들에게 큰 도움이 되리라 확신하며 추천한다.

송태근 | 삼일교회 담임목사, Orthotomeo 아카데미 대표

본 시리즈는 장황한 문법적 · 구문론적 논의는 피하고 본문의 흐름을 따라 단락별로 본문의 핵심을 파악할 수 있도록 도와주는 매우 간결하고 효율적인 주석 시리즈다. 본 시리즈는 석의 과정에서 성경신학적으로 건전한 관점을 지향하면서도, 각 책

의 고유한 신학적 특성을 드러내 보여주는 것도 소홀히 하지 않는다. 특히 본 시리즈는 목회자들이 설교를 준비할 때 본문 이해의 시발점으로 사용하기에 적절하며, 평신도들이 읽기에도 과히 어렵지 않은 독자 친화적 주석이다. 본 시리즈는 성경을 연구하는 모든 이들에게 매우 요긴한 동반자가 될 것이다.

양용의 | 에스라성경대학원대학교 신약학 교수

메시아적 시각을 평신도의 눈높이로 풀어낸 주석이다. 주석은 그저 어려운 책이라는 편견을 깨뜨리고 성경을 사랑하는 모든 이의 가슴 속으로 살갑게 파고든다. 좋은 책은 평생의 친구처럼 이야기를 듣고 들려주면서 함께 호흡한다는 점에서 〈ESV 성경 해설 주석〉은 가히 독보적이다. 깊이에서는 신학적이요, 통찰에서는 목회적이며, 영감에서는 말씀에 갈급한 모든 이들에게 열린 책이라고 할 수 있다. 서사적 구조와 시의 적절한 비유적 서술은 누구라도 마음의 빗장을 해제하고, 침실의 머리맡에 두면서 읽어도 좋을 만큼 영혼의 위로를 주면서도, 말씀이 주는 은혜로 새벽녘까지 심령을 사로잡을 것으로 믿는다. 비대면의 일상화 속에서 말씀을 가까이하는 모든 이들이 재산을 팔아 진주가 묻힌 밭을 사는 심정으로 사서 평생의 반려자처럼 품어야 할 책이다.

오정현 | 사랑의교회 담임목사, SaRang Global Academy 총장

〈ESV 성경 해설 주석〉은 내용이 충실하여 활용성이 높고, 문체와 편집이 돋보여 생동감을 주기에 충분하다. 이와 함께 본문의 의미를 최대한 살려내는 심오한 해석은 기존의 우수한 주석들과 어깨를 나란히 할 만큼 정교하다. 또한 본 시리즈는 성경 각 권을 주석함과 동시에 성경 전체를 관통하는 그리스도 중심의 구속사적 관점을 생생하게 적용함으로써 탁월함을 보인다. 설교자와 성경 연구자에게는 본문에 대한 알찬 주석을 제공한다는 차원에서 오아시스와 같고, 실용적인 주석을 기다려온 평신도들에게는 설명이 뛰어나다는 점에서 가장 이상적인 해설서로 적극 추천한다.

윤철원 | 서울신학대학원 신약학 교수, 한국신약학회 회장

설교자들에게는 언제나 신학적 탄탄한 토대를 갖추면서도 성경신학적인 주석서의 목마름이 늘 있다. 너무 학문적으로 치우쳐 있으면 부담스럽고, 충실한 석의 과정이 없는 가벼운 주석서는 무엇인가 아쉬움을 느낄 때가 있다. 〈ESV 성경 해설 주석〉은 깊이 있는 주해 작업은 물론 적용에 이르기까지 여러 면에서 균형을 고루 갖춘 해설 주석서로 한국 교회 강단을 풍성하게 해줄 역작으로 기대가 된다.

이규현 | 수영로교회 담임목사

ESV 성경은 원문을 최대한 살려서 가장 최근에 현대 영어로 번역한 성경이다. 100여 명의 대표적인 복음주의 학자와 목회자들로 구성된 팀이 만든 ESV 성경은 '단어의 정확성'과 문학적 우수성뿐만 아니라 그 의미를 깊이 있게 드러내는 영어 성경이다. 2001년에 출간된 이후 교회 지도자들과 수많은 교파와 기독교 단체에서 널리 사용되었고, 현재 전 세계 수백만의 그리스도인들이 사용하고 있다. 〈ESV 성경 해설 주석〉은 무엇보다 개관, 개요, 주석이 명료하고 탁월하다. 포스트 모던 시대에도 진지한 강해설교를 고민하는 모든 목회자들과 성경공부 인도자들에게 마음을 다하여 추천하고 싶다. 이 책을 손에 잡은 모든 이들은 손에 하늘의 보물을 잡은 감사를 느끼게 될 것이다.

이동원 | 지구촌교회 원로목사, 지구촌 목회리더십센터 대표

〈ESV 성경 해설 주석〉은 '성경'을 '말씀'으로 대하는 신중함과 경건함이 부드럽지만 강렬하게 느껴지는 저술이다. 본문의 흐름과 배경을 알기 쉽게 보여주면서 본문의 핵심을 명확하게 제시하는 묘한 힘을 가지고 있다. 연구와 통찰이 질서 있고 조화롭게 제공되고 있어, 본문을 보는 안목을 깊게 해 주고, 말씀을 받아들이는 마음을 곧추세우게 해 준다. 주석서에서 기대하는 바가 한꺼번에 채워지는 느낌이다. 설교를 준비하는 목회자, 성경을 연구하는 신학생, 말씀으로 하나님을 만나려는 성도 모두에게 단비 같은 주석이다.

이진섭 | 에스라성경대학원대학교 신약학 교수

ESV 성경 간행에 이은 〈ESV 성경 해설 주석〉의 발간은 이 땅을 살아가는 '말씀의 사역자'들은 물론, 모든 '한 책의 백성'들에게 주어진 이중의 선물이다. 본서는 구속사에 대한 거시적 시각과 각 구절에 대한 미시적 통찰, 학자들을 위한 학술적 깊이와 설교자들을 위한 주해적 풀이, 그리고 본문에 대한 탁월한 설명과 현장에 대한 감동적인 적용을 다 아우르고 있는 성경의 '끝장 주석'이라 할 만하다.

전광식 | 고신대학교 신학과, 전 고신대학교 총장

〈ESV 성경 해설 주석〉은 처음부터 그 목적을 분명히 하고 집필되었다. 자기 스스로 경건에 이르도록 성장하기 위해서, 또 다른 사람들을 가르치기 위해서, 성경을 진지하게 연구하는 모든 사람들에게 도움을 주기 위해서라고 밝히고 있다. 목사들에게는 목회에 유익한 주석이요, 성도들에게는 적용을 돕는 주석이다. 또 누구에게나 따뜻한 감동을 안겨주는, 그리하여 주석도 은혜가 된다는 것을 새삼 확인할 것이다.

학적인 주석을 의도하지 않았지만, 이 주석의 구성도 주목할 만하다. 한글과 영어로 된 본문, 단락 개관, 개요, 주해, 응답으로 구성되어 있다. 만약 신구약 한 질의 주석을 곁에 두길 원하는 성도라면, 〈ESV 성경 해설 주석〉 시리즈는 틀림없이 실망시키지 아니할 것이라고 확신한다.

정근두 | 울산교회 원로목사

말씀을 깊이 연구하는 일부의 사람들에게는 원어 주해가 도움이 되겠지만, 강단에서는 설교자들에게는 오히려 해설 주석이 더 요긴하다. 〈ESV 성경 해설 주석〉은 본문 해설에 있어 정통 신학, 폭넓은 정보, 목회적 활용성, 그리고 적용에 초점을 두었다. 이 책은 한마디로 설교자를 위한 책이다. 헬라어나 히브리어에 능숙하지 않아도 친숙하게 성경 본문을 연구할 수 있다는 점에서 주변 목회자들에게 적극적으로 추천하고 싶다. 목회자가 아닌 일반 성도들도 깊고 풍성한 말씀에 대한 갈증이 있다면, 본 주석 시리즈를 참고할 것을 강력하게 권하고 싶다.

정성욱 | 덴버신학교 조직신학 교수

입고 있는 옷이 있어도 새 옷이 필요할 때가 있다. 기존의 것이 낡아서라기보다는 신상품의 맞춤식 매력이 탁월하기 때문이다. 〈ESV 성경 해설 주석〉 시리즈는 분주한 오늘의 목회자와 신학생뿐 아니라 성경교사 및 일반 그리스도인의 허기지고 목마른 영성의 시냇가에 심기게 될 각종 푸르른 실과나무이자 물 댄 동산과도 같다. 실력으로 검증받은 젊은 저자들은 개혁/복음주의 신학과 신앙의 깊은 닻을 내리고, 성경 각 권의 구조와 문맥의 틀 안에서 저자의 의도를 핵심적으로 포착하여 침침했던 본문에 빛을 던져준다. 아울러 구속사적 관점 아래 그리스도 중심적 의미와 교회-설교-실천적 적용의 돛을 바라보게 함으로써 본문의 지평을 가일층 활짝 열어준다. 한글/영어 대역으로 성경 본문이 제공된다는 점은 한국인 독자만이 누리는 보너스이리라. "좋은 주석은 두텁고 어렵지 않을까"라는 우려를 씻어주듯 이 시리즈 주석서는 적절한 분량으로 구성된 '착한 성경 해설서'라 불리는 데 손색이 없다. 한국 교회 성도의 말씀 묵상, 신학생의 성경 경외, 목회자의 바른 설교를 업그레이드하는 데 〈ESV 성경 해설 주석〉 시리즈만큼 각 사람에게 골고루 영향을 끼칠 주석은 찾기 어려울 듯싶다. 기쁨과 확신 가운데 추천할 수 있는 이유다.

허주 | 아세아연합신학대학교 신약학 교수, 한국복음주의신약학회 회장

〈ESV 성경 해설 주석〉은 정확무오한 하나님의 말씀을 전하는 설교자와 전도자들에게 훌륭한 참고서다. 성경적으로 건전하고 신학적으로 충실할 뿐 아니라 목회 현장에 실질적인 도움이 된다. 나 또한 나의 설교와 가르침의 사역에 활용할 수 있기를 고대한다.

대니얼 에이킨(Daniel L. Akin) | 사우스이스턴침례신학교 총장

하나님은 그의 아들에 대해 아는 것으로 모든 열방을 축복하시려는 영원하고 세계적인 계획을 그의 말씀을 통해 드러내신다. 이 주석이 출간되어 교회들이 활용할 수 있게 된 것만으로 행복하고, 성경에 대한 명확한 해설로 말미암아 충실하게 이해할 수 있게 해 준 것은 열방에 대한 축복이다. 물이 바다를 덮음 같이 하나님의 영광에 대한 지식이 온 땅에 충만해지는데 이 주석이 사용되길 바란다.

이언 추(Ian Chew) | 목사, 싱가포르 케이포로드침례교회

〈ESV 성경 해설 주석〉은 탁월한 성경 해설과 깊이 있는 성경신학에 바탕한 보물 같은 주석이다. 수준 높은 학구적 자료를 찾는 독자들뿐만 아니라 읽기 쉽고 이해하기 쉽도록 잘 정리된 주석을 원하는 사람들에게도 적합하다. 목회자, 성경교사, 신학생들에게 이 귀한 주석이 큰 도움이 되고 믿을 수 있는 길잡이가 되리라 확신한다.

데이비드 도커리(David S. Dockery) | 사우스이스턴침례신학교 석좌교수

대단한 주석! 성경을 배우는 모든 학생들에게 도움이 될 수 있도록 최고 수준의 학자들이 성경의 정수를 정리하여 접근성을 높여서 빠르게 참고하기에 이상적인 주석이다. 나 또한 설교 준비와 성경 연구에 자주 참고하고 있다.

아지스 페르난도(Ajith Fernando) | 스리랑카 YFC 교육이사, *Discipling in a Multicultural World* 저자

〈ESV 성경 해설 주석〉은 성경교사들의 기초 자료로서 활용성 높은 최고의 주석 중 하나다. 일반 독자들도 쉽게 이해할 수 있는 동시에 강해설교가들에게 충분한 배움을 제공한다. 이 주석 시리즈는 성경을 제대로 배우고자 하는 전 세계 신학생들에게도 표준 참고서가 될 것이다.

필립 라이켄(Philip Graham Ryken) | 휘튼칼리지 총장

〈ESV 성경 해설 주석〉에 대하여

성경은 생명으로 맥동한다. 성령은 믿음으로 성경을 읽고 소화해서 말씀대로 살아가는 사람들에게 맥동하는 생명력을 전해 준다. 하나님이 성경 안에 자신을 계시하셨기 때문에 성경은 꿀보다 달고 금보다 귀하며, 모든 부(富)보다 가치 있다. 주님은 온 세상을 위해 생명의 말씀인 성경을 자신의 교회에 맡기셨다.

또한 주님은 교회에 교사들을 세우셔서 하나님의 말씀이 무엇을 의미하는지를 설명해 주고 각 세대에 어떻게 적용해야 하는지를 분명하게 보여주도록 하셨다. 우리는 이 주석이 하나님의 말씀을 진지하게 공부하는 모든 사람들, 즉 다른 사람들에게 가르치기 위해 성경을 연구하는 사람들과 스스로 경건에 이르도록 성장하기 위해 성경을 공부하는 사람들에게 큰 유익을 주길 기도한다. 우리의 목표는 성경 본문을 그리스도 중심적으로 명료하고 뚜렷하게 설명하는 것이다. 모든 성경은 그리스도에 대해 말하고 있으며(눅 24:27), 우리는 성경의 각 책이 우리가 "예수 그리스도의 얼굴에 있는 하나님의 영광을 아는 빛"(고후 4:6)을 보도록 어떻게 돕고 있는지 알려주길 원한다. 그런 목표를 이루고자 이 주석 시리즈를 집필하는 저자들에게 다음과 같은 원칙을 제시했다.

- 올바른 석의를 토대로 한 주석 성경 본문에 나타나 있는 사고의 흐름과 추론 방식을 충실하게 따를 것.
- 철저하게 성경신학적인 주석 성경은 다양한 내용들을 다루지만, 그리스도 안에서 완성된 구속이라는 단일한 주제를 말하고 있다는 점에서 성경 전체를 하나의 통일된 관점으로 볼 수 있게 할 것.
- 전 세계를 대상으로 한 주석 성경과 신학적으로 신뢰할 만한 자료들을 가능한 한 많은 사람들에게 공급하겠다는 크로스웨이(Crossway)의 선교 목적에 맞게 전 세계 독자들이 공감하고 필요로 하는 주석으로 집필할 것.
- 폭넓은 개혁주의 주석 종교개혁의 역사적 흐름 안에서 오직 은혜와 오직 믿음으로 말미암아 오직 그리스도 안에서 오직 성경의 가르침을 따라 오직 하나님의 영광을 위한 구원을 천명하고, 큰 죄인에게 큰 은혜를 베푸신 크신 하나님을 높일 것.
- 교리 친화적인 주석 신학적 담론도 중요하므로 역사적 또는 오늘날 신학적으로 중요한 문제들과 성경 본문에 대한 주석을 서로 연결하여 적절하고 함축성 있게 다룰 것.
- 목회에 유익한 주석 문법적이거나 구문론적인 긴 논쟁을 피하고, 하나님을 경외하는 마음으로 '성경 본문 아래 앉아' 경청하게 할 것.
- 적용을 염두에 둔 주석 오늘날 서구권은 물론이고 그 밖의 다른 세계에서 살아가는 사람들이 처한 상황과 성경 본문이 어떻게 연결되는지를 간결하면서도 일관되게 제시할 것(이 주석은 전 세계 다양한 상황 가운데 살아가는 사람들을 대상으로 하기 때문에).
- 간결하면서도 핵심을 찌르는 주석 성경에 나오는 단어들을 일일이 분석하는 대신, 본문의 흐름을 짚어내서 간결한 언어로 생동감 있게 강해할 것.

이 주석서에서 기본적으로 사용한 영역 성경은 ESV이지만, 집필자들에게 원어 성경을 참조해서 강해와 주석의 집필하도록 요청했다. 또한 무조건 ESV 성경 번역자들의 결해(結解)를 따르라고 요구하지도 않았다.

인간이 세운 문명은 시간이 흐르면 무너져서 폐허가 되지만, 하나님의 말씀은 영원히 서 있다. 우리 또한 바로 그 말씀 위에 서 있다. 성경의 위대한 진리들은 시간과 공간을 뛰어넘어 말하고, 우리의 목표는 전 세계적으로 적용될 수 있는 방식으로 그 진리들을 전하는 것이다.

하나님께서 자신의 말씀을 연구하는 일에 복을 주시고, 그 말씀을 강해하고 설명하려는 이 시도에 흡족해 하시기를 기도한다.

차례

약어표

참고 자료 |

BDAG	Bauer W., F. W. Danker, W. F. Arndt, and F. W. Gingrich. A Greek-English Lexicon of the New Testament and Other Early Christian Literature. 3rd ed. Chicago: University of Chicago Press, 1999.
BECNT	Baker Exegetical Commentary on the New Testament
LCL	Loeb Classical Library
NAC	New American Commentary
NIVAC	NIV Application Commentary
NSBT	New Studies in Biblical Theology
PNTC	Pillar New Testament Commentary
SBJT	Southern Baptist Journal of Theology
TynBul	Tyndale Bulletin
TNTC	Tyndale New Testament Commentaries
WTJ	Westminster Theological Journal
ZECNT	Zondervan Exegetical Commentary on the New Testament

성경 |

구약 ▶

창	창세기
출	출애굽기
레	레위기
민	민수기
신	신명기
수	여호수아
삿	사사기
룻	룻기
삼상	사무엘상
삼하	사무엘하
왕상	열왕기상
왕하	열왕기하
대상	역대상
대하	역대하
스	에스라
느	느헤미야
에	에스더
욥	욥기
시	시편
잠	잠언
전	전도서
아	아가
사	이사야
렘	예레미야
애	예레미야애가
겔	에스겔
단	다니엘
호	호세아
욜	요엘
암	아모스
옵	오바댜
욘	요나
미	미가
나	나훔
합	하박국
습	스바냐
학	학개
슥	스가랴
말	말라기

신약 ▶

마	마태복음
막	마가복음
눅	누가복음
요	요한복음
행	사도행전
롬	로마서
고전	고린도전서
고후	고린도후서
갈	갈라디아서
엡	에베소서
빌	빌립보서
골	골로새서
살전	데살로니가전서
살후	데살로니가후서
딤전	디모데전서
딤후	디모데후서
딛	디도서
몬	빌레몬서
히	히브리서
약	야고보서
벧전	베드로전서
벧후	베드로후서
요일	요한일서
요이	요한이서
요삼	요한삼서
유	유다서
계	요한계시록

ESV Expository Commentary

John

요한복음 서론

개관

마가복음은 세례 요한으로 시작한다. 누가는 복음서의 출발 시점을 세례 요한의 부모까지 끌어올린다. 또 마태복음 서두의 족보는 아브라함에서 시작해 예수님의 출생에서 끝난다. 요한복음의 첫 문장은 훨씬 더 과거로 끌어올려서 '태초'에 대한 언급으로 시작된다. "태초에"(1:1)라는 단어는 창세기를 시작하는 단어들과 천지창조에 관한 기사를 상기시킨다.

요한은 장엄한 도입부(1:1-18)를 끝낸 후, 예수님의 공생애 사역이 시작되고 나서 아주 중요한 4일에 관해 들려준다(1:19-51). 그런 다음 가나에서 시작되고 끝나는 두 사건을 앞뒤로 배치하여 틀로 삼고 중간에 예루살렘을 왕복하신 예수님의 여정을 삽입한다. 그러고 나서 그동안 벌어진 일련의 사건들 속에서 예수님이 말씀하시고 행하신 것들을 제시한다(2:1-4:54). 5-12장의 이야기들은 이스라엘의 절기와 관련해서 예수님의 행적을 보여준다. 5장에 등장하는 절기의 명칭은 본문에 언급되지 않고, 6장에서는 유월절, 7-9장에서는 초막절을 배경으로 예수님의 행적이 소개된다.

10장에서는 수전절과 관련해서 예수님의 행적을 보여준다. 그 후에 예수님은 유월절을 지키기 위해 예루살렘으로 가시는데, 바로 거기에서 가룟 유다의 배신으로 잡히실 것이다(11-12장).

1-12장에는 세 번의 유월절이 언급되기 때문에(2:13; 6:4; 11:55), 1-12장에서 보여주는 사건들은 적어도 3년이라는 기간에 걸쳐 일어난 것일 수밖에 없다. 이와는 대조적으로 13-20장에서는 8-10일 동안 일어난 사건들을 보여준다(20:26). 예수님은 13-17장의 사건들이 일어난 후 목요일 밤에 가룟 유다의 배신으로 잡히셔서 새벽이 될 때까지 밤새도록 재판을 받으시고, 금요일에 십자가에 못 박히셨다(18-19장). 그런 다음 제3일, 즉 일요일 새벽에 죽은 자 가운데서 살아나셨다(20장). 20장 끝부분을 보면 예수님은 부활하시고 일주일이 지나고 나서 8일 후인 월요일에 도마에게 나타나셨다. 21장에서 부활하신 예수님이 디베랴 호수에서 제자들에게 나타나 그들과 함께 아침을 드신 것은 승천하시기 전 어느 날 아침에 일어난 일이었고(21:1, "그 후에"), 예수님은 부활하신 후 40일 되는 날에 승천하셨다(행 1:3).

제목

초기의 신뢰할 만한 요한복음 사본들(파피루스 사본인 P66과 P75 등)에는 이 책의 명칭이 "요한에 따른 복음"(The Gospel according to John)으로 되어 있다. 그 밖의 초기의 뛰어난 사본들(시내산 사본과 바티칸 사본 등)은 단축형인 "요한에 따른"이라고 기록했다. 신약성경 복음서들의 사본 중에는 이런 형식에서 벗어난 명칭으로 복음서를 지칭하는 것이 하나도 없다. 즉 모든 사본에서는 복음서를 이런 형식의 온전한 명칭이나 단축형으로 부른다. 마르틴 헹엘(Martin Hengel)[1]은 모든 사본에 등장하는 네 개의 정경 복음서들에 대한 획일적인 명칭이 마가복음의 첫 구절인 "예수 그리스도의 복음의 시작"(막

1:1)에서 유래했을 가능성이 크고, 복음서들을 필사해서 배포하기 시작한 때부터 복음서들에 명칭을 붙일 필요성이 대두되었을 것이라고 설득력 있게 논증했다. 복음서들에 대한 명칭이 사본들에 다양하게 나타나지 않고, 모든 사본에 동일한 명칭이나 단축형이 나온다는 사실은 복음서들이 언제나 그런 명칭으로 불렸다는 것을 보여준다.

저자

서양 문화에서는 저자 문제와 관련해서 학계에 깊은 회의주의가 광범위하게 퍼져 있다.[2] 학자들은 호메로스가 《일리아드》와 《오디세이아》를 쓰지 않았고, 셰익스피어는 우리가 알고 있는 유명한 희곡들의 저자가 아니고, 모세는 오경을 쓰지 않았고, 이사야는 이사야서의 저자가 아니며, 세베대의 아들 요한은 우리가 요한복음이라고 부르는 복음서를 쓰지 않았다고 말한다.

하지만 사본들에 나오는 명칭에서 시작해 요한복음 안에서 발견되는 여러 내용들, 그리고 요한복음이 기록된 때와 아주 가까운 시기에 살았던 사람들이 요한복음에 관해 말한 증언들은 요한복음을 쓴 사람이 세베대의 아들 요한임을 보여준다. 요한이 요한복음의 저자가 아니라고 말하는 사람들은 흔히 일차 자료들과 신뢰할 만한 초기 증언들을 제쳐두고, 기존 증거들에 대한 깊은 의구심을 반영하는 교묘한 이론들을 제시하려 한다.

요한복음의 저자가 요한이 아니라 다른 사람이라고 말하는 사본은 하

1 Martin Hengel, *The Four Gospels and the One Gospel of Jesus: An Investigation of the Collection and Origin of the Canonical Gospels* (Harrisburg, PA: Trinity Press International, 2000).

2 예컨대, *Homer, The Iliad: Books 1-12*, ed William F. Wyatt, trans. A. T. Murray, 2nd ed., vol. 170, LCL (Cambridge, MA: Harvard University Press, 1999), 1-6에 수록되어 있는 서론을 보라.

나도 없다. 요한복음 자체에서는 이 복음서를 "예수께서 사랑하시는 그 제자"가 썼다고 말한다(요 21:20-25). "그 제자"가 누구인지를 검토해 보면 모든 증거는 세베대의 아들 요한을 가리킨다. 공관복음서에 보면 예수님은 야이로의 딸을 고치실 때(막 5:37)나 산에 올라 변화되실 때(눅 9:28)나 잡히시던 날 밤에 기도하실 때(마 26:37) 오직 베드로, 야고보, 요한만을 데리고 가셨다. 이러한 증거는 베드로와 세베대의 두 아들이 예수님과 특히 친밀했고, 그들끼리도 돈독한 사이였음을 보여준다.

요한복음 21:2에는 베드로의 이름과 세베대의 두 아들의 이름이 나란히 나온다. 또한 요한복음에는 베드로와 "예수께서 사랑하시는 제자"가 최후의 만찬에서 서로 몸짓으로 의사를 교환한 후에("시몬 베드로가 머릿짓을 하여", 13:24), "사랑하시는 제자"가 예수님에게 그를 배신하여 팔 자가 누구인가 하는 민감한 문제를 물어보는 장면이 나온다(13:25). 나중에 베드로와 "사랑하시는 제자"는 빈 무덤을 향해 함께 달려간다(20:4). 요한복음의 저자가 야고보라고 말하는 주장은 한 번도 제기되지 않았고, 야고보는 비교적 초기에 헤롯의 손에 죽었기 때문에(행 12:2), 세베대의 두 아들 중에서 야고보가 "사랑하시는 제자"일 가능성은 희박해 보인다. 이 모든 것들 그리고 모든 사본과 초기의 증거가 요한복음의 저자를 세베대의 아들 요한이라고 한다는 사실을 종합해 볼 때 가장 자연스러운 결론은 요한이 이 복음서를 쓰면서 자기 자신을 "사랑하시는 제자"로 지칭했다는 것이다.

요한복음 내부로부터 도출되는 이러한 결론은 세베대의 아들 요한이 이 복음서를 썼다고 하는 초기 교회의 보편적인 증언에 의해 밑받침된다.[3] 어떤 사람들은 요한복음 21:24에 있는 1인칭 복수형("우리") 표현을 근거로 삼아 요한복음이 여러 명으로 구성된 편집위원회나 후대의 공동체에 의해 편찬되었을 것이라고 추정하지만, 요한은 요한삼서 1:12에서도 1인칭 복수형으로 말한다.[4]

3 특히 Charles E. Hill, *The Johannine Corpus in the Early Church* (New York: Oxford University Press, 2006)을 보라.

저작 연대와 배경

요한복음의 저작 가능 시기는 예수님이 부활하신 후부터 요한이 죽기 전까지인데, 아마도 요한은 주후 1세기 말에 이 책을 쓴 것으로 보인다. 초기 교회 전승에서는 요한이 주후 1세기 말에 요한계시록을 썼다고 하지만, 요한은 이 복음서를 언제 썼다고 명시적으로 말하지 않는다. 요한복음은 마태복음, 마가복음, 누가복음에 기록된 예수님의 행적과 가르침을 알고 있다고 전제하는 것처럼 보이기도 하지만(참고. 요 3:24, 막 1:14),[5] 그렇다고 해서 반드시 요한이 나머지 복음서가 나온 후 자신의 복음서를 썼다는 것을 의미하지는 않는다. 왜냐하면 요한은 예수님이 다른 복음서들에 기록된 것들을 행하시고 가르치셨을 때 예수님과 함께 있었다. 뿐만 아니라 베드로를 비롯한 초기 그리스도인들과 관계를 맺었고 함께 일했던 까닭에 그들이 예수님에 관한 이야기를 어떤 식으로 말하는지 알고 있었기 때문이기도 하다.

요한은 20:31에서 자기가 이 복음서를 쓴 이유에 대해 말한다. "오직 이것을 기록함은 너희로 예수께서 하나님의 아들 그리스도이심을 믿게 하려 함이요 또 너희로 믿고 그 이름을 힘입어 생명을 얻게 하려 함이니라." 요한이 복음서를 쓴 이유가 불신자들이 읽고 믿음을 갖게 하며, 성도들은 계속해서 믿음을 지키도록 하기 위한 것임은 의심의 여지가 없다.

4 요한복음의 저자가 요한이라는 것에 대한 좀 더 자세한 논의로는 Craig L. Blomberg, *The Historical Reliability of John's Gospel: Issues and Commentary* (Downers Grove, IL: InterVarsity Press, 2002); D. A. Carson and Douglas J. Moo, *An Introduction to the New Testament*, 2nd ed. (Grand Rapids, MI: Zondervan, 2005)을 보라.

5 Richard Bauckham, ed., *The Gospels for All Christians: Rethinking the Gospel Audiences* (Grand Rapids, MI: Eerdmans, 1997)을 보라.

장르와 문학적 구조

요한의 해석적 관점, 즉 이 세상과 문제들 그리고 예수님이 그 문제들을 어떻게 해결하셨고 이전의 성경을 어떤 식으로 해석해서 이야기의 속편을 써 내려가는지에 관한 요한의 이해, 요컨대 요한이 가진 세계관의 모든 면면들은 성경에 의해 형성되었다. 즉 요한의 세계관은 성경의 관점으로 캐내진 뒤 다듬어지고 깎여서 조각되고 문양이 새겨짐으로써 비로소 형성되었다는 말이다. 다시 말하자면, 요한은 성경신학자였다. 요한의 정서와 지성과 영혼은 예수님이 그에게 구약성경에 나오는 하나님의 창조와 구속과 언약과 약속에 관한 기사들을 어떤 식으로 이해해야 하는지 가르쳐주셨을 때 일정한 형태를 갖추게 되었다. 예수님은 요한을 가르치셨을 뿐만 아니라 그에게 성령을 보내주셨다(참고. 20:22). 그 결과, 구약성경의 명령과 계획과 언약들, 그 패턴과 약속과 패러다임은 요한에게 예수님이 말씀하시고 행하신 것들을 서술해야 하는 유례없이 어려운 일을 어떻게 접근해야 할지와 그 일이 왜 중요한지를 알게 해 주었다(참고. 21:25).

이 모든 것은 요한복음에서 발견되는 문학 장르를 지칭하는 가장 좋은 명칭이 '성경 내러티브'(biblical narrative)라고 단언하게 만든다. 이 명칭은 성경에서 모세가 오경을 통해 서술한 내러티브, 후기 예언서들의 내러티브, 전기 예언서들과 성문서들에 나오는 내러티브에 관한 해석 간의 본질적인 유사성을 전제한다. 이러한 본질적인 유사성은 창조, 인간, 죄, 구속, 새 창조에 관한 약속에 대한 공통된 이해로부터 오는데, 이것들은 모두 신자가 가진 소망의 원천이자 믿음의 실체를 이루고 있는 것들이다.

요한은 모세를 시작으로 사무엘서, 열왕기, 역대기를 쓴 익명의 저자들에 이르기까지 성경 내러티브의 저자들이 사용했던 것과 동일한 세계관과 동일한 문학적 기법들을 토대로 복음서를 썼다. 또 요한이 지닌 해석적 관점은 이사야와 다윗을 비롯한 시편 기자들, 솔로몬, 지혜자들 등 구약의 선지자들이 전한 말씀을 통해 깊어졌다. 이렇게 신약의 복음서들은 역사상 중요한 인물들의 일대기를 다룬 헬라의 전기가 아니라 구약성경의 내러티브와 훨씬 더 많이 닮아 있고, 복음서들의 의도는 구약의 내러티브를 잇는 이야기를 쓰는 것이었다.

신약성경의 저자들이 글을 쓸 때 히브리어가 아니라 헬라어를 선택한 것은 예수님이 제자들에게 모든 민족을 제자로 삼으라고 하신 명령이 결정적인 역할을 한 것으로 보인다(마 28:18-20). 사도들이 헬라어로 글을 쓴 이유는 자기 책이 구약성경의 내러티브와 다르다는 것을 보여주기 위해서가 아니라 당시 세계의 공용어인 헬라어로 글을 써서 하나님의 권능의 역사를 천하 만민에게 알리기 위함이었다. 이 책에서는 요한이 자신의 내러티브와 구약의 내러티브 간의 역학을 드러내기 위해서, 즉 예수님이 율법과 예언서들에 나오는 모든 예언을 완성하시고 성취하시며 실현하신 분임을 드러내기 위한 목적에 따라 여러 가지 단어를 의도적으로 사용했음을 보여줄 것이다.

문학적 구조와 관련해 성경 내러티브와 시가에서 광범위하게 드러나는 특징은 교차대구법(交叉對句法) 형태로 내용을 배열했다는 것이다. 아래에서 설명하겠지만, 필자는 요한복음 1:1-18과 2-4장이 교차대구 구조로 되어 있다고 확신한다. 또한 요한복음 5-12장, 13-17장, 18-21장에서도 큰 규모의 교차대구 구조가 사용되었다고 본다. 이러한 문제에 답하기 위해서는 보다 많은 연구가 필요하기 때문에 이 책에서 제안하는 내용이 최선이라고는 할 수 없다. 심지어 필자는 요한이 복음서 전체를 교차대구 형태로 배열했다고 생각하지만, 그 비밀을 푸는 열쇠는 아직 발견되지 않았다.[6]

6 이 주석서에서 강조한 문학적 구조가 더 설득력이 있는 것으로 증명되었기 때문에, David Decks가 제시하고 Peter Leithart가 인용한 문학적 구조는 설득력이 없다(cf. Peter Leithart, *Deep Exegesis: The Mystery of Reading Scripture* [Waco, TX: Baylor University Press, 2009], 169). 또한 John Breck, *The Shape of Biblical Language: Chiasmus in the Scriptures and Beyond* (Crestwood, NY: St Vladimir's Seminary Press, 2008), 165-201; John W. Welch and Daniel B. McKinlay, eds., *Chiasmus Bibliography* (Provo, UT: Research Press, 1999)에 나오는 요한복음의 교차대구법에 관한 광범위한 논의도 보라.

신학 및 성경 다른 본문과 관련성

요한에게는 엄청난 일이 맡겨졌다. 인류 역사상 가장 중요한 인물이 지금까지의 역사에서 가장 중요한 일을 어떤 식으로 수행하셨고, 가장 중요한 처형이 어떻게 이루어졌으며, 그런 후에 죄 없이 처형된 인물이 유례없는 부활을 통해 그 시점까지 쓰인 것들 중 가장 중요한 문헌인 성경에서 예언한 내용을 어떤 식으로 성취하셨는지에 대해 글로 쓰는 것이다. 요한은 기존 성경 저자들이 사용했던 전략으로 자신에게 맡겨진 과업을 수행했다. 요한이 써야 했던 것은 '성경 내러티브'였고, 장르가 지닌 제약과 기대는 요한이 메시지를 어떤 식으로 전해야 하는지를 결정해 주었다. 이러한 전략과 제약과 기대 속에는 성경의 사상 범주의 광범위한 재사용, 핵심 어구의 반복적 사용, 중요한 주제의 도입, 중요한 용어들의 주의 깊은 배치가 포함되었다. 요한이 사용한 범주와 주제와 용어들은 이전에 기록된 성경 본문을 소환하기 때문에 요한이 예수님으로부터 구약성경을 배워 이해한 바가 무엇인지는 예수님에 대한 요한의 서술을 이해하는 데 필수 불가결한 것으로 보인다. 이는 요한복음과 구약성경이 서로를 해석해 주기 때문에 서로의 빛 아래에서 읽어야 함을 의미한다.

"성경신학이란 무엇인가?"라는 질문에 대해 대답하고자 한 필자의 시도[7]와 마찬가지로 요한의 신학에 관한 논의도 이 세계에 관한 큰 이야기, 그 이야기를 요약하고 해석하는 상징들, 그 이야기와 상징들로부터 생겨나서 예배와 문화와 특정한 삶의 방식을 탄생시키는 진리에 대한 요한의 기여를 중심으로 전개될 것이다.

7 James M. Hamilton Jr., *What Is Biblical Theology?* (Wheaton, IL: Crossway, 2014).

이야기

요한은 만물이 어떻게 시작되었는지를 서술한 창세기에 덧붙여 성경이 말하는 좀 더 큰 이야기 속에 자신의 내러티브를 끼워 넣는다. 요한과 같은 방식으로 복음서를 시작한 저자들은 없다. 요한은 자신이 "말씀"이라고 소개한(1:1-4, 14) 예수님이 태초에 하나님과 함께 계셨을 뿐만 아니라 그가 하나님이라고 선언한다(1:1). 이 선언은 너무나 엄청난 것이었기 때문에 요한은 그것을 다시 다른 표현으로 제시하고(1:2), 하나님이 예수님으로 말미암아 만물을 창조하셨다고 말한다(1:3). 요한은 복음서의 도입부에서 하나님의 본질에 관한 새로운 계시, 즉 메시아이신 예수님이 성육신하신 하나님이라는 것이 지니고 있는 함의들 중 몇몇에 천착한다. 이 계시는 삼위일체 하나님에 관한 기독교적 이해를 향하여 아무런 망설임 없이 뚜벅뚜벅 당당하게 걸어간다. 요한이 새로운 계시의 함의로 제시하는 것들은 다음과 같이 의미심장한 말씀들이다. 예수님은 모든 사람을 위한 생명과 빛의 원천이라는 것(1:4, 9), 세상이 자신의 창조주를 알아보지 못했고 유대인들은 그를 영접하지 않았다는 것(1:10-11), 거듭남은 예수님을 영접하고 하나님의 자녀가 됨으로써 새로운 신분을 얻는 결과를 가져다준다는 것(1:12-13), 예수님이 성육신을 통해서 자기 백성 가운데 거하게 되셨다는 것(1:14), 예수님 안에 있는 은혜와 진리는 그것을 계시한 모세 율법의 성취라는 것(1:17), 예수님은 아버지 하나님의 품속에 계시다가 아버지 하나님을 사람들이 알게 하고자 오셨다는 것이다. 하지만 요한이 말하는 내용 중 다수는 아주 짧기 때문에 많은 것들이 여전히 드러나지 않고 있다.

요한은 예수님이 언제나 하나님이셨고 언제나 하나님과 함께 계셨다는 것을 단언함으로써 하나님 안에는 통일성과 다양성이 함께 존재한다는 것, 즉 하나님은 한 분이시지만 하나님 안에는 여러 위격이 계심을 확증하는 것으로 만족하는 듯하다. 요한은 예수님 이야기를 그런 식으로 들려주기 때문에 요한복음은 한편으로 직설적인 역사적 서사이자, 다른 한편으로는 그 전체가 구약성경에 대한 암시와 복잡한 공명으로 가득한 성경신학적 서사로서 인간 예술의 위대한 업적 중 하나로 자리하고 있다. 요한복음은 성령의 감동으로 이루어진 하나님 자신의 계시이기 때문에 예술 작품 이상이며, 적어도 그보다 못하지 않다. 작곡된 후에 수 세기 동안 연주된 교향곡처럼 요한복음의 선율과 화음은 단지 피상적으로 듣는 사람들조차 매료시키고, 그 깊이를 천착하는 사람들에게는 엄청난 놀라움을 선사한다.

또한 요한은 위대한 작곡가와 마찬가지로 자신이 말하는 모든 것을 명시적으로 설명하려고 하지도 않는다. 필자는 이 책에서 그런 것들을 설명하려고 시도하겠지만 말이다. 그 대신 요한은 자신이 제시한 선율과 회상과 신호와 암시로 독자들의 심령에 바흐나 베토벤의 음악을 들을 때 느끼는 것 이상의 경이로움을 불러일으켜서 예수님을 예배하게 만든다. 요한의 의도는 독자들이 경이로움에 사로잡혀서 나사렛 예수를 응시하며 서 있게 만드는 것이다.

구약성경의 이야기는 원시 상태의 순수한 에덴동산에서 시작된다. 그곳의 모든 것은 하나님이 지으신 선한 피조물이었지만, 인간은 죄를 범했기 때문에 하나님이 경고하신 대로 그들에게 심판이 임했고, 땅도 저주를 받았다. 이야기가 전개되고 선지자들과 시인들이 그것을 해석해 나가면서 하나님이 창세기 3:15에서 하신 "여자의 후손"이 뱀의 머리를 상하게 한다는 소망의 말씀은 장차 구속주를 일으키시겠다는 의미임이 분명해진다. 그 결과, 하나님이 장차 여자의 자손, 아브라함의 자손, 다윗의 자손인 구속주를 일으키셔서 그를 통해 대적을 침묵시키고 저주를 되돌려 결국에는 피조 세계를 새롭게 하시고 사망 자체도 제거하신 뒤, 하나님의 백성이 새 하늘과 새 땅에서 하나님의 임재를 누리도록 하실 것이라는 기대가 점점 증폭된다.

다시 돌아올 소망을 품고 에덴동산을 나오는 이 거시적인 이야기는 하나님이 아브라함 및 이스라엘과 언약을 맺을 때 작은 규모로 재현된다. 하나님은 창세기 12:7에서 아브라함에게 땅을 약속하셨다. 아브라함은 기근으로 인해 그 땅을 떠났다(이 기근은 창세기 3:17에서 하나님이 땅을 저주하신 결과로 생겨났다). 그러나 하나님은 아브라함을 그 땅으로 다시 데려오셔서 자기 자신을 그에게 계시하셨다(창 15장). 마찬가지로 아브라함의 자손도 또 다른 기근으로 그 땅에서 나올 수밖에 없었고, 야곱과 그의 아들들은 애굽으로 갔다. 이번에도 하나님은 이스라엘을 애굽에서 건져내어 다시 이 땅으로 데려오셨고, 창세기 15장에서 아브라함에게 자신을 계시하셨던 일을 상기시키는 말씀으로 시내산에서 그들에게 자신을 계시하셨다(참고. 출 20:2; 창 15:7).

창세기 5장에 나오는 족보는 하나님의 아들로서 아담의 역할을 암시한다(창 5:1-4; 참고. 눅 3:38). 출애굽기에서 하나님은 이스라엘을 자신의 장자라고 말씀하시고(출 4:22-23), 나중에 다윗 가문에서 나올 왕이 자신의 아들이 될 것이라고 약속하신다(삼하 7:14). 아담이 죄 때문에 에덴에서 쫓겨났듯이 이스라엘은 언약을 어김으로써 약속의 땅에서 쫓겨났다. "하나님의 아들…이스라엘의 임금"(요 1:49)으로 환영받는 분이 오셔서 아담과 이스라엘이 해내지 못했던 일, 즉 뱀의 머리를 상하게 하고 사망을 정복하며, 새롭고 더 나은 약속의 땅인 새 하늘과 새 땅으로 이어질 위대한 출애굽을 이끌어내셨다.

요한은 예수님을 이스라엘의 절기와 관련해서 서술함으로써 예수님이 이스라엘의 역사를 예정된 절정으로 이끌 대망의 다윗 자손이자 하나님 아들의 자격으로 이 땅에 오셨음을 보여주고 있다. 예수님과 이스라엘 절기들 간의 관계는 요한이 성경적인 상징체계를 전개하고 있다고 생각하게 만든다.

상징

이스라엘의 절기는 하나님이 그들을 위해 행하신 일을 상징적으로 재연하는 것이었다. 유월절은 출애굽을 기념하고, 초막절은 하나님이 광야에서 먹이시고 입히시며 돌보아주신 것을 기념하며, '주'(週)는 하나님의 땅에서 하나님의 율법 아래 살아가는 삶의 주기를 보여주기 위한 목적에 따라 창조의 한 주를 토대로 해서 구축된 것으로 보인다(참고. 신 16:16). 요한은 주로 유월절(요 2:13; 6:4; 11:55; 12:1; 13:1; 18:39)이나 초막절(7:2; 참고. 7:1-10:21)과 관련해서 예수님을 부각시킨다. 또한 요한은 익명의 절기를 포함시키고(5:1), 주전 167-164년에 일어난 마카비 반란 후에 성전이 재봉헌된 것을 기념하는 수전절도 언급한다(10:22).

이 절기들은 과거 하나님이 권능으로 행하신 일들을 예전(禮典)을 통해 집약적으로 보여준다. 이를 통해 사람들은 자기 삶 속에 깊이 배어 있는 그 일들을 현재적으로 경험하고, 하나님의 약속이 성취될 것을 기대하고 대망할 수 있다. 해마다 이 절기들을 지키면서 하나님이 어떤 분이시고 그분이 어떤 일들을 행하시는지에 관한 대략적인 윤곽이 사람들의 의식에 깊이 각인되었다. 하나님이 지금까지 해 오셨던 일을 보여주고, 그분이 장래에 더 큰 일을 하실 것이라는 소망과 기대를 갖도록 세계관 전체를 전달하기 위해 예배에서 상징들이 사용되었다.

이스라엘의 선지자들은 자신의 글 전체에 걸쳐서 하나님이 과거 이스라엘을 위해 행하셨던 일들을 장래에도 행하실 것임을 보여주었다. 하나님이 출애굽에서 권능의 손과 편 팔을 통해 이스라엘을 구원하셨던 것처럼 장래에 다시 한번 더 팔을 펴실 것이다. 이스라엘이 홍해와 요단강을 건너게 하셨던 하나님은 장래에도 그들과 함께하셔서 그들로 하여금 큰물을 무사히 건너게 하실 것이다. 하나님이 하늘로부터 만나를 주셨던 것처럼 장래에도 광야에서 식탁을 마련해 주실 것이다. 하나님이 반석에서 물을 내어 마시게 하셨던 것처럼 장래에도 사막에서 물줄기를 만들어내실 것이다. 하나님이 이스라엘에게 땅을 주셨던 것처럼 장래에도 그 땅을 에덴동산처럼 만들어주실 것이다. 이스라엘의 선지자들은 이 모든 메시지들을 전할 때 하나님이 장차 자기 백성을 어떻게 구원하실지 묘사하기 위해 상징들을 사용했다. 이는 하나님이 절기들을 제정하실 때 이스라엘 가운데서 자신이 행하신 일들을 기념할 목적으로 사용하신 상징들이었다.

요한 같은 사람들은 성경에서 반복적으로 사용하는 패턴과 사건에 익숙했기 때문에 복음서를 쓰면서 자주 그것들을 상기시킨다. 요한은 예수님이 이스라엘의 성경(구약성경)에 나오는 중요한 사건들, 패턴들, 상징들과 일치하는 일을 행하시는 모습을 보고, 예수님을 구약의 성취로 해석했다. 세례 요한이 예수님을 하나님의 어린양이라고 말한 것을 기록하고(1:29, 36), 사흘째 되던 날의 혼인 잔치에서 의미를 찾고(2:1), 예수님이 오천 명을 먹이신 후 하늘로부터 주어진 만나를 말씀하신 것(6:1-71)을 언급한 이유도 거기에 있다. 초막절(광야의 불기둥과 이스라엘 백성이 반석으로부터 마신 물을 기념한 절기)을 언급하면서 그 절기를 배경으로 예수님께서 목마른 자들은 내게로 오라고 하신 것과(7:37-39), 어둠에 다니지 말고 자기를 따르라고(8:12) 하신 것을 기록한 이유도 그것이다. 요한은 예수님을 하나님이 준비해 두신 나라로 자기 백성을 이끌 "선한 목자"로 이해했다(10:1-21).

상징과 관련해서 좀 더 자세한 내용은 본문을 주석할 때 다루기로 하고, 여기에서는 이야기와 상징이 어떤 식으로 기본 진리에 대한 확신을 불러일으키는지 살펴보자.

진리

이 세계를 설명해 주는 이야기는 기본적인 토대가 되는 진리와 전제를 만들어낸다. 다시 말해 성경은 모세를 비롯한 성경 저자들이 그들 속에 먼저 철학적인 진리를 지니고 있다가 자신들이 고안해 낸 이야기를 통해서 그 진리를 예시하는 것으로 묘사하지 않는다. 오히려 모세를 비롯한 성경 저자들은 하나님을 만났고, 하나님이 행하신 일들에 관한 이야기를 듣고서 그것으로부터 진리를 이끌어냈다. 우리가 하나님이 창조주이심을 믿는 이유는 나름의 추론을 통해 철학적으로 증명한 후 거기에 맞는 이야기를 만들어냈기 때문이 아니라 창세기 1장을 통해 하나님께서 이 세계를 창조하셨다는 사실을 보여주기 때문이다.

우리는 요한이 들려주는 이야기를 통해 우리가 알게 된 명제들, 예컨대 예수님은 하나님이라는 것과 같은 많은 명제들을 계속 열거할 수 있다. 하나님은 본인이 하신 말씀을 지키시기 때문에 이전에 하신 명령을 시행하고 약속을 이루신다. 하나님은 이 세계를 선하게 창조하셨고 악을 이기실 것이다. 인간은 죄를 지어서 멸망할 수밖에 없으며, 스스로의 힘으로 자신을 구원할 수 없다. 성령은 예수님과 그분의 가르침을 믿음으로 받아들이는 사람들에게 영생을 주신다. 구약의 내러티브는 기독교의 성례전인 세례와 성찬의 의미를 이해하는 데 도움을 준다. 세상은 예수님을 대했던 것과 동일한 방식으로 예수님을 따르는 자를 대할 것이다. 예수님은 죽은 자 가운데서 부활하셔서 자기를 따르는 자들이 거할 곳을 마련하기 위해 하늘로 가셨고, 장차 이 땅에 다시 오셔서 그들을 그곳으로 데려가실 것이다.

요한복음에서 예수님을 만나면 우리는 하나님께 감사하고 하나님을 찬송하게 된다. 즉 요한복음은 우리 안에 예수님을 예배하려는 마음을 불러일으킨다.

예배

예수님은 요한복음 4:23에서 아버지께서는 "영과 진리로" 예배할 자들을 찾으신다고 선언하신다. 이 이야기는 의미를 집약해서 해석하고 강화시키는 상징을 만들어내며, 우리는 이 이야기에서 하나님과 그분의 세계에 관한 진리를 이끌어낸다. 이 장엄한 이야기와 관련된 상징으로부터 진리를 배우고 아름다움을 볼 때, 우리는 하나님의 비할 바 없는 사랑과 능력과 선하심, 즉 한마디로 하나님의 영광을 알게 되고 하나님께 감사하고 합당한 찬송을 드리려는 마음이 생긴다. 우리는 바로 그렇게 하도록 창조되었다. 우리는 자신을 뛰어넘는 것을 보거나 알게 되면 그 위대함을 진정으로 기뻐하면서 그것을 송축하려는 열망을 갖게 된다. 세상을 사랑하셔서 자신의 독생자를 보내신 하나님, 세상에 있는 모든 책들로도 다 담아낼 수 없을 만큼 큰일을 헤아릴 수 없이 행하시는 하나님(21:25)은 결코 우리를 실망시키지 않으신다. 우리가 아무리 하나님을 찬송한다고 할지라도 하나님이 받으셔야 마땅한 정도의 찬송을 드릴 순 없다. 요한복음은 하나님의 백성이 자신의 몸을 영적 예배 가운데 하나님께 거룩한 산 제물로 드려야 하는(롬 12:1-2) 차고 넘치는 이유를 제공한다.

문화

이야기는 문화를 창조한다. 요한복음의 예수님 이야기는 예수님의 인격과 미덕을 닮으려는 사람들을 만들어낸다. 요한복음은 예수님이 그들에게 또 다른 보혜사인 성령을 보내실 것이고, 세상은 그분께 했던 것과 동일한 일을 그들에게도 할 것이며, 그들은 비록 세상에 있기는 하지만 세상에 속하지 않으므로 예수님이 기도하셨듯 아버지 하나님이 그들을 지키시고 보호하실 것임을 가르쳐준다. 요한복음이 제시하는 규범과 가치는 요한복음이 들려주는 이야기, 상징, 내러티브에 의해 생겨나는 진리와 반응에 부합하고, 이러한 기대와 원리를 '규범'으로 받아들이는 곳에서는 요한복음을 비롯한 성경 전체에 의해 생성되는 문화가 생겨난다.

삶의 방식

요한복음은 예수님과 그분을 따르는 자들이 특히 다음과 같은 것들을 중시하는 삶의 방식을 추구한다고 묘사한다. 구약성경의 살아 계신 하나님에 대한 헌신, 예수님은 이 세상에 자신을 계시하시고 자신의 계획대로 세상을 이끌어 가시는 하나님의 아들임을 인정하는 것, 다른 사람들에게 이 진리를 가르쳐서 예수님을 믿고 하나님의 진노하심으로부터 건짐을 받게 하는 것, 믿는 사람들과의 연대, 즉 출신이나 인종적 정체성처럼 사람들을 서로 구별하는 데 사용되는 전형적인 기준을 초월하여 믿는 사람들이 하나가 되는 것, 예수님이 말씀하신 대로 하나님이 기도에 응답해 주실 것이라는 기대를 갖는 것, 그리스도의 말씀 가운데 거함으로 그리스도 안에 거하는 것, 예수님이 다시 오셔서 자신이 시작하신 일을 완성하실 것이라는 소망이 그것이다.

이러한 삶의 방식과 문화는 요한이 들려주는 이야기를 해석하고 전해주는 상징을 통해 알게 된 진리에 대한 반응인 예배로부터 생겨나서 자라간다. 그러한 삶의 방식을 취할 때 우리는 요한의 신학을 이해하기 위한 길을 걸을 수 있다. 우리가 요한복음을 따라 한 걸음 한 걸음 나아갈 때 개략적으로 살펴본 개요에 더 많은 세부 내용들이 더해질 것이다.

요한복음 설교하기

이 복음서는 선포하기 위한 것이다. 필자는 요한복음 전체를 설교하는 특권을 누렸다. 독자들에게도 그렇게 해 보기를 진심으로 권한다. 요한복음을 설교하게 된 것을 결코 후회하지 않을 것이다.

해석상 과제

물론 해석상의 논쟁들이 있고, 그럴 때는 특정한 입장을 취해야 한다. 이 책은 어떤 경우 통설과 견해를 달리한다. 예를 들어, 하나님의 "독생자"인 예수님의 정체성과 관련하여 오늘날 많은 신학자들이 선호하는 것과 다른 견해를 제시한다. 아울러 요한이 자신의 복음서에서 일곱 번의 '에고 에이미'(*ego eimi*, "나는 ~이다") 말씀들, 또는 일곱 번의 표적들처럼 정확히 일곱이라는 숫자에 관심을 가졌다는 주장이 설득력 있다고 보지 않는다. 요한복음에는 '에고 에이미' 말씀이 일곱 번보다 더 많이 나오고, 요한은 표적들을 정확히 일곱 번 제시하는 데 관심이 있었던 것으로 보이지 않는다. "푸딩의 맛은 먹어 보아야 안다"는 속담처럼 아래에서 요한복음 본문을 주해할 때 본문이 그것을 스스로 분명하게 말해 줄 것이다.

개요

모든 해석을 최종적으로 결정하는 것은 '저자가 무엇을 의도했는가?' 하는 질문이다. 요한이 자신의 복음서의 전체적인 구조와 각 부분의 구조에 대한 생각을 지니고 있었다는 것은 거의 확실하지만, 오늘날 우리의 문화에서 아주 일반적으로 행해지고 있는 분석적 개요(로마 숫자 I 또는 논점 A 등으로 표시되는)를 염두에 두고 있지는 않았다는 것도 거의 확실하다.

성경 문학 속에서 교차대구법이나 수미쌍관법을 비롯해서 여러 가지 문학 장치들이 일반적으로 사용된 것을 감안했을 때 요한은 자신의 복음서 전체 또는 부분의 구조와 관련해서 무엇보다도 교차대구 구조를 염두에 두었을 가능성이 큰 것으로 보인다. 따라서 필자는 자신의 문화 속에서 사람들이 기대하는 것을 존중해서 분석적인 개요를 제시하고자 할 때 내가 보기에 요한이 의도한 교차대구법적 구조를 제시하려고 한다. 교차대구 구조에서 대구를 이루는 부분들은 흔히 서로를 해석해 주고 발전시켜 주는 역할을 하고, 저자가 강조하고자 하는 것은 양쪽 대구의 중앙에 배치되어 저자가 무엇을 말하고자 하는지를 드러내 준다. 교차대구 구조에서 중앙에 배치된 것들은 종종 서사의 전환점 역할을 하기 때문에 내용을 교차대구법으로 배열하면 기억하는 데도 도움이 된다.

먼저 필자는 복음 전체에 대한 세부 개요의 개관을 제시하고 나서 요한이 자신의 복음서에 구축해 놓은 것으로 보이는 일련의 교차대구 구조들을 제시한 후에, 마지막으로 세부적인 부분들까지 포함해 좀 더 자세한 세부 개요를 제시할 것이다.

요한복음 세부 개요

Ⅰ. 은혜 위에 은혜(1:1-18)

Ⅱ. 중요한 4일(1:19-51)

Ⅲ. 가나에서 가나로(2:1-4:54)

Ⅳ. 예수님과 절기들(5:1-11:57)

Ⅴ. 나사로를 살리심(11:1-44)

Ⅵ. 인자가 영광을 얻을 때가 왔음(11:45-17:26)

Ⅶ. 부인, 죽으심, 부활(18:1-20:31)

Ⅷ. 해변에서의 아침 식사(21:1-25)

요한은 요한복음에 다음과 같이 교차대구 구조를 여러 번 구축해 넣은 것으로 보인다.

요한복음 1:1-18

1:1-5 하나님, 창조의 주체, 생명, 빛이신 말씀

  1:6-8 세례 요한의 증언

    1:9 참빛

      1:10-11 세상과 자기 백성이 영접하지 않음

      1:12-13 하나님께로부터 난 자들은 영접함

    1:14 아버지에게서 온 독생자의 영광

  1:15 세례 요한의 증언

1:16-18 아들이 아버지를 계시함

요한복음 2-4장

2:1-12 물을 포도주로 변화시키심

2:13-25 유월절/성전

3:1-21 니고데모

3:22-36 세례 요한

4:1-45 세상의 구주

4:46-54 왕의 신하의 아들을 고치심

요한복음 5-11장

5장: 죽은 자들이 하나님의 아들의 음성을 듣고 살아나게 될 것임

6장: 예수님이 물 위를 걸으시고 많은 무리를 먹이시며, 말씀으로 양들을 치심

7장: 예수님이 선하신 분인지, 아니면 속이는 자인지를 놓고 논쟁이 벌어짐

8장: 세상의 빛이신 예수님

9장: 예수님이 선하신 분인지, 아니면 죄인인지를 놓고 논쟁이 벌어짐

10장: 예수님은 선한 목자이시고 그의 양들은 그의 음성을 들음

11장: 예수님이 나사로에게 무덤에서 나오라고 부르심

요한복음 12-17장

12장: 인자가 영광을 얻을 때가 왔음

13장: 제자들의 발을 씻으심: 너희 중 한 사람이 나를 팔 것이다

14장: 길이요 진리요 생명이신 예수님

15장: 참포도나무이신 예수님

16장: 성령에 대한 약속: 너희는 흩어져서 나만 홀로 남겨둘 것이다

17장: 아버지가 아들을 영화롭게 하실 때가 옴

요한복음 18-21장

18장: 베드로가 모닥불 앞에서 예수님을 세 번 부인함

19장: 유대인의 왕 예수님이 십자가에 못 박히심

20장: 죽은 자 가운데서 부활하신 예수님이 성령을 보내주시고 자신의 제자들을 보내심

21장: 베드로가 모닥불 앞에서 그리스도에 대한 사랑을 세 번 고백함

요한복음 상세 개요

Ⅰ. 은혜 위에 은혜(1:1-18)

A. 생명을 주는 말씀(1:1-5)

B. 세례 요한, 빛, 하나님께로부터 남(1:6-15)

1. 세례 요한의 증언(1:6-8)
2. 참빛(1:9)
3. 세상과 자기 백성이 그를 영접하지 않음(1:10-11)
4. 하나님께로부터 난 자들은 영접함(1:12-13)
5. 아버지에게서 온 독생자의 영광(1:14)
6. 세례 요한의 증언(1:15)

C. 아들이 아버지를 계시함(1:16-18)

Ⅱ. 중요한 4일(1:19-51)

A. 세례 요한의 정체성과 사역(1:19-28)

B. 성령이 내려와 머물다(1:29-34)

C. 와서 보고 머물다(1:35-42)

D. 네가 더 큰 일을 보리라(1:43-51)

Ⅲ. 가나에서 가나로(2:1-4:54)

A. 가나에서의 첫 번째 표적: 사흘째 되던 날 혼인 잔치의 새 포도주 (2:1-12)

1. 사흘째 되던 날에 혼인 잔치에서 포도주가 떨어짐(2:1-5)

2. 첫 번째 표적: 물을 포도주로 변화시키심(2:6-12)

B. 유월절과 새로운 성전(2:13-25)

1. 주의 전을 사모하는 열심(2:13-17)

2. 내가 일으키리라(2:18-22)

3. 사람의 속에 있는 것을 아심(2:23-25)

C. 니고데모(3:1-21)

1. 니고데모는 바리새인이었고, 너희는 거듭나야 한다(3:1-15)

a. 한 바리새인(3:1-2)

b. 너희는 거듭나야 한다(3:3-8)

c. 땅의 일과 하늘의 일(3:9-15)

2. 이것이 하나님이 세상을 사랑하신 방식이다(3:16-21)

a. 이것이 하나님이 세상을 사랑하신 방식이다(3:16-17)

b. 심판(3:18-19)

c. 빛을 보고 도망하거나 빛으로 나아옴(3:20-21)

D. 세례 요한(3:22-36)

1. 배경(3:22-24)

2. 논쟁(3:25-26)

3. 증언(3:27-33)

4. 설명(3:34-36)

E. 사마리아 여자(4:1-42)

1. 생수(4:1-15)

a. 피곤하신 그리스도(4:1-6)

b. 생수(4:7-15)

2. 나를 보내신 이의 뜻을 행함(4:16-42)

a. 가서 네 남편을 불러오라(4:16-18)

b. 영과 진리로 예배함(4:19-26)

c. 전환구: 아무도 묻지 않음(4:27-30)

d. 양식, 추수, 수고(4:31-38)

e. 많은 사람들이 믿음(4:39-42)

F. 가나에서의 두 번째 표적: 사흘째 되던 날에 주어진 새 생명(4:43-54)

1. 사흘째 되던 날에 다시 가나에서(4:43-46)

2. 왕의 신하의 아들을 고치심(4:47-54)

Ⅳ. 예수님과 절기들(5:1-11:57)

A. 어느 절기에 병자를 고치고 가르치심(5:1-47)

1. 베데스다에서 병자를 고치심(5:1-18)

a. 배경(5:1-5)

b. 병자를 고치심(5:6-9a)

c. 안식일(5:9b-13)

d. 조물주(5:14-18)

2. 아버지가 하시는 것을 아들도 함(5:19-30)

a. 아버지가 하시는 것을 아들도 함(5:19-23)

b. 듣고 믿는 자는 영생을 얻음(5:24)

c. 아들이 죽은 자들을 살리심(5:25-29)

d. 아들은 아버지의 뜻을 행함(5:30)

3. 하나님을 알려면 증언을 믿으라(5:31-47)

a. 증언과 고발(5:31-32, 45-47)

b. 세례 요한의 등불과 참된 영광(5:33-35, 41-44)

c. 아버지, 이적들, 성경이 증언함(5:36-37a, 39-40)

d. 하나님을 앎(5:37b-38)

B. 유월절에 무리를 먹이시고 물 위로 걸으시고 만나를 주심(6:1-71)

1. 무리를 먹이시고 물 위로 걸으심(6:1-21)

a. 오천 명을 먹이심(6:1-15)

(1) 관련된 시간, 장소, 사람들(6:1-4)

(2) 사람들은 많은데 양식이나 돈이 없음(6:5-7)

(3) 오병이어(6:8-9)

(4) 오천 명을 먹이심(6:10-11)

(5) 남은 조각이 열두 바구니에 참(6:12-13)

(6) 선지자와 왕(6:14-15)

b. 물 위로 걸으심(6:16-21)

(1) 관련된 시간, 장소, 사람들(6:16-18)

(2) 물 위로 걸으심(6:19-21)

2. 생명의 떡(6:22-40)

a. 관련된 시간, 장소, 사람들(6:22-24)

b. 너희가 떡은 먹었지만 표적을 보지는 못했다(6:25-29)

c. 생명의 떡(6:30-35)

d. 아버지의 뜻(6:36-40)

3. 이 떡을 먹는 자는 영원히 살리라(6:41-71)

a. 수군거림과 조상들(6:41-51)

b. 내 살을 먹고 내 피를 마시라(6:52-59)

c. 영과 생명인 말씀(6:60-71)

C. 초막절에 반석에서 나온 물, 세상을 위한 빛, 보게 됨, 선한 목자 (7:1-10:21)

1. 예수님의 잠행과 전복 사역(7:1-24)

a. 예수님의 잠행(7:1-13)

(1) 관련된 시간과 장소(7:1-2)

(2) 믿지 않는 형제들(7:3-5)

(3) 때가 아직 이르지 않음(7:6-9)

(4) 잠행과 수군거림(7:10-13)

b. 진리로 거짓말들을 전복시키심(7:14-24)

(1) 예수님의 가르침(7:14-18)

(2) 모세, 안식일, 할례(7:19-24)

2. 생수의 강(7:25-52)

a. 예수님은 어디에서 오셨는가(7:25-30)

b. 예수님은 어디로 가시는가(7:31-36)

c. 생수의 강(7:37-39)

d. 그리스도가 어찌 갈릴리에서 나오겠느냐(7:40-52)

3. 세상의 빛(7:53-8:29)

a. [간음하다가 붙잡힌 여자(7:53-8:11)]

b. 세상의 빛(8:12-20)

c. 죄 가운데서 죽지 않으려면 어떻게 해야 하는가(8:21-29)

4. 안식년과 희년의 성취: 여자의 자손과 뱀의 자손(8:30-59)

a. 아들이 너희를 자유롭게 하면(8:30-36)

b. 사탄은 살인하고 거짓말을 함(8:37-47)

c. 악한 자의 자손(8:48-59)

5. 날 때부터 맹인 된 사람(9:1-41)

a. 이적(9:1-7)

b. 배척(9:8-34)

(1) 보게 된 맹인과 그의 이웃들(9:8-12)

(2) 보게 된 맹인과 바리새인들(9:13-17)

(3) 맹인의 부모와 바리새인들(9:18-23)

(4) 보게 된 맹인과 바리새인들(9:24-34)

c. 영접(9:35-41)

6. 선한 목자(10:1-21)

a. 예수님은 목자이고 문이시다(10:1-10)

b. 예수님은 양들을 위해 자신의 목숨을 버리신다(10:11-18)

c. 양들은 그분의 음성을 안다(10:19-21)

D. 아버지와 하나이신 그리스도께서 수전절에 자기 백성을 지키심 (10:22-42)

1. 예수님은 그리스도이시다(10:22-30)

2. 예수님은 하나님이시다(10:31-42)

V. 나사로를 살리심(11:1-44)

A. 그리스도의 영광을 위한 죽음(11:1-10)

B. 우리도 주와 함께 죽으러 가자(11:11-16)

C. 부활과 생명(11:17-27)

D. 우시는 그리스도(11:28-37)

E. 나사로야 나오라(11:38-44)

VI. 인자가 영광을 얻을 때가 왔음(11:45-17:26)

A. 마지막 유월절이 다가옴(11:45-12:50)

1. 사람들이 예수님을 원하지 않았을 때(11:45-12:11)

a. 정치 권력이냐, 예수님이냐(11:45-53)

b. 성결과 유월절(11:54-57)

c. 돈과 권력이냐, 예수님이냐(12:1-11)

2. 심판을 위해 오시는 왕(12:12-33)

a. 겸손하게 오심(12:12-19)

b. 이 세상에 대한 심판(12:20-33)

3. 말씀을 이루려 하심(12:34-50)

a. 빛이 있을 동안에(12:34-36)

b. 주의 영광을 본 이사야(12:37-43)

c. 어둠에서 건지기 위해 오심(12:44-50)

B. 발을 씻어주시는 분, 길, 포도나무, 성령을 주시는 분(13:1-16:33)

1. 발을 씻어주시는 분(13:1-20)

a. 제자들의 발을 씻으심(13:1-11)

b. 모범을 보이심(13:12-17)

c. 성경이 이루어지게 하려는 것(13:18-20)

2. 배신, 사랑, 부인(13:21-38)

a. 배신자(13:21-30)

b. 계명(13:31-35)

c. 세 번의 부인(13:36-38)

3. 길, 진리, 생명(14:1-14)

a. 아버지께로 가는 길(14:1-6)

b. 아버지를 나타내 보이심(14:7-11)

c. 제자들은 예수님을 나타내 보이게 될 것이다(14:12-14)

4. 내주하시는 성령(14:15-31)

a. 성령이 너희 안에 계실 것이다(14:15-17)

b. 내가 너희에게로 오리라(14:18-21)

c. 내 아버지가 너희와 거처를 함께하실 것이다(14:22-24)

d. 성령이 너희를 가르치실 것이다(14:25-31)

5. 그리스도 안에 거하라(15:1-17)

a. 그리스도 안에 거함(15:1-8)

b. 너희 기쁨을 충만하게 하기 위한 것(15:9-11)

c. 서로 사랑하라(15:12-17)

6. 미워하는 자들과 보혜사(15:18-16:4a)

a. 미워하는 자들(15:18-25)

b. 보혜사(15:26-16:4a)

7. 예수님이 성령을 보내실 것이다(16:4b-15)

a. 예수님은 성령을 보내기 위해 떠나시는 것이다(16:4b-7)

b. 성령이 세상을 책망하실 것이다(16:8-11)

c. 성령이 예수님의 영광을 나타내실 것이다(16:12-15)

8. 너희의 슬픔이 기쁨으로 바뀔 것이다(16:16-33)

a. 예수님의 죽음과 부활(16:16-22)

b. 기도를 통해 아버지께 새롭게 나아감(16:23-28)

c. 예수님이 세상을 이기심(16:29-33)

C. 주의 기도(17:1-26)

1. 하나님을 아는 것(17:1-8)

a. 예수님은 자기 백성이 하나님을 알기 원하신다(17:1-5)

b. 예수님이 하나님을 알게 하신다(17:6-8)

2. 예수님이 하나 됨과 영광을 위해 기도하신다(17:9-26)

a. 예수님이 자신의 제자들을 위해 기도하심(17:9-19)

b. 예수님이 장차 제자들을 통해 믿게 될 자들을 위해 기도하심(17:20-23)

c. 예수님께서 자기 백성이 그분의 영광을 보게 되기를 기도하심(17:24-26)

Ⅶ. 부인, 죽으심, 부활(18:1-20:31)

A. 예수님이 자신을 내어주시다(18:1-11)

1. 관련된 시간과 장소(18:1-2)

2. 모든 상황을 주관하시는 그리스도(18:3-6)

3. 이 사람들은 가게 하라(18:7-9)

4. 내가 잔을 마시지 아니하겠느냐(18:10-11)

B. 예수님이 붙잡히고 배신당하심(18:12-40)

1. 예수님이 붙잡히심(18:12-14)

2. 베드로의 첫 번째 부인(18:15-18)

3. 예수님과 안나스(18:19-24)

4. 두 번째와 세 번째 부인(18:25-27)

5. 예수님과 빌라도(18:28-40)

C. 그들이 주를 어떻게 대했는지 보라(19:1-16a)

1. 거짓으로 예를 갖추며 조롱함(19:1-3)

2. 죄 없는 이를 단죄함(19:4-8)

3. 권한과 죄(19:9-11)

4. 가이사냐, 예수님이냐(19:12-16a)

D. 그들이 주를 십자가에 못 박다(19:16b-30)

1. 유대인의 왕(19:16b-22)

2. 군인들(19:23-24)

3. 가족(19:25-27)

4. 다 이루었다(19:28-30)

E. 반석, 어린양, 무덤(19:31-42)

1. 반석(19:31-35)

2. 어린양(19:36-37)

3. 무덤(19:38-42)

F. 빈 무덤(20:1-18)

1. 무덤으로 간 요한과 베드로(20:1-10)

2. 무덤으로 간 마리아(20:11-18)

G. 너희에게 평강이 있을지어다(20:19-31)

1. 부활하신 그리스도가 성령을 주심(20:19-23)

2. 부활하신 그리스도가 도마의 의심을 없애주심(20:24-29)

3. 너희로 믿게 하기 위한 것(20:30-31)

Ⅷ. 해변에서의 아침 식사(21:1-25)

A. 153마리의 물고기(21:1-14)

B. 베드로의 회복(21:15-19)

C. 사랑하시는 제자(21:20-25)

1 태초에 말씀이 계시니라 이 말씀이 하나님과 함께 계셨으니 이 말씀
은 곧 하나님이시니라 2 그가 태초에 하나님과 함께 계셨고 3 만물이
그로 말미암아 지은 바 되었으니 지은 것이 하나도 그가 없이는 된 것
이 없느니라 4 그 안에 생명이 있었으니[1] 이 생명은 사람들의 빛이라
5 빛이 어둠에 비치되 어둠이 깨닫지 못하더라
1 In the beginning was the Word, and the Word was with God, and the
Word was God. 2 He was in the beginning with God. 3 All things were
made through him, and without him was not any thing made that was
made. 4 In him was life, and the life was the light of men. 5 The light
shines in the darkness, and the darkness has not overcome it.

6 하나님께로부터 보내심을 받은 사람이 있으니 그의 이름은 요한이
라 7 그가 증언하러 왔으니 곧 빛에 대하여 증언하고 모든 사람이 자
기로 말미암아 믿게 하려 함이라 8 그는 이 빛이 아니요 이 빛에 대하
여 증언하러 온 자라
6 There was a man sent from God, whose name was John. 7 He came as

a witness, to bear witness about the light, that all might believe through
him. 8 He was not the light, but came to bear witness about the light.

9 참빛 곧 세상에 와서 각 사람에게 비추는 빛이 있었나니 10 그가 세
상에 계셨으며 세상은 그로 말미암아 지은 바 되었으되 세상이 그를
알지 못하였고 11 자기 땅에 오매[2] 자기 백성[3]이 영접하지 아니하였으
나 12 영접하는 자 곧 그 이름을 믿는 자들에게는 하나님의 자녀가 되
는 권세를 주셨으니 13 이는 혈통으로나 육정으로나 사람의 뜻으로 나
지 아니하고 오직 하나님께로부터 난 자들이니라
9 The true light, which gives light to everyone, was coming into the
world. 10 He was in the world, and the world was made through him, yet
the world did not know him. 11 He came to his own, and his own people
did not receive him. 12 But to all who did receive him, who believed
in his name, he gave the right to become children of God, 13 who were
born, not of blood nor of the will of the flesh nor of the will of man, but
of God.

14 말씀이 육신이 되어 우리 가운데 거하시매 우리가 그의 영광을 보
니 아버지의 독생자[4]의 영광이요 은혜와 진리가 충만하더라 15 요한
이 그에 대하여 증언하여 외쳐 이르되 내가 전에 말하기를 내 뒤에 오
시는 이가 나보다 앞선 것은 나보다 먼저 계심이라 한 것이 이 사람을
가리킴이라 하니라 16 우리가 다 그의 충만한 데서 받으니 은혜 위에
은혜러라[5] 17 율법은 모세로 말미암아 주어진 것이요 은혜와 진리는
예수 그리스도로 말미암아 온 것이라 18 본래 하나님을 본 사람이 없
으되 아버지 품속에 있는[6] 독생하신 하나님[7]이 나타내셨느니라
14 And the Word became flesh and dwelt among us, and we have seen
his glory, glory as of the only Son from the Father, full of grace and

truth. 15 (John bore witness about him, and cried out, "This was he of
whom I said, 'He who comes after me ranks before me, because he was
before me.'") 16 For from his fullness we have all received, grace upon
grace. 17 For the law was given through Moses; grace and truth came
through Jesus Christ. 18 No one has ever seen God; the only God, who
is at the Father's side, he has made him known.

1 또는 "그가 없이는 하나도 지어지지 않았느니라 그 안에서 지어진 것은 생명이니"
2 헬라어에서는 "그 자신의 것들에게로," 즉 그의 영지, 또는 자신의 백성에게로
3 "백성"은 헬라어 본문에 나오지 않고 함축되어 있다.
4 또는 "유일한 분"이나 "유일무이한 분"
5 또는 "은혜 대신에 은혜"
6 ESV에는 "아버지 옆에 있는", 헬라어 본문에는 "아버지 품속에 있는"
7 또는 "하나님이신 유일하신 분," 어떤 사본들에는 "유일한 아들"

단락 개관

은혜 위에 은혜

책의 도입부 중에서 요한복음보다 더 심오한 것이 있을까? 인류의 위대한 사상들, 즉 철학자들이 숙고한 산물과 예술가들의 작품들을 샅샅이 뒤져 보아도, 하나님에 관해 요한이 자신의 복음서의 처음 제시한 것보다 더 심오한 사상을 찾아볼 수 없고, 이렇게 간결하면서도 풍부한 의미를 담은 서술을 찾아볼 수 없다. 요한은 아버지 하나님과 아들 하나님 간의 영원한 관계를 세상에서 가장 짤막한 말로 표현하기 전에 먼저 "태초에"(요 1:1a)라는 어구를 통해서 자신의 복음서를 창세기 1장에 나오는 창조 기사와 완벽하게 연결시킨다.

요한복음의 맨 처음에 나오는 서술은 우리의 눈앞에서 사전 경고도 없이 갑자기 터져버리는 의미의 폭탄이다. 요한복음 1:1-5을 통해서 지극히 고귀하고 그 어떤 말로도 표현할 수 없으며, 무한하고 헤아릴 수 없으며, 인격적이고 형언할 수 없는 하나님이라는 실체가 그렇게 터진 폭탄에서 표출되어 독자들의 의식 속으로 파고 들어온다.

요한복음 1:1-5은 하나님이신 말씀을 선포한다. 그분은 이 세계를 지으셨고, 그분 안에는 생명이 있으며, 그분은 결코 꺼질 수 없는 빛이다. 요한은 1:16-18에서 다시 이 유례가 없으신 그리스도에 관해 서술할 것이다. 1:1-5과 1:16-18이 가장 바깥쪽의 틀을 이룬 가운데 1:6-8과 1:15에는 세례 요한이 예수님을 증언하는 말이 서로 대응되어 나온다. 또한 세례 요한의 증언을 삼아서 그 안쪽으로 예수님의 빛과 영광에 관해 서술한다(1:9, 14). 그리고 이 교차대구법 구조의 중심에는 세상과 그분의 백성은 예수님을 영접하지 않았지만(1:10-11), 하나님께로부터 난 자들은 예수님을 영접했다는 서술(1:12-13)이 나온다. 따라서 요한복음 1:1-18은 다음과 같이 교차대구 구조라는 관점에서 묘사될 수 있다.

1:1-5 하나님, 창조의 주체, 생명, 빛이신 말씀
  1:6-8 세례 요한의 증언
    1:9 참빛
      1:10-11 세상과 자기 백성이 영접하지 않음
      1:12-13 하나님께로부터 난 자들은 영접함
    1:14 아버지에게서 온 독생자의 영광
  1:15 세례 요한의 증언
1:16-18 아들이 아버지를 게시함

단락 개요

Ⅰ. 은혜 위에 은혜(1:1-18)
  A. 생명을 주는 말씀(1:1-5)
  B. 세례 요한, 빛, 하나님께로부터 남(1:6-15)
    1. 세례 요한의 증언(1:6-8)
    2. 참빛(1:9)
    3. 세상과 자기 백성이 그를 영접하지 않음(1:10-11)
    4. 하나님께로부터 난 자들은 그를 영접함(1:12-13)
    5. 아버지에게서 온 독생자의 영광(1:14)
    6. 세례 요한의 증언(1:15)
  C. 아들이 아버지를 계시함(1:16-18)

주석

1:1-5 | 생명을 주는 말씀　요한은 이 말씀이 태초에 계셨다고 단언한다(1절a). 그리고 1절의 마지막 구절에서 "이 말씀은 곧 하나님이시니라" 하고 말하기 전에 먼저 "이 말씀이 함께 계셨으니"(1절b)라고 말함으로써 말씀과 하나님을 구별한다. 삼위일체의 신비를 보라. 한 분 하나님 안에 한 본성을 영원히 공유하시는 세 위격이 계신다. 이 말씀이 하나님과 "함께" 계셨고, 이 말씀은 "하나님이셨다." 어떤 것이 지극히 아름답고 영화로우며, 지극히 복잡하면서도 지극히 단순하다면 그런 것에는 마땅히 경의를 표해야 한다. 요한은 어떤 사람에게 다이아몬드 하나를 보여주어서 먼저 탄성을 자아낸 후에 그 다이아몬드의 모든 면을 여러 시각에서 보여주어 놀라움과 감탄을 이끌어내는 사람과 같다. 그는 1절에서 한 말을 2절에서 다시

반복한다. "그가 태초에 하나님과 함께 계셨고."

이 말씀은 아버지 하나님을 알려준다. 이 말씀은 선하심이 차고 넘치는 아버지를 우리가 이해할 수 있는 방식으로 알려주는 이성을 지닌 힘이다. 이 말씀은 온전한 인격을 지닌 존재로서 모든 중요한 순간들마다 늘 아버지 옆에 계셨다. 이 말씀은 하나님과 '함께'(with) 계셨고, 또한 하나님'이셨다'(was). 하나님이시면서 하나님과 함께 계셨다. 하나님이 어떤 존재였든, 이 말씀은 하나님이셨다. 이 말씀은 하나님과 동등하고 차이가 없었지만, 하나님과 구별되어 계셨다.[8]

요한은 가능한 한도 내에서 가장 적은 단어로 삼위일체의 신비를 선언한다. 이것보다 더 적은 수의 단어를 사용해서 삼위일체의 신비를 표현하는 것이 과연 가능할까? 이 두 절, 즉 요한복음 1:1-2은 우리를 깊은 숙고와 묵상으로 이끈다. 우리는 이 말씀들이 우리의 마음에 새겨질 때까지 반복해서 읽고, 그런 후에 말씀을 깊이 숙고하며, 비할 데 없으신 하나님을 경배하는 것으로 이 말씀들에 화답하는 것이 마땅하다.

요한은 철학적인 의미가 담긴 '로고스'(*logos*)라는 용어를 사용해서 이 "말씀"을 지칭하기로 결정했다. 요한은 에베소에서 사역을 했기 때문에 청중은 헬라 철학에서 이 용어가 어떤 의미로 사용되고 있는지를 적어도 희미하게는 알고 있었을 가능성이 높다. 또한 요한의 청중 가운데는 유대인들이 있었을 것이고, 그들은 유대교의 여러 전승들 속에서 "말씀"[아람어로 '메므라'(*memra*)]이 어떤 의미로 사용되고 있는지도 알고 있었을 것이다. 하지만 요한이 예수님을 지칭하기 위해 '로고스'("말씀")를 사용하기로 결정한 의도가 무엇이었는지를 이해하는 데에는 두 가지 요인을 아는 것이 중요하다. 그중에 첫 번째는 구약성경에서 "말씀"의 용법을 아는 것이고, 두 번째는 요한이 복음서에서 예수님을 서술할 때 이 용어의 의미에 무엇을 추

8 여호와의 증인들이 사용하는 신세계역 성경(New World Translation)을 구문론에 의거해서 반박한 것으로는 Daniel B. Wallace, *Greek Grammar beyond the Basics: An Exegetical Syntax of the New Testament* (Grand Rapids, MI: Zondervan, 1996), 41, 266-269을 보라.

가했는지를 아는 것이다. 달리 말하면, 예수님을 "이 말씀"으로 지칭한 요한의 의도가 무엇이었는지를 알려고 한다면 헬라 철학이나 유대교 전승이 아니라 구약성경과 요한복음으로 눈을 돌려야 한다는 것이다.

요한은 1:1에서 맨 처음에 나오는 어구인 "태초에"를 통해 창세기 1장의 창조 기사를 끌어낸 뒤, 3절에서는 하나님이 창세기 1장에서 만물을 존재하게 하신 방식을 염두에 두고 "만물이 그로 말미암아 지은 바 되었으니 지은 것이 하나도 그가 없이는 된 것이 없느니라"라고 말한 것같다. 즉 요한은 이렇게 말함으로써 하나님이 말씀으로 만물을 창조하셨는데, 하나님이 이 세계를 창조하실 때 사용하신 바로 그 "말씀"이 예수님이었음을 보여주려는 것으로 보인다는 말이다.

요한은 지금 존재하는 모든 것은 아버지 하나님이 아들을 통해서 창조하신 것이라고 단언했다. "지은 것이 하나도 그가 없이는 된 것이 없느니라"(요 1:3b). 창조주의 주권적인 뜻과 상관없이 이 세계로 슬그머니 들어와서 존재하게 된 것은 아무것도 없다(참고. 사 45:7). 요한은 애매하게 말하거나 단서를 붙이지 않고 직설적으로 단언한다. "만물이 그로 말미암아 지은 바 되었고", "지은 것이 하나도 그가 없이는 된 것이 없다".

이 말씀은 태초에 계셨다(요 1:1-2). 아버지는 이 말씀으로 만물을 창조하셨다(3절). 요한이 4절에서 말하고 있듯이 피조물을 살아 움직이게 만드는 생명력은 이 말씀 안에 있었다. "그 안에 생명이 있었으니 이 생명은 사람들의 빛이라." 생명은 예수님 안에 있었다. 이 생명은 모든 사람이 온갖 인지를 가능하게 해 주는 모든 빛의 원천이다. 요한은 여기에서 창조와 생명은 하나님이 그리스도 안에서 직접 행하신 일로부터 왔다고 단언한다. 이것은 자연의 무작위적인 취사선택 과정을 통해 생명이 우연히 생겨났을 가능성을 배제한다. 처칠과 히틀러, 절개를 지키는 것과 간음, 궁극적인 의미의 존재와 암울한 허무주의가 서로 양립할 수 없듯이 하나님이 이 세계를 창조하셨다는 믿음과 진화론도 서로 양립할 수 없다.

하나님은 아들을 통해 만물을 창조하셨고, 아들 없이는 어떤 것도 존재할 수 없다(3절). 생명은 아들 안에 있었고, 빛은 이 생명으로부터 온다(4

절). 빛의 기원("빛이 있으라")은 하나님의 말씀 안에서 맥동하는 생명력이고, 어둠은 그 빛을 이기거나 깨달을 수 없다. 요한은 5절에서 "빛이 어둠에 비치되 어둠이 이기지 못하더라"라고 쓴다. 이 구절은 "깨닫지 못하더라"로 번역할 수도 있다(NASB, NIV 1984). 이 단어는 두 의미를 모두 지니고 있고, 요한은 이 단어를 중의적으로 사용한 것으로 보인다. 어둠은 예수님을 이기지 못할 것이고, 설령 어둠의 세력이 그를 죽인다고 할지라도 생명이 그 안에 있기 때문에 그는 부활하실 것이다. 또한 어둠 가운데 있는 사람들은 하나님께로부터 나기 전까지는(1:13) 그 빛을 깨달을 수 없다. 피조물이 창조주를 이길 수 없는 것처럼 어둠은 빛을 이길 수 없다. 그리고 자신의 악을 감추기 위해 빛으로부터 도망치는 사람들(참고. 3:20)이 하나님의 나라를 보고 그곳에 들어가기 위해서는 영과 생명의 말씀이 필요하다(3:3, 5).

1:6-15 | 세례 요한, 빛, 하나님께로부터 남 앞서 언급했듯이 1:1-18은 교차대구법적으로 구성되어 있다. 1:6-15의 구조는 다음과 같이 몇 마디로 단순화해 요약할 수 있다.

1:6-8 증언
  1:9 빛
    1:10-11 영접하지 않음
    1:12-13 영접함
  1:14 영광
1:15 증언

요한이 세례 요한을 소개하는 방식은 복음서 기자의 자기 이해(참고. 20:31)와 독자들의 자기 이해에 중요하다. 옛 언약의 마지막 선지자였던 세례 요한을 그 자체로 독자적인 의미를 지닌 인물로 소개하지 않고 이렇게 말한다. "하나님께로부터 보내심을 받은 사람이 있으니 그의 이름은 요한이라 그가 증언하러 왔으니 곧 빛에 대하여 증언하고 모든 사람이 자기로 말미암아 믿게 하려 함이라"(6-7절). 세례 요한은 증언하기 위해 온 사람이다. 그가 증언한 것은 "빛", 즉 "사람들의 빛"(4절)임과 동시에 어둠이 깨닫거나 이기지 못할(5절) 빛이다.

요한은 세례 요한을 이사야 8:20-9:2 같은 구약 본문들이 예수님 안에서 성취될 것임을 알리러 온 인물로 소개하려 했을 가능성이 크다. 거기에서 "고통의 흑암"과 "심한 흑암"(사 8:22)은 언약에 의한 저주와 약속의 땅으로부터 유배됨을 상징하고, "해변 길"을 "영화롭게" 할(사 9:1) "아침 빛"(사 8:20)과 "큰 빛"(사 9:2)은 하나님이 새로운 출애굽과 유배로부터의 귀환을 통해 자기 백성에게 장차 행하실 일을 상징한다. 따라서 세례 요한이 증언한 빛은 하나님이 선지자들을 통해서 자기 백성에게 약속하신 저 영광스러운 종말론적 회복과 관련된 이스라엘의 소망이었다. 세례 요한이 그 빛에 대해 증언하는 것은 "모든 사람이 자기로 말미암아 믿게" 하기 위해서이다(요 1:7). 이는 예수님이 어떤 식으로 구원의 아침 빛을 가져오실지 보여준다. 세례 요한은 구약성경의 약속이 예수님 안에서 성취될 것임을 증언하는데, 그 증언을 통해 사람들에게 구하는 응답은 믿음이다.

요한은 세례 요한이 달이라면 예수님은 해이심을 강조한다. 이는 "하나님께로부터 보내심을 받은" 선지자 세례 요한이 하나님께 받은 놀라운 능력을 분명하게 드러내어 사람들을 압도함으로써 이목이 세례 요한에게 집중되는 것을 막으려는 의도다. "그는 이 빛이 아니요 이 빛에 대하여 증언하러 온 자라"(8절). 말라기 선지자 이래로 주어지지 않았던 하나님의 예언이 세례 요한의 사역에서 되살아났다는 점은 중요하지 않았다. 진정 중요한 것은 이 선지자가 증언한 "빛"이신 예수님이었다.

요한복음 1:9에 나오는 "참빛 곧 세상에 와서 각 사람에게 비추는 빛이 있었나니"라는 말씀을 이해하려면 전후 문맥만이 아니라 좀 더 넓게 살펴보아야 한다. 전후 문맥을 보면 "참빛"은 분명히 예수님이다(1:4-5, 7). 좀 더 시야를 넓게 살펴보면 예수님이 "각 사람에게 비추는 빛"이라는 것이 무슨 의미인지 이해하는 데 도움이 될 본문들이 있다. 예를 들면 3:19-21이나 예수님이 자신을 "세상의 빛"이라고 단언하신 8:12이다.

3:19-20에서는 빛이 세상에 왔는데도 어떤 사람들은 어둠을 사랑해서 빛으로부터 도망쳤다고 말한다. 8장에서는 예수님이 자기가 "세상의 빛"(8:12)이라고 선언하시자 바리새인들은 예수님이 스스로 증언하신 것이기 때문에 참되지 않다고 즉각 반박한다(8:13). 이러한 용례들은 1:9에 나오는 "각 사람에게 비치는"에서 사용된 동사 "비치다"의 용법이 에베소서 1:18에 나오는 용례보다 요한계시록 18:2에 나오는 용례에 더 가깝다는 것을 보여준다. 바울이 에베소서 1:18에서 신자들의 마음의 눈에 "빛을 비추셔서"("너희 마음의 눈을 밝히사") 이런저런 것들을 알게 해달라고 기도할 때, 마음의 눈에 빛을 비추신다는 것은 영적으로 볼 수 있게 해 주셔서 믿을 수 있게 해 주신다는 비유적 표현이다. 반면에 요한계시록 18:1에서 땅에 "빛이 비쳤다"("그의 영광으로 땅이 환하여지더라")는 것은 천사가 하늘로부터 내려오자 땅이 환하게 밝아졌다는 의미다. 요한복음 3:20에서 빛을 보고 도망치는 자들이나 8:13에서 예수님이 거짓 증언을 하고 있다고 비난한 자들은 마음의 눈이 빛을 받아 밝아진 자들이 아니다. 오히려 빛이 그들에게 비쳐서 있는 그대로의 모습이 드러나자 빛을 미워한 자들이다.

요한복음의 맥락 속에서 1:9은 예수님이 이 땅에 오셔서 모든 사람에게 빛을 비추어 죄의 어둠으로부터 벗어나게 하심으로 믿을 수 있는 가능성을 주셨다는 의미가 아니기 때문에 "선행 은혜"(先行恩惠)라는 신학적 개념을 밑받침해 주지 않는다. 요한은 "각 사람에게 비추는 빛"이 무엇을 하는 것인지를 13절에서 설명한다. 즉 예수님이 오셔서 모든 사람에게 비추어주시는 빛은 장차 믿을 수 있는 가능성을 열어주는 선행 은혜가 아니라 거듭남을 준다. 이처럼 예수님을 영접하는 자들과 영접하지 않는 자들은 거듭남을 통해 서로 구별되고 분리된다(참고. 10-13절).

요한복음 1:10도 1:9과 마찬가지로 예수님이 이 땅에 오셔서 모든 사람에게 모종의 선행 은혜를 주심으로 그들을 어느 정도 변화시키셨다는 주장을 반박한다. 요한은 세상의 빛, 모든 사람에게 빛을 비추는 참빛(9절),

사람들의 생명인 빛(4절), 어둠이 이길 수도 없고 깨달을 수도 없는 빛(5절)이 “세상에 계셨으며 세상은 그로 말미암아 지은 바 되었으되 세상이 그를 알지 못하였[다]”(10절)는 충격적인 아이러니를 제시한다. 그리고 여기에서는 예수님이 오셔서 죄와 허물로 죽어 있던 자들에게 선행 은혜를 주심으로 어느 정도 살아나게 하여 진실을 깨닫도록 하셨다고 말하지 않는다. 반대로 세상은 너무나 깊은 어둠 가운데 있었기 때문에 세상을 창조하신 바로 그 빛이 왔는데도 깨닫지 못하고 알아보지도 못했다고 말한다.

요한은 혹시라도 이 깊은 어둠 가운데 있는 상태가 오직 이방 세계에만 적용된다고 생각하지 못하도록 11절에서 “자기 땅에 오매 자기 백성이 영접하지 아니하였으나”라는 말을 덧붙인다. 유대인들이라고 해서 죄와 허물로 죽은 상태를 벗어난 것은 아니라는 뜻이다. 유대인들은 메시아를 대망하며 살아왔지만, 정작 예수님이 오셨을 때 그들은 영접하지 않았다(참고. 행 13:27). 요한이 전해 주는 이야기를 하나님이 얼마나 능숙하게 만들어내셨는지에 대해서는 굳이 말하지 않더라도, 요한이 이 복음을 얼마나 능숙하게 썼는지를 보여주는 증거 중 하나는 유대인들이 메시아를 거부했다는 사실을 사람들로 하여금 믿게 하는 그의 능력이다. 요한이 이것을 너무나 생생하게 들려주기 때문에 유대인들이 그토록 오랜 세월 동안 대망해왔던 메시아를 거부하고 영접하지 않았다는 그의 말에 우리는 전혀 거부감을 느끼지 않는다.

앞에서 설명한 이 단락의 교차대구 구조 속에서 10-11절과 12-13절은 그 구조의 중앙에 온다. 이렇게 함으로써 요한은 모든 것이 예수님에 대해 사람들이 어떻게 응답하느냐에 달려 있음을 보여주고자 한 것으로 보인다.

“세상이 그를 알지 못하였고”(10절), 유대인들 대부분이 그를 영접하지 않았지만(11절), 일부는 그를 영접했다. 요한은 “영접하는 자 곧 그 이름을 믿는 자들에게는 하나님의 자녀가 되는 권세를 주셨[다]”(12절)고 말한다. 요한은 예수님을 “영접하는” 사람들은 “그 이름을 믿는” 사람들이라고 설명한다. 전후 문맥으로 보았을 때 예수님의 이름을 믿는다는 것(12절)은 세례 요한의 증언(7절)을 믿는다는 것이고, 예수님을 믿는 것이 구약성경의 예언이 성취되는 방식이라는 세례 요한의 의도를 믿는 것이다(6-8절).

예수님을 믿고 영접한 사람은 하나님의 자녀가 되는데, "하나님의 자녀"(12절)라는 개념은 13절에서 "하나님께로부터 난 자들"이라는 개념을 통해 좀 더 자세하게 설명된다. 14절에서는 예수님을 하나님이 직접 낳으신 "아버지의 독생자"라고 말함으로써 "하나님께로부터 난" 다른 사람들과 구별한다.

요한이 12절에서 "하나님의 자녀가 되는 권세"라고 말한 이유는 무엇인가? 하나님은 이스라엘을 선택하셨고, 애굽 왕 바로에게 "이스라엘은 내 아들 내 장자라"(출 4:22) 선언하셨다. 요한은 방금 전에 이스라엘 백성이 예수님을 영접하지 않았다는 사실을 말했고(요 1:11), 이제는 예수님을 영접하는 자들에게 원래 이스라엘이 가지고 있어야 할 권리, 즉 하나님의 자녀 될 권리가 주어진다고 말한다.

요한은 13절에서 이 새로운 하나님의 자녀가 "혈통으로나 육정으로나 사람의 뜻으로 나지 아니하고 오직 하나님께로부터 난 자들"이라고 설명한다. 혈통으로 낳았다는 것은 이스라엘 백성이 옛 언약 아래에서 아브라함의 육신적 자손으로서 하나님의 백성이 된 것을 가리키는 것으로 보인다. 옛 언약 아래에서 하나님의 백성은 혈통으로 난 자들이다. 하나님의 백성은 이삭을 통해 태어난 아브라함의 자손으로 이루어진 민족이다. 하지만 새 언약 아래에서는 그렇지 않다. 13절에서 "육정으로" 낳았다는 것은 인간의 욕망으로 낳았음을 의미하는 것 같다. 여기에서 "육신"이라는 단어가 저속한 본능과 격정을 가리키는 것으로 보이기 때문이다(하지만 14절의 "말씀이 육신이 되어"라는 구절에서도 동일한 단어가 사용된다). 13절의 "사람의 뜻"으로 나지 않았다는 말은 육신의 저속한 본능과 격정들만이 아니라 좀 더 합리적으로 표현된 인간의 욕망을 통해서 낳은 것도 아니라는 의미로 보인다. 어쨌든 요한은 사람이 본능적이거나 이성적인 선택에 의해 하나님의 가족으로 태어나는 것이 아니라고 말함으로써 하나님의 자녀가 되는 것은 인간의 선택에 의한 것이라는 주장을 두 번 반복해서 이중적으로 부정한다. 이 세 어구는 사람들이 하나님의 가족으로 태어나 그분의 자녀가 되는 권리를 얻은 것은 그들의 부모가 누구냐에 따라, 그리고 그들이 지닌 욕망이나 어떤 선택의 결과가 아니라고 선언한다. 그렇다면 그들은 어떻게 하나님의 자녀로 태어나게 되는 것인가? 13절의 마지막 구절은 예수님을 영접하는 자들, 예수님의 이름을 믿는 자들이 "하나님께로부터 난 자들"이라고 선언한다.

이러한 선언의 논리는 이 사람들이 하나님께로부터 태어나는 것은 그들이 예수님을 영접하고 믿기 전에 이미 결정되어 있음을 보여주는 것 같다. 만약 예수님을 믿기로 한 선택이 하나님께로부터 태어나는 결과를 가져다 주었다면 요한이 그들은 "육정으로나 사람의 뜻으로"(13절) 나지 않았다고 말하기는 어려웠을 것이기 때문이다. 요한복음에 나오는 다른 말씀들(참고. 3:3, 5; 6:63)은 사람들이 이렇게 하나님께로부터 태어났을 때에야 비로소 하나님이 예수님 안에서 무엇을 행하고 계시는지를 깨달을 수 있는 새로운 능력을 받게 됨을 분명하게 보여준다. 그리고 사람들이 그런 새로운 능력을 받았을 때 예수님이 하시는 모든 말씀이 설득력을 지니기 때문에 그들에게는 자연스럽게 믿음이 생겨난다.

요한은 1:14에 와서야 이 말씀이 예수님이라는 것을 밝힌다. "말씀이 육신이 되어 우리 가운데 거하시매." 1절에서 이 말씀이 하나님이라는 것과 영원하다는 것, 아울러 이 말씀은 하나님이지만 아버지 하나님과 구별된다는 것을 밝혔던 요한은 이제 성육신의 심오한 신비를 이야기한다. 말씀이 육신이 되셨다. 하나님이 사람이 되셨다. 예수님은 육신이 되셨을 때 이 말씀으로 존재하기를 그치신 것이 아니었다. "우리 가운데 거하시매"라는 어구는 "우리 가운데 장막을 치셨다"로 번역할 수 있다. 요한은 구약성경을 헬라어로 번역한 역본들에 쓰인 단어 중 성막을 가리키는 데 사용한 명사에서 유래한 동사를 사용함으로써 하나님이 성막에 거하신 사실을 상기시킨다. 이는 예수님이 성전과 그 사역을 어떻게 성취하시는지 보여주는 여러 방식 중 첫 번째다.[9]

14절에서 요한은 하나님께로부터 나서 예수님을 영접하고 그분의 이름을 믿은 자신과 그 밖의 다른 사람들에 대해 쓴다. "우리가 그의 영광을 보니." 빛이신 예수님(4-5절)과 그 영광의 나타남(14절) 간에는 연결 관계가 존재하는 것으로 보이는데, 이것은 이 단락의 교차대구 구조 속에서 14절과 9절이 서로 대응되고 있다는 사실에 의해 밑받침된다. 하나님께로부터 난 자들은 하나님이 그리스도 안에서 행하시는 일들을 볼 수 있기 때문에(참고. 3:3), 그 빛을 보고 도망치는 것이 아니라 도리어 그 빛이 영광스러운 것임을 안다(1:14; 2:11; 3:21).

요한은 14절에서 이 영광에 대해 좀 더 자세하게 설명한다. "아버지의 독생자의 영광이요 은혜와 진리가 충만하더라." "독생자"(AT)라는 말은 헬라어 '모노게네스'(μονογενής)를 번역한 것이다[ESV에서는 "유일하신 아들"(only Son)로 옮겼다]. 필자가 이 어구를 "독생자"(only begotten)로 번역한 것은 전후 문맥과 예수님을 하나님께로부터 난 다른 자녀와 구별하기 위해 요한이 이 어구를 사용한 것을 고려했기 때문이다. 요한은 13절에서 "하나님께로부터 난[에게네세산(*egennēthēsan*)]" 자들이라고 말한 후, 14절에서는 '아버지에게서 태어난 유일한 분'[모노게누스(*monogenous*), 독생자]이라고 말한다. 또한 요한일서 4:7에서 요한은 "사랑하는 자마다 하나님으로부터 나서"[게겐네타이(*gegennētai*)]라고 말하고, 4:9에서는 "하나님이 자기의 독생자[모노게네(*monogenē*)]를 세상에 보내셨다"(AT)고 말한다. 요한일서 5:18에서 요한은 동일한 개념을 지닌 서로 다른 용어들을 사용해서 이렇게 쓴다. "하나님께로부터 난[게겐네메노스(*gegennēmenos*)] 자는 다 범죄 하지 아니하는 줄을 우리가 아노라 하나님께로부터 나신[게네세이스(*gennētheis*)] 자가 그를 지키시매 악한 자가 그를 만지지도 못하느니라." 여기에서 "하나님께로부터 난 자"는 성도들을 가리키고, "하나님께로부터 나신 자"는 예수님이라는 것은 분명하다. 이렇게 요한은 하나님께로부터 나신 유일하신 아들인 예수님과

9 James M. Hamilton Jr., *God's Indwelling Presence: The Holy Spirit in the Old and New Testaments*, NAC Studies in Bible and Theology (Nashville: B&H Publishing, 2006)을 보라.

하나님께로부터 난 택하신 자들을 구별하기 위해 '모노게네스'(독생자)라는 용어를 사용한다.

따라서 요한 및 그와 함께한 사람들이 본 영광은 "아버지의 독생자의 영광이요 은혜와 진리가 충만[한]" 영광이다(요 1:14). 요한은 16-18절에서 영광, 은혜, 진리라는 개념들로 다시 돌아가는데, 우리가 14절에 나오는 영광에 대한 이러한 설명에 입각해서 16-18절에 나오는 말씀을 바라보면 그가 출애굽기 33:18-34:8을 염두에 두고 있다는 것이 드러난다.

ESV에서는 요한복음 1:15에서 세례 요한의 증언에 관해 보도하고 있는 것이 14절에서 16-18절로 넘어가는 은혜와 진리와 영광에 관한 사고의 흐름을 방해한다고 보고 괄호 안에 넣어서 삽입구로 처리한다. 하지만 이 단락의 교차대구 구조 속에서 15절에 나오는 세례 요한의 증언은 6-8절에 나오는 세례 요한의 증언과 서로 대응되기에 15절이 왜 이 위치에 있게 된 것인지를 설명해 줄 수 있다.

세례 요한은 예수님보다 먼저 태어났기 때문에(참고. 눅 1:36) 그의 "내 뒤에 오시는 이가 나보다 앞선 것은 나보다 먼저 계심이라"(요 1:15)라는 선언은 분명히 물리적인 나이 이상을 염두에 둔 것이다. 복음서 기자 요한은 이미 "태초에 말씀이 계시니라"(1절)고 선언했다. 또한 세례 요한의 이 증언(1:15)은 그가 나중에 말한 다른 것들(3:27-30), 그리고 예수님의 지위는 자신의 지위와 견줄 수조차 없다고 말한 것(3:31) 등과 일치한다.

1:16-18 | 아들이 아버지를 계시하심 요한은 예수님의 영광이 "은혜와 진리가 충만하더라"(14절)라고 말한 것으로 다시 돌아가서 16절에 "우리가 다 그의 충만한 데서 받으니 은혜 위에 은혜러라"라고 쓴다. 요한은 아마도 바울 서신들에 나오는 그리스도 안에서 하나님 영광의 "충만"에 관한 언급들(엡 1:23; 3:19; 4:13; 골 1:19; 2:9)과 일치하는 방식으로 '그의 충만'(개역개정에는 "그의 충만한 데")이라는 어구를 사용한 것같다. 요한이 1:17에서 말하고 있는 것에 비추어보았을 때 "은혜 위에 은혜"를 받는다는 것은 하나님이 그리스도 안에서 자기 백성에게 주시는 은혜가 옛 언약 아래에서 하

나님의 백성에게 주어진 은혜를 능가한다는 것을 가리키는 듯하다.

요한은 1:17에서 "율법은 모세로 말미암아 주어진 것이요 은혜와 진리는 예수 그리스도로 말미암아 온 것"이라고 말한다. 이는 율법이 은혜로 주어진 선물이 아니라고 말하는 것이 아니다. 하나님은 이스라엘에게 다른 모든 민족은 받지 못한 특별한 은혜로 율법이라는 선한 선물을 주셨다. 하지만 하나님이 그리스도 안에서 주시는 계시는 율법을 통해 이스라엘에게 주신 것보다 더 나은 것이다(참고. 히 1:1-3). 또한 여기에서 요한은 하나님이 출애굽기 33:18-34:8에서 모세에게 은혜로 자신을 계시하신 것을 떠올리고 있는 것으로 보인다.

모세는 하나님의 영광을 보여달라고 했지만(출 33:18), 요한은 "우리가 그의 영광을 보았다"(요 1:14)고 단언한다. 하나님은 모세에게 자기 이름을 선포하시면서 자신을 "자비롭고 은혜롭고…인자와 진실이 많은 하나님"(출 34:6)이라고 단언하셨다. 마찬가지로 요한은 예수님의 영광이 "은혜와 진리가 충만[한]"(요 1:14) 영광이요, "우리가 다 그의 충만한 데서 받으니 은혜 위에 은혜러라"(16절)라고 단언한다. 하나님은 모세에게 "나는 은혜 베풀 자에게 은혜를 베풀" 것이라고 말씀하셨는데(출 33:19), 은혜 가운데서 모세에게 자신을 계시하셨을 뿐만 아니라 이제 거기에 더하여 은혜 가운데 그리스도 안에서 자신을 계시하셨다.

요한이 1:18에서 "본래 하나님을 본 사람이 없으되"라고 말한 것은 하나님이 출애굽기 33:20에서 "네가 내 얼굴을 보지 못하리니 나를 보고 살 자가 없음이니라" 하신 것을 염두에 둔 것이었다. 그때에 모세는 하나님의 "등"을 보았다고 말하지만(출 33:23), 출애굽기 33:11과 신명기 34:10에서는 하나님이 모세와 "대면하여" 말씀하셨다고 말한다. 출애굽기 33:20에서는 무엇이 가능하거나 가능하지 않은지에 대해 말한 것이 아니라 무엇이 모세에게 허용되고 허용되지 않았는지에 대해 말한 것이다. 모세에게는 하나님의 자기 계시를 어느 정도 경험하는 것이 허용되었지만, 하나님을 무제한적으로 경험하는 것은 그에게 죽음을 초래할 것이기 때문에 허용되지 않았다. 아울러, 요한복음 1:18에서 강조되고 있는 것은 단순히 물리적으로 보는 것 그 이상이다. 요한복음 1:18의 요지는 예수님은 아버지 하나님과 유례가 없을 정도로 지극히 친밀하셔서 아버지 하나님을 전례가 없는 방식으로 계시해 주신다는 것이다. 그래서 요한은 18절에서 "아버지 옆에[개역개정에는 "품속에"] 있는 독생하신 하나님이 나타내셨느니라"(AT)라고 말한다. 또한 예수님도 14:9에서 "나를 본 자는 아버지를 본" 것이라고 선언하신다(참고. 12:45).

요한복음에서는 예수님이 성부 하나님의 독생자이시기에 그가 하나님의 마음을 아시듯, 제자들도 예수님의 마음을 안다는 것을 시사하고 있다. 우리는 이를 "아버지 품속에 있는" 예수님(1:18)이라는 표현에서 부분적으로 볼 수 있다. 이 동일한 어구가 13:23에서도 사용된다. "예수의 제자 중 하나 곧 그가 사랑하시는 자가 예수의 품에 의지하여 누웠는지라["whom Jesus loved, … at Jesus' side" (ESV)]." "예수의 옆에(at Jesus' side)"라는 어구를 축자적으로 번역하면 "예수의 품[속]에"가 된다(참고. 본서에 실린 성경 본문과 각주). 이것으로부터 도출되는 결론은 예수님이 아버지 하나님을 계시하셨듯이 요한도 그렇게 예수님을 계시했다는 것이다.

응답

아버지 하나님의 독생자는 아버지 하나님을 알게 해 준다. 우리가 아버지 하나님을 아는 데 이보다 더 나은 방법이 있겠는가? 독생자보다 아버지 하나님과 더 많은 시간을 보낸 이가 있겠는가? 독생자보다 심판이나 즐거운 일이나 죄 용서를 비롯한 무수히 많은 상황들 속에서 아버지 하나님이 나타내신 성품과 역사를 더 많이 본 이가 있겠는가? 독생자보다 그런 진리를 더 정확하게 말해 줄 수 있는 이가 있겠는가? 독생자보다 아버지 하나님이 가지신 사랑의 깊이를 더 온전히 아는 이가 있겠는가? 우리는 독생자 안에서 아버지 하나님에 관해 완전한 계시를 갖는다.

당신이라면 우리 같은 사람들에게 지극히 귀한 것을 주고 싶겠는가?

당신이라면 아무 자격도 없는 사람들에게 지극히 관대하여 그들에게 많은 것들을 차고 넘치게 주신 하나님을 본받고 싶겠는가? 그들은 하나님의 진노하심을 받아 마땅한 자들이 아닌가? 그런데도 하나님은 그들에게 빛을 주셨다. 그 빛이 세상에 오셨다. 어둠은 그 빛을 깨닫지 못하고 이기지도 못한다. 어둠은 그를 죽였지만, 그를 죽음 가운데 붙잡아둘 수는 없었다. 당신은 그 빛에 대하여 어떻게 응답하는가? 배척하는가, 아니면 영접하는가?

또한 우리는 세례 요한의 증언을 살펴보았다. 세례 요한은 더 이상 살아 있지 않지만, 요한복음 안에서 계속 증언한다. 당신은 그의 증언을 배척하는가, 아니면 받아들이는가? 세례 요한은 빛에 대해 증언했다. 당신은 그 빛이 예수님 안에서 동터 왔음을 믿는가?

예수님이 빛이심을 믿는 우리는 복음서 기자 요한이 다른 사람들로 하여금 믿게 하기 위해 예수님을 증언할 때, 세례 요한과 힘을 합쳤다는 것을 주목해야 한다(20:31). 우리 믿는 자들은 사람들로 하여금 믿음을 갖게 하는 큰일을 위해서 두 요한과 힘을 합쳐야 한다. 빛이 동터 왔다는 것을 증언하라. 사람들을 불러서 그리스도를 믿으라고 외치라.

아버지 하나님의 독생자, 모든 세계 앞에 있는 말씀, 생명을 주는 빛, 은혜와 진리의 충만, 아버지 하나님을 계시하는 성자이신 예수님의 영광을 보라. 그리고 그에게 영원토록 영광을 돌리라.

19 유대인들이 예루살렘에서 제사장들과 레위인들을 요한에게 보내
어 네가 누구냐 물을 때에 요한의 증언이 이러하니라 20 요한이 드러
내어 말하고 숨기지 아니하니 드러내어 하는 말이 나는 그리스도가
아니라 한대 21 또 묻되 그러면 누구냐 네가 엘리야냐 이르되 나는 아
니라 또 묻되 네가 그 선지자냐 대답하되 아니라 22 또 말하되 누구냐
우리를 보낸 이들에게 대답하게 하라 너는 네게 대하여 무엇이라 하
느냐 23 이르되 나는 선지자 이사야의 말과 같이 주의 길을 곧게 하라
고 광야에서 외치는 자의 소리로라 하니라

19 And this is the testimony of John, when the Jews sent priests and
Levites from Jerusalem to ask him, "Who are you?" 20 He confessed,
and did not deny, but confessed, "I am not the Christ." 21 And they asked
him, "What then? Are you Elijah?" He said, "I am not." "Are you the
Prophet?" And he answered, "No." 22 So they said to him, "Who are you?
We need to give an answer to those who sent us. What do you say about
yourself?" 23 He said, "I am the voice of one crying out in the wilderness,
'Make straight the way of the Lord,' as the prophet Isaiah said."

24 그들은 바리새인들이 보낸 자라 25 또 물어 이르되 네가 만일 그리
스도도 아니요 엘리야도 아니요 그 선지자도 아닐진대 어찌하여 세례
를 베푸느냐 26 요한이 대답하되 나는 물로 세례를 베풀거니와 너희
가운데 너희가 알지 못하는 한 사람이 섰으니 27 곧 내 뒤에 오시는 그
이라 나는 그의 신발 끈을 풀기도 감당하지 못하겠노라 하더라 28 이
일은 요한이 세례 베풀던 곳 요단강 건너편 베다니에서 일어난 일이
니라

24 (Now they had been sent from the Pharisees.) 25 They asked him,
"Then why are you baptizing, if you are neither the Christ, nor Elijah,
nor the Prophet?" 26 John answered them, "I baptize with water, but
among you stands one you do not know, 27 even he who comes after
me, the strap of whose sandal I am not worthy to untie." 28 These things
took place in Bethany across the Jordan, where John was baptizing.

29 이튿날 요한이 예수께서 자기에게 나아오심을 보고 이르되 보라
세상 죄를 지고 가는 하나님의 어린양이로다 30 내가 전에 말하기를
내 뒤에 오는 사람이 있는데 나보다 앞선 것은 그가 나보다 먼저 계심
이라 한 것이 이 사람을 가리킴이라 31 나도 그를 알지 못하였으나 내
가 와서 물로 세례를 베푸는 것은 그를 이스라엘에 나타내려 함이라
하니라 32 요한이 또 증언하여 이르되 내가 보매 성령이 비둘기같이
하늘로부터 내려와서 그의 위에 머물렀더라 33 나도 그를 알지 못하였
으나 나를 보내어 물로 세례를 베풀라 하신 그이가 나에게 말씀하시
되 성령이 내려서 누구 위에든지 머무는 것을 보거든 그가 곧 성령으
로 세례를 베푸는 이인 줄 알라 하셨기에 34 내가 보고 그가 하나님의
아들[1]이심을 증언하였노라 하니라

29 The next day he saw Jesus coming toward him, and said, "Behold,
the Lamb of God, who takes away the sin of the world! 30 This is he of

whom I said, 'After me comes a man who ranks before me, because
he was before me.' 31 I myself did not know him, but for this purpose I
came baptizing with water, that he might be revealed to Israel." 32 And
John bore witness: "I saw the Spirit descend from heaven like a dove,
and it remained on him. 33 I myself did not know him, but he who sent
me to baptize with water said to me, 'He on whom you see the Spirit
descend and remain, this is he who baptizes with the Holy Spirit.' 34 And
I have seen and have borne witness that this is the Son of God."

35 또 이튿날 요한이 자기 제자 중 두 사람과 함께 섰다가 36 예수께서
거니심을 보고 말하되 보라 하나님의 어린양이로다 37 두 제자가 그
의 말을 듣고 예수를 따르거늘 38 예수께서 돌이켜 그 따르는 것을 보
시고 물어 이르시되 무엇을 구하느냐 이르되 랍비여 어디 계시오니이
까 하니(랍비는 번역하면 선생이라) 39 예수께서 이르시되 와서 보라
그러므로 그들이 가서 계신 데를 보고 그날 함께 거하니 때가 열 시
쯤[2] 되었더라 40 요한의 말을 듣고 예수를[3] 따르는 두 사람 중의 하나
는 시몬 베드로의 형제 안드레라 41 그가 먼저 자기의 형제 시몬을 찾
아 말하되 우리가 메시야를 만났다 하고(메시야는 번역하면 그리스
도라) 42 데리고 예수께로 오니 예수께서 보시고 이르시되 네가 요한
의 아들 시몬이니 장차 게바라 하리라 하시니라(게바는 번역하면 베
드로[4]라)

35 The next day again John was standing with two of his disciples,
36 and he looked at Jesus as he walked by and said, "Behold, the Lamb
of God!" 37 The two disciples heard him say this, and they followed
Jesus. 38 Jesus turned and saw them following and said to them, "What
are you seeking?" And they said to him, "Rabbi" (which means
Teacher), "where are you staying?" 39 He said to them, "Come and you

will see." So they came and saw where he was staying, and they stayed
with him that day, for it was about the tenth hour. 40 One of the two
who heard John speak and followed Jesus was Andrew, Simon Peter's
brother. 41 He first found his own brother Simon and said to him, "We
have found the Messiah" (which means Christ). 42 He brought him to
Jesus. Jesus looked at him and said, "You are Simon the son of John.
You shall be called Cephas" (which means Peter).

43 이튿날 예수께서 갈릴리로 나가려 하시다가 빌립을 만나 이르시되
나를 따르라 하시니 44 빌립은 안드레와 베드로와 한 동네 벳새다 사
람이라 45 빌립이 나다나엘을 찾아 이르되 모세가 율법에 기록하였고
여러 선지자가 기록한 그이를 우리가 만났으니 요셉의 아들 나사렛
예수니라 46 나다나엘이 이르되 나사렛에서 무슨 선한 것이 날 수 있
느냐 빌립이 이르되 와서 보라 하니라 47 예수께서 나다나엘이 자기에
게 오는 것을 보시고 그를 가리켜 이르시되 보라 이는 참으로 이스라
엘 사람이라 그 속에 간사한 것이 없도다 48 나다나엘이 이르되 어떻
게 나를 아시나이까 예수께서 대답하여 이르시되 빌립이 너를 부르기
전에 네가 무화과나무 아래에 있을 때에 보았노라 49 나다나엘이 대답
하되 랍비여 당신은 하나님의 아들이시요 당신은 이스라엘의 임금이
로소이다 50 예수께서 대답하여 이르시되 내가 너를 무화과나무 아래
에서 보았다 하므로 믿느냐 이보다 더 큰 일을 보리라 51 또 이르시되
진실로 진실로 너희[5]에게 이르노니 하늘이 열리고 하나님의 사자들
이 인자 위에 오르락내리락하는 것을 보리라 하시니라

43 The next day Jesus decided to go to Galilee. He found Philip and
said to him, "Follow me." 44 Now Philip was from Bethsaida, the city
of Andrew and Peter. 45 Philip found Nathanael and said to him, "We
have found him of whom Moses in the Law and also the prophets

wrote, Jesus of Nazareth, the son of Joseph." 46 Nathanael said to him,
"Can anything good come out of Nazareth?" Philip said to him, "Come
and see." 47 Jesus saw Nathanael coming toward him and said of him,
"Behold, an Israelite indeed, in whom there is no deceit!" 48 Nathanael
said to him, "How do you know me?" Jesus answered him, "Before
Philip called you, when you were under the fig tree, I saw you."
49 Nathanael answered him, "Rabbi, you are the Son of God! You are
the King of Israel!" 50 Jesus answered him, "Because I said to you, 'I
saw you under the fig tree,' do you believe? You will see greater things
than these." 51 And he said to him, "Truly, truly, I say to you, you will
see heaven opened, and the angels of God ascending and descending on
the Son of Man."

1 어떤 사본들에는 "하나님의 아들" 대신 "하나님의 택하신 자"로 되어 있다.
2 대략 오후 4시경
3 헬라어 본문에는 "그를"
4 "게바"와 "베드로"는 각각 아람어와 헬라어에서 "반석"을 가리키는 단어에서 왔다.
5 헬라어 본문에서 "너희"는 복수형이고, 이 절에서 두 번 나온다. 또 한 번은 "[너희가] 보리라"에서 나온다.

단락 개관

중요한 4일

요한복음 1:19-51은 예수님의 초기 사역에서 4일 동안 일어난 일들을 다룬다. 첫째 날에는 예루살렘의 바리새인들이 보낸 제사장들과 레위인들이 세례 요한과 나눈 대화를 듣는다. 이 대화는 장차 오실 이의 길을 준비하는 세례 요한의 정체성과 구약성경의 약속을 성취하려는 소망 가운데 회개와 정결함을 위해 물로 세례를 주는 그의 사역에 초점을 맞추고 있다. 둘째 날에는 세례 요한이 예수님 위에 성령이 내려와 머무는 것을 보고, 예수님이 성령으로 세례를 베푸실 분임을 알게 되었다고 증언한다(29-34절). 셋째 날에는 요한의 제자들이 예수님의 제자가 된다(35-42절). 넷째 날에 복음서 기자 요한은 예수님이 구약의 대망을 놀라운 방식으로 성취하는 분임을 보여준다(43-51절).

단락 개요

II. 중요한 4일(1:19-51)

- A. 세례 요한의 정체성과 사역(1:19-28)
- B. 성령이 내려와 머물다(1:29-34)
- C. 와서 보고 머물다(1:35-42)
- D. 네가 더 큰 일을 보리라(1:43-51)

주석

1:19-28 | 세례 요한의 정체성과 사역 세례 요한이 사역한 요단강 근방은 사해에서 멀지 않은 곳이었다. 그곳이 간선대로였다 해도 보통은 인적이 드물었을 것이다. 그렇다면 도대체 무슨 일이 벌어졌기에 그곳에 많은 사람이 모여들었을까? 그곳은 예루살렘으로부터 40킬로미터나 떨어져 있어서 오늘날 차로 가도 40분 정도 걸린다. "이때에 예루살렘과 온 유대와 요단강 사방에서 다 그에게 나아왔다"(마 3:5)라고 기록할 정도의 상황이

되려면 설교자가 꽤 요란법석을 떨어야 한다. 많은 사람들은 갑자기 유명해지게 되었을 때 그들의 삶이 만신창이가 된다고 하지만, 세례 요한의 경우에는 그런 사람들과는 매우 달랐고 올바른 이유로 유명해진 것을 알 수 있다. 세례 요한은 자기가 누구이고 어떤 삶을 살아야 하는지 분명히 알고 있었다.

복음서 기자 요한은 1:6-8과 15절에서 세례 요한의 증언을 소개한 바 있으며, 19-36절에서는 그 증언을 자세하게 설명한다. 세례 요한의 증언 때문에 그의 제자들이 스승인 그를 떠나 예수님에게로 가는 일이 벌어졌고, 바로 그것이 그가 증언하는 이유였다(7절; 참고. 3:30).

예루살렘의 바리새인들이 요단강 건너편에서 사역을 하고 있던 세례 요한에게 제사장들과 레위인들을 보내 두 가지를 질문했다. "너는 누구냐?" "너는 왜 이런 일을 하는 것이냐?" 요한은 그들과 세례 요한이 나눈 말들을 대화 형식으로 기록하는데, 그들의 질문에 대한 세례 요한의 입장과 대답은 요한의 정체성과 활동을 이해하는 데 아주 중요하다.

요한은 "유대인들이 예루살렘에서 제사장들과 레위인들을 요한에게 보내어 네가 누구냐 물을 때에 요한의 증언이 이러하니라"라고 기록함으로써 19절에서 이 일이 일어나게 된 전후 사정과 상황을 소개한다. 20절에 나오는 세례 요한의 대답을 보면 그가 그들이 진정으로 무엇을 묻고 싶은지를 알고 있었다는 것이 분명하게 드러난다. 그리고 요한이 세례 요한의 대답을 기록할 때 사용한 표현을 보면 우리는 요한이 무엇을 강조하고 있는지 알게 된다. "요한이 드러내어 말하고 숨기지 아니하니 드러내어 하는 말이." 복음서 기자가 세례 요한이 "드러내어 말했다"는 것을 두 번 반복해서 말하고, "숨기지 않았다"는 단언을 그 중간에 배치한 것은 세례 요한이 말한 것을 의심하거나 다른 식으로 해석할 여지가 전혀 없음을 강조한 것이다. 세례 요한은 진실을 숨기지 않았고, 있는 그대로 말했다.

그렇다면 요한이 무엇을 드러내어 말했고, 어떤 증언을 했는지를 살펴보자. 7절에는 그가 증언한 목적이 무엇이었는지 나와 있다. "빛에 대하여 증언하고 모든 사람이 자기로 말미암아 믿게 하려 함이라." 그 결과, 사람들은 세례 요한을 떠나서 예수님의 제자가 된다. 요한은 제자들이나 사람들이 자기를 떠나 예수님에게로 가는 것에 대해 세례 요한이 그 어떤 갈등도 느끼지 않았고, 그렇게 하는 것에 전혀 망설임이 없었다는 것을 보여준다. 그리고 세례 요한의 태도를 우리가 본받아야 할 모범으로 제시한다.

세례 요한의 고백 내용은 장차 오실 메시아에 대한 대망(待望)을 보여준다. 사실 세례 요한의 정체성에 대한 질문을 촉발시킨 것은 바로 이 대망이었다. 이 대망은 유대인들 가운데서 너무나 널리 퍼져 있었고, 당연한 것으로 받아들여지고 있었다. 때문에 예루살렘에서 온 사람들이 세례 요한에게 "네가 누구냐?"라고 물었을 때 세례 요한은 그들이 그렇게 질문한 의도를 잘 알고 두말없이 "나는 그리스도가 아니라"(20절) 하고 대답했다. 모든 것을 종합적으로 고려해 보았을 때, 세례 요한이 "드러내어 말하고 숨기지 아니하니 드러내어 하는 말"이 "나는 그리스도가 아니라"는 것이었다고 한 요한의 역설은 당시 어떤 사람들이 일어나서 "스스로 선전"한 일을 생각나게 한다(행 5:36).

이런 사람들은 자기가 하나님이 구약성경에서 약속하신 일들을 이루시기 위해 사용하실 메시아라고 주장했다. 그들은 구약성경에서 하나님이 자기 백성을 위한 큰 권능의 일을 행하실 때 사용하셨던 중요한 인물들을 따라 했다. 요세푸스는 사람들을 이끌어 다시 한번 요단강을 마른 땅으로 건너서 약속의 땅을 새롭게 정복하겠다고 약속하고 사람들을 이끌고 요단강을 건너 광야로 들어가고자 했던 여러 인물들에 대해 쓰고 있다. 이 인물들은 하나님이 그들을 통해서 구약성경에서 예언하신 대로 새로운 출애굽과 새로운 정복을 이루어내시고, 사람들로 하여금 새로운 에덴에서 복된 삶을 누리게 하실 것이라고 주장했다(참고. Josephus, *Jewish Wars* 2. 258-260, *Antiquities of the Jews* 20. 97; 20. 168-170; 20. 188; 또한 참고. 마 24:26). 이러한 사기꾼들과는 대조적으로 세례 요한은 여호와께서 자기를 구약성경에 예언된 새로운 출애굽을 통한 구원의 길을 준비하는 사람으로 보내셨지만, 자기가 메시아나 그런 부류의 인물은 '아니라고' 말했다.

설령 세례 요한이 메시아가 아니라고 하더라도 여전히 다른 가능성은 있었다. 그래서 예루살렘에서 온 자들은 "그러면 누구냐 네가 엘리야냐"라고 물었고, 이번에도 세례 요한은 "나는 아니라"고 대답했다. 그런데도 그들은 또다시 "네가 그 선지자냐"라고 물었고, 세례 요한은 "아니라"고 대답했다(요 1:21). 그들이 "네가 엘리야냐"라고 물은 것은 말라기 4:5에 나오는 예언 때문이었다. "보라 여호와의 크고 두려운 날이 이르기 전에 내가 선지자 엘리야를 너희에게 보내리니." 세례 요한이 했던 부정적인 대답은 축자적으로 해석해야 한다. 즉 엘리야가 산 채로 승천했기 때문에 사람들은 장차 그가 다시 땅으로 돌아올 것이라고 기대했지만, 세례 요한은 자기가 다시 이 땅에 돌아온 바로 그 엘리야는 아니라고 대답한 것이다. 그럼에도 그들이 또다시 "너는 네게 대하여 무엇이라 하느냐"(요 1:23)라고 물었을 때 세례 요한은 모형론적인 관점에서 자신이 구약성경에 예언된 엘리야의 역할을 하고 있음을 보여준다. 그리고 이것이 예수님이 세례 요한을 두고 장차 올 것이라고 예언된 엘리야라고 말씀하신 것의 의미일 것이다(마 11:10; 참고. 말 3:1; 마 11:14). 그들이 "네가 그 선지자냐"라고 물은 것은 신명기 18:15-18에 나온 예언 때문이었다. 세례 요한이 자기는 메시아가 아니라고 대답한 후에 그들이 이렇게 질문했다는 것은 "그 선지자"와 메시아가 동일한 인물인지가 당시에 확실하지 않았다는 것을 보여준다.[10]

세례 요한의 간단명료한 대답은 예루살렘에서 온 사자들을 당혹스럽게 만들었다. 그래서 그들은 세례 요한에게 "[네가] 누구냐 우리를 보낸 이들에게 대답하게 하라 너는 네게 대하여 무엇이라 하느냐"(요 1:22)라고 물으며 당혹감을 드러내었다. 이 질문에 대한 세례 요한의 대답은 24절에 나오는 정보와 함께 여러 가지를 물어보고자 현장으로 온 사람들은 실권자들이 아니었음을 보여준다. 예루살렘으로부터 온 자들은 니고데모(참고. 3:1) 같은 인물이 아니라 자신들의 상관이 궁금해하는 점을 알아보고 다시

10 하지만 요한복음 6:14-15과 비교해 보라. 거기에서 무리는 예수님을 "그 선지자"(14절)라고 말하고, 예수님은 그것을 보시고서는 그들이 자기를 왕으로 삼으려고 하다는 것을 아신다(15절).

돌아가서 보고해야 하는 자들이었다.

1:6-8에서 복음서 기자 요한은 세례 요한을 이사야 8:20-9:2에 예언된, 장차 오실 빛을 증언하기 위해 온 인물로 소개했다. 그리고 이제 요한은 세례 요한을 이사야 40:3에 예언된 것을 성취할 인물로 소개한다. "나는 선지자 이사야의 말과 같이 주의 길을 곧게 하라고 광야에서 외치는 자의 소리로라"(요 1:23). 이사야서에서 이 구절은 여호와가 새로운 출애굽을 완료하셔서 하나님의 백성으로 하여금 포로생활을 끝내고 영광스러운 종말론적 회복을 누리도록 하기 위해 시온으로 돌아오고 계신다는 것을 알리는 말씀이다. 이렇게 요한은 세례 요한에 대해 여호와께서 예수님을 통해 시온으로 돌아오시는 길을 준비하는 인물로 소개한다. 따라서 세례 요한을 비유적으로 말하면 "오리라 한 엘리야"(마 11:14)지만, 문자 그대로 말하면 역사상의 실존했던 엘리야는 아니다(요 1:21).

예루살렘에서 온 사자들은 세례 요한이 자신의 정체에 관해 대답한 말들이 무엇을 의미하는지 이해했을 것이다. 그들은 세례 요한이 하나님께서 자기 백성을 위해 이루실 새로운 구원의 길을 준비한다고 주장하는 것을 알았기 때문에 이제는 세례 요한의 사역에 대해, 즉 그가 세례를 베푸는 이유에 대해 묻는 것으로 옮겨간다. 복음서 기자 요한은 25절에서 이 사자들이 다음으로 어떤 질문을 했는지 말하기 전에 24절에서 이들에 관한 추가 정보를 제공한다. "그들은 바리새인들이 보낸 자라." 그런 후에 요한은 그들이 "네가 만일 그리스도도 아니요 엘리야도 아니요 그 선지자도 아닐진대 어찌하여 세례를 베푸느냐"라고 물었다는 것을 보여준다. 그들이 또다시 그리스도, 엘리야, 그 선지자를 차례로 열거한 것은 모세 같은 새로운 선지자, 다윗 가문으로부터 나올 그리스도, 여호와의 날이 이르기 전에 올 새로운 엘리야와 관련된 구약의 대망을 뚜렷하게 부각시키는 역할을 한다. 이 시점까지 요한복음에는 세례 요한이 세례를 베풀었다는 말이 전혀 나오지 않는다. 그러한 사실은 예루살렘에서 바리새인들이 보낸 사자들이 물은 질문을 통해 밝혀진다.

세례 요한은 이 질문에 대한 답을 통해서 자신의 사명은 "모든 사람이 믿게" 하기 위하여 빛에 대하여 증언하는 것임을 명명백백하게 밝히며(7절), 예수님을 높이고 자기 자신을 낮춘다(참고. 3:30). 세례 요한은 자기가 왜 세례를 베푸는지 묻는 그들의 질문을 기회로 삼아 자기가 증언하는 분은 너무나 크신 분이어서 거기에 비하면 본인은 그분을 섬길 자격조차 없음을 밝힌다. 왜 세례를 베푸는 것이냐는 질문을 받았을 때 세례 요한에게 중요했던 것은 자기가 베푸는 세례의 모형론적 의미(복음서 기자 요한은 1:28에서 그런 의미를 암시한다)를 설명하는 것이 아니라 그 기회를 활용해서 예수님을 증언하는 것이었다. 그래서 "나는 물로 세례를 베풀거니와 너희 가운데 너희가 알지 못하는 한 사람이 섰으니 곧 내 뒤에 오시는 그이라 나는 그의 신발 끈을 풀기도 감당하지 못하겠노라"(26-27절)라고 대답한다.

빛이 세상에 계셨지만 세상이 그 빛을 알지 못했고 영접하지 않았다는 요한의 말처럼(10-11절) 세례 요한은 예수님이 그들 가운데 서 계시지만 그들은 그를 알지 못한다고 말한다(26절). 27절에 나온 "내 뒤에 오시는 이"라는 어구는 15절과 연결된다. 거기에서도 세례 요한은 예수님이 자기보다 월등히 높은 분이라고 말할 때 예수님을 "내 뒤에 오시는 이"로 소개했다. 여기 27절에서도 세례 요한은 예수님의 월등히 높은 신분을 강조한다. 즉 예수님은 지극히 높으신 분이어서 자기는 그분의 신발 끈을 푸는 비천한 일조차도 할 자격이 없다는 것이다.

요한은 28절에서 세례 요한의 사역이 지닌 의미를 암시해 준다. "이 일은 요한이 세례 베풀던 곳 요단강 건너편 베다니에서 일어난 일이니라." 요한은 물속에 잠기는 세례의 상징적인 의미를 보여주기 위해 요단강 건너편에서 세례를 베풀었던 것으로 보인다. 물속에 잠기는 이러한 세례는 약속의 땅에 다시 들어가기 위해 필요한 정결의식을 상징했을 가능성이 크다. 요한의 세례에 참여한 사람들은 자신의 죄를 고백하고 회개했다(참고. 마 3:2, 8; 막 1:5). 그들은 포로생활을 하는 동안 죄로 더럽혀진 것을 정결하게 하고 약속의 땅을 새롭게 정복할 것을 기대하며, 여호수아가 정복을 시작했던 바로 그곳으로 갔다. 그들은 주의 길을 준비하려는 열심을 가지고 적극적으로 자신을 정결하게 하려 했다.

1:29-34 | 성령이 내려와 머물다 이 세상에 오실 빛에 관한 말씀(4-9절)은 빛이 동터 올 것이라고 한 이사야의 약속을 상기시킨다. 23절에서 세례 요한은 이사야 40:3에서 예언한 것이 바로 자기라고 밝힌 바 있다. 그리고 이제 1:29에서 세례 요한은 예수님이 이사야 53장에서 말한 어린양이라고 밝힌다. 즉 그는 예수님이 자기에게 나아오심을 보고서 "보라 세상 죄를 지고 가는 하나님의 어린양이로다"라고 선언했다. 이사야 52:13이 언급한 여호와의 지혜로운 종은 백성들의 질고를 짊어지시고(사 53:4), 그들의 허물 때문에 찔림을 당하셨으며, 그들의 평화를 위해 징계를 받으시고(5절), 어린양처럼 도살장으로 끌려가셨다(7절). 이사야가 어린양에 비유한 것은 이 종이 이스라엘을 위해 새로운 출애굽을 이끌 것이었기 때문이다(예컨대, 사 11:15-16). 그리고 이사야 52:7-53:12에서 이사야는 그 새로운 출애굽에서 하나님의 백성을 속량할 새로운 유월절 어린양을 소개한다. 세례 요한은 예수님이 바로 그 종, 바로 그 어린양이라고 폭탄선언을 한다(참고. 고전 5:7). 또한 이사야가 하나님이 이스라엘뿐 아니라 열방을 구원하실 것이라고 선언했던 것처럼(예컨대, 사 49:5-7), 세례 요한도 새로운 출애굽을 통해 백성들을 속량하신 저 새로운 유월절 어린양은 단지 이스라엘의 죄만이 아니라 '세상'의 죄를 친히 짊어지셔서 제거하실 것이라고 선언한다.

요한복음 1:9-13은 오직 하나님께로부터 난 자들만이 예수님을 영접한다는 것을 보여주었다. 또한 우리는 1장의 좀 더 넓은 맥락 속에서 세례 요한이 31-34절에 한 말을 토대로 하나님이 예수님을 알게 하시는 자들만이 예수님을 알게 된다고 말할 수 있다. 왜냐하면 "세상이 그를 알지 못하였고"(10절), 세례 요한도 예루살렘에서 온 유대인들이 그를 알지 못한다고 말했을 뿐만 아니라(26절) 심지어 자신조차도 그를 알지 못했다고 말하기 때문이다(31절).

32-34절에서 세례 요한은 자기가 어떻게 예수님을 알게 되었고, 왜 물로 세례를 베풀며, 자신의 궁극적인 사명은 무엇인지를 밝힌다. "내가 보매 성령이 비둘기같이 하늘로부터 내려와서 그의 위에 머물렀더라 나도 그를 알지 못하였으나 나를 보내어 물로 세례를 베풀라 하신 그이가 나에

게 말씀하시되 성령이 내려서 누구 위에든지 머무는 것을 보거든 그가 곧 성령으로 세례를 베푸는 이인 줄 알라 하셨기에 내가 보고 그가 하나님의 아들이심을 증언하였노라."

세례 요한의 특징은 자기가 본 것을 증언한다는 것이다. 33절의 "나도 그를 알지 못하였으나"라는 어구는 31절의 어구를 그대로 반복한 것이다. 세례 요한은 자기가 예수님을 어떻게 알게 되었는지 밝히는 과정에서 자기를 보내신 분이 주신 계시를 증언한다. 본문에는 명시적으로 나와 있지 않지만, 하나님이 세례 요한을 보내셨다. 따라서 33절의 마지막 말씀은 하나님이 세례 요한에게 주신 계시가 무엇이었는지를 보여준다. "성령이 내려서 누구 위에든지 머무는 것을 보거든 그가 곧 성령으로 세례를 베푸는 이인 줄 알라." 이 계시를 근거로 세례 요한은 성령이 내려와 예수님 위에 머물러 있는 것을 보고서는 예수님이 누구신지를 알아차렸다(32-33절).

이 장면은 옛적에 두 선지자가 요단강에서 겪었던 또 다른 일을 상기시킨다. 엘리사가 엘리야에게 역사했던 성령의 역사를 갑절이나 요청한 일이다(왕하 2:1-5; 또한 요 1:21에 엘리야에 대한 언급이 나오는 것을 생각해 보라). 사사들과 다윗과 에스겔에게 때때로 성령이 내려와 능력을 주었던 것과는 대조적으로, 예수님 위에는 성령이 내려와 "머물러" 있었다(33절). 그리고 엘리사는 엘리야에게 역사했던 성령의 두 배를 요청했던 반면, 복음서 기자 요한은 하나님이 예수님에게 성령을 "한량없이"(3:34) 주신다고 말한다.

사람들을 물로 세례를 주는 세례 요한의 사역(1:26, 31, 33)과 "성령으로 세례를" 베푸실 이(33절) 사이의 병행은 우리가 후자를 전자에 비추어 이해해야 한다는 것을 보여준다. 세례 요한이 물로 세례를 베풀어서 죄에 대한 고백, 회개, 정결케 함, 하나님 앞에서 살아가는 삶에 대한 헌신으로 부르는 사역을 했듯이 예수님은 성령으로 그런 사역을 하실 것이다. 이러한 병행은 예수님이 다윗의 자손에 관한 구약성경의 예언을 성취하실 분이라는 것, 즉 "여호와의 영"(사 11:2)을 충만하게 받아서 하나님의 백성에게 더 광범위하게 성령의 사역을 수행하심으로써(사 32:15) 그들로 하여금 순종하게 하실(겔 36:27) 분임을 보여준다.

세례 요한은 하나님의 계시대로 자기가 보게 될 것을 실제로 보았기 때문에 구약의 대망들을 집약한 핵심을 단언하는 것으로 자신의 증언을 마친다. "그가 하나님의 아들이심을 증언하였노라"(요 1:34). 세례 요한은 7절에서 직접 증언했듯이(참고. 사 8:20-9:2) 그리스도가 아니다(요 1:20). 하지만 1:23이 보여주듯 그는 여호와께서 시온으로 돌아오시는 길을 준비하는 자였고(사 40:3), 1:31에서는 예수님이 여호와시라는 것을 암시하면서(참고. 요 1:1) 그가 예수님의 길을 준비하고 있음을 분명하게 보여준다. 마찬가지로 예수님은 이사야 53장에 나오는 "하나님의 어린양"(요 1:29)이다. 성령은 예수님 위에 내려와 머무름으로 그분을 여호와의 기름 부음 받은 자로 만든다(32-33절; 참고. 사 11:2). 이렇게 해서 예수님은 구약성경에 예언된 성령의 새 시대를 여실 것이다(참고. 사 32:15; 겔 36:27). 또한 예수님은 하나님이 말씀하신 바로 그분이다. "나는 그에게 아버지가 되고 그는 내게 아들이 되리니"(삼하 7:14; 참고. 시 2:7). 세례 요한은 예수님을 고난받는 종, 하나님의 어린양, 여호와의 기름 부음 받은 자로 지칭한 후 마지막으로 다윗 가문의 왕인 "하나님의 아들"(요 1:34)이라는 칭호를 통해서 이 사실을 알려준다. 예수님은 하나님의 백성들이 소망을 두고 있는 분이다. 예수님은 사람들이 오랫동안 기다려왔던 분, "말씀", 생명, 빛, 아버지 하나님의 독생자로서 세상의 죄를 지고 가실 분이다.

1:35-42 | 와서 보고 머물다 요한복음 1:35-36은 29절과 아주 비슷하다. 둘 다 "이튿날"에 대해 말하며, 세례 요한이 예수님을 보고 "보라 하나님의 어린양이로다"라고 선언하는 것으로 묘사한다. 29-34절은 세례 요한이 어떻게 예수님을 알아보았는지 자세하게 말해 준다. 성령이 내려와서 예수님 위에 머물러 있었다. 이제 예수님이 "하나님의 아들"(34절)이라는 것이 밝혀졌기 때문에 35-42절에서는 예수님이 제자들을 삼으시는 과정을 세 부분으로 보여준다. 첫째, 세례 요한의 증언은 그의 제자들이 예수님을 따르게 했다(35-37절). 둘째, 예수님을 따른 자들은 그분과 함께 있기를 원했다(38-39절). 셋째, 예수님과 함께 머문 그들은 다른 사람들에게 함

께 예수님을 따르자고 설득했다(40-42절).

이 단락에서는 일이 자연스럽게 전개된다. 세례 요한은 예수님의 길을 준비하러 왔기 때문에(19-34절) 세례 요한의 제자들은 그를 떠나 예수님을 따르게 되었다(35-37절). 제자들은 세례 요한이 무엇을 선포하는지 알고 있었다.

예수님은 빛이시며(7절) 여호와께서는 예수님을 통해 시온으로 돌아오고 계신다(23절). 예수님은 참으로 크신 분이어서 세례 요한은 그의 신발끈을 푸는 일조차 감당할 수 없다(27절). 예수님은 새로운 출애굽의 새로운 어린양으로서 이사야 53장을 성취하실 분이다(요 1:29, 36). 예수님은 사람들에게 성령으로 세례를 베푸셔서 회개와 정결케 함과 죄를 이길 힘을 주심으로써 성령의 새 시대를 여실 분이다(33절). 요한복음 1:37에서는 세례 요한의 메시지를 이해한 사람이라면 예수님의 제자가 될 수밖에 없다는 것을 보여준다.

38-39절에는 예수님과 그분을 따르기 위해 세례 요한을 떠난 제자들 중 두 사람이 처음으로 만나는 장면이 나온다. 40절은 그중 한 사람이 안드레였다고 말한다. 다른 한 사람은 아마도 이 복음서의 저자인 "사랑하시는 제자", 곧 세베대의 아들 요한이었을 것이다.[11] 요한복음 전체에 걸쳐 저자는 단 한 번도 자신의 이름을 공개적으로 드러내지 않는다. 따라서 세례 요한의 두 제자 중에서 한 사람의 이름은 밝히면서도 다른 한 사람의 이름을 언급하지 않은 것은 세베대의 아들 요한이 이 복음서의 다른 곳들에서 자기가 거기 있었음을 나타내는 방식과 일치한다.

38절에서 예수님은 돌이켜 이 제자들을 보시며 "무엇을 구하느냐"고 물으신다. 세례 요한의 제자들이 이 질문에 대해 어떤 대답을 할 수 있을지 생각해 보라.

11 세베대의 아들 요한이 이 복음서의 저자라는 증거에 대해서는 서론을 보라. 세베대의 아들 요한이 안드레와 함께 이 일들을 경험한 것이거나, 아니면 안드레나 다른 익명의 제자 또는 이 두 사람이 요한에게 일어난 일들을 전해 준 것이다.

- 우리는 하나님 나라를 구한다.
- 우리는 이 땅에서 로마인들을 몰아내길 구한다.
- 우리는 구약의 예언이 성취되기를 구한다.
- 우리는 다윗 가문의 왕을 구한다.
- 우리는 진리를 구한다.
- 우리는 그 길을 구한다.
- 우리는 영생을 구한다.

하지만 그들은 그런 대답 대신 "랍비여 어디 계시오니이까"(38절)라고 묻는다. 그들이 예수님에게 온 것은 그들의 선생에게 온 것이기 때문에 주된 관심사는 예수님과 함께하는 것이었다. 여기에서 "계시다"로 번역된 동사는 이 복음서에서 가장 중요한 동사 중 하나로, 이 복음서의 다른 곳들에서는 "거하다" 또는 "머물다"로 번역된다. 이 동사는 39절에서 두 번 사용된다. "예수께서 이르시되 와서 보라 그러므로 그들이 가서 '계신' 데를 보고 그날 함께 '거하니' 때가 열 시쯤 되었더라."

요한은 청중에게 그리스도의 제자가 되려는 사람들이 주로 예수님과 함께 있는 것에 관심을 가졌고, 거기에 대한 예수님의 반응은 자기에게 와서 보라고 그들을 초대하는 것임을 알려주고 싶었던 것 같다. 또한 이 말씀은 사소하고 별 의미도 없는 것처럼 보인다. 하지만 가만히 생각해 보면 결국 이 제자들은 예수님에게로 갔으며, 계속해서 예수님은 다른 사람들을 자기에게로 오라고 부르신다(예컨대, 7:37). 요한은 그들이 '그의 영광을 보았다'고 이미 말했고(1:14), 1장 끝부분에서 예수님은 그들이 "이보다 더 큰 일을 보리라"(50절)고 말씀하신다.

제자들은 예수님이 어디에 '거하시는지'를 알고 싶어 했고, 예수님은 '와서 보라'고 그들을 초대하셨다. 그러자 그들은 예수님이 어디에 '거하시는지'를 보았고, 예수님과 함께 '거했다'(38-39절). 이것이 복음서 기자 요한의 의도라고 생각한다. 요한은 청중들이 예수님에 관해 묻고 예수님께로 가서 예수님과 함께 거하는 것이 어떤 것인지를 보고, 그런 후에 예수님과 함께 거하기를 원한다. 요한이 그다음에 묘사하는 장면은 예수님과 함께 있음으로 얻은 결과 중 하나를 보여준다.

안드레의 즉각적인 응답은 자신의 형제인 베드로를 찾아서 예수님께로 데려온 것이었다. 이는 세례 요한에 대한 올바른 응답이 예수님을 따르는 것이고, 예수님을 보았을 때의 결과는 예수님과 함께 거하고 싶어 하는 것과 다른 사람들을 예수님께로 데려오고 싶어 하는 것임을 보여준다. 안드레는 "우리가 메시야를 만났다"(41절)고 말한다. 안드레가 예수님이 구약 성경에 약속된 다윗 가문에서 나올 왕이시라는 것을 조금이라도 의심했다면 그의 입에서 이런 말은 나올 수 없었을 것이다.

그런 후에 예수님은 시몬에게 "베드로"(42절)라는 이름을 주셨다. 요한은 자신의 청중들이 예수님에 관한 세례 요한의 증언을 믿고서 그 증언에 응답하여 예수님을 따르고 그분과 함께 거하기를 원하고 있다. 예수님을 본 사람들은 반드시 다른 사람들에게 예수님께로 가라고 권면하며, 예수님께로 간 사람들은 그분이 자신들의 정체성을 변화시키시는 것을 경험하게 된다.

1:43-51 | 네가 더 큰 일을 보리라 세례 요한은 첫째 날에 자신의 정체성과 사역에 대해 설명했다(19-28절). 둘째 날에는 예수님이 누구신지를 밝혔다(29-34절). 셋째 날에는 예수님께서 세례 요한의 두 제자에게 와서 보라고 초대하셨다(35-42절). 이제 넷째 날에 예수님은 자기가 하는 일이 그를 따르는 자들의 기대를 훨씬 뛰어넘는 일임을 어렴풋이 보여주기 시작하신다(43-51절).

40-42절에서 안드레는 베드로를 예수님께로 데려왔다. 그리고 이제 43절에서는 예수님이 "나를 따르라"는 말씀으로 빌립을 부르시고, 44-46절에서는 빌립이 나다나엘을 예수님께로 데려온다. 베드로가 사는 집이 가버나움에 있었다는 것을 보여주는 증거가 있기 때문에(참고. 막 1:21, 29), 여기에서 빌립이 살고 있던 벳새다를 "안드레와 베드로의 동네"(요 1:44)라고 말한 것은 이 두 형제가 거기에서 태어났다는 의미일 것이다.

안드레가 예수님의 제자가 된 후에 처음으로 한 일이라고 기록된 것은 자신의 형제인 베드로에게 예수님을 메시아로 소개한 것이다(41절). 마찬가지로 43절에서 빌립이 예수님으로부터 따르라는 부르심을 받고 나서 가장 먼저 한 일도 나다나엘을 찾아가서 "모세가 율법에 기록하였고 여러 선지자가 기록한 그이를 우리가 만났으니 요셉의 아들 나사렛 예수니라"(45절) 하고 말한 것이었다. 빌립의 이 말은 19-20절에 나오는 세례 요한과 제사장들과 레위인들의 대화와 마찬가지로, 율법과 선지자들이 장차 구속주가 오실 것임을 예언했다는 대망이 유대인들 사이에서 널리 퍼져 있었음을 증명해 준다.[12]

모세와 선지자들이 메시아에 관해 썼다는 것을 부정하는 사람들이 당시에 있었을지 모르겠지만, 나다나엘은 오직 메시아가 나사렛에서 나올 수 있다는 것만을 부정한다.[13] 그는 빌립에게 "나사렛에서 무슨 선한 것이 날 수 있느냐"(46절)고 반문한다. 구약성경에 나오는 메시아에 관한 예언들은 메시아가 어떤 의미에서 우리가 전혀 예상하지 못한 분일 것이라고 말한다. 예컨대, 이사야 선지자는 "그는…고운 모양도 없고 풍채도 없은즉 우리가 보기에 흠모할 만한 아름다운 것이 없도다"(사 53:2)라고 썼다.

나다나엘이 그렇게 말하는 것을 듣고 빌립이 1:46에서 나다나엘에게

12 필자는 여러 다양한 출판물들 속에서 신약성경에 반영된 이 대망이 구약성경에서 어떻게 발견될 수 있는지 추적하려고 애써 왔다. James M. Hamilton Jr., "The Skull Crushing Seed of the Woman: Inner-Biblical Interpretation of Genesis 3:15," *SBJT* 10/2 (2006): 30-54; "The Seed of the Woman and the Blessing of Abraham," *TynBul* 58 (2007): 253-273; "The Messianic Music of the Song of Songs: A Non-Allegorical Interpretation," *WTJ* 68 (2006): 331-345; "Was Joseph a Type of the Messiah? Tracing the Typological Identification between Joseph, David, and Jesus," *SBJT* 12 (2008): 52-77; "The Typology of David's Rise to Power: Messianic Patterns in the Book of Samuel" *SBJT* 16 (2012): 4-25; *God's Glory in Salvation through Judgment: A Biblical Theology* (Wheaton, IL: Crossway, 2010); *What Is Biblical Theology?*를 보라.

13 예수님은 베들레헴에서 태어나셨음에도 불구하고 "나사렛 예수"라고 부르는 것(요 1:45-46)은 누구를 어디 사람이라고 할 때 그것이 태어난 곳을 가리킬 수 있고 현재 살고 있는 곳을 가리킬 수도 있다는 것을 보여준다. 이것은 베드로와 안드레를 "벳새다 사람"(1:44)이라고 한 것을 어떻게 이해해야 하는지를 보여준다. 나는 아칸소주에서 태어나 거기에서 자랐고, 텍사스주에서 공부하고 가르쳤으며, 지금은 켄터키주에서 살고 있다. 나는 내 자신을 이 세 곳 모두의 '출신'이라고 말해 왔다.

"와서 보라"고 대답한 것은 여러 가지 측면에서 시사해 주는 바가 있다. 첫 번째로 빌립은 나다나엘을 이런저런 말들로 설득하기보다는 나다나엘이 직접 예수님을 만나면 분명한 확신을 갖게 될 것이라고 믿었음이 분명하다. 두 번째로 빌립이 46절에서 나다나엘을 초대하면서 한 말은 예수님이 39절에서 세례 요한의 두 제자를 초대하시면서 하신 말씀을 그대로 재현한 것이다(헬라어 본문에서는 이 둘이 약간 차이가 있긴 하지만, 동일한 단어들을 사용하고 있다). 예수님에게로 온 자들은 예수님을 본받아 말하고 행하게 된다.

빌립이 나다나엘을 예수님에게로 데려가자 "예수께서 나다나엘이 자기에게 오는 것을 보시고 그를 가리켜 이르시되 보라 이는 참으로 이스라엘 사람이라 그 속에 간사한 것이 없도다"(47절)라고 말씀하셨다. 나다나엘이 깜짝 놀라서 "어떻게 나를 아시나이까"(48절)라고 물은 것은, 나다나엘은 예수님을 몰랐지만 예수님은 나다나엘의 정직한 성품을 정확하게 꿰뚫어 보셨다는 사실을 알려준다. 나다나엘은 사람들이 서로를 아는 통상적인 경로를 염두에 두고 예수님도 그런 경로들 중 하나를 통해 자기를 알게 되셨을 것이라고 생각했기 때문에 "어떻게 나를 아시나이까"라고 물은 것이었다. 하지만 예수님은 그의 예상과 달리 "빌립이 너를 부르기 전에 네가 무화과나무 아래에 있을 때에 보았노라"(48절b)라고 대답함으로써 그를 놀라게 만드신다.

구약성경에서 사람이 자신의 포도나무와 무화과나무 아래 앉아 있다는 표현은 다윗 가문에서 나온 왕의 의로운 통치 아래에서 하나님의 복을 누리고 있음을 의미한다(왕상 4:25; 참고. 미 4:4; 슥 3:10). 어떤 사람들은 나다나엘이 방금 전에 무화과나무 아래에서 기도와 묵상을 하고 있었을 것이라고 말한다. 본문에서는 그런 말을 하지 않지만, 그렇게 본다면 나다나엘이 "랍비여 당신은 하나님의 아들이시요 당신은 이스라엘의 임금이로소이다"(요 1:49)라고 대답한 이유가 설명된다. 빌립에게서 나사렛 출신의 예수님이 메시아라는 말을 듣고 회의적인 생각을 품었던 나다나엘은 예수님이 자기를 아신다는 말씀을 듣자(48절) 갑자기 돌변해서 예수님은 하나님의 아들이요 이스라엘의 왕이라고 고백한다(49절; 참고. 삼하 7:14). 나다나엘에게 이런 확신을 준 것은 둘이 만난 적이 없는데도 예수님이 자신의 성품을 알고 계신다는 사실과 빌립이 자기를 부르기 전에 자기를 "보신" 예수님의 능력이었다. 이 이야기에서 나오는 모든 것들은 나다나엘이 메시아이신 예수님의 정체성을 확신하게 된 이유가 예수님이 초자연적인 지식을 갖고 계심을 보여주셨기 때문이라는 사실을 시사해 준다.

예수님은 이런 식으로 나다나엘의 생각을 완전히 바꾸어 놓으시고 나서는 1:50-51에서 더 놀라운 약속을 주신다. "내가 너를 무화과나무 아래에서 보았다 하므로 믿느냐 이보다 더 큰 일을 보리라 또 이르시되 진실로 진실로 너희에게 이르노니 하늘이 열리고 하나님의 사자들이 인자 위에 오르락내리락하는 것을 보리라." 예수님은 나다나엘이 왜 그런 고백을 하게 되었는지 아셨기 때문에 나다나엘에게 "이보다 더 큰 일을 보리라"(50절)고 약속하신다. 51절에서 예수님은 나다나엘이 앞으로 보게 될 "더 큰 일들"이 어떤 것일지 암시해 주신다. 거기에는 에서에게서 장자권과 복을 훔치고 고향 집에서 도망친 야곱이 창세기 28장에서 겪은 일이 암시되어 있다. 야곱은 꿈에 "사닥다리"를 보았는데, "하나님의 사자들이 그 위에서 오르락내리락하고" 있었다(창 28:12). 그리고 여호와께서 친히 나타나셔서 야곱에게 아브라함의 복을 약속하셨다(창 28:13-14). 야곱은 그곳이 "다름 아닌 하나님의 집이요 이는 하늘의 문이로다"(창 28:17)라고 응답했다. 야곱이 본 "사닥다리" 또는 '일련의 계단들'은 땅과 하늘이 맞닿은 곳인 고대 근동의 지구라트(ziggurat, 피라미드형의 신전)였을 것이다. 예수님은 자기가 바로 그런 신전이라고 암시하신 것이다. 1:14에서 말씀이 육신이 되어 우리 가운데 장막을 치셨다(개역개정에는 "거하시매")고 한 것은 51절에서 인자이신 예수님이 땅과 하늘이 맞닿은 곳이심을 암시한 것과 서로 연결되어 있다. 이렇게 14절과 51절은 둘 다 예수님이 기존의 성전을 대체한 새로운 성전이라는 요한복음의 주제에 기여한다. 또한 "사닥다리"와 관련된 창세기의 본문은 아브라함의 복과 연결된다는 점을 볼 때 그 복이 예수님 안에서, 예수님을 통해 실현될 것임을 보여준다.

1:51은 창세기 28장과 분명하게 연결되어 있을 뿐만 아니라 "하늘이

열린다"는 사상과 "인자"에 대한 언급을 통해 다니엘 7장을 상기시킨다. 거기에서는 옛적부터 항상 계신 이가 왕좌에 좌정해 계시고(단 7:9-10), "인자 같은 이"가 영원한 통치권을 받는다(단 7:13-14).[14] 이렇듯 예수님은 1:51에서 나다나엘에게 자기가 하늘과 땅이 맞닿은 곳이 될 것이고, 이삭과 야곱에게 주어진 아브라함의 복이 자기를 통해 실현될 것이며, 자신은 영원한 통치권을 행사할 인자라는 것을 암시해 주신다.

요한복음 1장에는 예수님을 가리키는 칭호들이 가득하다. 말씀, 생명, 빛, 하나님의 어린양, 성령의 기름 부음 받은 이, 랍비/선생, 메시아/그리스도, 율법과 선지자들이 말한 이, 하나님의 아들, 이스라엘의 임금, 인자 등이 그것이다. 요한은 예수님에 대해 구약의 예언을 성취하실 분으로 높였고 세례 요한을 예수님의 길을 준비하는 자로 소개했다. 또 세례 요한의 제자들이 예수님을 찾아와서 그들의 선생인 예수님과 함께 거하는 것을 보여주었다. 예수님이 베드로에게 새로운 정체성을 부여하시는 장면을 보여주었고, 예수님이 전혀 예상하지 못한 방식으로 행하시는 것을 보여주었다. 나아가 예수님을 사람에 대한 초자연적 지식과 사람을 보는 능력을 지니고 계셔서 사람이 지닌 그 어떤 질문에도 다 대답해 주시는 하나님으로 소개했다.

응답

세례 요한은 하나님의 위엄을 알고 있었고, 하나님의 백성이 직면해 있는 문제들의 심각성을 알고 있었다. 그렇기에 그러한 문제들을 해결하기 위해 하나님이 예비하신 존재가 얼마나 큰 분이신지를 어느 정도 알고 있었

14 다니엘 7장에 관한 논의로는 James M. Hamilton Jr., *With the Clouds of Heaven: The Book of Daniel in Biblical Theology*, NSBT (Downers Grove, IL: IVP Academic, 2014)의 제6장, 135-154을 보라.

다. 세례 요한은 이것들에 비추어 자신을 철저하게 성찰했기 때문에 자기 뒤에 오시는 분이신 예수님을 지극히 높이고 자기는 지극히 낮출 수 있었다. 우리는 이렇게 세례 요한과 같은 응답을 하고 있는가? 우리가 예수님보다 더 나은 것을 소망할 수 있겠는가? 어떻게 사람이 우리에게 예수님을 능가하는 존재가 될 수 있겠는가? 따라서 우리는 요한처럼 예수님을 경배하고 섬기는 것이 마땅하다. 우리는 예수님을 믿고 신뢰해야 한다. 우리는 그분의 이름을 불러야 한다. 예수님이 자기와 함께 거하라고 우리를 초대하시는 것은 정말 놀라운 일이다. 주님이신 예수께서 우리를 성가시거나 싫증 나는 존재 혹은 쓰레기 같고 형편없는 존재라고 생각하지 않으시는 것에 대해 하나님을 찬송하라. 사실 예수님은 우리를 그렇게 생각하시는 것이 합당한데도 그렇게 하지 않으시고 우리를 사랑하셔서 우리를 위해 자기 자신을 주셨다.

요한복음 2:1-4:54 개관

요한복음 2장에서는 갈릴리 가나에서 시작된 일련의 사건들을 다룬 대단락이 펼쳐진다. 가나를 배경으로 해서 서로 병행되는 2:1-11과 4:46-54 그리고 2:11과 4:53-54은 수미쌍관 구조를 형성하며, 요한복음 2-4장을 둘러싸고 있다.

2:1-12의 처음과 끝은 4:46-54의 처음과 끝과 대응된다(도표 1).

2:1	4:46
사흘째 되던 날 갈릴리 가나에 혼례가 있어	예수께서 다시 갈릴리 가나에 이르시니
2:11	**4:53–54**
예수께서 이 '첫 표적'을 갈릴리 가나에서 행하여 그의 영광을 나타내시매 제자들이 그를 '믿으니라'	그의 아버지가 예수께서 네 아들이 살아 있다 말씀하신 그 때인 줄 알고 자기와 그 온 집안이 다 '믿으니라' 이것은 예수께서 유대에서 갈릴리로 오신 후에 행하신 '두 번째 표적'이니라

도표 1. 요한복음 2:1–12과 4:46–54의 처음과 끝

이렇게 요한복음 2-4장의 처음과 끝에 나오는 말씀들이 수미쌍관법을 통해 앞과 뒤를 막고 있는 구조 속에서 "사흘째 되던 날"이라는 개념은 요한복음의 이 대단락에서 강력한 주제가 된다. 2:1에서는 혼인 잔치가 "사흘째 되던 날"에 열린다. 13-22절에서 예수님은 유대인들이 성전을 헐면 자기가 "사흘 동안에" 성전을 다시 일으키실 것이라고 말씀하신다. 그런 후에 4:40에서는 예수님이 "이틀" 동안 사마리아인들과 함께 머무시고, 4:43에서는 "이틀이 지나매 예수께서 거기를 떠나셨다"고 말한다. 이것은 예수님이 왕의 신하의 아들을 사흘째 되던 날에 일으키셨다는 것을 암묵적으로 보여준다(4:46-54; 참고. 4:52의 "어제"). 요한복음 2-4장에서 예수님은 혼인 잔치에서 물을 포도주로 변화시키시고 성전의 파괴와 재건이라는 관점에서 자신의 죽음과 부활에 대해 말씀하시고, 왕의 신하의 아들을 죽은 자 가운데서 다시 일으키신다. 이 일들은 모두 "사흘째 되던 날"에 일어난다. 이처럼 "사흘째 되던 날"에 발생한 사건들에 더하여 예수님은 니고데모와 대화를 나누면서 거듭남에 관해 말씀하시며, 세례 요한은 예수님이 신랑이라는 것을 증언한다. 또 예수님은 우물가에서 의심스러운 과거를 지닌 사마리아 여자를 만나시고, 사마리아인들은 예수님이 세상의 구주시라고 고백한다. 2-4장에서 예수님은 혼인 잔치에 참석하시고 신랑이라 불리며, 우물가에서 사마리아 여자를 만나신다. 이 마지막 사건은 아브라함의 종이 우물가에서 리브가를 만난 사건을 상기시킨다. 야곱과 모세도 우물가에서 자신의 아내가 될 여자들을 만났다(창 24:11-15; 29:1-10; 출 2:15-21). 예수님이 니고데모에게 설명해 주신 물과 성령을 통한 거듭남은 에스겔 36장의 성취를 가리키고, 사마리아인들이 예수님을 세상의 구주라고 고백하게 된 것은 장차 이방인들이 모여올 것임을 예감할 수 있다. 이렇게 요한복음 2-4장은 구약의 성취로 가득하다.

요한복음 2-4장에는 주제라는 측면에서 서로 대응되는 것으로 보이는 여러 단락들이 분명하게 존재하고, "첫 표적"(2:11)과 "두 번째 표적"(4:54)이라는 명시적인 언급들은 이 대단락의 교차대구 구조에 대한 바깥쪽 틀을 보여준다.

(A) 2:1-12 물을 포도주로 변화시키심

(B) 2:13-25 유월절/성전

(C) 3:1-21 니고데모

(C′) 3:22-36 세례 요한

(B′) 4:1-45 세상의 구주

(A′) 4:46-54 왕의 신하의 아들을 고치심

요한은 예수님에 대해 옛 언약을 성취하시고 새 언약을 가져오시는 분으로 소개하는 방식으로 이 대단락을 구성했다. 요한이 묘사한 그러한 성취들은 서로 엮이고 겹쳐 있는 데다 여러 겹으로 이루어져 있어서 요한이 너무나 적은 지면에다 지나치게 많은 것들을 집어넣으려고 했다는 인상을 받는다(참고. 21:25). 그 주제들은 각각의 단락을 주해할 때에 좀 더 자세하게 살펴보게 되겠지만, 여기에서는 그 주제들을 짤막하게 살펴봄으로써 앞으로의 논의를 위한 방향을 설정하고자 한다.

옛 언약은 여호와와 이스라엘 간의 혼인으로 이해되었다(예컨대, 렘 31:32, "내가 그들의 남편이 되었어도 그들이 내 언약을 깨뜨렸음이라"). 여호와는 장차 자기 백성을 회복시키는 것은 그와 그의 백성 간의 새로운 혼인 같은 것이 될 것이라고 약속하셨다(예컨대, 호 2:19, "내가 네게 장가들어 영원히 살되").

구약성경에는 이러한 혼인 주제들과 아울러 "사흘째 되던 날"이라는 주제도 꽤 많이 나온다.

- 아브라함은 모리아 산으로 출발한 후에 "제삼일에" 자신의 사랑하는 아들을 희생제물로 드렸다(창 22:4).
- 여호와는 "셋째 날 아침에" 이스라엘과 맺은 언약의 계명들을 말씀하시기 위해 시내산에 강림하셨다(출 19:11, 15, 16).
- 제삼일에(수 3:2) 이스라엘 백성은 다음날에 있을 요단강을 건너는

일을 준비하였다(수 3:5).

- 다윗은 제삼일에 약탈자들을 무찌르고 자신의 가족을 구했고, 그 전리품들을 사람들에게 나누어주었다(삼상 30:1, 17-20, 26-31).
- 히스기야는 죽을 병에 걸렸지만, 이사야에게서 여호와가 제삼일에 그를 다시 일으켜서 성전에서 경배하게 하실 것이라는 말씀을 들었다(왕하 20:1-5).
- 호세아는 포로로 끌려가는 것은 사자(여호와)가 사람(이스라엘)을 덮치는 것과 같을 것이지만, 여호와가 이틀 후에 자기 백성을 살리시고 "셋째 날에" 그들을 일으키실 것이라고 말했다(호 5:14; 6:2).
- "요나가 밤낮 삼 일을 물고기 배 속에 있으니라"(욘 1:17).
- 에스더는 자기 백성으로 하여금 "삼 일" 동안 금식하게 한 후에 "제삼일에" 왕 앞에 나아가서 자기 백성의 목숨을 살려달라고 청했다(에 4:16; 5:1).

앞으로 보게 되겠지만, 이러한 예들은 요한복음 2-4장에 나오는 상징적인 성취들을 조명해 준다.

(A) 2:1-12 물을 포도주로 변화시키심

사흘째 되던 날에 예수님은 혼인 잔치에 가셔서 물을 포도주로 변화시키신다. 하나님이 이스라엘과 맺으신 언약은 혼인이었다. 새 언약은 새 혼인이다. 예수님은 십자가에서 흘리신 피로 자신의 신부를 사신 후에 제삼일에 죽은 자 가운데서 부활하셔서 승리의 주로서 자신의 신부를 부르실 것이다. 물을 포도주로 변화시키신 것은 옛 언약을 새롭게 할 더 나은 새 언약을 가리키는 "표적"이다.

(B) 2:13-25 유월절/성전

예수님은 열등한 옛 것(물)이 다 떨어졌을 때에 그것으로부터 새롭고 더 나은 것(포도주)을 만들어내신 후에 구약에 예언된 새 출애굽의 유월절 어린양으로 소개된다(참고. 1:29, 36). 유월절 어린양이신 예수님은 성전에서 팔고 있던 희생제물용 짐승들을 성전 밖으로 쫓아내신다(2:13-17). 예수님은 어린양이실 뿐만 아니라 육신이 되어 우리 가운데 장막을 치신 분으로서(1:14) 속죄 제사가 드려지는 하나님의 처소인 옛 성전을 대체한 새로운 성전이시다. 예수님의 죽음은 솔로몬 성전의 파괴라는 모형을 통해 보여진 하나님의 진노의 심판을 성취하신 것이다. 그래서 예수님은 자신의 죽음을 성전의 파괴라는 관점에서 말씀하신다. 예수님이라는 성전은 사흘 동안에 재건될 것이다. 예수님은 부활하실 것이다. 이 대단락의 교차대구 구조에서 이 단락(B)과 대응되는 단락(B′, 4:1-45)은 서로 연결되어 예수님이 유월절의 성취인 자신의 죽음과 부활을 통해서 세상의 구주가 되실 것임을 가르쳐 준다.

(C) 3:1-21 니고데모

새 언약의 새 포도주를 마시고 새로운 유월절 어린양의 희생 제사를 통해 유익을 얻으며, 예수님이 오게 하실 하나님 나라에 들어가서 새 성전에서 예배하기 위해서는 거듭나야 한다. 이것은 예레미야와 에스겔이 마음의 할례에 관해 말하거나(예컨대, 렘 6:10; 9:25-26) 돌 같은 마음이 제거되고 살 같은 마음으로 대체될 것이라고 말했을(겔 36:26) 때에 의미한 것이었다. 니고데모는 믿지 않는 자의 관점에서 예수님과 대화하고, 예수님은 그가 거듭나야 한다는 것을 설명하신다.

(C′) 3:22-36 세례 요한

세례 요한은 믿는 자의 관점에서 예수님에 대해 증언한다. 이 단락에서는 예수님을 신랑으로 묘사한 2:1-12에 나오는 혼인 주제들을 가져와서 사용한다(3:29). 구약의 선지자들은 하나님의 백성이 성령을 새롭고 더 온전히 경험하게 될 날에 대해 예언하였는데(예컨대, 사 32:15; 욜 2:28-32), 세례 요한은 하나님이 예수님에게 "성령을 한량없이 주신다"(요 3:34)고 말한다. 아들을 믿는 자들에게는 영생이 있다.

(B′) 4:1-45 세상의 구주

이삭(그의 아버지의 종을 통해서), 야곱, 모세가 우물가에서 자신의 아내를 만났듯이(창 24장; 29:1-10; 출 2:16-17), 예수님은 우물가에서 유대인이 아닌 여자를 만나셨다. 그곳은 사실 야곱의 우물이었고(요 4:5), 그 여자는 예수님에게 야곱보다 더 크냐고 묻는다(4:12). 구약성경에는 이방인들이 장차 새 언약 속으로 들어오게 될 것임을 보여주는 말씀들이 많이 나오는데(예컨대, 열방이 시온으로 몰려오게 될 것이라고 말하는 사 2:1-4; 참고. 49:6), 이 단락에서는 사마리아인들이 예수님에게로 몰려와서(요 4:30) 그를 세상의 구주라고 부른다(4:42).

(A′) 4:46-54 왕의 신하의 아들을 고치심

예수님은 사마리아인들과 이틀을 함께 지내신 후에(4:43) 가나로 돌아가신다(4:46). 거기에서 "두 번째 표적"(4:54)을 행하시는데, 이것은 "첫 표적"(2:11)과 마찬가지로 그것을 본 사람들 안에서 믿음을 촉발시킨다(4:53). 선지자들은 장차 있을 영광스러운 종말론적인 회복은 죽은 자 가운데서 부활하는 것과 같을 것이라고 말한 바 있는데(예컨대, 겔 37장; 호 5:14-6:2), 예수님은 능력으로 오셔서 죽음의 저주를 굴려 버리시고 "거의 죽게 된"(요 4:47) 왕의 신하의 아들을 고쳐 주신다.

가나에서 가나로: 예수님은 사흘째 되던 날에 혼인 잔치에 가셔서 포도주가 다 떨어지자 정결 예식을 위해 사용하는 항아리들에 물을 가득 채우게 하신 뒤, 그 물을 더 좋은 새 포도주로 변화시키신다. 이것을 통해서 자신이 새로운 출애굽의 유월절 어린양이시며, 동시에 하나님의 진노 아

래에서 파괴되었다가 사흘 동안에 재건될 참 성전이시라는 것을 보여주신다. 그런 후에 예수님은 하나님의 나라를 보거나 들어가기 위해서는 반드시 거듭나야 한다고 설명하신다. 세례 요한은 예수님을 점점 더 흥하셔야 할 신랑으로 소개한다. 그런 후에 예수님은 우물가에서 과거가 복잡한 한 사마리아 여자와 대화하시면서 자기가 우물가에서 여자(라헬)를 만난 야곱보다 더 크다는 것을 보여주신다. 이 모든 일이 있고 나서 이틀 후에 예수님은 거의 죽게 된 왕의 신하의 아들을 고쳐주신다. 어린양의 혼인 잔치는 죽은 자의 부활과 같을 것이고 물이 변하여 포도주가 되는 것과 같을 것이며, 거듭남과 같을 것이다.

1 사흘째 되던 날 갈릴리 가나에 혼례가 있어 예수의 어머니도 거기
계시고 2 예수와 그 제자들도 혼례에 청함을 받았더니 3 포도주가 떨
어진지라 예수의 어머니가 예수에게 이르되 저들에게 포도주가 없다
하니 4 예수께서 이르시되 여자여 나와 무슨 상관이 있나이까 내 때가
아직 이르지 아니하였나이다 5 그의 어머니가 하인들에게 이르되 너
희에게 무슨 말씀을 하시든지 그대로 하라 하니라

1 On the third day there was a wedding at Cana in Galilee, and the
mother of Jesus was there. 2 Jesus also was invited to the wedding with
his disciples. 3 When the wine ran out, the mother of Jesus said to him,
"They have no wine." 4 And Jesus said to her, "Woman, what does this
have to do with me? My hour has not yet come." 5 His mother said to
the servants, "Do whatever he tells you."

6 거기에 유대인의 정결 예식을 따라 두세 통[1] 드는 돌항아리 여섯이
놓였는지라 7 예수께서 그들에게 이르시되 항아리에 물을 채우라 하
신즉 아귀까지 채우니 8 이제는 떠서 연회장에게 갖다 주라 하시매 갖

다 주었더니 9 연회장은 물로 된 포도주를 맛보고도 어디서 났는지 알
지 못하되 물 떠온 하인들은 알더라 연회장이 신랑을 불러 10 말하되
사람마다 먼저 좋은 포도주를 내고 취한 후에 낮은 것을 내거늘 그대
는 지금까지 좋은 포도주를 두었도다 하니라 11 예수께서 이 첫 표적
을 갈릴리 가나에서 행하여 그의 영광을 나타내시매 제자들이 그를
믿으니라

6 Now there were six stone water jars there for the Jewish rites of
purification, each holding twenty or thirty gallons. 7 Jesus said to the
servants, "Fill the jars with water." And they filled them up to the brim.
8 And he said to them, "Now draw some out and take it to the master
of the feast." So they took it. 9 When the master of the feast tasted the
water now become wine, and did not know where it came from (though
the servants who had drawn the water knew), the master of the feast
called the bridegroom 10 and said to him, "Everyone serves the good
wine first, and when people have drunk freely, then the poor wine. But
you have kept the good wine until now." 11 This, the first of his signs,
Jesus did at Cana in Galilee, and manifested his glory. And his disciples
believed in him.

12 그 후에 예수께서 그 어머니와 형제들[2]과 제자들과 함께 가버나움
으로 내려가셨으나 거기에 여러 날 계시지는 아니하시니라

12 After this he went down to Capernaum, with his mother and his
brothers and his disciples, and they stayed there for a few days.

1 "통"으로 번역된 헬라어는 '메트레타스'(*metrētas*)로 복수형이다. 단수형 '메트레테스'(*metrētēs*)는 대략 35리터 정도 된다.

2 또는 "남자 형제들과 여자 형제들". 신약성경의 용례들에서 헬라어로 복수형인 '아델포이'(*adelphoi*; 여기에서 "형제들"로 번역된)는 문맥에 따라 "남자 형제들"을 가리키거나 "남자 형제들과 여자 형제들"을 가리킨다.

단락 개관

가나에서의 첫 번째 표적: 사흘째 되던 날 혼인 잔치의 새 포도주

이 장면에서 벌어진 일은 한편으로는 간단하고 명백하지만, 다른 한편으로는 심오해서 깊이 생각하게 만든다. 예수님은 사흘째 되던 날 혼인 잔치에 참석하신다. 혼인 잔치에 쓸 포도주가 다 떨어지자 예수님의 어머니는 이 문제를 예수님께 알린다. 예수님은 그 일이 자기와 무슨 상관이 있느냐고 반문하시지만, 곧이어 하인들에게 여섯 개의 돌항아리에 물을 가득 채운 후 그 물을 떠서 연회장에게 가져다주라고 지시하신다. 그러자 연회장은 신랑을 불러서 예수님이 물로 만드신 포도주를 가장 좋은 포도주라고 칭찬한다. 요한은 이것이 예수님이 행하신 첫 번째 표적이라고 밝히고, 이 표적에 대한 반응으로 제자들이 그를 믿었다고 말한다.

단락 개요

Ⅲ. 가나에서 가나로(2:1-4:54)
- A. 가나에서의 첫 번째 표적: 사흘째 되던 날 혼인 잔치의 새 포도주(2:1-12)
  1. 사흘째 되던 날에 혼인 잔치에서 포도주가 떨어짐(2:1-5)
  2. 첫 번째 표적: 물을 포도주로 변화시키심(2:6-12)

이 단락은 교차대구로 표현할 수 있는 집중적 구조이다.

2:1-2 관련된 시간, 장소, 사람들

2:3 포도주가 떨어짐

2:4-5 예수님, 그의 어머니, 그의 시간

2:6-8 포도주 항아리들과 예수님의 지시

2:9-10 포도주를 맛봄, 지금을 위해 아껴둔 최고의 것

2:11 첫 번째 표적, 영광을 나타내심, 제자들이 믿음

2:12 관련된 시간, 장소, 사람들

주석

2:1-5 | 사흘째 되던 날에 혼인 잔치에서 포도주가 떨어짐 이 일과 관련된 시간, 장소, 사람들에 관한 자세한 내용이 2:1-2에 나오고, 그 비슷한 정보는 이 단락의 끝부분인 2:12에 다시 나온다(도표 2).

시간	2:1	사흘째 되던 날	2:12	그 후에
장소	2:1	갈릴리 가나에서	2:12	가버나움으로
사람들	2:1-2	예수님, 그의 어머니, 제자들	2:12	예수님, 그의 어머니와 형제들, 제자들

도표 2. 요한복음 2:1-12의 처음과 끝에 나오는 시간, 장소, 사람들

예수님과 제자들은 베다니에서 요단강을 건너(1:28) 갈릴리로 갔고(1:43), 지금은 가나에서 혼인 잔치에 와 있다. 예수님의 어머니도 이곳에 있었다(2:1). 요한복음에서는 "사랑하시는 제자"를 "세베대의 아들 요한"이라고 공개적으로 언급하지 않는 것과 마찬가지로, 예수님의 어머니 역시 "요셉의 아내 마리아"라고 공개적으로 언급하지 않는다. 요한이 자신의 이

름이나 예수님 어머니의 이름을 사용하지 않기로 한 것은 아마도 자신의 청중들이 마리아나 요한이 아니라 예수님을 바라보도록 하기 위한 방식으로 보인다.

요한복음 1:19-51에서는 일련의 날들을 다음과 같이 소개했다.

제1일: 세례 요한이 바리새인들이 보낸 자들과 대화한다(1:19-28).

제2일: "이튿날"(1:29) 세례 요한은 성령이 예수님 위로 내려와서 머물렀다고 증언한다(1:29-34).

제3일: "이튿날"(1:35) 세례 요한의 제자들 중 두 사람이 예수님을 따른다.

제4일: "이튿날"(1:43) 예수님이 빌립과 나다나엘을 부르신다(1:43-51).

이것은 2:1에서 언급되는 "사흘째 되던 날"이 제7일이라는 것을 의미한다. "7"이라는 숫자는 충만함 또는 완전수를 뜻한다. 요한은 공개적으로 제7일이라고 말하지 않지만, 우리는 그런 정보가 중요한지 아닌지를 검토할 때 요한이 날들에 관한 자세한 정보를 아무런 계획 없이 되는 대로 포함시키지 않았고, 혼인 잔치에서 벌어진 사건을 아무런 생각 없이 선택해서 우리에게 들려준 것이 아니라는 것을 명심해야 한다. 그가 이 사건을 요한복음에 포함시킨 것은 제3일과 혼인 잔치가 구약성경에 나오는 제3일이라는 중요한 모형의 성취이자 새 언약을 가리키는 혼인 잔치라는 모형의 성취이기 때문이다(참고. 요한복음 2:1-4:54 개관).

포도주가 떨어졌다는 첫 소식은 예수님의 어머니가 예수님으로 하여금 상황을 해결해 주기를 기대한 것임을 보여준다(2:3). 이렇게 포도주가 떨어진 것은 예수님이 이 상황을 해결함으로써 "그의 영광을 나타내[실]"(11절) 기회를 준다. 요한은 이 사건과 이 사건을 둘러싸고 벌어지는 일들을 "표적"(11절)이라고 부름으로써 사건 그 자체를 뛰어넘어 예수님의 오심이 지닌 구속사적 의미라는 좀 더 큰 것을 가리키고 있음을 보여준다.

마리아가 "저들에게 포도주가 없다"(3절)라고 예수님에게 말한 것은 자신의 아들이 이 문제를 해결해 주길 기대했음을 보여준다. 그녀는 혼인 잔치에서 포도주가 떨어졌을 때 혼인 잔치를 연 사람들이 경험하게 될 극심한 당혹감과 수치를 염려했을 수도 있다. 하지만 요한은 그들의당혹감이나 수치에 초점을 맞추지 않고 예수님이 표적을 행하여 자신의 영광을 나타내신 것에 초점을 맞춘다(11절). 예수님이 "여자여 나와 무슨 상관이 있나이까 내 때가 아직 이르지 아니하였나이다"(4절)라고 대답하신 것은 다소 생뚱맞은 것 같지만(참고. 삿 11:12; 왕상 17:18; 왕하 3:13; 대하 35:21의 헬라어 번역과 막 5:7; 눅 8:28에서 동일한 헬라어 어구 사용), 이 사건이 예수님에게 갖는 의미, 즉 혼인 잔치에서 포도주가 필요하다는 것보다 좀 더 근본적인 의미를 숙고하게 만든다.[15]

그런 후에 예수님은 "내 때가 아직 이르지 아니하였나이다"(요 2:4)라고 말씀하신다. 요한복음에서 예수님과 관련해 사용된 여러 번의 "때"라는 표현이 여기에서 처음으로 나온다(7:30; 8:20; 12:23, 27; 13:1; 17:1; 참고. 4:21, 23; 5:25, 28; 16:21, 32). 정해진 기한이 다 찼다는 개념은 다른 복음서들에도 나온다(예컨대, 막 1:15; 눅 1:20; 2:6). 이 개념은 구약의 본문들에서 생겨난 것으로(예컨대, 겔 4장; 단 9:24-27), 정해진 기한이 다 되어서 회복의 때가 도래하였음을 나타낸다. "때가 아직 이르지 아니하였다"(요 2:4)는 이 언급은 이 단락에서 나중에 "지금까지"(10절) 가장 좋은 포도주를 남겨 두었다는 말과 서로 대응된다.

물 항아리들에 관한 설명, 예수님의 지시, 사람들이 이 지시에 온전하고 완벽하게 순종했다는 것을 보여주는 9절의 함의는 요한이 "표적"이라고 부른 이 사건의 중심 내용을 이룬다. 물 항아리들은 바리새인들이 선호했을 가능성이 높은 "유대인의 정결 예식"을 위한 것이었다(6절; 참고. 막

15 마리아가 2:5에서 하인들에게 한 말은 예수님에 대한 철저한 신뢰를 보여준다. 그 말은 창세기 41:55에서 애굽 왕 바로가 굶주린 백성에게 요셉의 지시대로 하라고 말한 것과 매우 비슷하다. 요셉 이야기에서 나타난 암시는 신약 기자들이 예수님을 요셉이 모형적으로 보여준 모든 것을 성취하시는 분으로 소개하는 데 기여한다. 이것과 관련된 논의로는 Hamilton, "Was Joseph a Type of the Messiah?"을 보라.

7:3). 물 항아리 하나에는 "두세 통"(요 2:6), 즉 70-105리터쯤 되는 물을 넣을 수 있었기 때문에 여섯 개의 항아리에 물을 채우면 대략 420-630리터가 되었다. 따라서 예수님은 그 정도 분량의 포도주를 만드신 것인데, 이것은 혼인 잔치에서 풍족하게 쓸 수 있는 양이었다. 실제로 요한은 사람들이 "아귀까지 채웠다"(7절)고 전하는데, 이는 옛 언약의 규례들을 폐기하려는 하나님의 뜻을 온전히 수행한 것임을 보여준다. 그런 후에 예수님은 하인들에게 그 항아리들에 들어 있는 것을 떠다가 연회장에게 갖다 주라고 지시하신다.

요한은 하인들이 예수님의 지시에 순종한 것에 대해서는 말하지 않고 곧장 9절에서 연회장의 반응을 보여준다. 연회장이 포도주를 맛보고서 보인 반응을 통해 비로소 우리는 예수님이 엄청난 일을 행하신 것임을 알게 된다. 요한은 무슨 일이 일어났는지를 자세하게 설명해 주지 않는다. 심지어 하인들이 예수님의 지시에 순종했다는 말조차 하지 않는다. 요한은 연회장이 포도주를 맛보고는 가장 좋은 것(10절, NIV)이라고 극찬했지만, 그 포도주가 어디에서 났는지는 알지 못했다(9절)고 말한다. 예수님이 다른 사람들에게 자기가 주는 것을 먹고 마시라고 초대하시는데(예컨대, 4:10; 6:54; 7:37), 연회장은 그 초대에 응했을 때 어떤 일이 벌어지는지를 경험했다. 사람들은 예수님의 정체성을 알지 못했을 수도 있지만, 예수님이 행하신 일의 열매를 경험할 때 그들이 지금까지 경험했던 것들과는 완전히 다른 것임을 알게 된다.

요한은 이것을 "첫 표적"(2:11)이라고 부른다. 예수님은 물을 포도주로 변화시키셨지만, 요한은 물을 포도주로 변화시킨 초자연적 이적은 그 이적이 지닌 좀 더 넓은 구속사적 함의에 비하면 아무것도 아니라는 것을 분명히 한다. 옛 언약은 여호와와 이스라엘 간의 혼인이었지만, 사흘째 되던 날에 혼인 잔치에서 포도주가 떨어졌다. 요한이 이렇게 혼인 잔치에서 벌어진 일들을 자세하게 보도한 것은 옛 언약의 수명이 다했다는 것을 상징적으로 보여주기 위함이다. 옛 언약의 규례들을 지키기 위해 사용된 항아리들이 가득 채워졌는데, 이것은 옛 언약과 그 결례에 할당된 기한이 모두

찼고 의도된 목적이 수명을 다했다는 것을 보여준다. 옛것으로부터 새롭고 더 나은 것, 즉 최고의 포도주가 나온다("떠서"). 요한은 다른 복음서 기자들과는 달리 예수님이 행하신 초자연적인 일들을 '권능의 역사들'이라고 부르지 않는다. 요한이 그것들을 "표적들"이라고 부르는 이유는 철저하게 의도된 것으로서 예수님이 옛 언약에서 새 언약으로, 물에서 포도주로 변화되는 새 시대를 열어가고 계심을 보여준다.

사흘째 되던 날에 열린 혼인 잔치에서 예수님은 가장 좋은 포도주를 만드셨다. 요한은 이 사건을 자세하게 묘사함으로써 옛 언약의 수명이 다해서 예수님이 "때가 차매"(갈 4:4) "기약대로"(롬 5:6) 오신 것임을 보여준다. 예수님은 항아리들에 물을 아귀까지 채우라고 하셨는데(요 2:7), 이것은 마치 그가 "모든 의를 이루기"(마 3:15) 원하신 것 같은 인상을 준다. 그런 다음 예수님은 새 포도주를 공급해 주셨고(참고. 마 9:14-17), 이것은 새 언약을 나타낸다.

2:6-12 | 첫 번째 표적: 물을 포도주로 변화시키심 예수님이 "이 첫 표적"을 행하여 "그의 영광"을 나타내셨다고 말할 때(요 2:11) 요한의 독자들은 1:14에 나왔던 "우리가 그의 영광을 보니"라는 말씀을 떠올리게 된다. 또한 요한복음 2:1-12은 요한이 1:16-18에서 요약해 제시한 것을 실제로 보여준다. 예수님은 이 혼인 잔치에서 꼭 필요할 때에 차고 넘치게 은혜를 베풀어주심으로써 "은혜 위에 은혜"를 주셨다. 예수님은 옛 언약의 결례를 위해 사용된 돌항아리들에 물을 가득 채워서 최고의 포도주를 만들어내심으로 1:17을 보여주셨다. "율법은 모세로 말미암아 주어진 것이요 은혜와 진리는 예수 그리스도로 말미암아 온 것이라." 그리고 예수님이 이렇게 자신의 영광을 나타내신 것은 요한이 1:18에서 말한 것이 사실임을 보여준다. 즉 예수님은 사람들에게 아버지 하나님을 알게 해 주셨다. 하나님은 은혜 위에 은혜를 주신다. 모세의 율법은 하나님이 이스라엘에게 주신 선한 선물이었고, 하나님은 율법을 성취하셔서 자신의 새 언약 백성에게 새 언약의 가장 좋은 포도주를 주신다.

또한 이 사건에서 예수님이 포도주를 차고 넘치게 공급해 주신 것은 창세기 49:8-12 같은 구절이 성취되었음을 암시한다. 그 구절에서는 그때에 포도나무가 아주 많은 열매를 맺을 것이기 때문에 장차 유다에서 나올 왕은 자신의 나귀 새끼가 마음껏 먹는 것을 막지 않을 것이고, 자신의 의복을 씻는 데 아낌없이 포도주를 사용할 것이며, 그의 눈은 포도주처럼 검고 건강할 것이라고 예언했다(창 49:11-12). 특히 아모스는 이 동일한 표상들을 사용해서 메시아 시대, 즉 영광스러운 종말론적인 회복에 대해 수확이 너무 많아서 추수를 다 하기도 전에 밭을 갈게 될 것이고, 산들과 작은 산들에는 포도주가 흘러넘칠 것이며, 백성들은 포도원을 가꾸고 자신들이 생산한 포도주를 마시게 될 것이라고 묘사했다(암 9:13-14).

이 표적에 대한 응답으로 제자들이 예수님을 믿었다(요 2:11). 한편으로 제자들이 믿은 것은 권능의 역사에 대한 자연스러운 응답이었다. 예수님이 표적을 행하셨고, 제자들은 그를 믿었다. 반면에 어떤 사람들은 예수님이 행하시는 표적을 보고 그를 믿게 될 것이지만, 예수님은 자신을 그들에게 의탁하지 않으실 것이다(2:23-25). 이것은 그 표적들이 상징하는 것, 즉 예수님이 계시하고자 하신 것을 제자들이 깨닫기 시작했음을 보여 주는 것일 수 있다(참고. 17:8).

요한은 표적과 관련된 시간과 장소와 사람들에 관한 정보를 제시하는 것으로 이 단락을 시작했고(도표 2 참고), 다시 한번 이 표적과 관련된 시간과 장소와 사람들에 관한 정보를 제시하는 것으로 단락을 끝낸다(2:12). 가나(1절)에서 가버나움으로 옮겨가고(12절), 예수님과 그의 어머니와 제자들에 더하여(1-2절) 이제 예수님의 형제들이 등장인물에 합류한다(12절). 혼인 잔치는 "사흘째 되던 날"(1절)에 있었지만, 그들은 이제 가버나움에 "여러 날"(12절)을 머물렀고, 유월절이 다가오고 있었다(13절).

응답

우리는 예수님을 단순히 도덕 교사나 이적을 행하는 자로 생각해서는 안 된다. 복음서와 사도행전의 기자들[16]은 하나님이 그리스도 안에서 행하신 일에 관한 이야기와 그 의미를 전하기 위해 예수님이 행하신 권능의 역사들을 선별하고 자신의 글에 포함시켜 제시했다. 예수님의 삶과 죽음과 부활은 옛 시대에서 새 시대로 넘어가는 지렛대 역할을 했다. 즉 예수님은 옛 언약을 성취하시고 새 언약을 개시하셨다. 요한은 예수님을 "모세가 율법에 기록하였고 여러 선지자가 기록한 그이"(1:45)로 소개하고, 구약의 여러 약속과 예언을 성취하신 분으로 묘사한다. 이것을 이해하게 되면 우리의 믿음은 깊어지며, 주님과 우리 자신을 구속사의 장엄한 틀 속에서 이해할 수 있게 된다. 그리고 이해가 깊어질수록 사랑도 깊어진다(빌 1:9). 성경을 이해하려고 애쓰는 이유는 성령의 능력을 힘입어 성부와 성자를 이해하기 위함이다. 요한복음 2:1-12의 구속사적 의미를 이해하게 되면 그로 인해 믿음이 촉진되고 예배하지 않을 수 없게 되며, 하나님과 이웃을 사랑할 수 있는 능력을 갖게 된다.

요한복음 2:1-12은 하나님이 좋은 선물을 주실 뿐만 아니라 거기에 좋은 것들을 더하시며, 적시에 가장 좋은 것을 주심을 보여준다. 즉 하나님은 옛 언약의 은혜로운 선물에 새 언약을 더하셨고, 이것은 "은혜 위에 은혜"를 주신 것이다(1:16-17). 사탄은 하나님이 자기 백성에게 좋은 선물을 주는 것을 아까워하신다고 주장하지만, 예수님은 혼인 잔치에서 꼭 필요한 것을 차고 넘치게 공급해 주셔서 아버지 하나님이 어떤 분이신지를 보여주심으로써(1:18) 사탄이 거짓말쟁이라는 사실을 폭로하신다. 성경의 하나님은 그분의 아들이신 예수님에 의해 계시되는데, 예수님은 혼인 잔치에 필요한 포도주를 차고 넘치게 공급해 주시는 분이다.

16 Alan J. Thompson, *The Acts of the Risen Lord Jesus: Luke's Account of God's Unfolding Plan*, NSBT (Downers Grove, IL: IVP Academic, 2011), 151-159.

13 유대인의 유월절이 가까운지라 예수께서 예루살렘으로 올라가셨
더니 14 성전 안에서 소와 양과 비둘기 파는 사람들과 돈 바꾸는 사람
들이 앉아 있는 것을 보시고 15 노끈으로 채찍을 만드사 양이나 소를
다 성전에서 내쫓으시고 돈 바꾸는 사람들의 돈을 쏟으시며 상을 엎
으시고 16 비둘기 파는 사람들에게 이르시되 이것을 여기서 가져가라
내 아버지의 집으로 장사하는 집을 만들지 말라 하시니 17 제자들이
성경 말씀에 주의 전을 사모하는 열심이 나를 삼키리라 한 것을 기억
하더라

13 The Passover of the Jews was at hand, and Jesus went up to
Jerusalem. 14 In the temple he found those who were selling oxen
and sheep and pigeons, and the money-changers sitting there. 15 And
making a whip of cords, he drove them all out of the temple, with the
sheep and oxen. And he poured out the coins of the money-changers
and overturned their tables. 16 And he told those who sold the pigeons,
"Take these things away; do not make my Father's house a house of
trade." 17 His disciples remembered that it was written, "Zeal for your
house will consume me."

18 이에 유대인들이 대답하여 예수께 말하기를 네가 이런 일을 행하
니 무슨 표적을 우리에게 보이겠느냐 19 예수께서 대답하여 이르시되
너희가 이 성전을 헐라 내가 사흘 동안에 일으키리라 20 유대인들이
이르되 이 성전은 사십육 년 동안에 지었거늘[1] 네가 삼 일 동안에 일
으키겠느냐 하더라 21 그러나 예수는 성전된 자기 육체를 가리켜 말씀
하신 것이라 22 죽은 자 가운데서 살아나신 후에야 제자들이 이 말씀
하신 것을 기억하고 성경과 예수께서 하신 말씀을 믿었더라
18 So the Jews said to him, "What sign do you show us for doing these
things?" 19 Jesus answered them, "Destroy this temple, and in three
days I will raise it up." 20 The Jews then said, "It has taken forty-six
years to build this temple, and will you raise it up in three days?" 21 But
he was speaking about the temple of his body. 22 When therefore he was
raised from the dead, his disciples remembered that he had said this,
and they believed the Scripture and the word that Jesus had spoken.

23 유월절에 예수께서 예루살렘에 계시니 많은 사람이 그의 행하시는
표적을 보고 그의 이름을 믿었으나 24 예수는 그의 몸을 그들에게 의
탁하지 아니하셨으니 이는 친히 모든 사람을 아심이요 25 또 사람에
대하여 누구의 증언도 받으실 필요가 없었으니 이는 그가 친히 사람
의 속에 있는 것을 아셨음이니라
23 Now when he was in Jerusalem at the Passover Feast, many believed
in his name when they saw the signs that he was doing. 24 But Jesus
on his part did not entrust himself to them, because he knew all people
25 and needed no one to bear witness about man, for he himself knew
what was in man.

1 또는 "이 성전은 사십육 년 전에 지었거늘"

단락 개관

유월절과 새로운 성전

유월절에 예수님은 성전 경내에서 팔던 희생제사용 짐승들을 성전에서 내쫓으시고, 그 뒤에 자신의 죽음에 대해 수수께끼 같은 말씀을 하신다. 요한은 제자들이 그리스도께서 부활하신 후에야 이때 하신 말씀을 이해했다고 말한다. 또한 예수님은 어떤 사람들이 자기를 피상적으로 믿는지 꿰뚫어 보셨다는 것도 보여준다. 이 단락에서 우리를 가장 놀라게 하는 것은 예수님이 자기의 죽음을 아시면서도 죽은 자 가운데서 다시 살아나게 될 것을 확신하고 당당하게 죽음을 향해 나아가셨다는 사실이다. 이 단락은 우리에게 십자가를 향하여 성큼성큼 나아가시는 예수님의 담대함과 그분이 그렇게 하신 동기인 사랑을 보여준다.

단락 개요

Ⅲ. B. 유월절과 새로운 성전(2:13-25)
1. 주의 전을 사모하는 열심(2:13-17)
2. 내가 일으키리라(2:18-22)
3. 사람의 속에 있는 것을 아심(2:23-25)

주석

2:13-17 | 주의 전을 사모하는 열심 요한은 2:1과 2:12에서 그와 관련

된 시간과 장소에 관한 정보를 제시했던 것처럼 이 새로운 단락(2:13-22)의 시작 부분에서도 관련된 시간과 장소에 관한 정보를 제시한다(13절). 요한복음에서 이 시점까지 언급된 장소들을 요약해 보자. 요단강 건너편 베다니(1:28)는 남쪽으로 예루살렘 가까운 곳에 있었던 것 같다. 예수님은 그곳을 떠나 갈릴리로 가셨고(1:43), 그 후에 가나에서 열린 혼인 잔치에 가셨으며(2:1), 다음에는 가버나움에서 "여러 날"을 머무셨다(2:12). 모세 율법에 의하면, 이스라엘의 모든 남자는 여호와가 그들을 애굽에서 건져 내시고 그들에게 먹을 것과 입을 것을 주어 광야를 통과하게 하시고 약속의 땅에서 그들에게 선한 일을 행하심을 기념하기 위해 일 년에 세 차례, 즉 유월절과 오순절과 초막절에 예루살렘으로 가야 했다(신 16:16). 이제 유월절이 가까워 오자 예수님은 그 명령에 순종하여 예루살렘으로 올라가신다(요 2:13).

예루살렘으로부터 너무 멀리 떨어져 사는 사람들은 절기를 지키는 데 필요한 것들을 가져오기 어려웠다. 그래서 신명기 14:22-27을 보면 그것들을 돈으로 바꾸어 예루살렘까지 가지고 온 다음, "소와 양과 비둘기"(2:14)를 비롯해 필요한 것들을 살 수 있도록 했다. 이러한 거래가 쉽게 이루어지도록 성전 주변과 경내에서는 '환전' 산업이 우후죽순처럼 생겨났다. 하지만 성전에 그런 것들이 있는 것에 격노하신 예수님은 "노끈으로 채찍을 만드사 양이나 소를 다 성전에서 내쫓으시고 돈 바꾸는 사람들의 돈을 쏟으시며 상을 엎으[셨다]"(15절).

예수님은 아마도 양과 소같이 희생제사용으로 쓰일 큰 짐승을 성전 뜰에서 쫓아내시기 위해 채찍을 사용하신 것으로 보인다. 큰 짐승들이 성전 뜰 밖으로 나가게 되면 주인들도 따라서 나가게 될 것을 아셨기 때문이다. 그런 후에 예수님은 환전상들의 상을 뒤엎으셔서 그들의 돈이 땅에 쏟아지게 하셨다. 그분을 이토록 격노하게 한 것이 무엇이었는지는 "이것을 여기서 가져가라 내 아버지의 집으로 장사하는 집을 만들지 말라"(16절) 하신 말씀이 분명하게 보여준다. 성전은 성별되어야, 즉 거룩하게 구별되어야 했다. 왜냐하면 성전은 하나님의 집이기 때문이다. 그래서 성전 경내에서는 상거래 같은 일이 있어서는 안 된다. 성전에서 장사하는 사람들은 그것이 하나님의 예배를 위해 꼭 필요한 물건을 거래하는 일이라고 할지라도 하나님이 거하시는 곳을 잘못 사용하고 있는 것이었다.

예수님은 이때 붙잡히지 않으셨다는 것, 그리고 요한도 예수님이 이런 행동을 하신 후에 어떤 일이 벌어졌는지 묘사하지 않았다는 것은 당국자들과 백성들도 예수님의 입장에 기본적으로 동의했음을 보여준다. 그들은 성전이 시장 바닥이 되어서는 안 된다는 것을 알고는 있었지만, 그런 일을 막기 위한 그 어떤 조치도 취하지 않았다. 흠 없는 사람이 나서서 모든 사람이 당연히 그렇게 해야 한다고 동의하는 일을 행할 때 잠언 24:25 말씀이 참되다는 것이 증명된다. "오직 그[악인]를 견책하는 자는 기쁨을 얻을 것이요 또 좋은 복을 받으리라." 유대인들은 2:18에서 예수님에게 무슨 권세로 그렇게 하는지를 묻지만, 그분의 행동이 의롭다는 것에 대해서는 이의를 제기하지 않는다.

요한은 17절에서 의미심장한 말을 한다. "제자들이 성경 말씀에 주의 전을 사모하는 열심이 나를 삼키리라 한 것을 기억하더라." 그들은 언제 이 말씀을 기억한 것인가? 바로 그 현장에서일 것이다. 또는 22절에서 예수님이 죽은 자 가운데서 살아나신 후에야 제자들이 이 말씀을 기억했다고 말하는 것으로 보아 예수님의 부활 후에 그분이 여기에서 하셨던 말씀을 기억했을 수 있다. 이 말씀을 한편으로는 주님의 죽음과 부활, 다른 한편으로는 구약성경에 비추어 좀 더 깊이 생각해 보았을 것이다.

다윗이 "주의 집을 위하는 열성이 나를 삼키고 주를 비방하는 비방이 내게 미쳤나이다"(시 69:9)라고 쓴 것은 성전을 지으려는 그의 열망(삼하 7:1-7)이 '그를 삼켰다'는 것, 그리고 그가 하나님의 뜻을 열심으로 행하려 했기 때문에 열방이 여호와뿐 아니라 그를 향해서도 광분했다는 사실(참고. 시 2:1-3)을 가리키는 것으로 보인다. 다윗의 후예로서 예수님은 성전을 지키려는 열심을 공유하셨다. 이 단락에서는 예수님이 성전을 깨끗하게 하신 일을 묘사한 후 바로 이어서 그분의 죽음과 부활에 대해 말하고 있다(요 2:19-22). 이것으로 비추어 볼 때 하나님의 전을 사모하는 열심이 예수님을 삼켰다는 말씀은 장차 이 열심이 예수님의 목숨을 삼키게 될 것임을 암시한다.

2:18-22 | 내가 일으키리라 앞서 언급했듯이 당국자들은 예수님이 하신 일에 이의를 제기하지 않았지만, 그렇게 할 권한이 예수님에게 있다는 것을 증명해 달라고 요구했다. "네가 이런 일을 행하니 무슨 표적을 우리에게 보이겠느냐"(18절). 유대인들이 요구한 "표적"은 예수님이 선지자라는 증거를 보여달라는 것이었을 가능성이 크다. 그러자 예수님은 이렇게 대답하셨다. "너희가 이 성전을 헐라 내가 사흘 동안에 일으키리라"(19절). 예수님은 방금 전에 상인들과 상품들을 성전에서 쫓아내셨고, 이 대화는 그 일이 있은 지 얼마 되지 않아서 이루어진 것일 가능성이 크다. 때문에 여기에 언급된 "이 성전"은 예루살렘을 주도하고 있던 성전 건물을 가리키는 것으로 보인다. 그래서 유대인들이 "이 성전은 사십육 년 동안에 지었거늘 네가 삼 일 동안에 일으키겠느냐"(20절)라고 반문한 것은 자연스러운 것이었다.

요한은 유대인들이 예수님의 말씀을 착각하여 그런 식으로 말한 것을 설명한 후 21절에서 이렇게 설명한다. "그러나 예수는 성전 된 자기 육체를 가리켜 말씀하신 것이라." 17절에서 주의 전을 사모하는 열심이 그를 삼킬 것이라고 한 말씀이 예수님의 죽음을 암시하듯이 그들이 자신의 육체를 허물 것이라고 하신 말씀도 그분의 죽음을 암시한다. 하지만 예수님이 이번에는 자기를 죽여도 자기는 부활할 것이라고 자신 있게 말씀하신다. 그럼에도 제자들은 예수님이 약속하신 죽음과 부활이 실제로 일어난 후에야 그 말씀의 의미를 깨달았다. "죽은 자 가운데서 살아나신 후에야 제자들이 이 말씀하신 것을 기억하고 성경과 예수께서 하신 말씀을 믿었더라"(22절). 여기에서도 또다시 제자들은 예수님의 죽음과 부활 후에야 예수님의 말씀을 기억하고 성경에 비추어서 생각해 본 것으로 묘사된다.

하나님은 출애굽을 통해 이스라엘을 애굽에서 구하셨고, 사람들은 해마다 유월절을 지킴으로써 이 일을 기념했다. 게다가 해마다 유월절을 지킬 때 유월절 어린양을 죽여서 먹었다. 이제 하나님의 어린양이신(1:29, 36) 예수님은 자신의 죽음에 대해 말씀하신다. 하지만 예수님이 성전의 파괴라는 관점에서 자신의 죽음에 대해 말씀하신 이유는 무엇인가? 예수님이 십자가에 못 박혀 죽으신 일은 언약에 의거한 저주들과 죄에 대한 하나님의 의로우신 진노로 말미암은 심판의 절정이었기 때문이다. 이스라엘의 선지자들은 언약에 의거한 저주의 심판이 있을 것이라고 경고하고, 그러한 심판은 궁극적으로 성전의 파괴와 약속의 땅에서 쫓겨나 유배되는 것으로 이어지며, 그 후에 신실한 남은 자들이 유배에서 벗어나 다시 약속의 땅으로 돌아오게 될 새로운 출애굽이 있을 것이라고 예언했었다. 이렇게 구약의 선지자들이 예언한 대로 새로운 출애굽을 이끄실 하나님의 어린양이 희생제물로 쓰이게 될 다른 짐승들을 성전 경내에서 쫓아내신 것은 이상한 일이 아니었다. 그리고 제자들이 예수님의 부활을 보고 그분이 말씀하신 것과 성경을 믿게 된 것도 별로 이상한 일이 아니었다(2:22). 하나님은 구약의 선지자들을 통해 하신 약속을 예수님의 죽음과 부활을 통해 지키셨다. 예수님은 새롭고 더 나은 유월절 어린양으로서 물리적인 성전의 파괴보다 더 끔찍한 성전의 파괴인 자신의 죽음과, 사흘째 되던 날에 물리적인 성전의 재건보다 더 감동적인 성전의 재건을 이루신 부활을 통해서 새롭고 더 나은 출애굽을 성취하셨다.

2:23-25 | 사람의 속에 있는 것을 아심 시간과 장소에 관해 말해 주는 1절과 12절이 사흘째 되던 날의 혼인 잔치에서 일어난 사건을 앞뒤로 막고 틀을 제공한 것과 마찬가지로, 시간과 장소에 관해 말해 주는 13절과 23절도 성전을 깨끗하게 한 사건을 앞뒤로 막고 틀을 제공한다. 23절에서는 예수님이 유월절에 예루살렘에 계시는 동안 "많은 사람이 그의 행하시는 표적을 보고 그의 이름을 믿었"다고 말한다. 요한이 이 시점까지 묘사한 유일한 "표적"은 11절에서 물을 포도주로 변화시키신 것이고, 왕의 신하의 아들을 고치신 것은 4:54에서 "두 번째 표적"으로 지칭된다. 때문에 2:23(그리고 3:2)에 언급된 "표적들"은 요한이 자신의 복음서에서 이야기하

지 않은 표적들을 가리키는 것으로 보인다.[17] 요한은 20:30-31에서 이렇게 말한다. "예수께서 제자들 앞에서 이 책에 기록되지 아니한 다른 표적도 많이 행하셨으나 오직 이것을 기록함은 너희로 예수께서 하나님의 아들 그리스도이심을 믿게 하려 함이요 또 너희로 믿고 그 이름을 힘입어 생명을 얻게 하려 함이니라." 2:11에서 제자들은 혼인 잔치에서 일어난 표적에 응답하여 예수님을 믿었고, 23절에서는 다른 많은 사람들이 이 복음서에 기록되지 않은 표적들에 응답하여 예수님을 믿었다.

23절과 24절은 동사 '믿다'를 사용한 단어 유희를 보여준다. 많은 사람들이 예수님을 "믿었지만"(23절), 예수님은 자신을 그들에게 "의탁하지"(직역하면 "믿지") 않으셨다(24절). 요한이 이렇게 말한 의도는 무엇이었는가? 예수님이 행하신 표적들을 보고서 믿은 사람들에게 자신을 의탁하지 않으셨다는 것은 무슨 의미인가?

요한은 예수님이 그렇게 하신 것은 "친히 모든 사람을 아심이요 또 사람에 대하여 누구의 증언도 받으실 필요가 없었으니 이는 그가 친히 사람의 속에 있는 것을 아셨기"(24-25절) 때문이라고 설명한다. 예수님은 '모든 사람을 아셨기' 때문에 그들이 거듭나야 한다고 하신 것이지만(참고. 3:3, 5), 어떤 사람들은 자기를 영접하여 거듭날 것이고 어떤 사람들은 자기를 배척함으로 거듭나지 못할 것임도 알고 계셨다(참고. 17:6, 9). 아버지 하나님이 예수님에게 주시지 않은 사람들은 그분이 행하신 표적들을 보고 일시적으로 믿을 것이지만, 그분은 그들의 마음 상태를 알고 계셨기 때문에 자신을 그들에게 의탁하지 않으셨다(참고. 6:2, 26, 30, 64-66).

17 Andreas J. Köstenberger, *John*, BECNT (Grand Rapids, MI: Baker Academic, 2004), 102n6에서는 예수님이 성전을 깨끗하게 하신 사건이 요한의 이야기에 나오는 두 번째 표적이라고 주장한다. 《요한복음》, BECNT(부흥과개혁사).

응답

예수님께서 자신을 의탁하고자 한 사람들과 그렇게 하지 않은 사람들은 어떤 외적인 징표를 통해 구별되는가? 예수님이 6장에서 자기를 따르는 자들에게 어려운 일들을 말씀하시자 제자들은 수군거렸다(6:61). 그때 예수님은 제자들에게 말씀하신다. "너희 중에 믿지 아니하는 자들이 있느니라 하시니 이는 예수께서 믿지 아니하는 자들이 누구며 자기를 팔 자가 누구인지 처음부터 아심이러라 또 이르시되 그러므로 전에 너희에게 말하기를 내 아버지께서 오게 하여 주지 아니하시면 누구든지 내게 올 수 없다 하였노라 하시니라 그때부터 그의 제자 중에서 많은 사람이 떠나가고 다시 그와 함께 다니지 아니하더라"(6:64-66).

이 매력적인 본문에서 예수님은 자신의 "제자들" 중 "믿지 아니하는 자들이 누구"인지를 아셨고, 믿지 아니하는 자들은 그분의 말씀이 자신들의 근질근질한 귀를 긁어주지 않자 예수님과 함께 다니는 것을 그만두었다. 우리가 그 자리에 있었다면 어떻게 응답해야 할까? 대답은 다음 두 절에 나온다. "예수께서 열두 제자에게 이르시되 너희도 가려느냐 시몬 베드로가 대답하되 주여 영생의 말씀이 주께 있사오니 우리가 누구에게로 가오리이까"(6:67-68). 예수님의 말씀이 아무리 어려울지라도 베드로는 그것이 곧 영생의 말씀이라는 것을 알았다. 예수님은 베드로처럼 자신의 말을 영생의 말씀으로 받는 자들에게는 자신을 의탁하신다. 예수님에 대한 당신의 응답이 베드로가 보여준 응답과 진정으로 동일하다면 당신은 자신이 거듭났다는 것을 안다. 아버지 하나님은 예수님께 당신을 주셨고, 예수님은 당신에게 자신을 의탁하실 것이다.

다윗을 삼킨 것은 하나님의 전을 지으려는 열심이었다. 이와 동일한 열심이 예수님을 삼켰다. 그래서 예수님은 하나님의 백성들을 위해 죽으셨으며, 이로써 그들은 하나님의 전으로 지어질 수 있게 되었다. 당신의 삶을 삼키고 있는 것은 무엇인가? 어떤 열심이 당신을 지배하고 있는가? 당신은 자신의 피와 보화를 무엇에 내어드리려고 하는가? 당신의 목숨을 바칠 만한 가치가 있다고 생각하는 것은 무엇인가? 오직 하나님 나라와 복음만이 목숨을 바칠 만한 가치가 있다. 지옥의 캄캄한 구덩이가 입을 벌리고 있는 저 굴로부터 사람들을 건져낼 수 있는 오직 하나의 이름이 있다는 것을 아는가? 이 지식이 당신을 사로잡고 있는가? 하나님을 아는 유일한 길, 영혼을 근본적으로 만족시키는 유일한 길, 영원한 구원에 합당한 삶을 살아갈 수 있는 유일한 길이 있다는 것을 당신은 아는가?

그러한 신비들을 곰곰이 생각해 보라. 하나님이 예수님 안에서 이루신 약속을 상징하는 새 포도주를 당신의 혀에 올려놓고 굴리면서 하나님이 행하신 일의 놀랍고 새로운 영광을 온전하고도 깊게 맛보라. 하나님의 영광을 깊이 들이마시고, 하나님이 이루신 일의 선하심에 취해 보라. 하나님의 모든 약속은 예수님 안에서 "예"와 "아멘"이 된다(고후 1:20). 그 어떤 소설보다 낫고, 드라마보다 나으며, 판타지보다 낫다. 이것은 어떻게 한 왕이 보좌나 왕관 없이 태어나 자신의 신부를 위해 죽음으로써 신부에 대한 자신의 사랑을 보여줌과 동시에 자신의 합법적인 보좌를 다시 얻고 왕이 되어 신부를 포로로 잡고 있던 압제 세력으로부터 그녀를 해방시켰는지 말해 주는 실화다. 실화보다 더 나은 이야기는 없다.

1 그런데 바리새인 중에 니고데모라 하는 사람이 있으니 유대인의 지
도자라 2 그가 밤에 예수께[1] 와서 이르되 랍비여 우리가 당신은 하나
님께로부터 오신 선생인 줄 아나이다 하나님이 함께 하시지 아니하시
면 당신이 행하시는 이 표적을 아무도 할 수 없음이니이다 3 예수께서
대답하여 이르시되 진실로 진실로 네게 이르노니 사람이 거듭나지[2]
아니하면 하나님의 나라를 볼 수 없느니라 4 니고데모가 이르되 사람
이 늙으면 어떻게 날 수 있사옵나이까 두 번째 모태에 들어갔다가 날
수 있사옵나이까 5 예수께서 대답하시되 진실로 진실로 네게 이르노
니 사람이 물과 성령으로 나지 아니하면 하나님의 나라에 들어갈 수
없느니라 6 육으로 난 것은 육이요 영으로 난 것은 영[3]이니 7 내가 네
게 거듭나야 하겠다[4] 하는 말을 놀랍게 여기지 말라 8 바람[5]이 임의
로 불매 네가 그 소리는 들어도 어디서 와서 어디로 가는지 알지 못하
나니 성령으로 난 사람도 다 그러하니라

1 Now there was a man of the Pharisees named Nicodemus, a ruler of
the Jews. 2 This man came to Jesus by night and said to him, "Rabbi,

we know that you are a teacher come from God, for no one can do these signs that you do unless God is with him." 3 Jesus answered him, "Truly, truly, I say to you, unless one is born again he cannot see the kingdom of God." 4 Nicodemus said to him, "How can a man be born when he is old? Can he enter a second time into his mother's womb and be born?" 5 Jesus answered, "Truly, truly, I say to you, unless one is born of water and the Spirit, he cannot enter the kingdom of God. 6 That which is born of the flesh is flesh, and that which is born of the Spirit is spirit. 7 Do not marvel that I said to you, 'You must be born again.' 8 The wind blows where it wishes, and you hear its sound, but you do not know where it comes from or where it goes. So it is with everyone who is born of the Spirit."

9 니고데모가 대답하여 이르되 어찌 그러한 일이 있을 수 있나이까 10 예수께서 그에게 대답하여 이르시되 너는 이스라엘의 선생으로서 이러한 것들을 알지 못하느냐 11 진실로 진실로 네게 이르노니 우리는 아는 것을 말하고 본 것을 증언하노라 그러나 너희가 우리의 증언을 받지 아니하는도다 12 내가 땅의 일을 말하여도 너희[6]가 믿지 아니하거든 하물며 하늘의 일을 말하면 어떻게 믿겠느냐 13 하늘에서 내려온 자 곧 인자[7] 외에는 하늘에 올라간 자가 없느니라 14 모세가 광야에서 뱀을 든 것같이 인자도 들려야 하리니 15 이는 그를 믿는 자마다 영생[8]을 얻게 하려 하심이니라

9 Nicodemus said to him, "How can these things be?" 10 Jesus answered him, "Are you the teacher of Israel and yet you do not understand these things? 11 Truly, truly, I say to you, we speak of what we know, and bear witness to what we have seen, but you do not receive our testimony. 12 If I have told you earthly things and you do not believe,

how can you believe if I tell you heavenly things? 13 No one has
ascended into heaven except he who descended from heaven, the Son
of Man. 14 And as Moses lifted up the serpent in the wilderness, so must
the Son of Man be lifted up, 15 that whoever believes in him may have
eternal life.

16 하나님이 세상을 이처럼 사랑하사[9] 독생자를 주셨으니 이는 그를
믿는 자마다 멸망하지 않고 영생을 얻게 하려 하심이라 17 하나님이
그 아들을 세상에 보내신 것은 세상을 심판하려 하심이 아니요 그로
말미암아 세상이 구원을 받게 하려 하심이라 18 그를 믿는 자는 심판
을 받지 아니하는 것이요 믿지 아니하는 자는 하나님의 독생자의 이
름을 믿지 아니하므로 벌써 심판을 받은 것이니라 19 그 정죄는 이것
이니 곧 빛이 세상에 왔으되 사람들이 자기 행위가 악하므로 빛보다
어둠을 더 사랑한 것이니라 20 악을 행하는 자마다 빛을 미워하여 빛
으로 오지 아니하나니 이는 그 행위가 드러날까 함이요 21 진리를 따
르는 자는 빛으로 오나니 이는 그 행위가 하나님 안에서 행한 것임을
나타내려 함이라 하시니라
16 "For God so loved the world, that he gave his only Son, that whoever
believes in him should not perish but have eternal life. 17 For God did
not send his Son into the world to condemn the world, but in order that
the world might be saved through him. 18 Whoever believes in him is
not condemned, but whoever does not believe is condemned already,
because he has not believed in the name of the only Son of God. 19 And
this is the judgment: the light has come into the world, and people loved
the darkness rather than the light because their works were evil. 20 For
everyone who does wicked things hates the light and does not come to
the light, lest his works should be exposed. 21 But whoever does what

is true comes to the light, so that it may be clearly seen that his works have been carried out in God."

3장

1 헬라어 본문에서는 "그에게"
2 또는 "위로부터 나지." 헬라어 본문에서는 이 단어가 지닌 "거듭"과 "위로부터"라는 두 가지 의미를 둘 다 표현하기 위해서 의도적으로 모호하게 중의적으로 사용하고 있다. 이것은 7절도 마찬가지다.
3 이 헬라어는 "바람"을 의미하기도 하고, "영"을 의미하기도 한다.
4 여기에서 "거듭나야 하겠다"의 주어는 복수형 "너희가"이다.
5 이 헬라어는 "바람"을 의미하기도 하고, "영"을 의미하기도 한다.
6 헬라어 본문에서 "너희"는 복수형이다. 복수형 "너희"는 12절에서도 4번 사용된다.
7 일부 사본들에는 "하늘에 계시는"이 첨가되어 있다.
8 일부 해석자들은 이 인용문이 15절에서 끝난다고 본다.
9 또는 "이것이 하나님이 세상을 사랑하신 방식이다"

단락 개관

니고데모

요한복음 2장은 예수님이 유월절에 예루살렘에서 행하신 표적들을 보고 많은 사람들이 그를 믿었지만(2:23), 예수님은 "사람의 속에 있는 것을 아셨기" 때문에 그 사람들에게 자신을 의탁하지 않으셨다(24-25절)는 말씀으로 끝맺는다. 이 수수께끼 같은 말씀이 무슨 의미인지는 3장에서 밝혀진다. 3장은 2:23-25을 예시하기 위한 장면으로 시작된다. 2:25에서 예수님은 "'사람'에 대하여 누구의 증언도 받으실 필요가 없었으니 이는 그가 친히 '사람'의 속에 있는 것을 아셨음이니라"라고 말씀하셨으며, 3:1에서는 "그런데 바리새인 중에 니고데모라 하는 사람이 있으니"라고 말씀하셨다. 마찬가지로 2:23은 사람들이 "그의 '행하시는 표적'을 보고" 그를 믿었다 말하고, 3:2은 니고데모가 예수님에게 "하나님이 함께하시지 아니하시면 당신이 '행하시는' 이 '표적'을 아무도 '할' 수 없음이니이다"라고 말한다.

요한이 이 두 단락을 연결시킨 이유는 무엇일까? 사람들이 표적에 대한 응답으로 예수님을 믿었고, 예수님은 누구의 증언도 받으실 필요가 없는 분이라고 말한 다음에 요한은 왜 표적에 대한 응답으로 예수님을 찾아온 사람을 소개하고 있는 것일까? 예수님께서 자신을 의탁하지 않으셨던 사람들은 그분이 3:7에서 말씀하시는 것을 들을 필요가 있었다고 할 수 있다. "[너희는] 거듭나야 하겠다." 예수님은 니고데모를 향해 이 말씀을 하셨지만, 단수형인 "너는"이 아니라 복수형인 "너희는"을 사용하신다(ESV).

요한복음이 다루는 주제들 중 다수는 1:1-18에서 소개되었고, 3:1-15에서 다루는 거듭남이라는 주제도 마찬가지다. 요한복음 1:12-13에서는 예수님을 영접한 자들, 즉 "그 이름을 믿은" 자들은 하나님께로부터 난 자들이었기 때문에 그들에게 "하나님의 자녀가 되는 권세"가 주어졌다고 말했다. 이제 요한은 거듭남이 무엇을 의미하는지 자세하게 설명하기 위해 예수님과 니고데모의 대화를 소개한다.

이 단락은 훌륭한 한 편의 드라마다. 니고데모는 유대인이었고 바리새인이었으며, "유대인의 지도자"였다(3:1). 그는 하나님이 예수님과 함께 하시고 능력을 주셔서 표적을 행하게 하셨다는 것을 알고 찾아온 것이다(2절). 니고데모가 1:19-51에 반영된 많은 소망과 기대를 알고 있었다는 것은 의심의 여지가 없다. 그는 소망과 기대뿐만 아니라 그에 대한 잠정적인 결론을 가지고 예수님을 찾아왔다. 이렇게 해서 시작된 대화는 예수님이 구약의 약속을 성취하시는 것과 관련된 심오한 말씀을 담고 있다는 점에서 모든 세대를 위해 주어진 가르침이라 할 수 있다.

단락 개요

Ⅲ. C. 니고데모(3:1-21)

1. 니고데모는 바리새인이었고, 너희는 거듭나야 한다(3:1-15)
   a. 한 바리새인(3:1-2)
   b. 너희는 거듭나야 한다(3:3-8)
   c. 땅의 일과 하늘의 일(3:9-15)
2. 이것이 하나님이 세상을 사랑하신 방식이다(3:16-21)
   a. 이것이 하나님이 세상을 사랑하신 방식이다(3:16-17)
   b. 심판(3:18-19)
   c. 빛을 보고 도망하거나 빛으로 나아옴(3:20-21)

주석

3:1-15 | 니고데모는 바리새인이었고, 너희는 거듭나야 한다 “지도자”(1절), 그러니까 아마도 공회(산헤드린)의 의원이었고 선생(10절, 여기에서 “선생”은 지위가 높은 그를 부를 때 쓰는 존칭일 수 있다)이었다. 7:50-52에서는 니고데모가 열린 사고를 지닌 의로운 인물이라는 것을 보여주고, 19:38-42에서는 아리마대 사람 요셉과 함께 십자가에 못 박히신 예수님의 시신을 거두고 적지 않은 돈을 들여 장례를 치러드리는 위험한 일을 맡아 행한다. 적어도 우리는 요한복음 전체에 걸쳐 니고데모가 예수님에 대해 관심과 호감을 지닌 인물이었다고 말할 수 있다. 그래서 요한은 니고데모와 아리마대 사람 요셉을 예수님의 편을 든 인물로 소개한 듯하다. 두 사람은 분명 예수님을 반대하는 사람들의 편이 아니었다. 또 위험과 상당한 비용을 감수하면서까지 예수님의 시신을 무덤에 안치한 것을 보면 중립적인 입장을 견

지한 사람들도 아니었으며, 어느 정도 예수님의 편에 선 사람들이었던 것으로 보인다.

3장에서 니고데모는 예수님을 찾아오고, 예수님은 그에게 거듭나야 한다고 말씀하신다. 하지만 니고데모는 말씀의 의미를 깨닫지 못한다. 7장에서 니고데모는 예수님을 배척하는 자신의 동료들에게서 위선과 사악함을 본다. 그런 후 19장에서는 요셉과 함께 예수님을 장사지낸다. 이것은 많은 요인과 경험을 통해서 그가 바람직한 방향으로 발전해간다는 것을 보여준다. 요한은 니고데모가 이런저런 일을 경험하면서 예수님의 편이 되어가는 것으로 묘사한다. 예수님의 말씀을 들었을 때 처음에는 혼란스러워하다가 여러 가지 일을 겪으면서 점차 처음에 가졌던 의심을 떨쳐버리고 어느새 그리스도를 위해 자신의 목숨과 보화를 거는 위험까지도 감수하게 된다. 니고데모에게서 이 발전 과정을 잘 볼 수 있다.

니고데모가 밤에 예수께로 왔다는 사실(3:2)에 대해서는 서로 다른 평가가 존재한다. 어떤 사람들은 요한이 2절에서 밤을 언급한 것은, 13:30에서 유다가 예수님을 팔기 위해 자리를 떠났을 때 "밤이러라"는 간결하면서도 상징적인 표현을 더함으로써 "세상의 빛"이 이제 곧 어두워질 것이라는 더 넓은 주제(예컨대, 8:12; 12:35-36)를 강조한 것과 비슷하다고 결론을 내린다. 반면에 어떤 사람들은 시편에서 밤은 성경을 연구해야 할 때로 자주 언급되고, 유대 랍비들은 밤에 함께 모여 성경을 토론했다는 것을 보여주는 증거들이 있다고 말한다. 전체적으로 보았을 때 니고데모는 단순한 추측에 의거해 뒤에서 예수님에 대해 이러쿵저러쿵 입방아를 찧은 것이 아니라 곧장 예수님을 찾아가서 예를 갖추어 진솔하게 대화를 나누었다. 그래서 그가 비록 예수님이 하신 말씀들을 깨닫지 못할지라도 요한은 그를 예수님에 대해 적대적인 인물이 아니라 호의적인 인물로 소개한 것으로 보인다.

예수님이 3:10에서 니고데모를 "이스라엘의 선생"이라고 부르신 것에 비추어보았을 때 니고데모가 2절에서 예수님을 "랍비"라고 부른 것은 겸손과 공경을 보인 것이다. 게다가 니고데모는 예수님이 보여주신 능력에 대해 자기가 긍정적인 결론에 도달했음을 보여준다. 예수님의 능력을 어둠의 세력과 연결시킨 자들과는 달리(참고. 막 3:22), 니고데모는 "우리가 당신은 하나님께로부터 오신 선생인 줄 아나이다 하나님이 함께하시지 아니하시면 당신이 행하시는 이 표적을 아무도 할 수 없음이니이다"라고 말한다. 이렇게 말함으로써 대화가 시작되고, 예수님은 니고데모가 한 말이 사실임을 확인해 주시며, 그에게 더 많은 것들을 말씀해 주신다.

예수님은 니고데모에게 말한 대답 가운데 그가 방금 한 말을 인정함과 동시에 확장하신다. 그분은 "진실로 진실로 네게 이르노니"라고 하심으로써 다소 엄숙하게 말씀을 시작하신다. 이 어구는 오직 요한복음에만 나오고 언제나 예수님의 입술에서 나온다(3:3, 5, 11; 13:38; 21:18 등). 다른 복음서들에는 "진실로 네게 이르노니"라는 좀 더 짧은 어구가 훨씬 자주 나온다. 오직 요한만이 예수님이 "진실로"[헬라어로 '아멘'(amēn)]를 두 번 반복한 형태로 말씀하셨다고 묘사하는데, 이 표현에 담긴 독특한 감수성을 반영한 것으로 보인다.

예수님은 3:3에서 계속 "사람이 거듭나지 아니하면 하나님의 나라를 볼 수 없느니라"라고 말씀하신다. 여기에서 "거듭"으로 번역된 단어는 이중적인 의미를 지닌 또 하나의 단어로서 "위로부터"를 의미할 수도 있다. "위로부터" 난다는 것은 1:12-13에서 말한 "하나님께로부터 난 자들"을 상기시킨다. 이 복음서의 독자들은 알아차리겠지만, 당시 니고데모는 그러지 못한다. 니고데모는 예수님께 호감을 느껴서 찾아오긴 했지만, 아직 거듭남을 경험하지는 못했다. 그래서 니고데모는 2:23-25에 언급된 부류의 사람들, 즉 예수님이 행하신 권능의 역사들을 보고 그에게로 오긴 했지만 예수님께서 자신을 의탁하고자 하지 않으시는 사람들을 예시하는 역할을 한다. 니고데모는 여러 표적들을 보았지만 아직 거듭나지 않았기 때문에 그에게 표적들은 하나님 나라를 계시해 주는 것이 될 수 없었다. 반면에 거듭남을 경험한 사람들은 표적을 보았을 때 그들에게 하나님 나라를 계시해 주는 표적들 속에서(3:3; 참고. 1:18) 예수님의 영광을 얼핏 보게 된다(참고. 1:14; 2:11).

3:4에서 니고데모가 한 말은, 그가 사람들이 일반적으로 경험하는 육신적인 출생만 알고 있다는 것을 보여준다. "사람이 늙으면 어떻게 날 수 있사옵나이까 두 번째 모태에 들어갔다가 날 수 있사옵나이까." 하지만 예수님은 육신적인 출생이 아니라 영적인 출생, 즉 포로생활로부터의 귀환과 죽은 자 가운데서의 부활 및 관련된 구약의 대망들을 성취시킬 영적인 출생에 대해 말씀하신 것이었다.

그러자 예수님은 구약의 용어들을 사용하셔서 거듭난다(5절, 3절과 5절은 기본적으로 병행된다는 것을 주목하라)는 것이 무엇을 의미하는지 좀 더 자세하게 설명해 주신다. 즉 에스겔 36-37장에서 가져온 표상들을 사용해 거듭남을 설명해 주신다. 에스겔 36:24에서는 장차 하나님이 유배로 흩어진 자신의 백성들을 열방으로부터 모아 고국으로 보내고 회복시키실 것이라고 예언한다. 요한복음 3:5에 나오는 "물과 성령으로 나[다]"라는 어구는 에스겔 36:25의 "물"과 36:26-27의 "영/성령"을 염두에 둔 것으로 보인다.[18] 여호와는 에스겔 36:25에서 "[내가] 맑은 물을 너희에게 뿌려서 너희로 정결하게 하되 곧 너희 모든 더러운 것에서와 모든 우상 숭배에서 너희를 정결하게 할 것이며"라고 말씀하셨는데, 이 말씀이 "물과 성령으로 나[다]"(요 3:5)라는 어구의 토대가 된 것으로 보인다. 거듭남은 깨끗하게 하는 기능이 있다는 점에서 마찬가지로 깨끗하게 하는 기능을 지닌 "새롭게 함"(딛 3:5, 개역개정에는 "중생")과 개념적으로 동등하다. 따라서 거듭남의 한 측면은 사람들이 "물로 날" 때에 깨끗하게 씻음을 받는다는 것이다(참고. 겔 36:25; 요 3:5; 딛 3:5). 거듭난 사람들은 깨끗하게 된다(참고. 엡 5:26). 세례를 받는다고 해서 자동으로 거듭나는 것은 아니지만, 물 세례는 그처럼 깨끗하게 되는 것을 상징하기 때문에 하나님에 의해 그런 목적으로 사용될 수 있다.

에스겔 36:26에서는 하나님이 자기 백성에게 "새 마음"과 "새 영"을

18 5절의 '엑스 휘다토스 카이 프뉴마토스'(*ex hydatos kai pneumatos*, "물과 영으로 나지")라는 어구에 대한 번역과 관련된 논의로는 Hamilton, *God's Indwelling Presence*, 58-63을 보라.

주실 것이라고 말하고, 그런 후에 27절에서는 여호와가 "내 영을 너희 속에 둘" 것이라고 약속하신다. 이러한 말씀은 예수님이 "물과 성령으로" 난(요 3:5) 자들에 대해 언급하신 배경이 된 것으로 보인다. 따라서 이 말씀들의 의미는 성령(겔 36:27)이 인간의 영을 변화시키리라는 것이다(26절). 이러한 이해는 디도서 3:5에 의해서도 확증된다. 거기에서 바울은 "[주께서] 우리를 구원하시되…중생[새롭게 함]의 씻음과 '성령의 새롭게 하심'으로 하셨으니"라고 말한다.

다음으로 예수님은 니고데모의 이해를 돕기 위해 이 개념들을 좀 더 자세하게 설명해 주신다(요 3:6-8). 니고데모는 4절에서 육신적인 출생에 대해 말했던 반면, 예수님은 5절에서 영적인 출생에 대해 말씀하셨다. 그래서 이제 예수님은 이 두 가지 출생을 대비시켜 말씀하신다. "육으로 난 것은 육이요 영으로 난 것은 영이니"(6절). 육신적인 출생은 사람을 육의 영역 속으로 태어나게 하는 반면에 "성령"에 의해 이루어지는 영적인 출생은 사람을 영의 영역 속으로 태어나게 한다. 모태로부터 난 자들은 육이지만, "하나님께로부터 난"(1:13) 자들은 성령으로 거듭난(3:3) 것이다. 그들이 영이라는 것은 그들 자신이 성령이 된다는 뜻이 아니라 성령의 영역에 속하고 참여한다는 뜻이다. 또한 이것은 그들이 "영과 진리로 예배할" 수 있는 방법이기도 하다(4:23-24).

예수님이 "내가 네게 [너희는] 거듭나야 하겠다 하는 말을 놀랍게 여기지 말라"(3:7)고 말씀하실 때 첫 번째의 "네게"는 단수형으로 니고데모를 가리키고, 두 번째의 "너희는"은 복수형으로 거듭남은 모든 사람에게 필요하다는 것을 보여준다. 복수형 "너희"라는 말은 그곳에 니고데모 외에도 다른 사람들이 있었다는 것을 의미할 수도 있지만, 거듭남을 필요로 하는 것은 오직 니고데모만이 아니라는 것을 분명하게 역설한다. 또한 "거듭나다"가 수동형이라는 것도 주목하라. 사람들은 육신적으로 스스로 태어날 수 없고, 영적으로도 스스로 태어날 수 없다.

예수님은 3:5에서 니고데모에게 구약에 예언된 새롭게 함이 이루어지고 있음을 보여주기 위해 에스겔 36:25-27을 간접적으로 인용하셨는데,

이제 8절에서도 에스겔이 죽어 있는 마른 뼈들에게 생명을 줄(37:10) "생기"(겔 37:9)에 대해 예언한 에스겔 37장을 간접적으로 인용하신다. 거기에서 여호와는 영적으로 죽어 있는 자기 백성 속에 성령을 두겠다고 약속하신다(37:14). 히브리어 '루아흐'(רוּחַ)가 성령/바람/숨을 가리키는 데 사용되듯이 헬라어 '프뉴마'(πνεῦμα)도 마찬가지다. 예수님이 다음과 같이 말씀하실 때 그러한 모호성이 환기된다. "바람이 임의로 불매 네가 그 소리는 들어도 어디서 와서 어디로 가는지 알지 못하나니 성령으로 난 사람도 다 그러하니라"(요 3:8). 성령이 임의로 분다는 것은 또다시 사람이 스스로 거듭날 수 없다는 사실을 환기시켜 준다.

또한 예수님이 생명을 불어넣어 주는 바람/숨/성령에 대해 말한 에스겔 37장을 간접적으로 인용하셨다는 것은 거듭남이 죽은 자가 부활하여 산 자가 되는 것과 같음을 보여준다. 이것은 거듭남과 "새롭게 함" 사이의 또 하나의 연결 관계를 만들어낸다. 디도서 3:5에서 "중생"(regeneration)으로 번역된 단어는 만물이 새롭게 되는 것, 즉 "세상이 새롭게 되어"(마 19:28) 신자들이 부활의 몸을 갖게 되는 것을 가리키는 데 사용된다. 또한 거듭남은 "허물과 죄로 죽었던" 자들을 '살리신' 것(엡 2:1-3, 5)이라고 할 수도 있는데, 이는 그리스도의 부활 안에서 그분과 연합함으로 가능하게 된 죽은 자 가운데서의 부활을 맛보는 것이다. 우리는 성령을 조종하거나 호출할 순 없지만, 우리가 바람을 느낄 수 있듯이 생명을 주시는 성령의 능력을 알아차릴 수 있다.

예수님은 니고데모에게 하나님 나라를 알고 그 나라에 들어가려면 거듭나야 한다는 사실을 설명해 주셨다(요 3:3, 5). 사람이 거듭나게 되면 하나님 나라를 볼 수 있고 들어갈 수 있다. 이것은 육에 속한 능력이 아니라 예수님의 의미를 깨달을 수 있는 영적 능력이다(5-6절). 니고데모는 예수님의 이런 말씀들을 다 들은 후에 의아해하면서 "어찌 그러한 일이 있을 수 있나이까"(9절)라고 묻는다. 니고데모의 반응에 대한 예수님의 대답은 아주 냉정하다. 예수님은 니고데모가 깜짝 놀라는 것을 보시고 황당해하시면서 10절에서 "너는 이스라엘의 선생으로서 이러한 것들을 알지 못하느냐"라고 반문하신다. 자기가 에스겔 36-37장의 예언을 성취하는 중이라고 말씀하신 것을 니고데모가 이해할 것이라고 기대하셨던 것으로 보인다. 하지만 예수님이 계속해서 말씀을 하시는 동안 니고데모의 문제는 단지 이해의 문제가 아니라는 것이 드러난다.

예수님은 3:11에서 "진실로 진실로 네게 이르노니 우리는 아는 것을 말하고 본 것을 증언하노라 그러나 너희가 우리의 증언을 받지 아니하는도다"라고 말씀하신다. 이 시점에서 예수님은 자기가 메시아라는 사실을 토대로 말씀하고 계신다. 아니, 그는 메시아이실 뿐만 아니라 성육신하신 하나님이시다. 예수님은 방금 자기가 구약을 성취하고 있음을 니고데모에게 설명하셨지만, 그는 그 말씀을 믿지 못하고 도리어 혼란스러워했다. 예수님은 그때그때 상황에 맞게 대답해 주신다. 즉 지금 니고데모에게 필요한 것은 예수님이 말씀하신 것을 받아들이는 것이다. 니고데모가 깨닫든 못 깨닫든, 그리고 믿든 안 믿든 예수님이 말씀하신 것들은 참되며, 예수님은 하나님이시다. 예수님은 메시아다. 예수님은 구약을 성취하고 계신다. 예수님은 그것을 설명해 주셨고, 니고데모에게는 그것으로 충분했다.

예수님이 "우리는 아는 것을 말하고 본 것을 증언하노라" 하신 것은 사람이 하나님 나라를 보고 거기에 들어가려면 반드시 거듭나야 한다는 사실을 그가 이미 알고 또한 보았다고 증언하신 것이다. 예수님은 거듭남이 새 마음, 성령의 새로운 경험, 새 생명에 관한 에스겔의 예언을 성취하는 것이라고 설명해 주셨다. 예수님께서 어떤 것을 사람들에게 설명해 주셨을 때 사람들이 받아들이지 않는다면 문제는 단지 그들이 이해하지 못한다는 데 있지 않고, 그들이 그의 증언을 믿지 않는다는 데 있다.

예수님은 11절에서 자신의 증언을 받아들이지 않는 니고데모를 책망하신 후, 12절에서는 "내가 땅의 일을 말하여도 너희가 믿지 아니하거든 하물며 하늘의 일을 말하면 어떻게 믿겠느냐"라고 말씀하신다. 이 말씀은 전환 역할을 하는 것으로 보인다. 왜냐하면 "땅의 일"은 예수님이 거듭남과 성령의 역사에 관해 지금까지 말씀하신 것을 가리키고, "하늘의 일"은 예수님이 13-15절(아마도 21절까지 이어지는 내용)에서 말씀하시게 될 것을 가리키기 때문이다. 12절의 책망("너희가 믿지 아니하거든")은 니고데모가 예수님의 증언을 받아들이지 않은 것이 지닌 함의를 이끌어낸 것이다. 니고데모는 9절에서 "어찌 그러한 일이 있을 수 있나이까"라고 물었고, 예수님은 10-12절에서 이 시점까지 자기가 말한 것들을 니고데모가 믿지 않는다면 더 이상 설명해 보아야 별 도움이 되지 않을 것이라고 대답하셨다. 그런데도 예수님은 13-15절에서 자기가 어떻게 구약을 성취할 것인지 추가적인 통찰을 주기 위해 두 가지를 더 말씀하신다. 이는 예수님의 정체성과 사명에 관한 것들이다.

12절의 2인칭("너희")이 13절에서 3인칭["아무도"(ESV), 개역개정은 "~자가 없느니라"로 번역했다]으로 바뀐 것은 12절까지가 예수님이 하신 말씀이고 13절부터는 요한이 말하기 시작했다는 것을 보여준다는 견해도 있다. 반면, 어떤 사람들은 예수님이 통상적으로 자신을 "인자"라는 3인칭으로도 지칭하시기 때문에 15절까지가 예수님이 하신 말씀이고, 요한은 16-21절에서 말하는 것이라고 생각한다. 요한복음에서는 예수님이 갑자기 어떤 말씀을 던지고 나서 설명해 주지 않으시는 것으로 묘사한다는 점을 감안했을 때 (예컨대, 1:51; 2:19) 예수님은 3:13-15에 나오는 심오하면서도 함축적인 말씀만 하신 것으로 보인다. 하지만 예수님이 말씀을 그치셨다는 것을 보여주는 분명한 표시가 본문에 나오지 않고, 22절에서 새로운 단락이 시작된다는 것은 분명하기 때문에 ESV 성경이 10-21절을 예수님이 하신 말씀으로 보고 붉은색으로 표시한 것(단색으로 된 판본에서는 인용부호로 묶은 것)은 옳다고 생각한다.

예수님은 13절에서 장차 오실 하나님의 아들에 관한 구약의 기대를 근거로 해서 자신의 유일무이한 정체성을 단언하신다. 그분은 잠언 30:4과 다니엘 7:13에 나오는 내용들을 가져와서 니고데모에게 자신의 정체를 밝히신다. 예수님께서 이러한 단언들을 통해 자신의 정체성을 니고데모에게 밝히신 이유는 그가 지금까지 들은 주님의 말씀을 받아들일 것이냐 배척할 것이냐를 결단하게 하기 위함이었다.

잠언 30:4에서 야게의 아들 아굴은 "하늘에 올라갔다가 내려온 자가 누구인지…그의 이름이 무엇인지, 그의 아들의 이름이 무엇인지 너는 아느냐"라고 묻는다. 예수님은 구약의 기대가 자신을 통해 충족된다는 것을 니고데모에게 밝힘으로써 아굴의 질문에 답하시는 것처럼 보인다. "하늘에서 내려온 자 곧 인자 외에는 하늘에 올라간 자가 없느니라"(요 3:13). "인자"에 대한 언급은 니고데모가 예수님의 정체성을 알게 해 줄 또 하나의 구약적 배경을 제시해 준다. 예수님은 잠언 30:4을 간접 인용하시면서 자신이 하늘에 계시는 분의 아들임을 암묵적으로 선언하셨다. 그런 후에 본인이 다니엘 7:13-14에 언급된 "인자"라고 밝히신다. 예수님은 방금 3:12에서 자기에게는 하늘의 일을 말할 수 있는 능력이 있다고 말씀하셨고, 11절에서는 자기가 보고 아는 것들을 증언한다고 단언하셨기 때문에 13절은 예수님이 자기는 하늘에 계신 분의 아들이자 "인자"라고 선언하신 것과 마찬가지다. 즉 예수님은 하늘에서 내려온 분(잠 30:4)이시자 하늘로 올라간 유일하신 분이시다(단 7:13-14). 예수님은 유일무이한 신분을 지닌 분이시기 때문에 니고데모는 그를 믿어야 한다. 예수님은 하늘에서 내려오셨기 때문에 하늘의 일들을 말씀해 주실 수 있다. 예수님은 하늘의 일을 말씀하실 수 있기 때문에 니고데모는 예수님이 설명해 주신 땅의 일을 믿어야 한다.

예수님은 이러한 구약 본문들을 간접 인용하셔서 니고데모에게 자신의 정체성을 밝히신 후, 자기가 무엇을 하러 이 땅에 오셨는지를 또다시 구약의 관점에서 말씀해 주신다. "모세가 광야에서 뱀을 든 것같이 인자도 들려야 하리니 이는 그를 믿는 자마다 영생을 얻게 하려 하심이니라"(3:14-15). 예수님은 구약의 두 본문을 결합해서 이 말씀을 하신다. '들리다'로 번역된 단어는 이사야 52:13의 헬라어 역본(*Septuaginta*, 칠십인역)에서 지혜로운 종(이사야 53장에서는 백성의 죄를 담당하는 종)이 들려서 존귀하게 될 것임을 설명하기 위해 사용된 단어와 동일하다. 이사야 52:13에서 가져온 이 단어는 요한복음에서 예수님이 들리실 것임을 설명하는 데 여러 차례 사용된다(요 3:14; 8:28; 12:32, 34).

또한 여기에는 민수기 21:4-9의 놋뱀 사건에 대한 간접 인용도 분명하게 존재한다. 즉 예수님은 자신의 모형인 그 사건을 성취하실 것임을 보여주신다. 민수기 21:6에서 백성들은 그들의 죄에 대한 심판으로 여호와가 그들 가운데 보내신 불뱀들 때문에 죽어가고 있었다. 나중에 요한은 하나님이 예수님에게 심판을 맡기셨으며(요 5:27), 예수님을 믿지 않는 자들은 하나님의 진노 아래 있다고 말한다(3:36). 민수기 21:8에서 여호와는 자기가 백성들을 심판하기 위해 보낸 뱀 모양을 따라 놋뱀을 만든 뒤 그것을 들어 올리라고 모세에게 지시하신다. 심판의 도구였던 뱀이 광야에서 들어 올려졌듯이 하나님은 세상의 죄를 짊어지고 심판을 받으실 예수님도 십자가 위에 들어 올리실 것이다. 민수기 21:8-9에서 놋뱀을 쳐다본 자들은 뱀에게 물렸어도 죽지 않고 건짐을 받았듯이 들어 올려진 예수님의 영광을 보는 자들은 장차 하나님으로부터 오게 될 심판에서 건짐을 받게 될 것이다. 하지만 놋뱀은 단지 그것을 쳐다본 자들의 육신적인 목숨을 연장시켜 주었을 뿐이지만, 예수님을 믿는 자들은 영생을 누리게 될 것이다(요 3:15).

요한은 이 단락에서 예수님이 자신이 구약을 성취하신다는 것을 촘촘하고도 다양하게 말씀하고 계시는 것으로 묘사한다.

- 예수님은 자기가 구약에 약속된 하나님 나라를 가져오겠다고 말씀하신다(요 3:3, 5).
- 예수님은 거듭남을 통해 자기가 에스겔 36:24-26에 예언된 '깨끗하게 함'과 '새롭게 함'을 이루실 것이라고 말씀하신다(요 3:5-6).
- 예수님은 '새롭게 함'이 에스겔 37:1-14에 예언된 바람처럼 불어오는 성령에 의한 부활이라는 방식을 띠게 될 것이라고 말씀하신다(요 3:8).
- 예수님은 자기가 하늘에 계신 분의 아들로서 잠언 30:4에서 말한 하늘에서 내려온 자이자 하늘에 올라간 자라고 말씀하신다(요 3:13).
- 예수님은 자기가 다니엘 7:13-14에서 말한 "인자"라고 말씀하신다(요 3:13-14).

- 예수님은 자기가 이사야 52:13에서 말한 높이 들리어 존귀하게 될 지혜로운 종이라고 말씀하신다(요 3:14).
- 예수님은 자기가 민수기 21:4-9에서 말한 놋뱀의 모형론적 성취라고 말씀하신다(요 3:14).

3:16-21 | 이것이 하나님이 세상을 사랑하신 방식이다 2:23-25에서 요한은 유월절에 예루살렘에서 예수님이 행하신 표적을 보고 믿은 사람들이 있었지만, 예수님은 "사람의 속에 있는 것을 아셨기" 때문에 그들에게 자신을 의탁하지 않으셨다고 묘사했다. 요한은 표적을 보고 예수님을 찾아온 니고데모를 그런 사람의 예로 제시하면서 3장을 시작한다(1-2절). 예수님이 3-8절에서 그에게 설명해 주셨듯이 니고데모는 거듭날 필요가 있었다. 이것은 예수님이 자신을 의탁하지 않으신 자들도 거듭나야 했다는 것을 보여준다(참고. 7절의 복수형, "[너희는] 거듭나야 하겠다"). 예수님은 에스겔 36:24-27에 나오는 성령의 깨끗하게 하고 새롭게 하는 역사(요 3:5)와 에스겔 37장에서 성령이 불어 마른 뼈들을 부활시키는 사건(요 3:8)이라는 관점에서 니고데모에게 거듭남을 설명해 주신다.

니고데모는 당황하고 혼란스러워하는 반응을 보였다(9절). 예수님은 그가 깨닫지 못하는 것뿐만 아니라(10절) 자신의 증언을 받아들이지 않는 것에 대해서도(11절) 책망하신다. 예수님은 니고데모가 자신이 땅의 일에 대해 말한 것조차 믿지 못한다고 책망하시고(12절), 계속해서 그에게 자신의 정체성과 사명에 관한 하늘의 일에 대해 말씀해 주신다. 예수님은 자기가 다니엘 7:13의 "인자"이자 잠언 30:4의 수수께끼에 대한 대답이라는 것을 밝히신다(요 3:13). 예수님은 자신의 사명이 광야에서 놋뱀을 든 것을 모형론적으로 성취하는 것이라고 설명해 주시면서(14절) 당시에는 육신적인 목숨만 건졌지만, 예수님이 들리셨을 때 그를 믿는 자들은 영생을 얻게 될 것이라고 말씀하신다(15절).

그런 후에 예수님은 16-21절에서 니고데모에게 추가적인 설명을 해 주신다. 22절부터는 완전히 다른 장면으로 넘어가는 것이 분명하기 때문에 예수님은 21절까지 계속 말씀하셨고, 16-21절은 예수님이 니고데모에게 앞서 말씀하신 내용을 좀 더 자세히 설명해 주시는 것으로 보아야 한다. 구체적으로 살펴보자. 예수님은 14-15절에서 자기가 놋뱀처럼 들리게 될 것이라고 하셨는데, 이 말씀이 무슨 의미인지 16-17절에서 설명해 주시고 18-19절에서는 자기가 들리는 것과 심판의 관계에 대해 설명해 주신다. 20-21절에서도 예수님의 가르침은 계속 이어진다. 어떤 사람들은 빛을 발견하기 위해 자신이 할 수 있는 모든 것을 하는 반면, 어떤 사람들은 빛을 보고 도망하는 이유가 무엇인지 설명해 주신다. 이것은 예수님이 3-8절에서 거듭남에 관해 말씀하신 것과도 연결되고, 요한복음 서문인 1:12-13에서 거듭남을 소개한 것과도 연결된다.

요한복음 3:16의 첫 번째 구절에 대한 ESV 성경의 난외주(欄外註)는 이 본문의 의미를 제대로 포착해서 보여준다. "이것은 하나님이 세상을 사랑하신 방식이다." 14절에서 니고데모에게 인자가 광야의 놋뱀처럼 들려야 한다고 말씀하신 예수님은 이제 그에게 하나님이 세상을 사랑하셔서 자신의 아들을 주어 십자가 위에 들리게 하셨다고 말씀하신다. 14절에서 예수님은 자기가 다니엘 7:13이 말한 "인자"라고 밝히시고, 16절에서는 자기가 하나님의 "독생자"라고 밝히신다. 다니엘 7:13의 인자는 다윗 가문의 왕이자 하늘 궁정의 일원이고, 예수님은 자신을 다음과 같이 여러 가지로 지칭하심으로써 자신의 이중적 본성을 알려주신다.

- 잠언 30:4이 말한 대로 하늘에 올라갔다가 내려온, 하늘에 계신 분의 아들(요 3:13)
- 인자(3:13-14)
- 하나님의 독생자(3:16)

14-15절에서 아들이 들리게 될 때 일어나게 되는 결과는 16절에서 하나님이 아들을 주심으로써 일어나게 되는 결과와 동일하다. "이는 그를 믿는 자마다…영생을 얻게 하려 하심이라"(15절). 15절과 16절의 동일

한 구절은 단지 서로 다른 전치사를 사용한다는 것[15절에서는 '엔'(εν), 16절에서는 '에이스'(εἰ)]과 16절에는 "멸망하지 않고"라는 어구가 추가되어 있다는 것만 차이가 있다.

하나님은 어떤 방식으로 세상을 사랑하셨는가? 주시는 것이다. 자기 아들을 주셨다. 자신의 독생자를 주셨다. 예수님 같은 이는 아무도 없다. 하나님이자 사람이신 분은 예수님을 제외하면 아무도 없다. 예수님 외에는 광야에서 들린 놋뱀처럼 들려서 자기를 믿는 자들이 영생을 얻게 해 주실 수 있는 분은 없다. 오직 예수님만 답이 될 수 있다. 하나님은 예수님을 주셨다.

17절에서 예수님은 인자가 들려야 할 것이라는 14절과 하나님이 독생자를 주셨다고 말씀하신 16절의 내용을 거듭 설명하신다. 니고데모를 비롯해 당시 유대인들은 장차 하나님이 다윗 가문에서 한 왕을 일으키셔서 열방을 심판하실 것이라고 한 구약의 예언을 잘 알고 있었다(예컨대, 시 110편). 사도행전 5:36-37에서 가말리엘은 두 사람(드다와 갈릴리의 유다)이 일어나 추종자들을 모았지만, 그들 자신이 죽임을 당함으로써 그들의 운동은 온데간데없이 사라져 버렸다고 말한다. 바울이 유대인들에게 있어 십자가가 걸림돌("거리끼는 것")이라고 말한 것(고전 1:23)은, 유대인들이 메시아가 열방을 이기고 심판하시리라 기대했기 때문에 예수님이 십자가에 못 박히신 사건을 두고 메시아가 아니라는 증거로 해석했음을 염두에 둔 것이었다. 예수님이 3:17에서 니고데모에게 "하나님이 그 아들을 세상에 보내신 것은 세상을 심판하려 하심이 아니요 그로 말미암아 세상이 구원을 받게 하려 하심이라" 말씀하신 이유도 유대인들의 기대를 염두에 둔 것으로 보인다.

만약 아들이 심판하기 위해 오신 것이라면 세상을 단죄하셨을 것이기 때문에 원수들은 이미 심판을 받았을 것이고, 모든 죄인들은 이미 영원한 형벌에 처해졌을 것이다. 하지만 하나님이 자기 아들을 보내신 이유는 세상을 단죄하고 심판하기 위함이 아니라 아들을 죽음에 내어주심으로써 인류를 구원하기 위함이었다. 그래서 예수님이 니고데모에게 자기가 군대를 일으키고 로마군과 전쟁을 벌여서 그들을 거룩한 땅 밖으로 쫓아내지 않는 이유를 설명하신 것이다. 또한 예수님이 왜 자기가 광야에서의 놋뱀처럼 들려야 하고(14절), 하나님이 아들을 주셨다는 것이 무엇을 의미하며(16절), 어떻게 그 아들을 믿는 자들이 영생을 얻게 되는지를 설명하신 것이었다(14-15, 16절). 세상 가운데 예수님을 믿는 자들은 "그로 말미암아" 구원을 받게 될 것이다(17절).

17절의 마지막에 나오는 "그로 말미암아 세상이 구원을 받게"라는 어구는 예수님을 믿은 자들은 예수님으로 말미암아 구원을 받아 영생을 얻게 될 것임을 보여준다(15, 16절). 무엇으로부터 구원을 받는가? 36절에서는 아들에게 순종하지 않는 자들 위에는 하나님의 진노가 머물러 있다고 말한다. 어떻게 구원을 받는가? 아들이 광야의 놋뱀처럼 들리심으로(14절) 우리가 구원받을 수 있다(다시 한 번 말하지만, 그가 "들린다"는 것은 이사야 52:13에서 온 것이다). 그리스도는 자신이 십자가 위에서 죽으심으로써 사람들을 구원한다. 이 단락에는 명시적으로 드러나지 않지만, 근저에 있는 논리는 요한복음의 다른 곳에 나오는 말씀에서 볼 수 있는 것과 마찬가지다. 패역한 이스라엘을 향한 하나님의 진노가 놋뱀으로 말미암아 풀어졌듯이 죄에 대한 아버지의 진노가 예수님이 십자가 위에서 죽으심으로 말미암아 풀어졌다는 것이다.

하나님은 세상을 사랑하셨기 때문에 예수님을 주셔서 세상 대신 죽게 하셨다. 세상에게 가장 필요한 것은 하나님의 진노를 푸는 일이었고, 예수님은 아버지에게 가장 소중하고 귀한 존재였다. 궁극적인 구원을 얻어야 하는 인류의 가장 절박한 필요를 충족시키기 위해 자신의 가장 소중한 것을 희생시키는 것보다 인류에 대한 하나님의 사랑을 분명하게 보여줄 수 있는 방법은 없으며, 그 사랑이 최고임을 증명해 보일 방법도 없었다.

예수님은 자기가 이 땅에 오셔서 이루려고 하시는 구원을 니고데모에게 담백하게 설명하신다. 하나님이 세상을 너무나 사랑하셔서 아들을 주셨다(요 3:16). 아들은 십자가 위에 들림으로 그 일을 이루기 위해 왔다(14절). 18절에서 예수님은 오직 믿는 자들만이 심판에서 구원을 받게 될 것이라고 설명하신다. "그를 믿는 자는 심판을 받지 아니하는 것이요 믿지 아니하는 자는 하나님의 독생자의 이름을 믿지 아니하므로 벌써 심판을 받은 것이니라." 여기에서 "정죄를 받다"(개역개정에는 "심판을 받다"로 되어 있다)로 번역된 단어의 한 형태는 헬라어 역본(칠십인역)의 이사야 53:8에서는 "심판"으로 번역된다. "압제와 '심판'에 의해 그가 제거되었다"(개역개정에는 "그는 곤욕과 심문을 당하고 끌려갔으나"). 따라서 요한복음 3:18의 첫 번째 구절은, 예수님을 믿는 자는 예수님이 그를 대신해서 심판을 받으셨기 때문에 심판을 받지 않는다는 것을 의미한다. 18절의 나머지 부분에서는 믿지 않는 자들은 "하나님의 독생자의 이름을 믿지 아니하므로" 심판을 "벌써" 받은 것이라고 설명한다. 이는 예수님을 믿지 않는 자들은 실제로 심판을 받기 전에 '이미' 심판 아래 있다는 사실을 보여준다. 사람들을 심판으로부터 건져줄 유일한 길은 예수님을 믿는 믿음뿐이다. 믿지 않는 자들은 아담이 죄를 범한 이래로 그의 죄와 자신의 죄로 말미암아 언제나 심판 아래 있어 왔다.

예수님은 19절에서 심판의 증거를 제시하신다. "그 정죄는 이것이니 곧 빛이 세상에 왔으되 사람들이 자기 행위가 악하므로 빛보다 어둠을 더 사랑한 것이니라." 만약 불신자들이 정죄와 심판 아래 있지 않다면 그들은 빛보다 어둠을 더 사랑하지 않을 것이다. 그들이 어둠을 더 사랑한다는 것은 그들에게 죄가 있다는 것을 보여준다. 빛이 왔을 때 그들이 보이는 반응은 그들의 영적인 상태, 즉 그들이 심판 아래 있다는 것을 드러낸다. 아담이 에덴동산에서 죄를 지은 뒤 하나님을 피해 숨었듯이 세상의 빛이 오셨을 때 죄인들은 어둠을 찾는다. 20-21절에서 예수님은 빛에 대한 어떤 사람의 반응이 그의 영적인 상태를 드러낸다고 계속해서 말씀하신다.

예수님은 니고데모와 대화하시면서 인자가 들리는 것(14절)과 아버지가 아들을 주시는 것(16절)이 세상이 구원받는 데 필수 조건임을(17절) 증명하고자 하신다. 니고데모는 유대인들이 구원을 받기 위해 그처럼 극단적인 희생제사를 필요로 하지 않는다고 생각했겠지만, 예수님은 자기에 대한 유대인들의 반응을 통해서 그들에게는 그의 희생제사만 필요한 것이 아니라 3-8절에 설명된 거듭남도 필요하다는 것을 보여주신다. 유대인들은 니고데모가 2절에서 말한 것, 즉 예수님이 하신 일들은 하나님이 함께 하시지 않으면 불가능하다는 것을 인정해야 했다. 하지만 그들은 인정하지 않았다. 예수님이 19절에서 분명하게 말씀하셨듯이 도리어 그들은 자신들의 행위가 악하기 때문에 빛보다 어둠을 더 사랑했다.

20절에서 예수님은 그들이 빛으로 오지 않는 이유를 도덕적인 관점에서 더욱 분명하게 설명해 주신다. "악을 행하는 자마다 빛을 미워하여 빛으로 오지 아니하나니 이는 그 행위가 드러날까 함이요." 악을 행하는 자들은 단지 빛에 대해 중립적이거나 관심이 없지 않다는 것을 주목하라. 그들은 빛을 미워한다. 이러한 증오심은 자신의 악한 행위가 드러나지 않게 하려는 자기방어적인 태도에서 생겨난다. 성경의 예수님께로 나아오는 자들은 있는 그대로의 예수님을 만나게 되고, 그럴 때 중립적인 태도를 지니는 것은 불가능하기 때문에 그분을 미워하거나 사랑하게 된다.

빛에 대한 반응은 충분히 예상할 수 있는 일이다. 죄인들은 자신들의 죄가 드러나는 것을 좋아하지 않는다. 반면에 우리의 기대와 달리 하나님은 사람들을 너무나 사랑하시기 때문에 그들에게 빛을 비추셔서 그들의 죄를 드러내길 원하신다. 빛이 와서 죄를 드러내고 사람들에게 어둠에서 빛으로 나오기를 간곡히 권하는 과정을 시작한다. 하나님이 빛을 통해 죄를 드러내실 때 죄인들은 자기가 사랑받는다는 느낌을 알지 못할 수도 있지만, 이는 하나님이 세상을 사랑하시는 방식이다. 하나님은 자기 아들을 세상의 빛으로 이 땅에 보내셔서 세상에 의해 죽임을 당하게 하셨는데, 그렇게 하신 이유는 그를 통해 세상을 구원하기 위함이었다.

요한은 1:12-13에서 예수님을 영접한 자들은 "하나님께로부터 난 자들"이라고 말했다. 예수님은 니고데모에게 거듭난 자는 하나님 나라를 볼 수 있으며 들어갈 수 있다고 말씀하셨다. 앞에 나온 이 말씀들은 3:21을 조명해 준다. "진리를 따르는 자는 빛으로 오나니 이는 그 행위가 하나님 안에서 행한 것임을 나타내려 함이라 하시니라." "하나님 안에서 행한 것"만이 참된 행위다. '성령으로 나서' 영이 된 사람들만이 그런 참된 행위를 할 수 있다(3:6, "영으로 난 것은 영이니"). 거듭난 자들은 하나님 나라를 볼 수 있고 들어갈 수 있다. 그들은 육의 영역만이 아니라 영의 영역에도 참여하기 때문에 그들의 행위는 하나님 안에서 행한 것이다.

거듭나서 하나님 나라를 보고 예수님을 믿는 자들은 빛을 보고 도망하는 것이 아니라 있는 힘을 다해 빛 속으로 들어가려고 한다. 그들은 이미 거듭난 사람들이어서 진리를 알기 때문에 참된 일을 행한다. 그들이 빛으로 나아오는 것은 빛이 자신들의 공로를 드러내 줄 것이라고 생각하기 때문이 아니라 자신들이 행한 일이 하나님의 능력으로 이루어진 것임을 드러내 줄 것이라고 생각하기 때문이다.

이 대화 속에서 예수님은 니고데모에게 결단을 요구하셨다. 그런 결단을 위해 예수님은 니고데모에게 무엇이 필요한지 설명해 주셨다. 즉 예수님은 에스겔 36-37장을 성취하고 계시기 때문에 니고데모는 거기에 예언된 거듭남과 부활에 의한 새로워짐을 반드시 경험해야 한다는 것이다. 니고데모는 예수님이 구약의 수수께끼들에 대한 답이자 모형의 성취라는 것을 알아야 한다. 예수님은 아버지의 사랑이 나타난 것임을 깨달아야 한다.

예수님은 모든 사람이 직면해 있는 양자택일의 현실을 제시함으로써 니고데모에게 결단을 요구하신다. 니고데모는 모든 사람 앞에는 영원히 멸망하느냐, 아니면 영생을 얻느냐 하는 두 가지 정반대의 가능성이 열려 있다는 것을 깨달아야 한다(요 3:16). 예수님은 니고데모의 결단을 촉구하시고자 분명하게 말씀하신다. "나는 심판하기 위해서가 아니라 구원하기 위해서 왔고(17절) 믿는 자들은 심판을 받지 않을 것이지만, 믿지 않는 자들은 이미 심판을 받은 것이다(18절)." 사람들은 어둠을 사랑하거나 빛을 사랑한다(19절). 악한 일을 행하는 자들이 있고, 진리를 행하는 자들도 있다. 어떤 사람들은 빛을 미워하여 도망하는 반면에 어떤 이들은 빛으로 나아온다(20-21절).

응답

예수님은 구약성경을 깨닫기 위한 열쇠다. 예수님은 구약의 예언을 성취하신다. 예수님은 구약에 나오는 모든 모형을 성취하시면서 그것들을 뛰어넘으신다. 모형의 원형이시고 신비들의 해석자이자 해법 자체인 예수님은 모든 시대의 정점이요 완성이며 '목표'다. 우리의 영혼을 그분께 맡기고 그분의 빛으로 나아가는 것 외에 다른 응답은 있을 수 없다. 그렇게 하는 것은 어둠을 버리는 것을 의미하고, 어둠이 감춰주는 악한 일들을 버리는 것을 의미하며, 죄를 회개하는 것을 의미한다.

그러한 회개는 오직 거듭났을 때만 가능하다. 어둠의 행위에서 돌이켜 빛으로 나아오게 하는 것은 하나님이 행하시는 일이다. 그것은 하나님의 능력이 역사하고 있음을 의미한다. 회개는 노출과 수치로 이어지지만, 사람으로 하여금 구원을 얻고 죄 용서를 받으며 깨끗하게 되고 죄와 싸울 힘을 얻게 해 주는 것은 오직 그 길뿐이다. 또한 그런 사람들은 하나님이 역사하여 행하신 변화를 다른 사람들에게 증언할 수 있게 되고, 그렇게 함으로써 그들도 하나님의 능력을 증언하게 될 것이다. 거듭남은 영생으로 들어가는 유일한 문이다.

우리는 죄를 지었고 더러워졌고 광분했으며,
하나님은 자기 아들을 주셨다.
우리의 더러움과 수치, 우리를 물들인 죄 때문에
하나님은 순전하신 분을 보내셨다.

피로 물든 손과 피가 스며든 땅을 위해
어린양은 묵묵히
자신의 피를 흘리셨고 교회가 세워졌다.
하나님이 자기 아들을 주셨기 때문에.

이제 사슬과 모든 고통을 벗어나서
생수를 향해 달려가고,
예수님이 다스리시는 깨끗한 삶을 위해
부활하시고 다스리시는 아들께로 달려가라.

주가 머무시는 모든 시간 동안 늘 변함없이
주는 우리의 모든 찬송을 받으시기에 합당하시고,
주의 이름은 우리가 높여드리기에 합당하시니,
예수님은 자기를 의지하는 모든 자를 구원하신다!

22 그 후에 예수께서 제자들과 유대 땅으로 가서 거기 함께 유하시며
세례를 베푸시더라 23 요한도 살렘 가까운 애논에서 세례를 베푸니 거
기 물이 많음이라 그러므로 사람들이 와서 세례를 받더라 24 요한이
아직 옥에 갇히지 아니하였더라
22 After this Jesus and his disciples went into the Judean countryside,
and he remained there with them and was baptizing. 23 John also was
baptizing at Aenon near Salim, because water was plentiful there, and
people were coming and being baptized 24 (for John had not yet been
put in prison).

25 이에 요한의 제자 중에서 한 유대인과 더불어 정결예식에 대하여
변론이 되었더니 26 그들이 요한에게 가서 이르되 랍비여 선생님과 함
께 요단강 저편에 있던 이 곧 선생님이 증언하시던 이가 세례를 베풀
매 사람이 다 그에게로 가더이다 27 요한이 대답하여 이르되 만일 하
늘에서 주신 바 아니면 사람이 아무것도 받을 수 없느니라 28 내가 말
한 바 나는 그리스도가 아니요 그의 앞에 보내심을 받은 자라고 한 것

을 증언할 자는 너희니라 29 신부를 취하는 자는 신랑이나 서서 신랑
의 음성을 듣는 친구가 크게 기뻐하나니 나는 이러한 기쁨으로 충만
하였노라 30 그는 흥하여야 하겠고 나는 쇠하여야 하리라 하니라[1]

25 Now a discussion arose between some of John's disciples and a Jew
over purification. 26 And they came to John and said to him, "Rabbi, he
who was with you across the Jordan, to whom you bore witness—look,
he is baptizing, and all are going to him." 27 John answered, "A person
cannot receive even one thing unless it is given him from heaven.
28 You yourselves bear me witness, that I said, 'I am not the Christ,
but I have been sent before him.' 29 The one who has the bride is the
bridegroom. The friend of the bridegroom, who stands and hears him,
rejoices greatly at the bridegroom's voice. Therefore this joy of mine is
now complete. 30 He must increase, but I must decrease."

31 위로부터 오시는 이는 만물 위에 계시고 땅에서 난 이는 땅에 속하
여 땅에 속한 것을 말하느니라 하늘로부터 오시는 이는 만물 위에 계
시나니 32 그가 친히 보고 들은 것을 증언하되 그의 증언을 받는 자가
없도다 33 그의 증언을 받는 자는 하나님이 참되시다는 것을 인쳤느니
라 34 하나님이 보내신 이는 하나님의 말씀을 하나니 이는 하나님이
성령을 한량없이 주심이니라 35 아버지께서 아들을 사랑하사 만물을
다 그의 손에 주셨으니 36 아들을 믿는 자에게는 영생이 있고 아들에
게 순종하지 아니하는 자는 영생을 보지 못하고 도리어 하나님의 진
노가 그 위에 머물러 있느니라

31 He who comes from above is above all. He who is of the earth
belongs to the earth and speaks in an earthly way. He who comes from
heaven is above all. 32 He bears witness to what he has seen and heard,
yet no one receives his testimony. 33 Whoever receives his testimony

sets his seal to this, that God is true. 34 For he whom God has sent utters the words of God, for he gives the Spirit without measure. 35 The Father loves the Son and has given all things into his hand. 36 Whoever believes in the Son has eternal life; whoever does not obey the Son shall not see life, but the wrath of God remains on him.

1 어떤 해석자들은 세례 요한의 증언이 36절까지 이어지는 것으로 본다.

단락 개관

세례 요한

앞 단락은 3:1-2에서 니고데모가 밤에 예수님을 찾아온 것으로 시작되어 19-21절에서 예수님이 어둠에서 벗어나 빛으로 나아오는 자들에 대해 설명하시는 말씀으로 끝났다. 이 단락은 22-24절에서 관련된 시간, 배경, 사람들, 그들의 행위를 자세하게 소개하는 것으로 시작된다. 22-24절은 4:1-4의 내용과 대응된다. 거기에도 관련된 시간과 배경과 사람들에 관한 자세한 내용이 나온다. 또한 3:22-24에서 예수님과 요한의 세례 사역을 여러 번 언급한 것은 4:1-2에서 또 한 번 언급한 것과 연결된다.

한편으로 3:1-21에 나오는 예수님과 니고데모의 대화, 다른 한편으로는 25-36절에 나오는 세례 요한과 한 유대인의 대화(제자들이 한 유대인과 논쟁을 벌인 후 세례 요한에게 가서 되물은 것이기 때문에 간접적인 대화이긴 하지만) 간의 많은 병행은 이 두 단락을 서로 연관시켜서 함께 읽어야 한다는 것을 보여준다. 도표 3은 두 단락 간의 유사점들을 보여준다.

3장

요한복음 3:25–36	요한복음 3:1–21
3:25 요한의 제자들과 한 유대인 사이에 벌어진 결례에 관한 논쟁	3:1–2 니고데모가 예수님을 찾아옴
3:26 모든 사람이 세례를 받기 위해 예수님에게로 감	3:5 예수님이 니고데모에게 물과 영으로 나서 깨끗하게 되는 것에 관해 말씀하심
3:27 세례 요한이 하늘에서 주어지지 않는다면 사람은 아무것도 '받을' 수 없다고 말함	3:11 예수님이 니고데모가 자신의 증언을 받지 않는다고 책망하심
3:28–29 신랑이신 그리스도께서 새 언약을 시작하실 것임	3:3–8 성령의 새롭게 하심과 깨끗케 하심이 새 언약의 특징이 될 것임
3:31 땅에서 난 것과 하늘로부터 오는 것을 대비	3:12 땅의 일과 하늘의 일을 대비
3:31 예수님은 하늘로부터 오신 분	3:13 예수님은 하늘에서 내려온 인자
3:32 예수님은 자기가 보고 들은 것을 증언하시지만, 아무도 그의 증언을 받지 않음	3:11 예수님은 자기가 보고 아는 것을 증언하시지만, 사람들이 그의 증언을 받지 않음
3:33 예수님의 증언을 받는 자는 하나님이 '참되시다'는 것을 인치는 것임	3:21 하나님 안에서 행하는 자들은 '참된' 것을 행함
3:34 예수님이 하나님의 말씀을 하시는 것은 하나님이 그에게 성령을 한량없이 주시기 때문임	3:3–8 예수님께서 성령이 가져다주는 거듭남에 대해 말씀하심(참고. 6:63)
3:35 아버지께서 아들을 사랑하심	3:16 하나님이 세상을 사랑하심
3:36 예수님을 믿는 자들에게는 영생이 있고, 순종하지 않는 자들에게는 하나님의 진노가 그 위에 머물러 있음	3:15–21 예수님을 믿는 자들에게는 영생이 있고, 악을 행하는 자들은 정죄를 받음

도표 3. 요한복음 3:25–36과 3:1–21 간의 병행

이런 병행은 요한복음의 독자들에게 비교점과 대비점을 시사해 준다. 그것이 니고데모와 세례 요한의 서로 다른 관점에서 구체적으로 나타나 있다. 니고데모는 예루살렘의 기득권층인 반면, 세례 요한은 유대 땅 시골

에 머물면서 권력 구조 밖에 있었다. 니고데모는 거듭나야 하는데도 예수님이 하시는 말씀을 알아듣지 못하지만, 세례 요한은 예수님이 어떤 분이신지 알고 예수님이 자기 자신에 대해 말씀하시는 것과 똑같이 예수님에 대해 말한다. 니고데모는 예수님의 증언을 받지 않는다. 세례 요한은 예수님의 증언을 받을 뿐만 아니라 널리 알린다. 니고데모는 어둠에서 벗어나 빛으로 나왔기 때문에, 그에게는 소망이 있다. 세례 요한은 자기 세력이 점점 줄어들어야 하고 예수님의 세력은 점점 커져야 한다는 것을 안다.

단락 개요

Ⅲ. D. 세례 요한(3:22-36)

1. 배경(3:22-24)
2. 논쟁(3:25-26)
3. 증언(3:27-33)
4. 설명(3:34-36)

주석

3:22-24 | 배경 요한은 어떤 일에 관한 묘사를 시작할 때마다 언제 그 일이 일어났는지를 알려주는 표현을 일관되게 사용한다.

- 1:29 "이튿날"
- 1:35 "이튿날"
- 1:43 "이튿날"

- 2:1 "사흘째 되던 날"
- 2:13 "유월절이 가까운지라"
- 3:2 "밤에"
- 3:22 "그 후에"
- 4:1 "예수께서…아신지라"

언제인지를 보여주는 표현 외에 장소를 나타내는 표현도 사용된다.

- 1:28 "요단강 건너편 베다니에서"
- 1:43 "갈릴리로"
- 2:1 "갈릴리 가나에"
- 2:13 "예수께서 예루살렘으로 올라가셨더니"
- 2:23 "예수께서 예루살렘에 계시니"
- 3:22 "유대 땅으로 가서"
- 3:23 "살렘 가까운 애논에서"
- 4:3 "유대를 떠나사"

요한은 시간과 장소를 나타내는 표시들 외에 '어떤 인물들이 관련되어 있는지'에 대해서도 꼬박꼬박 밝힌다(참고. 1:29, 35, 43; 2:1-2, 12, 14, 23; 3:2, 22-24; 4:1-8). 3:22에서 요한은 예수님과 그의 제자들이 무슨 일을 하고 있었는지를 우리에게 알려주면서 그 일이 언제 어디에서 일어났고, 어떤 사람들이 관여했는지를 보여준다. 그런 후에 세례 요한의 활동을 소개하고(23절), 이 일들은 세례 요한이 투옥되기 전에 일어났음을 밝힌다(24절). 이는 요한복음에서 이 시점까지 일어난 모든 일들이 마가복음 1:14보다 앞서 일어났음을 보여준다.[19] 이렇게 요한은 예수님과 그의 제자들처

19 이것과 관련된 논의로는 Richard Bauckham, ed., *The Gospels for All Christians: Rethinking the Gospel Audiences* (Grand Rapids, MI: Eerdmans, 1997)을 보라.

럼 세례 요한도 살렘 가까운 애논에서 세례를 베풀었다는 것을 말한 후(요 3:22-23) 예수님에 대한 세례 요한의 증언을 촉발시키는 하나의 논쟁을 소개한다.

3:25-26 | 논쟁 세례 요한이 사람들에게 세례를 베푼 것은 앞서 예루살렘 당국자들의 의심과 감찰의 원인이 된 바 있다. "네가 만일 그리스도도 아니요 엘리야도 아니요 그 선지자도 아닐진대 어찌하여 세례를 베푸느냐"(1:25). 요한은 3:23에서 세례 요한이 "세례를 베푸니"라고 말한 후에 요한의 제자 중에서 한 유대인과 더불어 정결 예식에 대하여 변론이 되었다고 말한다(3:25).

전후 문맥은 세례 요한이 세례를 베푼 것이 결례에 관한 논쟁을 촉발시켰다는 것을 보여준다(1:23-25). 이 논쟁을 이해하기 위해서는 하나님이 남자와 여자를 반듯하게 지으셔서 에덴동산에 두셨을 때 결례 같은 것이 전혀 필요하지 않았음을 기억해야 한다. 그들이 죄를 지음으로 자신을 더럽히고, 생명이신 하나님의 임재로부터 추방되었을 때에야 비로소 결례가 반드시 필요하게 되었다. 하나님은 새로운 아담, 곧 이스라엘 민족을 택하셔서 약속의 땅에 두시고 그들에게 결례를 주셨으며, 이를 통해 그들 스스로 하나님의 임재 앞에서 자신의 정결함을 유지할 수 있게 해 주셨다. 하지만 이스라엘 민족이 죄를 지어 스스로를 더럽혔을 때 그들은 에덴동산에서 추방된 아담처럼 약속의 땅에서 쫓겨나게 되었다. 우리가 앞에서 3:5에 관한 주석을 통해 보았듯이 에스겔은 여호와가 자기 백성을 회복하실 때 그들에게 깨끗한 물을 뿌림으로 더러움에서 정결하게 하실 것이라고 예언했다(겔 36:25).

세례 요한의 제자들과 이 문제를 놓고 논쟁을 벌인 그 유대인은 모세 율법에서 정한 결례와 세례 요한이 베푸는 세례가 어떤 관계인지 물었을 것이다. 그들은 서로 논쟁을 벌이다가 이 문제를 세례 요한에게로 가져가게 되고(요 3:26), 27-33절에는 세례 요한이 이 문제와 관련해서 말한 내용이 나온다.[20] 26절을 보면, 요한의 제자들은 많은 사람들이 자신들을 버리고 예수님에게로 가는 것에 관심이 있었던 것 같다. 그들이 이렇게 놀라고 걱정한 것은 하나님의 계획, 그 속에서 세례 요한의 위치, 하나님의 전체 계획 속에서 어떤 식으로 예수님의 정체성이 드러나고 예수님께서 놀라운 일들을 행하실 무대가 어떤 식으로 만들어질 것인지 몰랐기 때문이었다. 그래서 세례 요한은 다음과 같은 것들에 대해 대답해 준다. (1) 세례 요한과 예수님의 관계, (2) 하나님의 계획이 전개되는 과정 속에서 예수님의 정체성과 역할, (3) 세례 요한과 예수님이 베풀고 계신 세례의 의미(세례는 무엇을 위한 것이고 세례의 대가가 무엇인지)가 그것이다.[20]

3:27-33 | 증언　이 논쟁에 참여하는 자들에 대한 세례 요한의 대답은 교차대구 구조로 되어 있어서 "그는 흥하여야 하겠고 나는 쇠하여야 하리라"(30절)라는 선언이 강조된다. 교차대구 구조의 중앙에 나오는 이 말씀은 29절과 31절에서 세례 요한과 예수님을 대비시키는 말씀, 28절과 32절에서 증언하는 것에 관한 말씀, 27절과 33절에서 사람들이 받는 것에 관한 말씀으로 둘러싸여 있다.

3:27 "만일 하늘에서 주신 바 아니면 사람이 아무것도 받을 수 없느니라"

3:28 "내가 말한 바 나는 그리스도가 아니요 그의 앞에 보내심을 받은 자라고 한 것을 증언할 자는 너희니라"

3:29 "신부를 취하는 자는 신랑이나 서서 신랑의 음성을 듣는 친구가 크게 기뻐하나니 나는 이러한 기쁨으로 충만하였노라"

20 ESV 성경에서는 세례 요한의 말이 3:30에서 끝나는 것으로 보고 어떤 사람들은 세례 요한의 말이 36절까지 이어지는 것으로 본다고 난외주에서 밝힌다. 필자는 3:27-33이 교차대구 구조로 되어 있는 것을 확인하고서 27-33절이 세례 요한의 대답이고, 34-36절이 복음서 저자 요한의 보충 설명이라는 것을 확신했다.

3:30 "그는 흥하여야 하겠고 나는 쇠하여야 하리라"

3:31 "위로부터 오시는 이는 만물 위에 계시고 땅에서 난 이는 땅에 속하여 땅에 속한 것을 말하느니라 하늘로부터 오시는 이는 만물 위에 계시나니"(세례 요한과 예수님을 대비시키고 있는 것에 주목하라.)

3:32 "그가 친히 보고 들은 것을 증언하되 그의 증언을 받는 자가 없도다"

3:33 "그의 증언을 받는 자는 하나님이 참되시다는 것을 인쳤느니라"

결례에 관한 논쟁과 더불어 모든 사람이 예수님에게로 가는 것에 관한 세례 요한의 대답은 겸손과 구속사와 관련해서 연구 대상이다. 세례 요한의 겸손은 자기 자신과 예수님 그리고 하나님의 계획 속에서 각자에게 맡겨진 역할을 분명히 이해하는 데에서 비롯된다. 세례 요한은 자신과 예수님에 관해 그가 알고 있는 열다섯 가지의 진리를 여기에서 설명한다. 이 지식은 그가 "자기 자신에 대하여 마땅히 생각할 그 이상의 생각을 품지 않을" 수 있게 해 주었다(참고. 롬 12:3).

1. 믿음의 원천: "만일 하늘에서 주신 바 아니면"(요 3:27a)
2. 인간의 무능력: "사람이 아무것도 받을 수 없느니라"(27절b)
3. 세례 요한의 정체성: "내가 말한 바 나는 그리스도가 아니요…라고 한 것을 증언할 자는 너희니라"(28절)
4. 세례 요한의 역할: "나는…그의 앞에 보내심을 받은 자라고"(28절b)
5. 예수님의 정체성: "신부를 취하는 자는 신랑이나"(29절a)
6. 예수님과 세례 요한의 관계: "서서 신랑의 음성을 듣는 친구"(29절b)
7. 예수님에 대한 적절한 응답: "신랑의 음성을 듣는 친구가 크게 기뻐하나니 나는 이러한 기쁨으로 충만하였노라"(29절c)
8. 그리스도 중심성: "그는 흥하여야 하겠고 나는 쇠하여야 하리라"(30절)

9. 예수님의 기원: "위로부터 오시는 이"(31절a)
10. 모든 것 위에 뛰어나신 예수님: "만물 위에 계시고…하늘로부터 오시는 이는 만물 위에 계시나니"(31절b, e)
11. 세례 요한의 기원: "땅에서 난 이는 땅에 속하여"(31절c)
12. 세례 요한의 사역 방식: "땅에 속한 것을 말하느니라"(31절d)
13. 예수님의 증언: "그가 친히 보고 들은 것을 증언하되"(32절a)
14. 예수님에 대한 부적절한 반응: "그의 증언을 받는 자가 없도다"(32절b)
15. 믿음의 본질: "그의 증언을 받는 자는 하나님이 참되시다는 것을 인쳤느니라"(33절)

교만은 우리 자신에 대하여 마땅히 생각할 것 이상을 품을 때 생겨난다. 세례 요한은 본인이 메시아가 아니라는 것을 알았기 때문에 이스라엘의 왕이나 이스라엘을 이끌 자 또는 이스라엘의 구원자라고 생각하지 않는다. 그는 자기가 어떤 사람인지도 알고, 어떤 사람이 아닌지도 안다. 그는 자신에게 주어진 소임이 예수님의 길을 준비하는 것임을 안다. 그는 자신의 기원을 안다. 즉 자기는 하늘로부터 오지 않았고 땅에서 나서 땅에 속해 있다는 것을 안다. 그는 자기에게 있는 것들 중에서 받지 않은 것은 하나도 없음을 알고(고전 4:7), 자기가 받은 모든 것은 하나님께로부터 왔다는 것을 안다(요 3:27).

세례 요한은 이런 사실을 알고 있었기 때문에 모든 사람이 예수님께로 가도 위협을 느끼지 않았다. 그는 새 언약을 통해 하나님과 그분의 백성 사이에 새로운 혼인이 이루어질 것을 알았고(호 2:14-23), 예수님이 하나님과 자기 백성의 새 언약을 개시할 신랑이라는 것도 알고 있었다.

요한복음 3:27-33에서 세례 요한은 모든 사람이 예수님에게 가고 있는 것 때문에 생겨난 제자들의 걱정(참고. 26절)과 결례를 놓고 한 유대인과 벌인 논쟁(25절)에 대해 대답해 준다. 그 논쟁은 모세 율법에 규정된 결례와 요한이 베푸는 세례의 관계에 관한 것이었는데, 세례 요한의 대답은 자신이 베푸는 세례와 모세 율법에 규정된 결례가 사람들을 깨끗하게 하실 예수님의 역사(役事) 속에서 성취될 것임을 분명하게 보여준다. 예수님이 니고데모에게 구약성경에 예언된 "물과 성령으로" 나는 것에 대해 하신 말씀이 바로 그런 역사였다(5절). 그 물은 레위기에 규정된 결례가 의도하고 미리 보여준 모든 것을 성취하는 방식으로 사람들을 깨끗하게 해 주어서 사람들이 다시 하나님의 임재 앞에서 살아갈 수 있도록 해줄 것이다. 이렇게 예수님이 가져다주시는 깨끗케 하는 역사는 하나님과 백성의 새로운 관계, 즉 예수님을 신랑으로 하는 혼인 같은 새 언약을 만들어낸다.

모세 율법에 규정된 결례들, 선지자들이 예언한 깨끗하게 할 역사, 세례 요한의 세례로 깨끗하게 되는 것은 모두 장차 예수님이 자기 백성을 깨끗하게 하실 것임을 가리켜 보여주는 것이다. 하나님이 그리스도 안에서 이루실 구원을 통해 자신의 놀랍도록 크신 사랑과 능력과 자비를 보여주실 모든 준비가 갖추어졌다.

3:34-36 | 설명 세례 요한은 27-33절에서 증언했고, 31절 끝부분부터 36절까지의 주제는 예수님이다. 34절에서 화자가 세례 요한으로부터 이 복음서의 기자 요한으로 바뀌기는 하지만, 말씀의 주제는 여전히 예수님이다.[21] 세례 요한은 방금 "그의 증언을 받는 자는 하나님이 참되시다는 것을 인쳤느니라"라고 말했고, 이 복음서의 기자 요한은 "하나님이 보내신 이는 하나님의 말씀을 하나니 이는 하나님이 성령을 한량없이 주심이니라"라고 설명한다(33, 34절). 예수님은 하나님이 보내신 분이고, 하나님은 그에게 성령을 한없이 주신다.[22]

하나님이 예수님을 보내셨고, 예수님은 하나님의 말씀을 하신다. 이것은 세례 요한이 예수님에 관해 증언하면서 자기는 신랑의 음성을 듣는

21 여기에서 예수님이 묘사되고 있다는 것은 세례 요한의 말이 요한복음 3:30에서 끝나고 3:31부터는 이 복음서의 기자 요한의 설명이 시작된다고 보더라도 여전히 사실이다.

22 이것에 대한 논의로는 Hamilton, *God's Indwelling Presence*, 112-114을 보라.

데(29절), 하늘로부터 오시는 이는 "그가 친히 보고 들은 것을 증언"하시기 때문에(32절) "그의 증언을 받는 자는 하나님이 참되시다는 것을 인쳤느니라"고 한 말(33절) 속에 암시된 것들을 분명하게 설명하고 드러낸다. 신랑은 말씀하실 때에 하나님의 말씀을 하기 때문에 신랑의 친구는 그것을 듣고 기뻐한다(29절). 그는 "친히 보고 들은 것을 증언한"(32절) 것이기 때문에 하나님의 말씀을 한 것이다. 그의 증언을 받은 사람들은 하나님이 참되시다고 인친 것이다. 왜냐하면 그 증언의 내용은 바로 하나님의 말씀이기 때문이다(33-34절).

요한은 삼위일체 하나님의 심오한 신비를 전해 주는 짧은 구절을 통해 예수님이 어떻게 하나님의 말씀을 하실 수 있는지 설명한다. "이는 하나님이 성령을 한량없이 주심이니라"(34절). 성부가 성자에게 성령을 주셔서 성자는 하나님의 말씀을 하실 수 있다는 것이다. 예수님은 요단강에서 엘리야가 가진 능력의 갑절을 받은 엘리사보다 더 크다. 예수님은 요단강에서 세례 요한에게 세례를 받으셨고, 그때 성령이 내려와 예수님 위에 머물렀다. 예수님은 온전한 하나님이시고 무한하신 존재이셔서 그 능력과 거룩하심이 한이 없으시기 때문에 성령을 한없이 받으실 수 있다. 또한 예수님에게는 성령을 근심하게 할 죄도 없으시고, 성령의 어느 부분을 담아내지 못하는 한계도 없으시다. 그 결과, 예수님이 말씀하시는 것들에는 틀린 것이나 강조가 잘못된 것이나 올바르지 못한 뉘앙스나 잘못된 단어 선택 같은 것들은 있을 수 없다. 예수님은 육신이 된 말씀이시기 때문에 성령을 한없이 받으실 수 있고, 그의 말씀은 곧 하나님의 말씀이 된다.

예수님은 3:13에서 자신을 인자라고 지칭하셨고, 다니엘 7:13-14에서 "인자 같은 이"는 옛적부터 항상 계신 이에게 나아와 영원한 통치권을 받는다. 그런 후에 요한복음 3:29에서 세례 요한은 결례에 관한 논쟁에 대해 대답하면서 예수님을 신랑으로 지칭했다. 이 논쟁은 모세 율법에서 규정한 결례와 세례 요한의 세례와 예수님의 세례가 어떤 관계인지에 관한 것으로 보인다. 예수님은 다니엘 7:13의 인자이고 새 언약을 가져다주실 신랑이며, 사무엘하 7:14에서 말한 것처럼 다윗 가문에서 날 하나님의 아들이다. 그렇다면 예수님과 그의 제자들이 세례를 통해 사람들을 깨끗하게 하신 것은 모세 율법에 규정된 결례가 미리 보여준 모든 것에 대한 성취다. 예수님이 말씀하시는 것은 곧 하나님이 말씀하시는 것이며(요 3:34), 아버지 하나님이 "만물을 다 그의 손에"(35절) 주셨기 때문에 예수님은 만물을 통치하실 것이다. 이것은 기계적인 맞교환도 아니고, 하나님이 마지못해 권한을 넘겨주신 것도 아니다. "아버지께서 아들을 사랑하사"(35절) 그렇게 하신 것이다. 아버지 하나님은 모든 것을 다 장악해서 어떻게 해서든지 자신의 목적을 이루려고 하는 무자비하고 냉혹한 기계 같은 분이 아니시다. 아버지 하나님은 꼭두각시들을 내세워 그 뒤에서 조종하시는 분이 아니시다. 하나님은 세상을 사랑하셨고(16절), 자기 아들을 사랑하셔서 그에게 "만물"을 다 주신 분이다(35절).

36절은 예수님에 대한 세례 요한의 증언을 받느냐 안 받느냐에 따라 사람들이 어떤 운명에 처하게 되는지를 보여준다. "아들을 믿는 자에게는 영생이 있고 아들에게 순종하지 아니하는 자는 영생을 보지 못하고 도리어 하나님의 진노가 그 위에 머물러 있느니라." 14-15절은 아들이 광야에서의 놋뱀처럼 들리실 것이고, 그를 믿는 자들은 영생을 얻게 될 것이라고 말한다. 16절은 하나님이 아들을 주신 것은 그를 믿는 자마다 멸망하지 않고 영생을 얻게 하기 위한 것이라고 말한다. 18절은 믿지 않는 자들이 이미 정죄를 받았다고 말한다. 믿는 자들에게는 영생이 있지만, 믿지 않는 자들(35절이 믿지 않는 자들을 아들에게 순종하지 않는 자들이라고 설명한 것에 주목하라)은 정죄를 받고 하나님의 진노 아래에서 멸망하게 될 것이다(16, 18, 36절).

믿지 않는 자들이 하나님의 진노에 직면하게 되는 이유는 무엇인가? 하나님이 세상을 사랑하시고, 성령을 한없이 받으셔서 하나님의 말씀을 하시는 이 세상의 합법적인 왕이신 자신의 아들을 사랑하시기 때문이다. 세례 요한이 예수님에 대해 믿을 만한 증언을 했기 때문에 우리는 예수님을 신뢰하고 그분께 충성하며 순종하는 삶을 살아가는 것이 마땅하다.

응답

파스칼은 우리의 마음 상태를 정확히 진단해서 이렇게 말했다. “우리는 너무나 주제넘고 건방져서 우리가 온 세상에 알려지기를 바라고, 심지어 우리가 죽고 나서야 태어나게 될 사람들 가운데서조차도 우리가 알려지기를 바란다. 우리의 허영심은 그 정도로 심하기 때문에 주변에 있는 몇몇 사람이 우리를 좋게 평가해 주기만 해도 기뻐하고 만족한다.”[23] 우리가 낮아지지 않는 이유 중 하나는 진정한 위대함을 경험하지 못했기 때문이다. 우리는 진정한 위엄을 만나본 적이 없어서 그런 것에 무지하고 경험이 없기 때문에 우리 자신을 실제보다 더 대단하고 위대한 존재로 착각하기 시작한다. 우리는 자신의 중요성을 과대평가하기 시작한다. 반면에 세례 요한은 예수님이라는 인격 속에서 진정한 위대함과 위엄과 권위를 경험한 사람이었다. 그는 예수님이 “하늘로부터 오시는”(요 3:31) 신랑이라는 것을 알고 있었다(29절).

우리의 교만이 나타나는 한 형태는 다른 사람들이 실패한 일을 나는 성공한다고 하는 것이다. 세례 요한이 그런 교만에 빠지지 않은 이유는 무엇인가? 그는 예수님이 증언하신 것보다 더 나은 증언을 하지는 못했지만, “그의 증언을 받는 자가 없[다는]”(32절) 것을 알고 있었다. 예수님보다 진실을 더 잘 알고 있는 사람은 아무도 없다. 예수님의 말씀보다 더 귀를 기울여야 할 말은 없다. 예수님보다 진실을 더 분명하게 전해 줄 수 있는 사람은 아무도 없다. 그런데도 사람들은 예수님의 증언을 받지 않았다.

예수님의 증언을 받지 않는 자는 하나님을 거짓말쟁이라고 하는 것이다. 예수님을 거부하고 그분을 믿지 않는 것은 하나님을 가리켜 참되지 않다고 하는 것과 마찬가지다. 사람이 가진 모든 것은 하나님께서 주셨다. 예수님 외에는 메시아가 없다. 우리는 하늘로부터 온 자들이 아니라 땅에서

23 Blaise Pascal, *Pensees*, trans. A. J. Krailsheimer (New York: Penguin, 1995), 31.

나서 땅에 속한 자들이다. 우리는 세상의 구주가 아니다. 우리는 보이지 않는 하나님 형상의 영광을 반사하도록 지음 받았다. 우리는 예수님을 위해 지음 받았고, 예수님은 우리를 위해 계신 것이 아니다. 따라서 세례 요한이 30절에서 자기 자신과 예수님에 대하여 말한 것을 우리도 똑같이 말해야 한다. "그는 흥하여야 하겠고 나는 쇠하여야 하리라."

우리가 어떻게 점점 더 낮아질 수 있을까? 예수님의 위대하심을 경험해야 한다. 예수님보다 더 큰 권위를 지닌 사람은 아무도 없다. 하늘로부터 내려오신 이는 예수님 외에 아무도 없다. 성령을 한없이 받으신 분은 예수님 외에 아무도 없다. 육신이 되신 말씀은 예수님 외에 아무도 없다. 사람들을 깨끗하게 하셔서 구약의 모든 결례들을 성취하시는 분은 예수님 외에는 아무도 없다. 신랑은 예수님 외에 아무도 없다. 흥해야 할 분은 예수님 외에 아무도 없다.

이 단락에 등장하는 여러 사람들 중에서 우리는 누구와 같은가? 우리는 세례 요한이 예수님에 관해 증언한 말들을 믿지 않고, 세례 요한의 제자들과 논쟁을 벌인 한 유대인과 같은가? 우리는 세례 요한이 증언하고 그 길을 준비한 바로 그분이 누구신지를 좀 더 분명하게 알 필요가 있는 세례 요한의 제자들 중 한 명과 같은가? 아니면 우리는 예수님이 누구신지를 알고 자신의 역할이 무엇인지를 정확히 이해한 세례 요한과 같은가?

1 예수께서 제자를 삼고 세례를 베푸시는 것이 요한보다 많다 하는 말
을 바리새인들이 들은 줄을 주께서 아신지라 2 (예수께서 친히 세례
를 베푸신 것이 아니요 제자들이 베푼 것이라) 3 유대를 떠나사 다시
갈릴리로 가실새 4 사마리아를 통과하여야 하겠는지라 5 사마리아에
있는 수가라 하는 동네에 이르시니 야곱이 그 아들 요셉에게 준 땅이
가깝고 6 거기 또 야곱의 우물이 있더라 예수께서 길 가시다가 피곤하
여 우물곁에 그대로 앉으시니 때가 여섯 시쯤[1] 되었더라

1 Now when Jesus learned that the Pharisees had heard that Jesus
was making and baptizing more disciples than John 2 (although Jesus
himself did not baptize, but only his disciples), 3 he left Judea and
departed again for Galilee. 4 And he had to pass through Samaria. 5 So
he came to a town of Samaria called Sychar, near the field that Jacob
had given to his son Joseph. 6 Jacob's well was there; so Jesus, wearied
as he was from his journey, was sitting beside the well. It was about the
sixth hour.

7 사마리아 여자 한 사람이 물을 길으러 왔으매 예수께서 물을 좀 달
라 하시니 8 이는 제자들이 먹을 것을 사러 그 동네에 들어갔음이러라
9 사마리아 여자가 이르되 당신은 유대인으로서 어찌하여 사마리아
여자인 나에게 물을 달라 하나이까 하니 이는 유대인이 사마리아인
과 상종하지 아니함이러라 10 예수께서 대답하여 이르시되 네가 만일
하나님의 선물과 또 네게 물 좀 달라 하는 이가 누구인 줄 알았더라면
네가 그에게 구하였을 것이요 그가 생수를 네게 주었으리라 11 여자가
이르되 주여 물 길을 그릇도 없고 이 우물은 깊은데 어디서 당신이 그
생수를 얻겠사옵나이까 12 우리 조상 야곱이 이 우물을 우리에게 주셨
고 또 여기서 자기와 자기 아들들과 짐승이 다 마셨는데 당신이 야곱
보다 더 크니이까 13 예수께서 대답하여 이르시되 이 물을 마시는 자
마다 다시 목마르려니와 14 내가 주는 물을 마시는 자는 영원히 목마
르지 아니하리니[2] 내가 주는 물은 그 속에서 영생하도록 솟아나는 샘
물이 되리라 15 여자가 이르되 주여 그런 물을 내게 주사 목마르지도
않고 또 여기 물 길으러 오지도 않게 하옵소서

7 A woman from Samaria came to draw water. Jesus said to her, "Give
me a drink." 8 (For his disciples had gone away into the city to buy
food.) 9 The Samaritan woman said to him, "How is it that you, a Jew,
ask for a drink from me, a woman of Samaria?" (For Jews have no
dealings with Samaritans.) 10 Jesus answered her, "If you knew the
gift of God, and who it is that is saying to you, 'Give me a drink,' you
would have asked him, and he would have given you living water."
11 The woman said to him, "Sir, you have nothing to draw water with,
and the well is deep. Where do you get that living water? 12 Are you
greater than our father Jacob? He gave us the well and drank from it
himself, as did his sons and his livestock." 13 Jesus said to her, "Everyone
who drinks of this water will be thirsty again, 14 but whoever drinks

of the water that I will give him will never be thirsty again. The water that I will give him will become in him a spring of water welling up to eternal life." 15 The woman said to him, "Sir, give me this water, so that I will not be thirsty or have to come here to draw water."

1 즉 "정오쯤"
2 헬라어 본문에는 "영원히"로, ESV 성경에는 "다시"(again)로 되어 있다.

단락 개관

생수

앞에서 말했듯이 요한복음에서 전환구의 특징은 관련된 시간, 장소, 사람들에 관한 자세한 내용이 나온다는 것이다. 요한복음 4:1-6은 예수님과 그의 제자들이 유대를 떠나서 갈릴리로 가시다가(3절) 사마리아에 있는 수가라 하는 동네에 이르셨다고 말함으로써(4-5절) 전환구로서의 특징을 보여준다. 바리새인들은 예수님의 세례가 세례 요한의 세례를 능가했다는 말을 들었고, 그 사실을 알게 된 예수님은 이동하셨다(1-2절). 또한 6절에서는 예수님이 "여섯 시쯤," 즉 정오쯤에 야곱의 우물 곁에서 쉬셨다고 말한다(6절). 바로 그때에 한 사마리아 여자가 물을 긷기 위해 우물에 도착했고, 아주 흥미진진한 대화가 시작된다(7-15절).

단락 개요

Ⅲ. E. 사마리아 여자(4:1-42)
　1. 생수(4:1-15)
　　a. 피곤하신 그리스도(4:1-6)
　　b. 생수(4:7-15)

주석

4:1-6 | 피곤하신 그리스도 1절은 예수님의 사역이 시작되고 나서 얼마 되지 않아 갈릴리로 가신 것을 보여주는 것 같다. 예수님이 유대를 떠나 갈릴리로 가신 이유는 예수님에게 세례를 받는 사람들의 수가 세례 요한에게 세례를 받는 사람들의 수를 능가했다는 것을 바리새인들이 들었기 때문이다. 예수님은 자신의 영향력이 지위 높은 사람들에게 알려졌다는 것을 기뻐하시지 않고 도리어 갈릴리를 향해 떠나신다. 이것은 공관복음서에서 예수님이 자기가 행하신 이적이 빠르게, 또 멀리 퍼지는 것을 막으려 하셨다고 말하는 것과 병행을 이룬다. 또한 자신의 때가 아직 이르지 않았다고 하신 예수님의 선언(2:4)과도 부합한다.

복음서 기자 요한은 사람들이 예수님께 친히 세례를 받았다고 자랑하거나, 그런 이유로 예수님이 높임을 받을 위험성이 있음을 알았기 때문에(참고. 고전 1:14-15) 미리 방지하기 위해서 "예수께서 친히 세례를 베푸신 것이 아니요 제자들이 베푼 것이라"(요 4:2) 하고 덧붙인다. 다음과 같은 세부적인 내용들은 이후에 이어지는 이야기에서 중요하다. (1) 예수님은 사마리아로 가셔서 사마리아인들과 대화하신다. (2) 예수님은 야곱의 우물에서 유대인이 아닌 여자를 만나신다. (3) 요한은 예수님이 "길 가시다가 피곤하

[셨다]"(6절)고 말한다.

당시에 유대인과 사마리아인 간의 반목과 증오심은 유명했고, 이는 9절에 반영되어 있다. "유대인이 사마리아인과 상종하지 아니함이러라." 사도행전 8장은 복음이 사마리아인들에게 전파된 것을 전하면서 예루살렘의 사도들이 거기에 당도해서 그들을 위해 기도했을 때에야 비로소 사마리아인 성도들이 성령 세례를 받았다는 것을 강조한다(행 8:14-17). 그 기사에서 누가는 사마리아인들의 유대교가 있었던 것과는 달리, 사마리아인들의 기독교 같은 것은 있을 수 없었다는 것을 강조한다.[24] 요한복음은 예수님이 옛적부터 분열되어 있던 유대인과 사마리아인의 관계를 뛰어넘으셨다고 묘사함으로써 이 둘 간의 하나 됨을 위한 토대를 놓는다. 예수님은 유대인이셨지만, 사마리아 여자에게 예를 갖추어 정중하게 대하심으로써 그 여자를 깜짝 놀라게 만드셨다(요 4:7-9). 그런 후에 사마리아에 머무르면서 사역을 하셨고, 많은 사마리아인들이 예수님을 믿었다(39-42절).

예수님은 유대인들로부터 멸시를 당하고 있던 사마리아인들을 멀리하지 않으셨다. 예수님은 그들이 사는 곳으로 가셔서 멸시 받는 사마리아 여자에게 자신의 갈증을 가라앉힐 수 있도록 물을 달라고 정중하게 요청하시고, 예를 갖추어 대화하여 그 여자를 깜짝 놀라게 하셨다. 여기에서 독자들은 예수님의 겸손한 모습을 보고 충격을 받는다. 자신의 곤란한 처지를 다른 사람들에게 보이는 것은 겸손한 것이고, 비천한 사람에게 자신의 곤경을 해결해 달라고 요청하는 것은 한층 더 겸손한 것이기 때문이다. 거룩하신 그리스도가 간음한 여자에게 물을 달라고 요청하셨다. 만물을 창조하신 말씀(1:3)이 더럽기 짝이 없는 피조물에게 자신이 처한 곤경을 이야기하셨다.

예수님이 자신의 곤란한 처지를 기꺼이 밝히셨을 때에 사역의 문이 열렸다. 예수님이 밝히신 자신의 곤경은 사실이었다. 예수님은 이 여자와

24 Hamilton, *God's Indwelling Presence*, 191-193 을 보라.

대화하고 싶으셔서 그 계기를 마련하기 위해 거짓으로 목마른 척한 것이 아니었다. 요한은 4:6에서 예수님이 '피곤하셨다'고 뜻밖의 사실을 설명한다. 요한은 이 복음서에서 지금까지는 예수님을 지극히 높고 위엄 있으신 분으로 소개해 왔었다.

- "이 말씀은 곧 하나님이시니라"(1:1)
- "말씀이 육신이 되어…우리가 그의 영광을 보니"(1:4)
- "독생하신 하나님이 [아버지를] 나타내셨느니라"(1:18)
- "가나에서" 물을 포도주로 변화시키심으로써 "그의 영광을 나타내시매"(2:11)
- "이 성전을 헐라 내가 사흘 동안에 일으키리라"(2:18-21)
- "하늘에서 내려온 자 곧 인자 외에는 하늘에 올라간 자가 없느니라"(3:13)
- 세례 요한은 예수님을 "하늘로부터 오시는 이는 만물 위에 계시나니"라고 소개했다(3:31).

따라서 요한복음 4장에 나오는 사건은 신학적으로 심오한 질문을 하게 만든다. 어떻게 예수님이 피곤하실 수 있는가? 어떻게 예수님이 여행을 하셨다고 해서 약해지실 수 있는가? 이에 대한 유일한 대답은, 예수님은 온전한 하나님이시며 동시에 온전한 사람이셨다는 것이다. 요한은 이처럼 신학적으로 심오한 문제를 이론적으로 천착해 들어가지 않는다. 그 대신 성육신하신 예수님이 지니고 계셨던 생생한 인성을 그대로 보여준다.

요한은 4:5에서 수가라 하는 동네가 "야곱이 그 아들 요셉에게 준 땅" 가까이에 있었다고 말한 후에, 6절에서는 "거기 또 야곱의 우물이 있[었다]"고 한다. 12절에서 사마리아 여자가 "당신이 야곱보다 더 크니이까"라고 물을 때 야곱이 또다시 언급될 것이다. 예수님과 사마리아 여자의 대화가 나중에 이스라엘로 이름이 바뀐 야곱의 우물에서 이루어졌기 때문에 사마리아 여자는 하나님 백성의 명칭이 된 이름을 지닌 족장보다 예수님이 더 크냐는 질문을 자연스럽게 할 수 있었다.

야곱의 우물이라는 이 장소와 사마리아 여자의 질문을 통해서 예수님과 야곱이 비교된다. 창세기에서 야곱은 동쪽으로 여행해서(창 29:1) 한 우물에 도착한다(2-5절). 라헬이 그 우물에 오자, 야곱은 그녀를 보고 마음이 움직여서 우물에 덮여 있던 돌을 옮기고 그녀로 하여금 양들에게 물을 먹이게 한다. 그 후 라반의 집으로 가서(6-14절) 마침내 라헬과 결혼한다(15-30절).

야곱과 마찬가지로 예수님은 여행 도중 한 우물에 도착하시고, 그곳에서 유대인이 아닌 여자와 만나 대화하시면서 그녀의 결혼과 관련된 사실에 대해 말씀하신다. 하지만 야곱과 달리 예수님은 자신의 아버지를 속이지 않았고 자신의 형제에게서 무엇인가를 훔치지도 않으셨다. 요한이 이 장소를 부각시키고 야곱과 요셉을 언급한 것은 과거의 모형과 예표의 성취이신 예수님이 자신의 사역을 통해 야곱의 실패들을 역전시키고 야곱의 이야기를 성취하심으로써 어떤 식으로 과거를 새롭게 변화시키시는지 보여주기 위함이었다.

4:7-15 | 생수 예수님과 사마리아 여자가 단 둘이 우물에 있었다는 것은 전에 다섯 명의 남편을 거친 후 이제 여섯 번째 남자와 살고 있는(요 4:18) 이 여자가 다른 사람들이 우물에 오지 않는 시간대를 알고 의도적으로 그때를 선택해 물을 길으러 왔음을 보여준다. 그녀는 우물에서 예수님을 만날 것이라고는 전혀 생각하지 못했을 것이다. 때문에 이 유대인 남자가 그녀에게 말을 걸었을 때 분명 깜짝 놀랐을 것이다. 그녀는 여자였고 사마리아인이었으며, 남성 편력 때문에 자신이 속한 문화 속에서 아무런 존중도 받지 못했다.

예수님은 그녀에게 물을 달라고 요청하셨을 뿐만 아니라(7절) 거기에 아무도 없었는데도 그렇게 하셨다(8절; 참고. 27절). 자칫하면 잘못된 처신을 하는 것으로 오해를 살 수 있는 상황이었지만(참고. 27절), 예수님은 어떤 상황에서도 올바르게 행하셨다. 사람들은 특정 상황에서 자신이 어떻게 행해야 옳은지를 뻔히 알면서도 오해를 살 위험이 있으면 두려움이 앞서서 용기 있게 옳은 행위를 하지 못하는 경우가 비일비재하다. 예수님의 위대한 성품을 보여주는 한 가지 측면은 그분이 어떤 상황에서도 결코 사람을 두려워하지 않고 자신이 마땅히 해야 할 일을 하셨다는 것이다.

사마리아 여자는 예수님이 자기에게 물을 달라고 하시는 것이 너무 뜻밖이라는 것을 솔직하게 말한다(9절). 사마리아 여자의 반응에 대한 예수님의 대답은 그녀가 자신과는 비교도 할 수 없을 만큼 크신 예수님의 지위와 신분을 생각하게 만든다(10절). 예수님의 대답은 그가 우연히 우물가에 앉게 된 평범한 유대인이 아님을 보여주었기 때문이다. "네가 만일 하나님의 선물과 또 네게 물 좀 달라 하는 이가 누구인 줄 알았더라면 네가 그에게 구하였을 것이요 그가 생수를 네게 주었으리라." 예수님이 말씀하신 "하나님의 선물"과 "네게 물 좀 달라 하는 이가 누구인 줄"은 사마리아 여자가 받아들이기에 불가사의한 것이었다. 그 여자는 자기가 하나님이 세상을 사랑하셔서 선물로 주신 하나님의 아들과 대화하고 있다고는 꿈에도 생각하지 못했을 것이다(참고. 3:16; 4:19, 29). 하지만 요한복음의 독자들은 예수님이 말씀하신 "하나님의 선물"을 하나님이 세상을 사랑하셔서 독생자를 주셨다고 한 말씀(3:16)과 연결시켰을 것이다. 또한 이 여자와 말씀하고 계시는 "이가 누구인 줄" 알고 있다. 즉 그가 육신이 된 말씀이신 예수님이라는 것을 알고 있다(1:14).

바로 그분이 이 여자에게 "생수"를 주겠다고 제안하고 계신다. "생수"라는 말(흔히 구약성경에서 "흐르는 물" 또는 "샘물"로 번역된다)은 종종 생명을 유지하는 데 필수인 마실 수 있는 물을 가리킨다. "이삭의 종들이 골짜기를 파서 샘 근원[샘물]을 얻었더니"(창 26:19). 구약성경의 몇몇 본문에서 생수는 죄를 깨끗하게 해 주는 것과 연관된다.

- 레위기 14:5 "제사장은 또 명령하여 그 새 하나는 흐르는 물 위 질그릇 안에서 잡게 하고"
- 레위기 14:50 "그 새 하나를 흐르는 물 위 질그릇 안에서 잡고"
- 민수기 19:17 "그 부정한 자를 위하여 죄를 깨끗하게 하려고 불사

른 재를 가져다가 흐르는 물과 함께 그릇에 담고"

예레미야는 여호와는 "생수의 근원"이라고 두 번 표현한다.

- 예레미야 2:13 "내 백성이 두 가지 악을 행하였나니 곧 그들이 생수의 근원 되는 나를 버린 것과 스스로 웅덩이를 판 것인데 그것은 그 물을 가두지 못할 터진 웅덩이들이니라"
- 예레미야 17:13 "이스라엘의 소망이신 여호와여 무릇 주를 버리는 자는 다 수치를 당할 것이라 무릇 여호와를 떠나는 자는 흙에 기록이 되오리니 이는 생수의 근원이신 여호와를 버림이니이다"

스가랴 14:8에서는 종말론적인 회복과 관련해서 생수가 예루살렘으로부터 흘러나올 것이라고 말한다. "그날에 생수가 예루살렘에서 솟아나서." 그리고 아가 4:15에서 왕은 자신의 신부가 "동산의 샘이요 생수의 우물이요 레바논에서부터 흐르는 시내"라고 말한다.

사람이 살아가는 데 꼭 필요한 물을 얻을 수 있는 우물에서 예수님은 한 여자에게 죄를 깨끗하게 해 주는 생수를 주겠다고 제안하신다. 게다가 예수님은 성육신하신 하나님이고, 자신이 생수의 근원이다. 하지만 예수님은 니고데모와 대화하실 때나(요 3:3-5) 자기가 사흘 동안에 성전을 일으키겠다고 선언하실(2:19-21) 때와 마찬가지로 비유적이고 영적인 말씀을 마치 문자 그대로 물질적인 내용을 담고 있는 말씀인 것처럼 하신다. 그래서 사마리아 여자는 예수님이 문자 그대로 야곱의 우물에서 길을 물에 관해 말씀하시는 것으로 생각했음이 분명하다(4:11).

그런 후에 그녀는 예수님이 야곱보다 더 크냐고 묻는다(12절). 이 질문은 사마리아 여자가 물질적인 수준으로 생각한 것에서 비롯된 것 같다. 야곱은 우물을 주었고, 예수님은 방금 생수를 주겠다고 제안하셨다. 그래서 그녀는 예수님이 영원히 솟아나는 샘물을 주겠다고 말씀하신 것으로 해석했기 때문에 당신이 저 위대한 족장보다 더 크다고 주장하는 것이냐고 물은 것이다. 요한의 서술과 예수님의 대답은 둘 다 예수님이 야곱보다 더 크다고 단언한다. 예수님은 "이 물을 마시는 자마다 다시 목마르려니와 내가 주는 물을 마시는 자는 영원히 목마르지 아니하리니 내가 주는 물은 그 속에서 영생하도록 솟아나는 샘물이 되리라"(13-14절) 하고 대답하신다. 사마리아 여자가 예수님께서 주시는 물을 마신다면 "생수의 근원"(렘 2:13; 17:13)이 그녀 안에서 흐를 것이기 때문에 그녀는 아가서에 나오는 신부처럼 "생수의 우물"(아 4:15)이 된다고 말씀하신 것이다. 이것은 "여호와가 너를 항상 인도하여 메마른 곳에서도 네 영혼을 만족하게 하며 네 뼈를 견고하게 하리니 너는 물 댄 동산 같겠고 물이 끊어지지 아니하는 샘 같을 것이라" 약속한 이사야 58:11과 부합한다.

예수님이 주시는 물을 마시는 자는 누구든지 다시는 목마르지 않을 것이다. 그 물은 영생하도록 솟아날 것이기 때문이다. 예수님이 주는 물을 마신다는 것은 죄를 회개하고 예수님을 믿음으로써 예수님의 죽음과 부활로부터 흘러나오는 유익을 얻게 됨을 비유한 것이다. 예수님이 약속하신 생수는 생명을 의미한다. 인간은 물 없이 살 수 없다. 생수는 깨끗하고 신선하며 흐르는 물이다. 고여서 썩어 냄새나는 더러운 물이 아니다. 생수는 맛이 좋고 사람에게 새로운 힘을 공급해서 기쁨과 감사함으로 다시 살아갈 수 있게 해 준다. 예수님은 바로 그런 것을 주신다. 그분이 주시는 것은 사람을 깨끗하게 하고, 생명을 주고, 맛이 있고, 목마름을 채워주며, 그것을 마신 사람들이 다른 사람들에게 생명을 주는 자가 되게 한다.

사마리아 여자가 예수님에게 한 말은 그녀가 여전히 예수님이 문자 그대로의 물에 대해 말씀한다고 생각한다는 것을 보여준다. "주여 그런 물을 내게 주사 목마르지도 않고 또 여기 물 길으러 오지도 않게 하옵소서"(요 4:15). 예수님은 자기가 주는 물을 마신 사람들은 다시는 목마르지 않을 것이라고 말씀하긴 했지만, 물리적인 목마름에 대해 말씀하신 것은 아니었다. 사마리아 여자는 예수님이 자기에게 무언가 특별한 물을 주셔서 다시는 우물에 오지 않아도 되게 해 주겠다고 말씀하신 것으로 생각한다.

문자 그대로의 물도 좋은 것이긴 하지만, 예수님은 그보다 더 좋은 것을 주겠다고 제안하신다. 예수님은 죽지 않을 몸으로 더 나은 삶을 살 수 있게 해 줄 생수, 어떤 것으로도 다시는 더럽혀질 수 없는 정결함, 몸을 죽이는 자들이 빼앗아갈 수 없는 생명을 주겠다고 제안하신다.

응답

이 단락의 절정은 예수님이 사마리아 여자에게 "네가 만일 하나님의 선물과 또 네게 물 좀 달라 하는 이가 누구인 줄 알았더라면"(4:10)이라고 말씀하시며 탄식하는 장면이다. 우리는 예수님을 아는가? 예수님은 육신이 되신 말씀, 아버지 하나님의 독생자, 하늘에 올라갔다가 내려오신 자, 물을 포도주로 변화시키신 분, 허물어진 성전을 다시 일으키시는 분, 거듭남을 가져다주시는 분, 신랑, 하늘로부터 오신 이, 생수를 주시는 분, 선지자, 메시아, 그리스도, 왕, 병자들과 불구자들을 고치시는 분, 생명의 떡, 세상의 빛, 맹인들을 보게 하시는 분, 부활이자 생명이시다! 예수님을 아는 것은 영생을 살아가는 것이다. 예수님을 아는 것은 유일무이하신 분, 깨끗하게 하시는 분, 새롭게 해 주시는 분, 꿀보다 더 달콤하신 분, 지극히 순전하신 진리, 우리의 눈이 가장 보고 싶어 하는 가장 사랑스러우신 분을 아는 것이다.

당신은 사마리아 여자에게 말을 건 분이 누구인지 아는가? 하나님은 그를 우리에게 선물로 주셨고, 그는 우리에게 생수의 선물을 주신다. 여기에서 우리에게 합당한 유일한 반응은 그분에게 가서 그 물을 얻는 것이다. 그분은 우리에게 "영생하도록 솟아나는 샘물"(14절)을 주실 수 있기 때문이다. 그분은 우리를 깨끗하게 하시고, 우리에게 생명을 주시며, 우리로 자기의 선하심을 맛보게 하실 수 있고, 오직 자신만이 주실 수 있는 것을 통해 우리를 새롭게 하셔서 생명을 주는 자로 만드실 수 있기 때문에 우리는 그분께로 가야 한다. 오, 하나님! 살아 계신 그리스도시여! 오직 주님만이 주실 수 있는 물, 곧 생수를 우리에게 주소서!

16 이르시되 가서 네 남편을 불러 오라 17 여자가 대답하여 이르되 나
는 남편이 없나이다 예수께서 이르시되 네가 남편이 없다 하는 말이
옳도다 18 너에게 남편 다섯이 있었고 지금 있는 자도 네 남편이 아니
니 네 말이 참되도다 19 여자가 이르되 주여 내가 보니 선지자로소이
다 20 우리 조상들은 이 산에서 예배하였는데 당신들의 말은 예배할
곳이 예루살렘에 있다 하더이다 21 예수께서 이르시되 여자여 내 말을
믿으라 이 산에서도 말고 예루살렘에서도 말고 너희가 아버지께 예배
할 때가 이르리라 22 너희는 알지 못하는 것을 예배하고 우리는 아는
것을 예배하노니 이는 구원이 유대인에게서 남이라 23 아버지께 참되
게 예배하는 자들은 영과 진리로 예배할 때가 오나니 곧 이때라 아버
지께서는 자기에게 이렇게 예배하는 자들을 찾으시느니라 24 하나님
은 영이시니 예배하는 자가 영과 진리로 예배할지니라 25 여자가 이르
되 메시야 곧 그리스도라 하는 이가 오실 줄을 내가 아노니 그가 오시
면 모든 것을 우리에게 알려주시리이다 26 예수께서 이르시되 네게 말
하는 내가 그라 하시니라

16 Jesus said to her, "Go, call your husband, and come here." 17 The

woman answered him, "I have no husband." Jesus said to her, "You are
right in saying, 'I have no husband'; 18 for you have had five husbands,
and the one you now have is not your husband. What you have said is
true." 19 The woman said to him, "Sir, I perceive that you are a prophet.
20 Our fathers worshiped on this mountain, but you say that in Jerusalem
is the place where people ought to worship." 21 Jesus said to her,
"Woman, believe me, the hour is coming when neither on this mountain
nor in Jerusalem will you worship the Father. 22 You worship what you
do not know; we worship what we know, for salvation is from the Jews.
23 But the hour is coming, and is now here, when the true worshipers
will worship the Father in spirit and truth, for the Father is seeking such
people to worship him. 24 God is spirit, and those who worship him
must worship in spirit and truth." 25 The woman said to him, "I know
that Messiah is coming (he who is called Christ). When he comes, he
will tell us all things." 26 Jesus said to her, "I who speak to you am he."

27 이때에 제자들이 돌아와서 예수께서 여자와 말씀하시는 것을 이상
히 여겼으나 무엇을 구하시나이까 어찌하여 그와 말씀하시나이까 묻
는 자가 없더라 28 여자가 물동이를 버려두고 동네로 들어가서 사람들
에게 이르되 29 내가 행한 모든 일을 내게 말한 사람을 와서 보라 이는
그리스도가 아니냐 하니 30 그들이 동네에서 나와 예수께로 오더라
27 Just then his disciples came back. They marveled that he was talking
with a woman, but no one said, "What do you seek?" or, "Why are you
talking with her?" 28 So the woman left her water jar and went away
into town and said to the people, 29 "Come, see a man who told me all
that I ever did. Can this be the Christ?" 30 They went out of the town
and were coming to him.

31 그 사이에 제자들이 청하여 이르되 랍비여 잡수소서 32 이르시되 내
게는 너희가 알지 못하는 먹을 양식이 있느니라 33 제자들이 서로 말
하되 누가 잡수실 것을 갖다 드렸는가 하니 34 예수께서 이르시되 나
의 양식은 나를 보내신 이의 뜻을 행하며 그의 일을 온전히 이루는 이
것이니라 35 너희는 넉 달이 지나야 추수할 때가 이르겠다 하지 아니
하느냐 그러나 나는 너희에게 이르노니 너희 눈을 들어 밭을 보라 희
어져 추수하게 되었도다 36 거두는 자가 이미 삯도 받고 영생에 이르
는 열매를 모으나니 이는 뿌리는 자와 거두는 자가 함께 즐거워하게
하려 함이라 37 그런즉 한 사람이 심고 다른 사람이 거둔다 하는 말이
옳도다 38 내가 너희로 노력하지 아니한 것을 거두러 보내었노니 다른
사람들은 노력하였고 너희는 그들이 노력한 것에 참여하였느니라
31 Meanwhile the disciples were urging him, saying, "Rabbi, eat." 32 But
he said to them, "I have food to eat that you do not know about." 33 So
the disciples said to one another, "Has anyone brought him something to
eat?" 34 Jesus said to them, "My food is to do the will of him who sent
me and to accomplish his work. 35 Do you not say, 'There are yet four
months, then comes the harvest'? Look, I tell you, lift up your eyes, and
see that the fields are white for harvest. 36 Already the one who reaps
is receiving wages and gathering fruit for eternal life, so that sower and
reaper may rejoice together. 37 For here the saying holds true, 'One sows
and another reaps.' 38 I sent you to reap that for which you did not labor.
Others have labored, and you have entered into their labor."

39 여자의 말이 내가 행한 모든 것을 그가 내게 말하였다 증언하므로
그 동네 중에 많은 사마리아인이 예수를 믿는지라 40 사마리아인들이
예수께 와서 자기들과 함께 유하시기를 청하니 거기서 이틀을 유하시
매 41 예수의 말씀으로 말미암아 믿는 자가 더욱 많아 42 그 여자에게

말하되 이제 우리가 믿는 것은 네 말로 인함이 아니니 이는 우리가 친히 듣고 그가 참으로 세상의 구주신 줄 앎이라 하였더라

39 Many Samaritans from that town believed in him because of the
woman's testimony, "He told me all that I ever did." 40 So when the
Samaritans came to him, they asked him to stay with them, and he
stayed there two days. 41 And many more believed because of his word.
42 They said to the woman, "It is no longer because of what you said
that we believe, for we have heard for ourselves, and we know that this
is indeed the Savior of the world."

단락 개관

나를 보내신 이의 뜻을 행함

요한복음 4:10-14에서 예수님은 사마리아 여자에게 만약 자기가 누구인지와 하나님이 자기 안에서 무엇을 하고 계시는지를 안다면 그녀는 자기에게 구했을 것이고, 예수님은 그녀에게 영생을 주심으로써 가장 절실한 필요를 충족시켜 주었을 것이라고 말씀하셨다. 예수님이 그녀에게 생수를 주셔서 그녀가 다시는 목마르지 않게 해 주겠다고 말씀하신 것이 바로 그런 의미였다. "영생하도록 솟아나는 샘물"(14절). 15절에서 사마리아 여자는 "그런 물을 내게 주사"라고 말하는데, 이는 그녀가 예수님이 문자 그대로의 물에 대해 말씀하신다고 생각했음을 보여준다. 예수님은 그녀에게 물을 달라고 요청하셨고, 두 사람은 여전히 우물에 있었다. 예수님은 "생수"를 주겠다고 말씀하셨지만, 실제로 물을 주겠다고 하신 것은 아니었다. 예수님은 자신이 말씀하신 생수로 그녀의 관심을 돌리기 위해 그녀에게 처리할 죄가 있음을 알려주신다(16-18절).

그러자 사마리아 여자는 예수님이 선지자라는 것을 알았다고 말하더니 주제를 바꾸어 사람들이 어디에서 예배해야 하는지를 묻는다(19-20절). 종교적인 문제를 질문한 것이다. 예수님은 사람들이 이제 더 이상 산에서 하나님을 예배하는 것이 아니라 영과 진리로 예배하게 될 때가 왔다고 대답하시고, 자기가 메시아라고 선언하신다(21-26절). 이 시점에 예수님의 제자들이 돌아온다. 사마리아 여자는 수가로 돌아가서 동네 사람들을 불러모으고, 그들은 여자의 말을 듣고 동네 밖에 계시는 예수님께로 간다(27-30절).

사마리아인들이 오는 동안 예수님과 제자들은 양식에 관해 대화하고 있었는데, 이때에도 예수님은 그들의 관심을 육신을 위한 양식이 아니라 영적인 양식으로 돌리신다(31-34절). 그리고 제자들에게 사마리아인들도 추수해야 할 양식의 일부라고 설명하신다. 다른 사람들은 씨 뿌리는 일을 했지만, 제자들은 거두는 수고를 하게 될 것이라고 말씀하신다(35-38절).

이 단락은 예수님이 거기에 이틀을 더 머무시면서 사역을 하셨고, 사마리아인들 중 많은 사람들이 예수님이 세상의 구주라는 것을 알고 그를 믿게 되었다는 것을 보여주며 끝난다(39-42절). 예수님이 가져다주시는 구원은 단지 유대인만을 위한 것이 아니라 사마리아인과 모든 민족에게 미친다. 하나님은 세상을 사랑하시고, 예수님은 세상의 구주다(3:16; 4:42).

단락 개요

Ⅲ. E. 2. 나를 보내신 이의 뜻을 행함(4:16-42)
- a. 가서 네 남편을 불러오라(4:16-18)
- b. 영과 진리로 예배함(4:19-26)
- c. 전환구: 아무도 묻지 않음(4:27-30)
- d. 양식, 추수, 수고(4:31-38)
- e. 많은 사람들이 믿음(4:39-42)

주석

4:16-18 | 가서 네 남편을 불러오라 요한은 예수님이 어떻게 이 여자의 남성 편력을 아셨는지에 대해 말해 주지 않는다. 그녀가 다른 사람들을 피하려고 아무도 오지 않는 시간에 물을 길으러 우물에 왔다는 사실을 고려했을 때 그녀에게 무엇인가 찔리는 점이 있다고 추측하는 것은 충분히 가능하다. 하지만 이것을 인정한다고 할지라도 그것만으로는 예수님이 그녀에 대해 구체적으로 알고 계신다는 사실을 설명해 주지 못한다. 예수님은 그녀에게 가서 남편을 불러오라고 말씀하셨다(16절). 그녀의 문제가 무엇인지를 정확히 짚어낸 데에서 그치지 않은 것이다. 그녀가 자기에게는 남편이 없다고 대답하자 예수님은 그녀의 대답이 옳다고 인정하시면서 그녀에게 다섯 명의 남편이 있었고 지금 있는 남자는 그녀의 남편이 아니라고 정확히 말씀하신다(17-18절). 이것은 그녀가 전에 각각 아내가 있는 다섯 명의 남자들과 함께 살았거나 그녀 자신이 다섯 명의 남자들과 차례로 결혼했지만 헤어졌고, 지금 함께 사는 남자와는 결혼을 하지 않았다는 것을 의미한다. 어쨌든 예수님은 이 여자의 죄에 대해 말씀하신다.

사마리아 여자가 예수님이 주겠다고 하신 생수를 달라고 하자(15절), 예수님은 그녀가 생수를 받기 위해서는 자신의 삶 속에서 저지른 죄를 해결하지 않으면 안 된다는 취지의 말씀을 하신다(16절). 그녀는 자신에게 죄가 있다는 것을 부정하지만, 예수님은 경악할 정도로 정확하게 그녀의 죄를 증명하신다(17-18절).

이 여자가 "주여 내가 보니 선지자로소이다"(19절)라고 대답한 것은 예수님의 말씀이 맞았다는 것을 보여준다. 또한 그녀의 대답은 화제를 다른 것으로 돌려서 이 문제를 회피하고자 하는 시도이기도 하다. 사마리아 여자는 예수님이 말씀하신 대로 가서 남편을 불러올 생각은 하지 않고, 자신이 평소에 가지고 있던 여러 가지 의문들 중 하나를 끄집어낸다. 그녀 자신의 문제가 아니라 그녀의 행실을 문제 삼는 예수님이 과연 그럴 자격과 권한을 가지고 있는지에 관한 것으로 관심을 돌린다. 예수님은 분명히 유대인이고, 그녀는 사마리아인이다. 그런 상황에서 예수님은 유대인과 사마리아인 분열의 중심에 있는 질문들에 대해 대답하실 수 있을까? 그런데도 예수님이 대답하실 수 있다면 그녀는 예수님이 자신의 죄를 문제 삼는 것에 대해 인정할 수 있을 것이다. 예수님은 그 질문에 대답하실 수 있었고 실제로 대답하셨다. 그러자 그녀는 예수님에게는 그럴 만한 자격이 있으시고, 예수님이 스스로를 가리켜 메시아라고 하신 것을 인정했다.

4:19-26 | 영과 진리로 예배함 사마리아 여자가 예수님이 선지자라고 인정한 이유는 무엇일까(19절)? 예수님이 그녀의 남성 편력을 정확하게 말씀하셨기 때문이었다(16-18, 29, 39절). 예수님이 선지자라는 것을 인정하고 나서 이 여자는 사마리아인과 유대인 분열의 뿌리와 관련된 질문을 예수님에게 했다. "우리 조상들은 이 산에서 예배하였는데 당신들의 말은 예배할 곳이 예루살렘에 있다 하더이다"(20절).

예수님은 자기가 옴으로써 때가 완전히 바뀌었기 때문에 그녀가 제기한 문제는 이제 아무런 상관이 없다고 단호하게 대답하신다(21절). 그런 후에 예수님은 유대인들이 하나님의 백성이며, 예루살렘은 하나님이 계시는 곳이라고 말씀하신다(22절). 그러고 나서 그가 오심으로 상황이 어떻게 바뀌는지에 관해 자세히 말씀하신다(23-24절). 그러자 사마리아 여자는 약속하신 메시아가 오시면 그런 문제들을 올바르게 알려주실 것임을 자기도 안다고 말하고(25절), 예수님은 자신이 바로 그녀가 말한 메시아라고 선언하신다(26절).

여자는 곧이어 어디에서 하나님을 예배해야 하느냐고 묻는다(20절). 이는 자기가 속한 사마리아인들의 말과 예수님이 속한 유대인들의 말 중 어느 쪽이 옳으냐는 질문이다. 예수님은 이렇게 대답하신다. "여자여 내 말을 믿으라 이 산에서도 말고 예루살렘에서도 말고 너희가 아버지께 예배할 때가 이르리라"(21절).예수님은 새로운 때가 도래해서 상황이 완전히 바뀌었기 때문에 유대인들과 사마리아인들이 예배와 관련하여 논쟁하는 것 자체가 무의미하게 되었음을 지적하신다. 예수님의 대답은 그러한 논쟁이 단지 잠정적인 의미에 지나지 않는다는 것을 보여줌으로써 논쟁에 내재되어 있던 팽팽한 긴장감을 어느 정도 완화시켜 준다.

예수님은 이렇게 논쟁의 열기를 가라앉히신 후 하나님은 예루살렘과 유대인들을 선택하셨다고 말씀하신다. "너희는 알지 못하는 것을 예배하고 우리는 아는 것을 예배하노니 이는 구원이 유대인에게서 남이라"(22절). 예수님은 조금 전에 사마리아 여자에게 그녀가 죄인이라는 것을 말씀하셨고(16-18절), 이제는 그녀가 속한 민족이 잘못된 반면에 그들이 불구대천의 원수로 생각하는 유대인들이 옳다고 말씀하신다(22절). 어떤 사람들은 진실을 말하길 꺼려한다. 하지만 예수님은 두려움 없이 진실을 말씀하신다. 예수님은 예루살렘에서 드리는 예배가 궁극적인 것은 아님을 보여주심으로 진리를 밝히는 데서 오는 긴장을 완화시키기는 하지만(21절), 전체적으로 진실을 단언하는 것에 대해 회피하지 않으신다. 사람들이 하나님을 예배해야 하는 장소는 예루살렘이지만, 예수님이 23-24절에서 설명하시듯 그것은 영원한 진리가 아니라 잠정적으로만 진실일 뿐이다.

예수님은 21절에서 "때가 이르리라" 말씀하셨고, 23절에서는 그 말씀을 다시 반복하시면서 "곧 이때라"는 말씀을 덧붙이신다(참고. 5:25). 예수님이 오심으로 새로운 때가 도래했고, 상황은 완전히 바뀌어 구속사 속에서 결정적인 변화가 시작되었다. 상황이 어떻게 바뀌었는가? 신명기 12:5을 비롯한 많은 본문은 이스라엘에게 여호와가 자신의 이름을 두기로 선택하신 곳에서 예배하도록 가르쳤고, 하나님은 마침내 예루살렘을 그곳으로 선택하셨다(참고. 시 68:15-16). 그런데 이 단락에서 예수님은 구약성경에 나오는 하나님의 명령, 즉 예루살렘 성전에서 예배를 드리라고 하신 것이 이제 효력을 다했다고 선언하신다.

예수님이 얼마나 크신 분인지 보라. 예수님 외에 누가 감히 하나님의 명령이 이제 효력을 다했다고 선언할 수 있단 말인가? 그렇게 하고도 그 말이 의로워서 죄가 되지도 않고 하나님의 권위를 폐기하는 것도 아니며, 도리어 하나님께 인정을 받는다. 이런 일이 예수님 말고 누구에게 가능하겠는가? 이렇게 올바른 예배의 기준은 구약성경에서 하나님이 말씀하신 것이 아니라 신약성경에서 예수님이 말씀하신 것으로 바뀌었다. 이를 통해 요한은 하나님의 권위가 하나님이신 말씀으로서의 예수님을 통해 구현되고 있기 때문에(요 1:1, 14) 예수님과 하나님 간에는 아무런 갈등도 존재하지 않는다는 것을 우리에게 보여주고자 한다. 예수님은 하나님의 권위를 행사하셔서 예배의 성격이 근본적으로 바뀌게 될 때가 도래했다고 선언하신다.

예수님은 "이 산에서도 말고 예루살렘에서도 말고"(4:21) "영과 진리로"(23절) 예배할 때가 왔다고 말씀하셨기 때문에 "영과 진리로"라는 어구는 일종의 새로운 장소(문자 그대로의 어느 지역이 아니라 성령이 활동하시는 영역)를 가리킨다고 이해해야 할 듯하다. 예수님이 가져다주시는 새 언약에서 참된 예배자들은 예루살렘에 있는 성전에서 예배하는 것이 아니라 자신들이 있는 곳에서 성령의 역사에 참여하여 성령으로 아버지 하나님을 예배하게 될 것이다.

거듭난 자들은 성령의 활동 영역에 속한다. "영으로 난 것은 영이니"(3:6). 거듭나서 성령의 활동 영역 속으로 들어간 자들은 그 속에서 예배하게 될 것이다. "참되게 예배하는 자들은 영과 진리로 예배할 때가 오나니"(4:23). 사람들은 어떻게 그 영역 속으로 들어갈 수 있는가? 예수님은 6:63에서 "살리는 것은 영이니 육은 무익하니라 내가 너희에게 이른 말은 영이요 생명이라"고 말씀하신다.

예수님은 계속해서 선언하신다. "아버지께서는 자기에게 이렇게 예배하는 자들을 찾으시느니라"(4:23). 사람들의 찬송을 받을 필요가 있기 때문에 이기적인 목적으로 그런 사람들을 찾으시는 것이 아니다. 하나님은 사람들로부터 예배를 받기에 합당하신 분이며, 자기 자신을 위해서가 아니라 사람들이 마땅히 해야 할 일, 즉 하나님을 기뻐하는 일을 행함으로써 기쁨을 얻도록 해 주시기 위해서 그렇게 예배하는 자들을 찾으시는 것이다. 우리는 위대해지려고 열망하면서 온 힘을 다해 애쓰고 노력하지만, 인간인 우리에게 하나님을 아는 것보다 더 경외심을 불러일으키는 것은 없고, 우리의 모든 능력에 더 도전적인 것도 없으며, 우리가 가진 모든 것을 쏟아붓도록 요구하는 것도 없다. 우리는 하나님을 위해 지음 받았다. 우리는 하나님을 경험하고 찬송으로 응답하도록 지음 받았다. 하나님은 우리에게 가장 좋은 것을 주길 원하시며, 그분이 우리에게 주실 수 있는 것들 중에서 하나님 자신보다 더 좋은 것은 없다. 행복을 구하는 모든 사람은 하나님이 영과 진리로 예배하는 자들을 찾으신다는 것을 반드시 알아야 한다. 많은 사람들이 진리를 구한다고 말한다. 많은 사람들이 더 높은 경지의 실존을 구한다고 말한다. 그들은 고통을 제거해 주고 갈망을 만족시켜 줄 어떤 것을 붙잡으려고 애쓴다. 23절에서 예수님은 사람들이 영과 진리로 하나님의 위대하심을 송축할 때 최고의 기쁨을 발견하게 된다고 말씀하신다.

예수님은 계속해서 "하나님은 영이시니 예배하는 자가 영과 진리로 예배할지니라"(24절)라고 말씀하신다. 하나님이 영이라는 말씀은 하나님은 물질이 아니라고 단언하신 것으로 보인다. 또한 이 말씀은 하나님이 성령의 활동 영역에 속한다는 것도 강조한다. 하나님은 영이시고 물질적인 것을 초월해 계시기 때문에 하나님의 형상을 만들어서는 안 된다. 참되게 예배하는 자들은 하나님이 누구시고 어떤 분이신지에 부합하는 예배를 드려야 한다. 따라서 참되게 예배하는 자들은 "영과 진리로" 예배하지 않으면 안 된다. 사마리아 여자가 예수님이 그녀에게 말씀하신 모든 것을 즉석에서 이해하려 애썼을 것이라고 생각해 보라. 예수님은 그녀에게 물을 좀 달라고 청하셔서 그녀를 깜짝 놀라게 한 후(7-9절) 그녀에게 생수를 주겠다고 제안하셨다(10-15절). 그런 다음 그녀의 죄를 구체적으로 말씀해 주시고는(16-18절) 구속사 속에서 변화가 일어나 이제는 어느 장소에서 예배를 드리는 것이 더 이상 효력이 없게 되었다고 하신다. 또 참되게 예배하는 자들이 영과 진리로 하나님을 예배하게 될 때가 도래했으며, 하나님도 그런 사람들을 찾고 계신다고 선언하셨다(19-24절). 그녀는 이 남자를 어떻게 이해할 수 있겠는가? 그녀는 이 남자가 한 모든 말을 어떤 식으로 이해할 수 있겠는가?

사마리아 여자는 20절에서 그것이 문제라고 단언했고, 25절에서 "메시야 곧 그리스도라 하는 이가 오실 줄을 내가 아노니 그가 오시면 모든 것을 우리에게 알려주시리이다"라고 말한 것도 그런 의미일 것이다. 그녀는 그렇게 말함으로써 20절에서 그녀가 한 말에 대한 일종의 해결책을 제시한 것이라고 할 수 있다. 정말 이것이 그녀가 생각해낸 해결책이었다면 그녀는 제대로 된 해결책을 제시했다. 예수님은 "네게 말하는 내가 그라"(26절)라고 대답하신다. 요한복음의 맥락 속에서 이 말씀은 다른 곳에서 예수님이 "나는 ~이다"라고 하신 말씀들과 맥을 같이한다. 예수님은 메시아이고, 불붙은 가시덤불 가운데서 모세에게 자신의 이름을 계시하신 바로 그분이다.

4:27-30 | 전환구: 아무도 묻지 않음 우리는 요한복음의 여러 장들에서 전환구에는 관련된 시간과 장소와 사람들에 관한 정보가 나온다는 것을 보아왔다. 이 시점에서 제자들은 돌아오고, 사마리아 여자는 동네 사람들을 부르러 떠난다. 옛 랍비들이 여자와 상대하는 것을 꺼렸음을 보여주는 여러 정황이 있다. 설령 그러한 정황들이 예수님 당시의 정서 또는 예수님이 상대하셨던 무리의 정서를 반영하고 있는 것은 아니라고 할지라도, 정숙함과 부부간의 정절을 중시했던 문화에서 남자가 행실이 좋지 않은 여자와 단둘이 대화하는 모습을 보았을 때, 사람들은 의아해할 수밖에 없다. 하지만 그처럼 미심쩍은 상황임에도 도대체 무슨 일이 벌어지고 있는 것이냐고 묻는 제자가 아무도 없었다(27절).

예수님은 우리에게 영감을 주시는 분이고 우리의 모범이다. 예수님이 두 가지 큰 계명을 따라 모든 사람을 대하시는 모습을 보며 우리는 영감을 얻는다. 예수님은 어떻게 해야 사람들로부터 이득을 얻을 수 있는지를 생각하고, 거기에 근거해서 사람들을 대하시지 않았다. 예수님은 하나님 사랑과 이웃 사랑이 어떤 것인지 친히 모범을 보여주시고 자기를 따르는 사람들을 위한 본보기를 남겨두셨는데, 그것은 우리가 어떤 사람을 만나든지, 그 사람에게서 얻을 수 있는 것이 무엇인지를 생각해서 행하는 것이 아니라, 그 사람에게 최선이 무엇인지를 생각해서 행해야 한다는 것이다.

4:31-38 | 양식, 추수, 수고 사마리아인들이 예수님께로 오는 동안 양식을 구해서 돌아온 제자들은 예수님께 자신들이 가져온 양식을 잡수시라고 권한다(31절; 참고. 8절). 하지만 예수님은 잡수시지 않았다. 또한 예수님이 사마리아 여자에게 물을 달라고 하신 후 실제로 여자가 주는 물을 마셨는지도 본문은 우리에게 말해 주지 않는다. 설령 예수님이 물을 마시지 않았다 해도 우물가에서 쉬고 사마리아 여자와 대화하면서 다시 기운을 차리셨을 것으로 보인다.

마태복음 4장에서 사탄이 돌들을 떡으로 만들라고 시험하였을 때 예수님은 신명기 8:3을 인용하여 "사람이 떡으로만 살 것이 아니요 하나님의 입으로부터 나오는 모든 말씀으로 살 것이라"(마 4:4)라고 대답하셨다. 예수님은 바로 그 관점을 그대로 반영해 요한복음 4:32에서 제자들에게 "내게는 너희가 알지 못하는 먹을 양식이 있느니라"라고 말씀하신다. 예수님은 하나님의 뜻을 행하심으로써 힘과 만족을 얻으셨는데, 하나님의 뜻은 "잃어버린 자를 찾아 구원하는" 것이다(눅 19:10; 참고. 요 10:16). 아버지의 뜻을 행함으로써 예수님의 굶주림은 해결되어 배부르셨고, 갈증도 해소되었다(참고. 요 4:14; 6:27).

앞에서 예수님은 영적인 말씀을 하시는데, 사람들은 육신적이고 물질적인 영역을 말씀하신다고 오해하는 모습을 여러 차례 보아왔다. 성전(2:19-20), 거듭남(3:3-4), 생수(4:10-11), 그리고 여기에서는 먹을 양식(4:32-33)이다. 예수님은 제자들이 알지 못하는 양식이라고 말씀하셨고, 제자들은 누군가 예수님에게 이미 양식을 가져다 드린 것으로 오해한다(33절). 이미 앞에서 여러 번 그렇게 하셨듯이 이런 오해는 예수님에게 자신의 진의를 말씀하실 기회를 주었다. 그래서 예수님은 이렇게 설명하신다. "나의 양식은 나를 보내신 이의 뜻을 행하며 그의 일을 온전히 이루는 이것이니라"(34절). 한편으로 예수님은 아버지 하나님이 보내신 유일한 분이고, 그 분의 사역은 예수님 본인 외에 아무도 할 수 없다. 하지만 다른 한편으로는 예수님을 아는 사람들과 예수님을 믿고 의지하는 사람들은 그분의 모범을 따라야 한다. 예수님을 따르고 아버지 하나님께 순종하는 사람들은 이런 종류의 양식을 먹고 자양분을 섭취하게 되리라 기대할 수 있다. 그들은 하나님의 뜻을 행할 때 힘과 기쁨이 배가됨을 경험할 것이다. 그들은 순종할 때 행복하게 될 것이다.

예수님은 하나님이 자기를 보내어 행하라고 하신 일을 할 때 얻는 자양분과 기쁨에 대해 말씀하신 후(34절) 계속해서 추수에 대해 말씀하신다(35-38절). 예수님이 말씀하신 양식은 순종이었고, 추수는 영혼들을 거두는 것이다. "영생에 이르는 열매를 모으나니"(36절). 35절의 첫 부분("너희는 넉 달이 지나야 추수할 때가 이르겠다 하지 아니하느냐")이 확인되지 않은 속담을 가리키는 것인지, 아니면 평범한 농업 지식을 반영한 것인지를 놓고 학문적인 논쟁이 있다. 하지만 어느 쪽이든 예수님은 영적인 추수 쪽으로 대화의 방향을 돌리기 위해 이 말씀을 하신 것이다. 35절의 마지막 부분은 문자 그대로의 실제 추수가 아니라 영혼의 추수를 가리킨다. "그러나 나는 너희에게 이르노니 너희 눈을 들어 밭을 보라 희어져 추수하게 되었도다." 30절에서는 사마리아인들이 "예수께로 오더라" 하고 말했다. 아마도 제자들이 눈을 들어 멀리 바라보았다면 사마리아인들이 자신들에게로 오는 모습을 볼 수 있었을 것이다.

예수님이 36절에서 "이미 거두는 자가 삯을 받고 영생에 이르는 열매를 모으나니"(ESV; 참고. 개역개정은 "거두는 자가 이미 삯도 받고 영생에 이르는 열매를 모으나니")라고 말씀하셨을 때 거기에서 삯을 받는 "거두는 자"는 예수님 자신이고, 예수님을 믿은 자들은 "영생에 이르는 열매"이며, 그들이 드리는 찬송은 예수님이 받으시는 "삯"인 것으로 보인다(참고. 1:49; 2:11). 거두는 자이신 예수님은 열매, 즉 자기를 믿는 사람들을 모으신다. 예수님이 삯인 구속받은 자들의 찬송을 받으시고, 그들을 모으시는 것은 그들이 영생을 얻도록 하시기 위함이다. 예수님은 계속해서 "이는 뿌리는 자와 거두는 자가 함께 즐거워하게 하려 함이라"(4:36)라고 말씀하시는데, 여기에서 "뿌리는 자"는 예수님의 길을 예비해 오면서 예수님의 음성을 듣고 기뻐한 세례 요한을 가리키는 것으로 보인다(3:29). 예수님이 세례 요한이 뿌린 것들을 거두실 때 둘은 함께 기뻐한다. 이것은 예수님이 그다음에 "그런즉 한 사람이 심고 다른 사람이 거둔다 하는 말이 옳도다"(4:37)라고 하신 말씀 속에 요약되어 있는 것으로 보인다. 앞에서 말한 대로 이해한다면 여기에서도 심는 사람은 세례 요한이고 거두시는 분은 예수님이다.

이는 예수님이 제자들에게 "내가 너희로 노력하지 아니한 것을 거두러 보내었노니 다른 사람들은 노력하였고 너희는 그들이 노력한 것에 참여하였느니라"(38절)라고 하신 말씀에 의해 추가로 확증되는 것처럼 보인다. 이 수고("노력")는 세례 요한과 그 이전의 구약 선지자들이 예수님을 위해 길을 준비할 목적으로 하나님과 그의 나라를 위해 행한 일을 가리킨다. 그 길을 준비했던 사람들은 씨를 뿌린 것이고, 이제는 거두는 자이신 예수님이 오셔서 다른 사람들이 수고함으로 일구어놓은 밭에 자신의 제자들을 보내어 추수하게 하심으로써 그 일을 마무리할 차례다.

4:39-42 | 많은 사람들이 믿음 예수님이 4:16-18에서 사마리아 여자의 죄를 드러내심으로써 그녀는 예수님이 선지자임을 인정하게 되었고(19절), 같은 동네에 사는 사마리아인들에게 그 사실을 증언했다(29절). 많은 사마리아인들이 그녀의 증언 때문에 예수님을 믿게 되었을 때 그녀의 증언 내용이 또다시 언급된다(39절). 그 결과, 사마리아인들은 예수님에 대해 더 알고 싶어 했기 때문에 예수님은 그들과 함께 이틀을 더 머무신다(40절). 이것은 예수님이 사마리아 여자의 남성 편력을 초자연적인 능력으로 아셨다는 것이 사실임을 증명해 주는 것으로 보인다. 사마리아인들은 예수님이 그 여자가 지금까지 행해온 모든 것을 그 여자에게 말씀하시는 놀라운 능력을 보이셔서 예수님을 믿게 된 것이기 때문이다.

예수님에 대한 증언을 듣는 것보다 예수님을 직접 만나보는 것이 확신을 갖는 데 훨씬 더 큰 힘을 발휘한다. 요한은 "예수의 말씀으로 말미암아 믿는 자가 더욱 많아"(41절)라고 묘사한다. 39절에서 "증언"으로 번역된 단어(로고스)는 41절에서 "말씀"으로 번역된다. 이 단어는 하나님이 예수님을 보내시면서 행하라고 하신 것에 관해 예수님이 가르치시고 증언하신 것을 가리킨다. 사마리아인들은 39절에서는 여자의 말 때문에 믿게 되었고, 41절에서는 그리스도의 말씀 때문에 더 많이 믿게 되었다.

사마리아인들은 예수님의 가르침을 직접 듣고 나서 사마리아 여자에게 "이제 우리가 믿는 것은 네 말로 인함이 아니니 이는 우리가 친히 듣고 그가 참으로 세상의 구주신 줄 앎이라"(42절) 하고 말하게 된다. 이 사람들은 예수님을 만나고 나서 그가 구주시라는 것, 단지 유대인들만의 구주가 아니라 세상의 구주시라는 결론을 내리게 된다. 그들은 요한복음의 다른 곳에서 예수님이 하신 것과 동일한 말씀, 즉 그들의 죄를 직면하게 하고 구약성경의 내용을 확증하고 성취하는 담대한 말씀을 들었을 것이다.

응답

하나님이 그리스도 안에서 주시는 것이 선함을 깨닫고 그분께 나아갈 때, 계속해서 죄 가운데 있기 원하는 마음이 있다면 우리는 예수님을 소유할 수 없음을 알아야 한다. 예수님은 우리가 우리의 죄를 숨기기 위해 사용하는 그 어떤 술수도 다 꿰뚫어 보신다. 사마리아 여자는 표면 아래 거짓되고 썩은 것이 있음을 알았으면서도 어떤 의미에서는 거짓말을 한 것이 아니었다. 그녀에게 남편이 없다는 것은 사실이었기 때문이다. 하지만 진실은 그녀에게 다섯 명의 남편이 있었고, 지금 그녀와 함께 사는 남자는 그녀의 남편이 아니라는 것이다.

우리는 우리의 어떤 죄에 대해서 적당히 얼버무리고 둘러대서 은폐하고 있는가? 예수님은 우리가 그런 식으로 해서 속일 수 있는 분이 아니다. 예수님은 보시고, 또한 아신다. 예수님은 우리로 하여금 죄를 직면하게 하시고, 그때에 우리는 자신의 죄와 직면하지 않으면 안 된다. 예수님이 우리에게 생수를 주겠다고 하실 때 우리는 그 제안을 거부하고 계속 죄에 빠져 살든지, 아니면 죄를 버리고 그 제안을 받아들여야 한다. 누구나 후자를 선택할 것이 아주 분명해 보이지만, 거듭나게 하시는 하나님의 은혜가 없이는 불가능하다.

우리가 거듭나게 하시는 하나님의 은혜를 받았을 때 우리는 참되게 예배하는 자들, 즉 영과 진리로 아버지 하나님을 예배하는 자들이 된다. 우리가 아버지 하나님을 예배하는 것은 그분이 생명수이신 아들을 보내주셨기 때문이다. 우리가 아버지 하나님을 예배하는 것은 그분이 우리의 마음을 순종하는 그릇으로 변화시켜 주셨기 때문이다. 순종하는 것이 예배하는 것이고, 예배와 영혼의 관계는 물과 몸의 관계와 같다.

하나님의 뜻을 행하면 몸이 충만해진다.
하나님의 명령을 어기면 공허해진다.
하나님의 뜻을 행하면 강해진다.
주님을 거슬러 죄를 범하면 약해진다.
하나님의 뜻을 행하면 점점 낙천적이 되고 기쁨은 커진다.
죄를 범하면 위축되고 짓눌린다.

43 이틀이 지나매 예수께서 거기를 떠나 갈릴리로 가시며 44 친히 증언
하시기를 선지자가 고향에서는 높임을 받지 못한다 하시고 45 갈릴리
에 이르시매 갈릴리인들이 그를 영접하니 이는 자기들도 명절에 갔다
가 예수께서 명절 중 예루살렘에서 하신 모든 일을 보았음이더라
43 After the two days he departed for Galilee. 44 (For Jesus himself had
testified that a prophet has no honor in his own hometown.) 45 So when
he came to Galilee, the Galileans welcomed him, having seen all that he
had done in Jerusalem at the feast. For they too had gone to the feast.

46 예수께서 다시 갈릴리 가나에 이르시니 전에 물로 포도주를 만드
신 곳이라 왕의 신하가 있어 그의 아들이 가버나움에서 병들었더니
47 그가 예수께서 유대로부터 갈릴리로 오셨다는 것을 듣고 가서 청
하되 내려오셔서 내 아들의 병을 고쳐주소서 하니 그가 거의 죽게 되
었음이라 48 예수께서 이르시되 너희는[1] 표적과 기사를 보지 못하면
도무지 믿지 아니하리라 49 신하가 이르되 주여 내 아이가 죽기 전에
내려오소서 50 예수께서 이르시되 가라 네 아들이 살아 있다 하시니

그 사람이 예수께서 하신 말씀을 믿고 가더니 51 내려가는 길에서 그
종[2]들이 오다가 만나서 아이가 살아 있다 하거늘 52 그 낫기 시작한
때를 물은즉 어제 일곱 시에[3] 열기가 떨어졌나이다 하는지라 53 그의
아버지가 예수께서 네 아들이 살아 있다 말씀하신 그 때인 줄 알고 자
기와 그 온 집안이 다 믿으니라 54 이것은 예수께서 유대에서 갈릴리
로 오신 후에 행하신 두 번째 표적이니라

46 So he came again to Cana in Galilee, where he had made the water
wine. And at Capernaum there was an official whose son was ill.
47 When this man heard that Jesus had come from Judea to Galilee, he
went to him and asked him to come down and heal his son, for he was
at the point of death. 48 So Jesus said to him, "Unless you see signs and
wonders you will not believe." 49 The official said to him, "Sir, come
down before my child dies." 50 Jesus said to him, "Go; your son will
live." The man believed the word that Jesus spoke to him and went
on his way. 51 As he was going down, his servants met him and told
him that his son was recovering. 52 So he asked them the hour when he
began to get better, and they said to him, "Yesterday at the seventh hour
the fever left him." 53 The father knew that was the hour when Jesus
had said to him, "Your son will live." And he himself believed, and all
his household. 54 This was now the second sign that Jesus did when he
had come from Judea to Galilee.

1 헬라어 본문에서 "너희"는 복수형이고, 이 절에서 두 번 나온다.
2 또는 "하인"
3 즉 오후 1시에

단락 개관

가나에서의 두 번째 표적: 사흘째 되던 날에 주어진 새 생명

요한복음 4:43-54에 나오는 왕의 신하의 아들을 고치신 사건은 2:1-12의 물을 포도주로 변화시키신 사건과 함께 이 대단락을 앞뒤로 둘러싸는 역할을 한다. 두 사건은 사흘째 되던 날에 가나에서 일어난다. 둘 다 표적이라 불리는데, 4:43-54에서 왕의 신하의 아들을 고치신 사건은 두 번째 표적(4:54)이고, 물을 포도주로 변화시키신 사건은 첫 번째 표적이다(2:11). 둘 다 예수님이 처음에는 요청을 거절하시고, 그 후 명령하신다. 두 사건 다 복음서 기자의 설명을 통해서가 아니라 사건의 등장인물들이 말하는 것을 통해 보고되고, 둘 다 믿음으로 귀결된다. 사흘째 되는 날에 혼인 잔치에서 물이 포도주로 변한 것이 표징이듯 사흘 째 되는 날 왕의 신하의 사랑하는 아들이 나음을 얻은 것도 표징이다.

단락 개요

Ⅲ. F. 가나에서의 두 번째 표적: 사흘째 되던 날에 주어진 새 생명 (4:43-54)

1. 사흘째 되던 날에 다시 가나에서(4:43-46)
2. 왕의 신하의 아들을 고치심(4:47-54)

주석

4:43-46 | 사흘째 되던 날에 다시 가나에서 요한은 이제 관련된 시간과 장소와 사람들에 관한 정보를 담은 또 하나의 전환구를 여기에 둔다(43-46절). 요한은 예수님이 사마리아인들과 이틀 동안 함께 계셨다고 설명한 후(40절) 이제 "이틀이 지나매 예수께서 거기를 떠나 갈릴리로 가셨다"(43절)라고 말한다. 이것은 이 단락에서 설명하고 있는 일, 즉 예수님이 거의 죽게 된 왕의 신하의 아들을 고치신 사건이 사흘째 되던 날에 일어났다는 의미이다.

44절에서는 예수님이 이제 갈릴리로 가시는 이유에 대해 설명해 준다. "친히 증언하시기를 선지자가 고향에서는 높임을 받지 못한다 하시고." 예수님은 "나사렛 예수"로 불리셨기 때문에(1:45-46; 참고. 7:27, 52) 여기에서 "고향"은 베들레헴이나 예루살렘이 아니라 갈릴리에 있는 나사렛이었다. 예수님은 갈릴리로 가시는 이유를 설명하시면서 왜 "선지자가 고향에서는 높임을 받지 못한다"(4:44)고 하셨을까? 예수님이 그렇게 하신 것은 우리가 요한복음에서 보는 예수님의 행동 양식과 일치한다.

- 세례 요한이 예수님께 세례를 주고 예수님을 증언한 후 예수님은 갈릴리를 향해 떠나셨다(1:43).
- 예수님은 자신의 영향력이 커지고 있음을 바리새인들이 들었다는 것을 아셨을 때 갈릴리를 향해 떠나셨다(4:1-3).
- 예수님은 베데스다 못에서 병자를 고치신 후 무리 속으로 몸을 숨기셨다(5:13).
- 무리가 예수님을 임금으로 삼으려고 하자 예수님은 그들에게서 물러나셨다(6:15).
- 예수님은 초막절에 혼자 은밀하게 예루살렘으로 가셨다(7:10).
- 유대인들이 예수님을 돌로 치려고 하자 예수님은 그들을 피해 숨으셨다(8:59).

- 예수님은 날 때부터 맹인인 사람을 고치신 후에 자신을 드러내지 않으셨다(9:12).
- 사람들은 예수님을 붙잡을 수 없었다(7:45-46; 10:39).
- 제자들은 예수님이 죽으러 가신다고 생각했다(11:16).
- 예수님은 드러나게 다니지 않으셨다(11:54-57).
- 예수님은 또다시 몸을 숨기셨다(12:36).

예수님이 이렇게 여러 번 몸을 숨기신 것은 두려워서가 아니다. 예수님께는 정해진 "때"가 있었고, 그때가 도래하기까지는 불필요한 갈등과 논쟁을 피할 필요가 있기 때문이었다. 또한 예수님이 쉬운 길을 가고자 하신 것이 아님은 분명하다. 선지자들은 고향에서 높임을 받지 못한다. 예수님은 그러한 사실을 아셨지만 자신의 고향으로 가고자 하신다. 그분은 사람들에게 최대한 자신을 노출시키려 하지 않으셨다. 또 많은 추종자들이 자기를 열렬히 따르게 만들려 하지 않으셨고, 높임을 받지 않을 곳으로 가셨다. 예수님은 그렇게 하심으로써 자신에게 주어진 종의 역할에 충실하셨다. "그는 멸시를 받아 사람들에게 버림받았으며…마치 사람들이 그에게서 얼굴을 가리는 것같이 멸시를 당하였고 우리도 그를 귀히 여기지 아니하였도다"(사 53:3).

개관에서 짧게 언급했듯이 요한복음 4:43-54과 요한복음 2장 사이에는 몇 가지 접촉점이 있다. 4:45에서는 갈릴리인들이 예수님을 영접했다고 했는데, 요한은 예수님이 명절에 하신 일을 그들이 보았기 때문이라고 덧붙인다. 이는 2:23-25에서 표적을 본 사람들이 예수님을 믿었지만, 예수님은 자신을 그들에게 의탁하지 않으셨다고 말한 것을 상기시킨다. 4:45과 2:23-25이 서로 연결됨으로 갈릴리인들이 예수님을 영접한 행위가 무엇을 의미하는지 드러난다. 요한은 청중에게 2:23-25을 상기시킴으로써 갈릴리인들이 예수님을 영접했지만 그렇다고 해서 그들이 예수께서 자신을 의탁할 만한 사람들이라는 뜻은 아님을 암묵적으로 보여준다. 그리고 그것은 4:46-48의 예수님과 왕의 신하 간의 상호작용을 통해 즉시 확증된다.

46절에서는 "예수께서 다시 갈릴리 가나에 이르시니 전에 물로 포도주를 만드신 곳이라"고 설명함으로써 2:1-12을 공개적으로 상기시킨다. 요한이 이것을 상기시킨 것은 예수님과 왕의 신하 간에 일어난 일이 전에 물을 포도주로 변화시킨 사건과 묘하게 비슷하다는 것을 환기시키려는 목적일 수도 있다. 비슷한 점들은 다음과 같다.

- 예수님에게 요청이 전달된다(4:47; 참고. 2:3).
- 그러나 예수님은 처음에 그 요청을 거절하신다(4:48; 참고. 2:4).
- 요청한 자가 믿음을 보인다(4:49; 참고. 2:5).
- 예수님은 명령하시고 요청한 자가 그 명령에 순종한다(4:50; 참고. 2:7-8).
- 바로 그 시점에서 요청한 것이 이루어진다(4:51-52; 참고. 2:9-10).
- 그런 후에 이 이적들은 첫 번째 표적과 두 번째 표적으로 소개되고, 이 표적에 응답하여 사람들은 예수님을 믿게 된다(4:53-54; 참고. 2:11).

요한은 4:46에서 계속해서 "왕의 신하가 있어 그의 아들이 가버나움에서 병들었더니"라고 말한다. "왕의 신하"로 번역된 단어[헬라어로 '바실리코스'(*basilikos*)]는 왕실이나 황실과 관련된 인물을 가리킨다. 따라서 "왕의 신하"로 지칭된 사람은 헤롯 왕실에 속한 왕족이었거나 로마 황실에 속한 관리 또는 고문이었을 것이다. 누가복음 8:3에서는 헤롯의 청지기 구사의 아내 요안나가 예수님에게 필요한 것들을 공급한 여자들 중 한 사람이었다고 설명한다. 여기에 등장하는 "왕의 신하"는 구사 같은 부류의 인물이다.

지금까지 요한은 예수님이 서로 다른 사람들을 상대하시는 기사를 나란히 보여주었다. 즉 처음에 예수님과 유대인들의 지도자인 니고데모와의 만남을 보여주었고(요 3:1), 다음으로는 세례 요한이 예수님을 증언한 후 예수님이 사마리아 여자와 만나 대화하신 것을 보여주었으며(4:7), 지금은 예수님이 왕의 신하를 상대하시는 장면을 보여준다(4:46). 온갖 부류의 사람들이 예수님을 필요로 한다. 종교 지도자들에게도 예수님이 필요하다. 니고데모는 예수님이 행하신 표적을 보고 하나님이 예수님과 함께하신다는 것을 인식한 상태로 예수님을 찾아왔다(3:2). 사회에서 소외된 사람들에게도 예수님이 필요하다. 사마리아 여자는 예수님이 자기 죄를 초자연적으로 아시는 것을 보고 예수님의 정체성을 확신했다(4:18-19, 29, 39). 세상 사람들의 눈에 권력자로 보이는 자들에게도 예수님이 필요하다. 왕의 신하는 자기 아들이 "거의 죽게 되었[기]"(47절) 때문에 예수님을 찾아왔다.

4:47-54 | 왕의 신하의 아들을 고치심 왕의 신하는 예수님이 유대를 떠나 갈릴리로 오셨다는 것을 듣고 예수님을 찾아가 두 가지 요청을 한다(47절). (1) 갈릴리 가나에서 가버나움으로 내려오셔서 (2) 거의 죽게 된 자기 아들을 고쳐달라고 청한다. 예수님이 이 요청에 어떻게 답하셨는지를(48절) 살펴볼 때 중요한 것은 예수님이 "너희"라는 복수형을 사용해 대답하신다는 점이다(참고. ESV의 난외주). 즉 예수님은 여기에서 오직 왕의 신하에게만 답하신 것이 아니라, 갈릴리에서 "그를 영접[한]" 모든 사람들(45절)을 향해 말씀하셨다. 예수님의 말씀은 갈릴리 가나의 혼인 잔치에서 포도주가 없다는 어머니의 말을 듣고 하신 대답과 비슷하다. "너희[사람들]는 표적과 기사를 보지 못하면 도무지 믿지 아니하리라"(48절; 참고. 2:4). 이를 통해 예수님에게는 단지 사람들로부터 주목을 받거나 무리를 모을 목적으로 어떤 일을 할 의향이 전혀 없음을 알 수 있다.

많은 사람들이 유명해지거나 돈을 벌 수만 있다면 무슨 일이라도 하려고 하는 것과 예수님의 태도가 얼마나 다른지 생각해 보라. 우리는 유명한 사람들이 더 유명해지거나 돈을 벌기 위해서 자신의 품격을 떨어뜨리는 것을 볼 때마다 그들은 자신의 품격이 돈이나 명성보다 가치가 없다고 믿는 것은 아닌지 의심할 수밖에 없다. 예수님이라면 그런 식의 거래를 하려고 하지 않으실 것이다. 예수님은 자신이 해야 할 일이 무엇인지를 아시고, 누가 자신이 하는 일에 진정으로 동참하려고 하고 누가 단지 자신이 행한 이적들을 보고서 거기에 혹해서 따르려고 하는지 아신다.

예수님의 대답을 들은 왕의 신하는 절박해진 나머지 "주여 내 아이가 죽기 전에 내려오소서"(4:49)라고 다시 한번 요청하게 된다. 그리고 예수님은 이 요청을 계기로 삼아 왕의 신하가 결단하게 만드신다. 즉 왕의 신하가 절박하게 요청했을 때 예수님은 오직 그분을 절대적으로 믿어야만 순종할 수 있는 명령을 주신다. 예수님이 부자 청년에게 그가 가진 모든 것을 팔아 가난한 자들에게 나눠주고 다시 와서 자기를 따르라고 말씀하신 것도 마찬가지다. 부자 청년은 예수님의 명령에 순종하기를 거부함으로써 예수님보다 돈을 더 믿는다는 것을 보여준다(막 10:17-22). 요한복음 4:50에서 예수님은 왕의 신하에게 비슷한 명령을 주신다. "가라 네 아들이 살아 있다."

왕의 신하가 예수님께 간청하는 모습은 그가 절망적인 상태에 있음을 보여준다. 힘이 있고 교만한 사람들은 집도 없고 교육도 받지 못한 자가 단지 이적을 행한다고 해서 그에게 그런 식으로 자신을 낮추고 도움을 간청하지는 않는다. 하지만 왕의 신하는 유명한 의사들과 존경받는 종교인들을 백방으로 찾아다닌 것은 물론이고, 자신이 할 수 있는 모든 해법을 다 강구해 보았을 것이다. 하지만 병든 아들을 고칠 수 없어서 마지막으로 예수님께 희망을 걸고 찾아왔을 가능성이 크다. 그런데 예수님은 그에게 아들이 살 것이라고 약속을 한 뒤, 그만 가보라고 하시는 것이다. 만약 그가 예수님의 약속만 믿고 혼자 집으로 돌아갔다가 약속과는 달리 아들이 낫지 않으면 시간이 촉박해서 다른 사람에게 도움을 청할 수 없게 될지도 모를 일이었다. 따라서 왕의 신하가 예수님이 말씀만으로 고치실 수 있다는 것을 믿지 않았다면 그는 집으로 돌아가지 않고 그 자리에 머물면서 예수님께 자기와 함께 내려가 아들을 살려달라고 계속 간청했을 것이다. 그러므로 왕의 신하가 편안한 마음으로 집으로 돌아갔다는 것은 그가 예수님이 말씀만으로 자신의 아들을 치료할 수 있다고 믿었다는 뜻이다.

아버지는 아들을 사랑했다. 그는 아들의 목숨을 살리기 위해 자신의 위신이나 명성 따위는 개의치 않았다. 아들을 너무나 사랑한 나머지 예수님께 도움을 받을 수 있는 기회를 놓치지 않으려 했고, 그것 때문에 고위층 친구들의 맹렬한 비난을 받는다 해도 그 모든 불이익을 기꺼이 감수하려고 했다. 그래서 "예수께서 하신 말씀을 믿고"(50절) 갔다. 그는 상황이 어떤 식으로 전개될지 모른 채 내려가는 길에서 종들과 만났는데, 종들은 아이가 살아 있다고 말했다. 그가 낫기 시작한 때를 물으니 "어제 일곱 시에 열기가 떨어졌나이다"라고 했다(51-52절).

이 상황을 생각해 보라. 왕의 신하는 예수님의 도움이 절실하게 필요한 처지였다. 예수님은 그에게 권위를 가지고 명령하셨다. 예수님의 말씀이 참되다는 것을 증명해 줄 아무런 증거도 없었지만, 그는 예수님을 신뢰하고 믿었기 때문에 그분이 하라고 하신 대로 했다. 그리고 순종했을 때 예수님의 말씀이 참되다는 것을 보여주는 증거를 얻었다. 그 결과, 그의 순종과 믿음은 자신의 목숨이나 아들의 목숨을 뛰어넘는 의미를 지니게 되었다. "그의 아버지가 예수께서 네 아들이 살아 있다 말씀하신 그때인 줄 알고 자기와 그 온 집안이 다 믿으니라"(53절). 우리는 그가 믿었다는 말을 두 번에 걸쳐 듣지만, 이는 쓸데없는 반복이 아니다. 계속해서 우리에게 확신을 준다. 우리가 어떤 것들을 믿게 되면 그것들에 관해 더 잘 알게 되고, 우리에게 더해진 그 지식은 믿음을 무너뜨리는 것이 아니라 도리어 더 굳건히 세워주기 때문이다.

여기에서 이 사람과 함께 예수님을 믿게 된 "그 온 집안"은 그의 아들과 아내를 비롯해 그가 집으로 돌아가다가 만난 종들(51절)을 가리키는 것으로 보인다. 그들은 모두 예수님이 위대하고 인자하시며 신뢰할 수 있는 분이라는 것을 알았기 때문에 확신을 가지고 예수님을 믿게 되었다.

54절은 46절과 함께 2:1-12을 지시한다. 4:46에 언급된 "물로 포도주를 만드신" 사건(2:1-12)은 2:11에서 예수님이 행하신 "첫 표적"이라 불린다. 그리고 왕의 신하의 아들을 고치신 사건은 "예수께서 유대에서 갈릴리로 오신 후에 행하신 두 번째 표적"(4:54)으로 지칭된다.

응답

예수님은 왕의 신하에게 기회를 주셨고, 그는 예수님을 믿고 신뢰함으로써 자신에게 절실히 필요한 것을 얻을 수 있었다. 또한 그리스도 안에서 하나님이 인자하시며 신뢰할 수 있는 분임을 깨달았다. 예수님의 명령이 당시에는 터무니없어 보이고 옳다는 증거가 전혀 없을지라도 거기에 순종하기만 하면 우리에게도 그런 일은 일어날 수 있다.

기본적으로 우리가 우리의 죄에서 떠나라는 부르심에 귀를 기울이고 구원을 얻기 위해 그리스도를 믿고 신뢰한다면 우리도 왕의 신하가 받았던 것과 같은 증거와 확신, 즉 그리스도의 말씀이 참되다는 것을 보여주는 증거를 받게 된다. 우리가 구원을 얻기 위해 그리스도를 믿고 그리스도인으로서의 삶을 살도록 하기 위해 예수님이 우리에게 주시는 명령에 순종할 때 그런 일이 일어난다. 이는 구원하는 믿음과 거룩하게 하는 순종에 둘 다 적용된다.

왕의 신하는 소문을 듣고 예수님을 찾아왔을 것이다. 예수님과 그의 만남 속에서 그가 자기 아들이 죽고 사는 문제는 오직 예수님께 달려 있다는 것을 알았음이 분명하게 드러난다. 예수님은 생사를 가르는 분이셨다. 마찬가지로 우리도 예수님을 우리의 생사를 가르시는 분으로 보아야 한다. 우리는 우리가 죽고 사는 것이 예수님에게 달려 있다고 여기며 성경을 읽고 기도해야 한다. 우리의 생명과 우리가 지극히 아끼고 사랑하는 사람들의 생명이 예수님께 달려 있기 때문이다.

요한복음 5:1-11:57 개관

요한은 예수님에 대해 이렇게 말한다. "우리가 다 그의 충만한 데서 받으니 은혜 위에 은혜러라 율법은 모세로 말미암아 주어진 것이요 은혜와 진리는 예수 그리스도로 말미암아 온 것이라"(요 1:16-17). 하나님은 출애굽을 통해 이스라엘을 노예 생활에서 해방시키는 은혜를 베푸셨고, 시내산에서 그들과 언약을 맺으신 후 그들이 광야를 통과하여 약속의 땅으로 들어가기까지 그들에게 필요한 것들을 공급해 주셨다. 구약성경에서 모형적으로 주어진 은혜는 그리스도 안에서 성취된다. 예수님은 하나님의 어린양으로 세상 죄를 짊어지고 죽으셔서 하나님의 백성을 해방시키셨으며, 이를 통해 출애굽을 성취하신다. 또한 예수님은 자신의 피로 세우신 새 언약 속으로 자기 백성을 들어오게 하심으로써 시내산에서 맺은 언약을 성취하신다. 요한은 예수님이 십자가에 못 박히기 전에 하신 사역을 포로 된 자들을 해방시켜 푸른 풀밭에 누이시고 쉴 만한 물가로 인도하여 그들이 약속의 땅 순례를 마치고 결국에는 새 예루살렘에 이르게 하시는 것으로 묘사한다.

이스라엘의 절기는 그들 민족이 출애굽 때 하나님이 그들을 위해 행하신 일(유월절), 하나님이 광야에서 그들에게 필요한 것들을 공급해 주신 일(초막절), 하나님이 그들에게 복된 율법을 주셔서 그들이 복된 땅에서 복된 삶을 살 수 있게 하신 것(칠칠절)을 기념하기 위해 제정되었다. 요한복음 5장의 배경은 익명의 절기이지만, 이때 이루어진 치유의 역사는 사람들이 예배를 드릴 수 있도록 회복시키는 역사임을 보여준다. 6장의 배경은 유월절이고, 이때 예수님이 많은 무리를 먹이신 것, 산으로 올라가신 것, 물 위로 걸으신 것, 사람들을 가르치신 것은 모두 예수님이 구약성경에서 모형을 통해 주어진 것들을 어떻게 성취하시는지 보여준다. 7-9장의 배경은 초막절인데, 초막절은 하나님이 반석에서 물을 내어 자기 백성에게 주시고 불기둥과 구름기둥을 통해 그들을 이끌어 광야를 통과하게 하신 것을 기념하는 절기였다. 10장은 우리를 신구약 중간 시대에 제정된 수전절로 데리고 가서 예수님이 성전의 재봉헌을 어떻게 성취하시는지 보여주는 것으로 생각된다. 그리고 11장에서 우리는 예수님이 자신을 희생제물로 드리시게 될 유월절을 다시 만나게 된다. 2-11장 전체가 2장, 6장, 11장에 나오는 유월절을 중심으로 구성되어 있다는 점에서 우리는 요한의 내러티브가 유월절을 중심으로 이루어져 있음을 알게 된다. 그리고 12-20장은 11장에서 소개된 마지막 유월절을 배경으로 한다.

요한복음 5-11장은 주제에 따른 교차대구 구조로 되어 있어서 서로 대응되는 부분들은 서로를 해석하도록 되어 있는 것으로 보인다(5장에서 죽은 자들이 하나님의 아들의 음성을 듣고서 살아나게 될 것이라고 하신 예수님의 말씀은 11장에서 죽은 나사로를 살리시는 사건을 통해 실현된다. 6장에서 예수님이 오천 명을 먹이신 사건은 10장에서 선한 목자에 관해 하신 말씀들을 예시해 준다. 7장과 9장에 나오는 논쟁들은 요한의 청중에게 예수님에 대한 반론들을 평가해 볼 수 있는 기회를 제공해 준다). 그리고 이러한 구조 전체는 교차대구 구조의 중앙에 나오는 부분, 즉 8장에서 예수님이 '에고 에이미'("나는 ~이다") 말씀을 통해 자기가 세상의 참된 빛이라고 하신 것을 부각시키기 위한 것이다.

5장: 죽은 자들이 하나님의 아들의 음성을 듣고 살아나게 될 것임

6장: 예수님이 물 위를 걸으시고 많은 무리를 먹이시며, 자신의

말씀으로 양들을 치심

7장: 예수님이 선하신 분인지, 아니면 속이는 자인지를 놓고 논쟁이 벌어짐

8장: 세상의 빛이신 예수님

9장: 예수님이 선하신 분인지, 아니면 죄인인지를 놓고 논쟁이 벌어짐

10장: 예수님은 선한 목자이시고 그의 양들은 그의 음성을 들음

11장: 예수님이 나사로에게 무덤에서 나오라고 부르심

요한의 내러티브는 단지 예수님이 이 땅에서 십자가 이전에 사역하시는 동안 행하신 일들만을 이야기하는 것이 아니라 예수님이 십자가와 부활에 의한 새로운 출애굽을 통해 자기 백성들을 해방시킨 후에 그들을 어떻게 양육하시고 그들에게 필요한 것들을 어떻게 공급해 주실 것인지도 미리 보여준다. 누가는 사도행전 2장에서 성령이 위로부터 부어짐으로써 오순절(칠칠절)이 어떤 식으로 성취되는지를 보여준다.

요한복음 5:1-47 개관

5장

요한복음 5장은 또다시 예루살렘에 계신 예수님을 보여준다. 예수님은 신뢰할 수 없는 미신을 믿고 헛된 소망을 품은 병자를 만나 그를 고쳐주신다. 이 일은 안식일에 일어났기 때문에 논쟁을 불러일으켰고(1-18절), 이 논쟁에 대해 예수님은 하나님이 안식일에 일하시기 때문에 자기도 일하는 것이라고 말씀하신다(17절). 예수님은 당신이 아버지께서 하시는 일을 하는 것인데, 나중에 자기가 죽은 자들을 살릴 것이라고 말씀하시고 그를 믿는 자들은 영생을 얻게 될 것이라고 말씀하신다(19-30절). 예수님은 자기가 대적들이 받아들이기 어려운 말씀을 하셨다는 것을 아시고 세례 요한과 성경과 아버지 하나님이 자기에 대해 증언하신 것을 지적한다. 또 하나님을 아는 자들은 하나님이 보내신 자를 믿게 되어 있다고 말씀하신다(31-47절).

1 그 후에 유대인의 명절이 되어 예수께서 예루살렘에 올라가시니라
1 After this there was a feast of the Jews, and Jesus went up to
Jerusalem.

2 예루살렘에 있는 양문 곁에 히브리 말[1]로 베데스다[2]라 하는 못이
있는데 거기 행각 다섯이 있고[3] 3 그 안에 많은 병자, 맹인, 다리 저는
사람, 혈기 마른 사람들이 누워 [물의 움직임을 기다리니 4 이는 천사
가 가끔 못에 내려와 물을 움직이게 하는데 움직인 후에 먼저 들어가
는 자는 어떤 병에 걸렸든지 낫게 됨이러라] 5 거기 서른여덟 해 된 병
자가 있더라 6 예수께서 그 누운 것을 보시고 병이 벌써 오래된 줄 아
시고 이르시되 네가 낫고자 하느냐 7 병자가 대답하되 주여 물이 움직
일 때에 나를 못에 넣어주는 사람이 없어 내가 가는 동안에 다른 사람
이 먼저 내려가나이다 8 예수께서 이르시되 일어나 네 자리를 들고 걸
어가라 하시니 9 그 사람이 곧 나아서 자리를 들고 걸어가니라
2 Now there is in Jerusalem by the Sheep Gate a pool, in Aramaic called
Bethesda, which has five roofed colonnades. 3 In these lay a multitude

of invalids–blind, lame, and paralyzed. 5 One man was there who had
been an invalid for thirty-eight years. 6 When Jesus saw him lying there
and knew that he had already been there a long time, he said to him, "Do
you want to be healed?" 7 The sick man answered him, "Sir, I have no
one to put me into the pool when the water is stirred up, and while I am
going another steps down before me." 8 Jesus said to him, "Get up, take
up your bed, and walk." 9 And at once the man was healed, and he took
up his bed and walked.

이날은 안식일이니 10 유대인들[4]이 병 나은 사람에게 이르되 안식일
인데 네가 자리를 들고 가는 것이 옳지 아니하니라 11 대답하되 나를
낫게 한 그가 자리를 들고 걸어가라 하더라 하니 12 그들이 묻되 너에
게 자리를 들고 걸어가라 한 사람이 누구냐 하되 13 고침을 받은 사람
은 그가 누구인지 알지 못하니 이는 거기 사람이 많으므로 예수께서
이미 피하셨음이라 14 그 후에 예수께서 성전에서 그 사람을 만나 이
르시되 보라 네가 나았으니 더 심한 것이 생기지 않게 다시는 죄를 범
하지 말라 하시니 15 그 사람이 유대인들에게 가서 자기를 고친 이는
예수라 하니라 16 그러므로 안식일에 이러한 일을 행하신다 하여 유대
인들이 예수를 박해하게 된지라 17 예수께서 그들에게 이르시되 내 아
버지께서 이제까지 일하시니 나도 일한다 하시매

Now that day was the Sabbath. 10 So the Jews said to the man who had
been healed, "It is the Sabbath, and it is not lawful for you to take up
your bed." 11 But he answered them, "The man who healed me, that
man said to me, 'Take up your bed, and walk.'" 12 They asked him,
"Who is the man who said to you, 'Take up your bed and walk'?" 13
Now the man who had been healed did not know who it was, for Jesus
had withdrawn, as there was a crowd in the place. 14 Afterward Jesus

found him in the temple and said to him, "See, you are well! Sin no more, that nothing worse may happen to you." 15 The man went away and told the Jews that it was Jesus who had healed him. 16 And this was why the Jews were persecuting Jesus, because he was doing these things on the Sabbath. 17 But Jesus answered them, "My Father is working until now, and I am working."

18 유대인들이 이로 말미암아 더욱 예수를 죽이고자 하니 이는 안식일을 범할 뿐만 아니라 하나님을 자기의 친아버지라 하여 자기를 하나님과 동등으로 삼으심이러라

18 This was why the Jews were seeking all the more to kill him, because not only was he breaking the Sabbath, but he was even calling God his own Father, making himself equal with God.

1 또는 "아람어로"

2 일부 사본에는 "벳사이다"

3 일부 사본에는 "물의 움직임을 기다리니 이는 천사가 가끔 못에 내려와 물을 움직이게 하는데 움직인 후에 먼저 들어가는 자는 어떤 병에 걸렸든지 낫게 됨이러라"라는 구절 전체 또는 일부가 추가되어 있다.

4 헬라어 '유다이오이'(*Ioudaioi*, "유대인들")는 여기에서 구체적으로 당시에 예수님을 반대했던 유대의 종교 지도자들과 그들의 영향력 아래 있던 자들을 가리킨다. 이것은 15, 16, 18절에서도 마찬가지다.

단락 개관

베데스다에서 병자를 고치심

안식일에 예수님은 성경적이지 않은 미신을 믿고 헛된 희망을 품은 병자

를 만나 능력 있는 말씀으로 그를 고치셨으며, 이를 통해 하나님이 창조하신 세계의 고장 난 부분을 회복시키신다. 그러자 사람들은 이 일을 행하신 예수님을 축하해 주었어야 마땅한데도, 그런 일을 안식일에 하셨다는 이유로 도리어 예수님을 반대하고 박해한다. 예수님은 그들에게 하나님이 지금도 일하고 계시기 때문에 자기도 일하는 것이라고 말한다. 그러자 그들은 이 말씀을 예수님이 자기가 하나님과 대등하다고 말한 것으로 이해해서 예수님을 죽이려고 한다.

단락 개요

Ⅳ. 예수님과 절기들(5:1-11:57)
  A. 어느 절기에 병자를 고치고 가르치심(5:1-47)
    1. 베데스다에서 병자를 고치심(5:1-18)
      a. 배경(5:1-5)
      b. 병자를 고치심(5:6-9a)
      c. 안식일(5:9b-13)
      d. 조물주(5:14-18)

주석

5:1-5 | 배경 또다시 우리는 요한복음에서 우리에게 관련된 시간과 장소와 사람에 대해 말해 주는 전환구를 발견한다. 이 단락의 배경을 이루는 그러한 요소들은 예수님이 익명의 절기에 예루살렘에 올라가셨다고 말하는 1절에서 볼 수 있다. 2-5절에서는 1절에 언급된 것들을 좀 더 구체적으

로 설명해 준다. 이 단락에서 말하는 사건이 일어난 장소는 베데스다라 하는 못인데(2절), 거기에는 많은 병자들과 불구자들이 누워 있었다(3절). 병자들 중에는 38년 동안 그 자리를 지키던 병자도 있었다(5절). 4절은 가장 훌륭하고 믿을 만한 사본들에는 나오지 않기 때문에 본문이 아니라 난외주에 내용을 표시하는 것이 보통이다(ESV도 그렇게 하고 있다).

전에 예수님은 2:13에서 3:21까지 유월절에 예루살렘에서 계시다가 3:22부터 유대 땅 변두리 지역으로 가셨다. 그런 후 4:3에서 유대를 떠나 갈릴리로 가시던 도중 사마리아에 들르셨다가(4:4-42), 46절에서 갈릴리에 도착하셨다. 5:1에서 예수님은 절기가 되자 다시 '예루살렘에 올라가셨다'고 말한다. 요한은 이 사건이 일어난 배경에 대해 보다 자세한 정보를 주고자 예루살렘 도성에서 특정한 장소로 초점을 좁힌다. "예루살렘에 있는 양문 곁에 히브리 말로 베데스다라 하는 못이 있는데 거기 행각 다섯이 있고"(2절). 행각은 지붕을 떠받치고 있는 일련의 기둥들을 가리킨다. 요한은 이 다섯 개의 행각 안에 "많은 병자, 맹인, 다리 저는 사람, 혈기 마른 사람들이 누워" 있었는데, 그중에는 "서른여덟 해 된 병자"도 있었다고 설명한다(3, 5절).

이렇게 해서 요한은 배경을 모두 설명했다. 예루살렘에 있는 베데스다 못이다. 또한 관련된 사람들도 소개했다. 예수님과 서른여덟 해 된 병자다. 이제 이 드라마에서 핵심적인 인물들이 서로 만날 수 있는 무대가 갖추어졌다.

5:6-9a | 병자를 고치심 요한이 소개한 두 인물이 서로 연결된다. "예수께서 그 누운 것을 보시고 병이 벌써 오래된 줄 아시고"(6절). 그런 후에 예수님은 자기와 같은 지위에 있는 대부분이 그냥 지나쳤을 그 사람에게 말을 거시면서 "네가 낫고자 하느냐"(6절)라고 물으신다. 이 질문은 예수님이 그 사람에게 못가에 누워 있는 것이 병을 낫기 위한 것이냐고 물으신 것으로 보인다. 또한 이 질문은 그 사람에게 그렇게 못가에 누워 있으면 과연 고침을 받을 수 있을 것인지 잘 생각해 보라고 하신 것으로 보인다.

ESV 성경의 난외주에 나와 있는 4절은 요한복음의 원래 본문이 아니라 사람들이 베데스다 못에 모여 있는 이유를 설명하기 위해 덧붙였을 가능성이 크다. (4절에 나와 있는 내용은 7절을 통해 얼마든지 추론할 수 있다.) 이 병자는 천사가 내려와 못의 물을 휘저을 때 자기가 가장 먼저 물속으로 들어간다면 나을 거라는 희망을 품었던 것으로 보인다. 그는 일어날 가망성이 전혀 없는 일을 하염없이 기다리고 눈이 빠지게 지켜보는 방식으로 병을 고치고 건강해지려고 했다.

이 사람이 우리의 동정을 받을 만하다고 착각해서는 안 된다. 성경 어디에도 하나님이 예루살렘에 못들을 만드시고 사람들이 그런 식으로 치료받을 수 있게 하셨다고 말하지 않는다. 성경은 천사들이 내려와서 물을 휘저을 때 가장 먼저 못 속으로 들어간 사람이 고침을 받을 수 있다고 가르치지도 않는다. 요한은 그런 믿음을 절대 옳다고 하지 않는다. 따라서 우리는 이 가엾은 사람이 무지한 미신을 믿고 헛된 희망을 품었다는 것을 알 수 있다. 예수님은 그의 희망이 헛된 것임을 슬쩍 암시하셨지만, 그는 미신에 너무나 깊이 빠져 있어서 자신이 희망을 걸고 있는 대상이 잘못되었을 가능성에 대해 조금도 의문을 품지 않았다.

예수님은 그의 희망이 헛된 것임을 어떤 식으로 암시하셨는가? 어떤 사람이 진흙탕 물 앞에 앉아서 한 손에는 장난감 자동차를 들고 다른 손에는 목욕 수건을 든 아이를 우연히 보았다고 하자. 그 아이는 흙탕물에 목욕 수건을 적신 후 장난감 자동차를 열심히 문지르고 있다. 그래서 그가 아이에게 자동차를 깨끗하게 씻으려 하느냐고 물었다면 그 말은 질문이기도 하지만, 그런 행동이 과연 효과가 있을지 다시 한번 생각해 보라는 권유이기도 하다. 또한 그런 질문은 장난감 자동차를 깨끗하게 할 더 나은 방법이 있다는 것을 암시하기도 한다. 마찬가지로 예수님은 6절에서 "네가 낫고자 하느냐"라고 물으심으로써 그가 물가에서 기다리다가 물이 움직일 때에 물속으로 가장 먼저 들어가려고 한 것은 문제가 있음을 보여주신다.

병자는 예수님의 질문에 엉뚱한 대답을 하는데, 이것은 요한복음에서 예수님이 사람들에게 무엇인가를 물으실 때마다 사람들이 그 질문을 이해하지 못하고 동문서답을 했던 것과 같다. "병자가 대답하되 주여 물이 움직일 때에 나를 못에 넣어주는 사람이 없어 내가 가는 동안에 다른 사람이 먼저 내려가나이다"(7절). 하지만 요한은 무엇이 그를 진정으로 치료할 수 있는지 보여준다. 그리고 베데스다 못가에 있던 병자를 치료할 수 있었던 그 유일한 것이 우리를 치료할 수 있는 유일한 방법이다. "예수께서 이르시되 일어나 네 자리를 들고 걸어가라 하시니 그 사람이 곧 나아서 자리를 들고 걸어가니라"(8-9절a). 그는 치료받기 위해서 움직이는 물을 기다렸다가 가장 먼저 물속으로 들어갈 필요가 없었다. 그에게 필요한 것은 오직 이 세계를 말씀으로 창조하신 분이다. 그분이 말씀하시면 즉시 그대로 되기 때문이다. 그가 낫기 위해서는 천사들이 내려와서 물을 휘젓는다는 미신에 희망을 걸 필요가 없었다. 그에게 필요한 것은 예수님의 말씀만으로도 충분했다. 그리고 예수님이 말씀하시자 곧바로 모든 것이 해결되었다.

여기에는 창조라는 의미와 창조의 일을 마치셨다는 의미가 내포되어 있는 것으로 보인다. 왜냐하면 요한은 "이날은 안식일"(9절b)이라는 것을 지적하기 때문이다. 하나님은 말씀으로 이 세계를 창조하셨고, 자신의 일을 마치신 후 안식일에 쉬셨다. 하나님이 쉬신 것은 피곤하셨기 때문이 아니라 자신의 일을 완성하셨기 때문이다. 하나님은 창조의 일을 완성하신 후 쉬면서 자신이 지으신 것을 음미하고 감상하셨다. 예수님은 한 사람을 온전하게 하셨는데, 그 일을 안식일에 하셨기 때문에 요한이 10-13절에서 설명하는 논쟁이 벌어졌다.

5:9b-13 | 안식일 사람들은 하나님이 놀랍고 너그럽게 회복의 역사를 행하시는 것을 보면서 어떤 반응을 보여야 하는가? 하나님의 사랑이 실제로 나타난 것을 보고 그들의 마음이 하늘을 날아갈 듯이 기뻐하는 것이 마땅한가? 아니면 유대 당국자들처럼 규칙과 정책과 계명과 규율을 먼저 생각하는 것이 마땅한가? 예수님은 5:6-9a에서 38년 동안 병으로 고생해왔던 사람을 고쳐 주셨다. 하지만 사람들의 반응을 보라. "유대인들이 병

나은 사람에게 이르되 안식일인데 네가 자리를 들고 가는 것이 옳지 아니하니라"(10절).

사람들은 왜 그런 식의 반응을 보였는가? 그들에게는 이 가엾은 병자에 대한 관심보다 율법을 지켜야 한다는 생각(물론 이것도 좋은 것이긴 하지만)이 앞섰기 때문이다. 그들에게는 계명을 먼저 생각하고 질문은 나중에 하는 것이 자연스러운 일이었다. 가장 큰 계명은 하나님을 사랑하는 것이었고, 사람들을 사랑하는 것은 그 다음이었다. 그래서 유대인들은 예수님을 의심한다. 요한은 청중들이 이 유대인들을 보면서 1:19-24에서 제사장들과 레위인들을 보내어 세례 요한을 조사하게 했던 바리새인들을 떠올리게 할 의도였던 것으로 보인다. 유대인들을 사로잡고 있던 생각은 하나님과 이웃을 사랑해야 한다는 계명이 아니라 율법을 문자 그대로 엄격하게 지켜야 한다는 것이었다. 유대인들은 병자를 사랑하지도 않았고, 병자를 고치신 하나님의 역사를 기뻐하지도 않았다. 그들은 사람들과 그들의 처지는 전혀 고려하지 않고 오로지 율법의 요구를 지키는 것만 좋아했다. 이 가엾은 병자는 38년 동안 병으로 고생했지만, 그들은 오로지 안식일에 그가 자리를 들고 갔다는 사실 외에 다른 것은 안중에도 없었다(5:10).

병 나은 사람은 그들에게 "나를 낫게 한 그가 자리를 들고 걸어가라 하더라"(11절) 하고 대답했다. 이 구절을 좀 더 축자적으로 번역하면 "나를 온전하게 만든 사람"이 된다(참고. KJV, NASB). 예수님은 단지 그의 병을 고쳐 주신 것에 그치지 않고 그를 건강하게 해 주셨다. 여기에서 '만들었다'라는 표현은 중요하다. 이것은 하나님이 말씀으로 이 세계를 만드셨던 것처럼 예수님도 말씀으로 이 사람을 온전하게 만드셨다는 뜻이기 때문이다. 만물을 만드신 분(1:3), 말씀 그대로 되게 하시는 분(5:8-9a)이 그에게 안식일에 어떤 것을 하라고 명령하셨다. 그가 예수님이 말씀하신 대로 한 것은 옳은 일이었다. 이 세계를 만드신 분으로서, 그리고 이 사람을 온전하게 만드신 분으로서 예수님은 안식일에 무엇을 하라고 명령하실 권위를 지니셨기 때문이다.

유대인들은 "너에게 자리를 들고 걸어가라 한 사람이 누구냐"(5:12)라고 묻는다. 유대인들은 율법과 그 조문에만 집착해서 "나를 낫게 한 그"(11절a)에 대해서가 아니라 예수님이 그에게 안식일에 하라고 하신 것, 즉 "자리를 들고 걸어가라고 한 사람"(11절b)에 대해 묻고 있다는 것을 주목하라. 그들에게는 병자가 회복되었다는 사실이 아니라 율법 조문이 더 중요했다. 그들에게는 병자가 고침 받았다는 사실보다는 율법을 지켰느냐 안 지켰느냐가 더 중요했다. 그들에게는 하나님보다 율법 조문이 더 중요했다. 그들에게는 율법을 명령하신 분의 임재를 기뻐하는 것보다는 율법의 명령들을 지키는 것이 더 중요했다.

예수님은 4:43-44에서 자신이 높임을 받지 못할 곳으로 가셨듯이 여기에서도 무리 속으로 몸을 숨기신다. 요한은 "고침을 받은 사람은 그가 누구인지 알지 못하니 이는 거기 사람이 많으므로 예수께서 이미 피하셨음이라"(5:13)고 설명한다. 예수님에게는 해야 할 일이 있으셨고, 그 일에는 "때"가 있었기 때문에(7:30; 8:20; 12:23 등) 함부로 행동하여 하나님의 계획을 망치는 일이 없도록 하기 위함이었다. 하지만 요한이 5:14-18에서 묘사하듯이 예수님은 그 사람을 따라가셨다.

5:14-18 | 조물주 14절에서는 이 일이 앞의 사건과는 약간 다른 시간과 장소에서 일어났다는 것을 보여준다. "그 후에"는 시간에 관한 것이고, "성전에서"는 장소에 관한 것이다. 옛 언약 아래에서는 신체적인 기형을 가진 사람들은 제사장으로 복무할 수 없었고(레 21:17-23), 어떤 병을 가진 사람들은 진영 밖에 머물러야 했다. 신체적으로 불완전한 모든 것은 타락의 결과였고, 타락으로부터 생겨난 것들은 하나님 앞에서 용납될 수 없었다. 하지만 38년 동안 육신의 병을 앓았던 이 사람은 이제 성전에서 하나님 앞에 설 수 있게 되었다. 예수님은 그를 온전하게 회복시켜 주셨고, 그는 성전에서 예배를 드리기 위해 하나님 앞에 서 있었다.

예수님은 성전에서 그를 발견하시고, 그에게 "보라 네가 나았으니 더 심한 것이 생기지 않게 다시는 죄를 범하지 말라"(요 5:14)고 말씀하셨다. 죄는 하나님의 임재로부터 배제되는 원인이며, 회개하지 않고 계속해서 죄 가운데 있는 사람은 하나님으로부터 영원히 분리된다. 예수님은 그를 온전하게 만들어서 하나님의 임재 앞에 다시 서게 해 주셨다. 이제 예수님은 그에게 하나님으로부터 영원히 분리되지 않으려면 죄를 알면서도 회개하지 않고 계속 죄 가운데 있어서는 안 된다고 경고하신다.

예수님께 고침을 받은 사람이 예수님을 해치려 했다고 생각하기는 어렵기 때문에 아마도 그는 유대인들의 의도를 알지 못하고 단지 당국자들에게 사실대로 말하는 것이 의무라고 여겼을 것이다. 그래서 유대인들에게 자기를 고친 이가 예수님이라고 알린 듯하다. 어쨌든 그의 신고 때문에 "안식일에 이러한 일을 행하신다 하여 유대인들이 예수를 박해하게" 되었다(16절). 여기에서 율법이 율법을 만드신 분을 공격하는 데 사용된다. 하나님이신 예수님은 안식일 계명의 원천이셨고, 안식일은 예수님이 그분을 믿는 자들에게 주실 안식 속에서 궁극적으로 실현될 것이다(히 3-4장). 하지만 유대인들은 완전히 눈이 멀었기 때문에 성육신 하나님이 안식일에 하신 일을 이유로 하나님을 단죄하는 데 그분의 계명을 사용하는 일이 의롭다고 생각했다.

이와 관련해서 아이러니하면서도 비극적인 사실이 있다. 안식일은 하나님이 자신의 형상을 지닌 자들로 하여금 그분이 완성하신 피조 세계를 온전하게 누리라고 제정하신 날이라는 것이다. 예수님은 다음과 같이 말씀하심으로써 그러한 아이러니를 드러내신다. "내 아버지께서 이제까지 일하시니 나도 일한다"(요 5:17). 예수님은 아버지 하나님이 지금도 계속해서 일하신다고 단언하신다. 문맥상으로 보면 이 말씀 속에는 아버지 하나님이 창조의 일곱째 날에 쉬시긴 했지만, 어쨌든 하나님은 안식일에도 여전히 자신의 능력으로 계속해서 만유를 붙들어주고 계시기 때문에 예수님은 매주의 일곱 번째 날에 얽매이지 않으신다는 뜻이 내포되어 있다. 또한 예수님은 자기도 일하고 있다는 말씀을 덧붙이신다.

유대인들도 17절의 논리를 이렇게 이해했던 것으로 보인다. "유대인들이 이로 말미암아 더욱 예수를 죽이고자 하니 이는 안식일을 범할 뿐만 아니라 하나님을 자기의 친아버지라 하여 자기를 하나님과 동등으로 삼으심이러라"(18절). 유대인들은 예수님이 안식일에 그렇게 하신 것은 잘못된 행위라고 생각했다. 예수님은 17절에서 하나님이 자신의 뜻대로 행하시는 까닭에 자기에게도 안식일에 자신의 뜻대로 행할 권리가 있다고 하셨다. 하지만 유대인들은 그 말씀에 수긍하지 않았기 때문에 예수님에게 죄가 없으시다 여기지 않았고, 도리어 예수님이 한층 더 큰 죄를 저질렀다고 확신했다. 결국 그들이 보기에 예수님은 하나님이 아니었고, 하나님이 아니면서 하나님이라고 자처하는 자는 누구든지 신성모독을 저지르는 것이었기 때문이다. 이것은 그들이 예수님을 이해한 방식이었다.

예수님은 병자를 온전하게 만드셨고, 그는 새롭게 힘을 얻어 자리를 들고 걸어갔다. 하지만 다시 그를 만나셨을 때에는 그런 병이 다시 생기지 않게 하려면 어떻게 해야 하는지 그에게 지시하셨다. 아이러니하게도 예수님의 명령에 순종하는 것이 아무것도 하지 않는 것보다 더 안식일을 성취하는 것이다. 순종은 안식을 가져다주기 때문이다.

병에서 고침 받은 사람은 완전히 회복된 상태에서 성전으로 갔다. 그 사이 유대인들은 하나님의 율법을 도구로 삼아 하나님의 아들을 공격했다. 유대인들은 요한복음이 성육신하신 말씀이라고 소개한 분을 박해하고 죽이려고 했다. 유대인들이 고침 받은 사람을 사랑하는 것보다 계명을 더 사랑했다는 것은 분명하고, 그들이 계명을 주신 하나님을 사랑하는 것보다 계명을 더 사랑했다는 것도 분명하다.

응답

예수님은 육신이 된 말씀이다. 예수님은 성육신하신 하나님이다. 예수님은 세상을 구원하기 위해 하나님이 보내신 독생자다. 예수님은 절기를 지키기 위해 자신의 조상 다윗이 정복해서 도성으로 삼은 예루살렘으로 가셨는데, 그 절기는 예수님 안에서 성취될 것이다. 예수님은 모든 사람이 바라보고 대망해야 할 분이다. 예수님은 예루살렘에 있던 모든 사람이 주목해야 할 분이었다. 예수님은 얼마 전에 왕의 신하의 아들을 멀리서 말씀만으로 고치셨고(4:46-54), 사마리아인들은 예수님을 세상의 구주로 인정했다(42절).

만약 우리가 예수님이었다면 우리는 어떤 사람의 병을 알아볼 수 있었을까? 우리는 물이 움직이기를 기다리면서 행각 안에 누워 있는 사람에게 말을 붙이기를 꺼림칙하게 생각하지 않았을까? 우리는 무지한 미신에 빠져 헛된 희망을 품고 살아가는 사람에게 과연 관심을 가졌을까? 우리는 예수님이 아니라 38년 된 병자를 훨씬 더 많이 닮았다. 우리는 어리석게도 미신이나 통속적인 믿음에 희망을 건다. 만약 예수님이 지나가시다가 우연히 우리가 살아가는 방식을 보셨다면 이렇게 물으셨을 것이다. "그것이 너희가 구하는 만족이냐? 정말 너희는 인생의 참된 목적과 의미를 구하고 있느냐? 너희는 성경에서 천사들이 해 줄 것이라고 결코 말하지 않는 거짓된 믿음과 희망을 품고서 너희에게 아무것도 이루어주지 않을 터무니없는 행동을 하기 위해 못가에 앉아 있는 것이냐?"

19 그러므로 예수께서 그들에게 이르시되 내가 진실로 진실로 너희에
게 이르노니 아들이 아버지께서[1] 하시는 일을 보지 않고는 아무것도
스스로 할 수 없나니 아버지께서 행하시는 그것을 아들도 그와 같이
행하느니라 20 아버지께서 아들을 사랑하사 자기가 행하시는 것을 다
아들에게 보이시고 또 그보다 더 큰 일을 보이사 너희로 놀랍게 여기
게 하시리라 21 아버지께서 죽은 자들을 일으켜 살리심 같이 아들도
자기가 원하는 자들을 살리느니라 22 아버지께서 아무도 심판하지 아
니하시고 심판을 다 아들에게 맡기셨으니 23 이는 모든 사람으로 아버
지를 공경하는 것같이 아들을 공경하게 하려 하심이라 아들을 공경하
지 아니하는 자는 그를 보내신 아버지도 공경하지 아니하느니라 24 내
가 진실로 진실로 너희에게 이르노니 내 말을 듣고 또 나 보내신 이를
믿는 자는 영생을 얻었고 심판에 이르지 아니하나니 사망에서 생명으
로 옮겼느니라

19 So Jesus said to them, "Truly, truly, I say to you, the Son can do
nothing of his own accord, but only what he sees the Father doing. For
whatever the Father does, that the Son does likewise. 20 For the Father

loves the Son and shows him all that he himself is doing. And greater
works than these will he show him, so that you may marvel. 21 For as
the Father raises the dead and gives them life, so also the Son gives
life to whom he will. 22 For the Father judges no one, but has given all
judgment to the Son, 23 that all may honor the Son, just as they honor
the Father. Whoever does not honor the Son does not honor the Father
who sent him. 24 Truly, truly, I say to you, whoever hears my word
and believes him who sent me has eternal life. He does not come into
judgment, but has passed from death to life.

25 진실로 진실로 너희에게 이르노니 죽은 자들이 하나님의 아들의
음성을 들을 때가 오나니 곧 이때라 듣는 자는 살아나리라 26 아버지
께서 자기 속에 생명이 있음 같이 아들에게도 생명을 주어 그 속에 있
게 하셨고 27 또 인자 됨으로 말미암아 심판하는 권한을 주셨느니라
28 이를 놀랍게 여기지 말라 무덤 속에 있는 자가 다 그의 음성을 들을
때가 오나니 29 선한 일을 행한 자는 생명의 부활로, 악한 일을 행한
자는 심판의 부활로 나오리라
25 "Truly, truly, I say to you, an hour is coming, and is now here, when
the dead will hear the voice of the Son of God, and those who hear
will live. 26 For as the Father has life in himself, so he has granted the
Son also to have life in himself. 27 And he has given him authority to
execute judgment, because he is the Son of Man. 28 Do not marvel at
this, for an hour is coming when all who are in the tombs will hear his
voice 29 and come out, those who have done good to the resurrection of
life, and those who have done evil to the resurrection of judgment.

30 내가 아무것도 스스로 할 수 없노라 듣는 대로 심판하노니 나는 나

의 뜻대로 하려 하지 않고 나를 보내신 이의 뜻대로 하려 하므로 내 심판은 의로우니라

30 "I can do nothing on my own. As I hear, I judge, and my judgment is just, because I seek not my own will but the will of him who sent me."

1 헬라어 본문에는 "그가"

단락 개관

아버지가 하시는 것을 아들도 함

예수님은 아버지께서 지금도 일하고 계시기 때문에 자기도 일한다는 말씀하심으로(요 5:17), 안식일에 병자를 고치신 일을 정당화하셨다(16절). 요한은 예수님의 말씀에 대한 유대인들의 반응을 전한 후(18절) 예수님은 당신이 어떻게 "아버지께서 행하시는 그것"을 행하시는지에 관해 어떤 식으로 좀 더 자세하게 설명해 주셨는지를 보여준다(19-30절).

19-30절에서 예수님은 아버지께서 아들에게 자신이 하시는 일을 보여주셨고, 아들도 똑같이 할 권한을 주셨다고 설명하신다. 아들은 아버지에게 무엇을 할지 배우고, 아버지는 자신이 하는 일을 아들도 할 수 있도록 아들에게 권한을 주셨다.

요한은 16-18절에서 이렇게 설명했다. "그러므로 안식일에 이러한 일을 행하신다 하여 유대인들이 예수를 박해하게 된지라 예수께서 그들에게 이르시되 내 아버지께서 이제까지 일하시니 나도 일한다 하시매 유대인들이 이로 말미암아 더욱 예수를 죽이고자 하니 이는 안식일을 범할 뿐만 아니라 하나님을 자기의 친아버지라 하여 자기를 하나님과 동등으로

삼으심이러라."

유대인들은 두 가지 이유로 예수님에 대해 격분했다. 첫째, 예수님이 안식일에 병자를 고치신 것이다. 둘째, 예수님이 자신의 행동을 정당화하기 위해 아버지께서 안식일에도 일하시는 이유를 들어 자신이 안식일에 한 일을 합법화함으로써 자신을 하나님과 대등한 위치에 놓은 것이다(17-18절).

예수님은 19-30절에서 자신이 앞서 하신 말씀을 번복하지 않으신다. 앞에서 예수님은 아버지께서 안식일에도 일하시기 때문에 자기도 안식일에 일할 권한이 있다고 단언하셨다. 하지만 유대인들은 예수님이 주장한 권한을 인정하지 않았다. 또한 예수님이 하나님과 동등하다는 것도 인정하지 않았다. 따라서 그들은 예수님이 자신을 변호하기 위해 제시한 근거를 받아들이지 않았다. 유대인들과 예수님은 서로 다른 현실관 속에서 생각하고 행한다. 유대인들은 자신들이 올바른 일을 한다고 생각한다. 그들은 예수님이 하나님과 동등하다고 생각하지 않기 때문에 예수님이 안식일에 병자를 고쳐서는 안 된다고 생각한다. 그들은 예수님이 행한 일은 죄요, 예수님이 자신의 행위를 정당화하기 위해 하신 말씀은 신성모독이라고 생각한다. 이것이 그들의 현실 인식이었기 때문에 그들은 그러한 인식 위에서 예수님에게 반응한다.

물론 예수님은 진정한 현실 속에서 활동하고 계신다. 진정한 현실 속에서 예수님은 하나님이시다. 진정한 현실 속에서 아버지께서 안식일에 일하신다는 사실은 예수님에게 동일한 일을 하실 수 있는 권한을 준다. 아버지께서 예수님에게 그렇게 할 권한을 주셨기 때문이다. 진정한 현실 속에서 예수님은 옳으며, 그 누구라도 예수님께 의문을 제기하거나 도전하는 자는 잘못되었다.

단락 개요

Ⅳ. A. 2. 아버지가 하시는 것을 아들도 함(5:19-30)

a. 아버지가 하시는 것을 아들도 함(5:19-23)

b. 듣고 믿는 자는 영생을 얻음(5:24)

c. 아들이 죽은 자들을 살리심(5:25-29)

d. 아들은 아버지의 뜻을 행함(5:30)

요한복음 5:19-30은 교차대구 구조로 되어 있다.

5:19 아들은 아무것도 스스로 할 수 없음

5:20-23 부활, 심판, 공경함

5:24 듣고 믿는 자는 영생을 얻음

5:25-29 부활, 심판, 공경함

5:30 나는 아무것도 스스로 할 수 없음

주석

5:19-23 | 아버지가 하시는 것을 아들도 함 19절과 30절에서 하나님의 아들이 무엇을 할 수 없는지를 보여주는 말씀은 이 단락을 앞뒤로 막고 있다. 예수님은 이렇게 단언하신다. "내가 진실로 진실로 너희에게 이르노니 아들이 아버지께서 하시는 일을 보지 않고는 아무것도 스스로 할 수 없나니 아버지께서 행하시는 그것을 아들도 그와 같이 행하느니라"(19절). 이

"진실로 진실로" 말씀은 우리가 이 단락에서 사고의 흐름을 추적할 수 있게 해 주는 지침이다. 예수님은 19-23절에서 자신을 해명하시고, 24절과 25절에서 각각 "진실로 진실로" 말씀을 사용하신 후 25-29절에서 자신을 해명하시는데, 30절에서는 19절의 말씀을 반복하신다.

예수님은 19절에서 3인칭으로 자신에 대해 "아들이…아무것도 스스로 할 수 없나니"라고 말씀하시고, 그런 후에 30절에서는 1인칭으로 "내가 아무것도 스스로 할 수 없노라" 하고 동일한 말씀을 하신다. 예수님은 19절에서는 자기가 아버지께서 행하시는 것을 '본다'고 말씀하시고, 30절에서는 자기가 아버지로부터 '듣는다'고 말씀하신다.

여기에서 보여주는 신학은 너무나 고귀하고 심오해서 우리는 현기증을 느낄 수도 있겠지만, 예수님이 말씀하신 것은 사실 지극히 단순해서 이해하기 쉽다. 여기에서 말하는 단순한 진리는 아들이 아버지에게 삶을 배운다는 것이다. 아들은 아버지가 걷는 것을 보며 걷는 법을 배운다. 어깨를 어떤 식으로 펴는지, 발꿈치를 어떤 식으로 땅에 놓는지, 머리의 각도는 어떻게 하는지 등 아들은 아버지를 보고 이 모든 것들을 따라 한다. 아버지들은 자녀들에게 아주 중요하다. 더 나아가 이 진리는 우리가 삶의 다른 분야에서 모범으로 삼는 사람들에게도 그대로 적용된다. 대체로 우리는 새로운 길을 개척해서 가지 않는다. 우리는 다른 사람들이 어떻게 하는지를 보고 그대로 따라 하며, 다른 사람들이 어떻게 말하는지를 듣고 그대로 따라서 말하며, 다른 사람들이 어떤 것들을 가치 있거나 유익한 것으로 여기는지를 보고 그대로 따라 한다. 이는 예수님이 여기에서 말씀하시는 단순한 진리다. 예수님은 자신이 하고 싶으신 대로 행하는 독불장군이 아니다. 예수님은 아버지께서 행하시는 것들을 보시고 그대로 하신다.

삼위일체 중에서 영원하신 두 번째 위격이고, 선재(先在)하시는 하나님의 아들이며, 만물이 그로 말미암아 지음 받았다고 성경이 증언하는 예수님은 "아들이 아버지께서 하시는 일을 보지 않고는 아무것도 스스로 할 수 없나니"(19절)라고 단언하신다. 이로써 자기는 모든 것을 삼위일체 중에서 첫 번째 위격이신 아버지 하나님에게서 배웠다고 선언하신다. 아들은 오직 아버지께서 하시는 것만을 행하신다.

우리의 연약함과 부족함을 아시는 예수님은 우리의 이해를 돕기 위해 도저히 믿기지 않는 이 진리를 계속해서 설명해 나가신다. "아버지께서 아들을 사랑하사 자기가 행하시는 것을 다 아들에게 보이시고 또 그보다 더 큰 일을 보이사 너희로 놀랍게 여기게 하시리라"(20절). 이 말씀의 첫 번째 부분에서 예수님은 아버지께서 아들에게 무엇이든지 다 가르쳐주시는 것은 아들을 사랑하기 때문이라고 설명하신다. 아버지께서는 아들을 사랑하시기 때문에 자기가 행하는 모든 것을 아들에게 보여주신다. 이것은 성경이 오직 성부와 성자 간에만 존재한다고 말해 주는 유일무이한 사랑이다. 왜냐하면 오직 성자만이 그런 사랑을 받으실 자격이 있고, 오직 성자만이 그러한 사랑을 감당하실 수 있기 때문이다. 성자는 무한하신 존재이며, 무한한 지성과 능력을 지니고 계시기 때문에 오직 성자만이 성부와의 관계를 누리실 수 있다.

아버지가 아들을 사랑하시고, 아들은 아버지가 가르쳐주시는 것들을 받으실 수 있기 때문에 아버지께서는 "자기가 행하시는 것을 다 아들에게 보이신다." 20절의 두 번째 부분에서는 아버지께서 아들을 위해 행하실 또 다른 일 그리고 그렇게 하시는 이유를 우리에게 말해 준다. "또 그보다 더 큰 일을 보이사 너희로 놀랍게 여기게 하시리라." 여기에서 "그"로 지칭된 일은 1-18절에서 예수님이 안식일에 병자를 고치신 것이고, 예수님이 앞으로 하시게 될 "더 큰 일"은 죽은 자들을 살리시는 것이다. 예수님이 5장에서 병자를 고치신 일과 이 단락에서 하신 말씀은 11장에서 예수님이 죽은 나사로를 살리신 일의 복선으로 보인다.

아버지께서 자신이 하시는 일을 예수님에게 보여주시는 이유는 무엇인가? 아버지께서 예수님에게 안식일에 병자를 고치실 권한을 주신 이유는 무엇인가? 왜 아버지께서는 장차 예수님에게 더 큰 일들을 보여주시려고 하는 것인가? 왜 아버지께서는 예수님에게 죽은 자들을 살릴 권한을 주시고자 하는 것인가? 그 대답은 5:20의 끝부분에 나온다. "너희를 놀랍게 여기게 하시리라." 예수님 같으신 분은 없고, 하나님은 모든 사람이 그것을 알길 원하신다. 이것이 하나님께서 예수님에게 더 큰 일들을 보여주셔서 모든 사람이 예수님의 지극히 크신 위엄을 보고 경외심을 품게 하시려는 이유다.

예수님께서 21-23절에서 하신 말씀은 아버지께서 자기에게 보여주실 것이라고 말씀하신 더 큰 일(20절)이 부활과 심판임을 보여준다. 예수님은 21절에서 "아버지께서 죽은 자들을 일으켜 살리심 같이 아들도 자기가 원하는 자들을 살리느니라"라고 설명하신다. 요한복음에서 영적인 생명과 부활 생명은 서로 연결되어 있어서 전자는 후자를 미리 맛보는 것이다. 예수님은 17:3에서 "영생은 곧 유일하신 참 하나님과 그가 보내신 자 예수 그리스도를 아는 것이니이다"라고 단언하신다. 예수님과 하나님을 아는 것이 영생을 얻는 것이다. 그러나 예수님은 여기에서 부활 생명에 관해 말씀하신다. 영원한 삶은 몸을 지닌 영원한 삶이 될 것이다. 인간은 몸이 없이 구름 속에서 영원히 살게 되는 것이 아니라 새 하늘과 새 땅을 누리거나 하나님의 영원하고 전능한 진노를 견딜 수 있는 부활한 몸을 입고 영생을 누리거나 영벌을 받게 될 것이다. 타락 이후 인간은 현세의 삶 자체를 목표로 삼고 살아가는 것이 아니다. 내세를 위해 현세를 살아간다.

예수님은 5:21에서 아버지와 아들이 죽은 자들을 살릴 것이라고 단언하신다. 또한 아버지와 아들은 자신들이 원하는 자들에게 생명을 주실 것이다. 생명은 하나님의 선물이다. 예수님은 아버지께서 자기에게 주신 대권을 사용해 "자기가 원하는 자들"에게 생명을 주실 것이다. 21절의 이 마지막 구절, 즉 아들이 자기가 원하는 자들에게 생명을 주실 것이라고 한 말씀은 예수님이 마태복음 11:27에서 "아버지 외에는 아들을 아는 자가 없고 아들과 또 아들의 소원대로 계시를 받는 자 외에는 아버지를 아는 자가 없느니라" 하신 말씀과 비슷하다. 하나님은 아무에게도 신세를 지지 않으신다. 남자와 여자와 아이들이 하나님을 안다면 그것은 하나님이 자비를 베푸셔서 그들에게 자신을 계시하셨기 때문이다. 요한복음 17:6은 예수님이 아버지께서 자기에게 주신 자들에게 생명을 주셨다고 알려준다.

아버지께서는 예수님에게 죽은 자들을 살릴 수 있는 능력만이 아니라 심판할 권한도 주셨다. 그래서 예수님은 5:22에서 "아버지께서 아무도 심판하지 아니하시고 심판을 다 아들에게 맡기셨으니"라고 선언하신다. 21-22절에 나오는 부활과 심판에 관한 말씀들은 이 단락의 교차대구 구조에서 서로 대응되는 25-26절에서 좀 더 자세하게 설명하겠지만, 하나님이 그렇게 하시는 목적은 분명하다. "이는 모든 사람으로 아버지를 공경하는 것같이 아들을 공경하게 하려 하심이라"(23절). 하나님은 예수님에게 죽은 자들을 살릴 수 있는 능력을 주셨고, 모든 심판을 예수님에게 맡기셨기 때문에 모든 사람이 예수님을 공경하게 될 것이다. 20절에서는 아버지께서 예수님에게 더 큰 일을 보여주셔서 "너희로 놀랍게 여기게 하실" 것이라고 말한다. 23절에서 예수님은 아버지께서 자기에게 모든 심판을 맡기셨는데, 이것은 "모든 사람으로 아버지를 공경하는 것같이 아들을 공경하게 하려 하심"이라고 선언하신다. 성부 하나님은 사람들이 성자 하나님을 공경하게 되기를 원하신다. 성부 하나님은 사람들이 예수님을 보고 놀라기를 원하신다.

하나님이 자신의 영광을 구하심은 이기적인 것이 아니다. 아버지는 자신의 영광을 아들과 공유하신다. 또한 그것은 사람들에게 그들이 누릴 수 있는 것들 중 가장 큰 만족을 주는 것이기 때문에 이기적이지 않다. 예수님보다 더 놀라운 것은 없다. 따라서 사람들을 다른 어떤 것으로 놀랍게 한다면 그것은 그들에게 절대적으로 가장 좋은 것보다 못한 것을 주는 셈이 된다. 성부와 성자보다 더 공경을 받으시기에 마땅한 분은 없다. 따라서 사람들이 다른 이를 공경하게 한다면, 그것은 성부 하나님이 자기 백성 앞에 다른 신을 두는 것이 된다. 하나님은 우상숭배자가 아니다. 하나님은 만족을 주는 분이다. 하나님은 자기 백성이 만족하게 하실 것이다. 하나님은 믿는 자들로 하여금 부족함이 전혀 없이 지극히 선하신 주 예수님을 누리게 하심으로써 영광과 찬란함과 다양함과 아름다움과 만족함에 목말라 있는 인간의 갈증을 '없애 주실' 것이다.

어떤 사람들은 예수님을 믿는 믿음이 없어도 성부 하나님과 올바른 관계에 있는 것이 가능하다고 생각한다. 예수님은 23절의 마지막에 나오는 말씀을 통해서 그런 가능성을 일축하신다. "아들을 공경하지 아니하는 자는 그를 보내신 아버지도 공경하지 아니하느니라." 20절에서는 아버지께서 아들을 사랑하신다고 말했다. 아들을 배척하는 것은 아버지가 사랑하시는 이를 배척하는 것이고, 이것은 아버지를 기쁘시게 해 드리지 못할 것이다.

5:24 | 듣고 믿는 자는 영생을 얻음 사람은 어떻게 아버지 하나님을 기쁘시게 해드릴 수 있을까? 사람이 아버지 하나님의 진노를 피하기 위해서 무엇을 해야 할까(3:36)? 사람은 어떻게 해야 아버지께서 아들에게 맡기신 심판을 피할 수 있을까(5:22)? 요한은 5:24에서 예수님의 말씀을 통해 이 질문들의 답을 제시한다. "내가 진실로 진실로 너희에게 이르노니 내 말을 듣고 또 나 보내신 이를 믿는 자는 영생을 얻었고 심판에 이르지 아니하나니 사망에서 생명으로 옮겼느니라."

"진실로 진실로"라는 엄숙한 어구는 '진정으로, 정말로, 확실히'를 의미한다. 예수님은 엄숙한 맹세로써 이 말씀을 하시는 것이다. 예수님이 이렇게 "진실로 진실로"라는 정형어구를 먼저 제시하고 어떤 말씀을 하시는 경우는 그 말씀을 절대적으로 신뢰할 수 있다고 단언하시는 것이다. 이는 공허한 빈말이 아니고, '내 말을 듣는 모든 자'에게 주시는 말씀이다. 요한복음을 통해 예수님의 말씀을 접하는 모든 사람은 예수님의 말씀을 듣는 자들이다.

그런 후에 깜짝 놀랄 만한 선언이 뒤따른다. "나 보내신 이를 믿는 자는 영생을 얻었고." 예수님을 "보내신 이를 믿는"다는 것은 무엇을 의미하는가? 예수님은 실제로 존재하는 현실에 관한 진리를 제시하고 계신다. 예수님은 진정한 현실 세계를 설명하고 계신다. 예수님은 천지를 지으신 성부 하나님이 아들 예수를 보내셨고, 그에게 자신이 하는 일들을 할 수 있는 능력을 주셨다고 선언하셨다. 그런데 예수님이 이렇게 제시하신 진정한 현실을 받아들이는 사람은 누구든지 예수님을 보내신 이를 믿는 사람이다.

이어지는 말씀을 보라. 예수님의 말씀을 듣고 예수님을 보내신 하나님을 믿는 자들은 영생을 얻는다(24절). 이것은 17:3에서 하나님과 그리스도를 아는 것이 영생이라고 말한 것과 비슷하다. 어떤 사람이 믿는다면 그는 영생을 기다릴 필요가 없다. 그런 사람은 환난과 슬픔, 질병, 괴로움, 아기와 부모와 배우자와 사랑하는 친구들의 죽음이 있는 현재의 삶 속에서 영생의 열매를 누릴 수 있다. 우리가 예수님의 말씀을 듣고 그를 보내신 이를 믿는다면 우리에게는 영생이 있다.

예수님은 이것이 지닌 함의들을 5:24의 마지막에 나오는 말씀에서 설명하신다. 그런 사람은 "심판에 이르지 아니하나니 사망에서 생명으로 옮겼느니라". 예수님을 보내신 하나님을 믿는 사람은 누구든지 정죄를 받지 않을 것이고, 심판을 무사히 통과해서 "심판에 이르지 아니"할 것이다. 사망은 그를 주장하지 못한다. 하나님의 정의도 그에게는 위협이 되지 않는다. 율법의 저주는 그에게서 배제된다. 하나님의 전능하고 영원한 진노는 그 사람 위에 걸려 있지 않다.

5:25-29 | 아들이 죽은 자들을 살리심 예수님은 20-23절에서 자기가 죽은 자들에게 생명을 줄 것이고 심판을 행할 것이라 말씀하셨는데, 이제 25-29절에서 부활과 심판에 대해 자세히 설명해 주신다. "죽은 자들이 하나님의 아들의 음성을 들을 때가 오나니 곧 이때라 듣는 자는 살아나리라"(5:25). 이 말씀을 듣고 나사로의 부활(11장)을 생각하지 않기는 어렵다.

죽은 자들이 하나님 아들의 음성을 듣고 살아나게 될 '때가 오고 있다'고 예수님이 말씀하신 것(25절)은 11장에서 일어나게 될 나사로 한 사람의 부활만이 아니라 마지막 때에 있을 모든 사람의 부활을 의미하신 것이다. 이 종말의 부활이 심판에 앞서 있으리라는 것은 28-29절에서 알 수 있다. "무덤 속에 있는 자가 다 그의 음성을 들을 때가 오나니 선한 일을 행한 자는 생명의 부활로, 악한 일을 행한 자는 심판의 부활로 나오리라."

여기에서 또다시 우리는 그리스도의 말씀을 듣고 영적인 생명을 얻는 것(24절)과 그리스도의 말씀을 듣고 부활하는 것(25, 28절)이 서로 연결되었음을 확인한다. 26절은 예수님이 그런 능력을 갖게 되신 이유를 보여준다. 예수님은 친히 이렇게 설명하신다. "아버지께서 자기 속에 생명이 있음 같이 아들에게도 생명을 주어 그 속에 있게 하셨고." 이 말씀은 요한복음 1:4을 자세하게 설명한 것이다. "그 안에 생명이 있었으니." '태초에 말씀이 계셨고' '이 말씀이 하나님과 함께 계셨다'고 한다면(1:1-2) 하나님이 주시는 생명이 말씀 안에 있지 않은 때는 없었다는 뜻이 된다.[25] 아버지께서는 언제나 "아들에게도 생명을 주어 그 속에 있게 하셨고"(5:26), 언제나 아들을 사랑하셔서 "자기가 행하시는 것을 다 아들에게 보이셨다"(20절). 만약 이것이 사실이 아니라면 예수님이 자기 속에 생명을 가지고 계시지 않은 때가 있었을 것이고, 따라서 예수님이 아버지 하나님보다 못하신 때가 있었을 것이다. 만약 이것이 사실이라면 히브리서 13:8에서 "예수 그리스도는 어제나 오늘이나 영원토록 동일"하다고 말할 수 없었을 것이며, 바울은 예수님이 "근본 하나님의 본체"(빌 2:6)라고 말할 수 없었을 것이며, 예수님도 "나와 아버지는 하나"(요 10:30)라고 말씀하실 수 없었을 것이다. 이것을 신학적으로는 흔히 성자의 영원한 출생이라고 말한다. 성자는 성부로부터 생명을 받아 자기 속에 가지고 계시지만, 그 생명은 영원한 선물이기 때문에 성자는 언제나 성부와 동등하셨다.

예수님이 죽은 자들을 살릴 수 있으신 것은 아버지께서 그에게 생명을 주어 그 안에 있게 하셨기 때문이고(5:25-26), 예수님이 장차 심판을 담당하실 수 있는 것은 예수님이 다니엘 7:13의 인자이기 때문이다. 그래서 요한복음 5:27에서는 "인자 됨으로 말미암아 심판하는 권한을 주셨느니라"고 말한다. 다니엘 7장에서는 하늘 법정에서 벌어지던 장면을 묘사하면서 "심판을 베푸는데 책들이 펴 놓"여 있고(단 7:10) "인자 같은 이"가 권세와 나라를 받으셨다고 말한다(단 7:13-14). 그 장면에는 권력을 나눠 가지는 것 따위가 없다. 나라의 수반이 최고 법정이고 왕이 심판주다. 이사야

25 이 문제에 대한 필자의 생각은 D. A. 카슨의 설교와 글을 통해 결정적으로 형성되었다.

11장에서 볼 수 있듯이 거기에서 심판하실 분은 "이새의 줄기에서" 난 "한 싹"이다(사 11:1-5). 마찬가지로 이사야 33:22에서도 이렇게 선언한다. "대저 여호와는 우리 재판장이시요 여호와는 우리에게 율법을 세우신 이요 여호와는 우리의 왕이시니 그가 우리를 구원하실 것임이라." 이사야 선지자는 "여호와"가 행정권과 입법권과 사법권이라고 선언한다. 여호와는 만유를 다스리시는 최고의 군주요, 세상의 참된 왕이며, 백전백승의 천군을 이끄는 총사령관이다. 예수님이 다니엘 7:13의 인자시라는 것은 예수님이 통치권을 받아 심판을 집행하실 왕이라는 것을 의미한다. 여호와를 능가하는 법정은 존재하지 않는다.

요한복음 5:27에 다니엘 7:13이 간접적으로 인용된다면 부활한 의인들과 악인들의 운명에 대해 말하는 요한복음 5:29에는 다니엘 12:2이 간접적으로 인용된다. "선한 일을 행한 자는 생명의 부활로, 악한 일을 행한 자는 심판의 부활로 나오리라." 여기에서 선을 행하는 것과 심판을 피하는 것이 서로 연결되어 있음은 분명하지만, 예수님은 방금 5:24에서 하나님을 믿는 자는 심판에 이르지 않는다고 선언하신 바 있다. 따라서 생명의 부활은 믿음으로 말미암아 의롭다 하심을 얻은 자들에게 주어진다. 그들이 얻은 칭의의 근거는 그리스도가 십자가 위에서 이루신 일이고, 그들은 그 일을 힘입어 믿음으로 말미암아 구원을 얻는다. 그들이 구원을 받았고 의롭다 하심을 얻었으며, 거듭났고 하나님의 양자가 되었음을 보여주는 증거는 그들이 하나님 안에서 행하는 선행이다(3:21).

5:30 | 아들은 아버지의 뜻을 행함 이 단락 전체에 걸쳐 예수님은 안식일에 병자를 고친 것이 옳은 이유를 대적들에게 설명하셨다. 예수님은 아버지께서 일하시기 때문에 자기도 일한다고 단언하셨다(5:17). 그들은 그 말씀을 신성모독으로 단정하고 예수님을 죽이려 했지만(18절), 예수님은 그들 가운데 서서 진실을 설명하셨다. 예수님은 자기는 아버지께서 하시는 일을 보고 그대로 하는 것일 뿐이며, 자기 속에 생명이 있기 때문에 죽은 자들을 살리시는 것이고 자기가 인자이기 때문에 장차 심판하실 것이라고

하신다. 또 자기를 보내신 이를 믿는 자는 영생을 얻어 심판에 이르지 않겠지만 자기를 배척하고 악을 저지르는 자들은 장차 부활하여 심판을 받게 되리라는 것을 개략적으로 설명하셨다.

예수님의 대적들은 어떤 반응을 보였을까? 그들은 예수님이 "하나님을 자기의 친아버지라 하여 자기를 하나님과 동등으로 삼으심"을 좋아하지 않았고(18절), 예수님은 자기가 성부 하나님으로부터 영원한 출생을 통해 나신 아들이며, 하나님은 아들을 통해 죽은 자들을 살리시고 악인들을 심판하실 것이라고 선언하심으로써 문제를 더욱 악화시키셨다. 또한 예수님은 대적들에게 '너희는 자신이 아버지 하나님을 공경한다고 생각하겠지만 아버지 하나님을 공경할 수 있는 유일한 길은 너희가 죽이려고 하는(18절) 성자 예수님을 공경하는 것'이라고 지적하셨다(23절).

예수님의 대적들은 예수님이 미쳤거나 귀신 들렸다고 생각했을 가능성이 크다(참고. 막 3:21-22). 어쨌든 요한이 복음서에서 이야기하고 있는 것을 보면 대적들은 예수님을 계속해서 배척했음이 분명하다. 예수님은 마치 그것을 예상하셨다는 듯이 자기는 스스로의 뜻대로 행하지 않는다고 단언하신다. "내가 아무것도 스스로 할 수 없노라 듣는 대로 심판하노니 나는 나의 뜻대로 하려 하지 않고 나를 보내신 이의 뜻대로 하려 하므로 내 심판은 의로우니라"(요 5:30).

예수님의 대적들은 예수님이 오만방자한 태도로 안식일을 어겼다고 생각했다. 예수님이 아버지께서 안식일에 일하시기 때문에 자기도 안식일에 일할 권한이 있다고 말씀하셨지만, 그들은 그 말씀을 신성모독으로 규정했기 때문에 마음속에서 분노가 더욱더 활활 타올랐다. 그들은 예수님을 가리켜 신성모독을 거침없이 행하는 고집스럽고 도저히 말릴 수 없는 자라고 생각했을 것이 틀림없다. 예수님은 본인이 자신의 뜻대로 하는 것이 아니라 오직 자기를 보내신 이의 뜻을 행하는 것일 뿐이라고 단언하심으로써 그들의 그런 생각을 부정하신다. 또한 자기에게 심판하는 권세도 주어지긴 했지만, 자기는 스스로의 뜻대로 심판하는 것이 아니라 하나님이 하시는 말씀을 듣고 그에 따라 정의롭게 심판하는 것이라고 단언하신다. 30절이 지닌 함의는 19절에서와 마찬가지로 예수님이 집행하시는 심판은 아버지 하나님이 뜻하시는 심판이라는 것이다.

응답

예수님을 배척하는 것은 아버지 하나님을 배척하는 것과 같다. 예수님의 메시지를 배척하는 것은 예수님을 보내신 이, 즉 유일하고 살아 계시고 참되신 하나님을 믿지 않겠다고 거부하는 것이다. 왜냐하면 예수님은 오직 아버지가 하시는 것을 보고 그대로 행하시는 것일 뿐이고, 아버지께서 그가 말하기를 원하시는 것만을 말씀하시는 것일 뿐이며, 아버지로부터 들은 대로 아버지의 권위에 의거해서 심판하시는 것일 뿐이기 때문이다. 5:31-47에서 예수님은 아버지 하나님, 세례 요한, 예수님 자신이 행하시는 능력 있는 일들, 성경이 모두 그를 증언하고 있음을 보여주심으로써 이 단락에서 하신 자신의 말씀이 참이라는 것을 한층 더 강화시키실 것이다.

다른 한편으로 예수님은 24절에서 그의 말씀을 듣고 믿는 자들은 영생을 얻을 것이라고 선언하신다. 사람들이 보여야 하는 유일하게 합당한 응답은 그리스도의 말씀을 듣고 그를 보내신 이를 믿는 것이다. 이 복음서에 나오는 예수님의 말씀들을 듣거나 읽을 때 하나님 아들의 음성을 듣고 생명을 얻는 것, 정죄에서 벗어나서 자유를 얻는 것, 형벌의 두려움에서 벗어나는 것, 예수님이 "진실로 진실로" 말씀을 통해 약속하신 것을 예수님의 손에서 받는 것, 영생 안에서 살아가는 것은 오직 믿을 때에만 진정으로 '이루어질' 수 있다.

예수님의 이러한 말씀들에 대한 응답으로 우리는 예수님을 보내신 이를 믿고 예수님을 놀라워하며, 아버지 하나님을 공경하듯이 예수님을 공경하고 영생을 얻어야 한다.

31 내가 만일 나를 위하여 증언하면 내 증언은 참되지 아니하되 32 나
를 위하여 증언하시는 이가 따로 있으니 나를 위하여 증언하시는 그
증언이 참인 줄 아노라 33 너희가 요한에게 사람을 보내매 요한이 진
리에 대하여 증언하였느니라 34 그러나 나는 사람에게서 증언을 취하
지 아니하노라 다만 이 말을 하는 것은 너희로 구원을 받게 하려 함이
니라 35 요한은 켜서 비추이는 등불이라 너희가 한때 그 빛에 즐거이
있기를 원하였거니와 36 내게는 요한의 증거보다 더 큰 증거가 있으니
아버지께서 내게 주사 이루게 하시는 역사 곧 내가 하는 그 역사가 아
버지께서 나를 보내신 것을 나를 위하여 증언하는 것이요 37 또한 나
를 보내신 아버지께서 친히 나를 위하여 증언하셨느니라 너희는 아무
때에도 그 음성을 듣지 못하였고 그 형상을 보지 못하였으며 38 그 말
씀이 너희 속에 거하지 아니하니 이는 그가 보내신 이를 믿지 아니함
이라 39 너희가 성경에서 영생을 얻는 줄 생각하고 성경을 연구하거니
와 이 성경이 곧 내게 대하여 증언하는 것이니라 40 그러나 너희가 영
생을 얻기 위하여 내게 오기를 원하지 아니하는도다 41 나는 사람에게
서 영광을 취하지 아니하노라 42 다만 하나님을 사랑하는 것이 너희

속에 없음을 알았노라 43 나는 내 아버지의 이름으로 왔으매 너희가
영접하지 아니하나 만일 다른 사람이 자기 이름으로 오면 영접하리라
44 너희가 서로 영광을 취하고 유일하신 하나님께로부터 오는 영광은
구하지 아니하니 어찌 나를 믿을 수 있느냐 45 내가 너희를 아버지께
고발할까 생각하지 말라 너희를 고발하는 이가 있으니 곧 너희가 바
라는 자 모세니라 46 모세를 믿었더라면 또 나를 믿었으리니 이는 그
가 내게 대하여 기록하였음이라 47 그러나 그의 글도 믿지 아니하거든
어찌 내 말을 믿겠느냐 하시니라
31 "If I alone bear witness about myself, my testimony is not true.
32 There is another who bears witness about me, and I know that the
testimony that he bears about me is true. 33 You sent to John, and he
has borne witness to the truth. 34 Not that the testimony that I receive is
from man, but I say these things so that you may be saved. 35 He was a
burning and shining lamp, and you were willing to rejoice for a while
in his light. 36 But the testimony that I have is greater than that of John.
For the works that the Father has given me to accomplish, the very
works that I am doing, bear witness about me that the Father has sent
me. 37 And the Father who sent me has himself borne witness about
me. His voice you have never heard, his form you have never seen,
38 and you do not have his word abiding in you, for you do not believe
the one whom he has sent. 39 You search the Scriptures because you
think that in them you have eternal life; and it is they that bear witness
about me, 40 yet you refuse to come to me that you may have life. 41 I
do not receive glory from people. 42 But I know that you do not have
the love of God within you. 43 I have come in my Father's name, and
you do not receive me. If another comes in his own name, you will
receive him. 44 How can you believe, when you receive glory from one

another and do not seek the glory that comes from the only God? 45 Do not think that I will accuse you to the Father. There is one who accuses you: Moses, on whom you have set your hope. 46 For if you believed Moses, you would believe me; for he wrote of me. 47 But if you do not believe his writings, how will you believe my words?"

단락 개관

하나님을 알려면 증언을 믿으라

하나님을 알기 위해서는 세례 요한, 아버지 하나님, 이적들, 성경, 모세가 진리에 대해 증언한 것을 받아들여야 한다. 그들은 모두 예수님이 아버지 하나님께서 보내신 자라고 증언한다. 다음은 요한복음의 이 단락 내에서 내적인 연결 관계를 드러내려는 목적으로 교차대구 구조를 반영해 배열한 것이다.

5:31-32 "내가 만일 나를 위하여 증언하면 내 증언은 참되지 아니하되 나를 위하여 증언하시는 이가 따로 있으니 나를 위하여 증언하시는 그 증언이 참인 줄 아노라"

5:33-35 "너희가 요한에게 사람을 보내매 요한이 진리에 대하여 증언하였느니라 그러나 나는 사람에게서 증언을 취하지 아니하노라 다만 이 말을 하는 것은 너희로 구원을 받게 하려 함이니라 요한은 켜서 비추이는 등불이라 너희가 한때 그 빛에 즐거이 있기를 원하였거니와"

5:36-37a "내게는 요한의 증거보다 더 큰 증거가 있으니 아버지께서 내게 주사 이루게 하시는 역사 곧 내가 하는 그 역사가

아버지께서 나를 보내신 것을 나를 위하여 증언하는 것이요 또 한 나를 보내신 아버지께서 친히 나를 위하여 증언하셨느니라"

5:37b-38 "너희는 아무 때에도 그 음성을 듣지 못하였고 그 형상을 보지 못하였으며 그 말씀이 너희 속에 거하지 아니하니 이는 그가 보내신 이를 믿지 아니함이라"

5:39-40 "너희가 성경에서 영생을 얻는 줄 생각하고 성경을 연구하거니와 이 성경이 곧 내게 대하여 증언하는 것이니라 그러나 너희가 영생을 얻기 위하여 내게 오기를 원하지 아니하는도다"

5:41-44 "나는 사람에게서 영광을 취하지 아니하노라 다만 하나님을 사랑하는 것이 너희 속에 없음을 알았노라 나는 내 아버지의 이름으로 왔으매 너희가 영접하지 아니하나 만일 다른 사람이 자기 이름으로 오면 영접하리라 너희가 서로 영광을 취하고 유일하신 하나님께로부터 오는 영광은 구하지 아니하니 어찌 나를 믿을 수 있느냐"

5:45-47 "내가 너희를 아버지께 고발할까 생각하지 말라 너희를 고발하는 이가 있으니 곧 너희가 바라는 자 모세니라 모세를 믿었더라면 또 나를 믿었으리니 이는 그가 내게 대하여 기록하였음이라 그러나 그의 글도 믿지 아니하거든 어찌 내 말을 믿겠느냐 하시니라"

이 단락의 교차대구 구조는 다음과 같이 요약해 볼 수 있다.

5:31-32 참된 증언

5:33-35 세례 요한, 빛, 즐거워함

5:36-37a 아버지와 이적들이 증언함

5:37b-38 너희는 하나님을 알지 못함

5:39-40 성경이 증언함

5:41-44 영광, 사랑, 믿음

5:45-47 참된 고발

따라서 우리는 이러한 교차대구 구조에서 서로 대응되는 부분들을 함께 다루는 방식으로 다음과 같이 단락들을 살펴볼 것이다.

5:31-32, 45-47 증언과 고발

5:33-35, 41-44 세례 요한의 등불과 참된 영광

5:36-37a, 39-40 아버지, 이적들, 성경이 증언함

5:37b-38 하나님을 앎

단락 개요

Ⅳ. A. 3. 하나님을 알려면 증언을 믿으라(5:31-47)

a. 증언과 고발(5:31-32, 45-47)

b. 세례 요한의 등불과 참된 영광(5:33-35, 41-44)

c. 아버지, 이적들, 성경이 증언함(5:36-37a, 39-40)

d. 하나님을 앎(5:37b-38)

예수님은 베데스다 못가에서 38년 동안 머물렀던 병자를 안식일에 고치셨고(5:1-9), 이 일은 유대인들의 분노를 불러일으켰다(10-16절). 예수님이 아버지께서 안식일에 일하시기 때문에 자기도 안식일에 일하는 것이라고

설명하시자(27절) 유대인들은 그를 죽이려고 했다(18절). 예수님은 자기가 오직 아버지께서 행하시는 것들만을 행할 뿐(19절), 아버지께서는 장차 자기를 통해 죽은 자들을 살리시고 심판을 집행하시는 더 큰 일들도 하실 것이라고 설명함으로써 거기에 대응하셨다(20-30절).

예수님의 말씀은 대담한 주장이었고, 예수님은 자기를 의심하는 자들이 자기가 한 말 또한 믿지 않을 것임을 아셨다. 그렇기에 31-47절에서 세례 요한, 이적들, 아버지 하나님, 성경, 모세가 모두 자기를 아버지께서 보내신 이로 증언하고 있음을 자세하게 설명해 주신다. 이렇듯 예수님이 아버지께서 보내신 자임을 보여주는 증거들은 사람들이 그분의 말씀을 듣고 그분을 보내신 이를 믿어야만 영생을 누리고 심판을 피하며 사망에서 생명으로 옮기게 될 것이라고 하신 말씀(24절)을 뒷받침해 준다.

주석

5:31-32, 45-47 | 증언과 고발 예수님은 자기를 고발하는 자들이 자기의 말을 믿지 않는다는 것을 아신 듯하다. 그래서 "내가 만일 나를 위하여 증언하면 내 증언은 참되지 아니하되"(31절)라고 말씀하신다. 예수님은 자기가 "하나님과 동등"(18절)하다고 주장한 것을 사람들이 믿게 하려면 강력한 증거가 있어야 한다는 점을 인정하셨다. 그리고 이제 강력한 증거를 제시하려고 하시는 것으로 보인다. "나를 위하여 증언하시는 이가 따로 있으니 나를 위하여 증언하시는 그 증언이 참인 줄 아노라"(32절). 31-39절에는 "증언하다"라는 말이 6번 나오고 "증언"이라는 말은 4번 나온다. 이 단락 전체에 걸쳐서 예수님은 자기가 아버지께서 보내신 자임을 증언하는 증인들을 제시하신다.

31-32절에서는 진리에 대한 증언이 있다는 것을 강조하고, 45-47절에서는 죄를 지은 자들은 고발당할 것임을 강조한다. 예수님이 자신에 대하여 스스로 증언하는 것은 논란이 있을 수 있음을 인정하시고 다른 증인

들을 내세우셨듯이(33-39절) 유대인들이 자기를 고발하고 있는 상황에서 (참고. 18절) 그들에 대한 자신의 고발도 그들이 받아들이지 않을 것임을 인정하신다. 그래서 예수님은 그들이 권위를 인정하는 모세가 그들을 고발할 것이라고 단언하신다(45-47절).

예수님은 자신의 증언이 논란이 될 수 있다는 것을 인정하셨듯이(31절) 자신의 고발도 논란이 될 수 있다는 것을 인정하신다. "내가 너희를 아버지께 고발할까 생각하지 말라"(45절a). 그리고 자기를 증언해 줄 다른 증인이 있다고 말씀하신 것처럼(32절) 그들을 고발할 다른 사람이 있다고 말씀하신다. "너희를 고발하는 이가 있으니 곧 너희가 바라는 자 모세니라"(45절b). 유대인들은 모세 율법이 예수를 단죄하고 자신들을 옳다고 해 줄 것이라 믿으며, 모세에게 소망을 두었다. 하지만 그들이 모세 율법을 자신들이 옳고 예수님이 틀렸다고 해 줄 증거라고 생각한 반면, 예수님은 모세 율법을 그들의 의도와 반대로 제시하신다. "모세를 믿었더라면 또 나를 믿었으리니 이는 그가 내게 대하여 기록하였음이라"(46절). 여기에서 예수님은 창세기 3:15에서 시작해 창세기 5:29과 12:1-3과 49:8-12을 거쳐 민수기 24:17과 신명기 18:15-18과 이르는 약속과 그 밖의 다른 곳들에 나오는 약속 전체가 자신 안에서 성취되어간다고 주장하신 것이다.[26]

예수님은 "그의 글도 믿지 아니하거든 어찌 내 말을 믿겠느냐"(요 5:47)라고 못 박으신다. 여기에서 예수님은 자신의 대적들이 오경에 나오는 약속이 자신 안에서 성취되고 있다는 것을 보여주는 방식으로 오경을 해석하지 않는 것에 대해 지적하시고, 그것을 불신앙으로 여기신다. 그것은 해석상의 차이가 아니라 모세의 글을 믿지 않고 거부하는 것이라고 말씀하신다. 그들이 모세가 쓴 것을 믿지 않는다면 모세가 예언한 이가 하시는 말씀을 믿지 않을 것임은 분명하다.

26 이러한 관점에서 이 본문에 대해 좀 더 자세하게 설명한 것으로는 Hamilton, "Skull Crushing Seed of the Woman"; Hamilton, "Seed of the Woman and the Blessing of Abraham"; Hamilton, *God's Glory in Salvation through Judgment*를 보라.

5:33-35, 41-44 | 세례 요한의 등불과 참된 영광 예수님은 자기를 증언하시는 이가 따로 있다고 말씀하신 후(5:32) "너희가 요한에게 사람을 보내매 요한이 진리에 대하여 증언하였느니라"(33절)라고 말씀하심으로써 세례 요한의 증언을 시작으로 해서 아버지께서 자기를 증언하신다는 단언(37절)으로 나아가신다. 여기에서 '너희가 요한에게 사람을 보냈다'고 하신 것은 1:19-28에서 바리새인들이 보낸 사람들이 세례 요한을 만나 동태를 살핀 것을 가리키는 것으로 보인다. 세례 요한이 증언한 진리들은 예수님은 성령으로 세례를 베푸시는 분이시라는 것(1:33), 아버지께서 예수님을 보내셨다는 것, 예수님을 보내신 이를 믿는 자는 심판에 이르지 않는다는 것이었다(5:24).

예수님은 왜 세례 요한의 증언을 제시하시는지 이유를 설명해 주신다. "나는 사람에게서 증언을 취하지 아니하노라 다만 이 말을 하는 것은 너희로 구원을 받게 하려 함이니라"(34절). 육신이 된 말씀이신 예수님은 세례 요한의 증언을 필요로 하지 않으셨다. 지금 예수님은 사람의 증언이 아니라 아버지 하나님으로부터 오는 증언을 향해 나아가고 계시고, 36-37절에서 그 증언에 대해 설명하실 것이었다. 그러나 여기에서 예수님은 자신의 말을 믿지 않는 자들을 설득하고자 하셨고, 그래서 세례 요한의 증언을 제시하신다.

예수님은 35절에서 세례 요한의 역할에 대해 말씀하신다. "요한은 켜서 비추이는 등불이라 너희가 한때 그 빛에 즐거이 있기를 원하였거니와." 세례 요한은 빛이 아니었고 빛을 증언하는 자였다(1:7-8). "켜서 비추이는 등불"(5:35) 역할을 했던 세례 요한을 통해 온 빛은 "참빛"(1:9)이자 "세상의 빛"(8:12)이신 예수님을 가리키는 것이다. 예수님은 대적들이 잠시 동안 세례 요한의 빛을 즐거워했다고 지적하신다.

세례 요한의 빛은 그리스도의 빛나는 영광을 가리키는 것이었다. 예수님은 앞에서 "나는 사람에게서 증언을 취하지 아니하노라"(5:34)라고 말씀하셨듯이 여기에서는 "나는 사람에게서 영광을 취하지 아니하노라"(41절)라고 말씀하신다. 세례 요한의 증언이 있어서 예수님이 참되신 것도 아니고 세례 요한의 등불에서 나온 빛이 있어서 예수님에게 영광이 있는 것도 아니다. 예수님은 그 자체로 참되시다. 예수님은 그 자체로 영광을 지니셨다.

다음으로 예수님은 자신의 대적들이 자신의 증언을 거부하고 믿지 않는 이유를 말씀하신다. “다만 하나님을 사랑하는 것이 너희 속에 없음을 알았노라”(42절). 하나님을 사랑하는 자들은 단지 세례 요한의 등불을 잠시 즐거워하는 것에서 그치지 않고, 그 등불이 가리키는 예수님에게로 나아오게 된다(참고. 1:35-37). 하나님을 사랑하는 자들은 하나님이 보내신 자를 죽이려고 하는 것이 아니라 도리어 사랑할 것이다(참고. 5:18).

예수님은 “나는 내 아버지의 이름으로 왔으매 너희가 영접하지 아니하나 만일 다른 사람이 자기 이름으로 오면 영접하리라”(43절)라고 하시면서 이것이 대적들이 하나님을 사랑하지 않는다는 증거라고 말씀하신다. 예수님은 그들을 가리켜 누군가 그들을 옳다고 전제하고 높이는 말을 할 때만 그 말을 믿는 자들이라고 말씀하신 것으로 보인다. 예수님은 아버지 하나님이 옳으시다는 것을 전제하고 아버지 하나님을 높이는 말씀을 해오셨다. 아버지께서 예수님을 보내셨고, 예수님은 아버지 하나님 대신 오셨지만, 그들은 예수님을 영접하지 않았다. 예수님이 하나님으로부터 오셨는데도 대적들이 그분을 영접하지 않는다는 것은 그들이 하나님의 말씀보다 사람의 말을 더 높인다는 것을 보여주는 증거다.

그런 후에 예수님은 “너희가 서로 영광을 취하고 유일하신 하나님께로부터 오는 영광은 구하지 아니하니 어찌 나를 믿을 수 있느냐”(44절)고 반문하신다. 사람의 가치 체계를 반영한 견해를 높이는 자들은 ‘누군가 사람들이 알 수 없는 것들을 말할 때 그 말을 믿을 수 없게 될 것이다’. 성경의 가르침 중에서 아주 많은 것들은 오직 믿음(상투적인 의미에서의 믿음이 아니라 진정한 의미에서의 믿음)으로만 받아들일 수 있다. 예수님이 이 장에서 말씀하시는 것들을 받아들이는 자들은 그들이 볼 수 없는 아버지 하나님이 자기를 보내셨다고 하는 예수님의 말씀을 받아들여서 그분을 믿게 된다. 예수님은 다른 사람들로부터 영광을 받는 것에 일차적인 관심이 있는 자들은 자기를 믿을 수 없다고 말씀하신다.

아버지 하나님이 예수님을 보내셨고, 예수님이 진정 성자 하나님이라는 것을 믿으려면 "유일하신 하나님께로부터 오는 영광"을 구해야 한다(44절). 다시 말하면, 사람들 가운데서 받는 영광이 아니라 하나님이 주시는 영광에 더 관심을 가져야 한다는 것이다. 사람들로부터 오는 영광은 일시적이지만 하나님으로부터 오는 영광은 영원하다. 사람들로부터 오는 영광은 잘못된 생각에 기반을 두고 아무런 근거가 없거나 과분하게 주어진 것들이므로 거짓된 영광이다. 반면, 하나님으로부터 오는 영광은 참되다. 하나님은 결코 잘못 생각하지 않으시고, 결코 실수하시는 법이 없으시며, 결코 거짓되거나 잘못된 생각이나 판단을 따라 행하지 않으시기 때문이다. 하나님이 하시는 모든 것은 경외심을 불러일으킨다. 하나님으로부터 오는 영광은 사람들로부터 오는 영광보다 가치가 무한하다.

5:36-37a, 39-40 | 아버지, 이적들, 성경이 증언함 앞에서 예수님은 자기를 증언해 주시는 분이 따로 있다고 말씀하시면서(32절) 먼저 세례 요한의 증언을 언급하셨다(33-35절). 이제 예수님은 "내게는 요한의 증거보다 더 큰 증거가 있으니"(36절a)라고 선언하신다. 이는 예수님이 32절에서 말씀하신 것은 세례 요한의 증거가 아니었음을 보여준다. 계속해서 예수님은 "아버지께서 내게 주사 이루게 하시는 역사 곧 내가 하는 그 역사가 아버지께서 나를 보내신 것을 나를 위하여 증언하는 것이요"(36절b)라고 말씀하신다. 이 말씀은 이 장의 초반부에 벌어졌던 논쟁이 지금까지 이어지고 있음을 보여준다. 예수님은 아버지께서 자기를 보내셨다는 것을 믿는 자는 구원을 얻으리라 하신 말씀(24절)이 참되다는 것을 논증하고 계신다.

36절에서 예수님은 38년 된 병자를 고친 것(1-9절)은 자기가 하는 일이 선함을 증명해 준다고 설명하신다. 그리고 그 일은 그분이 하나님으로부터 왔고 하나님이 보내셨으며, 하나님의 능력이 역사하고 있음을 대적들에게 증명하는 것일 수밖에 없다. 예수님이 하시는 일들은 하나님이 그를 보내셨음을 보여준다(36절; 참고. 24절).

아버지께서 예수님을 증언하시는 것처럼 예수님이 하시는 일도 그분을 증언한다. 계속해서 예수님은 말씀하신다. "또한 나를 보내신 아버지께서 친히 나를 위하여 증언하셨느니라"(37절a). 세례 요한은 1:32-33에서 성령이 내려와 머무는 이는 성령으로 세례를 베풀게 될 분이라는 것을 자기를 보내어 세례를 베풀게 하신 분이 알려주셨다고 증언했다. 아버지께서는 이것들을 세례 요한에게 알려주시고 성령을 예수님에게 보내심으로써 예수님에 대해 증언하셨다.

아버지께서는 성령을 보내셔서 예수님 위에 머물게 하심으로써 그를 증언하셨고, 또한 그리스도 안에서 성취될 성경을 토대로 한 성령의 감동으로 예수님을 증언하셨다. 예수님은 "너희가 성경에서 영생을 얻는 줄 생각하고 성경을 연구하거니와 이 성경이 곧 내게 대하여 증언하는 것이니라 그러나 너희가 영생을 얻기 위하여 내게 오기를 원하지 아니하는도다"(5:39-40)라고 말씀하신다. 유대인들은 성경을 연구하긴 했지만, 여자와 아브라함과 유다와 다윗의 자손이 구원을 이룰 것이라는 하나님의 증언을 도외시했다. 그들은 성경에서 영생을 구하긴 했지만, 성경이 예수님을 증언하고 있다는 것과 아버지께서 보내신 이를 믿을 때만 그들이 구하는 영생을 얻을 수 있다는 것을 깨닫지 못했다(참고. 행 13:27).

예수님의 대적들은 성경, 즉 구약성경에 소망을 두었다(요 5:39, 45). 하지만 하나님이 여자의 후손을 일으키셔서 용으로 표현된 사탄을 죽이고 자신의 신부를 구하실 것이며, 자신의 영광을 위해 뱀을 심판하시며 뱀의 머리를 부수고 자기 백성을 구원하신다는 것이 성경의 핵심 내용임을 알지 못했다. 예수님은 바로 그러한 성경의 핵심을 성취하실 분이다. 예수님의 대적들은 그것을 알지 못했다.

5:37b-38 | 하나님을 앎 37절의 끝부분에서 예수님은 대적들의 문제점을 콕 집어 말씀해 주시는데, 이 말씀은 38절까지 이어진다. 이 말씀은 5:31-47의 교차대구 구조에서 중앙에 자리 잡고 있다. 예수님이 여기에서 하시는 말씀은 많은 것들을 설명해 준다. 왜 그의 대적들은 그가 안식일에 병자를 고치신 것에 대해 부정적인 반응을 보이는 것일까? 왜 그들은 아버

지께서 계속해서 일하고 계시기 때문에 자기도 안식일에 일하는 것이라고 하신 그의 논증을 거부하는 것인가? 왜 그들은 자기는 오직 아버지께서 행하시는 것만을 행하는 것일 뿐이라고 하시는 그분의 설명을 거부하는 것일까? 왜 그들은 세례 요한과 이적들과 아버지 하나님과 성경의 증언을 거부하는 것인가? 궁극적으로 보았을 때 예수님이 37-38절에서 하신 말씀은 대적들이 나중에 그분을 십자가에 못 박은 이유가 무엇인지 설명해 준다.

예수님은 37절의 처음 부분에서 아버지께서 그를 증언하셨다고 말씀하셨는데, 여기에서는 계속해서 "너희는 아무 때에도 그 음성을 듣지 못하였고 그 형상을 보지 못하였으며 그 말씀이 너희 속에 거하지 아니하니 이는 그가 보내신 이를 믿지 아니함이라"(37b-38절)라고 말씀하신다. 예수님이 37절의 끝부분과 38절의 처음 부분에서 하신 말씀은 신명기 4:12을 상기시킨다. "여호와께서 불길 중에서 너희에게 말씀하시되 음성뿐이므로 너희가 그 말소리만 듣고 형상은 보지 못하였느니라." 모세가 설명한 일을 경험한 사람들은 하나님이 시내산에서 십계명을 주실 때 그 음성을 들었지만, 예수님의 대적들은 하나님의 형상을 보지 못했을 뿐만 아니라 하나님의 음성도 듣지 못하였다.

만약 그들이 성경에서 하나님의 음성을 들었더라면 예수님을 보내신 분을 믿었을 것이다(참고. 요 5:38-39, 45-46). 만약 그들이 예수님의 진면목을 보았더라면 하나님의 형상과 모양을 보았을 것이다(참고. 14:9; 골 1:15). 만약 그들이 예수님을 믿었더라면 그들은 예수님의 말씀 안에 거했을 것이고, 하나님의 말씀이신 예수님이 그들 안에 거하셨을 것이다(요 15:4-7).

하지만 예수님의 대적들은 예수님을 믿지 않았다. 그래서 그들은 하나님의 음성을 들을 수 없었다. 왜냐하면 예수님이 말씀하시는 것은 하나님이 말씀하시는 것이기 때문이다. 그들은 하나님의 형상을 볼 수 없었다. 왜냐하면 예수님은 보이지 않는 하나님의 형상이기 때문이다. 그들에게는 하나님의 말씀이 없었다. 왜냐하면 기록된 말씀인 성경과 살아 계신 말씀이신 그리스도가 그들 안에 거하지 않기 때문이다.

응답

예수님의 증언은 참되고, 모세의 고발은 무시무시하다. 우리는 예수님을 믿어야 하고, 모세가 쓴 것들이 예수님 안에서 성취되었다는 것을 믿어야 한다. 예수님은 구약성경에 대한 권위 있는 해석을 우리에게 주셨다. 구약성경에 대한 예수님의 해석을 거부하는 것은 부도덕하고 패역한 행위다. 진리가 점점 더 상대화되고, 사람들은 어떤 해석이 옳다거나 틀렸다고 말하기를 주저하는 시대 속에서 예수님은 구약성경에 대한 해석을 제시하고서는 자신의 해석이 참되고 바른 해석이기 때문에 자신의 해석에 반대하는 것은 지독한 패역이라고 선언하신다.

예수님의 대적들은 사람들이 그들을 높이는 말을 할 때에는 받아들이지만, 아버지 하나님의 이름으로 오신 분을 배척했다. 거기에 대해 예수님은 그들이 하나님보다 사람들에게 더 신경을 쓰고 있다고 말씀하신다. 그들은 하나님보다 사람들을 더 높이는 자들이다. 어느 쪽의 견해가 우리의 삶을 결정하고 있는가? 다른 사람들의 견해인가? 아니면 하나님의 말씀인가? 우리는 사람을 기쁘게 하는 삶을 살고 있는가, 아니면 하나님을 기쁘시게 해 드리는 삶을 살고 있는가?

아버지 하나님을 알고자 한다면 예수님을 믿어야 하고, 아버지께서 예수님을 보내셨다는 것을 믿어야 한다. 하나님의 음성을 듣고자 하는가? 예수님이 하신 말씀과 성경에 귀를 기울여야 한다. 성경이 말하는 것이 곧 하나님이 말씀하시는 것이다. 믿음이 성장하기 위해서는 다른 사람들의 말이 아니라 하나님의 말씀에 귀 기울여야 한다. 하나님을 보기를 원하는가? 그리스도를 정면으로 바라보아야 한다. 예수님을 본 자는 아버지 하나님을 본 것이다(14:9).

1 그 후에 예수께서 디베랴의 갈릴리 바다 건너편으로 가시매 2 큰 무
리가 따르니 이는 병자들에게 행하시는 표적을 보았음이러라 3 예수
께서 산에 오르사 제자들과 함께 거기 앉으시니 4 마침 유대인의 명절
인 유월절이 가까운지라 5 예수께서 눈을 들어 큰 무리가 자기에게로
오는 것을 보시고 빌립에게 이르시되 우리가 어디서 떡을 사서 이 사
람들을 먹이겠느냐 하시니 6 이렇게 말씀하심은 친히 어떻게 하실지
를 아시고 빌립을 시험하고자 하심이라 7 빌립이 대답하되 각 사람으
로 조금씩 받게 할지라도 이백 데나리온[1]의 떡이 부족하리이다 8 제
자 중 하나 곧 시몬 베드로의 형제 안드레가 예수께 여짜오되 9 여기
한 아이가 있어 보리떡 다섯 개와 물고기 두 마리를 가지고 있나이다
그러나 그것이 이 많은 사람에게 얼마나 되겠사옵나이까 10 예수께서
이르시되 이 사람들로 앉게 하라 하시니 그 곳에 잔디가 많은지라 사
람들이 앉으니 수가 오천 명쯤 되더라 11 예수께서 떡을 가져 축사하
신 후에 앉아 있는 자들에게 나눠 주시고 물고기도 그렇게 그들의 원
대로 주시니라 12 그들이 배부른 후에 예수께서 제자들에게 이르시되
남은 조각을 거두고 버리는 것이 없게 하라 하시므로 13 이에 거두니

보리떡 다섯 개로 먹고 남은 조각이 열두 바구니에 찼더라 14 그 사람
들이 예수께서 행하신 이 표적을 보고 말하되 이는 참으로 세상에 오
실 그 선지자라 하더라

1 After this Jesus went away to the other side of the Sea of Galilee,
which is the Sea of Tiberias. 2 And a large crowd was following him,
because they saw the signs that he was doing on the sick. 3 Jesus went
up on the mountain, and there he sat down with his disciples. 4 Now
the Passover, the feast of the Jews, was at hand. 5 Lifting up his eyes,
then, and seeing that a large crowd was coming toward him, Jesus said
to Philip, "Where are we to buy bread, so that these people may eat?" 6
He said this to test him, for he himself knew what he would do. 7 Philip
answered him, "Two hundred denarii worth of bread would not be
enough for each of them to get a little." 8 One of his disciples, Andrew,
Simon Peter's brother, said to him, 9 "There is a boy here who has five
barley loaves and two fish, but what are they for so many?" 10 Jesus said,
"Have the people sit down." Now there was much grass in the place.
So the men sat down, about five thousand in number. 11 Jesus then took
the loaves, and when he had given thanks, he distributed them to those
who were seated. So also the fish, as much as they wanted. 12 And when
they had eaten their fill, he told his disciples, "Gather up the leftover
fragments, that nothing may be lost." 13 So they gathered them up and
filled twelve baskets with fragments from the five barley loaves left by
those who had eaten. 14 When the people saw the sign that he had done,
they said, "This is indeed the Prophet who is to come into the world!"

15 그러므로 예수께서 그들이 와서 자기를 억지로 붙들어 임금으로
삼으려는 줄 아시고 다시 혼자 산으로 떠나 가시니라

15 Perceiving then that they were about to come and take him by force
to make him king, Jesus withdrew again to the mountain by himself.

16 저물매 제자들이 바다에 내려가서 17 배를 타고 바다를 건너 가버나
움으로 가는데 이미 어두웠고 예수는 아직 그들에게 오시지 아니하셨
더니 18 큰 바람이 불어 파도가 일어나더라 19 제자들이 노를 저어 십
여 리쯤[2] 가다가 예수께서 바다 위로 걸어 배에 가까이 오심을 보고
두려워하거늘 20 이르시되 내니 두려워하지 말라 하신대 21 이에 기뻐
서 배로 영접하니 배는 곧 그들이 가려던 땅에 이르렀더라

16 When evening came, his disciples went down to the sea, 17 got into
a boat, and started across the sea to Capernaum. It was now dark, and
Jesus had not yet come to them. 18 The sea became rough because a
strong wind was blowing. 19 When they had rowed about three or four
miles, they saw Jesus walking on the sea and coming near the boat, and
they were frightened. 20 But he said to them, "It is I; do not be afraid."
21 Then they were glad to take him into the boat, and immediately the
boat was at the land to which they were going.

1 한 데나리온은 품꾼의 하루치 임금이었다.

2 헬라어 본문에서는 "25 또는 30스타디온"(*stadion*, [스다디온])이고, 1스타디온은 대략 185 미터였다.

단락 개관

무리를 먹이시고 물 위로 걸으심

요한은 1:1-18에서 고귀하고 심오하며 명료하고 예리한 말씀으로 복음서를 시작했다. 그런 후 1:19-51에서 예수님의 공생애 가운데 중요한 4일을 묘사했다. 그다음 2-4장에서는 가나에서 출발해 가나로 돌아오신 예수님의 여정을 청중들에게 보여주었다. 예수님이 2:1-12에서 물을 포도주로 변화시키신 혼인 잔치가 출발점이었다. 2:13-15에서는 요한복음에 언급된 최초의 유월절로 우리를 데려가서 예수님이 그의 대적들이 허문 성전을 사흘 동안에 일으키겠다고 말씀하시는 것을 듣게 한다. 예수님은 니고데모에게 그가 거듭나야 한다는 것을 말씀해 주셨고(3:1-21), 그 후 세례 요한은 예수님을 증언했다(3:22-36). 그런 다음에 예수님은 우물에서 사마리아 여자를 만나셨고, 사마리아인들은 예수님을 세상의 구주로 인정했다(4:1-45). 4:46-54에서 가나로 다시 돌아오신 예수님은 왕의 신하의 아들을 멀리서 말씀만으로 고치셨다.

5장의 익명의 절기에 예수님은 38년 된 병자를 고치셨으며(5:1-18), 자기는 아버지 하나님의 일을 하기 위해 아버지의 보내심을 받아 죽은 자들을 살리고 심판을 집행할 것이라고 말씀하셨다(5:19-30). 예수님은 자기에 대한 고발을 예상하시고, 5:31-47에서 자기를 증언해 주는 증인들이 있으니 세례 요한과 이적들과 아버지 하나님과 성경과 모세가 모두 자기를 증언한다고 설명하셨다.

이제 6장의 배경은 유월절이고, 요한의 이야기를 이해하기 위해서는 유월절이 무엇을 기념하는 절기였는지 알아야 한다. 하나님이 출애굽을 통해 이스라엘을 구원하셨을 때 이스라엘 백성들은 홍해의 물을 마른 땅처럼 건넜고, 광야에서는 하늘에서 내리는 만나를 먹었다. 그런 후에 모세가 홀로 시내산에 올랐다. 이스라엘이 이방 땅으로 가서 포로생활을 하게 되었을 때 구약의 선지자들은 하나님이 옛적에 애굽에서 그들을 구원하셨듯이 그들을 포로생활로부터 구원하실 것이라고 알렸다. 이 선지자들은 장차 하나님이 새로운 출애굽을 통해, 그리고 그들이 물 가운데 지날 때 그들과 함께하심으로써 자기 백성을 구원하실 것이라고 예언했다(예컨대, 사 11:15; 43:2).

요한복음 6장에서 복음서 기자는 예수님이 이스라엘의 역사를 재현하고 계심을 보여준다. 여호와가 출애굽 후 이스라엘에게 만나를 공급해 주셨듯이 예수님은 유월절 절기에 오천 명을 먹이신 후 하늘로부터 주어진 만나에 대해 말씀하신다. 여호와가 이스라엘을 이끄셔서 홍해를 마른 땅처럼 건너게 하셨듯이 예수님은 바다 위를 마른 땅처럼 걸어가신다. 사람들은 예수님이 하나님께서 약속하신 모세 같은 선지자임을 알아차리고(요 6:14; 참고. 신 18:15, 18), 예수님을 임금으로 삼으려 한다(요 6:15). 그러자 모세가 홀로 시내산에 올라가셨던 것처럼 예수님도 홀로 산으로 물러가신다(15절).

이 모든 것은 예수님이 새로운 모세이자 모세보다 더 나은 분이고, 하나님이 약속하신 선지자요, 이스라엘이 대망해 왔던 왕임을 보여준다. 예수님은 구약의 선지자들이 예언했던 새로운 출애굽과 포로생활에서 귀환을 이루실 분이다. 예수님은 하나님의 구원 계획을 이루실 것이다. 예수님은 자기 백성을 이끌어 내셔서 물과 광야를 건너게 하시고, 그들에게 생명의 떡을 주실 것이다.

단락 개요

Ⅳ. B. 유월절에 무리를 먹이시고 물 위로 걸으시고 만나를 주심 (6:1-71)

1. 무리를 먹이시고 물 위로 걸으심(6:1-21)

a. 오천 명을 먹이심(6:1-15)

(1) 관련된 시간, 장소, 사람들(6:1-4)

(2) 사람들은 많은데 양식이나 돈이 없음(6:5-7)

(3) 오병이어(6:8-9)

(4) 오천 명을 먹이심(6:10-11)

(5) 남은 조각이 열두 바구니에 참(6:12-13)

(6) 선지자와 왕(6:14-15)

b. 물 위로 걸으심(6:16-21)

(1) 관련된 시간, 장소, 사람들(6:16-18)

(2) 물 위로 걸으심(6:19-21)

주석

6:1-15 | 오천 명을 먹이심 요한복음의 다른 곳에서 이미 보았듯이 여기서는 새로운 단락으로 전환한다는 것을 보여주는 표시로 새로운 시간과 장소와 사람들을 제시한다. 시간은 "그 후에"(1절), "유월절이 가까운지라"(4절), 장소는 "디베랴의 갈릴리 바다 건너편"(1절), "산에"(3절), 사람들은 "예수께서"(1절), "큰 무리"(2절), "제자들"(3절)이다.

5장에서 예수님은 예루살렘에서 대적들과 변론하셨고, 예수님의 제자들은 4:33에 마지막으로 언급되었다. 이제 6장에서 예수님은 제자들과 큰 무리와 함께 갈릴리로 건너가신다.

큰 무리로 인해 한 가지 문제점이 발생하고, 이것은 예수님이 해결해야 할 문제점이자 예수님 자신이 짊어지셔야 할 문제점이었다. "예수께서 눈을 들어 큰 무리가 자기에게로 오는 것을 보시고 빌립에게 이르시되 우리가 어디서 떡을 사서 이 사람들을 먹이겠느냐 하시니"(5절).

예수님은 왜 이 사람들을 먹이는 것이 본인의 책임이라 생각하셨는지 의문을 가질 수도 있을 것이다. 예수님은 그들을 초대하지 않으셨고, 무리를 모으려고 하시지도 않았기 때문이다. 하지만 이스라엘 백성들이 이스라엘의 왕에게로 모여들었고, 예수님은 자기가 그들의 목자라는 것을 증명하셨다(참고. 막 6:34). 예수님이 이 사람들을 책임지고자 하신 것은 그분이 선하시고 그들을 사랑하셨으며, 섬김을 받기 위해서가 아니라 섬기기 위해 오셨기 때문이었다. 모여든 무리가 아무리 많아도 예수님이 그들을 먹이시는 데는 아무런 문제가 없다.

요한은 자신의 청중에게 은밀하게 귀띔해 준다. "이렇게 말씀하심은 친히 어떻게 하실지를 아시고 빌립을 시험하고자 하심이라"(요 6:6). 우리는 이 사실에 비추어서 예수님이 빌립에게 하신 질문을 잘 생각해 보아야 한다. 예수님이 빌립에게 어떤 대답을 바라신 것이라면 그것은 무엇이었을까?

예수님은 여기에서 빌립에게 여호와가 광야에서 자기 백성을 먹이시기 위해 어떻게 하셨는지를 생각해 보라고 하신 것으로 보인다(참고. 시 78:19). 만일 빌립이 자기는 이 사람들을 어떻게 먹여야 할지 모르지만, 하나님은 출애굽 때 광야에서 자기 백성을 먹이셨던 것처럼 지금도 그렇게 하실 수 있다고 대답했다면 예수님은 몹시 기뻐하셨을 것 같다. 하지만 빌립은 "각 사람으로 조금씩 받게 할지라도 이백 데나리온의 떡이 부족하리이다"(요 6:7)라고 대답했다. 거기에 모인 사람들은 큰 무리였기 때문에 지금 그들이 가진 것으로 모두를 먹이기에는 역부족이었다.

또 다른 제자인 안드레는 예수님에게 와서 "여기 한 아이가 있어 보리떡 다섯 개와 물고기 두 마리를 가지고 있나이다 그러나 그것이 이 많은 사람에게 얼마나 되겠사옵나이까"(9절)라고 보고한다. 빌립과 안드레가 한 말은 이 상황에서 어쩔 도리가 없다는 절망감을 표현하는 것으로 보인다. 안드레는 한편으로는 문제를 해결하기 위해 어떻게든 도우려고 애써보기는 하지만, 다른 한편으로는 그런 얼마 안 되는 음식으로 이 많은 사람들을 도저히 먹일 수 없다는 것을 분명히 알고 있었다.

제자들의 반응을 보신 후 예수님은 오천 명이나 되는 사람들을 자리에 앉히라고 지시하신다(10절; 참고. 마 14:21). 요한이 예수님의 그다음 행동을 묘사하는 방식을 보면 나중에 예수님이 최후의 만찬에서 떡을 떼시고 하나님께 감사하는 말씀을 하시는 것을 자신의 청중으로 하여금 떠올리게 할 의도가 있는 것으로 보인다. "예수께서 떡을 가져 축사하신 후에 앉아 있는 자들에게 나눠 주시고"(요 6:11). "축사하신 후에"라는 어구는 마태복음, 마가복음, 누가복음에서 성찬을 제정하시는 장면에서도 발견되고, 고린도전서 11:24에서 바울이 성찬에 대해 설명할 때도 나온다. 또한 요한복음 6:53에서 예수님은 자신의 살을 먹고 자신의 피를 마시는 자들에 대해 언급하신다. 요한은 청중이 예수께서 오천 명을 먹이신 사건과 그분이 성찬에서 자기를 믿는 모든 자들에게 주시는 것을 서로 연결시키도록 의도한 것으로 보인다.

예수님이 떡과 물고기를 어떻게 나눠주시는지 주목해 보라. 예수님은 사람들에게 "그들의 원대로" 주신다(11절). 자신에게 꼭 필요한 것들을 얻기 위해 하나님께로 가는 자들은 하나님이 인색하신 분이 아니라는 것을 발견할 것이다. 하나님은 우리가 필요해서 원하는 대로 우리에게 주실 것이다. 이것은 우리가 죄악 된 욕망을 따라 갖고 싶어 하는 모든 것을 얻게 될 것임을 의미하지 않고, 하나님이 자기 백성에게 꼭 필요한 것들을 충족시켜 주실 것을 의미한다. 그리스도께서는 자기 백성에게 필요한 것들을 언제나 영원히 차고 넘치도록 공급해 주신다.

엘리사가 사람들의 수에 비해 너무나 적은 떡을 가지고 많은 사람들을 먹이고도 남았던 것처럼(왕하 4:42-44) 여기에서도 우리는 예수님이 많은 사람들에게 차고 넘치게 공급해 주시는 것을 본다(요 6:12-13). 많은 사람들이 그렇게 배불리 먹고 남은 것이 "열두 바구니"에 찼다는 것은 열두 지파 및 열두 사도와 연결된다. 예수님은 자기 백성 모두가 필요로 하는 것들을 공급해 주실 것이다.

14절에 언급된 이 표적에 대한 사람들의 반응은 예수님이 신명기 18:15-18에서 예언한 모세 같은 선지자라는 것을 사람들이 확신했음을 보여준다. 그들은 모세의 인도를 받을 때 하늘로부터 주어진 만나와 예수님의 손에서 끝없이 나온 떡 사이에 서로 공통점이 있음을 알아차렸다. 그들의 반응이 이 사실을 보여준다. 그들은 예수님의 모습 속에서 모세 같은 선지자를 보았다. 이를 알아차리신 예수님은 "그들이 와서 자기를 억지로 붙들어 임금으로 삼으려는 줄 아[셨다]"(요 6:15). 무리는 예수님이 신명기 18:15-18의 예언을 성취하신 것이라 결론을 내렸고, 예수님은 무리가 곧 자기를 다윗 가문에서 나실 왕으로 생각하게 될 것임을 아셨다. 다윗은 모세처럼 목자였다. 다윗은 모세처럼 선지자였다. 따라서 무리는 모세 같은 선지자가 바로 다윗 같은 왕이기도 하다는 사실을 알아차릴 것이다.

예수님은 무리의 의도를 간파하시고 "다시 혼자 산으로 떠나 가[셨다]"(요 6:15). 모세는 시내산으로 올라가서 혼자 그 산에서 하나님과 함께 사십 주야를 머물러 있었다(출 24:18). 예수님은 모세처럼 혼자 산으로 물러가셨다.

예수님은 모세 같은 선지자이다. 예수님은 다윗의 자손이다. 그 사실을 어떻게 알 수 있을까? 예수님은 많은 무리를 먹이신 분이고 병자들을 고치신 분이며, 세상의 구주요, 성령을 통해 거듭나게 하시는 분이며, 유대인들이 허문 성전을 일으켜 세우시는 분이고, 물을 포도주로 변화시킨 분이며, 파도를 밟고 물 위로 걸으신 분이다.

6:16-21 | 물 위로 걸으심 요한복음 6:16-18에서 요한은 또다시 새로운 시간과 장소와 사람들에 관해 말해 준다. 시간은 "저물매"(16절), "이미 어두웠고"(17절), 장소는 "바다에"(16절), "바다를 건너 가버나움으로 가는데"(17절), "큰 바람이 불어 파도가 일어나더라"(18절), 사람들은 "제자들"(16절), "예수는 아직 그들에게 오시지 아니하셨더니"(17절)다. 이러한 세부적 보도는 예수님이 다음에 행하실 일을 위한 무대를 마련해 준다.

갈릴리 바다는 가장 넓은 곳이 10킬로미터쯤 되었기 때문에 "제자들이 노를 저어 십여 리쯤"(19절), 즉 5킬로미터쯤 왔다면 그들은 이 바다의 한가운데 있었다. 그 지점에서 제자들은 "예수께서 바다 위로 걸어 배에 가까이 오심을 보고 두려워[했다]"(19절). 제자들이 무서워한 것은 당연하다! 욥기 9:8에서는 "그[하나님]가 홀로 하늘을 펴시며 바다 물결을 밟으시며"라고 말한다. 누가 바다 물결을 밟으며 물 위로 걸어올 수 있단 말인가? 물은 죽을 수밖에 없는 존재인 인간의 무게를 감당할 수 없기 때문에 우리가 물 위로 한 걸음을 떼어놓는 순간 갈라져 버린다. 결국 우리는 가라앉는다. 그런데 예수님은 그렇지 않았다.

예수님은 대경실색하여 두려워하는 제자들을 향해서 "내니 두려워하지 말라"(요 6:20)고 말씀하셨다. "내니"로 번역된 어구는 "스스로 계시는 분"('에고 에이미')으로 번역할 수도 있다. 예수님은 스스로 계시는 분이다. 예수님은 하나님으로 소개되었고(1:1), 자기는 하나님과 동등하다고 단언하셨다(5:17; 참고. 5:18). 예수님은 물 위로 걸으셨는데, 이는 오직 하나님만이 하실 수 있는 일이다(6:19). 그런 후 하나님 자신의 언약상 이름을 자신의 정체성을 나타내는 수단으로 사용하심으로써 자기가 여호와, 즉 불붙은 가시덤불 속에서 모세에게 나타나셨던 바로 그 여호와라고 선언하신다(참고. 막 6:48; 출 34:6).

예수님은 모세 같은 선지자다(요 6:14). 예수님은 다윗의 자손이다(15절). 그리고 예수님은 성육신하신 여호와다(20절). 예수님은 유월절이 다가오는 어느 날 광야에서 오천 명을 먹이심으로, 여호와가 출애굽 후 광야에서 이스라엘 백성을 먹이신 모형적인 사건을 성취하셨다. 예수님은 모세처럼 혼자 산으로 가셨다. 그리고 이스라엘이 홍해를 마른 땅처럼 건넌 것과 같이 예수님은 갈릴리의 바다 물결을 견고한 땅처럼 밟으시고 물 위를 걸어 바다 한가운데 있던 제자들에게로 오셨다.

시편 107:25-30은 바다에 광풍이 일어나면(25절) 하나님의 백성이 여호와의 이름을 부르고(28절), 여호와는 그 광풍을 고요하게 하신 후(29절) "그들이 평온함으로 말미암아[즉 바다 물결이 잔잔함으로 말미암아] 기뻐하는 중에 여호와께서 그들이 바라는 항구로 인도하시는도다"(30절)라고 말한다. 마찬가지로 요한복음 6장은 바다에 강풍이 불고 나서 제자들이 "이에 기뻐서 [예수님을] 배로 영접하니 배는 곧 그들이 가려던 땅에 이르렀더라"(21절)라고 말한다. 예수님은 바다 한가운데에서 그들의 목적지까지 그들을 "그들이 바라는 항구"로 인도하셨다.

응답

우리는 하나님이 오늘 우리에게 필요한 것들을 어떤 식으로 충족시켜 주실지 모를 수도 있겠지만, 하나님은 자기 백성을 애굽에서 이끌어내신 후 그들에게 필요한 것들을 충분히 주셨다. 또 예수님도 많은 무리를 먹이셨을 때 자기 백성의 필요를 충족시키셨다. 우리는 하나님이 우리에게 가장 좋은 것을 주셔서 우리의 그 어떤 필요도 채우실 것임을 믿을 수 있다.

예수님이 오천 명을 먹이셨던 때의 상황을 생각해 보라. 그곳에 있는 것들로 필요를 채우기는 불가능했다. 제자들의 돈주머니에 들어 있던 돈은 필요한 것들을 해결하기에 턱없이 부족했다. 예수님이 계시는 곳에서 돈은 해결책이 아니고, 인간적인 혁신도 해결책이 아니다. 제자들의 리더십과 창의력이 필요한 것도 아니었다. 오직 예수님만이 상황을 해결하실 수 있고, 우리에게는 상황을 해결할 힘이 없다. 이것이 핵심이다. 예수님은 오병이어로 오천 명분의 양식을 만드실 수 있고, 우리의 보잘것없는 것을 사용하셔서 우리의 필요를 차고 넘치게 충족시켜 주실 수 있다.

하나님의 약속은 예수님 안에서 '예'와 '아멘'이 된다. 구약의 모형은 예수님 안에서 성취된다. 구약의 예언은 예수님 안에서 실현된다. 구약의 소망은 예수님 안에서 현실이 된다. 옛적의 열망은 예수님 안에서 마침내 만족을 얻는다. 새로운 모세, 새로운 다윗, 선지자, 제사장, 왕, 물 위로 걷는 분, 성육신한 말씀이신 예수님이 오셨다. 이사야의 예언은 정확했다.

네가 물 가운데로 지날 때에
내가 너와 함께할 것이라
강을 건널 때에

물이 너를 침몰하지 못할 것이며
네가 불 가운데로 지날 때에
타지도 아니할 것이요
불꽃이 너를 사르지도 못하리니
대저 나는 여호와 네 하나님이요
이스라엘의 거룩한 이요
네 구원자임이라(사 43:2-3a).

22 이튿날 바다 건너편에 서 있던 무리가 배 한 척 외에 다른 배가 거
기 없는 것과 또 어제 예수께서 제자들과 함께 그 배에 오르지 아니하
시고 제자들만 가는 것을 보았더니 23 (그러나 디베랴에서 배들이 주
께서 축사하신 후 여럿이 떡 먹던 그 곳에 가까이 왔더라) 24 무리가
거기에 예수도 안 계시고 제자들도 없음을 보고 곧 배들을 타고 예수
를 찾으러 가버나움으로 가서

22 On the next day the crowd that remained on the other side of the
sea saw that there had been only one boat there, and that Jesus had not
entered the boat with his disciples, but that his disciples had gone away
alone. 23 Other boats from Tiberias came near the place where they had
eaten the bread after the Lord had given thanks. 24 So when the crowd
saw that Jesus was not there, nor his disciples, they themselves got into
the boats and went to Capernaum, seeking Jesus.

25 바다 건너편에서 만나 랍비여 언제 여기 오셨나이까 하니 26 예수께
서 대답하여 이르시되 내가 진실로 진실로 너희에게 이르노니 너희가

나를 찾는 것은 표적을 본 까닭이 아니요 떡을 먹고 배부른 까닭이로
다 27 썩을 양식을 위하여 일하지 말고 영생하도록 있는 양식을 위하
여 하라 이 양식은 인자가 너희에게 주리니 인자는 아버지 하나님께
서 인치신 자니라 28 그들이 묻되 우리가 어떻게 하여야 하나님의 일
을 하오리이까 29 예수께서 대답하여 이르시되 하나님께서 보내신 이
를 믿는 것이 하나님의 일이니라 하시니 30 그들이 묻되 그러면 우리
가 보고 당신을 믿도록 행하시는 표적이 무엇이니이까, 하시는 일이
무엇이니이까 31 기록된 바 하늘에서 그들에게 떡을 주어 먹게 하였다
함과 같이 우리 조상들은 광야에서 만나를 먹었나이다 32 예수께서 이
르시되 내가 진실로 진실로 너희에게 이르노니 모세가 너희에게 하늘
로부터 떡을 준 것이 아니라 내 아버지께서 너희에게 하늘로부터 참
떡을 주시나니 33 하나님의 떡은 하늘에서 내려 세상에 생명을 주는
것이니라 34 그들이 이르되 주여 이 떡을 항상 우리에게 주소서
25 When they found him on the other side of the sea, they said to him,
"Rabbi, when did you come here?" 26 Jesus answered them, "Truly,
truly, I say to you, you are seeking me, not because you saw signs, but
because you ate your fill of the loaves. 27 Do not work for the food that
perishes, but for the food that endures to eternal life, which the Son
of Man will give to you. For on him God the Father has set his seal."
28 Then they said to him, "What must we do, to be doing the works
of God?" 29 Jesus answered them, "This is the work of God, that you
believe in him whom he has sent." 30 So they said to him, "Then what
sign do you do, that we may see and believe you? What work do you
perform? 31 Our fathers ate the manna in the wilderness; as it is written,
'He gave them bread from heaven to eat.'" 32 Jesus then said to them,
"Truly, truly, I say to you, it was not Moses who gave you the bread
from heaven, but my Father gives you the true bread from heaven.

33 For the bread of God is he who comes down from heaven and gives
life to the world.” 34 They said to him, “Sir, give us this bread always.”

35 예수께서 이르시되 나는 생명의 떡이니 내게 오는 자는 결코 주리
지 아니할 터이요 나를 믿는 자는 영원히 목마르지 아니하리라 36 그
러나 내가 너희에게 이르기를 너희는 나를 보고도 믿지 아니하는도다
하였느니라 37 아버지께서 내게 주시는 자는 다 내게로 올 것이요 내
게 오는 자는 내가 결코 내쫓지 아니하리라 38 내가 하늘에서 내려온
것은 내 뜻을 행하려 함이 아니요 나를 보내신 이의 뜻을 행하려 함이
니라 39 나를 보내신 이의 뜻은 내게 주신 자 중에 내가 하나도 잃어버
리지 아니하고 마지막 날에 다시 살리는 이것이니라 40 내 아버지의
뜻은 아들을 보고 믿는 자마다 영생을 얻는 이것이니 마지막 날에 내
가 이를 다시 살리리라 하시니라
35 Jesus said to them, “I am the bread of life; whoever comes to me
shall not hunger, and whoever believes in me shall never thirst. 36 But
I said to you that you have seen me and yet do not believe. 37 All that
the Father gives me will come to me, and whoever comes to me I will
never cast out. 38 For I have come down from heaven, not to do my own
will but the will of him who sent me. 39 And this is the will of him who
sent me, that I should lose nothing of all that he has given me, but raise
it up on the last day. 40 For this is the will of my Father, that everyone
who looks on the Son and believes in him should have eternal life, and
I will raise him up on the last day.”

단락 개관

생명의 떡

요한복음 6:1-21에서 예수님은 오천 명을 먹이는 이적을 행하셔서 무리가 예수님이 구약성경에서 예언한 모세 같은 선지자라는 것을 깨닫게 하셨다(14절). 그리고 예수님은 그들이 "그 선지자"에 대한 약속(참고. 1:21)을 다윗 가문에서 나올 왕에 관한 약속과 연결시켜서 자기를 임금으로 삼으려 할 것을 아셨다(6:15a). 그래서 모세가 혼자 산에 올랐던 것처럼 예수님도 혼자 산으로 가셨다(15절b). 또한 모세가 이스라엘을 이끌고 홍해를 마른 땅처럼 건넜던 것과 같이 예수님도 갈릴리 바다 위를 마른 땅처럼 걸으셨다(16-21절).

이튿날 무리는 예수님을 찾다가 회당에서 발견하고(59절) 다시 모여들었다(22절). 그러자 예수님은 육신의 목숨을 유지시켜 주는 양식에서 영생을 주는 양식으로 그들의 주의를 돌리려고 하신다. 이 단락에서 요한은 청중들에게 육신적 필요에 정신이 팔려 하나님이 자기 백성을 구원하시고 자기의 계획을 이루시기 위해 세상에서 행하는 것들을 보지 못해서는 안 된다고 가르친다.

단락 개요

Ⅳ. B. 2. 생명의 떡(6:22-40)

a. 관련된 시간, 장소, 사람들(6:22-24)

b. 너희가 떡은 먹었지만 표적을 보지는 못했다(6:25-29)

c. 생명의 떡(6:30-35)

d. 아버지의 뜻(6:36-40)

주석

6:22-24 | 관련된 시간, 장소, 사람들 우리가 요한복음에서 지금까지 반복적으로 지켜보았듯이 전환구의 특징은 새롭게 관련된 시간, 장소, 사람들에 관한 서술이 나온다는 것이다. 16-21절에서 제자들과 함께 갈릴리 바다를 건너 가버나움으로 오신 예수님은 오천 명을 먹이신 이적을 경험한 무리에게 또다시 둘러싸이게 된다. 22절은 그들이 예수께서 거기 계시지 않는다는 것을 알았지만, 어제 제자들과 함께 배를 타지도 않으셨다는 것을 어떻게 알게 되었는지 설명한다. 그들은 거기에 예수님이 계시지 않은 것을 알고는 가버나움 쪽에서 온 다른 배들을 타고서 바다를 건너 가버나움으로 간다(23-24절).

6:25-29 | 너희가 떡은 먹었지만 표적을 보지는 못했다 무리는 예수님이 어떻게 바다를 건너셨는지를 알지 못한다. 그들은 예수님이 물 위로 걸으시는 것을 보지 못했기 때문에 예수님을 "바다 건너편에서 만나 랍비여 언제 여기 오셨나이까"(25절)라고 물었다.

예수님은 그 질문에 대답하지 않으시고 그들이 자기를 찾는 동기에 대해 말씀하신다. "내가 진실로 진실로 너희에게 이르노니 너희가 나를 찾는 것은 표적을 본 까닭이 아니요 떡을 먹고 배부른 까닭이로다"(26절). 무리는 '표적을 보았기' 때문에 예수님을 지금까지 따라다닌 것이다(2절). 그러다가 예수님이 오천 명을 먹이시는 이적을 보고는 예수님이 "그 선지자"라는 것을 깨닫고 왕으로 삼으려 했다(14-15절). 어떤 의미에서 그들은 예수님이 행하신 표적을 보았다. 하지만 또 다른 차원에서 그들은 표적이 가리키는 것을 보지 못했기 때문에 실제로 본 것이 아니었다.

예수님은 그들이 이기적이고 세상의 삶에 관심을 갖고 있다는 것을 아셨기 때문에 그들이 자기를 찾는 것은 표적을 보았기 때문이 아니라 떡을 먹고 배부르기 때문이라고 말씀하신다. 그들은 그릇된 필요를 충족시키기 위해 예수님을 찾았다. 그들은 하나님이 아들을 보내신 목적을 아는 것보다 자신들의 배를 채우는 것을 더 중요하게 여겼다. 물론 예수님은 사람들이 필요를 충족시키기 위해서 자기에게로 오길 바라신다. 하지만 이 단락은 사람들이 올바른 필요를 충족시키기 위해 자기에게로 오기를 주께서 바라신다는 것을 보여준다. 예수님을 찾는 동기가 중요하다. 예수님은 그가 누구시고 왜 오셨는지를 알지도 못하면서 그를 찾는 사람들을 기뻐하지 않으신다.

무리가 표적들을 제대로 보았다면 예수님이 구약의 약속을 성취하시고, 하나님은 예수님을 통해 자기의 계획을 이루고자 하신다는 것을 알았어야 한다. 하지만 무리는 예수님이 행하신 표적이 무엇을 의미하는지 보려 하지 않고, 오직 그 표적이 자신들의 배를 채울 방법이라는 것만 보았다. 바울이 빌립보서 3:19에서 한 말이 그들에게 잘 들어맞는다. "그들의 마침은 멸망이요 그들의 신은 배요 그 영광은 그들의 부끄러움에 있고 땅의 일을 생각하는 자라."

하지만 예수님은 사람들의 주의를 썩어질 것에서 영원토록 있을 것으로 돌리신다. "썩을 양식을 위하여 일하지 말고 영생하도록 있는 양식을 위하여 하라 이 양식은 인자가 너희에게 주리니 인자는 아버지 하나님께서 인치신 자니라"(요 6:27). 여기에서 "일"은 그들이 예수님을 찾는 것, 그들을 사로잡고 있는 생각들, 그들이 원하는 것을 얻기 위해 하는 행위를 가리킨다. "썩을 양식"은 예수님이 오천 명을 먹이시기 위해 주신 떡과 물고기다. 그들은 그 표적을 보았기 때문에 그 썩을 양식을 얻기 위해 예수님을 찾았지만, 예수님이 그들에게 해 주고자 하시는 것, 즉 "영생하도록 있는 양식"(27절)을 그들에게 주려고 하시는 것에는 관심이 없었다. 예수님은 그런 무리를 향해 지금 당장 현세에서 육신적으로 필요한 것들을 바라보고 있는 그들의 눈을 들어 그들에게 훨씬 더 절실하게 필요한 것들, 즉 사망을 이기고 저주를 정복하며 하나님이 주시는 영생하도록 있는 양식을 받도록 바라보라고 말씀하신다.

예수님이 그들에게 "썩을 양식을 위하여 일하지 말고 영생하도록 있는 양식을 위하여 하라"(27절) 하고 말씀하시자 거기에 반응하여 그들은

"우리가 어떻게 하여야 하나님의 일을 하오리이까"(28절)라고 묻는다. 무리가 이렇게 질문한 것은 자연스러운 것이다. 왜냐하면 예수님은 어떤 것을 위하여 일하지 말고 어떤 것을 위하여 일하라고 그들에게 말씀하셨지만, 그 말씀은 추상적인 것이었기 때문이다. 영생하도록 있는 양식을 위하여 일한다는 것이 정확히 무엇인가? 그래서 무리는 예수님에게 거기에 대해서 구체적으로 가르쳐달라고 청한다. 그들은 "우리가 어떻게 하여야 하나님의 일을 하오리이까"(28절)라고 묻는다.

예수님은 그것은 무엇을 하느냐의 문제가 아니라 믿음의 문제라고 대답하신다. "하나님께서 보내신 이를 믿는 것이 하나님의 일이니라"(29절). 예수님은 5:24에서 예루살렘에서 대적들에게 말씀하신 것과 동일하게 '믿으라'는 내용을 이 무리에게도 말씀하신다. 그들은 자신들이 무슨 이득을 얻을 수 있느냐를 생각하는 것이 아니라(참고. 6:26) 하나님이 마침내 구주를 보내셨다는 것을 믿어야 한다. 그들은 예수님을 강제로 왕으로 삼으려고 하는 것이 아니라(6:15) 하나님이 바르고 가장 좋은 것을 행하실 것임을 믿으며 신뢰해야 한다. 그들은 서로에게서 영광을 구하는 것이 아니라(5:44) 믿어야 한다. 그들은 예수님이 신성모독을 저질렀고 안식일을 범했다는 잘못된 결론을 내리는 것이 아니라(5:18) 믿어야 한다.

6:30-35 | 생명의 떡 요한복음 6:30-31은 너무나 참담하다 못해 웃기기까지 한다. 사람들은 "표적"(14절)을 보았다. 하지만 예수님은 그 표적이 무엇을 의미하는지 그들이 알지 못했다고 말씀하셨다(26절). 그리고 이제 예수님이 그들에게 믿으라고 말씀하시자(29절) 그들은 표적을 구하면서(30절) 하늘로부터 주어진 만나를 거론한다(31절). 예수님이 그들에게 믿으라고 말씀하시자 그들은 예수님을 믿게 해 줄 증거를 요구한다. "우리가 보고 당신을 믿도록 행하시는 표적이 무엇이니이까, 하시는 일이 무엇이니이까"(30절). 어제 예수님은 오병이어로 오천 명을 먹이시는 이적을 행하셨지만, 그들은 여전히 표적을 구하고 있다. 다음에 한 말은 그들이 너무나 분명한 것도 깨닫지 못하는 자들임을 보여주고, 이런 일은 우리 인간에게

비일비재하다. "기록된 바 하늘에서 그들에게 떡을 주어 먹게 하였다 함과 같이 우리 조상들은 광야에서 만나를 먹었나이다"(31절). 그들이 이렇게 말한 것은 예수님이 그런 종류의 증거를 보여주셔야만 그들이 그를 믿을 수 있다는 뜻인 것으로 보인다. 그들은 어제 예수님이 정확히 그런 종류의 표적을 행하셨다는 사실을 기억하지 못하는 것으로 보인다.

모세가 이스라엘 백성을 이끌고서 홍해를 마른 땅처럼 건넌 것, 하늘로부터 만나가 주어진 것, 모세가 산에 올라간 것을 통해 하나님이 모형으로 보여주신 것들은 예수님이 오천 명을 먹이시고, 산에 올라가시고, 물 위로 걸으셨을 때 성취되었다. 모세가 이끈 자들이 여호와가 그들을 위해 행하신 일을 깨닫지 못하고 잊어버린 채로 모세를 향해 불평했듯이(출 16:2, 7-8) 예수님이 먹이셨던 이 무리도 예수님이 행하신 일을 깨닫지 못하고 잊어버린 채로 예수님을 향해 불평하고 있다(요 6:41).

무리가 모세 시대에 주어진 만나를 거론했다는 것은 예수님이 27절에서 하신 말씀을 그들이 깨닫지 못했다는 것을 보여준다. 그러자 예수님은 그들에게 영생하도록 있는 떡에 관해 가르쳐주신다. "내가 진실로 진실로 너희에게 이르노니 모세가 너희에게 하늘로부터 떡을 준 것이 아니라 내 아버지께서 너희에게 하늘로부터 참 떡을 주시나니 하나님의 떡은 하늘에서 내려 세상에 생명을 주는 것이니라"(32-33절). 여기에서 예수님은 만나로부터 주어진 목숨과 하늘로부터 주어진 참된 떡으로부터 얻게 되는 생명을 비교하시고 대비시키고자 하신다. 모세는 다음 끼니까지 잠시 목숨을 연명해 주는 만나를 사람들에게 주었다. 반면에 이제 하나님은 하늘로부터 떡을 주셔서 영원히 살게 하신다.

예수님은 "하나님의 떡"은 "하늘에서 내려온 그"라고 말씀하셨지만, 무리는 예수님이 하신 말씀의 의미를 이해하지 못했다. "그들이 이르되 주여 이 떡을 항상 우리에게 주소서"(34절). 무리의 이러한 반응은 예수님이 자기가 사흘 동안에 성전을 다시 세우실 것이라고 말씀하셨을 때(2:19), 니고데모에게 거듭나야 한다고 말씀하셨을 때(3:3), 사마리아 여자에게 생수를 주겠다고 하셨을 때(4:10), 사람들이 보였던 반응을 되풀이한 것으로서 모두 오해라는 공통점을 지닌다. 각각의 경우에 예수님은 물질적인 것을 사용하셔서 영적인 진리를 가르치셨지만, 그의 말씀을 들은 사람들은 그가 물질적이고 육신적인 것에 대해 말씀하시는 것으로 오해했다.

예수님이 사람들에게 진정으로 필요한 물질적이거나 육신적인 것들을 도외시하는 분이 아니었다는 것은 분명하다. 실제로 예수님은 오천 명을 먹이셨다(6:1-13). 하지만 예수님은 음식에 대한 우리의 주림이나 목마름보다 더 깊은 주림과 목마름이 있다는 것을 아시기 때문에 우리의 그러한 필요를 충족시키는 데 더 큰 관심을 갖고 계신다. 그래서 예수님은 자기가 "하늘에서 내려 세상에 생명을 주는" "하나님의 떡"(33절)이라고 말씀하신다. 예수님은 우리의 영적 주림과 영적 목마름이 음식에 대한 우리의 필요보다 더 크다는 것을 아신다. 예수님이 상대하신 이 무리는 자신들의 육신적인 필요에 너무나 정신이 팔려 있어서 예수님은 자기가 그들의 영적인 필요에 대해 말씀하고 계신다는 것을 그들에게 이해시키는 데 상당한 어려움을 겪으신다.

그 영적인 필요란 무엇일까? 하나님이 세계사의 플롯 속에 인류가 오랫동안 기다려왔던 주인공을 등장시키는 것이다. 그리고 그 주인공은 예수님이다. 영적인 필요는 하나님이 악을 무너뜨리시고 피조 세계를 새롭게 하시며, 생명으로 사망을 이기시고 복으로 저주를 압도하시며, 악을 행하는 자들에게 정의를 행하시고 하나님을 알고 굳게 서서 승리하는 자들에게 상을 주시겠다고 하신 약속을 지키시는 것이다. 이 모든 것의 중심에는 사람들이 자신의 악한 행실로 말미암아 정죄를 받고 하나님 앞에 죄인으로 서 있는 현실이 있었다. 우리의 영적 필요는 그런 것이었기 때문에 누군가 우리를 대신해서 하나님의 진노를 만족시키고 충분한 대속 제물의 죽음을 통해 하나님의 정의를 충족시키지 않는다면 우리는 전능하신 하나님의 영원한 진노에 직면할 수밖에 없다. 예수님은 바로 그러한 필요를 충족시키기 위해 오셨다. 예수님은 세상에 생명을 주시고자 하늘에서 내려오셨다. 우리는 육신적으로 살기 위해서 떡을 필요로 하듯이 영적으로 살기 위해서는 예수님을 필요로 한다. 예수님이 없다면 우리는 죽게 될 것이다. 예수님은 생명을 주시기 위해 오셨다. 예수님은 세계사의 주인공이시다. 예수님은 세계사를 절정에 도달하게 하는 분이시다. 예수님은 우리의 영적 필요들을 충족시켜 주시기 때문에 그에게로 오는 자들은 이제 더 이상 영원토록 주리거나 목마르지 않게 된다.

예수님은 "내게 오는 자" "나를 믿는 자"라고 말씀하신다(35절). 이것은 사람들이 그들의 영적인 필요에서 만족을 얻기 위해서는 일정한 기준에 도달해야 한다는 의미가 아니다. 예수님은 사람들이 구원받기 위해서는 일정 수준의 개인적인 거룩함에 도달해야 한다고 가르치시는 것이 아니다. 예수님은 우리가 필요로 하는 모든 것이다. 예수님은 우리에게 필요한 모든 것들을 충족시켜 주시고 자양분을 공급해 주시며, 생명을 주시는데 전혀 부족함이 없다. 예수님에게로 나아와 그분을 믿는 자들에게는 다른 것은 전혀 필요하지 않다. 예수님만으로 충분하다.

6:36-40 | 아버지의 뜻 예수님이 "내가 너희에게 이르기를 너희는 나를 보고도 믿지 아니하는도다 하였느니라"(36절)라고 말씀하신 것은 앞에서 "너희가 나를 찾는 것은 표적을 본 까닭이 아니요 떡을 먹고 배부른 까닭이로다"(26절)라고 말씀하신 것을 가리키신 것으로 보인다. 이것은 요한이 2:23-24에서 사람들이 표적들을 보고 예수님을 믿었지만, 예수님은 자신을 그들에게 의탁하지 않으셨다고 한 것을 예시하는 것으로 보인다. 이런 종류의 믿음은 니고데모처럼 하나님이 예수님과 함께하셔서 역사하고 계신다는 것을 믿는 믿음으로, 예수님이 구약성경에서 하나님이 약속하신 것들을 성취하고 계시며 앞으로도 성취하실 것임을 믿는 믿음은 아닌 것으로 보인다.

6장에서 무리는 예수님이 그들의 육신적 필요들을 충족시켜 주실 수 있다고 믿었기 때문에 예수님에게로 왔다. 하지만 그들은 예수님이 행하신 표적을 보고도 예수님은 그들에게 육신적인 필요보다 더 중요한 영적인 필요를 충족시켜 주실 수 있는 분임을 깨닫지 못했다. 그들은 예수님을 보았고 표적을 보았다. 그러나 그들은 표적 속에서 반드시 보아야 할 것은 보지 못했다. 그 표적은 아버지 하나님이 그리스도 안에서 그 선지자, 그 왕, 새로운 출애굽, 하나님과 인간의 화해를 가능하게 해 줄 속죄에 관한 약속을 성취하고 계신다는 것을 보여주지만, 그들은 이 사실을 깨닫지 못했다.

예수님은 어떤 사람들이 보고도 믿지 않는 이유가 무엇인지 설명해 주신다. 예수님은 44절에서 "나를 보내신 아버지께서 이끌지 아니하시면 아무도 내게 올 수 없으니"라고 말씀하신다(참고. 65절). 예수님에게로 오는 자들, 즉 예수님을 믿는 자들은 두 번 다시 주리거나 목마르지 않을 것이다(35절). 그렇다면 누가 예수님에게로 오는가? 예수님은 "아버지께서 내게 주시는 자는 다 내게로 올 것이요 내게 오는 자는 내가 결코 내쫓지 아니하리라"(37절)라고 단언하신다. 이 말씀은 아버지께서 예수님에게 사람들을 주셨고, 아버지께서 예수님에게 주신 사람들은 예수님에게로 와서 믿게 될 것인데, 예수님은 그들 중 어느 누구도 배척하지 않으실 것임을 보여준다. 예수님은 앞에서 자기는 자신의 뜻이 아니라 자기를 보내신 이의 뜻을 행한다고 말씀하셨었는데(5:30), 여기에서 또다시 "내가 하늘에서 내려온 것은 내 뜻을 행하려 함이 아니요 나를 보내신 이의 뜻을 행하려 함이니라"(6:38)라고 말씀하신다. 예수님이 아버지께서 자기에게 사람들을 주셨다고 말씀하신 후(37절) 곧바로 자기는 아버지의 뜻을 행하고 있는 것이라고 말씀하신 것(38절)은 자기가 아버지 하나님의 계획을 실행하고 있다는 뜻이다.

아버지께서 어떤 사람들을 예수님에게 주기로 계획하셨고, 예수님은 그 사람들을 구원하기 위해 왔기 때문에 자기는 아버지의 뜻을 행하고 있는 것이라고 말씀하신다. 예수님은 36절에서 어떤 사람들은 보고도 믿지 않는다 하신 말씀을 이런 식으로 설명해 주신다. 그 연속선상에서 예수님은 "나를 보내신 이의 뜻은 내게 주신 자 중에 내가 하나도 잃어버리지 아니하고 마지막 날에 다시 살리는 이것이니라"(39절) 하고 말씀하신다. 아버지께서는 예수님에게 사람들을 주시고, 예수님은 그 사람들을 구원하러 오셔서 아버지의 뜻을 행하고 계시며, 아버지의 뜻은 자기가 예수님에게 주신 자들을 하나도 잃어버리지 않으시는 것이다. 아버지께서 어떤 사람을 예수님에게 주셨다면 그 사람은 영원히 안전하다. 예수님이 5:28-29에서 말씀하셨듯이 아버지께서 예수님에게 주신 사람들은 사망으로부터 살리심을 받아 생명으로 옮겨진다.

여기에서 아버지의 뜻이 강조되고 있는 것을 주목하라. 예수님은 아버지의 뜻을 6:37, 38, 39에서 언급하시고, 40절에서 또다시 언급하신다. "내 아버지의 뜻은 아들을 보고 믿는 자마다 영생을 얻는 이것이니 마지막 날에 내가 이를 다시 살리리라." "너희는 나를 보고도 믿지 아니하는도다"라는 36절과 "아들을 보고 믿는 자"라는 40절은 서로 대비되고 있다. 예수님은 이러한 대비를 통해 무엇을 말씀하려고 하신 것일까? 예수님은 니고데모에게 "모세가 광야에서 뱀을 든 것같이 인자도 들려야 하리니"(3:14)라고 말씀하셨다. 거기에서 우리는 "들다"라는 단어가 이사야 52:13에 사용된 것과 동일하다는 것을 보았다. 그런 후 예수님은 "이는 그를 믿는 자마다 영생을 얻게 하려 하심이니라"(요 3:15)라고 말씀하셨다. 예수님은 자기가 놋뱀이라는 모형을 성취할 것이라고 말씀하시기 직전에 "하늘에서 내려온 자 곧 인자 외에는 하늘에 올라간 자가 없느니라"(3:13)라고 말씀하셨었다.

6:38에서 예수님이 또다시 "내가 하늘에서 내려왔다"고 말씀하신 것(참고. 6:33; 3:13)과 "아들을 보고 믿는 자"(6:40)는 영생을 얻게 될 것이라고 말씀하신 것은 3:14-15에 나오는 놋뱀에 관한 말씀을 상기시킨다. 민수기 21:8-9은 이렇게 말한다. "여호와께서 모세에게 이르시되 불뱀을 만들어 장대 위에 매달아라 물린 자마다 그것을 보면 살리라 모세가 놋뱀을 만들어 장대 위에 다니 뱀에게 물린 자가 놋뱀을 쳐다본즉 모두 살더라." 예수님은 놋뱀처럼 들리실 것이고(요 3:14), 놋뱀을 본 사람들이 살았듯이, 예수님을 보는 자도 누구든지 살게 될 것이다(3:15; 6:40; 민 21:8-9).

응답

무리는 예수님이 그들의 육신적 필요들을 충족시켜 주시길 바랐지만, 예수님은 무리가 자신들의 목적을 이루기 위해 이용할 수 있는 분이 아니시며, 마찬가지로 우리에게 이용당하실 분이 아니다. 우리가 예수님을 찾는 이유는 무엇인가? 예수님이 우리의 육신적인 필요들을 충족시켜 주실 수 있기 때문인가? 아니면 예수님이 하나님의 뜻을 행하시고 사망을 이기시며, 우리에게 생명을 주셔서 우리의 영원한 필요를 충족시켜 주실 수 있기 때문인가? 우리의 영적인 필요는 육신적 필요들보다 무한히 더 중요하다. 우리가 육신적으로 주리고 목마르다면 최악의 시나리오는 우리가 굶어 죽거나 목말라 죽음으로써 육신의 삶이 고통스럽게 끝나는 것이다. 하지만 우리의 영적인 주림과 목마름이 충족되지 않는 경우, 최악의 시나리오는 결코 육신의 죽음으로 끝나지 않는다.

하나님이 예수님을 보내신 것은 그에게로 오는 자들이 주리지 않게 하시고, 그를 믿는 자들이 다시는 목마르지 않게 하시기 위함이다. 우리는 죄로부터 돌이켜야 한다. 우리는 예수님을 바라보아야 하고 믿어야 한다. 우리는 구원을 받고 안전하게 되며 살리심을 받고 회복될 것이다. 예수님은 6:37에서 아버지께서 자기에게 주신 자들에 대해 말씀하신다. 아버지께서 우리를 예수님에게 주셨는지 우리가 어떻게 아는가? 우리가 예수님을 보았을 때 그분을 믿었느냐 믿지 않았느냐를 보고서 안다.

우리가 예수님을 보고도 믿지 않았다면 우리는 공포에 사로잡히는 것이 마땅하다. 우리는 극히 두려워해야 한다. 우리는 하나님이 우리를 예수님에게 주시고 우리에게는 예수님을 믿는 믿음을 주시며, 우리가 예수님을 믿을 수 있게 하시고, 요한복음 6:44대로 우리를 예수님에게로 이끄시도록 하나님께 부르짖어야 한다. 우리가 그러한 공포와 그러한 염려를 느끼고서 기도하기 시작한다면, 그것은 아주 좋은 징조다. 우리가 예수님을 보고 믿는다면, 그것은 지나간 영원 속에서 아버지께서 우리가 예수님의 것이 되도록 정하셨음을 의미한다. 그것은 주 예수님이 아버지 하나님의 영원한 계획을 실행하시려고 하늘로부터 오셔서 우리를 찾아 구원하셨고, 장차 우리를 죽은 자 가운데서 살리실 것을 의미한다. 우리의 구속주는 신뢰할 수 있는 분이기 때문에 우리의 구속은 확실하다.

41 자기가 하늘에서 내려온 떡이라 하시므로 유대인들이 예수에 대하
여 수군거려 42 이르되 이는 요셉의 아들 예수가 아니냐 그 부모를 우
리가 아는데 자기가 지금 어찌하여 하늘에서 내려왔다 하느냐 43 예수
께서 대답하여 이르시되 너희는 서로 수군거리지 말라 44 나를 보내
신 아버지께서 이끌지 아니하시면 아무도 내게 올 수 없으니 오는 그
를 내가 마지막 날에 다시 살리리라 45 선지자의 글에 그들이 다 하나
님의 가르치심을 받으리라 기록되었은즉 아버지께 듣고 배운 사람마
다 내게로 오느니라 46 이는 아버지를 본 자가 있다는 것이 아니니라
오직 하나님에게서 온 자만 아버지를 보았느니라 47 진실로 진실로 너
희에게 이르노니 믿는 자는 영생을 가졌나니 48 내가 곧 생명의 떡이
니라 49 너희 조상들은 광야에서 만나를 먹었어도 죽었거니와 50 이는
하늘에서 내려오는 떡이니 사람으로 하여금 먹고 죽지 아니하게 하는
것이니라 51 나는 하늘에서 내려온 살아 있는 떡이니 사람이 이 떡을
먹으면 영생하리라 내가 줄 떡은 곧 세상의 생명을 위한 내 살이니라
하시니라

41 So the Jews grumbled about him, because he said, “I am the bread

that came down from heaven." 42 They said, "Is not this Jesus, the son
of Joseph, whose father and mother we know? How does he now say,
'I have come down from heaven'?" 43 Jesus answered them, "Do not
grumble among yourselves. 44 No one can come to me unless the Father
who sent me draws him. And I will raise him up on the last day. 45 It is
written in the Prophets, 'And they will all be taught by God.' Everyone
who has heard and learned from the Father comes to me– 46 not that
anyone has seen the Father except he who is from God; he has seen the
Father. 47 Truly, truly, I say to you, whoever believes has eternal life.
48 I am the bread of life. 49 Your fathers ate the manna in the wilderness,
and they died. 50 This is the bread that comes down from heaven, so
that one may eat of it and not die. 51 I am the living bread that came
down from heaven. If anyone eats of this bread, he will live forever.
And the bread that I will give for the life of the world is my flesh."

52 그러므로 유대인들이 서로 다투어 이르되 이 사람이 어찌 능히 자
기 살을 우리에게 주어 먹게 하겠느냐 53 예수께서 이르시되 내가 진
실로 진실로 너희에게 이르노니 인자의 살을 먹지 아니하고 인자의
피를 마시지 아니하면 너희 속에 생명이 없느니라 54 내 살을 먹고 내
피를 마시는 자는 영생을 가졌고 마지막 날에 내가 그를 다시 살리리
니 55 내 살은 참된 양식이요 내 피는 참된 음료로다 56 내 살을 먹고
내 피를 마시는 자는 내 안에 거하고 나도 그의 안에 거하나니 57 살아
계신 아버지께서 나를 보내시매 내가 아버지로 말미암아 사는 것 같
이 나를 먹는 그 사람도 나로 말미암아 살리라 58 이것은 하늘에서 내
려온 떡이니 조상들이 먹고도 죽은 그것[1]과 같지 아니하여 이 떡을 먹
는 자는 영원히 살리라 59 이 말씀은 예수께서[2] 가버나움 회당에서 가
르치실 때에 하셨느니라

52 The Jews then disputed among themselves, saying, "How can this
man give us his flesh to eat?" 53 So Jesus said to them, "Truly, truly,
I say to you, unless you eat the flesh of the Son of Man and drink his
blood, you have no life in you. 54 Whoever feeds on my flesh and
drinks my blood has eternal life, and I will raise him up on the last day.
55 For my flesh is true food, and my blood is true drink. 56 Whoever
feeds on my flesh and drinks my blood abides in me, and I in him. 57 As
the living Father sent me, and I live because of the Father, so whoever
feeds on me, he also will live because of me. 58 This is the bread that
came down from heaven, not like the bread the fathers ate, and died.
Whoever feeds on this bread will live forever." 59 Jesus said these
things in the synagogue, as he taught at Capernaum.

60 제자 중 여럿이 듣고 말하되 이 말씀은 어렵도다 누가 들을 수 있느
냐 한 대 61 예수께서 스스로 제자들이 이 말씀에 대하여 수군거리는
줄 아시고 이르시되 이 말이 너희에게 걸림이 되느냐 62 그러면 너희
는 인자가 이전에 있던 곳으로 올라가는 것을 본다면 어떻게 하겠느
냐 63 살리는 것은 영이니 육은 무익하니라 내가 너희에게 이른 말은
영이요 생명이라 64 그러나 너희 중에 믿지 아니하는 자들이 있느니라
하시니 이는 예수께서 믿지 아니하는 자들이 누구며 자기를 팔 자가
누구인지 처음부터 아심이러라 65 또 이르시되 그러므로 전에 너희에
게 말하기를 내 아버지께서 오게 하여 주지 아니하시면 누구든지 내
게 올 수 없다 하였노라 하시니라
60 When many of his disciples heard it, they said, "This is a hard saying;
who can listen to it?" 61 But Jesus, knowing in himself that his disciples
were grumbling about this, said to them, "Do you take offense at this?
62 Then what if you were to see the Son of Man ascending to where he

was before? 63 It is the Spirit who gives life; the flesh is no help at all.
The words that I have spoken to you are spirit and life. 64 But there are
some of you who do not believe." (For Jesus knew from the beginning
who those were who did not believe, and who it was who would betray
him.) 65 And he said, "This is why I told you that no one can come to
me unless it is granted him by the Father."

66 그때부터 그의 제자 중에서 많은 사람이 떠나가고 다시 그와 함께
다니지 아니하더라 67 예수께서 열두 제자에게 이르시되 너희도 가려
느냐 68 시몬 베드로가 대답하되 주여 영생의 말씀이 주께 있사오니
우리가 누구에게로 가오리이까 69 우리가 주는 하나님의 거룩하신 자
이신 줄 믿고 알았사옵나이다 70 예수께서 대답하시되 내가 너희 열둘
을 택하지 아니하였느냐 그러나 너희 중의 한 사람은 마귀니라 하시
니 71 이 말씀은 가룟 시몬의 아들 유다를 가리키심이라 그는 열둘 중
의 하나로 예수를 팔 자러라

66 After this many of his disciples turned back and no longer walked
with him. 67 So Jesus said to the twelve, "Do you want to go away as
well?" 68 Simon Peter answered him, "Lord, to whom shall we go? You
have the words of eternal life, 69 and we have believed, and have come
to know, that you are the Holy One of God." 70 Jesus answered them,
"Did I not choose you, the twelve? And yet one of you is a devil." 71 He
spoke of Judas the son of Simon Iscariot, for he, one of the twelve, was
going to betray him.

1 ESV에는 "떡"으로 되어 있지만, 헬라어 본문에는 "떡"이라는 단어가 없다.
2 헬라어 본문에서는 "그가"

단락 개관

이 떡을 먹는 자는 영원히 살리라

유월절이 가까웠을 때에(요 6:4) 예수님은 오천 명을 먹이시고 혼자 산으로 물러가셨다가 물 위로 걸으셨다(1-21절). 이튿날 가버나움 회당에서(59절) 예수님은 무리에게 그들이 육신적인 필요에 지나치게 집착해서 영적인 필요를 보지 못한다고 충고하셨다(26-29절). 무리가 예수님에게 표적을 요구하며 출애굽 후에 하늘로부터 만나가 주어진 것을 거론하자 예수님은 자기가 하늘로부터 주어진 그 떡의 성취라고 선언하셨다(30-35절). 그런 후에 계속해서 예수님은 자기를 믿지 않는 자들은 아버지께서 자기에게 주신 자들이 아니라고 설명하셨다(36-40절).

6:41-71에서 요한은 예수님이 트집을 잡고 우기는 무리와 계속해서 대화하시는 장면을 보여준다. 무리는 예수님이 생명의 "떡"이라고 하신 말씀을 수긍하지 않고 수군거린다(41절). 그래서 예수님은 자신의 정체성, 자신의 기원, 자기가 성경을 성취하시는 방식에 관한 말씀으로 그들에게 도전하신다(41-51절). 하지만 예수님의 말씀은 무리의 의구심을 풀어주지 못하고 도리어 더 많은 의문들을 불러일으켰기 때문에(52절) 예수님은 자기가 유월절을 성취하게 될 방식을 미리 보여주시는 충격적인 말씀을 반복적으로 자세하게 하시는데, 이는 훗날 최후의 만찬에서 하실 것과 같은 말씀이다(52-59절). 예수님의 급진적이고 과격한 말씀을 듣고 일부 제자들이 그분을, 베드로는 열두 제자를 대표해서 예수님에게는 영생의 말씀이 있기 때문에 자기들은 다른 곳으로 갈 수 없다고 단언한다(60-71절).

단락 개요

Ⅳ. B. 3. 이 떡을 먹는 자는 영원히 살리라(6:41-71)
　a. 수군거림과 조상들(6:41-51)
　b. 내 살을 먹고 내 피를 마시라(6:52-59)
　c. 영과 생명인 말씀(6:60-71)

주석

6:41-51 | 수군거림과 조상들 예수님이 "자기가 하늘에서 내려온 떡이라 하시므로 유대인들이 예수에 대하여 수군거려 이르되 이는 요셉의 아들 예수가 아니냐 그 부모를 우리가 아는데 자기가 지금 어찌하여 하늘에서 내려왔다 하느냐"(41-42절) 했다. 유대인들은 33절과 35절에서 예수님이 하늘에서 온 떡이라고 말씀하셨을 때 수군거렸고, 32, 37, 40절에서는 예수님이 하나님을 자기 아버지라고 하신 것에 대해 수군거렸었다. 이제 여기에서 그들은 예수님이 하신 말씀을 반박하기라도 하려는 듯이 자신들이 예수님의 어머니와 아버지를 안다고 말한다(41절). 그들은 예수님이 하늘로부터 내려왔다고 하신 말씀을 믿으려고 하지 않았다.

요한복음에서 지금까지 다른 사람들도 예수님이 하신 말씀을 들었을 때 의아해하는 반응을 보여왔고, 그럴 때마다 예수님은 그들에게 한층 더 충격적인 대답을 주시곤 했다. 니고데모는 예수님의 말씀을 듣고 의아해 했으며(3:4, 9), 그러자 예수님은 하늘에서 내려온 자 외에 하늘에 올라간 자가 없다는 말씀을 하셨다(3:13). 유대인들은 예수님이 아버지께서 지금도 일하고 계시기 때문에 자기도 안식일에 일을 하는 것이라고 하신 말씀에 분개했고(5:17), 그러자 예수님은 아버지께서는 자기가 하시는 모든 일을 자기에게 보여주시고, 생명을 주셔서 그 속에 있도록 하셨기 때문에 죽은 자들을 살리고 심판을 집행할 수 있는 것이라고 그들에게 말씀하셨다(5:19-30; 또한 참고. 1:45-51; 2:18-22).

또한 예수님은 자기를 가리켜 아버지 하나님이 하늘로부터 주신 떡이라고 말씀하시면서(6:33, 35) 아버지 하나님이 주시는 자는 누구든지 자기에게로 와서 자기가 말하는 것들을 믿는다고 선언하셨다(36-40절). 지금까지 예수님은 청중의 신경을 건드리고 그들을 화나게 하는 말씀을 하신 후 그들이 분노하면 그들이 알아듣거나 받아들일 수 있는 수준에 맞춰 다시 말씀하셔서 그들의 분노를 가라앉히시는 것이 아니라 도리어 문제를 더 '악화시키는' 말씀을 하셨는데, 그것은 여기에서도 마찬가지였다.

"예수께서 대답하여 이르시되 너희는 서로 수군거리지 말라 나를 보내신 아버지께서 이끌지 아니하시면 아무도 내게 올 수 없으니 오는 그를 내가 마지막 날에 다시 살리리라"(43-44절). 무리는 하늘로부터 내려왔다는 예수님의 말씀에 의문을 제기하면서 육신의 아버지인 요셉을 언급하였다(42절). 그러자 예수님은 즉각적으로 하늘에 계신 자신의 아버지를 언급하시면서 아버지께서 이끌지 않으시면 아무도 자기에게 올 수 없다고 말씀하심으로써 무리의 불신앙(36절)을 아버지께서 그들을 자기에게 주지 않으셨다는 사실(37절)과 연결시키신다. 39절과 40절의 마지막에 나오는 구절이 44절의 끝에서 "그를 내가 마지막 날에 다시 살리리라"는 구절로 다시 나온다는 것은 36-40절과 44절에 나오는 개념들이 서로 강력하게 연결되어 있음을 보여준다.

앞에서 요한은 무리가 예수님이 모세 같은 선지자임을 알아차린 것(6:14; 참고. 신 18:15, 18), 예수님이 무리가 그를 억지로 왕을 삼으려 한다는 것을 아신 것(요 6:15; 참고. 삼하 7:13-14), 예수님이 광야에서 오천 명을 먹이시고 물 위로 걸으심으로써 출애굽의 사건들을 모형론적으로 재현하신 것(요 6:1-21)을 보여주었다. 그런 후에 예수님은 자기가 하늘로부터 주어진 만나라는 모형의 성취, 즉 세상에 생명을 주기 위해 하늘로부터 내려온 떡이라고 단언하셨다(35절). 이제 예수님은 자기가 구약성경에 나오는 하나님의 약속을 어떻게 성취하고 있는지 청중이 이해하는 것을 돕기 위해서 "선지자의 글에 그들이 다 하나님의 가르치심을 받으리라 기록되었은즉 아버지께 듣고 배운 사람마다 내게로 오느니라"(45절)라고 말씀하신다.

예수님이 이사야 54:13로부터 인용하신 이 구절은 하나님이 종말에 행하실 새로운 출애굽과 자기 백성의 회복에 관한 영광스러운 약속들로 가득한 맥락 속에 나오는 말씀이다. 하나님의 모든 백성이 하나님의 가르침을 받게 될 것이라는 사상(사 54:13)은 예레미야 31:33-34에서 하나님의 모든 백성이 하나님을 알게 될 것이라고 한 새 언약의 약속에 담겨 있는 사상과 서로 병행된다. 예수님은 이사야서의 이 본문을 인용하심으로써 자신이 그러한 예언들을 성취하고 있음을 말씀하신다. 즉 예수님은 종말에 있을 새로운 출애굽과 하나님 백성의 포로생활로부터의 귀환을 이루어 가고 계신다는 것이다. 예수님은 이사야라는 한 선지자로 국한시키지 않으시고 "선지자들"(요 6:45)이라고 말씀하심으로써 이것이 모든 선지자들의 메시지임을 보여주신다. 예수님은 자기가 지금까지 하셨던 말씀, 즉 아버지께서 자기에게 주시는 모든 사람이 자기에게로 오리라는 것(37절), 아버지께서 자기에게 주신 자들은 한 사람도 잃어버리지 않으리라는 것(39절), 그들은 모두 자기를 믿게 되리라는 것(40절), 아버지께서 그들 모두를 자기에게로 이끄시리라는 것(44절)에 관해 하신 말씀을 밑받침하시는 데 이 이사야 본문을 사용하신다. 왜냐하면 아버지께서 그들 모두를 가르치시는 까닭에 그들이 모두 예수님에게로 오는 것이기 때문이다(45절).

무리는 42절에서 자신들이 예수님의 아버지인 요셉을 안다고 단언했기 때문에 예수님은 45절에서 하늘에 계신 자기 아버지에게 가르침을 받은 자들이 자기에게로 올 것이라고 대답하시며, "이는 아버지를 본 자가 있다는 것이 아니니라 오직 하나님에게서 온 자만 아버지를 보았느니라"(46절)라는 말씀을 덧붙이신다. 하나님은 모세에게 자기를 본 자는 아무도 살 수 없다고 선언하셨다(출 33:20). 하지만 신명기 34:10에서는 모세와 하나님 간의 특별한 친밀함을 강조하기 위해서 "그 후에는 이스라엘에 모세와 같은 선지자가 일어나지 못하였나니 모세는 여호와께서 대면하여 아시던 자요"라고 말한다. 신명기 33:20과 신명기 34:10은 서로 상충되지 않는다. 하나님을 대면하여 안다는 것은 하나님을 친밀하게 안다는 뜻이고, 반드시 하나님을 정면으로 보았다는 의미는 아니다. 하나님을 정면으로 보는 것은 인간이 할 수 없는 일이다. 하나님을 있는 그대로 보고 살아남을 수 있는 사람은 없다. 모세는 예수님이 오실 때까지 인간 중에서 하나님을 가장 친밀하게 안 사람이었다.

무리가 예수님이 자기는 하늘로부터 내려온 떡이라고 말씀하시는 것을 듣고 수군거렸기 때문에, 예수님은 그들이 아버지께서 이끄시고 가르치신 자들이라면 자기에게로 올 것이라고 말씀하셨다(요 6:44-45). 그런 후에 예수님은 하나님으로부터 가르침을 받은 자들조차도 하나님을 본 것은 아니고, 오직 하나님으로부터 온 자만이 하나님을 보았다는 말씀을 덧붙이신다(46절). 여기에서 예수님은 자기가 하나님으로부터 온 자요, 오직 자기만이 하나님을 보았다고 말씀하셨다. 무리가 예수님이 하늘로부터 온 만나의 성취라고 하신 말씀을 받아들이기 어려워하였기 때문에 예수님은 모세조차도 하나님을 보지 못했지만, 자기는 하나님을 보았다고 그들에게 말씀하신다. 요한은 예수님이 자신을 "하나님에게서 온 자"(46절)라고 말씀하신 것을 묘사함으로써 1:18에서 처음으로 제시한 사상을 여기에서 다시 제시한다. 예수님은 5:37에서 유대인들에게 그들이 하나님을 보지 못했다고 말씀하셨듯이 6:46에서는 자기가 아버지 하나님을 보았다고 말씀하신다.

예수님은 6:46에서 오직 자기만이 하나님을 보았다고 말씀하신다. 아버지 하나님과 예수님의 관계는 유례가 없는 것이라고 말씀하신 것이다. 인간 중에서는 다른 어느 누구도 하나님을 보지 못했지만, 예수님은 하나님을 보셨다. 또 인간 중에서 다른 어느 누구도 하늘로부터 오지 않았지만, 예수님은 하늘로부터 오셨다. 예수님의 청중 중에서 그런 말씀을 믿을 사람이 누가 있겠는가? 예수님이 하늘로부터 내려오셨고 하나님을 보셨다는 것을 누가 믿을 수 있겠는가? 오직 예수님이 지금까지 행하셨던 일들을 제대로 보아왔기 때문에 이 증명되지 않은 말씀들도 진실일 것이라고 믿을 준비가 되어 있던 사람들만이 이 말씀을 믿을 수 있을 것이다. 그렇지 않은 사람들은 요한복음에 예수님이 행하셨다고 기록된 일들은 예수님이 하신 것이 아니라고 결론을 내리거나 하나님의 능력이 아니라 어떤 다른 능력을 힘입어서 그런 일들을 행하신 것이라고 결론을 내릴 수밖에 없다.

예수님은 청중에게 믿을 것을 촉구하신다. "진실로 진실로 너희에게 이르노니 믿는 자는 영생을 가졌나니"(47절). 예수님을 믿는 자들은 유일무이하게 아버지 하나님 앞에 서신 분, 아버지 하나님을 본 유일하신 분, 하늘로부터 내려오신 분, 죽은 자를 살리시고 영생을 보장하실 수 있는 분을 믿는 것이다.

예수님은 자기가 생명의 "떡"이라고 단언하셨고(33, 35절), 이 말씀을 들은 유대인들은 수군거렸다(41절). 예수님은 그들에게 수군거리지 말라고 말씀하신 후에(43절) 아버지께서 이끄시는 자들만이 자기에게 올 것이라고 설명하셨고(44-45절), 아버지 하나님과 예수님 간의 유일무이한 관계를 단언하셨으며(46절), 그를 믿는 자들은 영생을 얻게 될 것이라고 약속하셨고(47절), 48절에서는 다시 한번 "내가 생명의 떡"이라고 말씀하신다.

예수님은 모세가 준 만나를 아버지 하나님이 하늘로부터 내려온 자를 통해 주시는 생명의 떡과 대비시키셨는데(32-33절), 49-50절에서는 그 대비로 돌아가 자세하게 설명하신다. "너희 조상들은 광야에서 만나를 먹었어도 죽었거니와 이는 하늘에서 내려오는 떡이니 사람으로 하여금 먹고 죽지 아니하게 하는 것이니라." 예수님이 하늘에 계신 아버지에 대해 말씀하셨을 때(40절) 사람들은 자신들이 예수님의 아버지인 요셉을 알고 있다는 반응을 보이자(42절) 예수님은 곧바로 하늘에 계신 자신의 아버지에 대해 자세하게 말씀하셨다(44, 45, 46절). 예수님은 49절에서 그들의 조상들은 만나를 먹었어도 영원히 살지 못했다고 말씀하신다. 하늘로부터 주어진 만나는 다른 모든 양식과 마찬가지로 육신적인 목숨만을 유지시켜 주는 양식이었다. 그들의 조상들은 만나를 매일 필요로 했고, 만나를 먹었다고 해서 영원히 살 수 있는 것도 아니었다. 예수님은 하늘로부터 주어진 만나를 자기 자신과 대비시키신다. 예수님은 "세상에 생명을 주는" 떡이기 때문에(33절), "사람으로 하여금 먹고 죽지 아니하게 하는 것"이다(50절). 50절에서 예수님은 생명의 떡인 그를 먹는 것에 대해 처음으로 언급하신다. 예수님은 35절에서는 사람들이 그에게로 오고 그를 믿는 것에 대해 말씀하셨지만, 50절부터는 생명의 떡을 먹는 것에 대해 말씀하신다.

예수님은 계속해서 "나는 하늘에서 내려온 살아 있는 떡이니 사람이 이 떡을 먹으면 영생하리라 내가 줄 떡은 곧 세상의 생명을 위한 내 살이니라"(51절)라고 말씀하신다. 예수님이 여기에서 하신 말씀이 네 부분으로 구성되어 있는 것에 주목하라. 첫째, 예수님은 자기는 살아 있는 떡이라고 말씀하신다. 이것은 만나와 자신을 대비시킨 것으로 보인다. 둘째, 예수님은 자기가 하늘로부터 내려왔다고 단언하신다. 이것은 무리가 예수님의 부모를 거론하며 그의 말씀을 의심하는 태도를 보인 것을 겨냥하신 것이다(42절). 셋째, 예수님은 그를 먹는 자들은 영생할 것이라고 약속하신다. 넷째, 예수님은 그의 살이 세상의 생명을 위해 줄 떡이라고 선언하신다.

6:52-59 | 내 살을 먹고 내 피를 마시라 예수님은 무엇에 관하여 말씀하시는 것인가? 인간의 살을 먹는 것은 유대인들에게 혐오스러운 일이었고, 이것은 그들의 깜짝 놀라는 반응으로 알 수 있다. "그러므로 유대인들이 서로 다투어 이르되 이 사람이 어찌 능히 자기 살을 우리에게 주어 먹게 하겠느냐"(52절). 예수님이 그런 충격적인 말씀을 하신 이유는 무엇인가? 예수님은 전에 "이 성전을 헐라"라거나 "너희는 거듭나야 한다"라고 말씀하셨던 것처럼, 또다시 아주 심한 말씀을 하셨다. 그리고 또다시 영적인 진리를 가르치시기 위해 육신적인 것을 사용하셨다. 여기에서 예수님이 가르치고자 하신 영적인 진리는 무엇일까?

예수님은 계속해서 "내가 진실로 진실로 너희에게 이르노니 인자의 살을 먹지 아니하고 인자의 피를 마시지 아니하면 너희 속에 생명이 없느니라 내 살을 먹고 내 피를 마시는 자는 영생을 가졌고 마지막 날에 내가 그를 다시 살리리니 내 살은 참된 양식이요 내 피는 참된 음료로다"(53-55절)라고 말씀하신다. 무엇에 관한 말씀인가? 51절의 마지막 부분을 다시

한 번 보라. "내가 줄 떡은 곧 세상의 생명을 위한 내 살이니라." 이 말씀은 히브리서 10:20 "그 길은 우리를 위하여 휘장 가운데로 열어 놓으신 새로운 살 길이요 휘장은 곧 그의 육체니라"와 비슷하다. 요한복음 6:51과 히브리서 10:20은 세상에 생명을 주고 사람들이 아버지 하나님 앞으로 나아갈 수 있는 길을 여시기 위해 예수님의 살, 예수님의 몸이 십자가에 못 박히신 것을 말하고 있다. 예수님이 세상의 생명을 위해 자신의 살을 주신다는 것은 예수님이 죄인들을 대신해서 자신을 죽음에 내어주어 십자가에 못 박히신 것을 의미한다.

왜 예수님은 사람들이 자기의 살을 먹어야 한다고 말씀하셨을까? 예수님은 자기가 구약성경에 예언된 대로 하나님의 백성을 위한 새로운 출애굽 구원을 이루기 위해 오셨다는 것을 알고 계셨는데, 요한복음 6장에 나오는 이 말씀은 예수님이 자기가 자기 백성을 위한 새로운 출애굽 구원을 어떤 방식으로 이루게 될 것인지도 알고 계셨음을 보여준다. 예수님은 잡히시던 날 밤에 떡을 떼시고 "이것은 너희를 위하는 내 몸"이라고 말씀하셨다(고전 11:23-24).[27] 예수님은 유월절 식사가 이제 곧 자기 백성을 위한 자신의 죽음을 기념하는 것으로 바뀌게 될 것을 아신 것으로 보인다. 여기에서 나오는 예수님의 말씀은 예수님이 나중에 성찬을 제정하시면서 하신 말씀을 미리 보여준다.

예수님이 사람들에게 자신의 실제 몸을 먹고 실제 피를 마시라고 하신 것이 아님은 분명하다. 그리스도인들은 식인종이 아니며, 예수님도 그리스도인들이 식인종이 되기를 바라신 것이 아니다. 예수님은 사람들에게

27 예수님이 성찬을 제정하시면서 하신 이 말씀의 의미를 놓쳐서는 안 된다. 예수님은 제자들과 유월절 식사를 하시면서 이스라엘이 애굽을 급하게 떠난 것을 상징하는 무교병을 집어 드셨다(신 16:3). 예수님은 무교병이 이제 더 이상 출애굽과 관련된 것을 기념하지 않고, 지금부터는 새로운 출애굽과 관련된 것, 즉 자기 백성을 위해 부서진 예수님의 몸을 기념하게 된다고 선언하신 것이다. 예수님은 상징을 변화시키셔서, 유월절을 기념하는 것을 십자가를 기념하는 것으로 바꾸셨다. 좀 더 자세한 논의는 James M. Hamilton Jr., "The Lord's Supper in Paul," *The Lord's Supper*, ed. Thomas R. Schreiner and Matthew R. Crawford, NAC Studies in Bible & Theology series (Nashville: B&H Academic, 2011), 68-102을 보라.

자기에게로 와서 자기가 하는 말을 믿으라고 하신다(요 6:35, 40, 44-45, 47). 예수님을 믿는 것은 예수님이 십자가 위에서 죽으시고 그의 살이 십자가에 못 박히심으로써 아버지 하나님의 진노가 풀려 죄 용서가 가능하게 되었음을 믿는 것이다. 예수님을 믿는 것은 사람이 믿음으로 예수님과 연합됨으로써 아버지 하나님과 새로운 관계 속으로 들어가고 예수님이 피로 세우신 언약 속으로 들어가게 된다고 믿는 것을 포함한다.

왜 요한은 예수님이 여기에서 하신 말씀과 예수님이 제정하실 성찬을 좀 더 명시적으로 연결시키지 않았을까? 왜 요한은 복음서의 끝부분에서 예수님이 성찬을 제정하신 이야기를 하지 않았을까? 초기 그리스도인들 사이에서 성찬은 널리 행해졌다(행 2:42, 46; 20:7). 그리스도인들은 주일마다 함께 모여서 성찬을 거행했다. 요한은 그런 배경 속에서 복음서를 쓰면서 예수님이 요한복음 6장에서 주신 가르침과 성찬이 서로 연결되어 있다는 것은 누구나 다 아는 것이라고 전제했을 가능성이 높다.

예수님은 여기에서 유월절 식사가 아니라 하늘로부터 주어진 만나에 대해 말씀하시지만, 이 둘은 공통점들이 있다. 첫째, 출애굽기에서는 유월절 식사와 만나 둘 모두에 대해 아침까지 아무것도 남겨서는 안 된다고 말한다(출 12:10; 16:19). 둘째, 유월절 식사는 장자들의 죽음 직전에 주어지고 하늘로부터 주어진 만나는 장자들의 죽음 직후에 주어진다. 셋째, 예수님은 출애굽의 서로 다른 아주 많은 측면들의 성취이기 때문에 예수님을 유월절의 무교병과 하늘로부터 주어진 만나 둘 모두의 성취라고 해도 아무런 문제가 없다. 끝으로, 요한은 예수님이 오천 명을 먹이신 이적을 묘사할 때에 성찬 제정 기사들에서 사용된 표현들을 포함시킴으로써(요 6:11, 23), 이 이적에 관한 이야기에 성찬과 관련된 색채를 덧입히고 있다는 것은 중요하다.

무리든 제자들이든 예수님이 하신 말씀을 당시에는 이해하지 못했을 것이지만, 요한은 다른 곳에서 예수님이 죽은 자 가운데 살아나신 후 제자들이 예수님이 전에 하셨던 말씀을 깨닫게 되었음을 보여준다(2:22; 12:16; 20:9). 이것은 여기에도 그대로 적용될 것이다. 예수님이 자신의 살을 먹고 자신의 피를 마시라고 하신 말씀이 나중에 최후의 만찬에서 성찬을 제정하실 때 하시게 될 말씀들을 미리 보여주는 것으로 이해하는 것은 6:56에서 나오는 예수님의 말씀에 의해 증명된다. "내 살을 먹고 내 피를 마시는 자는 내 안에 거하고 나도 그의 안에 거하나니." 예수님이 그들 대신 죽으신 것을 기념하고 선포하면서 성찬을 먹고, 예수님이 우리를 아버지 하나님과 화해시키신 새 언약을 기념하여 잔을 마시는 사람들은 예수님 안에 거하며, 예수님은 그들 안에 거하신다. 우리가 예수님의 말씀을 믿고, 성찬 가운데 예수님이 우리에게 주신 것들을 누릴 때 그리스도의 임재는 우리에게 주어지고 우리 안에 유지된다.

예수님은 "살아 계신 아버지께서 나를 보내시매 내가 아버지로 말미암아 사는 것같이 나를 먹는 그 사람도 나로 말미암아 살리라"(6:57) 하고 말씀하심으로써 5:26에서 설명된 진리들을 다른 식으로 다시 말씀하시며 자기와 그를 믿는 자들 간의 연결 관계를 덧붙이신다. 예수님은 여기에서 자기가 제자들에게 생명을 주시는 방식을 아버지께서 자기에게 생명을 주시는 방식에 비유하신다. 예수님은 우리와 아버지 하나님의 관계에서 결정적인 역할을 하신다. 우리는 예수님 없이 살 수 없고 예수님 없이 아버지 하나님과 화해할 수 없다. 여기에서 예수님을 먹는다는 것은 그분의 물리적인 몸을 먹는다는 의미가 아니라 영적으로 먹는 것, 즉 새 언약을 가져다준 예수님의 죽으심과 부활을 믿고 의지하는 것을 의미한다. 신자들은 예수님이 여기에서 말씀하신 영적인 양식을 성찬을 통해 먹는다.

6:58에서 예수님은 앞서 32-33절에서 행하신 대비를 다시 되풀이하시며, 49-50절에서 모세 시대에 하늘로부터 주어진 만나와 자신의 대비를 좀 더 자세하게 설명하신다. 출애굽은 하나님의 백성을 애굽의 육신적인 노예생활로부터 벗어나게 해 주었다. 예수께서 이루신 새로운 출애굽은 하나님의 백성을 죄에 대한 영적인 노예생활로부터 벗어나게 해 준다. 출애굽 후에 하늘로부터 주어진 만나는 광야에서 하나님 백성의 육신적인 삶을 유지시켜 주었다. 생명의 떡이신 예수님은 하나님의 백성에게 영원한 생명을 주신다.

요한복음 6:59에서는 25-58절에 나오는 예수님과 무리 간의 대화가 "예수께서 가버나움 회당에서 가르치실 때에" 있었던 것이라고 말해 준다.

6:60-71 | 영과 생명인 말씀 요한복음 6:60은 예수께서 25-59절에서 하신 말씀을 제자들이 깨닫기 위해서는 추가적인 계시가 필요했다는 것을 보여준다. 그들이 예수께서 성찬을 제정하시는 것을 경험하고, 십자가에 못 박히셨다가 다시 살아나시는 것을 보며, 그들의 지각이 열려서 깨닫게 될 때까지는 분명하게 알 수 없었을 것이다(눅 24:45). 예수님은 그들이 말씀을 알아들을 수 없어서 당혹해하며, 무리처럼 수군거리는 것을 아셨다. 예수님은 자신이 아셨다는 말씀은 하지 않으시고, 그 대신 전에 니고데모에게 그러셨던 것처럼(요 3:13) 제자들에게도 "이 말이 너희에게 걸림이 되느냐 그러면 너희는 인자가 이전에 있던 곳으로 올라가는 것을 본다면 어떻게 하겠느냐"(6:61-62)라고 말씀하신다. 이는 다니엘 7:9-14에 나오는 하늘의 궁정에서 인자의 지위와 신분에 대해 언급하신 것이다.[28] 다니엘이 하늘에 관한 묵시 속에서 본 "인자"는 육신이 되셨다. 사람들이 그 사실을 깨닫고 받아들이느냐는 상관없이 예수님은 참된 현실 속에서 활동하신다.

제자들이 당혹해하고 혼란스러워해도, 예수님은 말씀을 그치지 아니하신다. 도리어 예수님은 그들의 사고를 예수님의 진면목에 맞추기 위해 그들이 깨닫지 못하는 더 많은 진리를 말씀하신다. 그들은 성육신의 깊은 신비는 물론이요, 예수님이 오셨고 나중에 다시 돌아가시게 될 저 높은 하늘도 생각하지 않으면 안 된다.

이런 것들은 인간의 능력만으로 깨달을 수 없다. 그래서 예수님은 "살리는 것은 영이니 육은 무익하니라 내가 너희에게 이른 말은 영이요 생명이라"(요 6:63) 선언하신다. 사람들이 예수님을 깨달으려면 성령이 그들에게 생명을 주어야 하고 거듭남을 경험하게 해 주어야 한다(3:3, 5, 6, 8). 거

28 Hamilton, *Daniel in Biblical Theology*를 보라.

듭나지 않은 "육"은 예수님이 하신 말씀을 받을 수 없다(참고. 1:11-13). 예수님이 하신 말씀은 생명을 전해 주는 말씀이고, 성령이 사람들에게서 믿음을 일깨우며 사람들을 거듭나게 할 때 하시는 말씀이다. 그리스도의 말씀은 죄 가운데 죽어 있는 자들에게 오고, 그들이 그리스도의 말씀을 들을 때 성령은 그들에게 생명을 주신다(참고. 롬 10:17).

하지만 예수님은 거기에서 자기와 함께 있는 자들이 모두 아버지께서 자기에게 주신 자가 아님을 아시기 때문에(참고. 요 6:37), "그러나 너희 중에 믿지 아니하는 자들이 있느니라"(64절)라고 선언하신다. 그런 후에 요한은 "이는 예수께서 믿지 아니하는 자들이 누구며 자기를 팔 자가 누구인지 처음부터 아심이러라"라는 설명을 덧붙인다. 이어서 예수님은 "그러므로 전에 너희에게 말하기를 내 아버지께서 오게 하여 주지 아니하시면 누구든지 내게 올 수 없다 하였노라 하시니라"(65절)라고 말씀하심으로써 자기가 전에 했던 말씀(44절)을 제자들에게 상기시켜 주신다.

예수님이 말씀을 끝내시자, 아버지께서 예수님에게 주시지 않은 자들은 떠나가기 시작한다. "그때부터 그의 제자 중에서 많은 사람이 떠나가고 다시 그와 함께 다니지 아니하더라"(66절). 요한은 그런 사람들과는 대조적으로 아버지께서 예수님에게 주신 사람들의 태도도 보여준다. "예수께서 열두 제자에게 이르시되 너희도 가려느냐 시몬 베드로가 대답하되 주여 영생의 말씀이 주께 있사오니 우리가 누구에게로 가오리이까 우리가 주는 하나님의 거룩하신 자이신 줄 믿고 알았사옵나이다"(67-69절). 여기에서 요한은 "열두 제자"라는 말을 처음으로 사용한다(참고. 70, 71절; 20:24). 요한은 마태나 마가나 누가와는 달리 열두 제자의 이름을 열거하지 않는다. 그는 이 단락의 앞부분에서 자신의 청중이 성찬을 잘 알고 있을 것이라고 전제했던 것처럼 여기에서도 청중이 열두 제자가 누구인지를 잘 안다고 전제하는 것으로 보인다.

베드로가 한 이 말(6:68-69)은 제자들은 예수님이 하신 말씀들을 깨닫지는 못했지만, 예수님을 믿고 신뢰했다는 것을 보여준다. 그들은 예수님의 말씀이 아무리 그들에게 걸림돌이 된다고 할지라도 예수님과 함께할 준비가 되어 있었다. 그들은 예수님이 하나님이 세상을 구원하시기 위해 보내신 분임을 알고 있었다. 그들은 예수님 외에 어디에도 갈 곳이 없음을 알고 있었다.

또다시 예수님은 자기와 함께한 사람들이 모두 아버지께서 자기에게 주신 자가 아님을 아시고, "내가 너희 열둘을 택하지 아니하였느냐 그러나 너희 중의 한 사람은 마귀니라"(70절)라고 말씀하신다. 그런 후 요한은 이 수수께끼 같은 말씀을 설명해 준다. "이 말씀은 가룟 시몬의 아들 유다를 가리키심이라 그는 열둘 중의 하나로 예수를 팔 자러라"(71절).

응답

요한복음 6장에는 이스라엘의 출애굽 관련 사건과 대응되는 것들이 많다.

- 예수님이 세상의 생명을 위해 자기 살을 주시겠다고 하신 말씀 속에는 유월절 어린양의 죽음이 암시되어 있다.
- 예수님이 '나를 믿는 자들은 성찬에서 내 살을 먹고 내 피를 마심으로써 내 안에 거하게 될 것'이라고 하신 말씀 속에는 유월절 식사가 예수님 안에서 성취된다는 내용이 암시되어 있다.
- 이스라엘이 홍해를 마른 땅처럼 건넜던 것과 같이 예수님은 물 위를 걸으셔서 제자들에게로 가셔서 그들을 목적지까지 데려다주신다.
- 이스라엘이 하늘로부터 주어진 만나를 먹었던 것처럼, 예수님은 오천 명의 무리를 먹이신다.
- 모세가 혼자 산에 올랐던 것처럼, 예수님은 혼자 산으로 가신다.
- 이스라엘이 모세를 향해 불평했던 것처럼, 무리는 예수님을 향해 불평한다.

하지만 이렇게 서로 대응되는 것들은 동일한 수준이 아니다. 예수님은 특히 그분을 먹는 자들에게 영생을 주는 떡이기에, 이 모든 것 하나하나에서 구약성경에 나오는 모형보다 더 나은 분이다. 예수님이 우리에게 주시는 것들 중에서 예수님보다 더 필요한 것은 없다. 예수님이 우리에게 주시는 것들 중에서 예수님보다 더 귀한 것은 없다. 예수님이 우리에게 주시는 것들 중 예수님처럼 우리를 구원할 수 있는 존재는 없다. 예수님은 생명의 떡이다. 예수님은 자신 안에 생명을 지니고 계신다. 우리는 그분의 살을 먹고 피를 마심으로 그분 안에 거한다. 아버지께서는 예수님에게 생명을 주셨고, 예수님은 우리에게 생명을 주신다.

예수님이 하신 말씀을 믿을 준비가 되어 있는가? 예수님이 하신 일들을 제대로 보았기 때문에 예수님이 무슨 말씀을 하시든지 믿을 준비가 되어 있는가? 예수님이 우리 문화에 속한 사람들에게 걸림돌이 될 어떤 말씀을 하셔도, 예수님 곁에 머물 준비가 되어 있는가? 예수님이 하나님의 거룩하신 자임을 인정하는가? 예수님은 영생의 말씀을 갖고 계신 분이고, 예수님 외에는 우리를 도울 수 있는 분이 없다. 하나님을 찬송하자. 하나님은 우리에게 예수님을 주셨고 우리를 예수님에게로 이끄셨으며, 예수님의 말씀을 통해 성령으로 말미암아 우리에게 생명을 주셨기 때문이다.

1 그 후에 예수께서 갈릴리에서 다니시고 유대에서 다니려 아니하심
은 유대인들[1]이 죽이려 함이러라 2 유대인의 명절인 초막절이 가까운
지라 3 그 형제들[2]이 예수께 이르되 당신이 행하는 일을 제자들도 보
게 여기를 떠나 유대로 가소서 4 스스로 나타나기를 구하면서 묻혀서
일하는 사람이 없나니 이 일을 행하려 하거든 자신을 세상에 나타내
소서 하니 5 이는 그 형제들까지도 예수를 믿지 아니함이러라 6 예수
께서 이르시되 내 때는 아직 이르지 아니하였거니와 너희 때는 늘 준
비되어 있느니라 7 세상이 너희를 미워하지 아니하되 나를 미워하나
니 이는 내가 세상의 일들을 악하다고 증언함이라 8 너희는 명절에 올
라가라 내 때가 아직[3] 차지 못하였으니 나는 이 명절에 아직 올라가지
아니하노라 9 이 말씀을 하시고 갈릴리에 머물러 계시니라

1 After this Jesus went about in Galilee. He would not go about in
Judea, because the Jews were seeking to kill him. 2 Now the Jews'
Feast of Booths was at hand. 3 So his brothers said to him, "Leave here
and go to Judea, that your disciples also may see the works you are
doing. 4 For no one works in secret if he seeks to be known openly. If

you do these things, show yourself to the world." 5 For not even his
brothers believed in him. 6 Jesus said to them, "My time has not yet
come, but your time is always here. 7 The world cannot hate you, but it
hates me because I testify about it that its works are evil. 8 You go up to
the feast. I am not going up to this feast, for my time has not yet fully
come." 9 After saying this, he remained in Galilee.

10 그 형제들이 명절에 올라간 후에 자기도 올라가시되 나타내지 않
고 은밀히 가시니라 11 명절중에 유대인들이 예수를 찾으면서 그가 어
디 있느냐 하고 12 예수에 대하여 무리 중에서 수군거림이 많아 어떤
사람은 좋은 사람이라 하며 어떤 사람은 아니라 무리를 미혹한다 하
나 13 그러나 유대인들을 두려워하므로 드러나게 그에 대하여 말하는
자가 없더라

10 But after his brothers had gone up to the feast, then he also went up,
not publicly but in private. 11 The Jews were looking for him at the
feast, and saying, "Where is he?" 12 And there was much muttering
about him among the people. While some said, "He is a good man,"
others said, "No, he is leading the people astray." 13 Yet for fear of the
Jews no one spoke openly of him.

14 이미 명절의 중간이 되어 예수께서 성전에 올라가사 가르치시니
15 유대인들이 놀랍게 여겨 이르되 이 사람은 배우지 아니하였거늘
어떻게 글을 아느냐[4] 하니 16 예수께서 대답하여 이르시되 내 교훈은
내 것이 아니요 나를 보내신 이의 것이니라 17 사람이 하나님의[5] 뜻을
행하려 하면 이 교훈이 하나님께로부터 왔는지 내가 스스로 말함인
지 알리라 18 스스로 말하는 자는 자기 영광만 구하되 보내신 이의 영
광을 구하는 자는 참되니 그 속에 불의가 없느니라 19 모세가 너희에

게 율법을 주지 아니하였느냐 너희 중에 율법을 지키는 자가 없도다
너희가 어찌하여 나를 죽이려 하느냐 [20] 무리가 대답하되 당신은 귀신
이 들렸도다 누가 당신을 죽이려 하나이까 [21] 예수께서 대답하여 이르
시되 내가 한 가지 일을 행하매 너희가 다 이로 말미암아 이상히 여기
는도다 [22] 모세가 너희에게 할례를 행했으니 (그러나 할례는 모세에
게서 난 것이 아니요 조상들에게서 난 것이라) 그러므로 너희가 안식
일에도 사람에게 할례를 행하느니라 [23] 모세의 율법을 범하지 아니하
려고 사람이 안식일에도 할례를 받는 일이 있거든 내가 안식일에 사
람의 전신을 건전하게 한 것으로 너희가 내게 노여워하느냐 [24] 외모로
판단하지 말고 공의롭게 판단하라 하시니라

[14] About the middle of the feast Jesus went up into the temple and
began teaching. [15] The Jews therefore marveled, saying, "How is it
that this man has learning, when he has never studied?" [16] So Jesus
answered them, "My teaching is not mine, but his who sent me. [17] If
anyone's will is to do God's will, he will know whether the teaching
is from God or whether I am speaking on my own authority. [18] The
one who speaks on his own authority seeks his own glory; but the one
who seeks the glory of him who sent him is true, and in him there is no
falsehood. [19] Has not Moses given you the law? Yet none of you keeps
the law. Why do you seek to kill me?" [20] The crowd answered, "You
have a demon! Who is seeking to kill you?" [21] Jesus answered them, "I
did one work, and you all marvel at it. [22] Moses gave you circumcision
(not that it is from Moses, but from the fathers), and you circumcise a
man on the Sabbath. [23] If on the Sabbath a man receives circumcision,
so that the law of Moses may not be broken, are you angry with me
because on the Sabbath I made a man's whole body well? [24] Do not
judge by appearances, but judge with right judgment."

1 헬라어 본문에는 유다이오이. 이 구절에서 "유대인들"은 당시 유대 종교 지도자들과 그들의 영향력 아래에 있는 사람들을 가리키는 것으로 보인다.
2 또는 "형제들과 자매들". 5절과 10절도 마찬가지다.
3 ESV에는 "아직"이 없지만, 일부 사본들에는 "아직"이 첨가되어 있다.
4 ESV에는 "학문이 있느냐"로 되어 있지만, "글을 아느냐"로 옮길 수도 있다.
5 헬라어 본문에는 "그의"

단락 개관

예수님의 잠행과 전복 사역

어떤 대왕이 아들인 세자를 위해 궁전을 짓는다고 생각해 보라. 선지자들은 대왕에게 가서 이 나라가 과거에 거둔 승리들이 세자의 승리를 통해 완성될 것이라고 예언했다. 게다가 세자의 승리는 과거 승리들의 연속선상에서 이루어질 것이었다. 대왕은 과거의 승리들을 기념하고 세자가 거둘 미래의 승리를 미리 축하하기 위해, 또 세자를 위해 짓고 있는 궁전에서 과거의 승리들을 기념하는 예식을 행하도록 명을 내렸다. 과거를 기념하고 장차 세자가 거둘 승리를 축하하는 예식들과 아울러 이 궁전은 모두 세자의 영광을 위한 것이었다.

그런데 원수들이 그 궁전을 장악하여 세자를 기념하는 예식을 틈타 세자를 체포하고 심지어 죽이려 한다면 이 얼마나 황당하고 소름 끼치는 일인가? 대왕의 집에서 열리는 세자의 생일잔치가 그를 죽일 기회가 되는 것이다. 그리고 세자가 궁전을 장악한 반란군을 전복시키기 위해 자기를 위해 지어진 궁전에서 자기를 축하하는 예식이 열리는 그때에 궁전으로 몰래 들어가야 한다면 이 또한 얼마나 잘못된 일인가?

하나님은 이 세상을 지으셨다. 예수님이 마리아에게서 태어나실 때 하나님은 사람이 되셨다. 요한복음 7:1에서 우리는 하나님의 영광을 위해 존재하는 이 세상에서 사람들이 하나님의 아들, 즉 육신이 되신 말씀을 죽이려 하는 모습을 보게 된다. 초막절은 이스라엘이 약속의 땅을 향해 가는 광야의 여정 가운데 초막에서 살면서 하나님이 그들에게 필요한 것을 공급해 주신 것을 감사하고 기념하는 절기였다. 하나님은 이스라엘을 향해 과거에 그들을 구원한 방식으로 장래에도 구원하실 것임을 알도록 하기 위해 해마다 초막절을 지키게 하셨다. 선지자들은, 하나님께서 장차 새로운 출애굽을 완수하여 유월절을 성취하시고, 백성들이 광야를 지나 약속의 땅으로 가는 여정에서 다시 한번 그들에게 필요한 것을 공급하심으로 초막절을 성취하실 것이라고 예언했다. 하나님은 여자의 후손이자 아브라함의 자손, 유다 가문에서 나온 왕, 다윗의 자손을 통해 그런 식으로 구원을 완성하여 아브라함과 다윗에게 하신 약속을 성취하실 것이다.

예수님은 다윗의 자손으로 오셨고, 하나님은 예수님을 통해 자기 백성을 구원하실 것이다. 성전은 다윗의 아들인 솔로몬이 지었지만, 예수님은 자신이 직접 사람들 가운데서 성막이 되어 하나님이 옛적에 성전을 통해 약속하신 바를 성취하셨다. 성전은 예수님의 모형이고, 유월절과 초막절은 예수님이 성취하실 구원의 모형인 것이다. 7장은 하나님에게 반기를 든 반역의 무리가 예수님을 죽이려 하기 때문에 예수님이 그 절기를 지키러 은밀하게 가셔야 했다는 충격적인 사실을 보여준다. 그 절기 가운데 예수님은 반역의 무리가 자신을 죽이는 데 사용할 거짓된 내러티브를 전복시키기 위해 진리를 말씀하신다.

단락 개요

Ⅳ. C. 초막절에 반석에서 나온 물, 세상을 위한 빛, 보게 됨, 선한 목자 (7:1-10:21)

1. 예수님의 잠행과 전복 사역(7:1-24)
    a. 예수님의 잠행(7:1-13)
        (1) 관련된 시간과 장소(7:1-2)
        (2) 믿지 않는 형제들(7:3-5)
        (3) 때가 아직 이르지 않음(7:6-9)
        (4) 잠행과 수군거림(7:10-13)
    b. 진리로 거짓말들을 전복시키심(7:14-24)
        (1) 예수님의 가르침(7:14-18)
        (2) 모세, 안식일, 할례(7:19-24)

주석

7:1-13 | 예수님의 잠행 예수님은 요한복음 2장에서 유월절을 지키러 가나에서 예루살렘으로 가셨고, 3장에서는 예루살렘에 계셨다. 그런 후 4장에서는 사마리아를 거쳐 가나로 돌아오셨다. 5장에서는 다시 유대인의 명절을 지키러 예루살렘으로 올라가셔서(5:1) 그곳에서 안식일에 38년 된 병자를 고치신 다음, 그것은 옳은 일이라고 말씀하셨다. 요한은 이 일이 있은 후로 유대인들이 예수님을 죽이려 했다고 설명한다(5:18). 예루살렘에서 논쟁이 벌어진 후 예수님은 유월절이 가까웠을 때에 갈릴리 바다 건너편으로 가셔서(6:4) 오천 명을 먹이고 물 위를 걷는 기적을 행하셨다. 6장은 예수님이 가버나움 회당에서 가르치시는 장면으로 끝난다(6:59).

요한복음 7:1은 유대인들이 여전히 예수님을 죽이려 했기 때문에(참고. 5:18), 예수님이 유대 지방을 피해 갈릴리에서 다니셨다고 설명한다. 유월절은 첫째 달에(레 23:5), 초막절은 일곱째 달에(레 23:34), 수전절은 아홉째 달에 있었다(요 10:22). 6장의 일들은 유월절이 가까웠을 때에 일어났고(6:4), 7:2은 그로부터 6개월이 지나 초막절이 되었음을 말해 준다.

7:10에서 예수님은 예루살렘으로 올라가시는데, 이 복음서의 나머지 부분에는 다시 갈릴리로 돌아오셨다는 언급이 나오지 않는다. 10:40에서 예수님은 요단강을 건너 예루살렘에서 불과 3킬로미터밖에 떨어져 있지 않은 베다니로 돌아오신다(11:1-44). 예수님은 11:54에서 "빈 들 가까운 곳"에 있는 "에브라임이라는 동네"로 가셨다가 12:1-19에서는 베다니로 돌아오셨고, 이제 유월절에는 예루살렘으로 올라가 십자가에 못 박히실 것이다.

7:2에서 초막절(일곱째 달)에 대한 언급이 있고 나서 시간에 대한 그다음의 표시는 10:22에 나오는 수전절(아홉째 달)에 대한 언급이다. 따라서 요한복음 7:1-10:21은 예수님이 초막절과 수전절 사이에 예루살렘과 그 주변에서 행하신 일들을 말해 주는 연속된 이야기로 보인다.

1장에서는 예수님을 가리켜 아버지 하나님의 품속에 계시다가 육신이 된 말씀이라고 선언했는데, 7:1은 유대인들이 그런 예수님을 죽이려 한다는 충격적인 이야기를 전한다. 예수님이 유대인들의 왕, 다윗의 자손, 세상의 빛으로 "자기 땅에 오매 자기 백성이 영접하지 아니하였[다]"(1:11).

예수님의 형제들은 예수님이 유명해지기를 원한다는 전제 하에(7:4a, "스스로 나타나기를 구하면서"), 예수님에게 예루살렘으로 올라가 제자들과 세상 사람들에게 그분이 하시는 일들을 보여주라고 권한다. 5절에서 요한은 예수님의 형제들이 아직 예수님을 믿지 않았기 때문에 그렇게 권했다고 설명한다.

예수님의 형제들이 한 말은 적어도 두 가지로 해석할 수 있다. 하나는 그들이 공개적으로 적대감을 드러내며 예수님을 비웃고 조롱했다는 해석이다. 다른 하나는 그들이 예수님의 사명을 이해하지 못했지만 어쨌든 호의적인 태도를 보였다는 해석이다. 그들은 예수님이 능력 있는 일을 행하시는 것을 보고서 메시아라는 것을 알았기 때문에 그분이 세상에 적극적으로 나서야 한다고 생각했다. 그러한 생각은 "이 일을 행하려 하거든 자신을 세상에 나타내소서"(4절b)라는 권면에서 잘 드러난다.

형제들의 말과 예수님의 대답에 모두 부합하는 것은 두 번째 해석으로 보인다. 예수님은 이에 대해 방어하거나 책망하는 게 아니라 설명하는 어조로 말씀하시는 듯하다. 이것이 사실이라면, 즉 형제들이 예수님을 조롱하거나 적대적인 태도를 보인 것이 아니라면 그들이 예수님을 믿지 않았다는 요한의 설명은 어떻게 이해해야 할까? 형제들은 예수님이 행하신 표적들이 무엇을 의미하는지 깨닫지 못했고, 그분의 때가 아직 오지 않았다는 것과 그때가 왔을 때 무슨 일이 벌어질지에 대해서도 알지 못한 것으로 보인다.

형제들은 예수님의 삶이 순전하다는 사실을 알고 있었을 것이고, 예수님이 행하신 초자연적인 일들을 보았다. 또 예수님의 신분이 다윗 가문에 속해 있다는 사실을 인지하고 있었으며, 형제인 예수님이 사람들이 오랫동안 기다려온 메시아라는 것도 알았을 것이다. 그럼에도 당시 유대인들과 마찬가지로 메시아가 와서 하실 일들에 대한 일련의 잘못된 생각과 기대를 갖고 있었던 것 같다. 그들은 메시아의 사명을 잘못 이해하고 있었기 때문에, 즉 메시아가 와서 먼저 고난을 당한 후 승리하시는 것이 아니라 처음부터 끝까지 승리하실 것이라고 생각했기 때문에 예수님에게 잘못된 조언을 했고, 예수님은 그 조언을 거절하신 것이다.

예수님의 형제들에 대한 지금까지의 설명이 맞다면, 그들이 한 조언의 성격뿐 아니라 예수님이 그 조언을 거절하신 이유도 보다 분명하게 드러난다. 형제들은 예수님에게 절기를 맞이하여 예루살렘으로 올라가라고 조언하지만(3절), 예수님은 올라가지 않겠다고 말씀하신 후(8절) 실제로는 올라가신다(10절). 형제들이 예수님에게 무엇을 조언했고, 또 예수님이 그 조언을 거절하신 것의 의미를 제대로 알지 못한다면 우리는 이 본문을 엉뚱하게 이해할 수도 있다. 형제들은 예수님께 이 절기에 예루살렘으로 올라가 나중에 그분의 때가 왔을 때 실제로 하신 방식으로, 즉 무리가 종려 나뭇가지를 흔들면서 "호산나"라고 외치고 환호하는 가운데 입성하라고 조언한 것으로 보인다(참고. 12:12-15). 단순히 예루살렘으로 올라가라고 조언한 것이 아니다. 수많은 사람들의 환호를 받으며 유대인의 왕으로 예루살렘에 입성하여 메시아의 사명을 완수할 결정적인 계기를 만들라고 조언한 것이다.

형제들의 조언을 이런 식으로 이해한다면 예수님이 자신의 때가 아직 오지 않았다고 대답하신 이유가 설명된다(7:6). 또한 8절에서는 이 절기에 예루살렘으로 올라가지 않겠다고 말씀하시지만, 10절에서 은밀하게 올라가신 일이 결코 이율배반적이지 않음도 이해하게 된다. 예수님은 이 절기에 예루살렘으로 올라가지 않겠다고 말씀하신 것이 아니라 아직은 많은 사람들의 환호를 받으며 예루살렘에 입성해서 이 나라를 접수할 때가 오지 않았다고 말씀하신 것이다. 즉 이 절기에 형제들이 권한 방식으로는 예루살렘에 가지 않겠다고 밝히신 것이다. 그들은 예수님의 사명이 무엇인지 알지 못했기 때문에 그분을 믿을 수 없었고, 그래서 믿지 않았다.

유대인들은 예수님을 죽이려 했고(1절), 형제들은 예수님의 계획이나 의도를 이해하지 못했다(5절). 친족의 존경을 받기에 합당한 사람이 있다면 예수님이 그런 분이시다. 가족 구성원들의 공감과 이해를 받기에 합당한 사람이 있다면 이 또한 예수님이 그런 분이시다. 하지만 고향 사람들과 친족들은 예수님을 합당하게 대하기는커녕 예수님에 대한 잘못된 생각과 기대 때문에 그분을 적대시하고 믿지 않았다.

예수님은 6-8절에서 형제들의 조언에 대답하면서 자신의 입장을 설명하신다. 때가 아직 오지 않았기 때문에 믿지 않는 형제들이 조언한 방식으로는 예루살렘에 올라가지 않겠다고 말씀하신다. 형제들은 언제든 예루살렘으로 올라갈 수 있지만, 예수님이 많은 사람들 앞에서 공개적으로 예루살렘으로 올라가실 때는 아직 오지 않았다. 나중에 12:12-19에서 서술하는 방식으로 예수님이 승리의 입성을 하시는 때가 오는데, 바로 때가 이르렀다고 선언하시는 때다(12:23).

예수님은 자기를 죽이려고 하는 자들의 적대감에 대해 말씀하시면서(7:1; 참고. 5:18) "내가 세상의 일들을 악하다고 증언하기" 때문에 세상의 미움을 받는다고 설명하신다(7:7). "유대인들이 [그분을] 죽이려" 하고 있고(1절), 예수님은 세상이 자기를 미워한다고 말씀하셨기 때문에(7절) 믿지 않는 유대인은 "세상"에 속한 자들이라는 것이 드러난다. 예수님은 그분의 존재로, 순전함으로, 능력으로, 대권적 권능으로 세상의 일들이 악하다는 것을 증언하신다. 세상이 예수님을 미워하는 이유는, 그분은 빛이신데 세상은 어둠을 사랑하기 때문이다.

형제들은 예수님께 이 절기에 예루살렘으로 올라가 그동안 해 오신 일들을 제자들과 세상 사람들에게 보여주고 메시아의 신분을 공개적으로 드러내라고 조언했다(4-5절). 반면에 예수님은 그런 목적과 방식으로는 이 절기에 예루살렘으로 올라가지 않겠다고 말씀하셨다(8절). 그런 후 큰 무리에 합류하여 모든 사람들이 볼 수 있게 예루살렘으로 가는 대신(9절), 은밀하게 올라가(10절) 그분을 찾아 죽이려고 혈안이 되어 있는 자들을 피하셨다(11절).

요한은 11-12절에서 예수님에 관한 사람들의 다양한 견해를 설명한다. 예수님의 정체를 두고 사람들 사이에 의견이 분분했다. 한편에서는 예수님이 능력으로 행하시는 일들을 보면서 하나님의 능력이 그분에게 나타나 역사하는 것 같다고 말하곤 했다. 다른 한편에서는 기존의 종교 지도자들이 예수님을 적대시했다. 이런 상황 속에서 사람들은 갈피를 잡을 수 없었다. 이 혼란은 예수님에 대한 여러 집단의 기대와 생각과 관심사가 달라서 생긴 것이었다. 유대인들 사이에서는 예수님이 좋은 사람인지, 아니면 미혹하는 자인지를 놓고 의견이 분분했지만(12절), 당국자들이 두려워서 그분에 대해 자유롭게 공개적으로 말하지는 못했다(13절).

이러한 혼란은 어떻게 해결될 수 있을까? 요한은 그의 내러티브 구조 속에서 해결책을 보여준다. 예수님이 일어나 스스로 말씀하시는 것이다. 예수님이 어떤 분인지 도무지 갈피를 잡을 수 없다면 그분이 하시는 말씀을 경청하라. 그러면 문제가 해결된다.

7:14-24 | 진리로 거짓말들을 전복시키심 예수님이 가르치기 시작하자(14절) 무리는 예수님에게 무슨 자격으로 가르치는 것이냐고 묻는다(15절). 유대인의 전통에 따르면 예수님에게는 가르칠 자격이나 권한이 없었기 때문에 사람들은 그분의 통찰과 권위의 원천을 알고 싶어했다.

예수님은 자신의 권위의 원천과 가르침의 목적, 그리고 그 가르침이 과연 옳은지 시험할 수 있는 방법을 자세하게 말씀하신다. 예수님이 16-18절에서 하시는 말씀은 5:43-47에서 하신 말씀과 매우 비슷하다. 두 본문에서 예수님은 자신 스스로의 권위가 아니라 아버지 하나님의 이름으로 가르친다고 단언하신다. 또한 사람들에게 영광을 구하는 것과 하나님의 영광을 구하는 것은 서로 다르다며 모세를 근거로 제시하신다.

예수님은 7:16에서는 가르침의 원천에 대해, 18절에서는 그 권위에 대해 말씀하신다. 자신의 가르침이 독자적인 권위로 행하는 것이 아니라 자신을 보내신 아버지 하나님의 가르침이라는 말씀이다(16절). 또한 자기 이름으로 독자적으로 말해서 스스로를 높이려는 것이 아니라 자기를 보내신 아버지의 영광을 구하는 것이라고 말씀하신다.

예수님이 가르치시는 목적은 "보내신 이의 영광"(18절)을 구하는 것이고, 하나님의 뜻을 행하려고 하는 사람은 누구든지 이것을 알 수 있다(17절). 예수님은 함정에 빠뜨리거나 속이려는 의도 없이 제대로 된 믿음을 가지고 그분에게 나아오는 자는 누구든지 진리를 배울 수 있다고 선언하신다. 이기심이나 교만을 채우기 위해서가 아니라 하나님의 뜻을 행하여 진심으로 하나님을 기쁘시게 해드리고자 하는 사람은 누구든지 예수님의 말씀이 미덥다는 것을 확실히 알 수 있다. 예수님에게 와서 경청하는 사람은 누구든지 그 말씀이 하나님에게서 온 것임을 알게 된다.

예수님이 아버지 하나님의 영광을 구하신다는 것(18절)은 그분의 가르침에 이기적인 것이나 부패한 것이나 참되지 않은 것이 전혀 없음을 보여준다. 우리는 상대가 자신을 높이고 내세우려 애쓰고 있다는 의심이 들기 시작하면 그가 하는 말에 대해 점점 회의적이게 된다. 그가 진정으로 우리를 위하는 것인지, 아니면 단지 듣기에 좋은 말만 하고 있는 것인지 의심하게 된다. 또 그가 진정성 있게 말하는 것인지, 아니면 단지 시류를 따라 말하는 것인지 의심하게 된다. 그리고 진정 섬기고 사랑하는 마음으로 행하면서 우리에게 가장 좋은 것을 주려고 하는지, 아니면 단지 그의 명성과 명예를 얻는 데 우리를 발판으로 이용하려는 것인지 의심하게 된다.

예수님은 자신의 영광을 구하지 않고 자신을 보내신 분의 영광을 구한다고 선언하신다. 예수님은 유명해지려고 하시는 것이 아니다. 사람들을 끌어모아 세력을 키우거나, 자기주장을 널리 퍼뜨리거나, 트위터 계정의 팔로워 수를 늘리거나, 더 많은 책을 팔려고 하시는 것이 아니다. 예수님은 사람들을 사랑하시고 그들에게 진리를 말씀하시는 방식으로 아버지 하나님의 영광을 구하신다. 계속 그러면 목숨이 위험해질 것을 알면서도 그렇게 하실 준비가 되어 있었다. 사람들이 반대하고 배척할 것을 알면서도 그렇게 하실 준비가 되어 있었다. 사람들은 "참되시고" "그 속에 불의"가 없으신(18절) 예수님을 당연히 믿어야 했지만, 실제로는 믿지 않았다. 예수님은 영향력이 커지고 지위가 올라간다고 해서 말씀을 바꾸거나 고치시는 분이 아니다. 그분은 무리를 기쁘게 하려는 마음이 없었다. 그분의 마음은 순수하고, 말씀은 참되었다. 때는 정해져 있고, 목적은 분명했다. 예수님은 하나님과 그분의 백성을 사랑하셨다. 그래서 십자가로 가실 뿐 아니라 경주를 완주하실 것이다.

5:1-16에서 예수님이 안식일에 병자를 고치시자 유대인들이 그분을 박해하기 시작했다. 예수님은 그 일에 대해 해명하면서, 만일 대적들이 모세를 믿었더라면 예수님도 믿었을 것이라고 단언하셨다(5:39, 45-46). 모세가 예수님에 대해 기록했기 때문이다. 그러나 유대인들은 예수님이 안식일에 병자를 고치시고 하나님을 아버지라고 부르셨다는 이유로 그분을 죽이려 했고(5:18), 7장에서도 여전히 같은 이유로 죽이려 하고 있다(1, 7절).

예수님은 또다시 모세를 근거로 들어 대적들에게 해명하면서 그분의 가르침을 실제로 모세가 뒷받침하고 있다고 단언하신다. 예수님은 오히려 대적들이 율법을 지키고 있지 않다고 고발하면서(19절) 그들이 왜 자기를 죽이려고 하는지 반문하신다. 그들이 율법을 지키는 자들이라면 예수님을 죽일 이유가 없고, 배척하기는커녕 도리어 가르침을 받아들였을 것이라고 말씀하신다. 예수님을 영접하고 믿는 것이 곧 율법을 지키는 것인 이유는 무엇인가? 율법이 단지 예수님의 오심을 예언하기 때문이 아니라 아브라함이 그랬듯 예수님을 믿는 것이 율법을 성취하는 것이 되기 때문이다. 아브라함은 믿었고, 하나님은 그것을 그의 의로 여기셨다(창 15:6). 하나님은 아브라함이 믿었기 때문에 율법을 지켰다고 선언하셨다(창 26:5).

예수님은 성경이 예수님 자신을 증언하고 있고(요 5:39), 모세가 자신에 대해 기록했으며(5:46-47), 자신을 죽이려 하는 것은 곧 율법을 지키지 않는 것이라고 선언하신다(7:19). 그리스도는 "율법의 마침"이 되시므로(롬 10:4) 그분을 배척하는 것은 곧 율법을 지키지 않는 것이다.

무리는 예수님의 말씀을 듣고 충격에 휩싸여 그분이 귀신 들렸다고 선언하고, 누가 그분을 죽이려 하는지 밝히라고 요구한다. 요한의 내러티브는 원수들이 예수님을 죽이려 하고 있음을 분명하게 드러내고(요 7:1, 7; 참고. 7:25, 30, 32), 무리가 아무리 충격을 받았다 해도 그분이 하신 말씀이 다 참되다는 것을 보여준다.

그런 다음, 예수님은 7:21에서 "한 가지 일"에 대해 언급하시고, 23절에서 안식일에 병자를 고치신 일을 들어 5:18에서 시작된 그분에 대한 유대인들의 적대를 분명하게 지적하신다. 예수님은 대적들이 율법에서 보다 더 중요한 것을 알지 못하고, 율법 자체의 목적도 알지 못하고 있음을 드러내신다. 그들이 겉모양만 보고 판단하여 예수님을 반대한다는 것이다(24절).

예수님은 남자아이가 태어나서 팔 일째가 되면 그날이 안식일이더라도 아이에게 할례를 시행하는 것을 예로 드신다. 안식일인 그날에 할례를 해도 안식일법을 어기는 것이 아님을 보여주신다(23절). 안식일에 할례를 행해도 된다면, 하물며 안식일에 사람의 전신을 건강하게 하는 것이 어떻게 잘못된 일일 수 있겠는가? 율법은 죄와 사망으로 부정하게 된 사람들을 하나님의 임재 가운데 깨끗한 상태로 거할 수 있게 해 주었다. 할례는 사람이 하나님 앞에서 살아가기에 합당하도록 만드는 장치 중 하나였다. 예수님은 38년 동안 병자였던 사람을 고치시고 건강하고 온전하게 해 주었고, 하나님의 임재 가운데 설 수 있게 함으로써 할례보다 훨씬 더 중요한 일을 하셨다. 제사장이 안식일에 할례를 시행해도 안식일을 어긴 것이 아닌 것처럼 예수님이 안식일에 38년 된 병자를 고치신 일도 안식일을 어긴 것이 아니었다.

결국 예수님이 안식일에 병자를 고치신 것이 안식일법 위반이라고 주장하는 것은, 모세 율법에서 그 근거를 찾아볼 수 없는 트집 잡기임이 드러났다. 그들이 모세 율법을 올바르게 이해했다면 예수님이 안식일에 병자를 고치신 것을 율법에 합당한 일로 여겼을 것이다. 게다가 모세 율법은 에덴동산으로 가는 길을 다시 열어줄 여자의 후손이자 아브라함의 자손, 유다 가문에서 나올 왕을 기다리고 있었다. 예수님은 그러한 모세 율법을 성취하는 과정에 계셨기 때문에 하나님이 하시는 일을 보았고, 모세 율법을 지키고자 하는 사람들은 예수님을 믿을 수밖에 없다.

응답

이 단락의 모든 세세한 사항들은 예수님이 구약의 성취시고 우리가 마땅히 믿어야 할 분임을 말해 주고 있다. 요한복음 6장에 나오는 유월절은 예수님에 관한 절기이고, 7장에 나오는 초막절도 예수님에 관한 절기다. 이 절기에 하나님을 예배하는 자들이 공적으로 행하는 모든 일들은 예수님과 관련되어 있다. 그러한 일이 벌어지는 무대인 성전도 예수님과 관련되어 있다. 할례도 하나님이 약속하신 자손 예수님에 관한 의식이다. 안식일을 준수하고 거룩하게 지키는 것도 예수님이 가져다주시는 안식과 연결되어 있다. 38년 된 병자를 고치신 것은 예수님의 능력과 영광이 드러난 일이었다. 율법을 지키는 것은 곧 예수님을 믿는 것이며, 모세 율법은 장차 오실 구속주인 예수님을 향하고 있다. 의로운 판단은 곧 예수님의 참되심을 아는 데서 나온다.

우리가 이 단락을 통해 그동안 제대로 알지 못하고 피상적으로 판단해 온 문제들이 있다면 그런 사실들을 직시하고 문제의 참된 의미를 드러내야 한다는 교훈을 얻을 수 있다. 예수님은 대적들의 거짓된 내러티브를 드러내고 진리로 대체함으로써 그렇게 하셨다.

세상은 예수님에게 했던 일을 우리에게도 할 것이다. 당시 종교 지도자들이 예수님에게 보인 반응은 오늘에 이르기까지 교회가 당해 온 박해의 역사를 보여준다. 세상이 주님을 대하던 방식으로 그리스도의 신부에게도 그렇게 대해 왔다는 사실에서 우리는 오히려 위로를 받는다.

25 예루살렘 사람 중에서 어떤 사람이 말하되 이는 그들이 죽이고자
하는 그 사람이 아니냐 26 보라 드러나게 말하되 그들이 아무 말도 아
니하는도다 당국자들은 이 사람을 참으로 그리스도인 줄 알았는가
27 그러나 우리는 이 사람이 어디서 왔는지 아노라 그리스도께서 오
실 때에는 어디서 오시는지 아는 자가 없으리라 하는지라 28 예수께
서 성전에서 가르치시며 외쳐 이르시되 너희가 나를 알고 내가 어디
서 온 것도 알거니와 내가 스스로 온 것이 아니니라 나를 보내신 이는
참되시니 너희는 그를 알지 못하나 29 나는 아노니 이는 내가 그에게
서 났고 그가 나를 보내셨음이라 하시니 30 그들이 예수를 잡고자 하
나 손을 대는 자가 없으니 이는 그의 때가 아직 이르지 아니하였음이
러라 31 무리 중의 많은 사람이 예수를 믿고 말하되 그리스도께서 오
실지라도 그 행하실 표적이 이 사람이 행한 것보다 더 많으랴 하니
25 Some of the people of Jerusalem therefore said, "Is not this the man
whom they seek to kill? 26 And here he is, speaking openly, and they
say nothing to him! Can it be that the authorities really know that this

is the Christ? 27 But we know where this man comes from, and when
the Christ appears, no one will know where he comes from." 28 So
Jesus proclaimed, as he taught in the temple, "You know me, and you
know where I come from. But I have not come of my own accord.
He who sent me is true, and him you do not know. 29 I know him, for
I come from him, and he sent me." 30 So they were seeking to arrest
him, but no one laid a hand on him, because his hour had not yet come.
31 Yet many of the people believed in him. They said, "When the Christ
appears, will he do more signs than this man has done?"

32 예수에 대하여 무리가 수군거리는 것이 바리새인들에게 들린지
라 대제사장들과 바리새인들이 그를 잡으려고 아랫사람들을 보내니
33 예수께서 이르시되 내가 너희와 함께 조금 더 있다가 나를 보내신
이에게로 돌아가겠노라 34 너희가 나를 찾아도 만나지 못할 터이요 나
있는 곳에 오지도 못하리라 하시니 35 이에 유대인들이 서로 묻되 이
사람이 어디로 가기에 우리가 그를 만나지 못하리요 헬라인 중에 흩
어져 사는 자들에게로 가서 헬라인을 가르칠 터인가 36 나를 찾아도
만나지 못할 터이요 나 있는 곳에 오지도 못하리라 한 이 말이 무슨
말이냐 하니라
32 The Pharisees heard the crowd muttering these things about him,
and the chief priests and Pharisees sent officers to arrest him. 33 Jesus
then said, "I will be with you a little longer, and then I am going to him
who sent me. 34 You will seek me and you will not find me. Where I
am you cannot come." 35 The Jews said to one another, "Where does
this man intend to go that we will not find him? Does he intend to go to
the Dispersion among the Greeks and teach the Greeks? 36 What does
he mean by saying, 'You will seek me and you will not find me,' and,

‘Where I am you cannot come’?”

37 명절 끝날 곧 큰 날에 예수께서 서서 외쳐 이르시되 누구든지 목마
르거든 내게로 와서 마시라 38 나를 믿는 자는 성경에 이름과 같이[1]
그 배에서 생수의 강이 흘러나오리라 하시니 39 이는 그를 믿는 자들
이 받을 성령을 가리켜 말씀하신 것이라 (예수께서 아직 영광을 받지
않으셨으므로 성령이 아직 그들에게 계시지 아니하시더라)
37 On the last day of the feast, the great day, Jesus stood up and cried
out, “If anyone thirsts, let him come to me and drink. 38 Whoever
believes in me, as the Scripture has said, ‘Out of his heart will flow
rivers of living water.’” 39 Now this he said about the Spirit, whom
those who believed in him were to receive, for as yet the Spirit had not
been given, because Jesus was not yet glorified.

40 이 말씀을 들은 무리 중에서 어떤 사람은 이 사람이 참으로 그 선지
자라 하며 41 어떤 사람은 그리스도라 하며 어떤 이들은 그리스도가
어찌 갈릴리에서 나오겠느냐 42 성경에 이르기를 그리스도는 다윗의
씨로 또 다윗이 살던 마을 베들레헴에서 나오리라 하지 아니하였느냐
하며 43 예수로 말미암아 무리 중에서 쟁론이 되니 44 그중에는 그를
잡고자 하는 자들도 있으나 손을 대는 자가 없었더라
40 When they heard these words, some of the people said, “This really
is the Prophet.” 41 Others said, “This is the Christ.” But some said, “Is
the Christ to come from Galilee? 42 Has not the Scripture said that the
Christ comes from the offspring of David, and comes from Bethlehem,
the village where David was?” 43 So there was a division among the
people over him. 44 Some of them wanted to arrest him, but no one laid
hands on him.

45 아랫사람들이 대제사장들과 바리새인들에게로 오니 그들이 묻되
어찌하여 잡아오지 아니하였느냐 46 아랫사람들이 대답하되 그 사람
이 말하는 것처럼 말한 사람은 이때까지 없었나이다 하니 47 바리새인
들이 대답하되 너희도 미혹되었느냐 48 당국자들이나 바리새인 중에
그를 믿는 자가 있느냐 49 율법을 알지 못하는 이 무리는 저주를 받은
자로다 50 그중의 한 사람 곧 전에 예수께 왔던 니고데모가 그들에게
말하되 51 우리 율법은 사람의 말을 듣고 그 행한 것을 알기 전에 심판
하느냐 52 그들이 대답하여 이르되 너도 갈릴리에서 왔느냐 찾아보라
갈릴리에서는 선지자가 나지 못하느니라 하였더라

45 The officers then came to the chief priests and Pharisees, who said
to them, "Why did you not bring him?" 46 The officers answered,
"No one ever spoke like this man!" 47 The Pharisees answered them,
"Have you also been deceived? 48 Have any of the authorities or the
Pharisees believed in him? 49 But this crowd that does not know the
law is accursed." 50 Nicodemus, who had gone to him before, and who
was one of them, said to them, 51 "Does our law judge a man without
first giving him a hearing and learning what he does?" 52 They replied,
"Are you from Galilee too? Search and see that no prophet arises from
Galilee."

1 또는 "그로 하여금 내게로 오게 하고, 나를 믿는 자로 하여금 마시게 하라 한 것같이"

단락 개관

생수의 강

사람이 사는 데 필수적인 것이 있다. 우리는 물 없이, 음식 없이, 빛 없이 살 수 없다. 게다가 소망이 없어도 살기 힘들다. 이스라엘이 광야에서 초막 생활을 할 때 여호와께서 그들이 살 수 있도록 물을 공급해 주셨다. 초막절에 예수님은 목마른 자들이 그분에게 와서 마시면 그 배에서 생수의 강이 흘러나올 것이라고 약속하셨다. 요한은 이것을 두고 믿는 자들이 성령을 받게 될 것이라는 약속이라고 설명한다. 이것은 유월절(요 6장)과 초막절(요 7장)을 배경으로 예수님이 새로운 출애굽을 이루신 후, 자기 백성들이 새롭고 더 나은 약속의 땅으로 가는 여정에서 그들을 지키기 위해 생수의 강, 즉 성령을 보내주실 것임을 보여준다.

유월절이 가까운 때(6:4) 예수님은 광야에서 오천 명을 먹이시고, 그런 다음에 물 위를 걸으셨다. 이런 일들은 하늘에서 만나가 주어진 것과 이스라엘 백성이 홍해를 마른 땅처럼 건넌 것에 대응된다. 그런 후 예수님은 가버나움 회당에서(6:59) 유월절 식사가 나중에 그분이 제정하실 성찬을 통해 어떻게 성취될지를 말씀하시는데, 그분의 살을 먹고 피를 마시는 자는 생명을 얻게 될 것이다(6:35-58).

유월절은 이스라엘이 여호와의 강한 손과 편 팔을 통해 애굽에서 빠져나온 출애굽 사건을 기념하는 절기다. 초막절은 약속의 땅으로 가기 위해 광야에서 초막 생활을 할 때 여호와께서 그들에게 필요한 것을 공급해 주시고 그들을 지켜주신 일을 기념하는 절기다. 이 절기들은 하나님이 과거에 자기 백성을 위해 행하신 일들을 기념하는 동시에 장차 이루실 구원을 미리 보여준다. 이 구원은 하나님이 약속하신 여자의 후손이요(창 3:15), 유다 지파에서 나올 왕이며(창 49:8-12), 모세 같은 선지자이자(신 18:15-18), 멜기세덱의 반차를 따른 제사장(시 110:4)을 통해 이루실 것이다.

초막절에 예수님은 진리를 말씀하셔서 원수들이 그분을 반대하고 공격하는 데 사용한 거짓된 내러티브를 전복시키셨다. 그들은 예수님이 안식일에 병자를 고치시느라 안식일을 어겼다고 주장했다(요 5:1-16). 예수님은 남자아이가 태어나서 팔 일째 되는 날이 안식일이더라도 할례를 행할 수 있다면 안식일에 한 사람의 전신을 온전하게 고치는 일도 당연히 할 수 있다는 것을 보여주셨다(7:23). 또한 자신을 죽이려 하는 것은 율법을 지키지 않는 것이라고 단언하시면서(7:19) 앞에서 성경이 자신에 대해 증언하고 있다는 논증(5:39, 46-47)을 이어나가셨다.

예수님이 안식일에 할례 행하는 것을 근거로 전개하신 논증으로 말미암아 그분이 안식일에 병자를 고치신 것이 옳은 일인지 아니면 잘못된 일인지를 놓고 벌어진 논쟁은 일단락된 것으로 보인다. 유대인들은 계속해서 예수님을 죽이려 하기는 했지만, 안식일에 병자를 고치신 것을 그 이유로 언급하지는 않는다. 이어지는 7장의 논쟁 속에서 예수님이 안식일에 병자를 고치신 것이 과연 합당한 일이었는지에 관한 문제는 더 이상 거론되지 않는다. 25-52절에서 예수님을 둘러싼 논쟁의 초점은 그분이 어디에서 오셨고, 어디로 가시는지의 문제로 이동한다.

단락 개요

Ⅳ. C. 2. 생수의 강(7:25-52)

a. 예수님은 어디에서 오셨는가(7:25-30)

b. 예수님은 어디로 가시는가(7:31-36)

c. 생수의 강(7:37-39)

d. 그리스도가 어찌 갈릴리에서 나오겠느냐(7:40-52)

주석

7:25-30 | 예수님은 어디에서 오셨는가 예수님은 자신에 대해 안식일을 어기고 있다고 말한 유대인들의 거짓된 내러티브를 성공적으로 전복시키신다(7:21-24). 그 일이 성공적이었다는 것은 무리의 수군거림에 반영되어 있다(25-26절). 당국자들이 예수님을 죽이려 한다는 것을 알고 있던 사람들은 예수님이 공개적으로 가르치시는데도 아무 조치가 없다는 것을 이상하게 생각한다. 무리 중 어떤 사람들은 당국자들이 예수님을 메시아라고 생각하는 게 아닌지 의아해하기 시작한다. 무리는 안식일에 병자를 고친 것이 왜 옳은 일인지 밝히신 예수님의 논증에 수긍했기 때문에 이제는 그다음 문제, 즉 예수님이 어디에서 오셨는지가 그들의 관심사가 되었다.

오랜 시간이 지난 후에 마침내 여자의 후손이자 다윗의 자손인 대망의 메시아가 오셨다. 마침내 자기 백성을 구원하고자 하시는 여호와의 계획이 본궤도에 올랐다. 아울러 성경의 많은 예언들이 성취되고 있었다. 하지만 여기에 나오는 무리는 사탄이 선동할 때 사용한 말들에서 정보를 얻은 것처럼 말한다. 그들은 불완전하고 잘못된 정보를 근거로 잘못된 판단을 하고 있다. 무리 중 어떤 사람들은 예수님이 베들레헴에서 태어나셨다(눅 2:1-20)는 말을 듣지 못한 것이 분명하다. 예수님이 나사렛에서 자랐으니 그곳에서 태어난 것이 틀림없다고 생각한다. "우리는 이 사람이 어디서 왔는지 아노라"(요 7:27). 또한 주가 성전에 갑자기 나타날 것이라고 말한 말라기 3:1을 근거로, 메시아의 기원은 아무도 모른다는 편견이 생겨난 듯하다. "그리스도께서 오실 때에는 어디서 오시는지 아는 자가 없으리라"(요 7:27b).

그러나 끈기 있게 사실을 추적한 사람들은 예수님이 어디에서 태어나셨는지 바로 알 수 있었고, 말라기 3:1을 미가 5:2에 비추어 해석해야 한다는 점도 알았을 것이다. 자신의 생각을 꼼꼼하게 살피려고 하지 않는 사람들은 잘못된 정보로 인한 무자비한 폭력의 희생양이 될 수밖에 없다. 진실을 알았더라면 누구나 예수님이 참 메시아라는 사실을 알았을 것이다.

예수님은 거짓을 두려워하지 않으신다. 7:28-29에서 예수님은 성전에 서서 깊은 사고를 이끌어 내는 방식으로 사람들이 갖고 있는 잘못된 정보에 도전하신다. 먼저 출생지에 관한 문제를 출발점으로 삼아 자신이 아버지 하나님에게서 왔다고 말씀하심으로써 육신으로 태어나기 이전의 더 깊고 참된 자신의 기원에 대해 밝히신다. 예수님은 5:37에서 대적들이 하나님을 경험하지 않았다고 단언하셨는데, 여기에서는 그들이 하나님을 알지 못한다고 선언하신다(7:28). 반면에 예수님은 아버지 하나님으로부터 오셨고 그분의 보내심을 받았으며, 다른 모든 사람들과는 달리 그분을 아신다고 말씀하신다(29절; 참고. 1:18).

예수님은 진리를 말씀하셨지만, 대적들은 그것을 좋아하지 않았다. 그들은 예수님을 잡으려고 했지만, 사울이 다윗을 죽이려고 했을 때 하나님이 다윗을 지키셔서 그를 죽일 수 없게 했던 것처럼 예수님을 잡을 수 없었다. 그래서 대적들은 예수님의 때가 이를 때까지 그분에게 아무런 조치도 취할 수 없었다(7:30).

7:31-36 | 예수님은 어디로 가시는가 31절에서 일부 사람들은 증거들을 검토하면서 예수님이 과연 그리스도인지 스스로 생각해 본다. 그들은 예수님이 행하신 놀라운 표적들을 인정하고 메시아라 하더라도 그분이 행하신 표적들을 능가할 수 없을 것이라는 결론에 도달한다. 32절에서 바리새인들은 무리가 수군거리는 말을 듣고서 대제사장들과 힘을 합쳐 예수님을 잡으려 한다. 예수님이라는 공동의 적을 상대하면서 대제사장들과 바리새인들은 일치단결하는 모습을 보여준다.

예수님이 어디에서 왔는지를 놓고 무리의 의견이 분분할 때(27절) 예수님은 자신의 기원이 하늘에 있다고 말하여 그들을 당혹스럽게 하셨는데(28-29절), 이제 33-34절에서는 다시 하늘로 돌아갈 것이라고 말해서 그들을 한층 더 당혹스럽게 하신다. 예수님이 얼마 있지 않아 자신을 보내신 이에게 돌아갈 것이라고 말씀하신 것은 아버지 하나님께로 가신다는 뜻이다(33절). 대적들은 예수님처럼 부활하여 승천할 수 없고, 아버지 하나님에게로 올라가지 못할 것이다(34절).

대적들은 예수님이 하시는 말씀에 당연히 당혹스러워하면서 헬라인들을 가르치러 약속의 땅을 떠나려는가 하는 의문을 품게 된다(35-36절). 대적들은 예수님의 논증을 이길 수 없었고, 그분의 말씀을 깨닫지 못했다. "빛이 어둠에 비치되 어둠이 깨닫지 못하더라"(1:5).

7:37-39 | 생수의 강 예수님 당시에 초막절 행사에는 물 붓는 의식과 촛불 켜는 의식이 포함되었던 것 같다[참고. 미쉬나 수카(*m. Sukkah*) 4:9-5:3]. 이러한 배경은 예수님이 왜 자신을 생수의 근원이요(요 7:37-39) "세상의 빛"(8:12)이라고 말씀하셨는지 그 이유를 설명해 준다.

초막절의 물 붓는 의식을 설명하고 있는 유대교 문헌들은 그것이 상징하는 바에 대해서는 언급하지 않는다. 아마도 그것은 이스라엘 백성이 광야를 지나 약속의 땅으로 가는 여정에서 초막 생활을 할 때 하나님이 반석에서 물을 내어 그들에게 주신 것을 기념하는 의식이었을 것이다. 그렇다면 예수님이 7:38에서 말씀하신 그에게서 흘러나올 물은 광야의 반석에서 나온 물의 성취일 것이다. 여호와는 모세 앞 반석 위에 서셨고, 모세는 그 반석을 쳤다(출 17:6). 그러므로 모세가 반석을 친 것은 여호와를 친 것을 의미한다. 군인들이 십자가에 달리신 예수님을 쳤고, 그분에게서 피와 물이 흘러나왔다. 많은 해석자들은 십자가에 달리신 예수님에게서 흘러나온 물을 광야의 반석에서 나온 물과 연결시켜 왔다. 이 모든 것으로 볼 때 바울이 고린도전서 10:4에서 "이는 그들을 따르는 신령한 반석으로부터 마셨으매 그 반석은 곧 그리스도시라"고 한 말이 무슨 의미인지 이해할 수 있다.

이스라엘은 광야에서 목이 마르자 모세와 논쟁을 벌였다(출 17:1-3). 요한복음 7장을 보면 초막절을 맞이해 영적으로 목마른 사람들은 예수님이 어디에서 오셨고(7:25-30) 어디로 가시는지(31-36절)를 놓고 논쟁을 벌이고 있다. 모세가 반석을 쳤고, 거기에서 물이 흘러나와 사람들의 목마름을 해결해 주었다. 초막절에 예수님은 자기에게로 오는 자들에게 생수를 주겠다고 제안하신다. 예수님은 반석이시다. 사람들은 예수님을 칠 것이고, 그분에게서 물이 흘러나올 것이다. 즉 예수님은 약속의 땅을 향해 가는 자기 백성들이 지탱할 수 있도록 그들에게 성령을 주실 것이다.

예수님은 사마리아 여자와 대화하실 때 목마름을 영원히 없애줄 생수의 근원으로 자신을 소개하셨다(4:10-14). 또 예수님은 자신을 믿는 자는 누구든지 영생을 얻게 될 것이라고 말씀하셨다(5:24). 그리고 예수님은 자신을 "생명의 떡"(6:35)이라고 밝히시며, 하나님의 뜻을 행하고자 하는 사람은 누구든지 예수님의 가르침이 하나님에게서 왔음을 알게 될 것이라고 말씀하셨다(7:17).

예수님이 어디에서 오셨고(7:25-30) 어디로 가시는지(31-36절)를 둘러싸고 무리가 격렬하게 논쟁을 벌이고 있는 와중에 그분은 목마른 자들은 모두 자기에게로 와서 마시라고 초청하신다(37절). 그러면서 마시는 것은 곧 믿는 것을 뜻한다고 밝히시고(38절), 자신에게 오는 자들은 성경에서 약속한 대로 그에게서 흘러나오는 생수의 강에서 생수를 마시게 될 것이라고 약속하신다(38절). 예수님이 초막절에 이렇게 말씀하신 것은 사람들이 초막절을 맞이해 재현하는 일들이 그분 안에서 성취되리라는 것을 암묵적으로 밝히신 것이다.

이에 대해 요한은 예수님이 성령에 대해 말씀하신 것이라고 설명한다(39절). 이는 장차 메시아가 와서 영광스러운 종말론적인 회복을 이루실 때 사람들이 하나님의 성령을 새롭고 더 깊게 경험하게 될 것이라고 예언한 구약의 본문들을 반영하고 있다. 그중에는 성령을 물과 결부시킨 본문들도 있다(참고. 사 32:1-2, 15; 44:3; 겔 36:27; 37:14; 39:29; 욜 2:28-29; 슥 12:10; 13:1). 요한복음 7장을 보면 예수님이 성전에서 가르치시는데(14, 28절), 구약의 몇몇 본문들은 물이 성전에서 흘러나와 하나님이 자기 백성을 회복시키실 것이라고 말한다(겔 47:1-12; 욜 3:18; 슥 14:8).

여기에서 요한은 생명을 주시는 성령의 능력을 힘입어(6:63) 예수님을 믿고 거듭난 사람들(요 1:13; 3:3-8)일지라도 아직 성령을 받지는 않았다고 분명하게 말한다(7:39). 그리고 이것은 예수님이 아직 영광을 받지 않으셨기 때문이라고 그 이유를 밝힌다(참고. 12:23-24; 13:31; 17:1). 이것은 20:22에서 성령이 주어지기 전에는 신자들이 성령으로 거듭나기는 해도 성령이 그들 안에 내주하지 않으셨음을 보여주는 것일 수 있다.[29]

이러한 논쟁의 와중에 예수님은 또다시 무리에게 그분이 하는 말씀이 과연 옳은지 검증해 볼 수 있는 방법을 제시하신다. 와서 마시라, 와서 믿으라는 것이다. 예수님에게 오는 자들은 그분의 차고 넘치는 선하심을 경험하고, 진리이신 분에 의해 자유롭게 되고, 길이신 분에 의해 올바르게 되며, 생명이신 분에 의해 살아나게 될 것이다. 이런 확신 가운데 예수님은 사람들을 초대하신다(참고. 14:6).

7:40-52 | 그리스도가 어찌 갈릴리에서 나오겠느냐 요한복음 7:40은 예수님의 초대에 응하여 온 사람들(37절) 가운데 어떤 이들은 예수님이 진정으로 모세 같은 선지자라고 확신했고(참고. 6:14), 또 어떤 이들은 예수님이 메시아, 즉 그리스도임을 인정했다는 것을 보여준다(7:41a). 이처럼 어떤 사람들은 예수님에게 와서 확신하는 반면, 41절에 의하면 다른 사람들은 예수님이 베들레헴에서 태어나신 것을 알지 못하고 그분의 출생지를 갈릴리로 생각하면서 여전히 잘못된 정보의 안개 속을 헤매고 있다. 그들은 예수님이 베들레헴에서 태어나셨을 때 성취되었던 바로 그 약속(미 5:2)을 오히려 그분이 그리스도가 아니라는 증거로 인용한다. 무지와 잘못된 정보는 분열을 가져왔고(요 7:43), 그들 중에는 예수님을 잡으려고 한 사람들도 있었지만 아무도 그렇게 하지 못했다(44절). 때가 아직 이르지 않았기 때문이다(30절).

45-52절을 보면, 요한은 무리의 분열된 반응을 보여주는 장면(40-44절)에서 예수님을 잡으러 간 경비병들(참고. 32절)이 빈손으로 돌아온 장면으로 무대를 이동한다. 대제사장들과 바리새인들은 예수님을 잡으려 했다

29 자세한 내용은 Hamilton, *God's Indwelling Presence*를 보라.

(45절). 하지만 그들이 보낸 경비병들은 예수님이 보통 사람이 아니라는 것을 알고 그분을 잡을 수 없었다(46절). 바리새인들은 경비병들도 미혹되었다고 판단하고(47절), 당국자나 바리새인들 중에 예수님을 믿은 자가 아무도 없다는 것을 근거로 제시한다. 하지만 그런 식의 논리는 권위에 기대는 속물근성일 뿐이다. 그들은 권위에 기대어 강압적이고 터무니없는 논리적 오류를 저지르는 데 그치지 않고, 율법을 모르는 자들이라는 이유로 무리를 멸시한다(49절). 하지만 그들의 논리와는 정반대로, 예수님을 믿는 자들은 곧 율법의 성취이시며 모든 율법이 가리키는 분을 믿는 것이다. 바리새인들은 이 무리를 향해 저주받은 자들이라고 단죄하지만, 사실 이 무리 중에서 예수님을 믿은 자들이 복 받은 자들이다.

니고데모는 적어도 예수님에게 스스로를 변호할 수 있는 기회를 준 다음에 죄가 드러나면 그때 가서 잡아도 늦지 않다고 말하면서 공정한 모습을 보인다(50-51절). 반면에 대적들은 예수님을 갈릴리 출신으로 단정하고 나서 니고데모에게 너도 시골 촌구석 출신이냐고 따지며 모욕한다. 그들은 철저하게 자기 안에 갇힌 독선적인 사람들이었다.

응답

진리는 예수님의 원수된 자들의 편이 아니다. 사실을 조사해 보면 그들의 주장은 무너질 것이다. 그들의 주장은 논리에 맞지 않고, 바른 말을 해도 인정하지 않는다. 그들은 그릇된 정보를 가지고 예수님을 고발하고 있다. 증거들을 제대로 살피지도 않고 배척하는 것이다. 그들은 잘못된 추론과 왜곡된 인식으로 예수님을 인신공격하고 있다. 하나님의 피조물들이 하나님이 그들에게 주신 것, 즉 사고와 이성과 말과 감정을 왜곡하며 예수님을 공격하고 있다. 그 모든 것들을 올바르게 사용한다면 그들은 생수의 강에 이르게 될 것이다.

예수님은 하늘로부터 오셨고, 죽으시고 부활하신 후에는 하늘에 계신 아버지께로 다시 돌아가셨다. 예수님은 자신에게 온 자들에게 생수의 강을 주어 마시게 하셨고, 하나님의 어린양으로 죽으심으로 말미암아 유월절을 성취하여 그들을 해방시키셨다. 예수님이 구속하시고 자유롭게 하신 자들이 광야를 지날 수 있도록 그들에게 주시는 생수는 다름 아닌 성령이다. 예수님에게로 오라. 물로 나아와 마시라. 믿으라. 살라.

성령은 예수님에게서 흘러나와 그분의 백성에게로 흘러 들어간다. 예수님을 믿을 때 우리 안에 성령이 내주하신다. 성령이 우리 안에 내주하시면 우리는 우리의 삶과 경건에 필요한 모든 것을 갖게 된다.

[가장 초기의 사본들에는 7:53-8:11이 포함되어 있지 않다.][1]

7:53 [다 각각 집으로 돌아가고 8:1 예수는 감람산으로 가시니라 2 아침
에 다시 성전으로 들어오시니 백성이 다 나아오는지라 앉으사 그들을
가르치시더니 3 서기관들과 바리새인들이 음행 중에 잡힌 여자를 끌
고 와서 가운데 세우고 4 예수께 말하되 선생이여 이 여자가 간음하다
가 현장에서 잡혔나이다 5 모세는 율법에 이러한 여자를 돌로 치라 명
하였거니와 선생은 어떻게 말하겠나이까 6 그들이 이렇게 말함은 고
발할 조건을 얻고자 하여 예수를 시험함이러라 예수께서 몸을 굽히사
손가락으로 땅에 쓰시니 7 그들이 묻기를 마지 아니하는지라 이에 일
어나 이르시되 너희 중에 죄 없는 자가 먼저 돌로 치라 하시고 8 다시
몸을 굽혀 손가락으로 땅에 쓰시니 9 그들이 이 말씀을 듣고 양심에
가책을 느껴 어른으로 시작하여 젊은이까지 하나씩 하나씩 나가고 오
직 예수와 그 가운데 섰는 여자만 남았더라 10 예수께서 일어나사 여
자 외에 아무도 없는 것을 보시고 이르시되 여자여 너를 고발하던 그
들이 어디 있느냐 너를 정죄한 자가 없느냐 11 대답하되 주여 없나이

다 예수께서 이르시되 나도 너를 정죄하지 아니하노니 가서 다시는
죄를 범하지 말라 하시니라]

7:53 [[They went each to his own house, 8:1 but Jesus went to the Mount
of Olives. 2 Early in the morning he came again to the temple. All the
people came to him, and he sat down and taught them. 3 The scribes
and the Pharisees brought a woman who had been caught in adultery,
and placing her in the midst 4 they said to him, "Teacher, this woman
has been caught in the act of adultery. 5 Now in the Law, Moses
commanded us to stone such women. So what do you say?" 6 This they
said to test him, that they might have some charge to bring against him.
Jesus bent down and wrote with his finger on the ground. 7 And as they
continued to ask him, he stood up and said to them, "Let him who is
without sin among you be the first to throw a stone at her." 8 And once
more he bent down and wrote on the ground. 9 But when they heard it,
they went away one by one, beginning with the older ones, and Jesus
was left alone with the woman standing before him. 10 Jesus stood up
and said to her, "Woman, where are they? Has no one condemned
you?" 11 She said, "No one, Lord." And Jesus said, "Neither do I
condemn you; go, and from now on sin no more."]]

12 예수께서 또 말씀하여 이르시되 나는 세상의 빛이니 나를 따르는
자는 어둠에 다니지 아니하고 생명의 빛을 얻으리라 13 바리새인들
이 이르되 네가 너를 위하여 증언하니 네 증언은 참되지 아니하도다
14 예수께서 대답하여 이르시되 내가 나를 위하여 증언하여도 내 증
언이 참되니 나는 내가 어디서 오며 어디로 가는 것을 알거니와 너희
는 내가 어디서 오며 어디로 가는 것을 알지 못하느니라 15 너희는 육
체를 따라 판단하나 나는 아무도 판단하지 아니하노라 16 만일 내가

판단하여도 내 판단이 참되니 이는 내가 혼자 있는 것이 아니요 나를
보내신 이가[2] 나와 함께 계심이라 17 너희 율법에도 두 사람의 증언이
참되다 기록되었으니 18 내가 나를 위하여 증언하는 자가 되고 나를
보내신 아버지도 나를 위하여 증언하시느니라 19 이에 그들이 묻되 네
아버지가 어디 있느냐 예수께서 대답하시되 너희는 나를 알지 못하고
내 아버지도 알지 못하는도다 나를 알았더라면 내 아버지도 알았으리
라 20 이 말씀은 성전에서 가르치실 때에 헌금함 앞에서 하셨으나 잡
는 사람이 없으니 이는 그의 때가 아직 이르지 아니하였음이러라

12 Again Jesus spoke to them, saying, "I am the light of the world.
Whoever follows me will not walk in darkness, but will have the light
of life." 13 So the Pharisees said to him, "You are bearing witness about
yourself; your testimony is not true." 14 Jesus answered, "Even if I do
bear witness about myself, my testimony is true, for I know where I
came from and where I am going, but you do not know where I come
from or where I am going. 15 You judge according to the flesh; I judge
no one. 16 Yet even if I do judge, my judgment is true, for it is not I
alone who judge, but I and the Father who sent me. 17 In your Law it
is written that the testimony of two people is true. 18 I am the one who
bears witness about myself, and the Father who sent me bears witness
about me." 19 They said to him therefore, "Where is your Father?" Jesus
answered, "You know neither me nor my Father. If you knew me, you
would know my Father also." 20 These words he spoke in the treasury,
as he taught in the temple; but no one arrested him, because his hour
had not yet come.

21 다시 이르시되 내가 가리니 너희가 나를 찾다가 너희 죄 가운데서
죽겠고 내가 가는 곳에는 너희가 오지 못하리라 22 유대인들이 이르되

그가 말하기를 내가 가는 곳에는 너희가 오지 못하리라 하니 그가 자
결하려는가 23 예수께서 이르시되 너희는 아래에서 났고 나는 위에서
났으며 너희는 이 세상에 속하였고 나는 이 세상에 속하지 아니하였
느니라 24 그러므로 내가 너희에게 말하기를 너희가 너희 죄 가운데서
죽으리라 하였노라 너희가 만일 내가 그인 줄 믿지 아니하면 너희 죄
가운데서 죽으리라 25 그들이 말하되 네가 누구냐 예수께서 이르시되
나는 처음부터 너희에게 말하여 온 자니라 26 내가 너희에게 대하여
말하고 판단할 것이 많으나 나를 보내신 이가 참되시매 내가 그에게
들은 그것을 세상에 말하노라 하시되 27 그들은 아버지를 가리켜 말씀
하신 줄을 깨닫지 못하더라 28 이에 예수께서 이르시되 너희가 인자를
든 후에 내가 그인 줄을 알고 또 내가 스스로 아무것도 하지 아니하고
오직 아버지께서 가르치신 대로 이런 것을 말하는 줄도 알리라 29 나
를 보내신 이가 나와 함께 하시도다 나는 항상 그가 기뻐하시는 일을
행하므로 나를 혼자 두지 아니하셨느니라.

21 So he said to them again, “I am going away, and you will seek me,
and you will die in your sin. Where I am going, you cannot come.” 22 So
the Jews said, “Will he kill himself, since he says, ‘Where I am going,
you cannot come’?” 23 He said to them, “You are from below; I am from
above. You are of this world; I am not of this world. 24 I told you that
you would die in your sins, for unless you believe that I am he you will
die in your sins.” 25 So they said to him, “Who are you?” Jesus said to
them, “Just what I have been telling you from the beginning. 26 I have
much to say about you and much to judge, but he who sent me is true,
and I declare to the world what I have heard from him.” 27 They did not
understand that he had been speaking to them about the Father. 28 So
Jesus said to them, “When you have lifted up the Son of Man, then you
will know that I am he, and that I do nothing on my own authority, but

speak just as the Father taught me. 29 And he who sent me is with me. He has not left me alone, for I always do the things that are pleasing to him."

1 일부 사본들에는 7:53-8:11이 없다. 이 구절이나 7:36 뒤나 21:25 뒤 또는 누가복음 21:38 뒤에 변형된 형태로 이 본문이 나오는 사본들도 있다.
2 ESV에는 "아버지가"로 되어 있지만, 일부 사본들에는 "그가/이가"로 되어 있다.

단락 개관

세상의 빛

이 본문의 편집자들이 요한복음 7:53-8:11을 괄호로 묶은 것은 이 단락이 요한복음의 원문이라는 것을 확신하지 못했음을 보여준다. 이 단락은 가장 유력한 사본들에서는 나오지 않고 요한의 내러티브 흐름을 방해하며, 요한복음의 다른 단락에서는 전혀 사용되지 않는 14개의 단어를 포함하고 있다. 요한은 7:53-8:11을 요한복음의 일부분으로 의도하지 않은 것이 분명하다.[30] 요한이 과연 무엇을 전하고자 했는지 해석하는 것이 이 책의 소임이므로 그에 따라 주석을 진행해 가겠다.

7:53-8:11을 건너뛰면 8장 나머지 부분의 배경과 상황은 7장의 배경 및 상황과 짝을 이룬다. 8:12로 넘어가면 예수님은 계속해서 이 절기의 가장 큰 날이자 마지막 날에(7:37) 성전에서 말씀하신다(7:28; 8:20).

8장의 배경은 7장의 배경과 동일할 뿐 아니라 두 장이 다루고 있는

30 James M. Hamilton Jr., "John 7:53-8:11 Should Be in a Footnote, Not in the Text," *For His Renown*, March 30, 2014, http://jimhamilton.info/2014/03/30/john-753-811-should-be-in-a-footnote-not-in-the-text/.

사안 또한 동일하다. 예수님은 7:37-39에서 자신이 초막절에 물 붓는 의식의 성취라고 말씀하셨다. 물 붓는 의식은 광야의 반석에서 물이 나온 일을 기념한 것으로 보인다(출 17:1-7; 민 20:2-13). 물 붓는 의식 외에도 촛불을 켜서 빛을 밝히는 의식도 있었다. 이 의식은 여호와께서 광야에서 구름 기둥과 불 기둥으로 이스라엘을 인도하신 일을 기념한 것으로 보인다. 요한복음 8:12에서 예수님은 자신을 가리켜 "세상의 빛"이라고 말씀하신다. 7장과 8장 사이의 그 밖에 다른 접촉점으로는 다음과 같은 것들이 있다.

- 증언(7:18, 28; 8:13)
- 예수님이 어디에서 오셨고, 어디로 가시는가[7:25-30, 31-36; 8:14, 21-22(특히 7:34-35과 8:21-22)]
- 공의로운 판단(7:24; 8:15)
- 유대인들이 하나님을 알지 못함(7:28; 8:19, 55)
- 영광을 구함(7:18; 8:50, 54)

단락 개요

IV. C. 3. 세상의 빛(7:53-8:29)

a. [간음하다가 붙잡힌 여자(7:53-8:11)]

b. 세상의 빛(8:12-20)

c. 죄 가운데서 죽지 않으려면 어떻게 해야 하는가(8:21-29)

주석

7:53-8:11 | [간음하다가 붙잡힌 여자] 요한복음 7:53-8:11은 요한복음의 원문에는 없었던 것으로 보인다. ESV 본문의 각주에서 말하듯이 가장 초기의 사본들에는 이 본문이 나오지 않는다. 이 본문이 여기에 나오는 사본들도 있고, 7:36 뒤나 21:25 뒤, 심지어 누가복음 21:38 뒤에 나오는 사본들도 있다. 사본의 증거들 말고도 이 단락이 요한복음의 이 부분에서 사고의 흐름을 방해하고 있다는 점에서 요한이 이 단락을 원래 여기에 두지 않았을 가능성이 크다. 대적들은 이미 예수님을 죽일 준비가 되어 있다(5:18; 7:19-20, 25). 그들은 예수님을 잡으려 했지만(7:30, 32), 경비병들이 빈손으로 돌아오면서 계획이 좌절된다(45-47절). 그들은 예수님을 어떻게 처리할지 이미 마음을 굳히고 있었다. 그들은 예수님을 시험해 보거나 그분에 대한 추가적인 증거를 찾을 때가 지났다고 생각했기 때문에 예수님을 심문해 보자는 니고데모의 제안을 일축한다(51절).

다른 복음서에도 간음하다 붙잡힌 여자 이야기와 유사한 기사들이 있는데, 그것이 요한복음에만 없다. 가장 비슷한 단락은 서기관과 바리새인들이 곤경에 처한 어떤 사람을 놓고 예수님과 논쟁하는 것을 묘사하는 본문이다. 흥미롭게도 가장 비슷한 기사로 예수님이 중풍병자를 고치신 일과 한쪽 손 마른 사람을 고치신 일을 들 수 있다. 마가는 이 두 사건(막 2:1-12; 3:1-5)을 바리새인들이 예수님을 죽이려고 하는 운명적인 결정(막 3:6) 앞에 배치하고 있다.

요한은 예수님의 대적들을 언제나 "유대인들"이라고 부른다. 요한복음에서 "서기관들"이라는 단어는 중간에 끼어든 이 본문의 8:3에만 나온다. 이 단락에는 요한복음의 다른 곳에는 나오지 않는 14개의 단어들이 사용되고 있다.

사본의 증거들, 독특한 단어 사용, 내러티브 흐름의 방해로 보아 이 본문은 원문에 포함되어 있지 않은 것으로 보인다. 요한이 쓴 것이 아니라면 이 본문이 성령의 영감으로 된 것이라고 생각할 이유는 전혀 없다. 이 책의 소임은 요한복음을 설명하는 것이므로 소임에 충실하고자 이 단락을 건너뛰어 요한복음 8:12로 넘어가겠다.

8:12-20 | 세상의 빛 예수님은 7:37-39에서 자신을 생수의 근원이라고 말씀하셨다. 물 붓는 의식이 행해지는 초막절에 그렇게 말씀하셨다. 이스라엘 백성은 광야의 반석에서 나온 물을 마셨는데, 예수님은 바로 그 반석의 성취이시다(참고. 고전 10:4). 요한은 예수님이 그분을 따르는 자들이 약속의 땅으로 가는 여정에서 무사히 광야를 통과하도록 그들에게 주겠다고 하신 생수는 성령이라고 설명한다(요 7:39).

초막절에는 물 붓는 의식뿐 아니라 촛불을 켜서 빛을 밝히는 의식도 거행되었다. 이 의식들을 설명하고 있는 유대교 문헌들은 의식의 목적에 대해서는 언급하지 않는다. 그러나 이스라엘의 광야 생활을 기념하는 초막절에 행하는 물 붓는 의식은 반석에서 물이 나온 것을 기념하고, 촛불을 켜서 빛을 밝히는 의식은 여호와께서 불 기둥과 구름 기둥으로 이스라엘을 인도하신 일을 기념하는 것이었을 가능성이 크다.

예수님은 유월절을 성취하기 위해 오셨다. 하나님의 어린양이 되어 그분의 백성들을 새롭고 더 나은 출애굽으로 해방시켜 주시는 것이다. 예수님은 초막절을 성취하기 위해 오셨다. 그분의 백성들 가운데서 성막이 되시고(1:14), 성령을 그들에게 주시어 이스라엘이 반석에서 나온 물을 마시고 견디었던 것처럼 그들로 하여금 광야에서 견디게 하시며(7:37-39), 불기둥과 구름 기둥이 이스라엘을 인도한 것처럼 길을 밝히신다(8:12).

하나님께로부터 난 자들(1:13)은 그리스도를 믿음으로써 예수님이 이루신 출애굽으로 해방되어 죄에서 자유롭게 된다(참고. 8:34-36). 그리스도께서 노예였던 그들을 자유롭게 해 주신다. 예수님이 사용하신 표상에 의하면, 이렇게 해방되고 거듭난 신자들은 새 하늘과 새 땅에서 그들에게 주어질 거처를 향하여 지금 광야 길을 지나고 있다(참고. 14:2-3). 그렇다면 그들은 광야에서 어떤 식으로 그 길을 발견할 수 있는가? 그것은 이스라엘 백성이 애굽에서 나와 약속의 땅으로 가는 여정에서 광야를 지날 때 했던 것과 동일한 방식이다. 즉 불 기둥과 구름 기둥을 따라가기만 하면 된다. 어떻게 그렇게 할 수 있는가? 세상의 빛이신 예수님을 바라보면 된다. 이스라엘이 불 기둥과 구름 기둥으로 인도를 받은 것처럼 예수님은 그분을 따르는 자들이 그분의 인도를 받아 광야를 통과하기를 바라신다. 즉 예수님은 "길"(14:6)이시다. 그런 식으로 예수님을 따르지 않는 자들은 어둠 가운데로 걸어가게 될 것이다. 그들은 자신이 지금 어디에 있는지 알지 못하고, 어떻게 목적지에 도착할 수 있는지도 알지 못한다.

신자들이 향해 가고 있는 그 땅에서 가장 좋은 점은 하나님이 그곳에 거하신다는 것이다. 세상의 빛을 따라서 그 땅으로 가는 자들은 그 땅에서 가장 좋은 것을 지금 가지고 있다. 그들은 그 땅으로 가는 내내 그리스도와 함께 거할 수 있기 때문이다. 이것이 8:12의 끝부분에서 예수님을 따르는 자들은 "생명의 빛을 얻으리라"는 말씀의 의미다(참고. 1:4).

바리새인들은 예수님이 엄청난 주장을 하고 계시다는 것을 안 것 같다. 그들은 예수님이 자신에 대해 스스로 증언하시는 내용을 문제 삼는다(8:13). 예수님은 5:31-47에서 아버지 하나님, 세례 요한, 자신이 행한 표적들, 자신에 대한 성경의 증언을 설명하셨다. 7:16-18에서는 자신의 가르침의 권위와 근원이 자신을 보내신 이라고 단언하셨다. 대적들은 여전히 예수님의 증언을 믿지 못한다. 그러자 예수님은 그들이 그분의 증언을 믿어야 할 이유를 제시하신다.

8:14에서 예수님은 자신만이 자신에 대해 증언하는 유일한 증인은 아니지만(참고. 5:31-47), 설령 그렇다고 해도 자신은 어디에서 와서 어디로 가는지 알지만, 대적들은 알지 못하므로 예수님 자신의 증언을 믿어야 한다고 말씀하신다. 이 질문들은 7:25-36에서 뜨거운 쟁점이 된다. 여기에서 예수님은 그들이 예수님의 증언을 믿어야 하는 이유로 자신이 진리를 분명하게 알고 있다는 점을 제시하신다.

7:24에서 예수님은 대적들에게 피상적이고 잘못된 정보를 토대로 그릇된 판단을 하고 있으니 그런 판단을 그치라고 요구하셨다. 이제 여기에서는 그 연속선상에서 그들이 "육체를 따라"(8:15) 판단하고 있다고 말씀하

신다. 예수님이 "나는 아무도 판단하지 아니하노라"고 말씀하신 것은 '나는 너희와는 달리 육체를 따라서는 아무도 판단하지 않는다'는 뜻으로 보인다. 이것은 예수님이 계속해서 판단해도 자신의 판단은 참되다고 말씀하신 이유다(16절). 예수님의 판단이 참된 이유는 이미 5:19-30(특히 30절)에서 설명하신 것처럼 육체를 따라 판단하지 않고 아버지의 뜻을 따라 아버지의 판단을 그대로 말씀하시기 때문이다.

그런 후에 예수님은 자신과 아버지가 자신의 증언이 참되다는 것을 보증하는 증인이므로, 두 사람의 증인이 있어야 참되다고 정한 율법의 요구를 충족시킨다고 말씀하신다(8:17-18). 그러자 대적들은 "네 아버지가 어디 있느냐"라고 묻는다. 이에 예수님은 "너희는 나를 알지 못하고 내 아버지도 알지 못하는도다 나를 알았더라면 내 아버지도 알았으리라"(19절)고 대답하신다.

예수님이 방금 하신 말씀의 심오한 의미를 숙고해 보라. 천지를 지으신 조물주요 전능하신 성부 하나님과 이 세계를 창조하는 데 관여하셨고 이 세계를 구속하셨을 뿐 아니라 장차 새롭게 하실 영원한 성자 하나님이 힘을 합쳐서 그분들이 지은 피조물들에게 증언하신다. 그리고 성부와 성자의 증언은 성부와 성자에게 지음을 받고 스스로 생각하고 결정할 힘을 얻은 자들에 의해 배척당한다.

예수님이 성전 헌금함 앞에서 가르치셨지만 그분을 잡는 사람이 아무도 없었다. 요한은 이에 대해 "그의 때가 아직 이르지 아니하였[기]"(20절) 때문이라고 다시 한번 설명한다.

예수님은 자신의 증언이 참되다는 것을 증명하시고, 자신의 판단이 참되다고 말씀하시며, 그런 후에 율법을 그 근거로 설명하신다. 그런데 요한이 여기에서 다시 한번 이 내용을 보여주는 이유는 무엇인가? 이와 같은 예수님의 논증을 5장과 7장에서 이미 보았다. 그런데 왜 요한은 그러한 논증을 또다시 되풀이하는가? 그것은 예수님이 8:21-58에서 하셨거나 하실 말씀이 온 세상을 뒤흔들어놓을 정도로 엄청나기 때문에 요한은 여러 번에 걸쳐서 예수님의 말씀이 옳다는 것을 그분이 증명하실 수 있게 한 것으로 보인다. 요한복음에서 예수님은 하나님의 새로운 어린양, 모세 같은 선지자, 생명의 떡, 생수가 나는 반석, 광야의 불 기둥 같은 세상의 빛이시다. 예수님은 이러한 출애굽의 성취이실 뿐 아니라 여호와께서 출애굽 직전에 모세에게 자신이 누구인지를 밝히셨던 것과 동일한 방식으로 자신의 정체를 밝히신다. "나는 스스로 있는 자이니라"(출 3:14).

8:21-29 | 죄 가운데서 죽지 않으려면 어떻게 해야 하는가 요한복음 8:21에서 예수님은 7:34에서 이미 하신 말씀을 다시 언급하시면서 "너희가 너희 죄 가운데서 죽을" 것이라며 인간의 곤경에 관한 말씀을 덧붙이신다. 예수님은 아버지 하나님에게로 가신다. 대적들은 그곳에 갈 수 없다. 예수님을 배척하는 것을 그치고 그분을 주님으로 받아들여 삶을 주관하게 하지 않는다면 그들은 죄 가운데서 죽게 될 것이다.

7:34에서 예수님이 갈 것이라고 말씀하시자 청중들은 어디로 가려고 하시는지를 놓고 수군거렸다(35절). 8:21에서 예수님이 또다시 가실 것이라고 말씀하시자 이번에도 무리는 동일하게 반응하면서 그분이 자결하려고 하는 것은 아닌지 의아해한다(22절). 예수님이 아버지께로 가실 것이라고 말씀하신 것은 그분의 죽음, 즉 자살이 아니라 십자가에 못 박히심을 염두에 두신 것이다.

8:23에서 예수님은 그분과 대적들 간의 차이를 말씀하시는데, 이 말씀 속에서 대비되는 것들을 눈여겨보라(도표 4).

예수님	무리
위에서	아래에서
이 세상에 속하지 아니함	이 세상에 속함

도표 4. 요한복음 8:23에 나오는 예수님과 대적들의 차이

죄인들이 죄 가운데서 죽지 않을 유일한 길은 "위에서"(3:3, ESV 난외주) 나는 것, 예수님을 영접하고 믿는 것(1:12-13)뿐이다. 예수님은 "만일 내가

그인 줄 믿지 아니하면 너희 죄 가운데서 죽으리라"(8:24)고 단언하며 이 진리를 강조하신다.

예수님은 하나님이 출애굽기 3:14에서 모세에게 정체를 밝히신 것과 똑같은 방식으로 자신이 누구인지를 밝히신다. 그들이 죄 가운데서 죽는 것을 피할 수 있는 유일한 길은 예수님이 하나님이심을 믿는 것이다. 즉 모세에게 나타나신 바로 그 하나님, 이 세계를 지으신 바로 그 하나님, 유월절과 초막절에 사람들이 기념하는 능력의 역사를 행하신 바로 그 하나님이심을 믿는 것이다.

예수님이 그렇게 말씀하시자, 무리는 너무나 당연하게 "네가 누구냐"(요 8:25)라고 묻는다. 예수님은 "나는 처음부터 너희에게 말하여 온 자니라"고 대답하신다. 이것은 전에 예수님이 "하나님을 자기의 친아버지라 하여 자기를 하나님과 동등으로 삼으셨고"(5:18), 그런 후에 계속해서 아버지 하나님이 예수님 자신에게 그분이 하시는 모든 것을 보여주신다고 설명하신 일(5:19-30)을 가리킨다. 무리는 예수님이 자신을 "나는 스스로 있는 자이니라"(I Am, 8:24, 개역개정에는 "내가 그인 줄")고 밝히신 것에 놀란 듯하고, 예수님은 처음부터 줄곧 이것을 말하지 않았느냐고 말씀하신다.

예수님은 스스로 그들을 판단하실 수도 있지만, 그분을 보내신 아버지 하나님이 참되시므로 자신이 아버지 하나님의 판단을 그대로 말하는 것이라고 또다시 그들에게 경고하신다(26절). 그러나 무리는 예수님이 아버지 하나님에 관해 말씀하신 것임을 깨닫지 못한다(27절). 그들은 예수님이 성경의 하나님이실 것이라고는 상상조차 하지 못했을 것이다.

예수님은 깨닫지 못하는 무리에게 그들이 인자를 든 후에야 그가 누구인지를 알게 될 것이라며(28절), 전에 깨닫지 못했던 니고데모에게 하신 것과 똑같은 말씀을 하신다. 여기에서 '들다'라는 동사는 구약성경의 헬라어 역본에서 이사야 52:13("보라 내 종이…받들어 높이 들려서")을 번역할 때 사용된 바로 그 동사이고, 인자에 대한 언급은 다니엘 7:13-14을 상기시킨다. 따라서 예수님은 "인자를 든"이라는 어구를 통해 메시아가 고난 받을 것과 다스릴 것을 결합시키신다.

예수님은 자신이 십자가에 못 박히고 나면 그제야 무리가 예수님이 "스스로 있는 자"라는 것과, 그분 자신의 권위로는 아무것도 하지 않으시고 오직 아버지 하나님이 가르쳐주신 것만 말씀하셨음을 알게 될 것이라고 단언하신다. 십자가를 통해 대적들은 예수님이 아버지 하나님의 뜻을 행하셨음을 알게 될 것이다. 그런 후 예수님은 무리에게 아버지께서 자신과 함께하시고 떠나지 않으시는 것은 "나는 항상 그가 기뻐하시는 일을 행하기" 때문이라고 말씀하신다(요 8:29). 아버지 하나님이 예수님과 함께하시는 것은 예수님이 언제나 아버지께서 기뻐하시는 일을 행하시기 때문이다. 이것은 예수님이 단 한 번도 죄를 짓지 않으셨을 뿐 아니라 그 이상이심을 의미한다. 단 한 번도 죄를 짓지 않으시고 언제나 옳은 일을 하신다는 것이다. 단 한 번도 아버지 하나님의 뜻을 부정하는 방향으로 가지 않으셨고, 마찬가지로 단 한 번도 중립의 자리에 앉으신 적이 없다. 예수님은 언제나 아버지 하나님의 뜻을 긍정하는 방향으로 나아가신다. 예수님이 언제나 아버지께서 기뻐하시는 일을 하는 것은 항상 아버지의 뜻을 행하시기 때문이다.

응답

세상의 빛은 절대로 우리를 잘못된 길로 인도하지 않는다. 예수님을 따르는 것은 "스스로 있는 자"이신 분을 따르는 것이다. 그분은 아버지 하나님과 동등하시다(5:18). 아버지 하나님과 함께 계신다(10:30). 아버지 하나님이 기뻐하시는 일을 행하신다. 아버지 하나님이 가르쳐주신 것을 가르치신다. 아버지 하나님의 뜻을 따라 판단하신다. 자기 자신을 세상의 빛이라고 부르며, 자기를 따르는 자들을 인도하시고 그들에게 생명의 빛을 주겠다고 약속하신 이가 바로 그런 분이시다. 예수님의 말씀으로 살아나서 그분이 이루신 출애굽을 통해 해방되고, 그분의 살인 만나를 양식으로 먹으며, 그분이 주시는 성령의 생수를 마시고 목마름을 해결한 우리는 광야에 나타난 불 기둥의 성취로서 자기 백성을 약속의 땅으로 인도하시는 그분을 따라가야 한다.

8장

30 이 말씀을 하시매 많은 사람이 믿더라
30 As he was saying these things, many believed in him.

31 그러므로 예수께서 자기를 믿은 유대인들에게 이르시되 너희가 내
말에 거하면 참으로 내 제자가 되고 32 진리를 알지니 진리가 너희를
자유롭게 하리라 33 그들이 대답하되 우리가 아브라함의 자손이라 남
의 종이 된 적이 없거늘 어찌하여 우리가 자유롭게 되리라 하느냐
31 So Jesus said to the Jews who had believed him, "If you abide in my
word, you are truly my disciples, 32 and you will know the truth, and
the truth will set you free." 33 They answered him, "We are offspring of
Abraham and have never been enslaved to anyone. How is it that you
say, 'You will become free'?"

34 예수께서 대답하시되 진실로 진실로 너희에게 이르노니 죄를 범하
는 자마다 죄의 종[1]이라 35 종은 영원히 집에 거하지 못하되 아들은
영원히 거하나니 36 그러므로 아들이 너희를 자유롭게 하면 너희가 참

으로 자유로우리라 37 나도 너희가 아브라함의 자손인 줄 아노라 그러
나 내 말이 너희 안에 있을 곳이 없으므로 나를 죽이려 하는도다 38 나
는 내 아버지에게서 본 것을 말하고 너희는 너희 아비에게서 들은 것
을 행하느니라

34 Jesus answered them, "Truly, truly, I say to you, everyone who
practices sin is a slave to sin. 35 The slave does not remain in the house
forever; the son remains forever. 36 So if the Son sets you free, you will
be free indeed. 37 I know that you are offspring of Abraham; yet you
seek to kill me because my word finds no place in you. 38 I speak of
what I have seen with my Father, and you do what you have heard from
your father."

39 대답하여 이르되 우리 아버지는 아브라함이라 하니 예수께서 이르
시되 너희가 아브라함의 자손이면 아브라함이 행한 일들을 할 것이
거늘 40 지금 하나님께 들은 진리를 너희에게 말한 사람인 나를 죽이
려 하는도다 아브라함은 이렇게 하지 아니하였느니라 41 너희는 너희
아비가 행한 일들을 하는도다 대답하되 우리가 음란한 데서 나지 아
니하였고 아버지는 한 분뿐이시니 곧 하나님이시로다 42 예수께서 이
르시되 하나님이 너희 아버지였으면 너희가 나를 사랑하였으리니 이
는 내가 하나님께로부터 나와서 왔음이라 나는 스스로 온 것이 아니
요 아버지께서 나를 보내신 것이니라 43 어찌하여 내 말을 깨닫지 못
하느냐 이는 내 말을 들을 줄 알지 못함이로다 44 너희는 너희 아비 마
귀에게서 났으니 너희 아비의 욕심대로 너희도 행하고자 하느니라 그
는 처음부터 살인한 자요 진리가 그 속에 없으므로 진리에 서지 못하
고 거짓을 말할 때마다 제 것으로 말하나니 이는 그가 거짓말쟁이요
거짓의 아비가 되었음이라 45 내가 진리를 말하므로 너희가 나를 믿지
아니하는도다 46 너희 중에 누가 나를 죄로 책잡겠느냐 내가 진리를

말하는데도 어찌하여 나를 믿지 아니하느냐 47 하나님께 속한 자는 하
나님의 말씀을 듣나니 너희가 듣지 아니함은 하나님께 속하지 아니하
였음이로다
39 They answered him, “Abraham is our father.” Jesus said to them, “If
you were Abraham’s children, you would be doing the works Abraham
did, 40 but now you seek to kill me, a man who has told you the truth
that I heard from God. This is not what Abraham did. 41 You are doing
the works your father did.” They said to him, “We were not born of
sexual immorality. We have one Father—even God.” 42 Jesus said to
them, “If God were your Father, you would love me, for I came from
God and I am here. I came not of my own accord, but he sent me.
43 Why do you not understand what I say? It is because you cannot bear
to hear my word. 44 You are of your father the devil, and your will is
to do your father’s desires. He was a murderer from the beginning, and
does not stand in the truth, because there is no truth in him. When he
lies, he speaks out of his own character, for he is a liar and the father
of lies. 45 But because I tell the truth, you do not believe me. 46 Which
one of you convicts me of sin? If I tell the truth, why do you not believe
me? 47 Whoever is of God hears the words of God. The reason why you
do not hear them is that you are not of God.”

48 유대인들이 대답하여 이르되 우리가 너를 사마리아 사람이라 또는
귀신이 들렸다 하는 말이 옳지 아니하냐 49 예수께서 대답하시되 나는
귀신 들린 것이 아니라 오직 내 아버지를 공경함이거늘 너희가 나를
무시하는도다 50 나는 내 영광을 구하지 아니하나 구하고 판단하시는
이가 계시니라 51 진실로 진실로 너희에게 이르노니 사람이 내 말을
지키면 영원히 죽음을 보지 아니하리라 52 유대인들이 이르되 지금 네

가 귀신 들린 줄을 아노라 아브라함과 선지자들도 죽었거늘 네 말은
사람이 내 말을 지키면 영원히 죽음을 맛보지 아니하리라 하니 53 너는
이미 죽은 우리 조상 아브라함보다 크냐 또 선지자들도 죽었거늘 너
는 너를 누구라 하느냐 54 예수께서 대답하시되 내가 내게 영광을 돌리
면 내 영광이 아무것도 아니거니와 내게 영광을 돌리시는 이는 내 아
버지시니 곧 너희가 너희 하나님[2]이라 칭하는 그이시라 55 너희는 그
를 알지 못하되 나는 아노니 만일 내가 알지 못한다 하면 나도 너희
같이 거짓말쟁이가 되리라 나는 그를 알고 또 그의 말씀을 지키노라
56 너희 조상 아브라함은 나의 때 볼 것을 즐거워하다가 보고 기뻐하였
느니라 57 유대인들이 이르되 네가 아직 오십 세도 못 되었는데 아브라
함을 보았느냐[3] 58 예수께서 이르시되 진실로 진실로 너희에게 이르노
니 아브라함이 나기 전부터 내가 있느니라 하시니 59 그들이 돌을 들어
치려 하거늘 예수께서 숨어 성전에서 나가시니라

48 The Jews answered him, "Are we not right in saying that you are
a Samaritan and have a demon?" 49 Jesus answered, "I do not have a
demon, but I honor my Father, and you dishonor me. 50 Yet I do not
seek my own glory; there is One who seeks it, and he is the judge.
51 Truly, truly, I say to you, if anyone keeps my word, he will never
see death." 52 The Jews said to him, "Now we know that you have a
demon! Abraham died, as did the prophets, yet you say, 'If anyone
keeps my word, he will never taste death.' 53 Are you greater than our
father Abraham, who died? And the prophets died! Who do you make
yourself out to be?" 54 Jesus answered, "If I glorify myself, my glory
is nothing. It is my Father who glorifies me, of whom you say, 'He is
our God.' 55 But you have not known him. I know him. If I were to say
that I do not know him, I would be a liar like you, but I do know him
and I keep his word. 56 Your father Abraham rejoiced that he would see

my day. He saw it and was glad." 57 So the Jews said to him, "You are not yet fifty years old, and have you seen Abraham?" 58 Jesus said to them, "Truly, truly, I say to you, before Abraham was, I am." 59 So they picked up stones to throw at him, but Jesus hid himself and went out of the temple.

1 헬라어 둘로스(*doulos*)를 문맥에 맞추어 번역하는 것에 대해서는 ESV의 서문을 보라. 또한 35절도 보라.
2 ESV는 "우리 하나님"으로 번역하지만, 일부 사본들에는 "너희 하나님"으로 되어 있다.
3 일부 사본들에는 "아브라함이 너를 보았느냐"

단락 개관

안식년과 희년의 성취: 여자의 자손과 뱀의 자손

요한복음 7:2에 의하면, 이 장의 이야기는 초막절을 배경으로 전개된다. 10절에서 예수님은 이 절기에 은밀하게 예루살렘으로 올라가셨고, 14절과 28절에서는 이 절기에 성전에서 가르치셨다. 37절은 이 절기의 큰 날이자 마지막 날로 우리를 데려간다. 요한복음 8장에 이르러서도 시간이나 장소가 바뀌었음을 보여주는 표시는 전혀 없다.[31] 따라서 7장과 8장에서 예수님은 초막절에 성전에서 가르치고 계신다.

예수님은 7:37-38에서 자신은 노예 상태에서 해방된 순례자들이 새롭고 더 나은 약속의 땅으로 가는 여정에 필요한 새롭고 더 나은 물, 즉 성

31 물론 이것은 요한이 7:53-8:11을 그의 복음서에 포함시키지 않았다는 증거들을 따른다.

령을 그들에게 공급해 줄 새롭고 더 나은 반석이라고 말씀하셨다. 그런 다음 8:12에서는 그들의 순례 길을 인도해 줄 새롭고 더 나은 불 기둥과 구름 기둥, 즉 "세상의 빛"이라고 자신을 밝히신다. 24절과 28절에서는 모세에게 "나는 스스로 있는 자이니라"(출 3:14)고 말씀하신 여호와와 자신이 정체성이 동일하다고 말씀하신다.

예수님은 자신이 이스라엘을 애굽에서 이끌어낸 여호와라고 말씀하신다(요 8:24, 28, 58; 참고. 출 20:1-2). 예수님은 자신이 하늘에서 주어진 만나의 성취인 "생명의 떡"이라고 말씀하신다(요 6:31-35). 예수님은 자신이 광야에서 이스라엘 백성에게 물을 공급해 준 반석의 성취인 생수의 근원이라고 말씀하신다(7:37-39; 참고. 출 17:1-7; 민 20:10-13). 예수님은 자신이 불 기둥과 구름 기둥의 성취로서 백성들을 인도하여 어둠을 지나게 하는 빛의 근원이라고 말씀하신다(요 8:12).

따라서 예수님은 초막절과 초막절이 기념하는 것, 즉 광야를 지나 약속의 땅으로 나아가는 이스라엘의 순례 길(참고. 레 23:42-43, "너희는 이레 동안 초막[장막]에 거주하되…이는 내가 이스라엘 자손을 애굽 땅에서 인도하여 내던 때에 초막[장막]에 거주하게 한 줄을 너희 대대로 알게 함이니라")의 성취이시다. 이스라엘은 일곱째 달 제15일에 시작해서 7일 동안 초막절을 지켰고, 여덟째 날은 성회로 모이는 쉬는 날이었다(레 23:34-36, 39, 42-43). 일곱째 달은 하나님이 그들을 위해 행하신 일들을 기념하느라 분주했다.

- 일곱째 달의 제1일은 나팔을 불어 기념하는 쉬는 날이자, 성회로 모이며, 여호와께 화제를 드리는 날이었다(로쉬 하샤나, 레 23:23-25).
- 일곱째 달의 제10일은 대속죄일이었다(레 23:26-32).
- 일곱째 달의 제15일부터 제21일까지는 초막절로 지켰고, 여덟째 날인 제22일은 쉬는 날이자 성회로 모이는 날이었다(레 23:33-44).
- 일곱째 되는 해는 "그 땅이 쉬어 안식하게"(레 25:4) 하는 안식년으로, 그해에 이스라엘은 땅을 쉬게 했다(1-7절). "일곱 안식년" 또는 "사십구 년" 직후의 해는 희년으로 지켰다(8-22절). 희년을 지키는

것은 "일곱째 달 열흘날"(9절), 즉 대속죄일에 뿔나팔을 크게 부는 것으로 시작되었다.

이런 배경은 요한복음 8장과 관련이 있다. 요한복음 8장은 예수님이 대속죄일 직후의 초막절에 말씀하고 행하신 것들에 대해 이야기하기 때문이다. 성경에 나오는 노예생활과 자유라는 주제는 이스라엘이 애굽에서 노예로 살았던 것을 상기시킨다. 여호와는 그들을 노예생활에서 구해내어 약속의 땅으로 인도하셨고, 그 땅은 이스라엘 지파들에게 분배되었다.

안식년에는 이스라엘 사람들 사이에서 한 사람이 다른 사람에게 진 채무 중에서 미처 갚지 못한 것들이 면제되었고(신 15:1-11), 다른 사람을 종으로 삼은 자들은 그들을 해방시켜 주었다(12-18절). 안식년이 일곱 번 지난 직후에 돌아오는 희년에는 이스라엘 사람들 사이에서 다른 사람에게 산 땅은 원주인에게 돌려주었다(레 25:10). 신명기 15:15은 안식년에 종들을 해방시키는 것을 이스라엘 백성이 이전에 애굽에서 노예로 살다가 자유롭게 된 것에 비교한다. 희년에는 종들이 해방되었을 뿐 아니라 하나님이 그들에게 분깃으로 주신 땅을 다시 돌려받았다(레 25:13-17; 참고. 23절).

따라서 안식년과 희년은 출애굽을 되돌아보는 시간이었다. 종들을 해방시키고 땅을 돌려주는 일을 주기적으로 반복하면서 하나님이 장차 또다시 자기 백성들을 자유롭게 해 주시고 그들에게 땅을 주시리라는 대망이 이스라엘 백성들 가운데서 생겨났을 것이다. 이는 안식년과 희년이 출애굽을 되돌아보는 동시에 구약성경에 예언된 새로운 출애굽을 대망하는 것이었음을 의미한다.

이 모든 배경들을 보면 이 절기의 성취이신 예수님이 언급하셨던 말씀, 즉 그분이 자유롭게 해 주는 자들은 진정으로 자유하게 되리라는 말씀이 무슨 의미인지 이해할 수 있게 된다(요 8:30-36). 이 말씀에서 이후의 논의, 즉 죽이고 종으로 삼는 것은 사탄이 하는 일이라는 것(37-47절)과 누가 사탄에게 속해 있는지 어떻게 아는가(48-59절) 하는 논의가 흘러나온다.

단락 개요

Ⅳ. C. 4. 안식년과 희년의 성취: 여자의 자손과 뱀의 자손(8:30-59)
- a. 아들이 너희를 자유롭게 하면(8:30-36)
- b. 사탄은 살인하고 거짓말을 함(8:37-47)
- c. 악한 자의 자손(8:48-59)

주석

8:30-36 | 아들이 너희를 자유롭게 하면 예수님은 초막절에 자신이 바로 이스라엘이 광야에서 생활할 때 물을 내어 그들로 마시게 했던 반석의 성취이고, 그들을 인도했던 불 기둥과 구름 기둥의 성취라고 말씀하셨다. 이에 많은 사람들이 그분을 믿었다(30절; 참고. 7:31). 앞에서 요한은 예수님이 그분을 믿는 어떤 사람들에게도 자신을 의탁하지 않으셨고(2:23-25), 그분이 어려운 말씀을 하시자 일부 제자들이 더 이상 그분과 함께하지 않았음을 보여주었다(6:60-66). 믿음을 고백하는 사람들은 어떻게 예수님이 의탁하는 사람들이 되고, 영생의 말씀이 예수님에게 있다는 것을 인정하는 사람이 되는가?

8:31-32에서 예수님은 믿음을 고백한 자들이 참된 제자가 되기 위해서는 어떻게 살아야 하는지 설명하신다. "너희가 내 말에 거하면 참으로 내 제자가 되고 진리를 알지니 진리가 너희를 자유롭게 하리라." '신자'인데도 예수님이 의탁하지 않으시는 자와 예수님의 말씀에 불평하지 않는 참된 제자 간의 차이는 그분의 말씀에 **거하느냐 아니면 거하지 않느냐**로 귀결된다. 예수님의 말씀에 '거한다'는 것은 무엇을 의미하는가? 예수님의 말씀을 진정으로 받아들인 자들은 계속해서 그 말씀을 붙들고 살아가게

된다. 따라서 그분의 말씀에 거한다는 것은 그 말씀을 따라 이 세상에서 살아가는 것을 의미한다.

예수님은 사람들이 그분의 말씀에 거했을 때 어떤 결과가 오는지 말씀해 주신다. "너희가 진리를 알게 될 것이다"(32절, 개역개정에는 "진리를 알지니"). 요한은 예수님의 말씀에 거한다는 것이 무엇인지에 대해 그분이 가르치시는 바를 5장 이후로 계속해서 제시해 왔다. 예수님의 말씀에 거한다는 것은 다음과 같다.

- 하나님 아들의 음성을 듣고 살아나는 것(5:25)
- 예수님의 말씀을 영과 생명의 말씀으로 경험하는 것(6:63)
- 예수님을 보내신 하나님을 믿는 것(6:29)
- "생명의 떡"이신 예수님에게로 와서 다시는 주리지 않는 것(6:35)
- 생수의 근원이신 예수님에게로 와서 다시는 목마르지 않는 것(7:37-39; 6:35)
- 예수님이 하신 말씀을 믿고 주림과 목마름을 채우는 것(6:35)
- "세상의 빛"이신 예수님의 인도를 따라가 어둠 가운데 다니지 않는 것(8:12)
- 예수님이 "스스로 있는 자"이심을 아는 것(8:24, 28, 58)
- 예수님이 장차 들릴 인자이심을 아는 것(8:28)

예수님의 말씀에 거하는 자들은 그분의 말씀이 이 세계를 있는 그대로 보여주고 있음을 알게 된다. 이 세계는 그분의 말씀으로 창조되었기 때문이다(1:3). 그분의 말씀에 거하는 자들은 이 세계가 어떤 곳인지 알게 될 뿐 아니라 이 세계에서 어떻게 살아야 하는지도 알게 된다.

요한복음 8:31은 믿음을 고백한 자들이 예수님의 말씀에 거하면 참된 제자가 된다는 것을 가르쳐 주고, 32절은 예수님의 말씀에 거하면 진리를 알게 되고 진리가 그들을 자유롭게 해 준다는 것을 가르쳐 준다. 진리는 어떻게 사람을 자유롭게 해 주는가? 잠언 5:22은 악인이 "그 죄의 줄에 매

[인다]"고 말하고 있다. 말씀에 거하는 사람들은 성경이 그들에게 말하고 설득하며 경고함으로써 그들을 죄의 줄로부터 자유롭게 해 주는 것을 알게 된다.

예수님은 그분에 대한 믿음을 고백한 유대인들에게 요한복음 8:31-32에 나오는 말씀을 하셨다. 그들은 진리가 그들을 자유롭게 해 줄 것이라는 32절의 말씀에 대해 "우리가 아브라함의 자손이라 남의 종이 된 적이 없거늘 어찌하여 우리가 자유롭게 되리라 하느냐"(33절)고 반문했다. 무리는 예수님의 말씀을 듣고서 자신들은 특별하다는 것, 즉 자신들이 아브라함의 자손이라는 것을 강조하면서 그것을 종이 아니라는 근거로 삼는다. 그들은 종이 되어 있으면서도 그 사실조차 깨닫지 못한다. 예수님은 그들에게 자유를 주겠다고 제안하셨지만, 그들은 그 말씀이 지금 그들이 종이 되어 있음을 전제한다는 사실을 알아차리고 화를 낸다. 무리는 예수님이 주고자 하시는 자유의 필요성을 느끼지 못하고 있다.

여기에서 또다시 예수님은 영적 현실을 말씀하셨는데, 그들은 그것을 육신적인 현실에 관한 말씀으로 오해한다. 하지만 육신적으로도 종이 된 적이 없다는 그들의 주장은 문제가 있다. 무리는 아브라함의 자손들이 실제로 애굽에서 종살이를 했다는 사실을 잊어버린 듯하다. 또 그들은 이스라엘 백성들 가운데서도 사람들이 다른 사람의 종이 되었다가 안식년과 희년에 자유를 얻곤 했다는 사실조차 잊어버린 것 같다. 어쨌든 무리는 자신들이 한번도 종이 된 적 없다고 생각하지만, 예수님은 34절에서 자신이 영적 현실에 대해 말씀하신 것임을 분명히 하신다. 예수님은 죄를 짓는 자마다 죄의 종이라고 말씀하신다. 성경은 죄를 짓지 않는 사람은 아무도 없다고 가르치는데(왕상 8:46; 롬 3:10-18), 이는 예수님을 제외한 모든 사람이 죄의 종이라는 것을 의미한다.

바울은 예수님이 여기에서 하신 말씀을 발전시켜서 사람은 자신이 순종하는 자의 종이라고 설명한다(롬 6:16). 또한 요한복음 8:35에서 예수님이 하신 말씀은 바울이 갈라디아서 4:4-7에서 한 말을 설명해 주는 것으로 보인다. 신명기 15장에는 이스라엘 내 종과 관련된 안식년 규정들이 나오는데, 여기에는 7년마다 히브리인 종들을 놓아주어야 한다는 규정도 있다(신 15:12-15). 하지만 종이 자유롭게 되기를 원하지 않는 경우에는 주인의 집에서 평생 종으로 살아갈 수 있다는 규정도 있다(신 15:16-17). 예수님은 요한복음 8:35a에서 "종은 영원히 집에 거하지 못[한다]"고 말씀하시면서 무리에게 이러한 현실을 상기시키시는 것으로 보인다.

예수님은 종과 달리 아들은 집에 영원히 거한다고 말씀하신다(35절b). 이 말씀은 36절에서 아들이 자유롭게 하는 자들은 진정으로 자유로워진다는 결론으로 이어진다. 예수님이 제시하시는 논증은 이렇다. 자신은 아들이지만 죄를 지은 자들은 모두 죄의 종이고, 한 집안에서 아들이 종들을 자유롭게 해 줄 권한을 갖는 것처럼 하나님의 죄 없는 아들인 자신에게도 죄의 종이 된 자들을 자유롭게 해 줄 수 있는 권한이 있다는 것이다. 바울은 갈라디아서 4:4-7에서 이러한 논증을 발전시켜 그리스도께서 오셔서 종들을 종살이에서 벗어나게 하고 아들들이 되게 하셨다고 말한다.

8:37-47 | 사탄은 살인하고 거짓말을 함 무리가 자신들은 종이 된 적이 없다고 말하자(33절) 예수님은 이에 대해 8:34-36에서 대답하신다. 그러고 나서 이제는 "나도 너희가 아브라함의 자손인 줄 아노라 그러나 내 말이 너희 안에 있을 곳이 없으므로 나를 죽이려 하는도다"(37절)라고 말씀하시면서 무리가 자신들은 아브라함의 자손이라고 주장한 것에 대응하신다. 예수님은 그들이 육신적으로는 아브라함의 자손인 것을 인정하신 후에 그들이 그분을 죽이려 한다는 사실을 근거로 들어 그들이 영적으로는 아브라함과 아무런 관계가 없음을 증명해 가신다. 그들이 예수님을 죽이려고 하는 이유는 그분의 말씀이 그들 안에 있을 곳이 없기 때문이다. 그들은 예수님이 말씀하시고 행하신 것들을 이해하지 못하기 때문에 여론에 휩쓸리고 있다.

예수님은 그분의 말씀에 거하는 사람들을 자유롭게 해 주신다(31-32절, 34-36절). 하나님의 말씀은 이 세계를 창조했고, 우리의 사고 형태도 만들어낸다. 예수님이 주겠다고 하신 자유는 하나님의 말씀이 한 사람의 사고를 지배하여 그가 이 세계와 이 세계에서 일어나는 일들을 올바르게 인식하고 이해하며 해석하게 해 주는 것이다. 자유롭게 된 사람들은 예수님의 말씀에 거하는 자들이고, 그 말씀은 그들의 사고를 형성한다. 그래서 그들로 하여금 성경에 의거해 이 세계가 무엇이고 이 세계에서 어떻게 살아야 하는지를 알게 해 준다. 이것이 아들이 우리를 자유롭게 해 주신다는 의미다. 죄의 종들은 자유롭지 못하여 하나님과 이웃을 사랑할 수 없고 진리를 말할 수 없다. 그들은 죄에 예속되어 있다.

예수님은 육신적으로만 아브라함의 자손인 자들은 사탄과 마찬가지로 살인하고 거짓말하는 자들이므로 그들의 영적 아비가 사탄이라는 것을 논증하신다(37-47절). 예수님은 자신이 아버지 하나님에게서 배운 진리를 말하는 것처럼(38절; 참고. 1:18) 그들은 그들의 아비에게 배운 것을 행하고 있다고 말씀하시며 논증을 시작하신다. 8:38에서 예수님은 자신은 아버지에게서 직접 본 것을 말하기 때문에 오직 진리만을 말하지만, 이 무리는 그들의 아비에게 들은 것을 행하기 때문에 예수님을 죽이려 한다고(37절) 말씀하신다. 예수님은 이 무리가 여자의 자손이 아니라 뱀의 자손이라는 것을 차근차근 증명해 가신다.

무리는 예수님의 그런 말씀에 반응하여 39절의 첫 번째 구절에서 그들의 아버지가 아브라함인 것을 강조하지만, 예수님은 아브라함이 그들의 아버지가 아니라는 증거를 제시하신다. 아브라함의 자손이라면 아브라함이 행한 일을 그들도 행할 것이라고 말씀하신 것이다. 그들은 예수님의 말씀을 받아들이지 않았기 때문에 그분을 죽이려 한다(37절). 이 사실에 비추어 아브라함이 하나님의 말씀에 어떻게 반응했는지 생각해 보라. 창세기 12장에서 하나님은 아브라함에게 가라고 명령하셨고, 아브라함은 갔다. 창세기 17장에서 하나님은 아브라함에게 스스로 할례를 행하라고 명령하셨고, 아브라함은 그대로 따랐다. 창세기 22장에서 하나님은 아브라함에게 이삭을 희생제물로 바치라고 명령하셨고, 아브라함은 그대로 행했다. 아브라함은 믿었고, 하나님은 그것을 의로 여기셨다(창 15:6). 만일 이 무리가 아브라함의 자녀였다면 예수님의 말씀을 받아들이고 믿었을 것이다.

요한복음 8:40에서 예수님은 하나님에게서 들은 진리를 말하는데도 이 무리가 아브라함이 믿고 순종하고 경배했던 것과는 반대로 그분을 죽이려 한다고 또다시 말씀하신다. 창세기 18장에서 아브라함은 찾아온 하나님의 사자들을 죽이려 하지 않았고 도리어 잘 대접했다. 예수님은 하나님께 보내심을 받아 무리에게 와서 진리를 말씀하셨지만, 그들은 예수님을 죽이려 한다. 8:40의 끝부분에서 예수님은 "아브라함은 이렇게 하지 아니하였느니라"고 단호하게 말씀하시고, 계속해서 41절에서 "너희는 너희 아비가 행한 일들을 하는도다"라고 말씀하신다. 38절에서 예수님이 이 무리가 그들의 아비인 마귀에게서 들은 것들을 행하고 있다고 말씀하신 것이 강화되고 있다.

44절에서 예수님은 마귀는 살인자이고 거짓말쟁이라고 단언하신다. 예수님은 이 무리가 그분을 죽이려 한다고 이미 말씀하셨는데(37절), 이제 그들은 그분의 말씀에 거짓말로 대응한다. 그들이 예수님을 배척하고 적대한 점을 고려했을 때 자신들은 간음을 통해 태어난 자들이 아니고 자신들의 아버지는 한 분 하나님뿐이라고 대답한 것(41절)은 예수님의 출생을 둘러싼 소문을 반영한 것으로 보인다. 예수님이 부모의 결혼 전에 잉태된 사실을 어떻게든 설명해야 했는데, 그분의 동정녀 잉태와 출생을 믿지 않는 자들에게는 그분이 간음으로 태어났다는 설명이 가장 손쉬웠을 것이다. 이 무리가 48절에서 보인 반응도 이와 비슷한 소문을 반영한 것으로 보인다. 요셉이 의로운 사람으로 알려져 있어서 아마도 사마리아 사람이 마리아를 임신시켰을 것이라는 소문도 있었을 것이다. 무리는 예수님더러 귀신이 들렸다고 말하는 식으로(48절) 그분을 뱀의 자손이라고 말한 것으로 보인다. 이렇게 그들은 그들의 아비인 마귀와 같이 거짓말하고 예수님을 죽이려고 한다.

39절에서 예수님은 이 무리가 아브라함의 자손이라면 아브라함이 했던 대로 행했을 것이라고 말씀하셨는데, 이제 이 무리는 하나님을 그들의 아버지라고 주장한다. 그러자 42절에서 예수님은 만일 하나님이 그들의 아버지라면 하나님이 보내신 자신을 사랑하고 기뻐했을 것이라고 말씀하신다. 예수님은 계속해서 자신은 자기 뜻을 따라 스스로 아버지에게서 온 것이 아니라 아버지께서 보내신 것이라고 말씀하신다. 하나님이 하시는 일과 사탄이 하는 일이 어떻게 다른지는 분명하다. 사탄은 살인하고 거짓말하는 반면에, 하나님은 사랑하고 진리를 말씀하신다.

예수님은 이 무리가 그분의 말씀을 깨닫지 못하는 이유가 무엇이냐고 반문하신 후 그 질문에 스스로 대답하신다. "이는 내 말을 들을 줄 알지 못함이로다"(43절). 그들은 예수님의 말씀을 들을 수 없기 때문에(43절) 그 말씀이 그들 안에 있을 자리가 없다(37절). 이 무리는 지금 예수님의 말씀을 귀로는 듣고 있기 때문에 여기에서 '듣는다'는 것은 좀 더 깊은 영적 차원에서 듣는 것을 가리킨다. 들을 수 있는 영적 능력은 생명을 주시는 성령에게서 온다(6:63). 성령이 그러한 생명을 주실 때 사람들은 거듭나고 하나님 나라를 보고 들어갈 수 있는 새로운 능력이 생긴다(3:3, 5). 그런 사람들은 하나님께로부터 난 자들로서(1:13) 예수님을 영접할 수 있게 되기 때문이다(1:12).

예수님은 지금까지 이 무리에게 그들의 행위가 어떤 성격인지 보여주시고, 그들의 행위를 하나님이 행하시는 방식과 아브라함이 하나님에게 응답한 방식과 대비시키셨다. 이것은 8:44에 이르러 "너희는 너희 아비 마귀에게서 났으니 너희 아비의 욕심대로 너희도 행하고자 하느니라"고 하신 말씀에서 절정을 이룬다. 여기에서 예수님은 그들이 육신으로는 아브라함의 자손일지라도, 영적으로는 여자의 자손이 아니라 뱀의 자손이라고 말씀하신다. 그들이 행하려는 일, 즉 사탄이 하려는 일을 그들도 행하려는 것이 그 증거다.

그런 다음 예수님은 사탄이 "처음부터 살인한 자"였다고 말씀하신다. 이는 가인이 아벨을 살해한 일을 가리키신 것으로 보인다. 모세는 창세기 3장과 4장에서 사탄과 가인이 실제로 서로 연결되어 있음을 보여준다. 하나님은 창세기 3:14-19에 나오는 심판의 말씀 속에서 오직 사탄에게만 "네가 저주를 받아"(창 3:14)라고 말씀하셨고, 나중에 가인이 아벨을 살해한 후 그에게 "네가 저주를 받으리니"(창 4:11)라고 말씀하셨다. 두 경우 모두 같은 히브리어 표현이 사용된다. 사탄과 가인을 연결지어 가인을 뱀의 자손이라고 말씀하신 것이다. 뱀의 자손은 문자 그대로 새끼 뱀들이 아니라 영적인 새끼 뱀들을 가리키고, 그들은 자신들의 아비가 행한 대로 행한다.

마귀는 그 속에 진리가 없기 때문에 진리에 서지 못한다는 예수님의 말씀은, 사탄이 하와를 유혹할 때 하나님의 말씀에 정면으로 도전하고 반박한 일을 상기시킨다(창 3:1, 4). 예수님은 계속해서 마귀는 "거짓의 아비"된 성품을 가졌기에 본성적으로 거짓말을 한다고 말씀하신다. 이것은 마귀가 전에 하나님의 성품과 의도에 관해 하와에게 거짓말을 했을 때에도 마찬가지였다(창 3:5).

바울은 디도서 1:15에서 "더럽고 믿지 아니하는 자들에게는 아무것도 깨끗한 것이 없고 오직 그들의 마음과 양심이 더러운지라"고 말한다. 불신앙과 죄는 냉소주의와 회의주의를 낳는다. 이것은 예수님이 요한복음 8:45에서 하신 말씀과 일치한다. 예수님은 마귀의 거짓말에 대해 언급하신 후 "내가 진리를 말하므로 너희가 나를 믿지 아니하는도다"라고 말씀하신다. 예수님은 그들이 근거 없이 그분을 반대하고 있음을 깨닫게 하기 위해 "너희 중에 누가 나를 죄로 책잡겠느냐"(46절)라고 반문하면서 그들의 행동이 과연 옳은 것인지 생각해 보게 하신다. 그들이 하고 있는 일들을 세밀하고 정직하게 살펴보고 하나님의 말씀에 부합하는지 평가하여 그분을 반대하는 것이 과연 옳은지 생각해 보라고 촉구하신다. 예수님은 그들 중 누구도 그분이 단 한 번이라도 잘못된 일을 했다는 증거를 제시하지 못할 것을 아셨기 때문에 "내가 진리를 말하는데도 어찌하여 나를 믿지 아니하느냐"(46절b)라고 반문하신다. 예수님은 앞에서 그들이 그분의 말씀을 들을 수 없기 때문에 깨달을 수도 없고 그분을 믿을 수도 없다고 말씀하심으로써(43절),이미 이 반문에 대답하셨다. 지금 예수님은 사람들에게 그분이 죽어 마땅하다는 피상적인 생각에서 벗어날 것을 촉구하면서 여론의 거품을 터트리려 하고 계신다. 예수님이 하나님께로부터 왔고, 그분을 높이고 믿고 영접하며 순종하는 것이 마땅하다는 근본적인 진실을 보게 하기 위해서다.

그런 다음 예수님은 여자의 자손은 그분의 가르침을 받아들일 것이기 때문에 우리가 그분을 배척한다는 사실은 그들이 뱀의 자손임을 보여준다고 말씀하신다. "하나님께 속한 자는 하나님의 말씀을 듣나니 너희가 듣지 아니함은 하나님께 속하지 아니하였음이로다"(47절). 이 단락은 서로 구별되는 두 범주의 사람들과 그들의 행동 방식에 관한 설명으로 가득하다. 예수님이 지금까지 여러 방식으로 반복해서 설명하셨듯 사람들은 하나님에게 속해 있거나 사탄에게 속해 있다(도표 5).

	뱀의 자손	여자의 자손
8:23	아래에서 이 세상에 속함	위에서 이 세상에 속하지 않음
8:38	너희 아비	내 아버지
8:40	죽임	진리를 말함
8:41	너희 아비	8:47 하나님께 속한 자
8:44	살인한 자 거짓말쟁이	8:42 사랑 8:45 진리

도표 5. 8장에서 비교하는 뱀의 자손과 여자의 자손

8:48-59 | 악한 자의 자손 우리는 8:30-36에서 예수님이 사람들을 자유롭게 해 주시는 것을 보았고, 37-47절에서는 사탄이 살인하고 거짓말하는 것을 보았다. 이제 48-59절에서 예수님을 배척하는 유대인들이 거짓말하고 죽이려 하며, 자신들이 악한 자의 자손임을 드러내는 것을 보게 된다. 그들의 거짓말은 예수님의 아버지가 사마리아 사람이라는 비방으로 시작된다(48절). 그것은 명백한 거짓말이다. 예수님은 동정녀에게서 태어나셨다. 요한은 이 사실을 이야기하지는 않지만, 자신의 청중이 다른 복음서의 기사들을 통해 알고 있을 것이라고 전제한다(마 1:25; 눅 1:34). 그들의 두 번째 거짓말은 예수님이 귀신이 들렸다는 것이다. 사실 예수님은 성령으로 충만하셨다(요 3:34).

8:49에서 예수님은 그러한 거짓말들에 대답하면서 자신이 귀신 들렸다는 것을 부인하시고, 아버지 하나님을 공경하는 자신을 독사의 자식들이 모욕하고 있다고 말씀하신다. 50절에서 예수님은 자신이 스스로 영광을 구하지 않지만, 심판주이신 아버지 하나님이 그분의 영광을 구하신다고 선언하신다. 무리가 계속해서 예수님을 반대하면 아버지 하나님이 그들을 심판하실 것이다. 예수님은 50절에서 무리에게 심판을 경고하신 후 51절에서는 구원과 화해와 영생을 제시하신다. 앞에서 예수님은 그분의 말씀이 그들 안에 있을 자리가 없어서(37절) 그들이 그분의 말씀을 들을 수 없고(43절), 그래서 그분을 죽이려 한다고 설명하셨다. 그런데 이제 여기에서는 "진실로 진실로 너희에게 이르노니 사람이 내 말을 지키면 영원히 죽음을 보지 아니하리라"(51절)고 엄숙하게 선포하신다.

이 말씀에 유대인들은 적대적인 무리가 보일 수 있는 반응을 드러낸다. 그들은 예수님이 무슨 말씀을 하고 계시는지 알았다. 그래서 아브라함과 선지자들도 죽었다고 반박한 후 예수님이 아브라함보다 더 크냐고 반문하면서 "너는 너를 누구라 하느냐"라고 묻는다. 유대인들은 아브라함도 죽고 선지자들도 죽었기 때문에 예수님이 그런 말씀을 하신 것은 그분이 아브라함과 선지자들보다 더 크다는 의미임을 알았다. 그들은 지금 예수님이 사람들에게 영생을 줄 것이라고 말씀하고 있음을 충분히 이해했다.

예수님은 "너는 너를 누구라 하느냐"라는 질문에 대해 자신이 스스로에게 영광을 돌리는 것이 아니라 그들이 그들의 하나님이라고 주장하는 바로 그 아버지께서 예수님 자신에게 영광을 돌리시는 것이라고 대답하신다(54절). 예수님의 영광을 구하고(49절) 실제로 예수님을 영화롭게 하는 것(54절)이 아버지 하나님의 뜻이라고 말씀하신 것이다.

유대인들이 예수님을 죽이려 하고 그분에 대해 거짓말을 늘어놓는 것(37, 41, 48절)이 예수님을 영화롭게 하려는 아버지 하나님의 뜻에 어긋난다는 사실은 그들이 하나님을 알지 못한다는 반증이다. 예수님은 무리에게 그들은 아버지 하나님을 알지 못하지만 자신은 하나님을 안다고 말씀하신다. 또 자신이 하나님을 모른다고 하면 그것은 그들처럼 거짓말하는 것이 된다고 말씀하신다(55절). 예수님은 하나님을 아시고 하나님의 말씀을 지키신다.

예수님은 무리가 53절에서 제기한 "너는 너를 누구라 하느냐"는 질문에 계속 대답해 가신다. 그 과정에서 그들의 조상 아브라함이 예수님의 날을 보게 될 것을 즐거워하다가 마침내 "보고 기뻐하였[다]"고 말씀하여(56절) 그들의 분노를 촉발시킨다. 아브라함이 구속주, 즉 뱀의 머리를 부술 여자의 자손이 장차 오리라는 것을 알고 있었다고 말씀하신 것이다. 아브라함은 땅의 모든 족속으로 하여금 복을 받게 해 줄 자손인 그 구속주를 대망했다(창 12:3). 예수님은 대적들에게 아브라함이 하나님의 약속이 성취될 것을 대망했고, 그 약속을 성취하게 될 구속주를 보고 기뻐했다고 말씀하신다. 그리고 그 구속주가 바로 자신이라고 말씀하신다.

유대인들은 이 말씀이 무슨 의미인지를 깨닫지 못했다. 예수님이 계속해서 하시는 말씀에 비추어 보면, 이 시점까지 예수님은 자신이 단지 하나님이 아브라함에게 약속하신 것들을 성취할 자라고 말씀하신 것이 아니다. 예수님은 언제나 아버지 하나님과 함께 계셨는데, 아브라함이 죽은 후에 하나님 앞에서 예수님을 만나 보고 기뻐했다고 말씀하신 것으로 보인다. 유대인들이 이를 깨닫지 못한 것은 요한복음에서 반복적으로 나오는 패턴, 즉 사람들이 매번 예수님을 오해하는 연장선에 있다. 그들은 예수님의 말씀을 의심하면서 오십 세도 되지 않은 이가 어떻게 아브라함을 볼 수 있었겠느냐고 반문한다.

예수님은 "진실로 진실로 너희에게 이르노니 아브라함이 나기 전부터 내가 있느니라"(요 8:58)고 대답하신다. 여기에서 또다시 예수님은 자신이 불붙은 가시덤불 속에서 모세에게 나타난 바로 그 여호와임을 선언하시며(참고. 24, 28절), "스스로 있는 자"라고 말씀하신다. 유대인들은 그 말씀이 무슨 의미인지를 정확히 이해했기 때문에 돌을 들어 예수님을 죽이려 했다(59절). 그들은 예수님이 신성모독을 범했다고 생각했다. 하지만 예수님은 몸을 숨기신 후에 성전을 빠져나가셨다.

이 단락을 좀 더 넓은 맥락에서 다시 한번 생각해 보라. 6장에서 유월절 기간에 예수님은 오천 명을 먹이신 후에 그 무리가 자신을 "그 선지자"로 인정하고 왕으로 삼으려 한다는 것을 알고 혼자 산에 오르셨고 물 위를 걸으셨으며, 자신을 하늘로부터 주어진 만나의 성취인 "생명의 떡"이라고 말씀하셨다. 그런 다음 7장에서 초막절 기간에 자신이 광야에서 이스라엘 백성이 마실 물을 낸 반석의 성취이고, 그들을 약속의 땅으로 인도한 불기둥의 성취라고 말씀하셨다. 예수님은 8:32과 36절에서 아들이 사람들을 자유롭게 한다고 말씀하신다. 자신이 출애굽의 성취요, 안식년과 희년에 사로잡힌 자들(종들)을 놓아주는 일의 성취라고 말씀하신 것이다. 예수님은 새로운 출애굽을 통해 하나님의 백성을 종살이에서 건져내어 세상이라는 광야를 지나 그들의 새로운 기업인 더 나은 약속의 땅으로 새로운 순례 길을 가게 하심으로써 이 모든 것을 성취하신다. 이 모든 말씀은 예수님이 세 번에 걸쳐서 자신이 불붙은 가시덤불 속에서 모세에게 나타난 바로 그 여호와라고 선언하신 데에서 절정을 이룬다(24, 28, 58절).

응답

예수님은 사람들을 자유롭게 하신다. 예수님은 사람들에게 진리를 말씀하여 그들을 자유롭게 하시고, 그렇게 자유롭게 된 자들은 그분의 말씀에 거해야 한다. 예수님의 말씀에 거하면 그분이 말씀하시는 이야기(여기에서 예수님은 하나님, 해방자, 모든 것을 공급해 주시는 분, 목자, 빛, 떡, 선지자, 왕, 스스로 있는 자로 나오신다)는 우리의 이야기가 되고, 우리는 그 이야기 속에서 살아가게 된다. 하나님은 우리 개인의 내러티브 속에서 구속의 역사를 재현하신다. 하나님은 죄의 노예가 되어 살아가던 우리를 해방시키셨고, 하늘의 만나와 반석의 물과 불 기둥을 성취하심으로 우리를 붙들어주고 계신다. 하나님은 우리를 저 복된 땅으로 인도하실 것이다. 우리는 그리스도와 그분의 말씀에 거해야 한다. 이보다 더 나은 이야기도, 더 나은 결말도, 더 나은 구원자도, 더 나은 삶의 길도 없다. 그리스도 안에 거하라. 그리스도 안에 거하기 위해서는 그분의 말씀에 거해야 한다. 그 말씀을 읽고 암기하고 나누며 묵상해야 한다.

예수님이 무리에게 자유를 주겠다고 말씀하셨을 때 그들이 어떻게 반응했는지 다시 한번 주목해 보라. 그들이 종으로 살아가고 있다는 전제에 그들은 분노했다. 우리도 사람들에게 복음을 전했을 때 똑같은 반응을 예상할 수 있다. 예수님이 상대하셨던 무리처럼 우리의 동시대인들도 죄의 종이 되어 살아가지만, 그 사실을 깨닫지 못한다(8:34). 죄의 종이 되어 있는 자들은 하나님의 말씀을 들을 수 없다(43절). 그들에게는 생명을 주고(6:63) 거듭남을 통해 하나님의 나라를 보고 들어갈 수 있게 해 주실 성령이 필요하다(3:3, 5). 그들은 하나님께로부터 나야 한다(1:13). 우리가 복음을 전할 때 하나님의 성령이 그 복음을 듣는 자들에게 생명을 주신다. 우리는 복음을 전하고 기도하면서 심고 물을 주어야 하지만, 자라나게 하는 이는 하나님이시다(고전 3:6-7).

기독교의 진리는 예수님의 순전하심 위에 서 있다. 기독교는 교회들이나 교황이나 빌리 그레이엄을 비롯해 예수님 이외의 다른 무엇이나 누군가의 순전함 위에 서 있지 않다. 예수님에게서 죄를 찾을 수 있는 사람은 아무도 없다(요 8:46). 예수님은 우리를 결코 실망시키지 않으신다. 우리는 예수님 때문에 사과할 필요가 없고, 그분이 하신 어떤 일 때문에 당혹스러워할 필요도 전혀 없다. 다른 그리스도인들은 우리를 난처하게 만들 수도 있지만, 예수님은 결코 그렇지 않으시다.

예수님은 자신이 "스스로 있는 자"임을 밝히며 여호와라고 선언하셨다. 예수님이 스스로를 하나님이라고 주장한 적이 없다고 말하는 사람들이 의외로 적지 않다. 그런 말을 들을 때마다 우리는 요한복음 8:58을 생각해야 한다. 이 구절에서 예수님은 "나는 스스로 있는 자"(I Am, 개역개정에는 "내가 있느니라")라고 말씀하셨고, 유대인들은 그 말씀을 신성모독으로 여겨서 돌을 들어 예수님을 치려 했다. 예수님이 스스로를 하나님이라고 말한 적이 없다고 주장하는 사람들은 요한복음에서 예수님이 자기 자신에 대해 하신 말씀을 알지 못하거나 그 말씀을 공개적으로 반박하는 자들인 것이다.

1 예수께서 길을 가실 때에 날 때부터 맹인 된 사람을 보신지라 2 제자
들이 물어 이르되 랍비여 이 사람이 맹인으로 난 것이 누구의 죄로 인
함이니이까 자기니이까 그의 부모니이까 3 예수께서 대답하시되 이
사람이나 그 부모의 죄로 인한 것이 아니라 그에게서 하나님이 하시
는 일을 나타내고자 하심이라 4 때가 아직 낮이매 나를 보내신 이의
일을 우리가 하여야 하리라 밤이 오리니 그때는 아무도 일할 수 없느
니라 5 내가 세상에 있는 동안에는 세상의 빛이로라 6 이 말씀을 하시
고 땅에 침을 뱉어 진흙을 이겨 그의 눈에 바르시고 7 이르시되 실로
암 못에 가서 씻으라 하시니 (실로암은 번역하면 보냄을 받았다는 뜻
이라) 이에 가서 씻고 밝은 눈으로 왔더라

1 As he passed by, he saw a man blind from birth. 2 And his disciples
asked him, "Rabbi, who sinned, this man or his parents, that he was
born blind?" 3 Jesus answered, "It was not that this man sinned, or
his parents, but that the works of God might be displayed in him.
4 We must work the works of him who sent me while it is day; night
is coming, when no one can work. 5 As long as I am in the world, I am

the light of the world." 6 Having said these things, he spit on the ground
and made mud with the saliva. Then he anointed the man's eyes with
the mud 7 and said to him, "Go, wash in the pool of Siloam" (which
means Sent). So he went and washed and came back seeing.

8 이웃 사람들과 전에 그가 걸인인 것을 보았던 사람들이 이르되 이는
앉아서 구걸하던 자가 아니냐 9 어떤 사람은 그 사람이라 하며 어떤
사람은 아니라 그와 비슷하다 하거늘 자기 말은 내가 그라 하니 10 그
들이 묻되 그러면 네 눈이 어떻게 떠졌느냐 11 대답하되 예수라 하는
그 사람이 진흙을 이겨 내 눈에 바르고 나더러 실로암에 가서 씻으라
하기에 가서 씻었더니 보게 되었노라 12 그들이 이르되 그가 어디 있
느냐 이르되 알지 못하노라 하니라
8 The neighbors and those who had seen him before as a beggar were
saying, "Is this not the man who used to sit and beg?" 9 Some said,
"It is he." Others said, "No, but he is like him." He kept saying, "I am
the man." 10 So they said to him, "Then how were your eyes opened?"
11 He answered, "The man called Jesus made mud and anointed my
eyes and said to me, 'Go to Siloam and wash.' So I went and washed
and received my sight." 12 They said to him, "Where is he?" He said, "I
do not know."

13 그들이 전에 맹인이었던 사람을 데리고 바리새인들에게 갔더라
14 예수께서 진흙을 이겨 눈을 뜨게 하신 날은 안식일이라 15 그러므로
바리새인들도 그가 어떻게 보게 되었는지를 물으니 이르되 그 사람이
진흙을 내 눈에 바르매 내가 씻고 보나이다 하니 16 바리새인 중에 어
떤 사람은 말하되 이 사람이 안식일을 지키지 아니하니 하나님께로부
터 온 자가 아니라 하며 어떤 사람은 말하되 죄인으로서 어떻게 이러

한 표적을 행하겠느냐 하여 그들 중에 분쟁이 있었더니 17 이에 맹인
되었던 자에게 다시 묻되 그 사람이 네 눈을 뜨게 하였으니 너는 그를
어떠한 사람이라 하느냐 대답하되 선지자니이다 하니

13 They brought to the Pharisees the man who had formerly been blind.
14 Now it was a Sabbath day when Jesus made the mud and opened
his eyes. 15 So the Pharisees again asked him how he had received his
sight. And he said to them, "He put mud on my eyes, and I washed, and
I see." 16 Some of the Pharisees said, "This man is not from God, for
he does not keep the Sabbath." But others said, "How can a man who
is a sinner do such signs?" And there was a division among them. 17 So
they said again to the blind man, "What do you say about him, since he
has opened your eyes?" He said, "He is a prophet."

18 유대인[1]들이 그가 맹인으로 있다가 보게 된 것을 믿지 아니하고 그
부모를 불러 묻되 19 이는 너희 말에 맹인으로 났다 하는 너희 아들이
냐 그러면 지금은 어떻게 해서 보느냐 20 그 부모가 대답하여 이르되
이 사람이 우리 아들인 것과 맹인으로 난 것을 아나이다 21 그러나 지
금 어떻게 해서 보는지 또는 누가 그 눈을 뜨게 하였는지 우리는 알지
못하나이다 그에게 물어 보소서 그가 장성하였으니 자기 일을 말하리
이다 22 그 부모가 이렇게 말한 것은 이미 유대인들이 누구든지 예수[2]
를 그리스도로 시인하는 자는 출교하기로 결의하였으므로 그들을 무
서워함이러라 23 이러므로 그 부모가 말하기를 그가 장성하였으니 그
에게 물어 보소서 하였더라

18 The Jews did not believe that he had been blind and had received
his sight, until they called the parents of the man who had received his
sight 19 and asked them, "Is this your son, who you say was born blind?
How then does he now see?" 20 His parents answered, "We know that

this is our son and that he was born blind. 21 But how he now sees we
do not know, nor do we know who opened his eyes. Ask him; he is
of age. He will speak for himself." 22 (His parents said these things
because they feared the Jews, for the Jews had already agreed that if
anyone should confess Jesus to be Christ, he was to be put out of the
synagogue.) 23 Therefore his parents said, "He is of age; ask him."

24 이에 그들이 맹인이었던 사람을 두 번째 불러 이르되 너는 하나님
께 영광을 돌리라 우리는 이 사람이 죄인인 줄 아노라 25 대답하되 그
가 죄인인지 내가 알지 못하나 한 가지 아는 것은 내가 맹인으로 있
다가 지금 보는 그것이니이다 26 그들이 이르되 그 사람이 네게 무엇
을 하였느냐 어떻게 네 눈을 뜨게 하였느냐 27 대답하되 내가 이미 일
렀어도 듣지 아니하고 어찌하여 다시 듣고자 하나이까 당신들도 그의
제자가 되려 하나이까 28 그들이 욕하여 이르되 너는 그의 제자이나
우리는 모세의 제자라 29 하나님이 모세에게는 말씀하신 줄을 우리가
알거니와 이 사람은 어디서 왔는지 알지 못하노라 30 그 사람이 대답
하여 이르되 이상하다 이 사람이 내 눈을 뜨게 하였으되 당신들은 그
가 어디서 왔는지 알지 못하는도다 31 하나님이 죄인의 말을 듣지 아
니하시고 경건하여 그의 뜻대로 행하는 자의 말은 들으시는 줄을 우
리가 아나이다 32 창세 이후로 맹인으로 난 자의 눈을 뜨게 하였다 함
을 듣지 못하였으니 33 이 사람이 하나님께로부터 오지 아니하였으면
아무 일도 할 수 없으리이다 34 그들이 대답하여 이르되 네가 온전히
죄 가운데서 나서 우리를 가르치느냐 하고 이에 쫓아내어 보내니라
24 So for the second time they called the man who had been blind and
said to him, "Give glory to God. We know that this man is a sinner."
25 He answered, "Whether he is a sinner I do not know. One thing I do
know, that though I was blind, now I see." 26 They said to him, "What

did he do to you? How did he open your eyes?" 27 He answered them,
"I have told you already, and you would not listen. Why do you want
to hear it again? Do you also want to become his disciples?" 28 And
they reviled him, saying, "You are his disciple, but we are disciples of
Moses. 29 We know that God has spoken to Moses, but as for this man,
we do not know where he comes from." 30 The man answered, "Why,
this is an amazing thing! You do not know where he comes from, and
yet he opened my eyes. 31 We know that God does not listen to sinners,
but if anyone is a worshiper of God and does his will, God listens to
him. 32 Never since the world began has it been heard that anyone
opened the eyes of a man born blind. 33 If this man were not from God,
he could do nothing." 34 They answered him, "You were born in utter
sin, and would you teach us?" And they cast him out.

35 예수께서 그들이 그 사람을 쫓아냈다 하는 말을 들으셨더니 그를
만나사 이르시되 네가 인자[3]를 믿느냐 36 대답하여 이르되 주여 그가
누구시오니이까 내가 믿고자 하나이다 37 예수께서 이르시되 네가 그
를 보았거니와 지금 너와 말하는 자가 그이니라 38 이르되 주여 내가
믿나이다 하고 절하는지라 39 예수께서 이르시되 내가 심판하러 이 세
상에 왔으니 보지 못하는 자들은 보게 하고 보는 자들은 맹인이 되게
하려 함이라 하시니 40 바리새인 중에 예수와 함께 있던 자들이 이 말
씀을 듣고 이르되 우리도 맹인인가 41 예수께서 이르시되 너희가 맹인
이 되었더라면 죄가 없으려니와[4] 본다고 하니 너희 죄가 그대로 있느
니라

35 Jesus heard that they had cast him out, and having found him he said,
"Do you believe in the Son of Man?" 36 He answered, "And who is he,
sir, that I may believe in him?" 37 Jesus said to him, "You have seen

him, and it is he who is speaking to you." 38 He said, "Lord, I believe," and he worshiped him. 39 Jesus said, "For judgment I came into this world, that those who do not see may see, and those who see may become blind." 40 Some of the Pharisees near him heard these things, and said to him, "Are we also blind?" 41 Jesus said to them, "If you were blind, you would have no guilt; but now that you say, 'We see,' your guilt remains."

1 헬라어 본문에는 유다이오이. 이 구절에서 "유대인들"은 유대 종교 지도자들과 그들의 영향력 아래 있는 사람들을 가리키는 것으로 보인다. 22절도 보라.
2 헬라어 본문에는 "그를"
3 일부 사본들에는 "하나님의 아들"
4 ESV에는 "죄책이 없으려니와"로 되어 있지만, 헬라어 본문에는 "죄가 없으려니와"로 되어 있다.

단락 개관

날 때부터 맹인 된 사람

예수님은 익명의 절기에 예루살렘에서 38년 된 병자를 고치셨다(요 5장). 그런 후 유월절이 가까운 때에 오천 명을 먹이셨고, 산에 오르셨고, 물 위를 걸으셨으며, 자신이 하늘로부터 주어진 만나의 성취라고 말씀하셨다(6장). 초막절에 예수님은 자신이 광야에서 이스라엘 백성에게 물을 내어 마시게 한 반석의 성취로서 사람들에게 물 대신에 성령을 줄 것이고(7장), 또한 불 기둥과 구름 기둥의 성취로서 "세상의 빛"이 되신다고 말씀하셨다(8장). 예수님은 자신이 불붙은 가시덤불 속에서 모세에게 나타난 여호와로서 "스스로 있는 자"라고 단언하기를 꺼리지 않으셨다(8:24, 28, 58).

예수님이 구약성경에 나오는 이러한 것들의 성취라는 말씀은 그분이 구약에서 예언한 출애굽의 성취요, 새로운 출애굽과 포로생활에서의 귀환을 이루실 분임을 확증한다. 포로생활은 이스라엘의 죄로 인해 초래된 결과였다. 때문에 이사야는 이스라엘이 포로로 끌려갈 때까지 그들의 마음을 완고하게 하여 귀를 막고 눈을 감게 하여 듣지도 보지도 못하게 하라는 명령을 받았다(사 6:10-12). 장차 여호와께서 맹인들을 보게 하시고, 듣지 못하는 자들을 듣게 하시며, 깨닫는 마음을 주실 때 그러한 완고함은 제거될 것이다(예컨대, 사 32:3-4). 그때에는 저는 자들도 고침을 받아 사슴같이 뛰게 될 것이다(사 35:5-6; 참고. 요 5장).

예수님은 출애굽이라는 모형이 가리키는 것과 선지자들이 예언했던 새로운 출애굽과 포로생활에서의 귀환을 성취하기 위해 오셨다. 예수님은 맹인을 보게 하는 새로운 창조의 역사를 행하여(9:6-7) 그에게 경배를 받으심으로(9:38; 참고. 1:9-13) 그 사역을 개시하셨다.

단락 개요

Ⅳ. C. 5. 날 때부터 맹인 된 사람(9:1-41)

- a. 이적(9:1-7)
- b. 배척(9:8-34)
  - (1) 보게 된 맹인과 그의 이웃들(9:8-12)
  - (2) 보게 된 맹인과 바리새인들(9:13-17)
  - (3) 맹인의 부모와 바리새인들(9:18-23)
  - (4) 보게 된 맹인과 바리새인들(9:24-34)
- c. 영접(9:35-41)

주석

9:1-7 | 이적　7-8장에서 예수님은 초막절 기간에 성전에 계셨다. 많은 사람들이 돌로 치려고 했기 때문에 성전에서 나오셨고(8:59), 길에서 날 때부터 맹인 된 사람을 만나신다(9:1). 제자들은 이 맹인이나 그의 부모가 죄를 지었기 때문에 그가 맹인으로 태어났다고 추측한다(2절). 예수님은 그가 눈이 먼 것은 그 자신이나 부모가 죄를 지었기 때문이 아니라 하나님이 하시는 일을 그를 통해 나타내기 위해서라고 설명하신다.

4-5절에서 예수님은 자신은 "보내심을 받은" 자이고 "밤이 올" 것이기 때문에 낮 동안에 일해야 한다고 말씀하시면서 "내가 세상에 있는 동안에는 [나는] 세상의 빛"이라고 선언하신다. 예수님이 아직 낮일 때 일해야 한다고 말씀하신 것은, 그분이 십자가에 못 박히실 때까지가 일할 수 있는 기간임을 말씀하신 것으로 이해해야 한다. 예수님이 십자가에 못 박히신 후에는 "세상의 빛"인 그분이 떠나실 것이므로 "밤"이 오고 어둠이 찾아들 것이다.

창세기 2:7에서 하나님이 "땅의 흙으로 사람을 지으[신]" 것을 보면, 요한복음 9:6에서 예수님이 "땅에 침을 뱉어[32] 진흙을 이[겼다]"는 것은 만물을 지으신 그분(1:3)이 이 맹인의 삶 속에서 새로운 창조 역사를 하고 계신다는 의미를 내포하는 것으로 보인다. 나중에 이 맹인은 예수님을 따르는 자가 되고, 유대인들은 예수님을 대하는 것과 동일한 방식으로 이 맹인을 대하기 시작한다. 그런 이유에서 예수님이 "진흙을 이겨 그의 눈에 '바르[셨다]'[에페크리센(*epechrisen*) 직역하면 '기름을 부으셨다']"(9:6)는 요한의 말은 맹인이 기름부음 받은 자, 즉 그리스도같이 되었다는 뉘앙스를 내포하는 것으로 보인다(참고. 요일 2:20, 27).

그런 다음 예수님은 엘리사가 나아만을 요단강으로 보내어 몸을 씻게

32 이 헬라어 엡튀센(*eptysen*)은 의성어의 한 예다.

했던 것처럼(왕하 5:10) 그 맹인에게 "실로암 못에 가서 씻으라(실로암은 번역하면 보냄을 받았다는 뜻이라)"고 하셨고, 그는 "이에 가서 씻고 밝은 눈으로 왔[다]"(요 9:7).

4-5절에 언급된 어둠과 빛은 이사야 8:22에 나오는 "환난과 흑암과 고통의 흑암…심한 흑암"에 관한 예언을 상기시킨다. 이 예언 직후에는 "흑암에 행하던 백성"이 "큰 빛"을 볼 것이고(사 9:2), 평강의 왕으로서 다윗의 왕좌에 앉게 될 한 아기가 태어날 것(사 9:6-7)이라는 예언이 나온다. 이러한 예언에 앞서 이사야는 8:6에서 "이 백성이 천천히 흐르는 실로아 물을 버[렸다]"고 말한다. "실로아"라는 히브리어 지명은 동사 살라흐(*shalakh*)에서 나온 단어로 '보내심을 받다'라는 뜻이다. 이사야 8:6의 "실로아"는 칠십인역에서 "실로암"으로 번역된다. 이것은 "실로암"(요 9:7)과 "보내심을 받은" 자 간의 연결 관계를 만들어내는 것으로 보인다.

피터 레이하르트(Peter J. Leithart)는 이렇게 썼다. "이 맹인은 보냄을 받음이라는 못에서 보내심을 받은 분에 의해 고침을 받고 사도의 모형인 보내심을 받은 자가 된다. 그는 보내심을 받은 분에 의해 '보냄을 받음'이라는 못 속에 던져져 보내심을 받은 분의 보내심 속으로 잠긴다."[33]

예수님은 이 세상에 떠오른 큰 빛, 즉 "세상의 빛"이시다. 예수님은 새롭고 더 나은 엘리야시다. 예수님은 하나님의 뜻과 일들을 아시고, 아무도 할 수 없는 일을 하실 수 있다. "생명의 떡"이신 예수님은 오천 명을 먹이셨다. "세상의 빛"이신 예수님은 날 때부터 맹인 된 사람을 고쳐서 볼 수 있게 해 주셨다.

9:8-34 | 배척 요한은 날 때부터 맹인 된 사람이 눈을 뜬 것에 대한 사람들의 반응을 소개한다. 맹인의 이웃들은 그가 눈을 뜨게 된 것에 반응하며(8-12절), 그를 바리새인들에게 데려간다(13-17절). 바리새인들은 맹인의

33 Leithart, *Deep Exegesis*, 102.

부모를 불러서 물어본 후(18-23절) 날 때부터 맹인 된 사람을 다시 심문한다(24-34절).

- 보게 된 맹인과 그의 이웃들(8-12절)
- 보게 된 맹인과 바리새인들(13-17절)
- 그 맹인의 부모와 바리새인들(18-23절)
- 보게 된 맹인과 바리새인들(24-34절)

각각의 단계에서 맹인이 지금 어떻게 눈을 뜨게 되었는지에 관한 질문과 대답이 오가고(10, 15, 19, 26절), 한 단계에서 다음 단계로 넘어가면서 사람들이 예수님을 언급하는 방식에서 진전을 보인다.

- "예수라 하는 그 사람"(11절)
- "선지자니이다"(17절)
- "누구든지 예수를 그리스도로 시인하는 자는"(22절)
- "경건하여 그의 뜻대로 행하는 자"(31절)

이런 식으로 시간이 흐르면서 예수님을 점점 더 높여 부르는 현상은 다음 단락인 35-41절까지 이어진다. 이 구절에서 예수님은 자신을 "인자"라고 말씀하시고, 눈을 뜨게 된 맹인은 이에 응답하여 그분을 경배한다(35, 38절).

사람들이 예수님을 점점 더 높여 부르게 되면서 날 때부터 맹인이 된 사람에 대한 적대는 점점 더 심해져 간다. 첫 번째 단계에서 보게 된 맹인과 이웃들의 대화(8-12절)와 두 번째 단계에서 보게 된 맹인과 바리새인들의 대화(13-17절)는 사실을 확인하는 내용이었다. 그런데 그 과정에서 안식일에 이적을 행했다는 사실이 드러나고(14절), 이는 예수님에게 불길한 전조가 된다(16절). 세 번째 대화(18-23절)는 유대인들이 보게 된 맹인의 증언을 믿지 않았다는 말로 시작되고(18절), 유대인들이 예수님을 메시아로 인정하는 자들은 회당에서 출교하기로 결정한 사실이 알려지면서 사람들이 겁을 먹게 되었다는 말로 끝난다(22절). 네 번째 대화(24-34절)의 끝부분에서는 보게 된 맹인이 쫓겨나는데(34절), 이는 회당에서 출교당한 것을 가리키는 듯하다.

맹인의 이웃들과 맹인을 알고 있던 사람들은 그가 지금 보게 된 것을 인정하고, 8-9절에서는 눈을 뜨게 된 사람이 과연 전에 맹인이었던 그 사람이 맞는지를 놓고 그들 간에 논쟁이 벌어진다. 이것은 날 때부터 맹인 된 사람이 이제 눈을 뜨게 된 것이 사람들에게 얼마나 예상치 못한 놀라운 사건이었는지를 보여준다. 그가 과연 전에 맹인이었던 사람이 맞는지를 놓고 논란이 벌어진 가운데 어떤 사람들이 그가 날 때부터 맹인 된 그 사람이 아니라고 단정하자 그 맹인은 "내가 그라"(9절)고 말한다. 예수님이 8:58에서 자신의 정체를 밝힐 때 사용하신 것과 동일한 표현으로, "내가 그라"[헬라어로 에고 에이미(*egō eimi*)]고 말한 것이다. 예수님과 날 때부터 맹인 된 사람이 '에고 에이미'를 동일한 방식으로 사용한 것은 아니지만, 그가 예수님이 사용하신 바로 그 표현을 사용했다는 것은 두 사람 간에 모종의 동일성이 있음을 보여준다. 기름부음을 받은 분이신 예수님은 맹인의 눈에 기름을 부어주셨다(9:6). 예수님은 "스스로 있는 자"이고, 그분을 따르는 자들은 그분과 같이 된다. 그들은 예수님처럼 하나님이 되는 것은 아니지만, 예수님처럼 배척당하고 예수님처럼 말하며 행동하기 시작한다.

이웃들은 그 사람에게 어떻게 눈을 뜨게 되었느냐고 묻고(10절), 그는 자세하게 대답한다(11절). 그러자 이웃들은 예수님이 어디에 계시냐고 묻지만, 그는 알지 못한다고 대답한다(12절). 예수님이 어디에서 오셔서 어디로 가시는지는 아무도 알지 못한다(참고. 8:14).

이웃들은 이제 보게 된 그를 바리새인들에게 데려가고, 예수님이 그 맹인의 눈을 뜨게 하는 새로운 창조 사역을 안식일에 행하셨다는 사실이 드러난다(9:13-15). 그러면서 이전에 예수님이 38년 된 병자를 고치셨을 때 유대인들이 보였던 것(5:1-16)과 동일한 반응이 일어난다. 바리새인들은 예수님이 "안식일을 지키지 아니하[기]" 때문에 좋은 사람일 수 없고 하나님께로부터 온 사람일 수도 없다고 단언한다(9:16a). 하지만 일부 바리새인들은 죄를 지은 죄인이 어떻게 이런 표적을 행할 수 있겠느냐고 반문하면서 바리새인들 가운데서도 분쟁이 일어난다(16절b).

그들은 보게 된 맹인에게 예수님을 어떤 사람이라고 생각하는지 묻는다. 그는 예수님은 선지자라고 대답한다(17절). 예수님이 맹인을 실로암 못으로 보내고 씻게 하여 고치신 것과 엘리사가 나아만을 요단강으로 보내고 씻게 하여 고친 것이 서로 비슷하기 때문에 그러한 결론은 자연스러웠다.

보게 된 맹인의 대답에 만족하지 못한 바리새인들은 그의 부모를 불러서 날 때부터 맹인이었던 자가 아들이냐고 묻고, 어떻게 그가 보게 되었느냐고 묻는다(18-19절). 그의 부모는 아들이라는 것에 대해서는 인정하지만, 자신들이 회당에서 출교당할 것이 두려워서 어떻게 보게 되었느냐는 질문에 대해서는 대답을 회피한다(20-23절).

이미 예수님을 배척하고 있던 바리새인들은 날 때부터 맹인 된 사람을 다시 그들 앞에 불러놓고 "너는 하나님께 영광을 돌리라"고 말하고, "우리는 이 사람이 죄인인 줄 아노라"(24절)고 단언하면서 윽박지른다. 하지만 그는 이미 하나님께 영광을 돌리고 있었다. 예수님은 죄인이 아니라 언제나 하나님이 기뻐하시는 일들을 행하고 계셨다는 점에서(8:29) 그들이야말로 오히려 하나님께 영광을 돌리는 것과 정반대로 행하고 있었다.

날 때부터 맹인 된 사람은 이미 변화되어 있었다. 이전의 그는 앞 못 보는 거지였지만(9:8), 예수님이 눈을 뜨게 해 주시면서 성품도 변화되었다. 그는 지금 유대 종교 지도자들 앞에 당당하게 서서 담대하게 진실을 말한다(25절). 바리새인들은 그가 어떻게 보게 되었느냐고 또다시 묻지만(26절), 그는 그들의 위선을 깨닫는다. 즉 예수님의 대적들이 사실을 밝혀내려는 것이 아니라 자기를 겁주려 하고 있음을 알아차린다. 그래서 보게 된 맹인은 이미 사실대로 대답했지만, 그들이 들으려 하지 않는다고 말하고는 당신들도 예수님의 제자가 되려 하느냐고 비꼬듯이 묻는다(27절).

앞에서 예수님은 모세가 예수님 자신에 대해 기록했기 때문에 모세를 믿는 자들은 그분을 믿게 되어 있음을 보여주셨다(5:46; 참고. 5:39; 7:19).

그럼에도 바리새인들은 자신들은 모세의 제자이므로 맹인이나 예수님과 생각이 다르다고 단언한다(9:28). 예수님을 반대하는 것은 언행의 불일치이고 자기모순이다. 예루살렘에서 무리는 "우리는 이 사람이 어디서 왔는지 아노라 그리스도께서 오실 때에는 어디서 오시는지 아는 자가 없으리라"(7:27)고 말했지만, 여기에서 바리새인들은 "하나님이 모세에게는 말씀하신 줄을 우리가 알거니와 이 사람은 어디서 왔는지 알지 못하노라"(9:29)고 말한다.

날 때부터 맹인 된 사람은 바리새인들의 자기 모순적이고 위선적인 논리를 제대로 꿰뚫어본다. 그는 육신적으로 볼 수 있게 되었을 뿐 아니라 영적으로도 눈이 뜨였다. 그래서 바리새인들이 진정으로 모세를 따랐다면 예수님이 하시는 일들이 하나님에게서 왔음을 알았을 것이라는 취지로 말한다(30절). 이것은 예수님과 똑같은 생각이다. 또한 그는 하나님은 죄인의 기도를 듣지 않으시고 의인의 기도를 들으신다는 진리를 강조한다(31절). 예수님이 날 때부터 맹인 된 사람을 고치심으로써 창세 이후로 들어보지 못한 일을 행하셨다(32절). 때문에 그는 하나님이 함께하시지 않는다면 예수님이 아무 일도 하실 수 없다는 것을 안다(9:33).

바리새인들은 육신의 눈뿐 아니라 영적인 눈까지 뜨게 된 그의 논리를 반박할 수 없게 되자 이제 인신공격하기 시작한다. 그들은 권위를 내세우면서 "온전히 죄 가운데서" 난 자가 어떻게 감히 자신들을 가르치려 드느냐며 호통을 친다(34절a). 바리새인들은 논리나 성경을 근거로 해서 그의 논리를 반박할 수 없었고, 할 수 있는 일이라곤 그를 회당에서 추방하는 것이었다(34절b).

사실 이전에는 바리새인들에게 있어 맹인 거지와 아무런 문제가 없었다. 그들과 문제가 있었던 것은 예수님이었다. 하지만 예수님이 날 때부터 맹인 된 사람의 눈을 뜨게 한 후부터 그는 예수님을 배척하는 자들로부터 배척당하기 시작했다. 그는 예수님처럼 기름부음을 받았고(6절; 참고. 요일 2:20, 27), 예수님처럼 말하기 시작했다(요 9:9; 참고. 8:58). 그는 예수님이 그러셨던 것처럼 위선과 죄를 꿰뚫어보기 시작했다(9:27, 30-33). 그가 예수님처럼 되자 예수님을 배척하는 자들은 그도 배척하기 시작했다(34절).

그의 부모는 회당에서 출교당하게 될까 봐 두려워했지만(22-23절), 그는 예수님이 회당에 계시지 않는다면 그곳이 강도와 도둑들의 소굴이 되고 말 것임을 깨달았다. 그런 상황에서는 그들의 아비인 "마귀"(8:44)가 하는 일을 따라 살인하고 거짓말하는 무리 가운데 한 자리를 차지하기 위해 예수님을 부인하기보다는 그곳에서 쫓겨나 예수님과 함께하는 편이 훨씬 더 낫다.

9:35-41 | 영접 9:35에서 예수님은 보게 된 맹인이 그분의 원수들로부터 배척당했다는 말을 듣고 그를 찾아가셨고, 둘 사이에 주목할 만한 대화가 오간다. 그는 자신이 지금까지 경험한 것을 신학적 · 성경적으로 이해하기에는 아직 역부족이었다. 예수님은 그의 눈을 육신적으로 또한 영적으로 뜨게 해 주셨지만, 그는 여전히 예수님을 제대로 이해하지 못했다.

예수님은 그에게 "네가 인자를 믿느냐"(35절)고 물으신다. 이 단락의 나머지 부분을 보면 이 질문이 다니엘 7:13-14에 언급된 "인자", 즉 영원한 통치권을 받으실 "지극히 높으신 이"와 관련되어 있음을 알 수 있다. 요한복음 9:36에 나오는 그의 대답을 보면, 그는 예수님이 다니엘 7:13-14에 언급된 인자를 말씀하고 계시는 것을 알기는 했지만, 예수님이 바로 그 인자라는 사실은 알지 못했다. 예수님은 이전에 사마리아 여자에게 대답하신 것을 연상케 하는 방식으로(요 4:26) 날 때부터 맹인 된 사람에게 대답하신다(9:37).

사마리아 여자는 자신의 과거를 드러내신 예수님을 메시아라고 고백하고(4:25), 즉시 다른 사람들에게 가서 그분에 대해 말하면서(28-29절) 바르게 응답했다. 마찬가지로 날 때부터 맹인 된 사람도 자신이 다니엘 7:13-14이 말하는 인자라고 밝히신 예수님에게 "주여 내가 믿나이다"(요 9:38)라고 말하면서 바르게 응답한다.

이 본문은 요한복음에서 어떤 사람이 예수님을 경배하는 모습을 보여주는 유일한 대목이다(하지만 20:28을 참고하라). 그가 예수님을 경배한 것은 무엇을 의미하는가? 그가 다니엘 7장을 알았고 이해하고 있었다면 그 묵시에서 다니엘이 "옛적부터 항상 계신 이"와 동일하면서도 구별되는 "인자"라고 불리는 선재하시는 하늘의 존재, 장차 영원한 통치권을 받아 옛적부터 항상 계신 이와 나란히 보좌에 앉아 시편 110편의 예언을 성취하실 "인자"를 보았음을 알고 있었을 것이다.[34]

예수님은 자신이 인자임을 밝히셨고, 그러한 계시에 대한 올바른 응답은 그분을 경배하는 것이다. 요한계시록에 나오는 천사들과 달리(참고. 계 19:10; 22:8-9) 예수님은 경배받기를 거절하지 않으신다. 예수님은 하나님이시다. 예수님은 경배받으셔야 하고 사람들이 믿어야 할 분이시다. 예수님은 주이시다.

요한복음 9:39에서 예수님은 자신이 날 때부터 맹인 된 사람을 고치신 일의 의미를 보여주는 말씀을 하신다. 예수님은 그의 눈을 뜨게 하여 보게 해 주셨지만, 그가 육신적으로 새롭게 보게 된 것은 그 사람 안에서 일어난 영적인 변화를 반영하기도 한다. 그 결과, 그는 예수님의 이름을 말하게 되었고(11절), 예수님이 선지자라는 것(17절)과 하나님께로부터 오신 분이라는 것을 알게 되었으며(33절), 그분을 인자로서 경배하게 되었다(37-38절). 그 연속선상에서 예수님은 이 세상을 심판하여 "보는 자들은 맹인이 되게" 하셨다(39절). 바리새인들은 육신적으로 볼 수 있었지만 영적으로는 맹인이어서 예수님의 영광을 볼 수 없었다. 이것은 40-41절에서 분명하게 드러난다.

예수님이 바리새인들더러 맹인이었다면 죄가 없었을 것이라고 말씀하신 것(41절)은 그들이 맹인이었다면 예수님이 그들 가운데서 하신 일들을 보지 못했을 것이고, 그랬다면 그분이 하신 일들을 보고도 경배하지 않고 도리어 대적하는 죄는 짓지 않았을 것이라는 의미로 보인다. 이것은 예수님이 "본다고 하니 너희 죄가 그대로 있느니라"(41절)고 말씀하신 이유

34 Hamilton, *Daniel in Biblical Theology*에 나오는 인자에 관한 논의를 보라.

다. 그들은 진리를 알고 깨달을 수 있다고 주장했지만 잘못된 결론에 도달했고, 이것은 그들의 죄를 확증할 뿐이다.

응답

예수님은 이 사람이 날 때부터 맹인인 이유는 하나님이 하시는 일들을 그를 통해 드러내시기 위해서라고 밝히셨다(9:3). 하나님이 우리의 존재와 소유를 주관하시고, 우리의 삶 속에서 그분의 능력을 드러내고자 하신다는 사실을 우리는 너무나 쉽게 망각해 버린다. 하나님은 우리가 아무 부족함 없이 스스로 알아서 모든 일을 해결하기를 원하지 않으신다. 하나님은 우리가 그분을 필요로 하기를 원하신다. 우리는 망가져 있고, 우리의 삶은 온전하지 않다. 오직 하나님만이 우리의 망가진 것들을 고쳐서 온전하게 하실 수 있다.

우리는 유대인들이 이 사건에 어떻게 응답할 수 있었고, 어떻게 응답했어야 하는지 깊이 생각해 보아야 한다. 누가복음 5:1-11에서 예수님이 베드로에게 지시하여 물고기를 많이 잡게 하셨을 때 베드로는 자신이 죄인이라는 것을 인정했다. 예수님이 날 때부터 맹인 된 사람을 고치셨다는 것을 유대인들이 알았을 때 그들에게는 죄를 회개할 기회가 주어진 것이었다. 하지만 그들은 회개하지 않았고, 도리어 예수님이 죄인이라고 우겼다(요 9:16, 24).

예수님은 날 때부터 맹인 된 사람을 고치셨다! 그런 예수님에게 불가능한 일이 있었겠는가? 바리새인들은 자신들의 죄를 회개하지 않았을 뿐 아니라 예수님을 배척했고, 날 때부터 맹인 된 사람을 배척했다. 그들은 보지 못했던 자가 이제 보게 된 것을 기뻐하지 않았다. 창세로부터 단 한 번도 행해지지 않은 일을 예수님이 하셨는데도 그들은 예수님을 송축하지 않았다. 애초에 그들은 다른 맹인들과 병자들도 예수님이 고치실 수 있다는 생각을 하지 않았다. 그들은 예수님이 다른 사람들을 도우시고, 그들의 잘못된 생각을 고치시며, 구약성경의 예언을 성취하실 수 있다는 것에는 아무런 관심이 없었다.

예수님의 대적들은 오로지 그들 자신, 그들이 설정한 과제, 그들 자신의 권위, 백성들을 통제하는 일에만 관심이 있었다. 그로 인해 예수님이 이 세상에 내리신 심판이 그들에게 임했다. 예수님은 이 세상에 빛으로 오셨지만, 그들은 자신의 행위가 악하기 때문에 어둠을 사랑했다(3:19-20).

1 내가 진실로 진실로 너희에게 이르노니 문을 통하여 양의 우리에 들
어가지 아니하고 다른 데로 넘어가는 자는 절도며 강도요 2 문으로 들
어가는 이는 양의 목자라 3 문지기는 그를 위하여 문을 열고 양은 그
의 음성을 듣나니 그가 자기 양의 이름을 각각 불러 인도하여 내느니
라 4 자기 양을 다 내놓은 후에 앞서 가면 양들이 그의 음성을 아는 고
로 따라오되 5 타인의 음성은 알지 못하는 고로 타인을 따르지 아니하
고 도리어 도망하느니라 6 예수께서 이 비유로 그들에게 말씀하셨으
나 그들은 그가 하신 말씀이 무엇인지 알지 못하니라

1 "Truly, truly, I say to you, he who does not enter the sheepfold by the
door but climbs in by another way, that man is a thief and a robber.
2 But he who enters by the door is the shepherd of the sheep. 3 To him
the gatekeeper opens. The sheep hear his voice, and he calls his own
sheep by name and leads them out. 4 When he has brought out all his
own, he goes before them, and the sheep follow him, for they know his
voice. 5 A stranger they will not follow, but they will flee from him, for
they do not know the voice of strangers." 6 This figure of speech Jesus
used with them, but they did not understand what he was saying to them.

7 그러므로 예수께서 다시 이르시되 내가 진실로 진실로 너희에게 말
하노니 나는 양의 문이라 8 나보다 먼저 온 자는 다 절도요 강도니 양
들이 듣지 아니하였느니라 9 내가 문이니 누구든지 나로 말미암아 들
어가면 구원을 받고 또는 들어가며 나오며 꼴을 얻으리라 10 도둑이
오는 것은 도둑질하고 죽이고 멸망시키려는 것뿐이요 내가 온 것은
양으로 생명을 얻게 하고 더 풍성히 얻게 하려는 것이라 11 나는 선한
목자라 선한 목자는 양들을 위하여 목숨을 버리거니와 12 삯꾼은 목
자가 아니요 양도 제 양이 아니라 이리가 오는 것을 보면 양을 버리고
달아나나니 이리가 양을 물어 가고 또 헤치느니라 13 달아나는 것은
그가 삯꾼인 까닭에 양을 돌보지 아니함이나 14 나는 선한 목자라 나
는 내 양을 알고 양도 나를 아는 것이 15 아버지께서 나를 아시고 내가
아버지를 아는 것 같으니 나는 양을 위하여 목숨을 버리노라 16 또 이
우리에 들지 아니한 다른 양들이 내게 있어 내가 인도하여야 할 터이
니 그들도 내 음성을 듣고 한 무리가 되어 한 목자에게 있으리라 17 내
가 내 목숨을 버리는 것은 그것을 내가 다시 얻기 위함이니 이로 말미
암아 아버지께서 나를 사랑하시느니라 18 이를 내게서 빼앗는 자가 있
는 것이 아니라 내가 스스로 버리노라 나는 버릴 권세도 있고 다시 얻
을 권세도 있으니 이 계명은 내 아버지에게서 받았노라 하시니라

7 So Jesus again said to them, "Truly, truly, I say to you, I am the door
of the sheep. 8 All who came before me are thieves and robbers, but the
sheep did not listen to them. 9 I am the door. If anyone enters by me,
he will be saved and will go in and out and find pasture. 10 The thief
comes only to steal and kill and destroy. I came that they may have life
and have it abundantly. 11 I am the good shepherd. The good shepherd
lays down his life for the sheep. 12 He who is a hired hand and not a
shepherd, who does not own the sheep, sees the wolf coming and leaves
the sheep and flees, and the wolf snatches them and scatters them. 13 He

flees because he is a hired hand and cares nothing for the sheep. 14 I am
the good shepherd. I know my own and my own know me, 15 just as the
Father knows me and I know the Father; and I lay down my life for the
sheep. 16 And I have other sheep that are not of this fold. I must bring
them also, and they will listen to my voice. So there will be one flock,
one shepherd. 17 For this reason the Father loves me, because I lay
down my life that I may take it up again. 18 No one takes it from me,
but I lay it down of my own accord. I have authority to lay it down, and
I have authority to take it up again. This charge I have received from
my Father."

19 이 말씀으로 말미암아 유대인 중에 다시 분쟁이 일어나니 20 그중
에 많은 사람이 말하되 그가 귀신 들려 미쳤거늘 어찌하여 그 말을 듣
느냐 하며 21 어떤 사람은 말하되 이 말은 귀신 들린 자의 말이 아니라
귀신이 맹인의 눈을 뜨게 할 수 있느냐 하더라

19 There was again a division among the Jews because of these words.
20 Many of them said, "He has a demon, and is insane; why listen to
him?" 21 Others said, "These are not the words of one who is oppressed
by a demon. Can a demon open the eyes of the blind?"

단락 개관

선한 목자

미가서 2:13은 새로운 출애굽과 포로생활에서의 귀환에 대해 예언한다. "길

을 여는 자가 그들 앞에 올라가고 그들은 길을 열어 성문에 이르러서는 그리로 나갈 것이며 그들의 왕이 앞서가며 여호와께서는 선두로 가시리라."

출애굽 때 이스라엘은 그들의 집에 어린양의 피를 칠한 유월절이 지나고 나서야 해방되었다. 그들은 홍해를 마른 땅처럼 건넜다. 그 후에 여호와께서 광야에서 그들에게 하늘로부터 만나를 내려주어 먹게 하시고, 반석에서 물이 나게 하여 마시게 하셨다. 모세는 산에 올라가 율법을 받았고, 불 기둥과 구름 기둥은 이스라엘을 약속의 땅으로 인도했다.

이스라엘이 그 약속의 땅에서 쫓겨나 포로로 끌려가기 전까지 이사야는 그들의 귀를 막고 눈을 멀게 하며 마음을 완고하게 하라는 사명을 받았다(사 6:9-13). 또한 이사야를 통해 여호와는 자신이 새로운 출애굽을 통한 구원을 이루어 백성을 또다시 해방시키고 약속의 땅으로 인도할 때 저는 자들이 고침을 받고 맹인들이 보게 될 것이라고 약속하셨다.

요한은 예수님을 그러한 예언의 성취로 소개한다. 세례 요한은 예수님을 하나님의 어린양이라고 선언한다(요 1:29, 36). 2장에서 하나님의 어린양이신 예수님은 희생제물용으로 팔리고 있던 짐승들을 성전에서 쫓아내신다. 이제는 그런 짐승들이 아니라 예수님 자신이 희생제물이 되실 것이다. 3장에서 예수님은 니고데모와 대화하면서 거듭남에 대해 말씀하신다(참고. 겔 36:25-27). 4장에서 예수님은 생수를 주겠다고 제안하시고, 메시아이자 세상의 구주로 인정받으시며, 병자들을 고치신다. 5장에서는 38년 동안 걷지 못했던 병자가 고침을 받아 걷는다. 6장에서 예수님은 오천 명의 무리를 먹이시고, 산에 오르시며, 물위를 걸으신 후 자신이 하늘로부터 주어진 만나의 성취임을 밝히신다. 7장에서 예수님은 자신은 광야에서 이스라엘에게 물을 내어 마시게 한 반석의 성취로서 물보다 더 나은 것, 즉 성령을 사람들에게 주겠다고 약속하신다. 8장에서 예수님은 광야에 나타난 불 기둥의 성취로서 세상의 빛이시다. 9장에서는 날 때부터 맹인 된 사람의 눈을 뜨게 하신다.

예수님의 백성이 요단강에 도달하여 약속의 땅으로 건너가기 위해서는 자유롭게 되고, 고침을 받으며, 떡과 물을 공급받아 살아가는 것만으로는 충분하지 않다. 그들에게는 돌봄도 필요하다. 티모시 라니악(Timothy S. Laniak)은 목자의 임무를 이렇게 설명한다. "목자에게 가장 힘겨운 일 중 하나는 양들에게 먹을 것과 마실 것을 공급하는 것이다…목자는 추운 날씨에는 양들이 풀을 뜯는 곳에서 반경 32킬로미터 내에, 여름에는 반경 15-20킬로미터 내에 적절한 물 공급원을 확보해야 한다…양들을 뒤에서 몰아야 하는 경우도 종종 있지만, 일반적으로는 앞에 서서 인도해야 한다…휴식은 양들이 잘 자랄 수 있게 해 주는 기능만 하지 않는다. 휴식은 양들이 목자의 보호 아래에서 편안하고 안전하게 쉬는 것이다…어미 양들과 새끼 양들을 제대로 보호하지 않거나 양 떼에게 적절한 휴식을 주지 않고 지나치게 몰아붙이면 양들이 죽거나 다칠 수 있다(창 33:13). 목자가 양 떼를 양 우리에 넣었을 때 양들에 대한 보호가 가장 온전히 제공된다. 목양과 관련된 광범위한 활동들은 매일매일 또는 계절에 따른 양들의 필요에 따라 결정된다. 따라서 주의 깊고 세심한 목자들은 자신의 양 떼를 사랑하고 소중히 여긴다. 책임감 있는 목자들은 자신의 양 떼에 속한 각각의 양이 태어났을 때의 상황과 건강 이력, 식습관, 그 밖의 특성들을 안다. 각각의 염소나 양을 이름으로 부르는 것은 흔한 일이다…목자와 양 떼의 관계에서 가장 두드러진 특징 중 하나는 양 떼의 통제가 오직 목자의 음성으로 이루어진다는 것이다."[35]

10장

목자의 소임이 이러한데, 누가 약속의 땅을 향해 순례 길을 가는 하나님 백성의 목자가 되어 그들을 돌볼 수 있겠는가? 모세가 목자 일에 그토록 좌절한 것은 전혀 이상한 일이 아니다. 그러므로 다른 사람이 아닌 예수님이 하나님 백성의 목자장이라는 점에 하나님께 감사하라. 요한복음 10장에서 예수님은 자신이 왜 참된 목자이고 어떻게 양들이 그분을 알아보는지, 그리고 왜 그들 중 하나도 길을 잃어버리지 않을 것이고 자신이 그들을 어디로 데려가고자 하는지 설명하신다.

35 Timothy Laniak, *Shepherds After My Own Heart: Pastoral Traditions and Leadership in the Bible*, NSBT 20 (Downers Grove, IL: IVP Academic, 2006), 54-57.

단락 개요

IV. C. 6. 선한 목자(10:1-21)

a. 예수님은 목자이고 문이시다(10:1-10)

b. 예수님은 양들을 위해 자신의 목숨을 버리신다(10:11-18)

c. 양들은 그분의 음성을 안다(10:19-21)

주석

10:1-10 | 예수님은 목자이고 문이시다 9장의 끝부분이나 10장의 처음 부분에는 관련된 시간이나 배경이나 사람들이 바뀌었음을 보여주는 표시가 없다. 요한은 예수님이 9장에서 날 때부터 맹인 된 사람의 눈을 뜨게 해 주신 일이 일어난 직후에 10장의 말씀을 하신 것으로 소개하는 듯하다. 예수님의 능력과 선하심이 유례없이 드러난 그 이적은 어느 누구도 흉내낼 수 없고, 그 은혜에 보답할 수도 없다. 예수님은 날 때부터 단 한 번도 보지 못한 사람의 눈을 뜨게 하여 보게 해 주셨고, 이것은 소망을 잃고 절망 속에서 살아온 그에게 최고의 선물이었다. 그 일을 알게 된 바리새인들은 예수님이 안식일에 그 사람을 고치시고 보게 해 주셨다는 것에 분노했다.

9장의 끝부분에서 예수님은 바리새인들의 눈이 멀어 있음을 아셨다. 이제 10장에서 예수님은 그들이 겉으로만 율법에 관심 있는 척하고, 진정으로 관심 있는 것은 다른 사람들을 희생시켜 자기 이익을 챙기는 것임을 꿰뚫어보신다. 예수님이 1절에서 하신 말씀은 양 우리의 모습을 생생하게 보여준다. 목자들은 사방이 막혀 있는 공간, 즉 동굴이나 울타리를 두른 곳에 양 떼를 넣어두었다. 침입자는 양 우리의 문이 아니라 다른 데로 넘어 들어가서 안전하고 아름다운 그곳을 망쳐놓는다. 그런 자가 좋은 사람일

리 없다. 그는 목자가 아니라 도둑이고 강도다. 목자라면 공개적으로 자유롭게 양 우리의 문을 통해 들어갈 수 있기 때문이다.

예수님은 바리새인들을 향해 대답하신다. 그들은 맹인이 눈을 뜨면서 드러난 예수님의 능력과 영광을 인정하지 않음으로 말미암아 자신들이 영적으로 눈 멀고 기형적인 자들임을 보여주었다. 게다가 그들은 자신들이 목자가 아니라 도둑이고 강도임을 보여줌으로써 상황을 더욱 악화시켰다. 그들은 주님의 양떼, 즉 그분의 풀밭에서 풀을 먹는 양들을 돌보지 않았다. 그들은 양을 훔치고 죽여서라도 이기적인 탐욕을 채우는 데만 골몰했다.

예수님은 2절에서 목자는 담을 넘어 들어갈 필요가 없고, 맹인의 눈을 뜨게 해 주는 것 같은 선한 일을 가리켜 죄악된 일이라고 거짓말하거나 겁주는 비열한 짓을 할 필요가 없다고 설명하신다. 목자는 정정당당하게 문으로 양의 우리에 들어갈 수 있다. 잠언 28:1은 예수님과 대적들 간의 차이를 잘 말해 준다. "악인은 쫓아오는 자가 없어도 도망하나 의인은 사자같이 담대하니라."

요한복음 10:3에서 예수님은 연이어 양들과 문지기가 목자를 어떻게 대하는지 설명하신다. 문지기는 목자에게 문을 열어주고, 양들은 목자의 음성을 알아듣는다. 목자는 어느 양이 자기 양인지 구체적으로 안다. 그래서 양들의 이름을 각각 부르면 그 양들은 기꺼이 목자를 따른다. 하나의 양 우리에 서로 다른 목자에게 속한 여러 양 떼가 있다고 생각해 보라. 목자들 중 한 명이 양 우리에 와서 자기 양 떼에 속한 양들의 이름을 각각 부르면 그에게 속한 양들만 그 음성을 듣고 따라간다. 오직 그 목자에게 속한 양들, 이름이 호명된 양들만 그 목자에게 응답한다. 이 은유는 4절에서도 계속된다. 목자가 자기 양들을 모두 양 우리에서 불러낸 후에 앞서 가면 그 양들은 자기 목자의 음성을 알기 때문에 그를 따라간다. 그 반대의 경우는 5절에 나온다. 예수님은 양들이 "타인의 음성은 알지 못하기" 때문에 타인을 따라가지 않고 도리어 도망한다고 말씀하신다.

예수님은 목자시다. 바리새인들과 예수님에 대해 반대하는 자들은 도둑이고 강도다. 예수님의 음성을 듣는 양들, 즉 예수님이 각각 이름을 불러 인도하시는 양들은 그분의 양 떼에 속한 양들이다. 그분의 음성을 알지 못하는 양들은 그분에게 속한 양들이 아니다. 무리 중에서 어떤 사람들은 예수님이 맹인을 고치시는 것을 보고 회당에서 출교당할 위험을 무릅쓰고서라도(9:22) 그분을 메시아라고 믿는다. 반면에 어떤 사람들은 동일한 일을 보고도 예수님이 안식일에 그런 일을 하셨다는 이유로(9:16) 왜 그분이 하나님께로부터 온 것이 아니라고 생각하는지에 대해서 예수님이 설명하신다. 예수님에게 속한 양들은 그분의 음성을 알기 때문에 바리새인들의 음성을 따라 잘못된 길로 가지 않는다. 이 모든 표상들은 예수님이 새로운 출애굽과 포로생활에서의 귀환을 이루시는 분이라는 것을 보여준다. 목자이신 예수님은 자기 양떼가 약속의 땅에 있는 푸른 풀밭과 잔잔한 물가에 다다를 때까지 그들을 내내 돌보아주실 것이다.

10:7-10에서 예수님은 또 다른 은유를 사용하여 이것을 설명하신다. 이번에는 역할을 바꾸어 목자보다 한층 더 중요한 것에 자신을 비유하신다. 1-6절에서 예수님은 분명히 목자였다. 하지만 7-10절에서는 자신을 "문"에 비유하시는데, 이는 하나님의 백성을 돌보는 모든 참된 목자들은 오직 예수님을 통해야 한다는 사실을 보여준다.

예수님이 자기보다 먼저 온 자들은 모두 도둑이고 강도라고 말씀하신 것(8절)은 당시를 비롯해 이스라엘 역사 전체에 걸쳐 하나님의 백성을 학대하는 지도자들을 가리킨다. 예레미야는 거짓 선지자들을(렘 23:9-40), 에스겔은 악한 목자들을 규탄했다(겔 34:1-24). 이스라엘 역사 속에서 하나님 백성의 지도자들이면서 여호와를 높이고 경외한 자들, 즉 이사야, 예레미야, 에스겔을 비롯한 신실한 지도자들은 예수님이 "절도요 강도"라고 하신 "나보다 먼저 온 자"(요 10:8)에는 분명 포함되지 않는다.

예수님은 연이어 8절에서 양들은 도둑과 강도의 말을 듣지 않았다고 말씀하신다. 참된 하나님의 백성은 사기꾼의 말을 듣고 잘못된 길로 가지 않는다.

9절에서 예수님은 그분의 양들이 머무는 양 우리가 안전하다는 것을 생생하게 보여주신다. 양들이 밤사이에 양 우리 안에서 이리와 도둑들로부터 보호받으면서 안전하게 쉬려면 "문"이신 예수님을 통해 양 우리 속으로 들어가야 한다. 양 우리에 있는 양들은 안전하다. 마찬가지로 양들이 양 우리에서 나와 풀밭에서 양분을 섭취하고 물을 마시고 운동할 때에도 안전하기 위해서는 "문"이신 예수님을 통해 나가야 한다. 10절에서 또다시 예수님은 자신을 도둑들과 대비하며 도둑들은 오직 도둑질하고 죽이고 멸망시키기 위해 오지만, 자신은 생명을 주기 위해 왔다고 말씀하신다.

10:11-18 | 예수님은 양들을 위해 자신의 목숨을 버리신다 11절에서 예수님은 자신을 "선한 목자"로 밝히시면서 선한 목자가 무슨 일을 하는지 말씀하신다. 선한 목자는 양들을 위해 자기 목숨을 버린다. 선한 목자는 자신의 목적을 이루기 위해 양들을 도둑질하거나 죽이거나 멸망시키지 않는다. 도리어 양들을 보호하고 양들에게 필요한 것들을 공급해 주기 위해 자신을 희생한다. 예수님은 삯꾼은 위험이 닥치면 양들을 버리고 도망하기 때문에 양들이 꼼짝없이 이리에게 물려가거나 죽게 된다고 말씀하시고(12절), 참된 목자가 되기 위해서는 양들을 위해 목숨을 버릴 각오로 위험과 맞서 싸워야 한다고 이르신다. 선한 목자는 자기 자신보다 양들을 더 생각하지만, 삯꾼은 양들보다 자기 자신을 더 생각한다(13절).

예수님은 어떻게 선한 목자가 양들을 위해 자신을 희생하는지 말씀하신 후, 14-16절에서 양들과 목자 간의 유대관계에 대해 말씀하신다. 예수님은 자신과 양들의 관계를 가장 친밀하고 전면적인 관계로 묘사하며 남편과 아내의 관계보다 더 가깝다고 말씀하신다. 예수님은 4절에서 양들이 목자의 음성을 안다고 말씀하셨는데, 이제 14절에서는 선한 목자인 자신이 자기 양들을 알고 양들은 그분을 안다고 말씀하신다. 예수님이 15절에서 사용하신 비교는 설명이 필요하지만, 그것을 설명하기란 불가능하다. 예수님은 자신이 자기 양들을 알고 자기 양들이 그분을 아는 것은 "아버지께서 나를 아시고 내가 아버지를 아는 것"과 같다고 말씀하신다.

전능하신 아버지와 전능하신 아들의 관계는 두 당사자가 서로를 인격적으로 완벽하게 알고 교제하는 것의 궁극적인 모범이다. 영원하신 아들과 영원하신 아버지는 모든 역사를 함께하시고 모든 기쁨과 슬픔을 공유하시기 때문에 이보다 더 친밀한 관계는 있을 수 없다. 전능하신 아버지와 아들이 서로에게 느끼고 표현하고 전하는 감정보다 더 진실한 감정은 있을 수 없다. 최고의 미술이나 음악이나 시라고 할지라도 이 심오한 관계를 표현하기란 불가능하다. 그런데 예수님은 자신과 자기 양들인 백성들이 이 정도로 깊게 친밀함을 나누는 관계라고 말씀하신다.

16절에서 예수님은 이 우리에 들지 않은 다른 양들이 있다고 말씀하신다. 이것은 예수님이 이 땅에서 사역하시는 동안에 그분에게로 이끌린 유대인들 외에 장차 그분에게로 부르실 이방인들을 가리키는 것으로 보인다. 유대인과 이방인은 나중에 인종이나 문화적 배경이나 사회적 관습을 뛰어넘어 하나가 되어 "한 목자"이신 예수님 아래에서 "한 무리"가 될 것이다.

17절에서 예수님은 아버지께서 왜 예수님을 사랑하시는지 설명하시는데, 그것은 그분이 양들을 위해 목숨을 버리실 것이기 때문이다. 그 후에 예수님은 죽은 자 가운데서 다시 살아나실 것이다. 다른 사람을 위해 희생하는 사람을 보면 우리는 그를 존경하고 인정하게 된다. 예수님은 자신이 양들을 사랑해서 그들을 위해 십자가에서 죽고자 하시기 때문에 아버지께서 자신을 사랑하신다고 말씀하신 것으로 보인다. 예수님이 목숨을 버리기는 하지만, 이는 "그것을 내가 다시 얻기 위함"이라고 한 것은 자신의 죽음과 부활에 대해 말씀하신 것이다. 예수님은 이 땅에서 살아가는 동안 자신에게 있는 모든 것을 주고 죽으실 것이기 때문에 죽은 자 가운데서 다시 살아나 영원히 죽지 않는 영화롭게 된 삶을 사실 수 있다. 예수님에 대한 아버지 하나님의 사랑이 더욱 커질 수밖에 없는 것은 아들이 아버지의 구원 계획에 동의하고 기뻐하여 자신의 모든 것을 기꺼이 버려서 그 계획을 이루려 하기 때문이다.

18절에서 예수님은 자신의 죽음과 부활에 대해 이렇게 설명하는 것은 어쩔 수 없이 겪어야 하는 나쁜 일이 가져올 피해를 어떻게 해서든 최소화하고 좋은 쪽으로 무마하려는 노력이 아님을 분명히 하신다. 즉 나쁜 일이 일어날 것이 명백한 상황에서 패배를 승리인 양 포장하려는 것이 아니다. 예수님은 자원해서 목숨을 내어놓으신다. 예수님이 지키고자 하시는 것을 빼앗을 수 있는 자는 아무도 없다. 18절의 끝부분에 나오는 "이 계명은 내 아버지에게서 받았노라"는 말씀은 예수님이 앞에서 자신에게 권한이 있다고 하신 두 가지 일, 즉 자기 목숨을 버리는 것과 그 목숨을 다시 얻는 것이 아버지 하나님의 뜻임을 의미한다.

아버지는 아들이 양들을 위해 자기 목숨을 버리는 것을 허락하셨고, 죽은 자 가운데서 다시 살아나는 것도 허락하셨다. 아버지는 자신을 버리기까지 양들을 사랑하는 아들을 사랑하시고 칭찬하신다.

10:19-21 | 양들은 그분의 음성을 안다 요한은 이 단락에서 유대인들 가운데서 또다시 일어난 분쟁을 묘사한다(참고. 7:43; 9:16). 이 분쟁은 10:20에서 선한 목자에게 속하지 않은 양들이 보인 반응이다. 그들은 선한 목자의 음성을 알아듣지 못했고, 목자가 그들 각각의 이름을 부르며 그들을 인도하여 내는 것을 듣지 못했다. 또한 예수님이 그들을 위해 자기 목숨을 버릴 선한 목자라는 것도 알지 못했다. 예수님에게 속하지 않은 자들은 그분을 알아보지 못할 뿐 아니라 악하다고 평가하며, 그분의 능력이 귀신을 힘입은 것이라고 생각하기까지 한다(20절; 참고. 7:20; 8:48, 52).

반면에 10:21에는 선한 목자가 부르는 음성을 듣고 응답하는 사람들의 반응이 나온다. 그들은 귀신이 맹인에게 좋은 일을 해 줄 리 없다는 것을 안다(참고. 9:16). 귀신들은 도둑질하고 죽이고 멸망시키기를 원하는데 맹인의 눈을 뜨게 해 줄 리 없다. 예수님은 귀신 들린 사람처럼 말씀하지도 않으셨고, 그분이 하신 일들을 귀신이 시켜서 한 일이라고 생각할 수 없다. 이런 사실을 아는 사람들은 예수님이 그들을 부르시는 음성을 듣고 있는 것이다.

응답

예수님이 10:15과 17절에서 아버지께서 그분을 알고 사랑하신다고 말씀하신 것을 다시 한번 생각해 보라. 전능하신 아버지와 전능하신 아들 간의 관계보다 서로를 더 온전히 아는 관계는 있을 수 없다. 영원하신 아들과 영원하신 아버지는 모든 역사를 함께하시고 모든 기쁨과 슬픔을 공유하시기 때문에 이보다 더 친밀한 관계는 있을 수 없다. 전능하신 아버지와 아들이 서로에게 느끼고 표현하고 전하는 감정보다 더 강력하고 진실한 감정은 있을 수 없다.

선한 목자이신 예수님과 그분의 긍휼하심을 입어 그분의 양떼가 된 사람들 간의 관계가 아버지와 아들 간의 관계와 같다고 하신 말씀이 무엇을 의미하는지 생각해 보라. 예수님보다 우리를 더 잘 아는 이는 있을 수 없다. 예수님은 우리가 누군가를 미워할 때마다 그것을 아신다. 우리가 생각하는 모든 것들, 우리가 뱉어내는 온갖 더러운 말들을 아신다. 그럼에도 우리를 사랑하신다. 예수님은 아버지 하나님과 함께 우리를 우리 어머니의 모태에서 지으신 분이므로 그분보다 우리와 더 오래 함께 있는 이는 없다. 예수님은 우리가 듣기 싫어하더라도 참된 것만 말씀해 주시므로 그분보다 더 우리를 참되게 대해 주는 이는 없다. 예수님은 우리를 구속하기 위해 저 먼 하늘에서 이곳까지 오셔서 많은 모욕을 당하시고 큰 고통을 참아내신다. 또 우리에게 더 나은 약속들을 주시고 모든 면에서 우리가 알아들을 수 있는 방식으로 우리에게 자신을 계시하신다. 예수님보다 더 우리의 유익과 행복을 생각하는 이는 없다. 우리를 향한 예수님의 사랑은 이루 말할 수 없이 크다!

우리는 예수님에게 가장 큰 빚을 진 사람들이다. 우리는 예수님의 동기나 의도를 조금도 의심할 수 없다. 그분을 불신할 수 없다. 그분을 미워할 수 없다. 그분에 대한 우리의 사랑은 진흙탕 같은 세상 속에서 깨끗하고 순수한 수정 같은 것이어야 한다. 세상은 불확실하지만 우리는 예수님에 대해 확신할 수 있다. 예수님은 그분의 몸과 피로 우리의 생명을 사셨고, 그 몸과 피는 그분이 왕으로 계신 땅으로 가는 여정 속에서 우리를 붙들어준다. 그러한 분이 바로 우리의 목자시다. 그러한 분이 바로 우리의 친구시다. 그러한 분이 바로 우리를 위해 자기 목숨을 버리셨다. 그분의 사랑을 받게 될 모든 사람들이 할 일은 오직 죄에서 돌이켜 그분에게 나아가는 것이다.

2012년에 밥 딜런(Bob Dylan)은 《롤링 스톤》(*Rolling Stone*) 지와의 대담에서 자신을 1960년대와 동일시하지 말라고 하면서 급진적인 정치운동의 대변자로 그를 이용하려는 사람들에게 좌절감을 느낀다고 말했다. 이에 기자가 관중이 딜런을 사랑해서 그런 것이라고 말하면서 둘 사이에 설전이 오갔다. 밥 딜런은 관중이 그를 사랑하는 것이 아니라 그들이 생각하는 그 또는 그들에게 의미하는 그를 사랑하는 것이라고 했다.

"하지만 당신을 진정으로 사랑하는 관중도 있습니다."

"물론입니다. 그들은 나를 사랑한다고 생각합니다. 하지만 실제로는 나를 사랑하는 것이 아니라 내가 하는 음악과 노래를 사랑하는 것입니다."

"왜 그렇게 말씀하십니까?"

"그것이 사람들이 살아가는 방식이기 때문입니다. 사람들은 자신이 많은 것을 사랑한다고 말하지만, 실제로는 그렇지 않습니다. 사랑이라는 말이 남용되어 왔을 뿐입니다. 누군가를 위해 목숨을 내놓는 것이 사랑입니다. 정작 그런 순간이 오기 전까지 절대 모르겠지만요. 누군가가 당신을 위해 기꺼이 죽고자 한다면, 그것 역시 사랑일 테지요."[36]

36 Mikal Gilmore, "Bob Dylan Unleashed," *Rolling Stone*, September 27, 2012, http://www.rollingstone.com/music/news/bob-dylan-unleashed-a-wild-ride-on-his-new-lp-and-strikin g-back-at-critics-20120927.

22 예루살렘에 수전절이 이르니 때는 겨울이라 23 예수께서 성전 안 솔
로몬 행각에서 거니시니 24 유대인들이 에워싸고 이르되 당신이 언제
까지나 우리 마음을 의혹하게 하려 하나이까 그리스도이면 밝히 말씀
하소서 하니 25 예수께서 대답하시되 내가 너희에게 말하였으되 믿지
아니하는도다 내가 내 아버지의 이름으로 행하는 일들이 나를 증거하
는 것이거늘 26 너희가 내 양이 아니므로 믿지 아니하는도다 27 내 양
은 내 음성을 들으며 나는 그들을 알며 그들은 나를 따르느니라 28 내
가 그들에게 영생을 주노니 영원히 멸망하지 아니할 것이요 또 그들
을 내 손에서 빼앗을 자가 없느니라 29 그들을 주신 내 아버지는[1] 만
물보다 크시매 아무도 아버지 손에서 빼앗을 수 없느니라 30 나와 아
버지는 하나이니라 하신대

22 At that time the Feast of Dedication took place at Jerusalem. It was
winter, 23 and Jesus was walking in the temple, in the colonnade of
Solomon. 24 So the Jews gathered around him and said to him, "How
long will you keep us in suspense? If you are the Christ, tell us plainly."
25 Jesus answered them, "I told you, and you do not believe. The works

that I do in my Father's name bear witness about me, 26 but you do not
believe because you are not among my sheep. 27 My sheep hear my
voice, and I know them, and they follow me. 28 I give them eternal life,
and they will never perish, and no one will snatch them out of my hand.
29 My Father, who has given them to me, is greater than all, and no one
is able to snatch them out of the Father's hand. 30 I and the Father are
one."

31 유대인들이 다시 돌을 들어 치려 하거늘 32 예수께서 대답하시되 내
가 아버지로 말미암아 여러 가지 선한 일로 너희에게 보였거늘 그중
에 어떤 일로 나를 돌로 치려 하느냐 33 유대인들이 대답하되 선한 일
로 말미암아 우리가 너를 돌로 치려는 것이 아니라 신성모독으로 인
함이니 네가 사람이 되어 자칭 하나님이라 함이로라 34 예수께서 이르
시되 너희 율법에 기록된 바 내가 너희를 신이라 하였노라 하지 아니
하였느냐 35 성경은 폐하지 못하나니 하나님의 말씀을 받은 사람들을
신이라 하셨거든 36 하물며 아버지께서 거룩하게 하사 세상에 보내신
자가 나는 하나님의 아들이라 하는 것으로 너희가 어찌 신성모독이
라 하느냐 37 만일 내가 내 아버지의 일을 행하지 아니하거든 나를 믿
지 말려니와 38 내가 행하거든 나를 믿지 아니할지라도 그 일은 믿으
라 그러면 너희가 아버지께서 내 안에 계시고 내가 아버지 안에 있음
을 깨달아 알리라 하시니 39 그들이 다시 예수를 잡고자 하였으나 그
손에서 벗어나 나가시니라
31 The Jews picked up stones again to stone him. 32 Jesus answered
them, "I have shown you many good works from the Father; for which
of them are you going to stone me?" 33 The Jews answered him, "It is
not for a good work that we are going to stone you but for blasphemy,
because you, being a man, make yourself God." 34 Jesus answered

them, "Is it not written in your Law, 'I said, you are gods'? 35 If he
called them gods to whom the word of God came—and Scripture
cannot be broken— 36 do you say of him whom the Father consecrated
and sent into the world, 'You are blaspheming,' because I said, 'I am
the Son of God'? 37 If I am not doing the works of my Father, then do
not believe me; 38 but if I do them, even though you do not believe me,
believe the works, that you may know and understand that the Father is
in me and I am in the Father." 39 Again they sought to arrest him, but he
escaped from their hands.

40 다시 요단 강 저편 요한이 처음으로 세례 베풀던 곳에 가사 거기
거하시니 41 많은 사람이 왔다가 말하되 요한은 아무 표적도 행하지
아니하였으나 요한이 이 사람을 가리켜 말한 것은 다 참이라 하더라
42 그리하여 거기서 많은 사람이 예수를 믿으니라
40 He went away again across the Jordan to the place where John had
been baptizing at first, and there he remained. 41 And many came to
him. And they said, "John did no sign, but everything that John said
about this man was true." 42 And many believed in him there.

1 일부 사본에는 "내 아버지께서 내게 주신 것은"

단락 개관

아버지와 하나이신 그리스도께서 수전절에 자기 백성을 지키심

요한복음 10장의 첫 부분에서 예수님은 자신을 하나님의 양 떼, 즉 아버지께서 주신 양들을 포로생활로부터 무사히 본향으로 인도할 선한 목자로 소개하셨다. 이 대화는 예수님이 7:10에서 초막절을 지키기 위해 예루살렘에 올라오셨다가 이제 떠날 즈음에 있었던 것으로 보인다. 7-8장에 보도된 일들은 초막절에 일어났다. 예수님은 유대인들이 돌을 들어 치려 하자(8:59) 성전을 떠나 길을 가시다가 날 때부터 맹인 된 사람을 만나 그의 눈을 뜨게 해 주셨다. 그런 후에 어떤 바리새인들이 자신들도 맹인인 것이냐고 묻자(9:40), 예수님은 선한 목자로서 그분이 맡은 역할과 자기 양들과의 관계에 대해 설명하신 것으로 보인다(10:1-21).

10장

유월절은 한 해의 첫째 달에 있었고, 초막절 또는 장막절은 일곱째 달에 있었다. 22절은 시간이 흘러서 이후에 벌어진 일들이 수전절에 예루살렘에서 일어났음을 보여준다. 수전절은 아홉째 달에 있었다(참고. 마카베오1서 4:36-59).

요한복음에는 앞으로 또 한 번 유월절이 나오고, 그때 예수님은 십자가에 못 박히시게 된다(11:55; 12:1; 13:1; 18:28). 그 일에 앞서 요한은 수전절에 일어난 일들(10:22-42)과 예수님이 죽은 나사로를 살리신 일(11:1-54)을 이야기한다.

10:22-42에서 우리는 그리스도이신 선한 목자가 하나님의 백성을 안전하게 지켜주신다는 것을 알게 된다. 또한 그리스도는 아버지와 하나시기 때문에 하나님의 백성에게 그리스도보다 더 나은 목자는 있을 수 없다. 하나님의 백성에게 그리스도가 그들의 목자이신 것보다 그들에게 더 안전한 길은 없다.

단락 개요

IV. D. 아버지와 하나이신 그리스도께서 수전절에 자기 백성을 지키심 (10:22-42)

1. 예수님은 그리스도이시다(10:22-30)
2. 예수님은 하나님이시다(10:31-42)

주석

10:22-30 | 예수님은 그리스도이시다 수전절(22절)은 오늘날의 하누카(*Hanukkah*, '봉헌하다'를 뜻하는 히브리어 '하나크'에서 온 말)라고 불리는데, 통상적으로 12월에 있다. 예수님이 성전에서 거니실 때 그분이 과연 자신을 메시아라고 밝힐 것인지 보기 위해 유대인들이 모여들었다(22-24절).

예수님은 자신이 메시아인 것을 밝히느냐 밝히지 않느냐가 문제가 아니라 자신이 메시아임을 밝혀도 유대인들이 믿지 않는 것이 문제라고 말씀하신다(25절a). 요한은 예수님이 직접 "나는 그리스도다"라고 선언하시는 모습을 보여주지는 않는다. 그러나 예수님이 메시아로 알려지고(1:41) 사마리아 여자에게 자신이 그리스도라는 것을 인정하셨을 뿐 아니라(4:25-26) 자신은 단지 구약에서 약속한 다윗의 자손이 아니라 그보다 훨씬 더 큰 이라는 것을 누누이 말씀하시는 모습을 보여준다(참고. 8:24-25, 53-58).

요한복음에서 예수님이 이 시점까지 자기 자신에 대해 말씀해 오신 바는, 이 단락에서 그분이 하시는 말씀을 이해하는 데 중요하다. 예수님은 아버지의 보내심을 받아 이 땅에 오기 전에 하늘에서 하나님과 함께 있었다는 것을 반복해서 말씀하셨고, 장차 아버지께로 다시 돌아갈 것이라고 말씀하셨다. 또한 자신이 아버지 하나님과 동등하고 하나라고 하셨다. 그리고 하늘과 땅을 잇는 유일한 연결고리이며, 자신을 믿는 자들에게 영생을 줄 권한이 있다고 선언하셨다.

- 예수님은 나다나엘에게 그가 하늘이 열리고 하나님의 사자들이 "인자 위에 오르락내리락하는" 것을 보게 되리라고 말씀하셨다(1:51).
- 예수님은 니고데모에게 인자가 하늘로부터 내려왔다고 말씀하셨다(3:13).
- 예수님은 유대인들로 하여금 그분이 "하나님을 자기의 친아버지라 하여 자기를 하나님과 동등으로 삼고" 있다고 생각하게 만드는 방식으로 아버지 하나님에 대해 말씀하셨다(5:17-18).
- 예수님은 자신이 아버지에게 보고 들은 것을 행하고 있다고 말씀하셨다(3:11; 5:19, 30).
- 예수님은 아버지께서 생명을 주어 자기 안에 있게 하셨다고 말씀하셨다(5:26).
- 예수님은 성경이 자신에 대해 증언하고 있다고 말씀하셨다(5:39).
- 예수님은 자신이 아버지의 이름으로 왔다고 말씀하셨다(5:43).
- 예수님은 모세가 예수님 자신에 대해 기록했다고 말씀하셨다(5:46).
- 예수님은 자신이 "생명의 떡"이라고 말씀하셨다(6:35).
- 예수님은 자신이 "하늘에서 내려온 것은…나를 보내신 이의 뜻을 행하려 함"이라고 말씀하셨다(6:38).
- 예수님은 자신이 "하늘에서 내려온 떡이라"고 말씀하셨다(6:41; 참고. 6:42).
- 또한 "나는 하늘에서 내려온 살아 있는 떡"이라고 말씀하셨다(6:51).
- 예수님은 사람들에게 "너희는 인자가 이전에 있던 곳으로 올라가는 것을 본다면 어떻게 하겠느냐"고 물으셨다(6:62).
- 예수님은 자신의 말이 영이고 생명이라고 말씀하셨다(6:63).
- 예수님은 자신의 가르침은 자기 것이 아니라 자신을 보내신 이의 것이라고 말씀하셨다(7:16).

- 예수님은 자신이 참되신 이의 보내심을 받아서 왔고, 나중에 대적들이 그분을 찾을 수도 올 수도 없는 곳으로 갈 것이라고 말씀하셨다(7:28, 34, 36).
- 예수님은 자신을 "세상의 빛"이라고 부르셨다(8:12; 9:5).
- 예수님은 자신이 위에서 왔고, 이 세상에 속하지 않는다고 말씀하셨다(8:23; 참고. 3:31).
- 예수님은 "너희가 인자를 든 후에 내가 그인 줄 알" 것이라고 말씀하셨다(8:28; 참고. 8:24).
- 예수님은 "내가 하나님께로부터 나와서" 왔고, "아버지께서 나를 보내신 것"이라고 말씀하셨다(8:42).
- 예수님은 자신의 말을 지키는 자들은 죽음을 맛보지 않게 될 것이라고 말씀하셨다(8:52).
- 예수님은 "아브라함이 나기 전부터 내가 있느니라"고 말씀하셨다(8:58).
- 전에 맹인이었던 사람이 예수님에게 누가 인자냐고 물었을 때 예수님은 "네가 그를 보았거니와 지금 너와 말하는 자가 그이니라"고 말씀하셨다. 그러자 그가 예수님을 경배했다(9:35-38).
- 예수님은 아버지께서 자신에게 자기 목숨을 버렸다가 다시 얻을 권세를 주셨다고 말씀하셨다(10:18).

믿지 않는 학자들은 종종 예수님이 그런 말씀을 하지 않으셨다고 주장하지만, 예수님이 실제로 하지 않으신 말씀을 요한이 기록했다고 전제할 때에만 그 주장은 유지될 수 있다. 하지만 요한은 자신이 예수님의 말씀을 기록했고 참된 말을 하고 있다고 주장한다. 예수님이 이런 말씀을 하셨다는 요한의 증언을 받아들일 때 비로소 우리는 요한이 이 단락에서 예수님이 논증하신 것으로 소개한 내용을 이해할 수 있다. 예수님은 자신이 메시아일 뿐 아니라 그 이상이라고 말씀하시고, 자신이 행하는 일들이 그것을 증명한다고 말씀하신다(10:25b).

- 예수님은 물을 포도주로 변화시키셨다(2:6-10).
- 예수님은 니고데모에게 하나님이 예수님과 함께하신다는 확신을 주는 일들을 행하셨다(3:2).
- 예수님은 생수를 주겠다고 약속하셨다(4:10-14).
- 예수님은 사마리아 여자가 과거에 한 모든 일을 드러내셨다(4:29).
- 예수님은 38년 된 병자를 고쳐주셨다(5:1-16).
- 예수님은 오천 명을 먹이셨고(6:1-13), 사람들은 그것을 보고서 예수님을 선지자로 인정하고 왕으로 삼으려 했다(6:14-15).
- 예수님은 물위를 걸으셨다(6:16-21).
- 예수님은 날 때부터 맹인 된 사람을 고치셨다(9:1-7).

10장

5장에서 예수님은 아버지께서 주셔서 행하게 하신 일들이 자신을 증언한다고 말씀하셨고(20, 36절), 요한복음에서 사람들은 예수님이 행하신 일들이 표적이라는 점을 거듭해서 인정했다(2:11, 23; 3:2; 4:39, 45, 53-54; 6:2, 14, 25; 7:31; 9:16; 참고. 4:48; 6:25-26, 30). 사람들은 예수님보다 더 많은 표적을 행할 이가 누가 있겠느냐고 반문했고(7:31), 예수님처럼 말한 사람은 지금까지 아무도 없었다고 단언했다(7:46).

예수님이 하신 일들을 보고도 예수님이 선한 분이심을 사람들이 깨닫지 못한 것은 기막힌 일이고, 일부 사람들이 예수님의 능력이 귀신에게서 온다고 말한 것은 신성모독이다(7:20; 8:48-49, 52; 참고. 8:44; 10:10). 예수님이 하신 말씀을 듣고 그분이 하신 일들을 본 사람은 누구나 그분이 하나님으로부터 오셨고 메시아이며, 사람들을 구원할 능력이 있다는 것을 믿었어야 했다.

그런데 왜 믿지 않은 것인가? 10:26에서 예수님은 그들이 자기 양이 아니기 때문에 믿지 않는다고 설명하신다. 이러한 설명은 예수님이 1-18절에서 가르치신 바에 근거한다. 또한 예수님이 전에 하신 말씀, 즉 아버지께서 이끌지 않으시면 아무도 그분에게 올 수 없고(6:44), 하나님께로부터 가르침을 받은 자들이 그분에게 오며(6:45), 아버지께서 허락하지 않으시면 아무도 그분에게 올 수 없다(6:65)는 말씀에 부합한다. 앞에서 말씀하셨듯이 예수님은 10:27에서 자기 양들은 그분의 음성을 듣고 그분을 알며, 그분을 따른다고 설명하신다(참고. 10:3-4, 14, 16).

28절에서 예수님은 세 가지를 단언하신다. 첫째, 내가 내 양들에게 영생을 줄 것이다. 둘째, 내 양들은 결코 멸망하지 않을 것이다. 셋째, 아무도 내 양들을 빼앗아갈 수 없다.

그런 단언들로는 충분하지 않다고 생각하셨는지, 예수님은 29절에서 또다시 세 가지를 추가로 단언하신다. 첫째, 아버지께서 내게 그 양들을 주셨다. 둘째, 내 아버지는 만물보다 더 크시다. 셋째, 아무도 내 양들을 아버지의 손에서 빼앗을 수 없다. 아버지께서 양들을 주셨다는 예수님의 말씀에서 우리는 "아버지께서 내게 주시는 자는 다 내게로 올 것이요"(6:37)라는 그분의 말씀에 대한 더 깊은 통찰을 얻게 된다. 아버지 하나님은 어떤 사람들을 예수님에게 주셨다. 그들은 예수님의 양들이다. 예수님은 그들을 위해 목숨을 버리셨고(10:11, 15), 그들 각각의 이름을 부르며 그들을 인도해내신다(3절). 그들은 예수님의 음성을 듣고 그분이 그들의 목자라는 것을 알고서(14절) 그분을 따른다(4, 27절).

아버지는 만물보다 더 크시기 때문에 양들은 아무도 그들을 아버지에게서 빼앗을 수 없다는 것을 확신할 수 있다. 하늘에서나 땅에서나 예수님을 믿는 자들을 지키시는 이의 능력보다 더 큰 능력은 없다. 아버지 하나님은 귀신이나 속이는 자나 적그리스도나 사탄보다 더 강하고 설득력 있으며 불가항력적이다.

예수님이 28절에서 양들을 **자신의** 손에서 빼앗을 자가 아무도 없을 것이라고 말씀하신 다음, 29절에서는 양들을 **아버지의** 손에서 빼앗을 자가 아무도 없을 것이라고 말씀하신 것에 주목하라. 그리고 30절에서 예수님은 "나와 아버지는 하나이니라"고 말씀하신다. 예수님과 아버지 하나님은 본질에서 하나이고 두 분 다 하나님이라는 점에서 하나다. 그리고 예수님과 아버지 하나님은 양들을 구원하는 큰 일에서 하나다. 아버지는 양들을 예수님에게 주셨고(29절), 예수님은 양들을 위해 자기 목숨을 버리신다(11, 15절).

10:31-42 | 예수님은 하나님이시다 31-39절은 예수님이 자신을 가리켜 아버지 하나님과 하나라고 말씀하신 것(30절)에서 퍼져나간 충격파를 설명한다. 이 말씀은 어떤 사람들에게는 지금까지 아리송했던 모든 것들의 마지막 퍼즐 조각인 반면에 어떤 사람들에게는 반격을 촉발시키는 폭탄과도 같다.

예수님의 양들은 그분의 말씀을 들을 것이고 그분의 음성을 알 것이며, 모든 것을 이해하게 될 것이다. 예수님의 양이 아닌 자들은 유대인들이 31절에서 그랬듯이 돌을 들어 예수님을 치려고 할 것이다. 예수님은 돌을 들어 그들의 하나님이자 왕이신 분을 치려고 하는 자들과 계속해서 이치를 따지며 대화하는 자비를 베푸신다. 예수님은 지금까지 자신이 해온 많은 일들이 귀신이나 사탄이 하는 일들이 아니라 아버지 하나님의 성품을 보여주는 일들이었음을 상기시키신다. 그런 다음에 그런 선한 일들 중에서 어떤 일 때문에 돌을 들어 그분을 치려는 것인지 물으신다(32절).

유대인들은 예수님이 선한 일을 행해서가 아니라 신성모독을 저질렀기 때문에 돌로 치려는 것이라고 대답하면서 자칭 하나님이라고 한 것이 신성모독이라고 설명한다(33절). 이것은 5:18에 나오는 고발과 아주 비슷하다. 거기에서도 유대인들은 예수님이 자신을 하나님과 동등하다고 말씀하셨다는 이유로 돌을 들어 그분을 치려고 했다.

예수님은 성경을 근거로 들어 대적들에게 대답하신다. 예수님은 시편을 인용하면서 "율법"이라고 지칭하시는데, 이것은 성경 전체를 "율법"[이 단어는 히브리어 토라(*torah*)를 헬라어 역본이 '율법'을 뜻하는 노모스(*nomos*)로 번역한 데서 왔다]이라는 이름으로 부르게 된 것을 반영한다. 예수님이 인용하신 본문과 관련해 의문점이 있기는 하지만(시 82:6; 참고. 요 10:34) 그분의 논증은 단순하다. 그 논증은 다음과 같이 전개된다.

전제 1: 하나님은 구약성경에서 어떤 존재들을 "신들"이라고 부르신다.
전제 2: 성경은 폐할 수 없으므로 성경이 말하는 모든 것은 참되다.
전제 3: 하나님은 예수님을 거룩하게 하여 세상에 보내셨다.

결론: 예수님이 자신을 하나님의 아들이라고 하는 것은 신성모독이 아니다.

구약성경은 여호와가 아닌 다른 존재들을 가리키는 데 '신/신들'이라는 말을 사용하기 때문에 예수님이 자신을 하나님의 아들이라고 하신 것은 신성모독이 아니다. 하지만 예수님이 인용하신 시편 82편과 관련해서 쉽게 사라지지 않는 의문점은 어떻게 보아야 하는가? 어떤 사람들은 시편 82편에서 하나님이 사람들, 그러니까 아마도 이스라엘 민족을 "신들"이라고 부르신 것으로 이해한다. 이러한 이해가 옳다면 이 본문은 성경이 사람들을 "신들"이라고 부른 예가 된다. 따라서 예수님이 자신을 하나님의 아들이라고 하신 것은 신성모독이 아니다(참고. 출 7:1).

또 다른 가능성은 시편 82편에서 하나님이 하늘의 존재들을 "신들"이라고 부르셨다는 것이다. 나는 이 견해에 끌린다. 요한복음 전체에 걸쳐서 예수님은 자신이 하늘로부터 내려왔다고 말씀하시기 때문이다. 하나님이 하늘의 궁정에 있는 다른 구성원들을 "신들"이라 부르시고 예수님이 요한복음 10:36에서 말씀하셨듯이 그분 자신도 하늘 궁정의 구성원이었다가 아버지 하나님에게 거룩하게 구별되어 보내심을 받은 것이라면 예수님이 자신을 하나님이라고 하신 것은 전혀 신성모독이 아니다. 이러한 해석은 다니엘 7장에서 "인자 같은 이"가 하늘의 궁정에 있다가 나라를 받는 것으로 묘사하는 바와 잘 들어맞는다.

여기에서 예수님은 성경은 폐할 수 없다고 말씀하시고(요 10:35), 이 점에 대해서는 대적들도 동의하는 바다.[37] 이것은 예수님이 성경의 모든 말씀이 전적으로 참되고 미쁘며 의지할 수 있고 폐할 수 없는 것이라고 믿으셨음을 보여준다. 예수님을 따르는 자들은 성경에 대한 생각이 그분과 동일해야 한다.[38]

37 이에 대한 논의로는 Hamilton, *Daniel in Biblical Theology*를 보라.

예수님은 34-36절에서 자신이 신성모독을 저지르지 않았다는 것을 증명하신 후 37-38절에서는 자신이 한 일들을 다시 한번 거론하신다. 예수님은 37절에서 자신이 한 일들이 아버지의 일들이라고 규정하며, 그 일들의 성격과 아버지 하나님의 성품을 비교해 보라고 촉구하신다. 예수님은 38절에서 자신이 한 일들이 아버지 하나님의 성품에 부합하는 것을 확인했다면 그들이 예수님을 믿지 않는다 할지라도 그분이 하신 일들은 믿어야 한다고 논증하신다.

예수님이 하신 일들은 무엇을 보여주는가? 그 일들은 예수님과 아버지 하나님이 하나라는 것을 보여준다(30절). 예수님은 38절에서 이것을 다른 방식으로 표현하신다. "아버지께서 내 안에 계시고 내가 아버지 안에 있[다]." 예수님과 아버지 하나님은 하나시다. 두 분은 하나지만 서로 구별되신다. 이것은 삼위일체의 신비이고, 삼위일체 하나님의 영광이며, 영원히 한 본성 안에서 세 위격으로 존재하시는 삼위일체 하나님의 초이성적인 실체다.

유대인들은 그들의 하나님에게 어떤 식으로 반응했는가? 그들은 예수님을 잡으려 했다(39절). 하지만 그것은 헛된 시도였고, 예수님은 그들에게서 벗어나 나가셨다.

요한복음 10:40-42은 2:11 및 4:53-54과 마찬가지로 많은 사람들이 예수님이 행하신 표적들을 보고 그것에 응답하여 그분을 믿었다고 말한다.

10장

38 Kevin DeYoung, *Taking God At His Word: Why the Bible Is Knowable, Necessary, and Enough, and What That Means for You and Me* (Wheaton, IL: Crossway, 2014)를 보라.

응답

우리는 하나님에게 어떻게 응답하고 있는가? 하나님에게 순종하는가, 아니면 쓸데없이 돌을 들어 하나님을 치려 하는가? 하나님이 하시는 말씀을 믿는가, 아니면 그 말씀에 격분하여 하나님을 잡으려고 하는가? 하나님이 자신을 계시하셨을 때 우리가 보여야 하는 합당한 응답은 믿음과 신뢰, 찬송과 예배, 감사와 송축이다.

우리는 하나님에게 그런 식으로 응답하려 해도 죄로 인해 하나님이 우리를 절대로 받아주지 않을 것이라고 생각하거나 구원의 확신을 놓고 씨름하게 된다. 그럴 경우에는 우리 자신이 아니라 성부 하나님과 성자 하나님을 바라보아야 한다. 삼위일체 하나님은 구원하시는 분이다. 성부 하나님은 지극히 지혜롭고 전능하신 분이다. 성자 하나님은 모든 것을 깨닫게 해 주시고 만족시켜주시는 분이다. 성부 하나님과 성자 하나님은 우리를 구원할 능력을 갖고 계신다. 우리가 예수 그리스도의 이름을 지니고 있을 때 성령 하나님이 우리 삶 속에서 참된 구원의 열매들을 만들어내신다. 우리의 구원은 예수 그리스도의 이름에 달려 있다.

그리스도는 우리의 목자시다. 그리스도는 하나님이시다. 하나님이 우리의 목자이신 것이다. 우리는 안전하다.

1 어떤 병자가 있으니 이는 마리아와 그 자매 마르다의 마을 베다니에
사는 나사로라 2 이 마리아는 향유를 주께 붓고 머리털로 주의 발을
닦던 자요 병든 나사로는 그의 오라버니더라 3 이에 그 누이들이 예수
께 사람을 보내어 이르되 주여 보시옵소서 사랑하시는 자가 병들었나
이다 하니 4 예수께서 들으시고 이르시되 이 병은 죽을병이 아니라 하
나님의 영광을 위함이요 하나님의 아들이 이로 말미암아 영광을 받게
하려 함이라 하시더라

1 Now a certain man was ill, Lazarus of Bethany, the village of Mary and
her sister Martha. 2 It was Mary who anointed the Lord with ointment
and wiped his feet with her hair, whose brother Lazarus was ill. 3 So the
sisters sent to him, saying, "Lord, he whom you love is ill." 4 But when
Jesus heard it he said, "This illness does not lead to death. It is for the
glory of God, so that the Son of God may be glorified through it."

5 예수께서 본래 마르다와 그 동생과 나사로를 사랑하시더니 6 나사로[1]
가 병들었다 함을 들으시고 그 계시던 곳에 이틀을 더 유하시고 7 그

후에 제자들에게 이르시되 유대로 다시 가자 하시니 8 제자들이 말하
되 랍비여 방금도 유대인들이 돌로 치려 하였는데 또 그리로 가시려
하나이까 9 예수께서 대답하시되 낮이 열두 시간이 아니냐 사람이 낮
에 다니면 이 세상의 빛을 보므로 실족하지 아니하고 10 밤에 다니면
빛이 그 사람 안에 없는 고로 실족하느니라 11 이 말씀을 하신 후에 또
이르시되 우리 친구 나사로가 잠들었도다 그러나 내가 깨우러 가노
라 12 제자들이 이르되 주여 잠들었으면 낫겠나이다 하더라 13 예수는
그의 죽음을 가리켜 말씀하신 것이나 그들은 잠들어 쉬는 것을 가리
켜 말씀하심인 줄 생각하는지라 14 이에 예수께서 밝히 이르시되 나사
로가 죽었느니라 15 내가 거기 있지 아니한 것을 너희를 위하여 기뻐
하노니 이는 너희로 믿게 하려 함이라 그러나 그에게로 가자 하시니
16 디두모[2]라고도 하는 도마가 다른 제자들에게 말하되 우리도 주와
함께 죽으러 가자 하니라

5 Now Jesus loved Martha and her sister and Lazarus. 6 So, when he
heard that Lazarus was ill, he stayed two days longer in the place where
he was. 7 Then after this he said to the disciples, "Let us go to Judea
again." 8 The disciples said to him, "Rabbi, the Jews were just now
seeking to stone you, and are you going there again?" 9 Jesus answered,
"Are there not twelve hours in the day? If anyone walks in the day,
he does not stumble, because he sees the light of this world. 10 But
if anyone walks in the night, he stumbles, because the light is not in
him." 11 After saying these things, he said to them, "Our friend Lazarus
has fallen asleep, but I go to awaken him." 12 The disciples said to
him, "Lord, if he has fallen asleep, he will recover." 13 Now Jesus had
spoken of his death, but they thought that he meant taking rest in sleep.
14 Then Jesus told them plainly, "Lazarus has died, 15 and for your sake
I am glad that I was not there, so that you may believe. But let us go to

him." 16 So Thomas, called the Twin, said to his fellow disciples, "Let
us also go, that we may die with him."

17 예수께서 와서 보시니 나사로가 무덤에 있은 지 이미 나흘이라
18 베다니는 예루살렘에서 가깝기가 한 오 리쯤[3] 되매 19 많은 유대인
이 마르다와 마리아에게 그 오라비의 일로 위문하러 왔더니 20 마르다
는 예수께서 오신다는 말을 듣고 곧 나가 맞이하되 마리아는 집에 앉
았더라 21 마르다가 예수께 여짜오되 주께서 여기 계셨더라면 내 오라
버니가 죽지 아니하였겠나이다 22 그러나 나는 이제라도 주께서 무엇
이든지 하나님께 구하시는 것을 하나님이 주실 줄을 아나이다 23 예수
께서 이르시되 네 오라비가 다시 살아나리라 24 마르다가 이르되 마지
막 날 부활 때에는 다시 살아날 줄을 내가 아나이다 25 예수께서 이르
시되 나는 부활이요 생명이니[4] 나를 믿는 자는 죽어도 살겠고 26 무릇
살아서 나를 믿는 자는 영원히 죽지 아니하리니 이것을 네가 믿느냐
27 이르되 주여 그러하외다 주는 그리스도시요 세상에 오시는 하나님
의 아들이신 줄 내가 믿나이다
17 Now when Jesus came, he found that Lazarus had already been in
the tomb four days. 18 Bethany was near Jerusalem, about two miles
off, 19 and many of the Jews had come to Martha and Mary to console
them concerning their brother. 20 So when Martha heard that Jesus
was coming, she went and met him, but Mary remained seated in the
house. 21 Martha said to Jesus, "Lord, if you had been here, my brother
would not have died. 22 But even now I know that whatever you ask
from God, God will give you." 23 Jesus said to her, "Your brother will
rise again." 24 Martha said to him, "I know that he will rise again in the
resurrection on the last day." 25 Jesus said to her, "I am the resurrection
and the life. Whoever believes in me, though he die, yet shall he live,

11장

26 and everyone who lives and believes in me shall never die. Do you
believe this?" 27 She said to him, "Yes, Lord; I believe that you are the
Christ, the Son of God, who is coming into the world."

28 이 말을 하고 돌아가서 가만히 그 자매 마리아를 불러 말하되 선생
님이 오셔서 너를 부르신다 하니 29 마리아가 이 말을 듣고 급히 일어
나 예수께 나아가매 30 예수는 아직 마을로 들어오지 아니하시고 마르
다가 맞이했던 곳에 그대로 계시더라 31 마리아와 함께 집에 있어 위
로하던 유대인들은 그가 급히 일어나 나가는 것을 보고 곡하러 무덤
에 가는 줄로 생각하고 따라가더니 32 마리아가 예수 계신 곳에 가서
뵈옵고 그 발 앞에 엎드리어 이르되 주께서 여기 계셨더라면 내 오라
버니가 죽지 아니하였겠나이다 하더라 33 예수께서 그가 우는 것과 또
함께 온 유대인들이 우는 것을 보시고 심령에 비통히 여기시고[5] 불쌍
히 여기사 34 이르시되 그를 어디 두었느냐 이르되 주여 와서 보옵소
서 하니 35 예수께서 눈물을 흘리시더라 36 이에 유대인들이 말하되 보
라 그를 얼마나 사랑하셨는가 하며 37 그중 어떤 이는 말하되 맹인의
눈을 뜨게 한 이 사람이 그 사람은 죽지 않게 할 수 없었더냐 하더라
28 When she had said this, she went and called her sister Mary, saying
in private, "The Teacher is here and is calling for you." 29 And when
she heard it, she rose quickly and went to him. 30 Now Jesus had not yet
come into the village, but was still in the place where Martha had met
him. 31 When the Jews who were with her in the house, consoling her,
saw Mary rise quickly and go out, they followed her, supposing that
she was going to the tomb to weep there. 32 Now when Mary came to
where Jesus was and saw him, she fell at his feet, saying to him, "Lord,
if you had been here, my brother would not have died." 33 When Jesus
saw her weeping, and the Jews who had come with her also weeping,

he was deeply moved in his spirit and greatly troubled. 34 And he said,
"Where have you laid him?" They said to him, "Lord, come and see."
35 Jesus wept. 36 So the Jews said, "See how he loved him!" 37 But some
of them said, "Could not he who opened the eyes of the blind man also
have kept this man from dying?"

38 이에 예수께서 다시 속으로 비통히 여기시며 무덤에 가시니 무덤
이 굴이라 돌로 막았거늘 39 예수께서 이르시되 돌을 옮겨 놓으라 하
시니 그 죽은 자의 누이 마르다가 이르되 주여 죽은 지가 나흘이 되었
으매 벌써 냄새가 나나이다 40 예수께서 이르시되 내 말이 네가 믿으
면 하나님의 영광을 보리라 하지 아니하였느냐 하시니 41 돌을 옮겨
놓으니 예수께서 눈을 들어 우러러 보시고 이르시되 아버지여 내 말
을 들으신 것을 감사하나이다 42 항상 내 말을 들으시는 줄을 내가 알
았나이다 그러나 이 말씀 하옵는 것은 둘러선 무리를 위함이니 곧 아
버지께서 나를 보내신 것을 그들로 믿게 하려 함이니이다 43 이 말씀
을 하시고 큰 소리로 나사로야 나오라 부르시니 44 죽은 자가 수족을
베로 동인 채로 나오는데 그 얼굴은 수건에 싸였더라 예수께서 이르
시되 풀어 놓아 다니게 하라 하시니라
38 Then Jesus, deeply moved again, came to the tomb. It was a cave,
and a stone lay against it. 39 Jesus said, "Take away the stone." Martha,
the sister of the dead man, said to him, "Lord, by this time there will
be an odor, for he has been dead four days." 40 Jesus said to her, "Did I
not tell you that if you believed you would see the glory of God?" 41 So
they took away the stone. And Jesus lifted up his eyes and said, "Father,
I thank you that you have heard me. 42 I knew that you always hear
me, but I said this on account of the people standing around, that they
may believe that you sent me." 43 When he had said these things, he

cried out with a loud voice, "Lazarus, come out." 44 The man who had died came out, his hands and feet bound with linen strips, and his face wrapped with a cloth. Jesus said to them, "Unbind him, and let him go."

1 헬라어 본문에는 "그가". 17절도 보라.
2 ESV에는 "쌍둥이"로 되어 있지만, 헬라어 본문에는 디두모(*Didymus*)로 되어 있다.
3 헬라어 본문에는 "15스타디온". 1스타디온(*Stadion*, [스다디온])은 대략 185미터다.
4 일부 사본에는 "생명"이 빠져 있다.
5 또는 "노하시고". 38절도 보라.

단락 개관

나사로를 살리심

죽음은 우리의 가장 두려운 원수다. 죽음은 최종적이다. 죽음은 우리에게 상처가 된다. 사랑하는 사람들이 죽으면서 그들의 삶이 우리에게서 사라져 버리기 때문이다. 누군가가 우리를 위해 더 많이 희생한다면 우리는 그 사람을 더 많이 사랑하게 된다. 우리가 누군가를 위해 더 많이 희생한다면 그 사람은 우리에게 더 소중해진다. 요한복음 11장에서 예수님은 나사로를 죽은 자 가운데서 살리시는데, 이 일은 파괴적인 죽음으로 인해 고통받는 사람들에 대한 예수님의 공감과 죽음을 이기시는 그분의 능력을 둘 다 보여준다.

예수님은 사흘째 되던 날에 물을 포도주로 변화시키셨다(2:1-11). 예수님은 사람들이 성전을 헐면 자신이 사흘 동안에 그 성전을 일으킬 것이라고 말씀하셨다(2:12-25). 예수님은 니고데모에게 거듭남에 대해 말씀하셨고(3:1-21), 세례 요한은 예수님이 신랑이라고 증언했다(3:22-36). 사마리아인들은 예수님을 세상의 구주로 인정했고(4:1-42), 예수님은 이틀 동안 사마리아인들과 함께 머무신 다음 길을 떠나서(4:40) 이틀 후에 왕의 신하의 아들을 고치셨다(4:43-54). 2-4장은 교차대구법 구조로 되어 있다.

2:1-12 사흘째 되던 날에 물을 포도주로 변화시키심
2:13-25 유월절에 성전을 깨끗하게 하심
3:1-21 니고데모와 거듭남
3:22-36 세례 요한과 신랑
4:1-42 사마리아인들과 세상의 구주
4:43-54 사흘째 되던 날에 왕의 신하의 아들을 고치심

요한복음에서 전환문이나 전환구의 특징은 흔히 새로운 시간과 장소와 사람들에 관한 말뿐 아니라 사람들이 예수님이나 그분이 행하신 이적들을 보거나 듣고 믿었다는 말도 나온다는 것이다(참고. 1:49-51; 2:11, 23-25; 4:53-54; 10:40-42; 11:47-48; 12:18-19, 37, 42).

요한복음 2-4장이 교차대구법 구조를 통해 하나의 대단락으로 묶여 있는 것처럼 이후에 나오는 내용들은 5장과 11장에 나오는 부활에 대한 언급이 앞뒤로 둘러싸고 있는 것으로 보인다. 5장에서 예수님은 38년 된 병자를 고치신 후 죽은 자들이 하나님 아들의 음성을 듣고 살아나게 될 때가 오고 있다고 말씀하셨다(5:28-29). 11장에서는 예수님이 빨리 오셨다면 나사로를 고치셨을 수도 있지 않았겠느냐는 수군거림이 있은 후(11:37) 죽은 자가 그리스도의 음성을 듣고 살아났다(11:43-44).

요한은 5장과 11장에 나오는 부활에 대한 언급을 앞뒤 틀로 사용하여 내러티브를 신중하게 구성한 것 같다. 6장에서 유월절에 예수님은 자신이 하늘로부터 온 참된 만나를 자기 백성들에게 먹일 것이라고 말씀하셨다. 10장에서는 수전절에 자신이 선한 목자라고 말씀하셨다. 6장과 10장에 나오는 목양 내러티브 사이에 있는 7-9장은 초막절에 일어난 세 가지 사

건을 소개한다. 첫째, 예수님은 자신이 이스라엘을 위해 광야에서 물을 내어 마시게 한 반석의 성취라고 말씀하셨다(7:1-52). 둘째, 예수님은 자신이 구름 기둥과 불 기둥의 성취로서 "세상의 빛"이라고 말씀하셨다(8:12-59). 셋째, 예수님은 맹인의 눈을 뜨게 해 주셨다(9:1-41).

요한복음 1-10장의 내러티브 이후에 우리는 구약의 모형이나 예언들 중에 예수님이 성취하실 것이 아직 더 남아 있는가 하고 물을 수 있다. 엘리야와 엘리사는 둘 다 죽은 자를 살렸고, 에스겔은 포로생활에서의 귀환이 죽은 자의 부활과 같을 것이라고 예언했다.

2-4장과 마찬가지로 5-11장도 교차대구법 구조로 되어 있는 것으로 보인다.

5장: 고치심과 부활
  6장: 유월절과 하늘로부터 주어진 만나
    7장: 초막절과 반석에서 나온 물
      8장: 초막절과 세상의 빛(기둥)
    9장: 초막절과 맹인을 보게 하심
  10장: 수전절과 선한 목자
11장: 고치심과 부활

위에서 언급했듯이, 10:40-42은 다른 전환구들과 마찬가지로 사람들이 예수님이 행하신 표적들을 보고 거기에 응답해서 믿었다고 말한다. 11장에서 나사로를 살리신 일은 앞서 나오는 내러티브들과는 달리 특정한 절기에 일어난 일이 아닌 것으로 보인다. 요한은 나사로를 살리신 일을 이야기하고 나서(11:1-44) 유대인들의 반응을 설명한 후(45-53절) 예수님이 광야로 물러가서 한동안 제자들과 함께 머무셨다고 말한다(54절). 그런 다음 요한은 요한복음에서 언급하는 마지막 유월절에 일어난 일들을 이야기한다(55절). 따라서 11장에서 예수님이 나사로를 살리신 일은 부활이라는 주제로 5장과 연결되어 있기는 하지만, 어느 절기에 일어난 사건인지 기록되어 있지 않다는 점에서 5-10장의 내러티브들과 다르다.

단락 개요

V. 나사로를 살리심(11:1-44)

A. 그리스도의 영광을 위한 죽음(11:1-10)

B. 우리도 주와 함께 죽으러 가자(11:11-16)

C. 부활과 생명(11:17-27)

D. 우시는 그리스도(11:28-37)

E. 나사로야 나오라(11:38-44)

주석

11:1-10 | 그리스도의 영광을 위한 죽음 2장에서 예수님이 누구의 혼인 잔치에서 물을 포도주로 변화시키셨는지는 본문에 나오지 않는다. 4장에 언급된 사마리아 여자나 왕의 신하와 그의 아들, 5장에 언급된 38년 된 병자, 9장에 언급된 날 때부터 맹인 된 사람의 이름도 본문에 나오지 않는다. 하지만 11장에는 나사로와 그의 누이동생들인 마리아와 마르다의 이름이 나온다.

요한은 마리아가 예수님의 발에 향유를 붓고 자기 머리털로 그분의 발을 닦았던 사람이라고 설명한다(11:2). 요한이 12:1-8에 가서야 그 사건을 이야기하고 있는 것으로 볼 때 아마도 청중이 다른 복음서에 나오는 그 기사를 보고 이미 알고 있으리라 전제한 것 같다(마 26:6-13; 막 14:3-9).

요한복음에서 처음으로 예수님이 사랑하신 사람들이 언급된다. 뜻밖에도 요한복음 1:1-18에는 사랑에 대한 언급이 없다. 하나님은 세상을 사랑하셨다(3:16). 사람들은 어둠을 사랑했다(3:19). 아버지께서는 아들을 사랑하신다(3:35; 5:20; 10:17). 하나님이 아버지인 사람들은 예수님을 사랑한다(8:42). 그런데 이제 11:3은 나사로를 예수님이 사랑하신 사람으로 소개하고, 5절은 "예수께서 본래 마르다와 그 동생과 나사로를 사랑하[셨다]"(참고. 36절)고 말한다.

예수님은 나사로가 병들었다는 소식을 들으시고는(4절) 9:3에서 날 때부터 맹인 된 사람이 누구의 죄 때문에 저렇게 된 것이냐는 제자들의 질문에 대답하신 것과 비슷하게 대답하신다. 두 기사 간의 유사성은 모든 환난은 "하나님이 하시는 일을 나타내고자 하심"이고(9:3), 모든 죽음은 "하나님의 영광을 위함이요 하나님의 아들이 이로 말미암아 영광을 받게 하려 함"(11:4)이라는 것을 보여준다.

모든 환난과 죽음이 그러한 목적을 갖고 있다고 단언하는 데에는 반론이 있을 수 있다. 예수님이 맹인의 눈을 뜨게 해 주셨고, 나사로를 죽은 자 가운데서 다시 살리셨다는 점에서 9장과 11장에 나오는 사례들은 그 밖의 일반적인 경우들과 다르다는 주장을 제기할 수 있다. 다른 환난이나 죽음은 하나님이나 예수님이 고쳐주시거나 다시 살리신 것도 아닌데 어떻게 하나님이 하시는 일을 나타낼 수 있고, 예수님이 영광 받으시게 할 수 있겠는가? 이러한 반론에 대한 대답은 맹인을 고치신 것은 내세에 눈먼 것이 없게 될 것임을 보여주는 신호탄이고, 나사로를 살리신 것은 의인들이 부활하여 그리스도의 영원한 나라에서 살게 될 것임을 공시한다는 데 있다. 바울은 로마서 8:24-25에서 "우리가 소망으로 구원을 얻었으매 보이는 소망이 소망이 아니니 보는 것을 누가 바라리요 만일 우리가 보지 못하는 것을 바라면 참음으로 기다릴지니라"고 썼다. 하나님과 그리스도는 환난과 질병과 죽음을 통해 영광을 받고자 하신다.

예수님은 이 사건을 통해 그분으로 인해 그분을 따르는 자들의 삶이 불안해질 때에라도 그들이 여전히 믿고 소망하며 기다릴 줄 알도록 가르치시려는 것 같다. 요한복음 11:5과 6절이 서로 연결되어 있는 것을 생각해 보라. 예수님은 나사로와 그의 누이동생들을 사랑하시기 때문에 그들이 곤경에 처해 있다는 소식을 들었을 때 오히려 기다리셨다. 사랑하시기 때문에 잠시 내버려두신 것이다. 나사로의 누이동생들은 예수님이 여기에 계셨더라면 나사로가 죽지 않았을 것이라고 이구동성으로 말하지만(21, 32절), 예수님은 4절에서 이미 자신이 왜 그렇게 하지 않았는지를 설명하셨다. 예수님은 사랑하는 자들이 곤경에 처했을 때 끝까지는 아니어도 한동안 내버려두신다. 그것은 그분이 나타내고자 하는 영속적인 영광이 그들을 통해 차고 넘치도록 드러나게 하시기 위해서다.

6-7절에 나오는 표현은 4:40, 43에 나오는 표현과 비슷하다. 두 기사를 보면, 예수님은 이틀을 머무신 후에 가서 병자를 일으키신다. 요한은 11:8에서 유대인들이 수전절에 예수님을 돌로 치려 한 것(참고. 10:31)을 언급하면서 예수님이 나사로를 살리신 일이 12월의 수전절과 3월이나 4월의 유월절 사이에 일어났음을 보여준다(참고. 11:54-55).

제자들이 이 위험한 시기에 또다시 유대로 가려 하시느냐고 묻는다(8절). 예수님은 열두 시간은 낮이어서 그동안에는 사람이 분명하게 보고 걸을 수 있기 때문에 넘어지지 않을 테지만, 밤에 다니는 사람들은 넘어진다고 대답하신다(9-10절). 이것은 예수님이 9:4-5에서 하신 말씀을 상기시킨다. 이 구절에서 예수님은 자신이 "세상의 빛"이라고 말씀하시면서 자신이 이 세상에 있는 동안에는 그 빛이 되어줄 것이지만, 밤이 오고 있다고 설명하셨다. 9:4-5에서 하신 말씀에 비추어 보면 11:9-10에서 하신 말씀은 예수님이 "낮"(그분이 일하도록 정해져 있는 시간)이 끝나고 "밤"("세상의 빛"이 세상을 떠난 후의 시간)이 오기 전에는 대적들이 자신에게 아무 짓도 할 수 없음을 알고 계신 것을 보여주는 듯하다.

11:11-16 | 우리도 주와 함께 죽으러 가자 11-13절에서 우리는 또 한 번의 오해를 본다. 예수님은 나사로가 잠들었는데 그를 깨우러 가겠다고 말씀

하신다. 아무도 그 사실을 예수님에게 말해 주지 않았으므로 예수님은 다른 사람들에게 듣지 않은 일도 아실 수 있음이 아주 분명하다. 12절에 제자들의 대답이 나오는데, 그들이 오해했음을 요한은 13절에서 설명한다. 그들은 나사로가 "깊은 잠"을 자고 있다고 예수님이 말씀하신 것으로 생각했지만, 사실은 나사로가 죽었다는 의미로 그렇게 말씀하셨다는 것이다.

14-15절에서 예수님은 제자들에게 앞에서 자신이 한 말이 무슨 의미인지 분명하게 말씀하신 후 나사로가 죽었을 때 자신이 거기에 있지 않아서 기쁘다고 하시며 그 이유를 설명하셨다. 앞으로 예수님이 하실 일을 보고 믿음으로 응답할 기회가 주어지고, 그 일이 그들에게 유익이 될 것이기 때문이다. 16절에 나오는 도마의 말("우리도 주와 함께 죽으러 가자")은 비관적으로 보이지만, 요한은 청중이 자신을 돌아보고 깊이 생각해 볼 수 있는 의미심장한 말이라고 생각해서 여기에 기록한 것으로 보인다.

도마는 예수님이 이번에는 틀림없이 유대인들의 돌에 맞아 죽게 되실 것 같으니(8절) 그분과 함께 죽더라도 제자들도 다 함께 가자는 의미로 이 말을 한 것 같다. 또는 나사로가 이미 죽었고, 이제 예루살렘으로 가면 모두 죽게 될 것이 분명하니 이렇게 된 바에야 예수님과 제자들이 모두 나사로와 함께 죽자고 결의를 다진 것일 수도 있다. 어느 쪽으로 이해하든 도마의 말은 예수님이 이 단락의 나머지 부분과 요한복음의 나머지 부분에서 행하실 일에 비추어보면 더 깊은 함의를 지닌다.

예수님과 함께 죽는 것은 그분과 함께 다시 사는 것이다. 한편으로 도마가 예수님이 죽게 되실 것을 예상하고 비관적으로 이런 말을 한 것이라면 어쨌든 제자들은 자기 십자가를 지고 예수님을 따르도록 부르심을 받은 사람들이다(참고. 마 8:34). 다른 한편으로 도마가 나사로의 죽음을 염두에 두고 이런 말을 한 것이라면 나사로와 함께 죽는 것은 예수님에 의해 죽은 자 가운데서 살아나게 될 자와 함께 죽는 것이다. 따라서 도마는 제자들이 예수님과 연합하여 그분과 함께 죽은 자 가운데서 살아나게 될 것에 관해 말한 셈이다. 예수님과 함께 영원히 살 수 있는 유일한 길은 그분과 함께 기꺼이 죽는 것이다.

11:17-27 | 부활과 생명 마리아와 마르다가 사람을 보내어 나사로가 병들었다는 소식을 알렸을 때(11:3) 예수님은 "요단강 저편 요한이 처음으로 세례 베풀던 곳에 가사 거기 거하고"계셨다(10:40; 참고. 1:28). 예수님은 소식을 듣고서도 이틀을 기다렸다가 사흘째 되는 날에 베다니에 도착하셨다. 그때에는 "나사로가 무덤에 있은 지 이미 나흘"이었기 때문에(17절) 마리아와 마르다가 사람을 보내어 예수님에게 소식을 전한 그날에 나사로가 죽었다는 말이 된다.

세례 요한이 사람들에게 세례를 베풀던 "요단강 건너편 베다니"(1:28)와 달리, 마리아와 마르다가 살고 있는 베다니는 예루살렘에서 대략 3킬로미터밖에 떨어져 있지 않았다(11:18). 예루살렘과 가까웠기 때문에 많은 사람들이 조문을 올 수 있었다(19절). 마르다는 예수님이 오신다는 말을 듣고서 조문객들을 놔두고 그분을 맞으러 나갔고, 마리아는 집에 있었다(20절). 나사로가 병들었다는 소식을 전하러 간 사람이 그 소식을 예수님에게 전하기도 전에 나사로가 죽었을 것이다. 그러므로 예수님이 여기에 계셨더라면 나사로가 죽지 않았을 것이라는 마르다의 말에는 예수님을 원망하는 의미가 담겨 있는 것 같지 않다(21절). 도리어 22절에서 한 말과 동일한 맥락에서 예수님이 여기에 계셨더라면 나사로를 고치셨을 것이라는 말은 예수님에 대한 완벽한 신뢰를 표현한 것으로 보인다. 하지만 39절에 나오는 그녀의 반응에 비추어보았을 때 22절에서 그녀가 한 말을 예수님이 나사로를 즉시 다시 살리시리라고 기대한 것으로 해석해서는 안 된다.

예수님이 마르다에게 나사로가 다시 살아날 것이라고 말씀하셨을 때(23절) 마르다는 모든 사람이 다시 살아날 "마지막 날 부활 때에는" 나사로도 그렇게 될 줄 자기도 안다고 대답한다(24절). 그러자 예수님은 모든 사람이 마지막 날 부활 때 다시 살아나게 될 것을 확인해 주실 뿐 아니라 자신이 곧 부활이요 생명이라고 단언하신다(25-26절).

예수님이 부활이요 생명이라는 것은 무엇을 의미하는가? 예수님이 요한복음의 다른 곳들에서 하신 "나는 ~이다" 말씀을 살펴보면 이 말씀을 이해하는 데 도움이 된다. 예수님이 자신을 "생명의 떡"(6:35)이라고 말씀하신 것은 자신이 광야에서 하늘로부터 주어진 만나의 성취임을 말씀하신 것이다. 그럼으로써 나중에 최후의 만찬에서 유월절 무교병이 영적으로 예수님 자신을 가리키는 것임을 보여주시기 전에 이미 하나님의 백성이 새로운 출애굽을 통해 새 하늘과 새 땅으로 가는 여정에서 "생명의 떡"인 그분을 양식으로 삼아야 한다는 것을 보여주셨다.

또한 예수님이 자신을 "세상의 빛"(8:12)이라고 하신 것은 자신이 하나님의 백성을 광야에서 약속의 땅으로 이끌었던 불 기둥과 구름 기둥의 성취임을 말씀하신 것이다. 그리고 예수님은 "나는 스스로 있는 자"라고 담대하게 선포하심으로써(8:24, 28, 58) 자신이 출애굽을 이끌기 위해 불붙은 가시덤불 속에서 모세에게 나타난 여호와라는 것을 보여주셨다. 예수님은 자신이 구약의 모형과 예언의 성취임을 계속해서 말씀하시는 가운데, 이번에는 자신을 "선한 목자"(10:11)로 밝히셨다. 이것은 자신이 구약에서 예언한 바 장차 하나님의 양 떼를 돌볼 목자의 성취로서 새로운 모세와 새로운 다윗과 같은 지도자임을 말씀하신 것이다.

부활도 구약에서 예언한 이스라엘의 회복에 속한 일이었다. 호세아 6:2과 에스겔 37장은 이스라엘이 포로생활을 끝내고 약속의 땅으로 돌아오는 것을 죽은 자 가운데서 부활한 것으로 묘사한다. 이제 여기에서 예수님은 자신이 구약에서 약속한 죽은 자 가운데서 부활하는 것의 성취라고 선언하신다. 예수님 안에 생명이 있으므로(요 1:4; 5:26) 그분이 곧 부활이다.

예수님을 믿는 것은 사람들이 그분의 부활 생명에 참여하는 수단이다. 예수님을 믿는 것은 부활을 보장하는 생명에 접속하는 것이다. 예수님을 믿는 것은 자기 안에 생명이 있는 분, 죽음이 이길 수 없는 분과 하나가 되는 것이다. 예수님을 믿는 사람들은 육신적으로는 죽더라도 그 죽음이 영원하지 않고, 두 번째 죽음(참고. 계 20:6, "둘째 사망")을 겪지 않을 것이다. 이것이 예수님이 11:26에서 그분을 믿는 자들은 영원히 죽지 않을 것이라고 말씀하신 의미다.

이 이야기의 나머지 부분에서 일어난 일들을 보면 마르다는 이 모든 영광을 다 이해하지는 못했던 것 같다. 예수님이 마르다에게 이것을 믿느냐고 물으시자(26절) 마르다는 "주는 그리스도시요 세상에 오시는 하나님의 아들이신 줄 내가 믿나이다"(27절)라고 대답한다. 이것은 마르다가 예수님이 선재하셨다는 것과 사람들이 기다리던 다윗의 자손이며 유일무이한 하나님의 아들이심을 믿었다는 의미다. 하지만 39절의 반응을 보면 그녀가 예수님이 25-26절에서 하신 말씀의 의미를 다 알지는 못했음이 드러난다. 예수님은 5:19-30에서 이에 대해 이미 자세하게 말씀하셨고, 앞으로 하실 일들을 통해 이 말씀에 담긴 의미를 실제로 보여주실 것이다.

11:28-37 | 우시는 그리스도 마르다가 11:28에서 한 말을 보면, 요한이 예수님과 마르다 사이에 오간 대화를 모두 기록한 것은 아니라는 결론을 내리게 된다. 우리는 복음서들을 읽을 때 이 점을 꼭 기억해야 한다. 20절에서 마르다는 조문객을 놔두고 예수님을 맞으러 나간 반면에 마리아는 집에 그대로 있다가 마르다가 전한 말을 듣고 집을 나서 예수님이 계시는 마을 어귀로 나갔다. 조문객들도 그녀가 무덤에 곡하러 가는 줄 알고 따라갔다(29-31절). 마르다와 마리아는 예수님에게 거의 동일한 말을 했다(21, 32절). 마르다는 예수님에게 가서 그런 말을 한 반면에 마리아는 "그 발 앞에 엎드리어"(32절) 했다고 요한은 언급한다. 이 대목과 다른 곳들에서 이 자매들에 대해 말하는 내용으로 볼 때(참고. 눅 10:38-42) 마르다는 일 중심적이고 활동적이었던 반면에 마리아는 좀 더 감성적이고 생각이 많은 사람이었던 것 같다.

요한복음 11:33-36의 진실들이 성경에 기록되지 않았더라면 우리는 예수님에 대해 잘못된 결론을 냈을지도 모른다. 이 모든 일이 미리 짜놓은 각본이라고 생각했을 수 있다. 나사로와 관련된 일련의 사건들이 하나님의 영광을 위해 미리 짜여 있었고(4절), 예수님은 극적인 효과를 높이기 위해 나사로가 죽기를 기다리셨으며(6절), 이 모든 것은 예수님의 능력을 과시하기 위해 철저하게 계산된 일이라고 냉정하게 결론 내렸을지도 모른다. 이런 결론에도 분명 일말의 진실이 있기는 하지만, 이는 인정머리 없는 예수님이 사람들을 꼭두각시로 이용하신다고 생각했다는 점에서 완전히 틀렸다.

종종 우리는 하나님은 감정이 없는 분이시고 예수님도 감정이 없다고 생각하기 쉽다. 하나님의 절대주권에 대해서도 잘못 생각하기 쉽다. 즉 하나님이 모든 것을 우리의 유익을 위해 미리 정해 놓으셨기 때문에 우리는 어떤 일이 일어나더라도 신경 쓸 필요가 없다는 것이다. 모든 일은 결국 하나님의 영광을 위한 것으로 드러날 테니 우리는 매사에 초탈하고 감정적으로 초연해야 한다는 것이다. 이런 사고방식은 하나님을 아는 지식을 삶에 잘못 적용한 것이다. 우리는 흔히 우리 자신의 냉정함을 하나님께 투사해서 하나님이 모든 이야기의 결말을 이미 써놓으셨기 때문에 그 과정이나 등장인물들에 아무 감정이 없는 것처럼 생각한다.

하지만 성경이 소개하고 있는 하나님은 전혀 그렇지 않으시다. 성경의 초반부에서부터 우리는 하나님이 역사적 서사들에 감정적으로 개입하시고 피조물을 돌보시는 모습을 볼 수 있고(창 6:6-7), 성경 전체에 걸쳐서도 마찬가지다. 여기 요한복음 11장에서는 예수님이 마르다와 마리아와 나사로를 사랑하셨음을 본다(5절). 예수님은 무슨 일들이 일어날지 정확히 알고 계시지만, 그 과정에서 겪는 죽음과 고통 같은 것에 무심하지 않고 도리어 감정적으로 반응하고 공감하신다. 자신이 죽은 나사로를 다시 살릴 것을 아시지만(11, 23절), 그렇다고 해서 나사로를 둘러싸고 벌어지는 일들에 냉정하거나 무심하지 않으시다.

죄는 무시무시하고, 죽음은 죄로 인해 초래되는 끔찍한 결과다. 죽음이라는 재앙과 그 비참함 앞에서 예수님은 괴로워하신다(33절). 하나님은 사람들의 고통에 초연하고 그들의 괴로움을 당연하게 여기는, 아무 감정 없이 냉혹한 심판주가 아니시다. 예수님이 "심령에 비통히 여기시고 불쌍히 여기사" 우셨다고 요한은 말한다(33, 35절). 이 사건 속에서 앞으로 무슨 일이 벌어지게 될지 예수님보다 더 잘 아는 사람은 없었다. 조문객들 중에 예수님만큼 이 일에 대해 더 슬퍼한 사람도 없었다. 예수님은 사람들을 사랑하시기 때문에 그들과 함께, 그들을 생각하며 우신다.

11:38-44 | 나사로야 나오라 엘리야와 엘리사가 죽은 사람들을 다시 살렸을 때(왕상 17:17-24; 왕하 4:18-37), 성경은 그들에 대해 죽은 지 얼마 안 된 사람들이었다고 지적한다. 이와는 대조적으로 나사로는 "죽은 지가 나흘이 되었[다]"(요 11:39).

요한은 여기에서 또다시 예수님이 "비통히 여기[셨다]"고 설명한(38절) 다음에 나사로의 무덤이 돌로 막혀 있었다고 이야기한다. 이것은 분명 요한의 독자들에게 아주 친숙한 장면이었을 것이다. 그들은 이 대목을 읽으면서 예수님의 무덤을 떠올렸을 것이다. 그분의 무덤도 돌로 막혀 있었는데 사람들이 갔을 때 돌이 굴려져 있었다(참고. 마 27:60). 두 무덤은 모두 비게 될 것이었다.

예수님은 돌을 치우라고 말씀하셨다(요 11:39). 이 대목에서 또 한번 사람들이 예수님의 말씀을 오해한다. 마르다의 반응으로 보아 그녀는 예수님이 무덤을 열어 나사로의 시신을 보면서 애곡하고 싶어 하신다고 생각한 것 같다. 40절에서 예수님이 마르다에게 대답하신 것을 보면 예수님이 이때에도 요한이 기록한 것보다 더 많은 말씀을 마르다에게 하셨다는 또 하나의 증거가 나온다(참고. 21-27절). 예수님은 나사로의 병이 하나님의 영광을 위한 것이라고 이미 선언하셨고(4절), 이제 40절에서는 마르다에게 그녀가 믿기만 하면 하나님의 영광을 보게 될 것이라고 앞에서 하신 말씀을 상기시키신다. 이는 예수님이 죽음을 물리치시고 마르다의 사랑하는 오라비이자 그분의 친구인 나사로를 다시 살리셔서 그분이 사람들을 사랑하고 도울 수 있음을 그녀가 보게 될 것이라는 의미다.

예수님과 백성들의 관계는, 예수님의 능력을 과시하기 위해 미리 짜 놓은 각본이 아니다. 예수님은 자기 백성을 사랑하시고 그들과 함께 우시며, 그들을 위해 우신다(5, 33, 35, 38절). 또한 예수님과 아버지 하나님의 관계도 짜인 각본에 따라 행하는 역할극이 아니다. 41-42절에서 예수님은 아버지 하나님에게 기도하시는데, 그 기도는 이미 무슨 일이 일어날지 정해진 상황에서 시늉만 내는 것이 아니었다. 도리어 그 기도에서 우리는 예수님과 아버지 하나님이 평소에 어떤 관계인지 어렴풋이나마 보게 된다.

그 기도는 예수님과 아버지 하나님 사이에서 늘 오갔던 두 분의 참된 마음이 말로 표현된 것이었다.

예수님은 기도하신 후 나사로에게 "나오라"(43절)고 명령하신다. 예수님은 우주와 만물을 창조하신 음성으로, 아기들을 모태에서 지으신 음성으로, 만물을 붙들고 계시며 장차 모든 사람을 심판하실 바로 그 음성으로 우리 위에 드리워진 가장 깊고 어두운 저주를 벗겨내신다. 예수님은 말씀으로 이 세상을 지으셨는데, 이제 바로 그 말씀으로 죽음을 폐하신다.

나사로가 무덤에서 나오자 예수님은 "풀어 놓아 다니게 하라"(44절)고 명령하신다.

응답

예수님이 날 때부터 맹인 된 사람과 죽은 나사로에 대해 하신 말씀을 생각해 보라. 예수님은 우리의 고난을 통해 영광을 받으실 것이다. 우리는 예수님이 우리를 고쳐주실 때까지 기다려야 한다.

예수님은 예루살렘 유대인들의 살해 위협을 무릅쓰고 나사로를 돕기 위해 유대로 되돌아가셨다. 무엇이 예수님을 그토록 담대하게 만들었는가? 예수님은 자신에 대한 하나님의 계획을 신뢰하셨다. 우리는 예수님에게서 배워야 하고, 그분이 하나님의 주권적인 계획을 믿고 담대하게 행하신 것을 본받아야 한다.

요한은 나사로의 간증에는 아무 관심이 없다. 나사로의 말은 한마디도 나오지 않는다. 죽었다가 살아난 경험을 책으로 내면 베스트셀러가 될 텐데 나사로는 그런 책을 쓰지 않았다. 요한은 무엇에 관심이 있는가? 예수님이 죽음을 이기셨다는 사실이다. 요한은 예수님이 말씀만으로도 생명을 주실 수 있다는 데 관심이 있다. 그는 예수님을 높이는 데 관심이 있다. 우리가 죽기 전에 예수님이 다시 오지 않으신다면 우리는 모두 우리의 죽음 너머에 있는 것들을 직접 보게 될 것이다. 하지만 현재 우리가 관심을 가져야 할 대상은 요한이 관심을 가졌던 분, 즉 예수님이다.

요한이 예수님에 관한 기사를 보여준 덕분에 우리는 우리 자신이나 우리가 사랑하는 사람들에게 죽음이 두려운 것도, 최종적인 것도 아님을 알게 되었다. 이제 우리는 부활을 확신하고 대망하면서 소망 가운데 죽음을 맞이할 수 있다.

45 마리아에게 와서 예수께서 하신 일을 본 많은 유대인이 그를 믿었
으나 46 그중에 어떤 자는 바리새인들에게 가서 예수께서 하신 일을
알리니라 47 이에 대제사장들과 바리새인들이 공회를 모으고 이르되
이 사람이 많은 표적을 행하니 우리가 어떻게 하겠느냐 48 만일 그를
이대로 두면 모든 사람이 그를 믿을 것이요 그리고 로마인들이 와서
우리 땅과 민족을 빼앗아 가리라 하니 49 그중의 한 사람 그 해의 대제
사장인 가야바가 그들에게 말하되 너희가 아무것도 알지 못하는도다
50 한 사람이 백성을 위하여 죽어서 온 민족이 망하지 않게 되는 것이
너희에게 유익한 줄을 생각하지 아니하는도다 하였으니 51 이 말은 스
스로 함이 아니요 그 해의 대제사장이므로 예수께서 그 민족을 위하
시고 52 또 그 민족만 위할 뿐 아니라 흩어진 하나님의 자녀를 모아 하
나가 되게 하기 위하여 죽으실 것을 미리 말함이러라 53 이날부터는
그들이 예수를 죽이려고 모의하니라

45 Many of the Jews therefore, who had come with Mary and had seen
what he did, believed in him, 46 but some of them went to the Pharisees
and told them what Jesus had done. 47 So the chief priests and the

Pharisees gathered the council and said, "What are we to do? For this
man performs many signs. 48 If we let him go on like this, everyone will
believe in him, and the Romans will come and take away both our place
and our nation." 49 But one of them, Caiaphas, who was high priest that
year, said to them, "You know nothing at all. 50 Nor do you understand
that it is better for you that one man should die for the people, not
that the whole nation should perish." 51 He did not say this of his own
accord, but being high priest that year he prophesied that Jesus would
die for the nation, 52 and not for the nation only, but also to gather into
one the children of God who are scattered abroad. 53 So from that day
on they made plans to put him to death.

54 그러므로 예수께서 다시 유대인 가운데 드러나게 다니지 아니하시
고 거기를 떠나 빈 들 가까운 곳인 에브라임이라는 동네에 가서 제자
들과 함께 거기 머무르시니라
54 Jesus therefore no longer walked openly among the Jews, but went
from there to the region near the wilderness, to a town called Ephraim,
and there he stayed with the disciples.

55 유대인의 유월절이 가까우매 많은 사람이 자기를 성결하게 하기 위
하여 유월절 전에 시골에서 예루살렘으로 올라갔더니 56 그들이 예수
를 찾으며[1] 성전에 서서 서로 말하되 너희 생각에는 어떠하냐 그가 명
절에 오지 아니하겠느냐 하니 57 이는 대제사장들과 바리새인들이 누
구든지 예수 있는 곳을 알거든 신고하여 잡게 하라 명령하였음이러라
55 Now the Passover of the Jews was at hand, and many went up from
the country to Jerusalem before the Passover to purify themselves.
56 They were looking for Jesus and saying to one another as they stood

in the temple, "What do you think? That he will not come to the feast
at all?" 57 Now the chief priests and the Pharisees had given orders that
if anyone knew where he was, he should let them know, so that they
might arrest him.

12:1 유월절 엿새 전에 예수께서 베다니에 이르시니 이곳은 예수께서
죽은 자 가운데서 살리신 나사로가 있는 곳이라 2 거기서 예수를 위하
여 잔치할새 마르다는 일을 하고 나사로는 예수와 함께 앉은 자 중에
있더라 3 마리아는 지극히 비싼 향유 곧 순전한 나드 한 근[2]을 가져다
가 예수의 발에 붓고 자기 머리털로 그의 발을 닦으니 향유 냄새가 집
에 가득하더라 4 제자 중 하나로서 예수를 잡아 줄 가룟 유다가 말하
되 5 이 향유를 어찌하여 삼백 데나리온[3]에 팔아 가난한 자들에게 주
지 아니하였느냐 하니 6 이렇게 말함은 가난한 자들을 생각함이 아니
요 그는 도둑이라 돈궤를 맡고 거기 넣는 것을 훔쳐 감이러라 7 예수
께서 이르시되 그를 가만 두어 나의 장례할 날을 위하여 그것을 간직
하게 하라[4] 8 가난한 자들은 항상 너희와 함께 있거니와 나는 항상 있
지 아니하리라 하시니라

12:1 Six days before the Passover, Jesus therefore came to Bethany,
where Lazarus was, whom Jesus had raised from the dead. 2 So they
gave a dinner for him there. Martha served, and Lazarus was one of
those reclining with him at table. 3 Mary therefore took a pound of
expensive ointment made from pure nard, and anointed the feet of
Jesus and wiped his feet with her hair. The house was filled with the
fragrance of the perfume. 4 But Judas Iscariot, one of his disciples (he
who was about to betray him), said, 5 "Why was this ointment not sold
for three hundred denarii and given to the poor?" 6 He said this, not
because he cared about the poor, but because he was a thief, and having

charge of the moneybag he used to help himself to what was put into it.
7 Jesus said, "Leave her alone, so that she may keep it for the day of my
burial. 8 For the poor you always have with you, but you do not always
have me."

9 유대인의 큰 무리가 예수께서[5] 여기 계신 줄을 알고 오니 이는 예수
만 보기 위함이 아니요 죽은 자 가운데서 살리신 나사로도 보려 함이
러라 10 대제사장들이 나사로까지 죽이려고 모의하니 11 나사로 때문
에 많은 유대인이 가서 예수를 믿음이러라

9 When the large crowd of the Jews learned that Jesus was there, they
came, not only on account of him but also to see Lazarus, whom he had
raised from the dead. 10 So the chief priests made plans to put Lazarus
to death as well, 11 because on account of him many of the Jews were
going away and believing in Jesus.

1 ESV에는 "바라며" 또는 "기대하며"로 되어 있지만, 헬라어 본문에는 "찾으며"로 되어 있다.
2 헬라어 본문에는 리트라(*litra*). 리트라(또는 로마 파운드)는 대략 327그램이다.
3 한 '데나리온'은 품꾼의 하루 품삯이었다.
4 또는 "그를 가만 두어라 그는 그것을 간직하려 한 것이다"
5 헬라어 본문에는 "그가"

단락 개관

사람들이 예수님을 원하지 않았을 때

요한복음 11장의 첫 번째 부분에서 예수님은 나사로를 죽은 자 가운데서 다시 살리셨다. 11:45-12:11에서 요한은 사람들이 예수님을 원하지 않았

을 때 무엇을 선택하는지를 보여준다. 어떤 사람들은 정치권력을 선택하고, 어떤 사람들은 돈을 선택한다. 사람들이 예수님에게 보인 충격적인 광분을 요한이 묘사한 것은, 그들이 예수님에게 얼마나 끔찍한 불의를 행했는지를 청중이 느끼게 하기 위해서다.

단락 개요

VI. 인자가 영광을 얻을 때가 왔음(11:45-17:26)
  A. 마지막 유월절이 다가옴(11:45-12:50)
    1. 사람들이 예수님을 원하지 않았을 때(11:45-12:11)
      a. 정치 권력이냐, 예수님이냐(11:45-53)
      b. 성결과 유월절(11:54-57)
      c. 돈과 권력이냐, 예수님이냐(12:1-11)

주석

11:45-53 | 정치 권력이냐, 예수님이냐 요한은 나사로를 다시 살리신 일을 보고서 많은 사람들이 예수님을 믿게 되었고(11:45), 결국 바리새인들도 이 일을 알게 되었다는 것을 보여준다(46절). 이제 나사로를 다시 살리신 이적을 다룬 단락에서 예수님을 죽이려고 하는 음모를 다루는 단락으로 넘어간다. 많은 사람들이 예수님을 믿었다는 요한의 설명(46절)에서 바리새인들이 예수님을 죽이려 한 이유를 알 수 있다.

바리새인들과 고위 제사장들은 평소에는 사이가 좋지 않았지만, 예수님이 행하신 "많은 표적"(47절)에 어떻게 대응할지 공회에서 논의할 때에는 서로 힘을 합쳐서 예수님을 해칠 계획을 세운다. 그들의 관심사는 단순했다. 그들은 아무 조치를 취하지 않으면 예수님이 모두의 인정을 받게 될 것이라고 보았다(48절). 모든 사람이 예수님과 그분의 가르침을 받아들이는 것이다. 바리새인들은 백성들이 오랫동안 기다려온 왕으로 예수님을 추대하고(참고. 6:15), 이것이 로마에 대한 반란으로 이어질까 봐 두려워한 것 같다. 유대 지도자들은 결국에는 일어난 일들, 즉 로마군이 주후 70년에 성전을 파괴한 일과 주후 132-135년에 예루살렘을 평지로 만들어 버린 일을 피하고 싶어했다.

공회는 로마인들이 그들의 "땅"과 "민족"을 빼앗아가지 않게 하기 위해 예수님을 어떻게 처리하면 좋을지 논의한다. 여기에서 "땅"은 성전을, "민족"은 이미 로마의 속국이 된 그들의 나라를 가리키는 것으로 보인다(11:48). 유대 지도자들은 그들을 로마로부터 해방시키고 그들을 위해 그 밖의 모든 일을 해 줄 수 있는 지도자를 모실 기회를 맞이했다. 하지만 그들은 가이사의 속국으로 있는 현 상태를 유지하는 쪽을 택했다. 그들은 하나님 나라에 대한 소망과 연결되어야 비로소 의미를 갖게 되는 성전을 택하기보다 성전 건물만 지키는 쪽을 택했다. 그들은 하나님 나라의 왕이신 분을 영접하는 대신에 그들의 진정한 왕을 죽이려 했다.

가야바는 불쑥 자기 패거리들을 모욕한 후에(49절) 자신도 알지 못하는 예언을 한다(50절). 51절에서 요한은 한 사람이 이 민족을 위해 죽는 것이 마땅하다고 한 가야바의 말(50절)이 예언이었다고 설명한다.[39] 예수님을 배척했던 가야바가 그렇게 말한 것은 예수님을 죽여서 자기 목적을 이루고자 한 것이었다. 하지만 그는 자신도 모르는 사이에 하나님이 단지 유대인뿐 아니라 하나님의 모든 백성을 구원하기 위해 세워 놓으신 우주적 계획이 예수님의 죽으심을 통해 성취될 것임을 예언했다(52절). 요한은 공회

39 요한은 여기에서 유다가 에녹이 예언했다고 말할 때 사용한 것과 동일한 동사를 사용한다(유 1:14). 이것은 유다가 에녹1서를 예언이라고 생각했음을 보여주는 것이 아니라 에녹이 어떤 예언적인 것을 말했다고 생각했음을 보여주는 듯하다.

에서 논의가 있고 나서 유대 지도자들이 예수님을 죽이려고 구체적으로 모의했다고 말한다(53절).

가야바는 예수님을 배척하고 죽이려 했다. 하지만 그렇게 해서 해악을 입는 것은 누구이겠는가? 요한복음의 이 장에서 우리는 예수님이 죽음보다 더 큰 힘을 갖고 계신 분임을 이미 보았기 때문에 그분을 해치려는 가야바의 계획이 결코 성공할 수 없다는 것을 안다. 결국 해악을 입는 것은 가야바 자신일 수밖에 없다. 그는 예수님을 죽이려고 함으로써 스스로를 구원에서 배제했고, 성전과 이 나라를 진정으로 거룩하고 의미 있게 해줄 기회를 박탈했다. 가야바의 그러한 말과 행위는 그의 의도와는 달리 하나님의 계획을 이루는 것이었다.

11:54-57 | 성결과 유월절 예수님은 어떤 음모가 은밀하게 진행되고 있는지 아셨기 때문에 "다시 유대인 가운데 드러나게 다니지 아니하[셨다]"(54절). 요한은 유대 지도자들이 그분을 죽이려는 음모를 꾸미고 있음을 예수님이 어떻게 아셨는지 말하고 있지 않지만, 예수님이 이미 그분의 눈으로 보고 귀로 듣지 않은 일들도 알고 계신다는 것을 앞에서 보여주었다(4:16-18).

11:55에서 요한은 그의 복음서에서 세 번째 유월절이 가까웠다고 말한다. 이것은 마지막 유월절이 될 것이었다. 많은 사람들이 자기를 성결하게 하기 위해 예루살렘에 올라왔다는 것과 "그들이 예수를 찾[았다]"(56절)는 것을 결합한 데는 어떤 의미가 있는 것으로 보인다. 이는 예수님이 이 유월절에 하시게 될 일을 통해 그분을 찾는 자들이 성결하게 될 것임을 의미하는 듯하다.

예수님이 이 절기에 예루살렘에 과연 오실 것인지를 놓고 사람들이 수군거린 것과 예수님이 있는 곳을 아는 사람은 반드시 신고해야 한다는 당국의 명령(56b-57절)은 7:11에서 사람들이 예수님을 찾으면서 그분의 정체를 두고 수군거린 것과 7:32에서 유대 지도자들이 예수님을 잡으려 한 일을 상기시킨다.

12:1-11 | 돈과 권력이냐, 예수님이냐 요한은 앞에서 유대 지도자들이 예수님을 배척하고 그들의 성전과 나라를 선택한 모습을 보여주었고(11:45-53), 이제 12:1-11에서는 예수님을 따르는 사람들이 그분에게 어떻게 반응했는지를 보여준다. 예수님을 따르는 사람들이라고 해서 그분에게 보인 반응이 모두 긍정적인 것은 아니었다. 사실 긍정적인 반응이 있으면 부정적인 반응도 있기 마련이다.

요한복음 12:2-3은 예수님이 친구들과 함께하시는 모습을 한 폭의 그림처럼 아름답게 그리고 있다. 예수님은 죽은 나사로를 다시 살리셨고, 지금은 나사로와 함께 식탁에 앉아 계신다. 마르다는 예수님이 자신의 오라비를 죽은 자 가운데서 살리시는 것을 보았고, 지금은 예수님을 위해 잔치를 베푼다. 예수님의 발 앞에 엎드렸던(11:32) 마리아는 지금 지극히 비싼 향유를 예수님의 발에 붓는다(12:3). 예수님을 사랑하는 자들은 그분을 위해서라면 모든 것을 기꺼이 드릴 준비가 되어 있다. 마리아가 예수님에 대한 헌신과 사랑을 차고 넘치게 표현하여 그 장소는 향기로 가득하다. 예수님에 대한 올바르고 아름다운 응답은 유다가 4절에서 말을 꺼낼 때까지 흠 한 점 없이 계속해서 이어진다.

신약성경에서 가룟 유다는 언급될 때마다 예수님을 팔아넘긴 자 또는 팔아넘길 자로 묘사된다. 마리아가 예수님의 발에 지극히 비싼 향유를 붓고 감사와 존경과 사랑을 표현하여 향기가 가득해진 이 아름다운 장면에서 유다는 그 거짓된 입을 연다.

4절은 유다를 배신자로 소개하고, 5절은 그가 왜 이 향유를 팔아서 그 돈을 가난한 자들에게 주지 않았느냐고 말했다는 것을 보여주며,[40] 6절은 그의 진짜 의도가 무엇인지를 밝힌다. 유다는 진정으로 가난한 자들을 생

40 구체적으로 말하자면, 유다는 "이 향유를 어찌하여 삼백 데나리온에 팔아 가난한 자들에게 주지 아니했느냐"고 말한다. 이 말이 과장이 아니라면 우리는 이 향유를 오늘날의 가치로 환산해 볼 수 있다. 오늘날 일용직 노동자의 시급을 1만 원이라고 한다면 하루에 8시간 일할 경우 8만 원을 벌게 될 것이다(여기에 각종 세금이나 부수적으로 공제되는 금액은 포함되지 않는다). 하루에 8만 원을 버는 일용 노동자가 300일을 일한다면 그의 총수입은 2천 4백만 원이다. 유다가 향유의 가치를 과장되게 말했다고 하더라도 마리아가 예수님의 발에 부은 향유는 값비싼 것이었다.

각해서 그런 말을 한 것이 아니었다. 그는 자신이 맡고 있는 돈궤에서 돈을 슬쩍슬쩍 훔쳐간 사람이다. 그는 자기 이익을 챙기는 데만 관심이 있었다. 11:45-53에서 유대 지도자들은 자기들의 정치권력을 유지하고자 했고, 이제 12:4-6에서 유다는 자기 주머니를 채우고자 한다. 요한이 여기에서 묘사하고 있는 것이 어떤 함의를 지니는지 생각해 보라. 유다는 예수님보다 돈을 더 사랑했다.

예수님은 7절에서 유다를 꾸짖으시며, 마리아는 장례를 위해 그분에게 향유를 부은 것이라고 말씀하신다. 예수님은 어떤 일이 다가오고 있는지를 아셨다. 8절에서 예수님은 자신이 가고 난 후에도 가난한 자들은 항상 있을 것이라는 사실을 지적하신다.

유대인들은 예수님이 죽은 나사로를 다시 살리셨다는 소식을 듣고서 예수님을 죽이기로 결의했는데(11:45-53), 요한은 12:1-8에서 예수님을 위한 잔치에 대해 이야기한 후 다시 이 문제로 돌아간다. 9절에서 요한은 무리가 예수님과 나사로를 보기 위해 모여들었다고 묘사하면서 예수님이 나사로를 죽은 자 가운데서 살리셨다고 또다시 말한다. 고위 제사장들은 죽은 나사로가 다시 살아난 것을 보고 예수님을 믿게 된 사람들이 많아진 사실을 알고서는 이번에는 나사로까지 죽이려는 계획을 세운다(10-11절). 유대 지도자들은 예수님을 왕으로 모실 수 있는 전례 없는 기회를 맞이했었다. 죽은 자를 다시 살릴 수 있는 인물을 지도자로 모신 나라가 인류 역사상 과연 있었던가? 또한 그들은 나사로를 받아들일 수 있는 기회를 맞이했었다. 어느 나라가 그들의 지도자가 죽은 자를 다시 살렸음을 증명하는 증인을 확보할 수 있겠는가? 하지만 유대 지도자들은 그런 나사로를 축하하고 받아들이기는커녕 죽이고자 했다.

응답

하나님이 다른 사람들의 삶에서 행하신 일을 보았을 때 우리는 어떻게 반응하는가? 그들을 받아들이려 하는가, 아니면 제거하려 하는가? 하나님이 다른 사람들의 삶에서 행하신 일을 송축하는 것이 마땅하다. 그 일이 믿음이든, 인내든, 기쁨이든, 오래 참음이든, 거룩함의 성장이든, 과거에 지었던 죄를 이제는 짓지 않게 된 것이든, 예수님에게 헌신하는 마음으로 그분을 본받아 다른 사람들을 위해 자신을 기꺼이 희생하려는 것이든, 하나님의 역사 앞에서 우리는 그 일을 송축해야 한다. 그리스도인의 마음속에 죄악 된 시기는 들어설 자리가 없다.

유대 지도자들과 유다가 예수님 대신에 무엇을 선택했는지 생각해 보라. 우리는 예수님 대신에 무엇을 선택하고 있는가? 우리는 예수님을 받아들일 때 무엇을 잃게 될까 봐 두려워하는가? 예수님을 배척해야 성공할 수 있다고 생각하는가? 예수님을 배척하고서라도 지키려는 것이 하나님이 우리에게 주신 약속보다 크다고 생각하는가? 믿음으로 예수님을 받아들이면 우리 삶에 속한 모든 일이 거룩하고 깊은 의미를 갖게 될 것이다. 예수님을 배척한다면 우리는 한편으로는 자신도 모르게 하나님의 계획을 이루는 동시에 다른 한편으로는 자기 자신만 해치게 될 것이다.

유다는 예수님보다 돈을 사랑했지만, 돈은 하나님이 아니다. 돈은 살아 있지 않다. 돈은 죽은 자를 살려낼 수 없다. 아무리 돈을 사랑해도 돈은 당신을 사랑할 수 없다. 돈은 가치를 나타낼 뿐이다. 돈은 쓰라고 있는 것이다. 우리는 소유물이나 용역을 제공하고서 돈을 벌고 재능이나 노력의 대가로 받은 그 돈을 우리가 필요로 하거나 원하는 것들과 교환한다. 돈은 목자가 되어 우리를 지켜주지 않는다. 돈은 우리에게 진리를 가르쳐 주지 않는다. 돈은 우리를 위해 희생하지 않는다. 돈은 우리를 위해 하나님의 오른편에서 간구해 줄 수 없다. 돈은 우리에게 자신의 의를 주어 우리로 하여금 하나님 앞에서 의롭다 하심을 얻게 해 줄 수 없다. 마리아는 이 사실을 알았지만, 유다는 알지 못했다. 돈은 목적을 위한 수단일 뿐이지만, 예수님은 그 자체로 목적이시다.

12 그 이튿날에는 명절에 온 큰 무리가 예수께서 예루살렘으로 오신
다는 것을 듣고 13 종려나무 가지를 가지고 맞으러 나가 외치되 호산
나 찬송하리로다 주의 이름으로 오시는 이 곧 이스라엘의 왕이시여
하더라 14 예수는 한 어린 나귀를 보고 타시니 15 이는 기록된바 시온
딸아 두려워하지 말라 보라 너의 왕이 나귀 새끼를 타고 오신다 함과
같더라

12 The next day the large crowd that had come to the feast heard that
Jesus was coming to Jerusalem. 13 So they took branches of palm trees
and went out to meet him, crying out, "Hosanna! Blessed is he who
comes in the name of the Lord, even the King of Israel!" 14 And Jesus
found a young donkey and sat on it, just as it is written, 15 " Fear not,
daughter of Zion; behold, your king is coming, sitting on a donkey's
colt!"

16 제자들은 처음에 이 일을 깨닫지 못하였다가 예수께서 영광을 얻
으신 후에야 이것이 예수께 대하여 기록된 것임과 사람들이 예수께

이같이 한 것임이 생각났더라 17 나사로를 무덤에서 불러내어 죽은 자
가운데서 살리실 때에 함께 있던 무리가 증언한지라 18 이에 무리가
예수를 맞음은 이 표적 행하심을 들었음이러라 19 바리새인들이 서로
말하되 볼지어다 너희 하는 일이 쓸데없다 보라 온 세상이 그를 따르
는도다 하니라

16 His disciples did not understand these things at first, but when Jesus
was glorified, then they remembered that these things had been written
about him and had been done to him. 17 The crowd that had been with
him when he called Lazarus out of the tomb and raised him from the
dead continued to bear witness. 18 The reason why the crowd went to
meet him was that they heard he had done this sign. 19 So the Pharisees
said to one another, "You see that you are gaining nothing. Look, the
world has gone after him."

20 명절에 예배하러 올라온 사람 중에 헬라인 몇이 있는데 21 그들이
갈릴리 벳새다 사람 빌립에게 가서 청하여 이르되 선생이여 우리가
예수를 뵈옵고자 하나이다 하니 22 빌립이 안드레에게 가서 말하고 안
드레와 빌립이 예수께 가서 여쭈니 23 예수께서 대답하여 이르시되 인
자가 영광을 얻을 때가 왔도다 24 내가 진실로 진실로 너희에게 이르
노니 한 알의 밀이 땅에 떨어져 죽지 아니하면 한 알 그대로 있고 죽
으면 많은 열매를 맺느니라 25 자기의 생명을 사랑하는 자는 잃어버릴
것이요 이 세상에서 자기의 생명을 미워하는 자는 영생하도록 보전하
리라 26 사람이 나를 섬기려면 나를 따르라 나 있는 곳에 나를 섬기는
자도 거기 있으리니 사람이 나를 섬기면 내 아버지께서 그를 귀히 여
기시리라

20 Now among those who went up to worship at the feast were some
Greeks. 21 So these came to Philip, who was from Bethsaida in

Galilee, and asked him, "Sir, we wish to see Jesus." 22 Philip went and
told Andrew; Andrew and Philip went and told Jesus. 23 And Jesus
answered them, "The hour has come for the Son of Man to be glorified.
24 Truly, truly, I say to you, unless a grain of wheat falls into the earth
and dies, it remains alone; but if it dies, it bears much fruit. 25 Whoever
loves his life loses it, and whoever hates his life in this world will keep
it for eternal life. 26 If anyone serves me, he must follow me; and where
I am, there will my servant be also. If anyone serves me, the Father will
honor him.

27 지금 내 마음이 괴로우니 무슨 말을 하리요 아버지여 나를 구원하
여 이때를 면하게 하여 주옵소서 그러나 내가 이를 위하여 이때에 왔
나이다 28 아버지여, 아버지의 이름을 영광스럽게 하옵소서 하시니 이
에 하늘에서 소리가 나서 이르되 내가 이미 영광스럽게 하였고 또다
시 영광스럽게 하리라 하시니 29 곁에 서서 들은 무리는 천둥이 울었
다고도 하며 또 어떤 이들은 천사가 그에게 말하였다고도 하니 30 예
수께서 대답하여 이르시되 이 소리가 난 것은 나를 위한 것이 아니요
너희를 위한 것이니라 31 이제 이 세상에 대한 심판이 이르렀으니 이
세상의 임금이 쫓겨나리라 32 내가 땅에서 들리면 모든 사람을 내게로
이끌겠노라 하시니 33 이렇게 말씀하심은 자기가 어떠한 죽음으로 죽
을 것을 보이심이러라
27 "Now is my soul troubled. And what shall I say? 'Father, save
me from this hour'? But for this purpose I have come to this hour.
28 Father, glorify your name." Then a voice came from heaven: "I
have glorified it, and I will glorify it again." 29 The crowd that stood
there and heard it said that it had thundered. Others said, "An angel
has spoken to him." 30 Jesus answered, "This voice has come for your

sake, not mine. 31 Now is the judgment of this world; now will the ruler of this world be cast out. 32 And I, when I am lifted up from the earth, will draw all people to myself." 33 He said this to show by what kind of death he was going to die.

단락 개관

12장

심판을 위해 오시는 왕

무리는 요한복음 6:15에서 예수님을 왕으로 삼으려 했는데, 이제 나사로를 죽은 자 가운데서 살리신 그분이 예루살렘으로 오신다는 말을 들었다. 무리는 시편 118:25-26에 나오는 말씀으로 그분을 맞이하면서 "호산나 찬송하리로다 주의 이름으로 오시는 이 곧 이스라엘의 왕이시여"라고 외친다(요 12:12-13). 무리의 환호에 더해 예수님은 나귀 새끼를 타고 예루살렘에 입성하심으로써 스가랴 9:9을 재현하고 성취하신다(요 12:14-15). 요한은 예수님이 영광을 받으신 후에야 제자들이 이러한 사건들의 의미를 깨닫게 되었다고 설명하고(26절), 예수님이 나사로를 다시 살리신 일의 중요성을 다시 한 번 부각시킨다(17-19절).

왕이 예루살렘에 도착하자 "온 세상이 그를 따랐고"(12-19절), 심지어 헬라인조차 따랐다(20-21절). 그러자 예수님은 자신이 영광을 얻을 때가 도래했다고 선언하신다(23절). 그것은 자신이 죽을 때가 되었음을 의미한다고 설명하신 다음(24-27절), 아버지께서 영광 받으시기를 기도하신다(28-30절). 그리고 이것은 이 세상에 대한 심판이 이르렀고, 자신이 모든 사람을 예수님 자신에게로 이끌게 될 것임을 의미한다고 설명하신다(31-33절).

예수님은 자기 백성의 죄를 친히 짊어지기 위해 예루살렘으로 입성하신다. 그렇게 하심으로써 사탄을 권좌에서 끌어내려 내쫓으시고 이 세상을 심판하실 것이다.

단락 개요

VI.A.2. 심판을 위해 오시는 왕(12:12-33)
　　a. 겸손하게 오심(12:12-19)
　　b. 이 세상에 대한 심판(12:20-33)

주석

12:12-19 | 겸손하게 오심 유월절에 예루살렘에 모인 무리는 예수님이 이 절기에 과연 올라오실 것인지를 놓고 수군거렸다(11:56). 마리아가 장례를 위해 예수님에게 향유를 부은 날이 지나고(12:1-8), 그 이튿날에 예수님이 예루살렘으로 오실 것이라는 소식을 듣는다(12:12). 그들은 모여서 종려나무 가지를 흔들며 예수님을 맞이한다. 종려나무 가지는 구약성경에서 초막절과 관련해서만 언급되지만(레 23:40), 주전 164년 성전 정화 때 사람들이 "초막절과 마찬가지로" 손에 종려나무 가지를 들고서 이를 기념했다(마카베오2서 10:5-7). 훗날 주전 142년에 예루살렘을 다시 정화할 때에도 종려나무 가지로 마카베오의 입성을 기념했다(마카베오1서 13:49-51).

요한복음 12장에서 무리가 종려나무 가지를 손에 들고 흔든 것은 자신들이 외친 시편 118:25-26에 묘사된 일이 성취되기를 바랐기 때문이다. 그 본문에서 무리는 승리하고 예루살렘으로 개선하는 이스라엘 왕을 향해 "호산나"("여호와여 구하옵나니 이제 구원하소서")라고 외치며 그를 송축하고 맞이

하는데, 이것은 그 왕이 여호와의 이름으로 오시는 이였기 때문이다.

이스라엘은 얼마나 오랫동안 하나님이 약속하신 구속주가 오시기를 고대해 왔던가? 하나님은 아담과 하와에게 장차 여자의 후손으로 하여금 뱀의 머리를 부수게 할 것이라고 약속하셨다(창 3:15). 노아의 아버지는 인류에게 내려진 저주로 인한 고통과 수고가 제거되기를 바라는 소망을 담아서 아들의 이름을 "노아"(위로, 안위)라고 지었다(창 5:29; 참고. 3:17-19). 하나님은 아브라함으로부터 왕들이 나오게 될 것이라고 그에게 약속하셨다(창 17:6). 모세는 한 "별"이 야곱에게서 나오고, 한 "규"가 이스라엘에게서 일어날 것이라고 한 발람의 예언을 기록했다(민 24:17). 하나님은 다윗에게 그의 자손이 영원히 보좌에 앉게 될 것이라고 약속하셨다(삼하 7:1-14). 주전 586년에 예루살렘이 멸망하면서 다윗 가문에서 왕이 나오는 것도 끝났지만, 포로생활에서의 귀환 후에는 다윗의 자손에 대한 소망이 여전히 존재했다. 하나님의 백성은 수천 년 동안 이 순간을 기다려왔다.

요한복음 12장에서 무리가 예수님에게 끌린 것은 부분적으로는 그분이 나사로를 다시 살리셨기 때문이다(9절). 그들은 예수님이 무슨 일을 하실 수 있는지 알았기 때문에 시편 118:25-26을 그분에게 적용한 것은 옳았다(요 12:13). 예수님도 이 상황을 알고 계셨다. 무리가 무슨 일을 하고 있는지도 아셨으며, 시편 118편을 비롯한 구약성경의 본문들도 알고 계셨다. 예수님은 요한복음 12:14-15에서 스가랴 9:9-10을 의도적으로 재현하여 거기에 기록된 것이 성취되었음을 보여주신다. "예수는 한 어린 나귀를 보고 타시니"(14절)라는 요한의 보도는 예수님이 의도적으로 그렇게 하셨음을 보여준다.

제자들은 지금 눈앞에서 벌어지고 있는 일들이 무엇을 의미하는지 온전히 깨닫지는 못했다. 그들은 예수님이 메시아이신 것을 믿었다. 그분이 다윗 가문에서 나온 왕이시라는 것도 믿었다. 그들은 구약성경 본문들이 그분에 관해 기록하고 있다는 것도 믿었다. 그런데도 지금 눈앞에서 벌어지고 있는 일들이 무엇을 의미하는지 온전히 깨닫지는 못했다. 그것은 예수님이 어떤 식으로 "영광을 받으실" 것인지, 즉 십자가에 못 박히심으로 영광 받게 될 것임을 알지 못했기 때문이다(참고. 12:23-24, 27-28; 13:31-32; 17:1).

요한이 여기 12:16에서 시편 118:25-26과 스가랴 9:9-10이 "예수께 대하여 기록된 것"이었고, 거기에 기록된 것들을 "사람들이 예수께 이같이 한 것"이라고 설명하고 있음에 주목하라. 즉 그 본문들에 기록된 내용이 예수님의 수난 주간에 성취되었다는 것이다. 그리스도인들이 구약성경을 읽을 때에는 구약 본문들이 "예수께 대하여 기록된 것"(요 12:16)이라는 요한의 설명을 반드시 명심해야 한다. 예수님의 사도들 중 한 명인 요한은 성령의 영감을 받아 여기에서 예수님을 따르는 자들에게 구약성경을 어떻게 이해해야 하는지를 가르치고 있다.

요한이 16절에서 구약 본문들이 예수님에 대한 기록이라고 말한 것은 빌립이 예수님을 가리켜 "모세가 율법에 기록하였고 여러 선지자가 기록한 그이"(1:45)라고 말한 것과도 일치한다. 또한 성경이 예수님 자신을 증언하고 있고(5:39), 모세도 자신에 대하여 기록했다고 하신(5:46) 예수님의 말씀과도 일치한다. 이 구약 본문들이 예수님에 대해 어떻게 기록하고 있는지 알기 위해서는 그분이 어떤 식으로 영광받으시게 될 것인지 알아야 한다. 예수님이 "영광을 받으실" 것이라고 말하는 구절들에 사용된 단어가, 이사야 52:13에서 여호와의 종이 들려서 "영광을 받으시게" 될 것임을 헬라어로 번역한 칠십인역에 나오는 단어와 동일하다는 사실이 중요하다. 예수님은 십자가에 못 박히셨다가 부활하여 영광 받으시게 될 텐데, 이것을 모르고서는 제자들뿐 아니라 어느 누구도 예수님이 구약 본문들의 성취이시라는 것을 깨달을 수 없다.

요한은 예수님이 죽은 나사로를 살리신 것을 본 무리가 어떤 식으로 계속해서 예수님을 증언했고(요 12:17-18), 그분의 인기가 높아지는 것에 바리새인들이 어떤 식으로 반응했는지(19절) 이야기한다. 요한은 "헬라인 몇"이 예수님을 찾은 일(20절)을 이야기하기에 앞서 바리새인들이 "온 세상이 그를 따르는도다"(19절; 참고. 32절)라고 탄식하는 장면을 먼저 보여준다.

12:20-33 | 이 세상에 대한 심판 1:40-49에서 안드레, 베드로, 빌립, 나다나엘이 차례로 예수님을 서로에게 알렸던 것처럼 여기에서도 몇몇 헬라인들이 빌립에게 가서 예수님을 뵙고 싶다고 요청한다. 빌립은 안드레에게 가서 말하고 안드레와 빌립이 함께 예수님에게 가서 그 요청을 전한다. 12:19에서 바리새인들은 온 세상이 예수님을 따르고 있다고 탄식했고, 이제 20절에서 유대인이 아닌 헬라인들이 예수님을 찾는다.

14절에서 예수님은 스가랴 9:9-10을 성취하기 위해 어린 나귀를 타셨는데, 이는 그분이 기다려온 때가 왔기 때문에 그렇게 하신 것으로 보인다. 예수님은 마리아가 자신의 장례를 위해 자신에게 향유를 붓는 것을 알고 계셨고(요 12:7), 자신이 도발적인 방식으로 예루살렘에 입성하고 있다는 것도 아셨다(14절). 따라서 빌립과 안드레가 와서 헬라인들이 예수님을 만나보고 싶어 한다고 말씀드렸을 때(22절) 예수님은 자신이 영광 받을 때가 왔다고 선언하신다(23절).

계속되는 예수님의 말씀을 통해 그분이 영광 받으시게 될 방식이 분명하게 드러난다. 즉 예수님은 한 알의 밀이 땅에 떨어져 죽는 것에 대해 설명하시고(24절) 심령이 괴롭다고 토로하신다(27절). 또 자신이 "들리게" 될 것이라고 말씀하신다(32절). 33절에서 요한은 "이렇게 말씀하심은 자기가 어떠한 죽음으로 죽을 것을 보이심이러라"고 설명한다. 이 모든 것은 예수님이 십자가 위에서 죽으심으로써 영광 받게 되실 것임을 의미한다.

예수님이 십자가에 못 박히시는 것은 어떻게 그분이 영광 받으시는 길이 되는가? 24절에서 예수님은 자신의 죽으심과 부활, 그 결과를 한 알의 밀이 땅에 떨어져 열매 맺는 것에 비유하신다. 밀알이 죽지 않으면 열매를 맺을 수 없다. 예수님이 죽지 않으시면 아무도 구원을 받을 수 없다. 반면에 밀알이 죽으면 열매를 맺는다. 예수님의 죽으심은 이 세상에 구원을 가져다 줄 것이다.

25절에서 예수님은 계속 말씀하시면서 이 세상에서 이기적으로 사는 것은 아무런 소용이 없음을 분명히 하신다. 자기 생명을 사랑하는 자는 그 생명을 잃어버리게 된다. 예수님이 사람들에게 이 세상에서 자기 생명을 미워해야 한다고 말씀하신 것은, 하나님이 이 세상에서 사람들에게 누리라고 주신 선한 것들을 미워해야 한다는 뜻이 아니다. 예수님은 나사로를 사랑하셨고 그의 죽음에 슬퍼하고 우셨으며, 이 세상에서 살아갈 생명을 그에게 다시 회복시켜 주셨다(11:3, 33-36, 43-44). 또한 마리아가 예수님의 발에 순전한 나드를 부었을 때 그녀의 값비싼 선물을 받으셨다(12:1-8). 하나님이 이 세상에서 우리에게 누리라고 주신 선한 것들을 미워해야 한다는 뜻이 아니라면 예수님의 이 말씀은 무엇을 의미하는가?

우리는 "자기의 생명을 미워하는 자는 영생하도록 보전하리라"(25절)는 말씀에서 마지막 어구를 이해해야 한다. ESV의 "keep"(개역개정에는 '보전하다')이라는 단어는 소유하거나 보유하는 것을 의미한다. 때문에 이 말씀은 마치 우리가 내세에서 영생을 얻기 위해서는 현세의 생명을 미워해야 한다는 의미로 해석된다. 하지만 여기에서 "keep"으로 번역된 헬라어는 소유하거나 보유한다기보다 보호하거나 지킨다는 의미다. 자기 생명을 사랑하다가 결국 그 생명을 잃어버리는 사람은 현세의 생명을 궁극적인 목적으로 삼고서 보호하고 유지하고 극대화하며 살아가다가 그렇게 되는 것이다. 반면에 이 세상에서 자기 생명을 미워함으로써 결국 영생하도록 자기 생명을 보호하고 지키는 사람은 현세에서의 자기 생명이 한 알의 밀처럼 땅에 떨어져 죽음으로써 부활과 영생이라는 열매를 맺는 것을 본다.

따라서 자기 생명을 영생하도록 지키고 보호한다는 것은, 현세의 삶이 전부인 양 생각하고 살아가려는 유혹을 떨쳐버림으로써 그렇게 하는 것을 의미한다. 현세의 생명이 전부라고 생각하는 사람은 다른 사람들을 위해 자기 생명을 내어주려 하지 않을 것이다. 예수님이 자신을 섬기고자 하는 사람들은 자신을 따라야 한다고 말씀하신 것(26절)은, 그분이 한 알의 밀이 되어 죽어서 열매를 맺은 것처럼(23-24절) 그분을 따르는 자들도 그렇게 해야 한다는 것을 의미한다(25-26절). 죽음이 모든 것의 끝인 양 어쩔 수 없는 일로 체념하고 우리의 생명을 내어주는 것이 아니다. 우리가 생명을 내어주는 것은 그것이야말로 생명을 영원토록 지키는 길이기 때문이다.

이러한 논리의 연속선상에서 예수님은 연이어 26절에서 그분을 섬기고자 하는 사람들이 어떤 식으로 그분을 따라야 하는지 말씀하신다(26절). 예수님이 죽고자 하시는 것은 살기 위해서다. 예수님이 생명을 내어주시는 것은 자기 생명을 영원토록 지키는 동시에 다른 사람들이 영원토록 살 수 있는 길을 열어주시기 위해서다. 우리가 살기 위해 죽으면 예수님을 따르고 섬기는 것이 되므로 예수님이 계신 그곳에 우리도 있게 될 것이다. 그리고 아버지께서 예수님을 섬기는 자들을 귀하게 여기실 것이다(26절).

자기 생명을 내어놓는 것이 별로 어려운 일이 아니라고 함부로 말해서는 안 된다. 27절의 처음 부분에서 예수님이 하신 말씀을 보면 죽음은 그분의 심령조차 괴롭게 만들었다. 하지만 예수님은 자신이 이때를 위해 살아왔고 자기 삶의 목적은 다른 사람들을 위해 죽는 것이므로 아무리 극심한 고통이 따르더라도 그들을 위한 죽음에서 자신을 건져달라고 구하지 않을 것이라고 말씀하신다.

예수님은 자신이 왜 이 땅에 왔는지 아시기 때문에 죽음을 앞두고서 아버지께서 아버지의 이름을 영화롭게 하시라고 기도하신다(28절). 예수님은 자신을 죽음에서 건져달라고 기도하지 않으신다. 도리어 자신을 희생제물로 드리는 것과 자신이 행하고 참고 견디는 모든 일을 통해 아버지께서 영광 받으시기를 기도하신다.

28절에서는 아버지께서 예수님의 기도에 응답하여 "내가 이미 영광스럽게 하였고 또다시 영광스럽게 하리라"고 말씀하신다. 요한은 아버지 하나님의 음성에 대한 무리의 다양한 반응을 기록하고(29절), 그런 후 그 소리는 자기를 위한 것이 아니라 무리의 유익을 위한 것이라고 설명하신 예수님의 말씀을 기록한다(30절). 이것은 예수님이 아버지 하나님의 대답이 무엇이었는지 아셨음을 의미한다(참고. 11:41-42).

이 세상에서의 생명 그 자체를 목적으로 삼고 사랑해서는 안 되는(12:25) 이유 중에는, 이 세상이 죄로 인해 망가져 있고 사탄이 이 세상의 통치권을 찬탈했기 때문이라는 점도 있다. 31절에서 예수님은 이에 대해 말씀하시면서 자신이 짊어질 십자가를 통해 이 세상이 심판받게 될 것을 밝히신다. 그리스도의 십자가는 세상의 죄를 단죄하는 것이므로 세상에 대한 심판이고, 죄가 얼마나 무섭고 엄청난 것인지를 보여준다. 그렇기에 삼위일체 하나님의 제2위이신 예수 그리스도의 죽으심이 아니고서는 그 무엇으로도 죄에서 구원받는 길을 열 수 없었다. 또한 그리스도의 십자가는 이 세상을 다른 사람들의 유익을 위해 자기 욕망을 사심 없이 내어주는 곳으로 만들려면 어떻게 해야 하는지 보여줌으로써 이 세상의 이기적인 모습을 드러낸다는 점에서 세상에 대한 심판이다. 또한 그리스도의 십자가는 전능자에 대한 사탄의 찬탈과 반역이 성공할 수 없음을 보여줌으로써 세상의 방식을 단죄하고 이 세상에 대한 사탄의 통치를 끝장낸다는 점에서 세상에 대한 심판이다.

예수님이 이 세상의 임금이 쫓겨날 것이라고 말씀하실 때(31절) 바로 그 점을 설명하신 것이다. 예수님은 자신이 다른 사람들을 위해 자기 자신을 내어주는 분임을 보여줌으로써, 또 자기희생적인 사랑의 빛으로 어둠을 관통해 사탄의 이기적인 모습을 드러내고 단죄하심으로써, 사탄의 포악한 권력을 깨뜨리심으로써 찬탈자인 사탄을 권좌에서 쫓아내실 것이다.

헬라인들은 20-22절에서 예수님을 찾아왔고, 예수님은 이사야 52:13의 헬라어 역본에 나오는 단어를 사용하여 자신이 영광받을 때가 왔다고 선언하셨다(23절). 이제 예수님은 이사야 52:13의 헬라어 역본에 나오는 또 다른 단어를 사용하여 요한복음 12:32에서 자신이 "들릴" 것이라고 말씀하시고, 들림으로써 모든 사람을 자신에게로 이끌 것이라고 말씀하신다. 이 약속의 배경이 되는 말씀도 이사야의 예언에서 찾아볼 수 있다. 이사야 5:26은 "그가 기치를 세우시고 먼 나라들을 불러 땅 끝에서부터 자기에게로 오게 하실 것이라"고 예언한다. 이사야 11:10은 "그날에 이새의 뿌리에서 한 싹이 나서 만민의 기치로 설 것이요 열방이 그에게로 돌아오리니 그가 거한 곳이 영화로우리라"고 말하고 있으며, 다음 절은 "그날에 주께서 다시 그의 손을 펴사 그의 남은 백성을…돌아오게 하실 것이라"(사 11:11)고 예언한다.

여호와는 이스라엘을 구속하기 위해 출애굽 때 처음으로 그분의 손을 펴셨다. 이제 여호와는 새로운 출애굽에서 하나님의 어린양이신 그리스도가 새롭고 더 나은 유월절의 어린양으로서 죽으실 때 두 번째로 그분의 손을 펴서 그 어린양의 피로 백성들을 구하시고 죽음의 사자로부터 그들을 보호하실 것이다. 예수님이 십자가에 못 박혀 들리실 때 그것은 예수님이 구약에 예언된 이새의 뿌리임을 알리는 기치가 되고, 열방은 그 기치를 보고 그분에게 돌아오게 될 것이다.

응답

예수님은 어떤 왕으로 예루살렘에 입성하셨는가? 예수님은 백성들의 것을 빼앗아 자기 배를 불리고 그들을 이용해 자신을 보호하고 방패막이로 삼으며, 그들을 돌보는 일에 소홀하며 혼자 흥청망청 즐기는 부류의 왕이 아니시다. 예루살렘에 입성하신 그 왕은 자신을 가난하게 해서 백성들을 부유하게 만들고 그들이 직면한 위험을 혼자서 감당하며, 자기 목숨을 희생하여 보호해 주고 언제나 그들에게 필요한 것에만 관심을 쏟으신다.

우리는 무엇을 위해 사는가? 존 가드너(John Gardner)는 소설가들에 관해 이렇게 쓴다. "모든 참된 소설가 지망생들은 마음속에만 간직한 채 아무런 말을 하지 않아도 오직 하나의 목표만을 지향하는데, 그것은 영광이다."[41] 지금 다른 어떤 것을 위해 살아간다고 할지라도 우리는 아버지 하나님이 예수님을 섬기는 사람들에게 부여하실 존귀함을 위해 사는 것이 얼마나 유쾌하고 기쁜 일인지 생각해 보아야 한다(요 12:26). 이런 식으로 자신의 유익을 추구하는 것은 결코 이기적이지 않다. 현세의 삶이 전부인 것처럼 살아가는 것이 이기적이다. 우리에게 진정으로 유익한 것을 추구하려면 아버지 하나님께서 다른 사람들을 위해 자기 목숨을 내어놓는 자들

41 John Gardner, *The Art of Fiction: Notes on Craft for Young Writers* (New York: Random House, 1984), 200.

을 귀하게 여기고 높이신다는 것을 알아야 한다. 그런 삶이 이 세상에서 살아가는 최고의 삶이자 가장 존귀한 삶이라는 것을 알아야 한다. 내세에서 우리의 생명을 계속 지키려면 현세에서의 생명을 내어놓아야 한다. 아버지께서 우리를 귀하게 여기고 높이시는 삶을 살아가기를 축원한다.

12장

34 이에 무리가 대답하되 우리는 율법에서 그리스도가 영원히 계신다
함을 들었거늘 너는 어찌하여 인자가 들려야 하리라 하느냐 이 인자
는 누구냐 35 예수께서 이르시되 아직 잠시 동안 빛이 너희 중에 있으
니 빛이 있을 동안에 다녀 어둠에 붙잡히지 않게 하라 어둠에 다니는
자는 그 가는 곳을 알지 못하느니라 36 너희에게 아직 빛이 있을 동안
에 빛을 믿으라 그리하면 빛의 아들이 되리라

34 So the crowd answered him, "We have heard from the Law that the
Christ remains forever. How can you say that the Son of Man must be
lifted up? Who is this Son of Man?" 35 So Jesus said to them, "The light
is among you for a little while longer. Walk while you have the light,
lest darkness overtake you. The one who walks in the darkness does
not know where he is going. 36 While you have the light, believe in the
light, that you may become sons of light."

예수께서 이 말씀을 하시고 그들을 떠나가서 숨으시니라 37 이렇게
많은 표적을 그들 앞에서 행하셨으나 그를 믿지 아니하니 38 이는 선

지자 이사야의 말씀을 이루려 하심이라 이르되 주여 우리에게서 들은 바를 누가 믿었으며 주의 팔이 누구에게 나타났나이까 하였더라 39 그들이 능히 믿지 못한 것은 이 때문이니 곧 이사야가 다시 일렀으되 40 그들의 눈을 멀게 하시고 그들의 마음을 완고하게 하셨으니 이는 그들로 하여금 눈으로 보고 마음으로 깨닫고 돌이켜 내게 고침을 받지 못하게 하려 함이라 하였음이더라 41 이사야가 이렇게 말한 것은 주의 영광을 보고 주를 가리켜 말한 것이라 42 그러나 관리 중에도 그를 믿는 자가 많되 바리새인들 때문에 드러나게 말하지 못하니 이는 출교를 당할까 두려워함이라 43 그들은 사람의 영광을 하나님의 영광보다 더 사랑하였더라

When Jesus had said these things, he departed and hid himself from them. 37 Though he had done so many signs before them, they still did not believe in him, 38 so that the word spoken by the prophet Isaiah might be fulfilled: " Lord, who has believed what he heard from us, and to whom has the arm of the Lord been revealed?" 39 Therefore they could not believe. For again Isaiah said, 40 " He has blinded their eyes and hardened their heart, lest they see with their eyes, and understand with their heart, and turn, and I would heal them." 41 Isaiah said these things because he saw his glory and spoke of him. 42 Nevertheless, many even of the authorities believed in him, but for fear of the Pharisees they did not confess it, so that they would not be put out of the synagogue; 43 for they loved the glory that comes from man more than the glory that comes from God.

44 예수께서 외쳐 이르시되 나를 믿는 자는 나를 믿는 것이 아니요 나를 보내신 이를 믿는 것이며 45 나를 보는 자는 나를 보내신 이를 보는 것이니라 46 나는 빛으로 세상에 왔나니 무릇 나를 믿는 자로 어둠에

거하지 않게 하려 함이로라 47 사람이 내 말을 듣고 지키지 아니할지
라도 내가 그를 심판하지 아니하노라 내가 온 것은 세상을 심판하려
함이 아니요 세상을 구원하려 함이로라 48 나를 저버리고 내 말을 받
지 아니하는 자를 심판할 이가 있으니 곧 내가 한 그 말이 마지막 날
에 그를 심판하리라 49 내가 내 자의로 말한 것이 아니요 나를 보내신
아버지께서 내가 말할 것과 이를 것을 친히 명령하여 주셨으니 50 나
는 그의 명령이 영생인 줄 아노라 그러므로 내가 이르는 것은 내 아버
지께서 내게 말씀하신 그대로니라 하시니라

44 And Jesus cried out and said, "Whoever believes in me, believes not
in me but in him who sent me. 45 And whoever sees me sees him who
sent me. 46 I have come into the world as light, so that whoever believes
in me may not remain in darkness. 47 If anyone hears my words and
does not keep them, I do not judge him; for I did not come to judge the
world but to save the world. 48 The one who rejects me and does not
receive my words has a judge; the word that I have spoken will judge
him on the last day. 49 For I have not spoken on my own authority,
but the Father who sent me has himself given me a commandment—
what to say and what to speak. 50 And I know that his commandment is
eternal life. What I say, therefore, I say as the Father has told me."

단락 개관

말씀을 이루려 하심

예수님은 요한복음 12:23에서 자신의 때가 왔다고 선언하셨다. 예수님은

여기 12장의 끝부분에서 십자가를 지시기 전에 마지막으로 많은 사람들 앞에서 말씀하신다. 13-16장에서는 제자들에게 말씀하시고, 17장에서는 아버지 하나님께 말씀하신다. 그 후에 18장에서 체포되어 재판을 받으시고, 19장에서는 십자가에 못 박히신다. 20장에서는 죽은 자 가운데서 살아나시고, 21장에서는 제자들과 마지막으로 사적으로 만나신다.

예수님은 12:24에서 밀알에 대해 말씀하셨고, 그런 다음 그분을 섬기고자 하는 자들은 그들의 생명을 영원토록 지키기 위해 현세에서 그들의 생명을 버려야 한다고 말씀하셨다(25-26절). 예수님은 27-28절에서 아버지께 아버지의 이름을 영화롭게 하시라고 기도하셨고, 아버지께서는 하늘로부터 그 기도에 응답하셨다. 그런 후 예수님은 하늘로부터 난 소리를 듣고서 기이하게 여긴 무리에게 대답하시고(29-30절), 사탄에 대한 심판을 선언하시면서(31절) 자신이 십자가에 못 박히심으로써 모든 사람을 자기에게로 이끌겠다고 말씀하셨다(32-33절).

예수님의 말씀에 의구심을 느낀 무리가 이의를 제기하자 예수님은 그들에게 기회가 있는 동안에 예수님을 믿고 순종할 것을 촉구하신다(34-36절). 요한은 성경을 근거로 그들의 불신앙을 설명하고(37-43절) 예수님은 무리 앞에서 마지막으로 자신이 온 이유에 대해 말씀하신다(44-50절).

단락 개요

VI. A. 3. 말씀을 이루려 하심(12:34-50)

a. 빛이 있을 동안에(12:34-36)

b. 주의 영광을 본 이사야(12:37-43)

c. 어둠에서 건지기 위해 오심(12:44-50)

주석

12:34-36 | 빛이 있을 동안에 무리는 예수님이 23-32절에서 하신 말씀을 듣고 그 말씀과 관련해서 신학적인 의문점을 제기한다(34절). 그들은 먼저 구약성경을 "율법"이라고 지칭하면서 율법에서는 "그리스도가 영원히 계신다"고 말하고 있음을 제시한다. 이 구절에서 사용된 단어들은 시편 89:36의 헬라어 역본에 나오는 것과 아주 비슷하고, 시편 89편에 나오는 말씀들은 사무엘하 7장에서 하나님이 다윗에게 주신 약속들을 토대로 하고 있다.

무리가 이렇게 말한 것은 예수님이 자신을 그리스도라고 말씀하신 의미를 그들이 제대로 이해했음을 보여준다. 또한 그들이 이런 의문을 제기했다는 것은 예수님이 사용하신 '영광을 얻다'(요 12:23)와 '들리다'(32절)라는 표현이 무슨 의미인지 제대로 이해했음을 보여준다. 즉 그들은 예수님 자신이 죽임을 당하게 될 것이라고 말씀하고 계심을 알았다. 구약성경은 다윗의 자손이 '장구할' 것이라고 가르쳤기 때문에(시 89:35-36; 삼하 7:13) 무리가 예수님에게 그리스도시라면 왜 자신이 죽게 될 것이라고 말씀하시는지 그 이유를 좀 더 자세하게 설명해 달라고 요청하는 것이 자연스럽다.

요한복음 12:34에 나오는 무리의 마지막 질문은 예수님이 23절에서 자신을 "인자"라고 지칭하면서도 왜 자신이 십자가에 못 박혀 죽고 부활한 후에 영원히 있을 것이라고 말씀하시는지 의문을 해결하려고 했음을 보여준다. 사실 예수님의 그러한 말씀은 무리뿐 아니라 제자들도 이해하지 못했다(참고. 2:22; 12:16; 20:9). 요한은 예수님이 영광을 받으시고 부활하신 후에야 제자들이 이런 말씀을 깨달을 수 있었다고 말한다(2:22; 12:16; 20:9). 그러니 무리가 예수님의 이 말씀을 온전히 이해할 수 없어 질문한 것이 당연했고, 예수님이 어떤 대답을 하신들 그들은 이해하지 못했을 것이다. 그래서 예수님은 그들의 질문에 대답하거나 신학적인 논쟁을 하지 않으시고, 그들에게 이미 회개하고 믿는 데 충분한 것들을 말해 주었으므로 그들이 회개하고 믿는 것이 마땅하다고 말씀하신다.

빛이신 예수님(참고. 8:12; 9:5)은 무리에게 자신이 그들 중에 "잠시 동안"만 있을 것임을 알고서 빛이 있는 동안에 다녀야 한다고 말씀하신다(12:35). 즉 예수님이 떠나가시기 전에 죄와 불신앙에서 돌이켜 그분을 믿어야 한다는 것이다. 예수님은 "어둠에 붙잡히지 않게 하라"(35절)고 경고하실 때, 요한이 1:5에서 사용한 것과 동일한 단어를 사용하신다. "빛이 어둠에 비치되 어둠이 이기지[개역개정은 '깨닫지'] 못하더라." 어둠은 예수님을 이길 수 없기 때문에 예수님의 빛 가운데 행하는 자는 어둠이 이기지 못하지만, "어둠에 다니는 자는 그[예수님이] 가는 곳을 알지 못한다"(12:35).

예수님은 무리가 궁금해 하는 모든 신비를 설명해 주시기보다는 때가 얼마 남지 않았다고 그들에게 경고하신다. 예수님은 "아직 잠시 동안 빛이 너희 중에 있[다]"(35절)고 밝히시고서는, "빛이 있을 동안에"(35절) 회개하고 "아직 빛이 있을 동안에"(36절a) 믿어야 한다고 말씀하신다. 그런 다음 요한은 "예수께서 이 말씀을 하시고 그들을 떠나가서 숨으[셨다]"(36절b)고 이야기한다. 이것은 무리에게 주어진 마지막 기회였다. 빛이 희미해지고 밤이 다가오고 있으며 어둠이 드리우고 있다. 빛은 잠시만 더 무리에게 있을 것이다. 그래서 예수님은 그들에게 빛이 있는 동안에 "빛을 믿으라 그리하면 빛의 아들이 되리라"(36절a)고 촉구하신다. 빛을 믿는다면 그들은 빛에 속하게 될 것이고, 따라서 빛의 아들들이 될 것이다. 그들이 예수님을 믿는다면, 예수님의 빛이 그들에게로 들어가서 결코 떠나지 않을 것이고, 어둠은 예수님을 이길 수 없으므로(1:5) 그들을 이기지 못할 것이다.

12:37-43 | 주의 영광을 본 이사야 예수님이 행하신 모든 것, 즉 주린 자들을 먹이시고, 병자들을 고치시고, 물위를 걸으시며, 죽은 자를 살리신 것을 보고서도 어떻게 사람들이 예수님을 배척하는 일이 벌어진 것인가? 요한은 12:37-43에서 사람들이 예수님을 배척한 것은 성경 말씀을 이룬 것이라고 설명한다.

무리가 예수님이 행하신 일을 모두 보고도 그분을 믿지 않은 것(37절)은 이사야 53:1의 성취다. 이사야서에서 인용한 문구의 첫 번째 질문에는 이사야 선지자가 당시 사람들에게 배척당한 일이 반영되어 있다. 사람들은 이사야가 전하는 말씀을 받아들이지 않았고 회개하고 믿으라는 요청에 순종하지 않았다. 두 번째 질문은 여호와가 "강한 손과 펴신 팔로"(시 136:12; 참고. 출 6:6) 이스라엘을 애굽에서 이끌어 내신 것을 가리킨다. 이사야 53:1에서 여호와의 팔이 나타난 것에 대해 언급한 것은 이사야 53장의 나머지 부분에서 다루고 있는 고난 받는 종을 이사야가 동시대인들에게 선포했던 새로운 출애굽과 결합시킨다. 하나님의 어린양이자 고난 받는 종이신 예수님이 세상 죄를 지고 가셨을 때 실제로 새로운 출애굽이 일어났다.

요한은 이사야 53:1을 언급한 후, 무리가 "능히 믿지 못한 것은 이 때문"이라고 말한다(요 12:39). 요한은 이러한 결론을 추가로 밑받침하기 위해 "곧 이사야가 다시 일렀으되"(요 12:39)라고 말하고 나서, 이번에는 이사야 6:10을 인용한다. 이사야 6장에서 선지자는 자신이 본 묵시에 대해 말한다. 즉 이스라엘의 왕이 보좌 위에 앉아 계시고, 그분의 옷이 성전을 가득 채운 가운데 스랍들이 그 왕을 둘러싸고서 "거룩하다 거룩하다 거룩하다 만군의 여호와여"라고 찬송한다(사 6:1-8). 여호와는 이사야에게 요한이 요한복음 12:40에서 인용하는 소임을 맡기신다(사 6:9-10). 그러자 이사야는 자신이 얼마나 오랫동안 그 소임을 해야 하느냐고 물었고, 여호와는 이 백성이 포로로 끌려갈 때까지 해야 한다고 대답하신다. 그 후 베어진 이스라엘이라는 나무줄기에서 그루터기, 즉 "거룩한 씨"가 생겨날 것이라고 말씀하신다(사 6:11-13; 참고. 11:1; 53:2).

요한은 두 본문 이사야 53:1과 6:10을 인용한 후 아연실색케 하는 말을 한다. "이사야가 이렇게 말한 것은 주의 영광을 보고 주를 가리켜 말한 것이라"(요 12:41). 요한은 이사야가 이사야 53장에서 고난 받는 종을 본 것과 이사야 6장에서 보좌에 높이 앉으신 왕을 본 것이 예수님을 본 것이라고 말한다. 이사야가 이 두 장에서 예수님에 관해 기록했다는 말을 하는 것이다.[42] 요한에게 구약성경은 예수님에 관한 내용이다(참고. 요 12:16).

이사야가 여호와와 동등하신 다윗 가문의 한 왕, 여호와가 계획하신 새로운 출애굽과 포로생활에서의 귀환을 이루어내실 왕을 묵시 가운데 실제로 보았다는 것을 확증하기란 어렵지 않다(참고. 사 9:6; 11:1-16). 또한 이사야가 장차 다윗 가문에서 나올 왕이 요셉, 모세, 다윗의 고난이라는 모형에 의거해서 그분의 고난을 통해 새로운 출애굽을 이루어 사람들에게 구원을 가져다주시고 그분 자신은 높아지실 것이라고 생각했음을 확증하기도 어려운 일이 아니다.[43]

따라서 이사야 53장과 6장에 대한 요한의 해석, 그리고 요한이 이 본문들을 예수님이 배척당하신 일에 적용한 것은 이사야의 의도와 완벽하게 일치한다. 예수님은 다윗 가문의 왕이시고, 하나님은 예수님의 고난과 높아짐을 통해 새로운 출애굽과 포로생활에서의 귀환을 이루어내셨다. 여호와의 팔은 이런 식으로 예수님 안에서 나타나(사 53:1) 구속을 이루셨고, 이렇게 시작된 구속은 이사야 6장에 묘사된 이스라엘 백성의 완고함이 제거될 때 완성될 것이다(참고. 롬 11:25-32). 하지만 사람들은 예수님이 행하신 모든 것을 보고도 그분을 믿지 않았다. 놀랍게도 그들의 그러한 불신앙조차 구약성경의 성취에 속했다.

요한은 12:42-43에서 또 하나의 비극적인 현실을 이야기한다. 예수님이 행하신 표적을 보고 그분이 하신 말씀을 들은 많은 사람들이 믿었다. 그중에는 당국자들도 있었지만, 그들은 바리새인들이 두려워서 믿음을 "드러나게 말하지" 못했다. 이 문맥에서 '드러나게 말하는' 것은 예수님을 그리스도로 믿는다고 공개적으로 시인하고, 그분과 함께 기꺼이 박해받는다는 의미가 틀림없다. 42절은 그 박해가 회당에서 출교당하는 것이었음을 보여준다. 즉 그들은 출교당하는 것을 피하고자 했다(참고. 9:22).

그들은 예수님을 고백할 것이냐 회당에 남을 것이냐 하는 두 가지 선택지 중에서 하나를 정해야 했고, 회당에 남는 쪽을 선택했다. 그들은 자신

42 요한은 이사야가 두 본문에서 묵시를 본 사람이자 화자라고 믿었다는 것도 주목할 필요가 있다. 즉 세베대의 아들 요한은 성령의 영감 아래에서 예루살렘의 이사야가 이사야서 전체를 썼다고 믿었다.

43 Hamilton, "Was Joseph a Type of the Messiah?"를 보라.

에 대해, 예수님에 대해, 그들이 선택한 회당 사람들에 대해, 진리에 대해 거짓으로 행했다.

요한은 12:43에서 그들이 회당에 남는 쪽을 선택한 비열한 동기를 설명한다. 그들은 하나님의 영광보다 그들이 사람들에게서 받는 영광을 더 사랑했기 때문에 그런 선택을 했다. 하나님과 올바른 관계를 맺고 그분의 인자하심을 누리는 것보다 사람들의 평판을 선택했다. 영원한 것보다 현세의 일시적인 것을, 크고 중요한 것 대신에 형편없고 천박한 것을, 진정으로 가치 있는 것 대신에 아무런 가치 없는 것을, 지혜 대신에 어리석음을, 건강보다는 병을, 전능자 대신에 실패를, 거룩하신 분 대신에 죄인들을, 신실하신 분 대신에 변덕스러운 자들을, 찬란한 것 대신에 더럽고 지저분한 것을, 생명보다는 죽음을 선택했다.

12:44-50 | 어둠에서 건지기 위해 오심 요한은 36절의 끝부분에서 예수님이 숨으셨다고 말했지만, 예수님은 얼마 안 있어 다시 무리 앞에 나타나 이 마지막 말씀(44-50절)을 하신 것으로 보인다. 예수님은 5:19-30에서 그러하셨듯이 여기에서도 자신과 아버지 하나님은 하나라고 단언하신다. 예수님을 믿는 것은 단지 그분만을 믿는 것이 아니라 아버지 하나님을 믿는 것이기도 하다. 5:19-30에서 설명하셨듯이 예수님은 아버지께서 하라고 하신 것만을 하시기 때문이다.

12:45에서 예수님은 나중에 빌립에게 다시 말씀하시게 될(14:9) 진리, 즉 그분을 보는 자는 아버지 하나님을 보는 것이라는 진리를 말씀하신다. 예수님을 보는 자들은 보이지 않으시는 하나님이 어떤 분일지 상상하거나 추론할 필요가 없다. 여기에서 또다시 예수님이 자기 자신에 대해 하신 말씀들은 요한이 복음서 서문에서 예수님에 관해 한 말들(1:1-2, 8)의 토대가 된다. 또한 이 말씀들은 바울이 예수님을 "보이지 아니하시는 하나님의 형상"(골 1:15)이라고 설명하고, 히브리서 기자가 예수님은 "그[하나님의] 본체의 형상"(히 1:3)이라고 말한 것의 토대가 되기도 한다.

아담이 범죄하고 사탄이 인간 세상에 대한 통치권을 찬탈했을 때, 인류와 피조 세계에 죽음의 짙은 어둠이 드리워졌다. 예수님은 그 어둠을 뚫는 빛으로 오셨고, 그 결과 그분을 믿는 자는 누구든지 어둠에서 해방되어 더 이상 그 속에 머물 필요가 없게 되었다(요 12:46; 참고. 1:4-5, 9; 3:19-21; 8:12).

예수님은 3:17에서 자신이 성육신한 목적이 무엇인지를 말씀하셨다. “하나님이 그 아들을 세상에 보내신 것은 세상을 심판하려 하심이 아니요 그로 말미암아 세상이 구원을 받게 하려 하심이라.” 12:47에서는 다시 한번 그 말씀을 되풀이하신다. 예수님이 이 땅에 오신 목적은 심판주가 아니라 구원자가 되시기 위해서였다. 그분의 말씀을 듣고도 지키지 않는 자들(47절)은 “마지막 날에” 임하는 심판으로 그 말씀을 받게 될 것이다(48절). 예수님은 부활 때에 자신이 심판을 행할 것이라고 말씀해 오셨고(5:27-29), 그분을 배척한 자들은 마지막 날 부활 때에 그들을 심판하는 그 말씀을 받게 될 것이다(12:48). 예수님은 5장에서 그러하셨듯이 여기 12:49에서도 자신이 전하는 말씀은 아버지 하나님에게서 온 것이라고 선언하신다. 아버지께서 예수님을 보내어 영과 생명인 말씀을 전하게 하셨기 때문에(6:63), 아버지께서 예수님에게 말씀을 전하라고 명령하셨을 때, 그 명령은 영생이었다(50절). 예수님은 아버지께서 가르쳐주신 것들을 말씀하신다.

응답

예수님은 많은 사람들 앞에서 마지막으로 말씀하시며 시간이 얼마 남지 않았으니 빨리 회개하고 믿어야 한다고 무리에게 경고하신다(12:34-36). 요한은 그들의 불신앙이 성경 말씀의 성취라고 설명한다(37-43절). 예수님은 많은 사람들 앞에서 가르치기를 마치면서, 그분의 모든 말씀과 행함 속에서 그분이 아버지와 하나라는 것을 다시 한번 단언하신다(44-50절; 참고. 10:30).

예수님은 사람들에게 빛이 있을 동안에 믿으라고 촉구하신다(12:36).

예수님의 이 말씀을 처음으로 들은 당시 사람들이 믿음의 기회를 가졌던 것처럼 이후에도 성경에서 이 말씀을 듣는 사람들은 누구든지 믿음의 기회를 갖게 된다. 시간이 얼마 남지 않았다. 기회는 많지 않고 언제까지나 주어지는 것도 아니다. 우리는 믿고 빛 가운데서 행하여 어둠을 피해야 한다.

43절은 어떤 사람들이 하나님의 영광보다 사람들에게서 오는 영광을 더 사랑하여 예수님을 공개적으로 고백하기를 거절했다고 말한다. 세상적인 이유 때문에 세상 사람들에게서 오는 헛된 영광을 사랑하는 자는 하나님에게서 오는 영광을 얻을 수 없다. 반면에 하나님에게서 오는 영광을 사랑하는 자는 세상의 영광을 쓰레기로 여길 것이다.

1 유월절 전에 예수께서 자기가 세상을 떠나 아버지께로 돌아가실 때
가 이른 줄 아시고 세상에 있는 자기 사람들을 사랑하시되 끝까지 사
랑하시니라 2 마귀가 벌써 시몬의 아들 가룟 유다의 마음에 예수를 팔
려는 생각을 넣었더라 3 저녁 먹는 중 예수는 아버지께서 모든 것을
자기 손에 맡기신 것과 또 자기가 하나님께로부터 오셨다가 하나님께
로 돌아가실 것을 아시고 4 저녁 잡수시던 자리에서 일어나 겉옷을 벗
고 수건을 가져다가 허리에 두르시고 5 이에 대야에 물을 떠서 제자들
의 발을 씻으시고 그 두르신 수건으로 닦기를 시작하여 6 시몬 베드로
에게 이르시니 베드로가 이르되 주여 주께서 내 발을 씻으시나이까
7 예수께서 대답하여 이르시되 내가 하는 것을 네가 지금은 알지 못하
나 이 후에는 알리라 8 베드로가 이르되 내 발을 절대로 씻지 못하시
리이다 예수께서 대답하시되 내가 너를 씻어 주지 아니하면 네가 나
와 상관이 없느니라 9 시몬 베드로가 이르되 주여 내 발뿐 아니라 손
과 머리도 씻어 주옵소서 10 예수께서 이르시되 이미 목욕한 자는 발
밖에[1] 씻을 필요가 없느니라 온몸이 깨끗하니라 너희가[2] 깨끗하나
다는 아니니라 하시니 11 이는 자기를 팔 자가 누구인지 아심이라 그
러므로 다는 깨끗하지 아니하다 하시니라

1 Now before the Feast of the Passover, when Jesus knew that his hour
had come to depart out of this world to the Father, having loved his own
who were in the world, he loved them to the end. 2 During supper, when
the devil had already put it into the heart of Judas Iscariot, Simon's son,
to betray him, 3 Jesus, knowing that the Father had given all things into
his hands, and that he had come from God and was going back to God,
4 rose from supper. He laid aside his outer garments, and taking a towel,
tied it around his waist. 5 Then he poured water into a basin and began
to wash the disciples' feet and to wipe them with the towel that was
wrapped around him. 6 He came to Simon Peter, who said to him, "Lord,
do you wash my feet?" 7 Jesus answered him, "What I am doing you do
not understand now, but afterward you will understand." 8 Peter said to
him, "You shall never wash my feet." Jesus answered him, "If I do not
wash you, you have no share with me." 9 Simon Peter said to him, "Lord,
not my feet only but also my hands and my head!" 10 Jesus said to him,
"The one who has bathed does not need to wash, except for his feet,
but is completely clean. And you are clean, but not every one of you."
11 For he knew who was to betray him; that was why he said, "Not all
of you are clean."

12 그들의 발을 씻으신 후에 옷을 입으시고 다시 앉아 그들에게 이르
시되 내가 너희에게 행한 것을 너희가 아느냐 13 너희가 나를 선생이라
또는 주라 하니 너희 말이 옳도다 내가 그러하다 14 내가 주와 또는 선
생이 되어 너희 발을 씻었으니 너희도 서로 발을 씻어 주는 것이 옳으
니라 15 내가 너희에게 행한 것 같이 너희도 행하게 하려 하여 본을 보
였노라 16 내가 진실로 진실로 너희에게 이르노니 종[3]이 주인보다 크
지 못하고 보냄을 받은 자가 보낸 자보다 크지 못하나니 17 너희가 이

것을 알고 행하면 복이 있으리라 18 내가 너희 모두를 가리켜 말하는
것이 아니니라 나는 내가 택한 자들이 누구인지 앎이라 그러나 내 떡
을 먹는 자가 내게 발꿈치를 들었다 한 성경을 응하게 하려는 것이니
라[4] 19 지금부터 일이 일어나기 전에 미리 너희에게 일러 둠은 일이 일
어날 때에 내가 그인 줄 너희가 믿게 하려 함이로라 20 내가 진실로 진
실로 너희에게 이르노니 내가 보낸 자를 영접하는 자는 나를 영접하
는 것이요 나를 영접하는 자는 나를 보내신 이를 영접하는 것이니라
12 When he had washed their feet and put on his outer garments and
resumed his place, he said to them, "Do you understand what I have
done to you? 13 You call me Teacher and Lord, and you are right, for
so I am. 14 If I then, your Lord and Teacher, have washed your feet,
you also ought to wash one another's feet. 15 For I have given you an
example, that you also should do just as I have done to you. 16 Truly,
truly, I say to you, a servant is not greater than his master, nor is a
messenger greater than the one who sent him. 17 If you know these
things, blessed are you if you do them. 18 I am not speaking of all of
you; I know whom I have chosen. But the Scripture will be fulfilled, 'He
who ate my bread has lifted his heel against me.' 19 I am telling you this
now, before it takes place, that when it does take place you may believe
that I am he. 20 Truly, truly, I say to you, whoever receives the one I
send receives me, and whoever receives me receives the one who sent
me."

1 일부 사본들에는 "발밖에"가 없다.
2 헬라어 본문에서 이 절의 "너희가"(ESV는 "You")는 복수형이다.
3 또는 "노예"(헬라어 '둘로스'가 문맥에 따라 '종, 하인, 노예' 등으로 번역될 수 있는 것에 대해서는 ESV의 서문을 보라)
4 ESV는 "그러나…성경이 응할 것이다"로 번역하지만, 헬라어 본문에는 "그러나…성경을 응하게 하려는 것이니라"로 되어 있다.

단락 개관

발을 씻어주시는 분

예수님은 제자들의 발을 씻어주심으로써 그분이 십자가 위에서 그들을 깨끗하게 해 주실 것임을 미리 보여주신다(요 13:1-11). 그런 다음 그들에게 이 겸손한 섬김의 행위를 본받으라고 명령하신다. 예수님이 그들을 섬겼듯이 그들도 서로를 섬겨야 한다는 것이다(12-17절). 예수님은 제자들 중 하나가 그분을 배신할 것이라고 경고하시고, 이것을 미리 알려주시는 것은 그분이 그렇게 배신을 당했을 때 그들의 믿음이 강해지게 하기 위해서라고 말씀하신다(18-19절). 마지막으로 그분의 제자들을 영접하는 자는 그분을 영접하는 것이고, 그분을 영접하는 자는 아버지 하나님을 영접하는 것이라고 선언하신다(20절).

단락 개요

VI. B. 발을 씻어주시는 분, 길, 포도나무, 성령을 주시는 분(13:1-16:33)

1. 발을 씻어주시는 분(13:1-20)
   - a. 제자들의 발을 씻으심(13:1-11)
   - b. 모범을 보이심(13:12-17)
   - c. 성경이 이루어지게 하려는 것(13:18-20)

주석

13:1-11 | 제자들의 발을 씻으심 요한이 13:1-3에서 이야기하는 모든 것은 4-5절의 내용을 충격적인 것으로 만들기 위한 포석이다. 요한은 1-3절에서 먼저 예수님이 마땅히 섬김을 받으셔야 하는 이유를 열거한 후, 그럼에도 그분이 자신을 낮추어 그분을 마땅히 섬겨야 하는 이들을 도리어 섬기시는 모습을 4-5절에서 보여준다. 가장 높으신 분이 가장 낮고 비천한 종의 모습을 보이시는 데서 우리는 크게 놀라게 된다.

요한은 1절에서 예수님의 중요성과 선하심을 보여주는 여러 장치를 겹겹이 쌓아올린다. 유월절은 구약 전체에 걸쳐 대단히 중요했고, 요한복음에 언급된 이전의 유월절에 예수님은 성전을 깨끗하게 하셨으며(2:13-22) 오천 명의 무리를 먹이셨다(6:1-71). 이제 요한은 독자들을 이 이야기의 절정을 이룰 마지막 유월절로 데려다놓는다. 그 밤에 예수님은 배신을 당해 팔리실 것인데, 이 단락에 나오는 일은 바로 그 밤에 있을 유월절 식사 전에 일어난다. 앞에서 요한은 예수님이 하늘에서 오셨고 하늘로 다시 돌아가실 것이라고 이미 말한 바 있지만, 13:1에서 예수님이 세상을 떠나 아버지께로 돌아가실 때가 이르렀다고 구체적으로 말하며 그 사실을 또다시 알려준다. 요한은 예수님의 중요성을 보여주는 모든 지표들을 제시한 후, 그분이 세상에 있는 자기 백성을 사랑해오셨고, 앞으로도 끝까지 사랑하실 것이라는 말을 덧붙인다.

2절에서 요한은 예수님과는 정반대 행태를 보이는 마귀의 역사를 보여줌으로써 예수님의 선하심을 부각시킨다. 이러한 사건들이 우주적이고 영적으로 중요한 의미가 있었다는 것은, 마귀가 유다의 마음에 예수님을 팔려는 생각을 집어넣었다는 설명에서 드러난다. 요한은 인류 역사상 가장 선하신 분에 관한 묘사(1절)와 가장 기만적인 행위를 부추긴 가장 악한 자에 관한 묘사(2절)를 나란히 배치한다. 그리하여 악의 추악함에 대비되어 그리스도의 아름다움이 부각된다.

요한은 3절에서 예수님은 아버지께서 "모든 것을 자기 손에 맡기신 것"을 온전히 알고 계셨다는 설명을 덧붙인다. 예수님은 피조 세계 전체의 최고 통치자시다. 예수님은 하늘과 땅의 왕이시고, 천군천사를 지휘하는 총사령관, 바람을 붙잡고 계시는 분, 폭풍을 잔잔하게 하시는 분, 산 자와 죽은 자를 심판하시는 분, 땅과 바다를 다스리시는 주다. 모든 것이 그분의 손안에 있다. 3절의 끝부분에서 요한은 예수님이 하나님께로부터 오셨다가 하나님께로 돌아가실 것이라고 말하며 하늘이 그분이 오신 곳이고 돌아가실 곳임을 다시 한번 보여준다.

우리는 예수님처럼 중요한 이들에게 분명히 기대하는 바가 있는데, 일반적으로 가장 비천한 종들의 허드렛일은 그 기대에 포함되지 않는다. 그런데 우리의 기대와는 완전히 다르게, 예수님은 4-5절에서 그분의 삶 전체를 하나의 축소판으로 보여주신다. 예수님은 자신의 영광을 내려놓고 종의 형체를 입고 이 땅에 와서 죽기까지 복종하셨던 것처럼(참고. 빌 2:5-11), 여기에서는 평소에 입던 옷을 벗고 수건을 허리에 두르고 대야에 물을 떠서 지금까지 그분을 따랐던 제자들의 발을 씻기 시작하신다. 당시는 에어컨이 없고, 도로가 콘크리트나 아스팔트로 포장되지 않았으며, 발가락을 덮는 신발이 아직 나오지 않은 시절이었다. 더욱이 예수님과 제자들이 다닌 곳들은 흙먼지와 짐승들의 배설물로 뒤덮여 있어서 제자들의 발은 온갖 오물이 묻어 냄새 나고 더럽고 지저분했다.

요한은 13:6-11에서 예수님과 베드로 사이에 오간 대화를 통해, 예수님의 이러한 행위는 단순히 제자들의 더러운 발을 씻어주기 위한 것이 아니라 그보다 더 심오한 의미가 있음을 보여준다. 예수님이 발을 씻으시는 동안 아무도 그러지 않았지만, 베드로는 스스로 생각했던 대로 어떻게 예수님이 자기 발을 씻으실 수 있냐고 이의를 제기한다(6절). 예수님은 베드로에게 그가 지금은 알지 못하겠지만 나중에는 알게 될 것이라고 말씀하시며(7절), 이 일에 지금은 알지 못하는 상징적 의미가 담겨 있음을 암시하신다. 제자들은 예수님이 하신 다른 일들과 마찬가지로 지금 그들의 발을 씻어주시는 것도 십자가와 부활 때까지는 그 의미를 이해할 수 없었다.

베드로는 다윗 가문에서 나온 왕이신 메시아, 그가 아는 가장 선하신 분이 허리를 굽혀 그의 발을 씻어주려고 하자 대경실색하며 이를 단호하게 거절한다(8절). 이 대목에서 베드로는 3장에서 예수님이 육신의 출생에 대해 말씀하신다고 오해했던 니고데모와 다를 바 없다. 6장에서 예수님이 문자 그대로 그분의 살과 피를 먹고 마시라고 요구하신다고 오해한 무리와도 다를 바 없다. 베드로가 이렇게 오해한 것은 제자들의 발을 씻어주시는 예수님의 행위가 지닌 영적이거나 상징적인 의미를 이해하지 못하고, 물리적인 행위 자체의 의미만을 생각했기 때문이다. 예수님은 베드로를 씻어주지 않으면 그가 자신과 아무 상관없게 될 것이라고 대답하신다. 그 일이 예수님이 십자가 위에서 죽으심으로써 그들을 깨끗하게 해 주실 것임을 보여주는 상징적 행위임을 밝히신 것이다.

예수님의 말씀을 들은 베드로는 발뿐 아니라 몸 전체를 씻어달라고 충동적으로 말한다(13:9). 예수님은 한 사람만 제외하고 제자들은 이미 깨끗하기 때문에 온몸을 씻을 필요는 없다고 대답하신다(10절). 예수님은 유다가 자기를 배신할 것을 아셨다. 그래서 요한은 예수님이 발을 씻어주는 제자들 모두가 깨끗한 것은 아니라는 말씀을 하셨다고 설명한다(11절).

이렇듯 회개하지 않은 죄로 인해 유다가 계속해서 갖고 있는 죄책과 더러움을 연결시킨 것은, 제자들의 발을 씻어주신 예수님의 행위에 상징적 의미가 있음을 추가로 확증한다. 예수님은 발을 씻기는 상징적인 행위로 자신이 십자가 위에서 죽음으로써 자기 백성을 깨끗케 하실 것임을 미리 보여주셨다. 가장 큰 자이신 분이 세상을 위해 세상이 받을 자격 없는 일을 행하실 것이다. 예수님의 깨끗케 하심을 받지 않은 자는 그분과 아무 상관이 없다. 예수님이 제자들을 위해 십자가에서 이루신 일은 그들을 온전히 깨끗하게 해 줄 것이다.

13:12-17 | 모범을 보이심 예수님은 십자가 위에서 죽으심으로 제자들을 깨끗케 하실 것임을 상징적으로 보여주기 위해 그들의 발을 씻어주신 후, 자신이 섬긴 것처럼 그들도 서로를 섬겨야 한다고 계속해서 가르치신다. 이 부르심은 자기 십자가를 지고 따라오라고 명령하신 것(마 16:24)과

비슷하다. 이런 가르침을 받은 사도들은 나중에 예수님의 대속적 죽으심이야말로 그리스도인의 행실에 모범이 된다는 사실을 일관되게 강조한다(예컨대, 빌 2:5-11; 벧전 2:21-25). 예수님의 죽으심만이 대속하고 깨끗케 하는 능력이 있지만, 예수님을 따르는 자들은 그분처럼 다른 사람들을 섬기는 일에 자기 목숨을 내어주는 것이 마땅하다. 오직 예수님만이 제자들의 발을 씻어주신 왕이지만, 제자들도 그분처럼 마땅히 섬기는 삶을 살아야 한다.

예수님은 다시 겉옷을 입고 자리로 돌아와 자신이 행한 일이 무슨 의미인지 알겠느냐고 제자들에게 물으시며(요 13:12), 이에 대한 말씀을 시작하신다. 예수님은 자신이 그들의 선생이고 주라는 것을 인정하신 다음(13절), 그러한 이가 그들을 섬겼다면 그들도 서로를 섬기는 것이 마땅하다고 말씀하시며(14절) 교만과 자만을 공격하신다. 예수님의 논리는 간단하다. 예수님처럼 크고 중요한 분이 그들을 섬겼다면, 하물며 그들은 어떻게 해야겠느냐는 것이다. 예수님이 본을 보이기 위해 그들의 발을 씻어주셨다고 밝히신 것(15절)은, 그러한 기대가 지나친 것이 아님을 보여준다.

제자들은 예수님에게 보내심을 받은 자들, 즉 그분의 사도들이므로 상대적으로 중요한 사람들이다. 그렇다고 해서 그들이 섬기며 살지 않아도 된다고 핑계를 댈 수 없다. 예수님은 주이자 선생이시고 보내신 분인데도 섬기는 삶을 사셨다. 종은 주인보다 크지 못하고, 보냄을 받은 자는 보낸 자보다 크지 못하며, 제자들은 예수님보다 크지 못하다(16절). 예수님이 여기에서 가르치신 바를 알고 행하는 자들은 복을 받게 될 것이다(17절).

예수님이 이러한 가르침을 통해 세족을 하나의 성례전으로 제정하신 것은 아니다. 성례전이란 예수님이 제자들과 교회가 행하도록 제정하신 은혜의 수단이다. 예수님은 세례와 성찬을 제정하셨고, 신약성경의 나머지 글에서 사도들더러 교회들에게 세례 주는 일과 성찬에 참여하는 일을 계속해서 하라고 가르치셨다. 사도들은 교회들에게 섬기는 마음을 가지라고 가르치기는 했지만, 발을 씻어주라고는 한 번도 지시하지 않았다. 예수님은 다만 그분을 따르는 자들이 매사에 서로를 섬기며 살라는 뜻으로 그러한 모범을 보이신 것이다. 발을 씻어준다는 것은 다른 사람들의 필요에 따라 그들을 기꺼이 섬기려는 마음을 반영하는 상징적 행위다. 이것이 예수님이 이 일을 행하시고, 바울이 이 행위를 언급할 때(딤전 5:10) 의미하는 바다.

13:18-20 | 성경이 이루어지게 하려는 것 예수님은 제자들의 발을 씻어 주시고(13:1-11) 그들에게 자신을 본받으라고 명령하신 후(12-17절), 18절에서 그들 가운데 깨끗하지 않은 한 사람을 제자로 선택한 것(10-11절)은 성경 말씀을 이루기 위해서였다고 밝히신다. 앞에서 예수님은 그들 모두가 깨끗한 것은 아니라고 말씀하셨듯이(10절), 여기에서는 "너희 모두를 가리켜 말하는 것이 아니니라"고 말씀하신다(18절). 예수님은 방금 자신이 가르친 대로 하는 자는 복이 있을 것이라고 말씀하셨는데(12-17절), 이 일에서 유다는 배제됨을 의미하는 것으로 보인다. 다른 제자들은 예수님의 본을 따라 행하면 복을 받지만 유다는 그렇지 않을 것이다.

예수님이 18절에서 그분이 택한 자들에 대해 안다고 하신 말씀은 두 가지 의미로 보인다. 하나는 예수님이 실제로 그분의 말씀을 지켜서 열매를 맺고(15:16) 멸망하지 않을(17:12) 자들을 택하여 제자로 삼으셨다는 것이다. 다른 하나는 예수님이 유다가 "멸망의 자식"이라는 것을 알면서도 "성경을 응하게" 하려고 그를 열두 제자 중 하나로 택하셨다는 것이다. 따라서 예수님은 유다가 무슨 일을 할지 처음부터 알고 계셨다.

예수님은 시편 41:9을 인용하시는데, 이는 이 본문을 통해 시편 전체의 좀 더 큰 맥락을 환기시키고, 더 나아가 시편뿐 아니라 구약성경 전체를 지배하고 있는 좀 더 큰 주제를 환기시키기 위해서였다. 그것은 고난 받는 의인, 즉 옳은 일을 하면서도 여호와께서 억울함을 풀어주실 때까지는 악인들의 손에 의해 불의하게 고난을 당하는 의인이라는 주제다. 시편 41편에서 다윗은 요셉이나 모세를 비롯해 자기 이전의 여러 사람들처럼 자신을 고난 받는 의인으로 묘사한다. 구약성경에 제시된 고난 받는 의인이라는 이 모형이 예수님이 유다에게 배신당하고 팔리실 때 성취된다.

예수님은 이를 제자들에게 미리 알려주신 것은 나중에 그분에 대한 그들의 신뢰와 믿음이 더 커지도록 하기 위해서라고 설명하신다(요 13:19;

참고. 사 48:5). 요한복음 14:29과 16:4에서도 예수님은 죽으시기 전 제자들과 함께한 마지막 밤에 그들의 믿음을 더욱 굳건히 하기 위해 여러 일들을 미리 알려주신다고 말씀하신다. 여기 13:19에서 예수님은 자신이 미리 말해 준 일이 일어났을 때 제자들이 "내가 그인 줄 믿게" 될 것이라고 말씀하신다. 이것은 예수님이 8:24에서 유대인들에게 하신 말씀과 아주 비슷하다. "너희가 만일 내가 그인 줄 믿지 아니하면 너희 죄 가운데서 죽으리라"(참고. 8:28, 58). 예수님은 여러 일들을 통해 성경을 이루어가는 과정에 계셨고, 성경이 이루어지기 전에 그 일들을 제자들에게 말씀하신다. 이것은 나중에 그들이 예수님을 믿고 신뢰하도록 하기 위해서일 뿐 아니라 그분이 옛적에 자신의 이름을 "스스로 있는 자"(출 3:14)로 밝히신 바로 그 여호와이심을 믿게 하기 위해서이기도 하다.

예수님은 앞에서 자기와 아버지 하나님은 하나라고 말씀하신 연속선상에서, 또다시 그분을 영접하는 자는 그분을 보내신 이를 영접하는 것이라고 말씀하신다(요 13:20; 참고. 12:44). 또한 예수님을 따르는 자들을 배척하는 자들은 곧 예수님을 배척하는 것이다. 이렇게 예수님은 자신과 제자들의 관계를 자신과 아버지 하나님의 관계에 연결시켜서 두 관계가 서로 병행하는 것을 보여주신다. 예수님을 영접하는 자는 그분을 보내신 이, 곧 아버지 하나님을 영접하는 것이듯, 예수님이 보내신 자를 영접하는 자는 곧 예수님을 영접하는 것이다.

응답

풍족하고 화려한 현대 생활을 버리고 고대의 생활 수준으로 살라고 하면 다들 몹시 싫어할 것이다. 그러나 예수님은 더할 나위 없이 풍요롭고 화려한 천국을 떠나 이 땅에 오셔서 고대의 누추하고 지저분한 환경에서 사셨다. 예수님은 향기로운 천국을 떠나 악취를 풍기는 무리 속으로 오셨지만, 자기 백성을 너무나 사랑하시기에 그들의 발을 직접 깨끗이 씻어주셨다.

예수님은 “스스로 있는 자”이시지만 겉옷을 벗고 수건을 허리에 두른 채 대야에 물을 떠서 제자들의 발을 씻어주셨다. 예수님은 하나님의 어린양, 물을 포도주로 변화시키신 분, 38년 된 병자를 고치신 분, 오천 명을 먹이신 분, 물 위를 걸으신 분, 생수의 근원, 세상의 빛, 맹인의 눈을 뜨게 해 주신 분, 선한 목자, 죽은 자를 살리신 분, 나귀를 타신 분이었지만, 또한 발을 씻어주시는 분이었다. 예수님은 우리에게 자신을 본받으라고 명령하신다. 예수님은 본받기에 합당한 분이시다. 우리는 그분의 명령에 귀 기울여야 한다.

예수님이 제자들의 발을 씻어주신 것은 우주적이고 보편적인 의미를 지닌다. 그것은 예수님을 따르는 자는 누구든지 종이 되어야 한다는 것을 의미한다. 가장 지위가 높고 영향력 있는 그리스도인들, 권력을 좌지우지하는 그리스도인들, 모든 것을 해박하게 아는 그리스도인들, 힘 있는 친구를 둔 그리스도인들, 최고의 기회를 잡은 그리스도인들이 자신의 영향력을 행사하고 일을 하는 방식은 발을 씻어주신 분을 본받는 것이어야 한다. 예수님은 자신을 낮추시고 제자들의 발을 씻어주심으로써, 지위가 높은 자들에게는 그들의 높은 지위를 섬김을 위해 사용하도록 명령하셨다. 그리고 종들이 하는 가장 비천한 일을 지극히 고귀한 일로 바꾸어놓으셨다. 예수님이 제자들의 발을 씻어주심으로써, 교회를 위해 식탁과 마루를 닦고 식탁보를 갈고 화장실을 청소하는 것은 그리스도처럼 자기를 낮추고 섬기는 고귀한 일이 되었다.

21 예수께서 이 말씀을 하시고 심령이 괴로워 증언하여 이르시되 내
가 진실로 진실로 너희에게 이르노니 너희 중 하나가 나를 팔리라 하
시니 22 제자들이 서로 보며 누구에게 대하여 말씀하시는지 의심하더
라 23 예수의 제자 중 하나 곧 그가 사랑하시는 자가 예수의 품에[1] 의
지하여 누웠는지라 24 시몬 베드로가 머릿짓을 하여[2] 말하되 말씀하
신 자가 누구인지 말하라 하니 25 그가 예수의 가슴에 그대로 의지하
여 말하되 주여 누구니이까 26 예수께서 대답하시되 내가 떡 한 조각
을 적셔다 주는 자가 그니라 하시고 곧 한 조각을 적셔서 가룟 시몬의
아들 유다에게 주시니 27 조각을 받은 후 곧 사탄이 그 속에 들어간지
라 이에 예수께서 유다에게 이르시되 네가 하는 일을 속히 하라 하시
니 28 이 말씀을 무슨 뜻으로 하셨는지 그 앉은 자 중에 아는 자가 없
고 29 어떤 이들은 유다가 돈궤를 맡았으므로 명절에 우리가 쓸 물건
을 사라 하시는지 혹은 가난한 자들에게 무엇을 주라 하시는 줄로 생
각하더라 30 유다가 그 조각을 받고 곧 나가니 밤이러라

21 After saying these things, Jesus was troubled in his spirit, and
testified, "Truly, truly, I say to you, one of you will betray me." 22 The

disciples looked at one another, uncertain of whom he spoke. 23 One
of his disciples, whom Jesus loved, was reclining at table at Jesus'
side, 24 so Simon Peter motioned to him to ask Jesus of whom he was
speaking. 25 So that disciple, leaning back against Jesus, said to him,
"Lord, who is it?" 26 Jesus answered, "It is he to whom I will give this
morsel of bread when I have dipped it." So when he had dipped the
morsel, he gave it to Judas, the son of Simon Iscariot. 27 Then after he
had taken the morsel, Satan entered into him. Jesus said to him, "What
you are going to do, do quickly." 28 Now no one at the table knew
why he said this to him. 29 Some thought that, because Judas had the
moneybag, Jesus was telling him, "Buy what we need for the feast,"
or that he should give something to the poor. 30 So, after receiving the
morsel of bread, he immediately went out. And it was night.

31 그가 나간 후에 예수께서 이르시되 지금 인자가 영광을 받았고 하
나님도 인자로 말미암아 영광을 받으셨도다 32 만일 하나님이 그로 말
미암아 영광을 받으셨으면 하나님도 자기로 말미암아 그에게 영광을
주시리니 곧 주시리라 33 작은 자들아 내가 아직 잠시 너희와 함께 있
겠노라 너희가 나를 찾을 것이나 일찍이 내가 유대인들에게 너희는
내가 가는 곳에 올 수 없다고 말한 것과 같이 지금 너희에게도 이르노
라 34 새 계명을 너희에게 주노니 서로 사랑하라 내가 너희를 사랑한
것 같이 너희도 서로 사랑하라 35 너희가 서로 사랑하면 이로써 모든
사람이 너희가 내 제자인 줄 알리라

31 When he had gone out, Jesus said, "Now is the Son of Man glorified,
and God is glorified in him. 32 If God is glorified in him, God will also
glorify him in himself, and glorify him at once. 33 Little children, yet
a little while I am with you. You will seek me, and just as I said to the

Jews, so now I also say to you, 'Where I am going you cannot come.'
34 A new commandment I give to you, that you love one another: just as
I have loved you, you also are to love one another. 35 By this all people
will know that you are my disciples, if you have love for one another."

36 시몬 베드로가 이르되 주여 어디로 가시나이까 예수께서 대답하시
되 내가 가는 곳에 네가 지금은 따라올 수 없으나 후에는 따라오리라
37 베드로가 이르되 주여 내가 지금은 어찌하여 따라갈 수 없나이까
주를 위하여 내 목숨을 버리겠나이다 38 예수께서 대답하시되 네가 나
를 위하여 네 목숨을 버리겠느냐 내가 진실로 진실로 네게 이르노니
닭 울기 전에 네가 세 번 나를 부인하리라
36 Simon Peter said to him, "Lord, where are you going?" Jesus
answered him, "Where I am going you cannot follow me now, but you
will follow afterward." 37 Peter said to him, "Lord, why can I not follow
you now? I will lay down my life for you." 38 Jesus answered, "Will
you lay down your life for me? Truly, truly, I say to you, the rooster
will not crow till you have denied me three times."

13장

1 ESV에는 "예수의 옆에"로 되어 있지만, 헬라어 본문에는 "예수의 품에"로 되어 있다.
2 ESV에는 "예수께"가 들어가지만, 헬라어 본문에는 없다.

단락 개관

배신, 사랑, 부인

예수님은 제자들의 발을 씻어주시고, 그들 중 한 사람이 그분을 배신하여 팔 것이라고 경고하신 후(요 13:1-20), 그 배신자의 정체를 베드로와 "사랑하시는 제자"에게 밝히신다(21-30절). 그후에 예수님과 그분의 아버지 하나님이 어떻게 영광을 받게 될 것인지를 말씀하신 다음 "새 계명"을 주신다(31-35절). 베드로는 예수님이 어디로 가시는지를 물었고, 예수님은 베드로가 따라올 수 없다고 말씀하신다. 그러자 베드로는 주를 위하여 목숨까지 버리겠다고 주장하지만, 예수님은 베드로가 얼마 후 그분을 세 번 부인하게 될 것이라고 예언하신다(36-38절).

단락 개요

VI. B. 2. 배신, 사랑, 부인(13:21-38)
- a. 배신자(13:21-30)
- b. 계명(13:31-35)
- c. 세 번의 부인(13:36-38)

주석

13:21-30 | 배신자 예수님은 방금 제자들에게 그분과 함께 떡을 먹는 자가 그분에게 발꿈치를 들 때 구약의 고난 받는 의인의 모형이 성취될 것

이라고 말씀하셨고(13:18-20), 13:18에서는 시편과 구약성경 전체에서 발견되는 고난 받는 의인이라는 좀 더 큰 주제를 환기시키기 위해 그런 주제를 다루는 본문 중 하나인 시편 41:9을 인용하셨다. 예수님은 이제 자신에게 무슨 일이 일어날지를 아셨고, 가장 가까운 제자 중 하나가 배신하리라는 것도 아셨다. 그렇다면 예수님은 자신의 운명 앞에서 태연하셨을까? 그분을 팔 배신자에게 아무런 감정 없이 초연하셨을까, 아니면 분노하거나 좋지 않은 감정을 품으셨을까?

요한은 예수님이 얼마 후에 있을 배신에 대해 말씀하시고 나서 "심령이 괴로[우셨다]"(13:21)라고 쓴다. '괴로워하다'라는 단어는 14:1에서도 사용된다(참고. 11:33; 12:27; 14:27). 그 구절에서 예수님은 베드로가 그분을 세 번 부인하게 될 것이라고 미리 말씀하시지만(13:36-38), 그럼에도 불구하고 제자들에게 "너희는 마음에 근심하지[괴로워하지] 말[고]" 자기를 믿으라고 말씀하신다. 14:1에서 그러하듯이 여기에서도 예수님의 마음이 '괴로우셨다'는 표현은 예수님이 얼마 후에 일어날 것이라고 밝히신 사건들과 관련해 사용되었다. 이때의 상황은 폭풍우가 몰아치기 직전에 먹구름이 사방에서 몰려오는 것과 같았다.

예수님은 나사로가 죽었을 때 우신 것(11:33)과 동일한 이유로 괴로워하신 것으로 보인다. 예수님은 나사로를 사랑하셨고, 사랑하는 친구가 죽었을 때 초연하다거나 슬픔을 못 느끼신 게 아니었다. 여기에서도 예수님은 앞으로 닥칠 일련의 사건을 미리 아셨기 때문에 그 모든 일들에 감정적으로 온전히 영향을 받고 있었다. 예수님은 그런 일들은 죽을 수밖에 없는 존재인 인간에게나 큰일이지, 그분에게는 하찮은 일에 불과하다는 듯 초연하지 않으셨다. 더욱이 예수님은 유다가 무슨 짓을 할지 알면서도 그를 사랑하셨다. 그래서 꽤 긴 시간을 함께한 유다가 비극적이게도 배신이라는 악을 선택하고, 그로 인해 앞으로 일어날 좋지 않은 일들로 인해 예수님의 마음은 괴로웠다.

예수님은 제자들 중 하나가 그분을 배신하고 팔 것이라고 18-20절에서는 암시하셨지만, 21절b에서는 명확하게 밝히신다. 충성스럽고 신실한 사람들은 그들 내부의 누군가가 신의를 저버리고 배신할 때 깜짝 놀라게 마련이다. 그래서 제자들이 22절에서 그런 반응을 보인 것이다. 제자들이 충격을 받은 것은 당연하다. 예수님은 지금까지 그들 모두에게 최고의 친구이자 공경할 만한 지도자였기 때문에 그들 중에 배신자가 나온다는 것은 끔찍하고 소름 끼치는 일일 수밖에 없었다. 그들 모두는 예수님을 메시아로 믿었기 때문에 예수님을 배신하는 것은 곧 민족을, 성경의 소망을, 그들의 왕과 하나님을 배신하는 것이었다.

이 대목에서 요한은 열두 제자들 중에서도 예수님과 더 친밀한 최측근이 있음을 보여주는데, 여기에는 베드로와 야고보와 요한이 포함된다. "예수님이 사랑하신" 제자(23절, 개역개정에는 "그가 사랑하시는 자")가 세베대의 아들 요한을 가리킨다는 것을 보여주는 논거들은 아주 강력하다. 예수님은 열두 명을 제자들이라고 부르셨다. 예수님은 오직 열두 제자와 함께 최후의 만찬을 함께하셨던 것으로 보이고, 다른 복음서들도 베드로와 야고보와 요한이 예수님과 특별히 친밀한 관계였음을 보여준다(참고. 막 5:37; 9:2). 요한복음에서 우리는 여기 최후의 만찬 장면(13:23-26)과 베드로와 사랑하시는 제자가 무덤으로 간 장면(20:2-8), 예수님이 부활 후에 그들에게 나타나신 장면(21:20-23)에서 예수님과 베드로와 사랑하시는 제자가 친밀한 관계에 있음을 본다.

13:23은 사랑하시는 제자가 "예수의 품에 의지하여 누웠[다]"고 말하면서, 1:18에서 예수님이 "아버지 품속에" 있었다고 말할 때와 아주 비슷한 표현을 사용한다. 요한은 1:18에 나오는 것과 아주 비슷한 표현을 13:23에서 사용하여, 예수님이 13:20에서 "내가 보낸 자를 영접하는 자는 나를 영접하는 것이요 나를 영접하는 자는 나를 보내신 이를 영접하는 것이니라"고 하신 말씀을 더욱 강화한다. 예수님과 제자들의 관계는 아버지 하나님과 예수님의 관계와 같다. 즉 아버지께서는 자기 품속에 있던 예수님을 보내셨고, 예수님은 자기 품속에 있던 제자와 그 밖의 다른 제자들을 보내신다. 따라서 제자들을 영접하는 것은 예수님을 영접하는 것이고, 예수님을 영접하는 것은 아버지 하나님을 영접하는 것이다. 예수님은 아

버지 하나님과 제자들을 이어주는 중재자시고, 제자들은 자신들의 증언을 통해 예수님을 아는 지식을 세상에 전해 주는 중재자들이다. 예수님은 자신이 보낸 자들의 인도함을 받은 믿음을 유일하게 인정하신다.

예수님이 제자들 중 한 사람이 그분을 배신하여 팔 것이라고 충격적인 선언을 하시자(21절), 베드로는 사랑하시는 제자에게 머릿짓으로 신호를 보내고, 그 제자는 그 배신자가 누구인지를 예수님에게 여쭈어본다(23-25절). 내부의 민감한 정보를 알려달라고 대담하게 요청한 것이다. 베드로와 사랑하시는 제자가 그런 질문을 거리낌 없이 한 것으로 보아 그들이 평소에 예수님을 얼마나 친밀하게 느꼈는지를 알 수 있다. 또한 예수님이 그 질문에 대답하셨다는 것은 그들과 모든 것을 기꺼이 공유하고자 하셨음을 보여준다.

26절에서 예수님은 요한복음 13:18에서 인용하신 시편 41:9을 성취하시는 방식으로 그 질문에 대답하신다. 시편 41:9에서 다윗은 그의 떡을 먹은 자가 그를 배신했다고 말한다. 예수님은 자신이 구약의 고난 받는 의인이라는 모형을 성취하게 될 것임을 보여주기 위해, 이 구절을 대표적인 본문으로 인용하신 후, 요한복음 13:26b에서 떡 한 조각을 유다에게 주시어 그 본문이 역사 속에서 그대로 이루어지게 하신다. 예수님과 유다가 함께 떡을 먹은 것이 이번이 처음은 아니겠지만, 예수님은 요한복음 13:18에서 시편 41:9을 인용하신 후, 곧바로 의도적으로 떡 한 조각을 유다에게 주심으로 자신이 구약의 고난 받는 의인의 성취라는 것을 분명하게 보여주신다.

요한은 13:2에서 마귀가 유다의 마음에 예수님을 배신하려는 생각을 넣었다고 했는데, 이제 27절에서는 유다가 떡 한 조각을 받은 후에 사탄이 그에게로 들어갔다고 말한다. 사탄이 유다에게 들어갔기 때문에 유다가 사람들을 데리고 예수님을 잡으러 올 때, 예수님은 14:30에서 "이 세상의 임금이 오[고 있다]"고 말씀하셨다.

예수님은 유다에게 떡 한 조각을 주신 후, "네가 하는 일을 속히 하라"(13:27)고 말씀하신다. 요한은 제자들이 이 말씀의 의미를 제대로 알지 못했기 때문에 예수님이 유다에게 어떤 일을 시키신 것인지를 놓고 이런 저런 추측을 했다고 이야기한다(28-30절). 제자들의 추측은 유월절을 지키는 데 필요한 것을 미리 사두거나 가난한 자들에게 무엇을 주는 것같이 유대인들이 유월절에 했던 여러 가지 일들과 관련되었다(29절).

지금까지 예수님은 자신은 "세상의 빛"이고, 밤이 오고 있기 때문에 낮 동안에만 자신이 일할 수 있다는 것을 강조해 오셨다(9:4; 12:35-36, 46). 유다가 예수님을 배신하는 일을 실행하러 나가자 요한은 "밤이러라"(13:30)고 쓴다. "낮"은 지나고, 예수님이 공적으로 사역할 수 있는 기간은 끝났다. 이제 이 이야기는 십자가를 향해 가차 없이 달려간다. 예수님은 제자들을 끝까지 사랑하셨기 때문에 그들의 발을 씻어주셨고, 십자가로 이어지는 여정을 향해 계속 달려오셨으며, 유다가 예수님의 사랑을 거부하고 배은망덕하게도 그분을 죽여서까지 자기 이득을 챙기려고 배신할지라도 그를 사랑하셨다.

13:31-35 | 계명 유다가 나간 후에, 예수님은 자신과 아버지 하나님이 어떻게 영광을 받게 될 것인지 말씀을 시작하신다(13:31). 예수님은 십자가를 앞두고 어떻게 그런 말씀을 하실 수 있었는가? 하나님은 그분을 사랑하는 자들의 유익을 위해 모든 일을 행하시고(롬 8:28), 또한 그분 자신의 영광을 위해 모든 일을 행하신다는 것(롬 11:36)을 아셨기 때문이다. 예수님은 방금 열두 제자 중 한 사람이 자신을 배신할 것이라고 밝히셨고, 그 사람의 발을 씻어주셨으며, 그에게 떡을 주셨다. 이제 그 사람은 예수님을 죽이고자 하는 음모에 가담하기 위해 그 자리를 떠났다. 예수님은 하나님이 그분을 사랑하는 자들의 유익을 위해 일하고 계시며, 자신이 이 일을 통해 영광을 받게 되고 하나님도 영광을 받으시게 될 것을 아셨다.

여기에서 예수님이 염두에 두신 "영광"은 십자가였다. 십자가를 통해 예수님은 자신이 아버지 하나님의 진노를 충족시키시고, 자기 백성의 죄를 짊어지심으로써 구원을 이룰 수 있는 유일한 분임을 나타냄으로써 영광을 받으실 것이다(요 13:31). 인자이신 예수님은 십자가를 통해 인류의 모든 죄를 남김없이 대속하여 자신의 무한한 가치를 드러냄으로써 영광을 받으시게 될 것이다. 하나님은 십자가에서 인류의 모든 죄를 남김없이 벌하시고 정의를 끝까지 세워서 자신의 절대적인 의로움을 나타냄으로써 영광을 받으실 것이다(31-32절). 이와 동시에 예수님이 인류의 모든 죄를 대속하여 하나님의 백성 전체를 구원하심으로써, 하나님의 무한하신 자비와 비할 데 없이 크신 사랑이 드러남으로써 예수님과 하나님이 영광을 받으실 것이다. 하나님이 예수님을 아끼지 않으시는 것은 그분의 백성을 사랑하시기 때문이다.

이제 유다가 무리를 데리고 돌아올 것이기 때문에 예수님이 제자들과 함께할 수 있는 시간은 얼마 남지 않았고 곧 끝날 것이다. 예수님은 "잠시" 동안만 제자들과 함께 있을 수 있음을 아셨기 때문에 전에 유대인들에게 하셨던 말씀을 이제 제자들에게도 하신다. "너희는 내가 가는 곳에 올 수 없다"(33절; 참고. 7:34, 36; 8:21).

새로운 유월절 희생제사(예수님이 십자가에 못 박히시는 것), 즉 새로운 출애굽을 이루고, 새 언약이 시작되며, 새롭고 더 나은 약속의 땅을 향한 새로운 순례 길을 열게 될 희생제사가 드려지기 전날 밤에 예수님은 "새 계명"(13:34)을 주신다. 이 새 계명은 옛 계명의 성취이고, 하나님 사랑과 이웃 사랑으로 요약할 수 있다. 요한이 다른 곳에서 새 계명이기도 하고 옛 계명이기도 하다고 말한(요일 2:7-11) 새 계명, 즉 서로 사랑하라는 계명을 예수님이 이 시점에 제자들에게 주셨다는 것은 이 계명이 그분의 죽으심과 부활을 통해 시작될 새 언약에 참여하는 자들의 의무임을 의미한다.

제자들은 신약성경의 나머지 부분에서 이것은 옛 언약이 '낡아졌다'는 의미임을 보여준다(히 8:13). 사도들은 사도행전이나 서신서들에서 교회가 옛 언약의 절기들을 지켜야 한다거나, 신자들의 아들들이나 새 신자들에게 할례를 행해야 한다거나, 안식년을 지키라거나, 형사취수(兄死娶嫂)의 혼인법을 지키라고 가르치지 않는다. 옛 언약과 모세 율법은 하나의 전체를 이루고 있으며, 이스라엘의 신정 체제가 없어지고 그리스도의 나라가 전 세계적으로 세워지면서 폐기되었다. 옛 언약에 나타난 하나님의 의는 새 언약에도 나타났지만, 새 언약의 규정과 조항들은 하나님이 이스라엘을 애굽에서 이끌어내신 후에 그들과 맺으신 언약의 규정이나 조항들과 같지 않다(렘 31:32; 히 8-10장).

제자들은 예수님이 그들을 사랑하셨듯이 서로 사랑해야 한다(요 13:34). 그 사랑은 그들의 가장 두드러진 특징일 것이기 때문에 모든 사람들은 그들 가운데 있는 사랑을 보고 그들이 예수님을 따르는 자들임을 알아보게 될 것이다(35절).

13:36-38 | 세 번의 부인 예수님이 제자들에게 자기를 따라올 수 없다고 말씀하시자(33절), 베드로는 예수님이 어디로 가시려는지 알고 싶어 했다(36절). 예수님은 베드로가 지금은 따라올 수 없지만 나중에는 따라오게 될 것이라고 대답하셨다. 베드로는 왜 지금은 따라갈 수 없냐고 반문하면서 목숨을 바쳐서라도 예수님을 따라갈 것이라고 결연한 의지를 보인다(37절). 베드로는 예수님에 대한 자신의 지극히 큰 사랑을 보여주고 싶어 했다(참고. 15:13). 하지만 안타깝게도 그는 연약하기에 가까운 미래에는 그렇게 할 수 없을 것이었다. 예수님은 베드로가 닭 울기 전에 세 번 그분을 부인하게 될 것이라고 말씀하신다(13:38).

응답

예수님을 배신한 적이 있는가? 예수님은 우리에게 다가와 사랑을 베푸셨지만, 우리는 자신의 이익을 위해 예수님께 등 돌리고 그분을 왕의 자리에서 끌어내려고 하는 원수들의 편에 가담한 적이 있는가?

우리는 우리가 사랑하지 못한 것을 회개할 수 있다. 예수님에게로 돌이킨다는 것은 그분이 사랑하시는 것처럼 우리도 사랑하는 것을 의미한다. 그것은 예수님이 천국을 버리고 이 땅에 오신 것처럼 우리가 누리고 있는 특권과 풍족함을 버리고 섬기는 것을 의미한다. 그것은 예수님이 제자들의 발을 씻어주셨던 것처럼 하나님의 백성에게 필요한 일이 아무리 천하고 하찮으며 낮더라도 그들을 위해 기꺼이 하는 것을 의미한다. 그것은 예수님이 우리를 위해 목숨을 내어주셨던 것처럼 우리가 서로를 위해 목숨을 내어주는 것을 의미한다.

주일학교 교사, 차량 운전 봉사자, 식당 청소 담당자들은 그런 사랑으로 맡은 일을 해야 한다. 다른 그리스도인들의 말을 경청하거나 그들과 대화하는 사람들도 그런 사랑으로 해야 한다. 그런 일들을 자신을 과시하거나 높이는 기회로 삼아서는 안 된다. 다른 그리스도인들의 기도 요청을 받고 기도해 주는 사람들이나 다른 그리스도인들의 사역을 돕는 사람들도 그런 사랑으로 해야 한다. 교회에서 어르신이나 아이들을 전문적으로 섬기는 사람들이나 자원봉사자들도 그런 사랑으로 해야 하고, 어르신들은 그들의 섬김에 감사하는 마음을 가져야 한다.

우리는 우리가 행하는 사랑으로 사람들에게 알려져야 한다. 우리는 태아를 사랑하고 그들을 대변해야 한다. 우리는 몸 상태가 좋지 않아서 낙태를 고려하는 임신부들을 사랑해야 한다. 우리는 주변 사람들과 어떻게 어울려야 할지를 모르는 독신자들을 사랑해야 한다. 우리는 기존 사람들에게 선뜻 다가가지 못하고 적응하기 힘들어 하는 새로운 방문자들을 사랑해야 한다. 우리는 서로를 사랑해야 한다.

베드로를 조롱해서는 안 된다. 속으로 자신이 베드로보다 더 낫다고 생각해서도 안 된다. 베드로는 누구보다 선한 의도와 의욕이 넘쳤지만 그에 맞춰 살지 못했고, 이것은 우리도 마찬가지다. 예수님은 요한복음 21장에서 베드로를 회복시키시면서 장차 그가 예수님을 위해 목숨을 내어놓게 될 것이라고 말씀하신다(21:18-19). 베드로와 유다는 둘 다 예수님을 실망시켰다. 그런데 유다는 예수님을 배신하는 쪽을 선택했고 베드로는 최고의 의도에 걸맞게 살지 못했지만 예수님을 사랑했다. 나중에 베드로는 다시 한번 기회를 얻어 이번에는 충성을 다하는 삶을 살았다. 우리가 예수님보다 더 사랑할 이가 또 누가 있겠는가?

1 너희는 마음에 근심하지 말라 하나님을 믿으니 또 나를 믿으라[1] 2 내
아버지 집에 거할 곳이 많도다 그렇지 않으면 너희에게 일렀으리라
내가 너희를 위하여 거처를 예비하러 가노니[2] 3 가서 너희를 위하여
거처를 예비하면 내가 다시 와서 너희를 내게로 영접하여 나 있는 곳
에 너희도 있게 하리라 4 내가 어디로 가는지 그 길을 너희가 아느니
라[3] 5 도마가 이르되 주여 주께서 어디로 가시는지 우리가 알지 못하
거늘 그 길을 어찌 알겠사옵나이까 6 예수께서 이르시되 내가 곧 길이
요 진리요 생명이니 나로 말미암지 않고는 아버지께로 올 자가 없느
니라 7 너희가 나를 알았더라면 내 아버지도 알았으리로다[4] 이제부터
는 너희가 그를 알았고 또 보았느니라

1 "Let not your hearts be troubled. Believe in God; believe also in me.
2 In my Father's house are many rooms. If it were not so, would I have
told you that I go to prepare a place for you? 3 And if I go and prepare a
place for you, I will come again and will take you to myself, that where
I am you may be also. 4 And you know the way to where I am going."
5 Thomas said to him, "Lord, we do not know where you are going.

How can we know the way?” 6 Jesus said to him, “I am the way, and
the truth, and the life. No one comes to the Father except through me.
7 If you had known me, you would have known my Father also. From
now on you do know him and have seen him.”

8 빌립이 이르되 주여 아버지를 우리에게 보여 주옵소서 그리하면 족
하겠나이다 9 예수께서 이르시되 빌립아 내가 이렇게 오래 너희와 함
께 있으되 네가 나를 알지 못하느냐 나를 본 자는 아버지를 보았거늘
어찌하여 아버지를 보이라 하느냐 10 내가 아버지 안에 거하고 아버지
는 내 안에 계신 것을 네가 믿지 아니하느냐 내가 너희에게 이르는 말
은 스스로 하는 것이 아니라 아버지께서 내 안에 계셔서 그의 일을 하
시는 것이라 11 내가 아버지 안에 거하고 아버지께서 내 안에 계심을
믿으라 그렇지 못하겠거든 행하는 그 일로 말미암아 나를 믿으라
8 Philip said to him, “Lord, show us the Father, and it is enough for us.”
9 Jesus said to him, “Have I been with you so long, and you still do not
know me, Philip? Whoever has seen me has seen the Father. How can
you say, ‘Show us the Father’? 10 Do you not believe that I am in the
Father and the Father is in me? The words that I say to you I do not
speak on my own authority, but the Father who dwells in me does his
works. 11 Believe me that I am in the Father and the Father is in me, or
else believe on account of the works themselves.

12 내가 진실로 진실로 너희에게 이르노니 나를 믿는 자는 내가 하는
일을 그도 할 것이요 또한 그보다 큰 일도 하리니 이는 내가 아버지께
로 감이라 13 너희가 내 이름으로 무엇을 구하든지 내가 행하리니 이
는 아버지로 하여금 아들로 말미암아 영광을 받으시게 하려 함이라
14 내 이름으로 무엇이든지 내게[5] 구하면 내가 행하리라

14장

12 "Truly, truly, I say to you, whoever believes in me will also do the works that I do; and greater works than these will he do, because I am going to the Father. 13 Whatever you ask in my name, this I will do, that the Father may be glorified in the Son. 14 If you ask me anything in my name, I will do it."

1 또는 "하나님을 믿으라"
2 또는 "내 아버지 집에 거할 곳이 많도다 그렇지 않으면 내가 너희를 위하여 거처를 예비하러 간다고 너희에게 일렀겠느냐"
3 일부 사본들에는 "내가 어디로 가는지를 너희가 알고, 그 길을 너희가 아느니라"
4 또는 "너희가 나를 안다면 내 아버지도 알리라", "너희가 나를 알았더라면 내 아버지도 알리라"
5 일부 사본들에는 "내게"가 없다.

단락 개관

길, 진리, 생명

제자들이 요한복음 13장의 끝부분에서 나눈 대화로 인해 고민하고 근심하게 된 것은 자연스러운 일이다. 14:1-6에서 예수님은 제자들에게 근심하지 말라고 하신 후, 자신이 그들을 위한 거처를 준비하러 가는 것이므로 반드시 다시 와서 그들을 데려가 자신과 함께 있게 하겠다고 약속하시며 "내가 곧 길이요 진리요 생명이니"라고 선언하신다. 7-11절에서는 자신은 아버지 하나님의 보이는 형상이고, 아버지께서는 예수님 자신의 말을 통해 일하시므로, 제자들은 자신이 그들에게 하는 말을 믿어야 한다고 이르신다. 제자들로 하여금 예수님이 무슨 말씀을 하셨고, 그 말씀이 무엇을 의미하는지 깨닫게 하기 위해서다. 그런 후 12-14절에서는 제자들이 예수님 자신이 한 일들보다 더 큰 일들을 하게 될 것이고, 그들이 예수님의 이름으로 기도하면 무엇이든지 자신이 행할 것이라고 말씀하신다. 제자들을 위한 예수님의 계획을 그들이 더욱 신뢰할 수 있도록 하신 말씀이다.

단락 개요

VI. B. 3. 길, 진리, 생명(14:1-14)

a. 아버지께로 가는 길(14:1-6)

b. 아버지를 나타내 보이심(14:7-11)

c. 제자들은 예수님을 나타내 보이게 될 것이다(14:12-14)

14장

주석

14:1-6 | 아버지께로 가는 길 1-6절에서 전개되는 논의의 흐름을 보면, 예수님이 1절에서 근심하지 말라고 말씀하신 것은 베드로가 세 번 부인하게 될 것이라고 예고하신 일과 관련되지만, 2절 이하에서는 주로 예수님의 떠나가심과 관련된다. 앞에서 예수님은 제자들에게 아직은 자기를 따라올 수 없다고 말씀하셨는데(13:36), 이에 베드로가 항변하고(37절), 결국 예수님이 그에게 세 번 그분을 부인하게 될 것이라고 예고하시기에 이른다(38절). 예수님은 밤이 오고 있으므로 자신은 떠나가야 하고(9:4; 13:30), 이번에는 그분 혼자 가야 한다는 점을 분명히 하셨다(13:36; 참고. 7:33-34; 8:21).

요한은 13:1에서 예수님이 이 세상을 떠나 아버지께로 가실 때가 왔다고 말했다. 예수님은 아버지의 품속을 떠나(1:18) 하늘에서 내려오셨는데(3:13), 이제는 이전에 계시던 곳으로 올라가실 때가 된 것이다(6:62). 제자들은 예수님과 함께 갈 수 없다는 말씀에 근심했고(13:36-37), 14:1-6에서 예수님은 그들의 근심을 덜어주기 위해, 자신을 믿으라고 말씀하실 뿐 아니라 자신이 어디로 가고 거기서 무엇을 할 것이며 어떻게 그들과 다시 만나게 될지도 설명하셨다.

예수님은 제자들이 무엇을 해야 하고 무엇을 하지 말아야 하는지를 말씀해 주신다. 즉 제자들은 근심해서는 안 되고, 하나님과 예수님을 믿어야 한다(14:1; 참고. 13:21; 14:27). 근심을 없애는 해독제는 적극적으로 믿는 것이다. 예수님은 계속해서 그들이 구체적으로 무엇을 믿어야 하는지를 말씀해 주신다. 즉 그들은 예수님이 그들이 있을 거처를 마련하기 위해 가시는 것임을 믿어야 한다(2절). 예수님이 아버지의 집을 언급하셨다는 사실로 보아 하늘 성전을 염두에 두셨을 가능성이 크다. 지상의 성전은 하늘 성전의 희미한 모형일 뿐이다. 예수님이 하늘에 가서 준비하실 "집"은 새로운 성전, 새 예루살렘, 새 하늘과 새 땅이다. 예수님은 제자들에게 하늘에 있는 새로운 성전에 그들이 거할 곳이 충분하다는 점을 확신시켜 주신다. 아버지의 집에는 거할 곳이 많기 때문이다(2절). 예수님은 그분을 따르는 자들이 거처할 곳을 하늘에 마련하기 위해 가시는 것이므로, 그들에게 다시 오셔서 거기로 데려가 그분과 함께 있게 하실 것이 분명하다(3절).

따라서 제자들은 지금은 예수님을 따라갈 수 없을지라도, 예수님이 실제로 그들을 위해 떠나가시는 것임을 믿어야 한다. 그들은 예수님이 그들이 거처할 곳을 마련하기 위해 지금 떠나시는 것임을 믿어야 한다. 제자들은 예수님이 다시 오셔서 그들을 데려가시고 그분과 함께 있게 하실 것을 믿어야 한다. 예수님이 하신 말씀을 신뢰하며 이런 일들을 믿을 때, 지금 예수님이 가시는 곳에 따라갈 수 없다는 사실로 인해 더 이상 근심하지 않게 될 것이다.

앞에서 예수님은 자신이 영광 받는 것을 한 알의 밀이 땅에 떨어져 죽어 많은 열매를 맺는 것에 비유하셨다(12:23-24). 예수님은 십자가에서 영광을 받으실 것이고(13:31-32), 그분의 죽음으로 맺게 될 열매 중 일부는 그로 말미암아 제자들을 위한 거처를 마련할 수 있게 된 것이다. 그 거처는 일시적인 거처와 영원한 거처 모두 포함한다. 일시적인 거처는 교회다. 예수님의 죽으심으로 죄에 대한 아버지 하나님의 진노가 제거되고, 그렇게 해서 거룩하게 된 자들은 산 돌들이 되어 하나님의 새로운 성전인 교회로 지어져갈 것이다. 예수님은 죽으신 후 아버지 하나님의 오른편으로 올라가 거기에서 모든 원수들을 그분의 발아래 굴복시킬 때까지 다스리실 것이다(참고. 시 110편; 고전 15:20-28). 이것이 영원한 거처를 준비하는 것이고, 영원한 거처는 새 하늘과 새 땅에 있을 새 예루살렘의 새로운 성전이다.

예수님이 아버지께로 가는 길이라는 것(요 14:6)이 무엇을 의미하는지 이해하려면, 그 일에 예수님이 자기 백성을 위한 대속제물로 죽으시는 일이 포함되어 있다는 것을 알아야 한다(참고. 10:15, 17). 예수님은 14:4에서 제자들에게 자신이 가고 있는 길을 그들이 이미 알고 있다고 말씀하신다. 한 알의 밀이 땅에 떨어져 죽어야 하듯이(12:24) 인자도 들려야 한다고 그들에게 이미 말씀하셨기 때문이다(12:23, 32). 아버지께로 가는 길은 십자가를 통과해서 가야 하는 길이다.

요한복음에서 자주 그러하듯이, 사람들은 예수님의 말씀을 문자 그대로 받아들여서 오해한다. 예수님은 그분의 죽음이 아버지께로 가는 영적인 길이라고 비유적으로 말씀하셨다. 하지만 14:5에서 도마는 예수님이 문자 그대로 실제 장소를 말씀하신 것으로 오해해서, 자기를 비롯해 모든 제자들이 예수님이 어디로 가시는지 알지 못하는데 어떻게 그 길을 알 수 있겠느냐고 반문한다. 예수님의 대답은 그분이 지금까지 하신 말씀을 집약해서 보여준다. 이 대답을 통해 도마도 예수님의 말씀이 지닌 영적 의미를 파악하지 못했음이 드러난다.

예수님은 아버지 하나님께로 가시는 것이고, 제자들은 예수님을 따라 그곳으로 가고 싶어 한다. 예수님은 아버지께로 가는 길이고, 그분의 십자가 죽음만이 사람들을 하나님과 화해시킬 수 있는 유일한 길이라는 의미에서 "나로[예수님으로] 말미암지 않고는 아버지께로 올 자가 없다"(6절).

또한 예수님을 섬기고자 하는 사람은 누구든지 그분을 따라야 하고(12:26), 자기 십자가를 지고(막 8:34) 그분의 발자취를 따라야 한다(벧전

2:21)는 의미에서도 그분의 죽으심은 아버지께로 가는 길이다. 아버지께로 가는 길은 예수님이 낮아져 제자들의 발을 씻어주시고 그들을 살리기 위해 자기 목숨을 내어놓는 것처럼 우리 자신을 낮추고 다른 사람들을 섬기는 길이다. 아버지께로 가는 길은 예수님에 의해 깨끗하게 되어(요 13:8-10) 그분의 본을 따르는 길이다(13:15-17).

또한 예수님은 진리이시다. 여기에서 하신 말씀을 포함해 그분이 하시는 말씀은 모두 진실에 부합한다. 그리고 예수님은 생명이시다. 생명은 예수님 안에 있었고(1:4), 하나님은 예수님에게 생명을 주어 그분 안에 있게 하셨다(5:26). 예수님의 말씀은 영이고 생명이며(6:63), 죽은 자들은 하나님 아들의 음성을 듣고 살아나게 될 것이다(5:28-29).

14:7-11 | 아버지를 나타내 보이심 예수님은 아버지께서 하시는 것을 보고 그대로 할 뿐이고(5:19), 아버지께서 말하라고 이르신 것들만 말한다고(5:30) 반복해서 말씀하셨다. 예수님은 자신을 "스스로 있는 자"라고 단언하셨고(8:24, 28, 58; 13:19), 자신을 본 자는 아버지 하나님을 본 것이라고 선언하셨다(12:45). 그래서 14:7에서는 제자들에게 "너희가 나를 알았더라면 내 아버지도 알았[을]" 것이고, 이제 이 사실을 알려주었으므로 그들은 실제로 아버지 하나님을 알고 있는 것이라고 말씀하신다.

여기에서도 또다시 예수님의 말씀을 오해하여 엉뚱한 반응이 나오고, 예수님은 자신이 한 말이 무슨 의미인지 분명히 할 수 있는 기회를 얻으신다. 예수님은 제자들이 그분을 보고 알았기 때문에 아버지 하나님을 보고 알게 된 것이라고 말씀하신다(7절). 이에 반응하여 빌립은 아버지 하나님을 보여달라며 그렇게 해 주시면 더 바랄 게 없다고 말한다. 빌립은 옛적에 모세가 불붙은 가시덤불이나 시내산에서 경험한 것과 같은 방식으로 하나님을 보여달라고 요청한 것이다.

하나님은 아들 예수 그리스도 안에서 자신을 계시하기를 기뻐하셨다. 하나님이 그리스도 안에서 자신을 계시하셨는데도 믿음을 갖지 못한 사람들은 아버지 하나님이 다른 방식으로 계시하신다고 해도 만족하지 못할 것이다. 예수님은 9절에서 이런 설명을 하시는데, 그 말씀 속에는 빌립이 그분에게서 보아 온 것으로 만족하지 못한 것에 대한 약간의 실망감이 묻어난다. 예수님은 빌립이 자신과 충분히 오래 함께 있었기 때문에 이 진리를 이미 알고 있었어야 한다며, 자신을 본 자는 아버지 하나님을 본 것이라고 다시 한번 단언하신다(참고. 12:45). 그런데도 어떻게 아버지 하나님을 보여달라고 할 수 있느냐고 반문하신 후(14:9), 자신이 지금까지 가르친 것을 믿지 못하느냐고 물으신다(10절).

예수님은 10:38에서 그분이 행한 일들을 본 사람들은 아버지 하나님이 그분 안에 계시고 그분이 아버지 하나님 안에 계심을 알고 깨달을 수 있다고 말씀하셨다. 성부가 성자 안에 계시고 성자가 성부 안에 계신다는 사실은 심오하고 신비하며 유일무이한 진리다. 예수님이 이렇게 말씀하실 수 있었던 것은 1장 1절에서 보듯이 "이 말씀이 하나님과 함께 계셨으니 이 말씀은 곧 하나님"이시기 때문이다. 예수님과 아버지 하나님은 하나의 신적 본질, 하나의 신적 본성을 공유하신다. 두 분 다 하나님이시다. 하지만 예수님은 아버지 하나님이 아니시고, 아버지 하나님은 예수님이 아니시다. 두 분은 서로 다르고 구별되는 위격이시다. 성부와 성자가 서로 안에 계신다는 것은 두 분이 본성과 지식, 계획과 일들을 공유하면서 지속적인 친밀함 가운데서 늘 확고한 친교와 교제를 하고 계심을 의미한다.

서로가 서로 안에 계시므로, 즉 아버지는 아들 안에 계시고 아들은 아버지 안에 계시므로 서로를 자신 안에 품고 둘러싸고 계신다. 이것은 헬라어로 페리코레시스[*perichōrēsis*, 페리(*peri*)는 '둘러'를, 코레인(*chōrein*)은 '~을 위한 공간을 만들다'/'담다'를 뜻한다. '상호 내주'로 번역된다], 라틴어로는 키르쿠민케시온[*circumincession*, 키르쿰(*circum*)은 '빙 둘러'를, 인케데레(*incedere*)는 '가다, 걸어가다, 접근하다'를 뜻한다]으로 번역된다. 이 진리는 기독교 미술에서는 보로메오 고리(서로 얽혀 있는 세 개의 원), 스쿠툼 피데이(*Scutum Fidei*, 믿음의 방패를 의미. 삼위일체의 구성원 각각이 하나님이지만, 다른 두 구성원과 뒤섞이지 않음을 보여주는 삼각형 도식), 발크누트(*valknut*, 서로 얽혀 있는 세 개의 삼각형), 트리스켈리온(*triskelion*, 서로 얽혀 있는 세 개의 나선)으로 표현되어 왔다.

예수님은 자신과 아버지의 이러한 관계 때문에 예수님 자신이 하는 말씀을 통해 하나님께서 그분의 일을 하신다고 설명한다(14:10). 아버지 하나님이 "말씀"을 통해 이 세계를 창조하셨듯이(1:3), 예수님이 하시는 말씀을 통해 지금도 일하신다.

예수님은 14:11에서 제자들에게 자신이 아버지 안에 있고 아버지께서 자신 안에 계심을 믿으라고 명령하신다. 그리스도는 그분을 따르는 자들에게 지금 이른바 삼위일체에 관한 정통 교리를 믿으라고 명령하시는 것이다. 성부와 성자와 성령은 모두 하나님이시지만 서로 구별된다. 예수님은 제자들이 이것을 깨닫거나 믿기가 어렵다는 것을 아셨기 때문에 자신이 행한 일들을 보고서라도 믿어야 한다고 계속해서 말씀하신다. 예수님은 그들이 이 진리를 깨닫게 하시려고, 성부와 성자와 성령이 모두 오직 하나님만이 하실 수 있는 일을 하고 계심을 생각해 보라고 말씀하신다. 요한복음에서 성부와 성자와 성령은 모두 생명을 주시고(3:6, 8; 5:21-26; 6:33, 63; 17:3), 장차 일어날 일들을 알려주시며(1:33; 13:19; 16:13), 신자들 안에 내주하신다(14:17, 20-23).[44]

14:12-14 | 제자들은 예수님을 나타내 보이게 될 것이다 기독교 신학자들은 성부와 성자와 성령의 관계가 인간 공동체의 기원이라고 이해해 왔다. 성부와 성자와 성령은 언제나 서로 간의 친교 속에서 존재해 오셨기 때문에 하나님은 우리를 서로 교제할 수 있는 인격체로 창조하셨다. 요한복음은 이에 대해 많은 것을 말해 준다. 예수님은 13:20과 23절에서 자신과 제자들의 관계는 자신과 아버지 하나님의 관계와 병행을 이룬다고 말씀하셨는데, 14:12-13에서 또다시 그렇게 말씀하신다.

예수님은 방금 아버지께서 자신 안에 계시어 자신이 하는 말씀을 통

44 Hamilton, *God's Indwelling Presence*, 56에 나오는 도표 2, "요한복음에 나오는 하나님의 활동들"을 보라.

해 일하신다고 말씀하셨다(10절). 그리고 이제 예수님은 자신을 믿는 자들이 자신이 하는 일들을 하게 될 것이라고 말씀하신다(12절). 예수님이 말씀하신 믿음은 단지 머리로만 믿는 것을 가리키지 않는다. 예수님을 믿는 자들은 그분이 하는 일을 하게 될 것이라고 말씀하시므로, 그분을 믿는다는 것은 그분처럼 되는 것을 의미한다. 이 말씀에는 어떤 사람이 예수님처럼 되지 않았다면 예수님을 믿는 것이 아니라는 뜻이 담겨 있다.

예수님은 아버지께서 예수님이 하신 말씀을 통해 그분의 일들을 하신다고 말씀하셨다(10절). 이것은 예수님이 12절에서 말씀하신 "내가 하는 일"이란 문맥상 일차적으로 말씀 사역이라는 것을 보여준다. 따라서 제자들이 하게 될 것이라는 "일들"은, 그들이 예수님에 관해 참된 말씀을 전할 때 이루어질 것으로 보인다. 이것은 예수님이 계속해서 12절의 끝부분에서 자신이 아버지께로 갈 것이기 때문에 자신을 믿는 자들은 자신이 한 일보다 더 큰 일들도 하게 될 것이라고 말씀하신 이유다. 예수님은 십자가 위에서 죽으심으로 아버지께 가실 것이기 때문이다. 또한 천국에서 가장 작은 자일지라도 세례 요한보다 더 크다는 것도(마 11:11) 제자들이 예수님이 하신 일보다 더 큰 일들을 할 수 있는 이유지만, 이것도 그리스도께서 오랫동안 기다려온 대망의 구원을 십자가 위에서 이루실 것이기 때문에 가능하다. 예수님이 아버지께로 가실 것이기 때문에 예수님을 믿는 자들은 하나님이 오래전에 계획하셨던 구원이 마침내 이루어져 그들에게 주어지는 유익과 은택을 다 받게 될 것이고, 하나님은 그들에게 성령을 부어 주실 것이다(참고. 요 14:15-31).

예수님이 12절에서 제자들이 장차 하게 될 말씀 사역을 염두에 두고 그렇게 말씀하신 것으로 이해하면, 우리는 13-14절에서 제자들이 예수님의 이름으로 구하는 것은 무엇이든지 다 행하시리라는 그분의 말씀도 이해할 수 있게 된다. 예수님은 그렇게 약속하면서 두 가지 말씀을 덧붙이신다. 하나는 예수님의 이름으로 구하는 것이어야 하고, 다른 하나는 이것을 통해 아버지께서 아들로 말미암아 영광을 받으시게 되리라는 것이다. 예수님의 이름으로 구한다는 것은 그분의 성품과 사명에 부합하는 방식으로

14장

구한다는 것이다. 복음서들은 예수님이 무엇을 이루고자 하셨는지를 보여주는데, 그것은 아버지의 이름을 거룩하게 하시는 것이었다. 예수님은 자신의 성품과 뜻, 주로 아버지 하나님을 영화롭게 해드리는 것에서 벗어난 기도들에도 응답해 주겠다고 약속하신 것이 아니다.

응답

예수님은 제자들에게 자신이 가는 곳에 아직은 그들이 따라올 수 없다고 말씀하여 그들을 깜짝 놀라게 하셨다(13:36). 그렇다고 근심할 필요는 없고, 예수님 자신과 아버지 하나님을 믿어야 한다고 말씀하신 후, 그들이 무엇을 믿어야 하는지 설명하신다. 예수님의 제자들은 예수님이 아버지께로 가심으로 구원을 이루시고 새 창조를 준비하신 다음, 언젠가 다시 돌아와 그들을 데려가 그분과 함께 있게 하실 것임을 믿어야 한다. 예수님 자신이 아버지께로 가는 길이시다. 예수님의 말씀은 참되고 생명을 준다. 예수님이 아버지께로 가는 길이신 이유는, 예수님의 십자가가 우리를 아버지 하나님과 화해시켜 주고, 예수님을 따르는 자들이 살아가야 할 자기희생적인 삶의 모범을 보여주기 때문이다.

예수님은 제자들에게 아버지께로 가는 길을 보여주신 후, 자신은 아버지 안에 있고 아버지는 자신 안에 계시다고 말씀하며 삼위일체 진리를 가르쳐 주신다. 예수님은 심오한 진리를 말씀하시고 나서 그분이 행하라고 한 일들을 이루기 위해 구하는 자들의 모든 기도에 응답하겠다고 약속하신다.

우리는 예수님을 믿어야 한다. 예수님이 가르치시기를 자신이 하나님이고, 아버지가 하나님이며, 자신이 아버지 안에 있고, 아버지께서 자신 안에 계시지만, 자신은 아버지가 아니고, 아버지는 자신이 아니라고 하신 말씀을 믿어야 한다. 합리주의적인 유물론자나 다른 종교를 신봉하는 자들이 그 가르침을 비웃고 조롱할지라도, 우리는 예수님이 말씀하신 것이 그들의 논리나 교리보다 더 설득력 있음을 알아야 한다. 우리는 예수님이 하신 일들을 하고, 예수님이 우리에게 명하신 기도를 하는 가운데 예수님의 재림을 기다리면서, 그리스도로 말미암아 당하는 수치를 기쁜 마음으로 받아들이고, 진리를 아는 지식 안에서 기뻐해야 한다.

15 너희가 나를 사랑하면 나의 계명을 지키리라 16 내가 아버지께 구
하겠으니 그가 또 다른 보혜사[1]를 너희에게 주사 영원토록 너희와 함
께 있게 하리니 17 그는 진리의 영이라 세상은 능히 그를 받지 못하나
니 이는 그를 보지도 못하고 알지도 못함이라 그러나 너희는 그를 아
나니 그는 너희와 함께 거하심이요 또 너희 속에 계시겠음이라[2]
15 "If you love me, you will keep my commandments. 16 And I will ask
the Father, and he will give you another Helper, to be with you forever,
17 even the Spirit of truth, whom the world cannot receive, because it
neither sees him nor knows him. You know him, for he dwells with you
and will be in you.

18 내가 너희를 고아와 같이 버려두지 아니하고 너희에게로 오리라
19 조금 있으면 세상은 다시 나를 보지 못할 것이로되 너희는 나를 보
리니 이는 내가 살아 있고 너희도 살아 있겠음이라 20 그날에는 내가
아버지 안에, 너희가 내 안에, 내가 너희 안에 있는 것을 너희가 알리
라 21 나의 계명을 지키는 자라야 나를 사랑하는 자니 나를 사랑하는

자는 내 아버지께 사랑을 받을 것이요 나도 그를 사랑하여 그에게 나
를 나타내리라 22 가룟인 아닌 유다가 이르되 주여 어찌하여 자기를
우리에게는 나타내시고 세상에는 아니하려 하시나이까 23 예수께서
대답하여 이르시되 사람이 나를 사랑하면 내 말을 지키리니 내 아버
지께서 그를 사랑하실 것이요 우리가 그에게 가서 거처를 그와 함께
하리라 24 나를 사랑하지 아니하는 자는 내 말을 지키지 아니하나니
너희가 듣는 말은 내 말이 아니요 나를 보내신 아버지의 말씀이니라
18 "I will not leave you as orphans; I will come to you. 19 Yet a little
while and the world will see me no more, but you will see me. Because
I live, you also will live. 20 In that day you will know that I am in my
Father, and you in me, and I in you. 21 Whoever has my commandments
and keeps them, he it is who loves me. And he who loves me will
be loved by my Father, and I will love him and manifest myself to
him." 22 Judas (not Iscariot) said to him, "Lord, how is it that you will
manifest yourself to us, and not to the world?" 23 Jesus answered him, "If
anyone loves me, he will keep my word, and my Father will love him,
and we will come to him and make our home with him. 24 Whoever
does not love me does not keep my words. And the word that you hear
is not mine but the Father's who sent me.

25 내가 아직 너희와 함께 있어서 이 말을 너희에게 하였거니와 26 보
혜사 곧 아버지께서 내 이름으로 보내실 성령 그가 너희에게 모든 것
을 가르치고 내가 너희에게 말한 모든 것을 생각나게 하리라 27 평안
을 너희에게 끼치노니 곧 나의 평안을 너희에게 주노라 내가 너희에
게 주는 것은 세상이 주는 것과 같지 아니하니라 너희는 마음에 근심
하지도 말고 두려워하지도 말라 28 내가 갔다가 너희에게로 온다 하는
말을 너희가 들었나니 나를 사랑하였더라면 내가 아버지께로 감을 기

뻐하였으리라 아버지는 나보다 크심이라 29 이제 일이 일어나기 전에
너희에게 말한 것은 일이 일어날 때에 너희로 믿게 하려 함이라 30 이
후에는 내가 너희와 말을 많이 하지 아니하리니 이 세상의 임금이 오
겠음이라 그러나 그는 내게 관계할 것이 없으니 31 오직 내가 아버지
를 사랑하는 것과 아버지께서 명하신 대로 행하는 것을 세상이 알게
하려 함이로라 일어나라 여기를 떠나자 하시니라

25 "These things I have spoken to you while I am still with you. 26 But
the Helper, the Holy Spirit, whom the Father will send in my name, he
will teach you all things and bring to your remembrance all that I have
said to you. 27 Peace I leave with you; my peace I give to you. Not as
the world gives do I give to you. Let not your hearts be troubled, neither
let them be afraid. 28 You heard me say to you, 'I am going away, and I
will come to you.' If you loved me, you would have rejoiced, because
I am going to the Father, for the Father is greater than I. 29 And now I
have told you before it takes place, so that when it does take place you
may believe. 30 I will no longer talk much with you, for the ruler of this
world is coming. He has no claim on me, 31 but I do as the Father has
commanded me, so that the world may know that I love the Father.
Rise, let us go from here."

1 또는 "대변자" 또는 "모사". 14:26; 15:26; 16:7도 보라.

2 일부 사본들에는 "계심이라"

단락 개관

내주하시는 성령

앞에서 예수님은 자신이 떠나갈 것을 알리시고, 그 후에 제자들이 계속 해서 그분의 이름으로 무엇을 하게 될지 설명을 시작하셨다. 요한복음 14:15-31에서 예수님은 그분을 사랑하고 그분의 계명을 지키는 자들에게 진리의 성령을 보내겠다고 약속하신다. 성령은 그들 안에 내주하시어 하나님의 전인 그들을 견고히 하실 것이다(15-17절). 또한 예수님은 부활하신 후 그분을 따르는 자들에게 나타나겠다고 약속하시고 나서(18-21절), 성령을 통해 그분과 아버지 하나님이 그들과 함께할 것이라고 설명하신다(22-24절). 그리고 성령이 그들을 가르치시고, 예수님이 지금까지 하신 모든 말씀을 그들에게 생각나게 하실 것이라고 말씀하신다(25-31절). 예수님을 따르는 자들은 성령의 내주로 능력을 덧입어 예수님을 사랑하고 그분이 명하신 모든 일을 행할 수 있게 될 것이다.

단락 개요

VI. B. 4. 내주하시는 성령(14:15-31)

- a. 성령이 너희 안에 계실 것이다(14:15-17)
- b. 내가 너희에게로 오리라(14:18-21)
- c. 내 아버지가 너희와 거처를 함께하실 것이다(14:22-24)
- d. 성령이 너희를 가르치실 것이다(14:25-31)

주석

14:15-17 | 성령이 너희 안에 계실 것이다 앞에서 예수님은 제자들에게 그분이 가는 곳에 그들은 따라올 수 없다고 말씀하셨고(13:33), 그런 후 그들에게 서로 사랑하라는 새 계명을 주셨다(13:34-35). 그러자 베드로는 예수님이 가시는 곳이 어디일지라도 반드시 따라가겠다고 장담했다(13:36-38). 14:1-14에서 예수님은 제자들에게 자신을 믿으라고 말씀하신 후(1절) 자신이 어디로 가는지 설명하시고(2-6절), 자신과 아버지 하나님은 하나라고 하신다(7-11절). 그리고 제자들은 예수님이 하시던 일을 계속해나갈 것이고, 자신은 그들의 기도에 응답할 것이라고 약속하셨다(12-14절).

15절에서 예수님은 13:34-35에서 말씀하신 사랑의 계명으로 다시 돌아가, 제자들이 예수님을 사랑한다면 그분의 계명들을 지킬 것이라고 설명하신다. 여기에서 예수님이 염두에 두신 "계명들"은 서로 사랑하고(13:34-35), 그분을 믿으며(14:1), 그분이 아버지 안에 있고 아버지께서 그분 안에 있음을 믿는 것(11절)을 가리키는 것으로 보인다. 행위를 보면 마음이 어디에 있는지 드러난다. 예수님은 15절에서 그분을 따르는 자들의 행위를 보면 그들이 그분을 사랑하는지 사랑하지 않는지 드러나게 될 것이라고 말씀하신다. 그들이 예수님을 사랑한다면, 그분에게 순종할 것이다.

또한 예수님은 그분을 사랑하는 자들을 위해 직접 아버지께 구할 것이라고 약속하신다(16절). 예수님이 아버지께 구하면, 아버지께서는 그분의 제자들에게 "또 다른 보혜사"를 주실 것이다. 이것은 예수님이 그들을 도우시는 분으로 살아오셨음을 의미한다. 예수님이 떠나시고 나면, 아버지께서는 성령을 보내어 영원히 그들과 함께 있게 하실 것이다. 예수님은 앞에서 자신을 "진리"(6절)라고 말씀하셨고, 이제 여기에서는 또 다른 보혜사를 "진리의 영"(17절)이라고 소개하신다. 이것은 그분을 따르는 자들은 그분의 영을 받게 될 것이라고 암묵적으로 말씀하신 것이다.

예수님은 그분을 사랑하여 순종하는 자들을 위해 아버지께 구하고, 그 결과 아버지께서는 그들에게 성령을 주신다(15-16절). 세상은 예수님을 사랑하지도 않고 순종하지도 않기 때문에 그분은 세상을 위해 구하지 않으신다(참고. 17:9). 따라서 세상은 예수님이 그분을 따르는 자들에게 약속하신 성령을 받을 수 없다(14:17). 사람이 거듭나지 않으면 하나님의 나라를 볼 수 없듯이(3:3), 거듭나지 않은 자들은 성령을 볼 수도 없고 알 수도 없다(14:17).

성령은 예수님께 내려와서 머물러 계셨다(1:33). 제자들은 예수님과 함께 있었기 때문에 성령과도 계속해서 함께 있었던 셈이다. 이것이 바로 성령이 그들과 함께 거하신다는 의미다(14:17). 세상은 성령을 받을 수 없다(27절). 반면에 예수님은 20장에서 부활하신 그날에 제자들에게 나타나 그들을 향해 숨을 내쉬며 성령을 받으라고 말씀하실 것이다(20:22). 이 성령은 그들 안에 내주하실 것이고, 그 결과 그들은 성령의 전이 될 것이다(참고. 14:23).

예수님께서는 자신이 하나님 아버지께로 가시기 때문에 제자들이 예수님이 하셨던 사역을 이어 하게 될 것이며, 더 큰 일도 하게 될 것이라고 약속하셨다(12절). 예수님께서는 15-17절에서 제자들이 예수님의 이름으로 구한 것을 다 이뤄주셔서 제자들에게 능력을 주실 뿐 아니라(13-14절), 예수님 스스로 드린 기도를 통해 하나님께서 제자들 안에 거하시고 계속 함께하실 보혜사 성령님을 보내주실 것이라고 말씀하셨다.

14:18-21 | 내가 너희에게로 오리라 예수님은 자신이 떠나 있는 동안에 제자들이 무슨 일을 하게 될지 말씀하시고(12-14절), 그 기간 동안에 성령이 그들 안에 내주하실 것이라고 말씀하신다(15-17절). 그런 후 제자들을 고아처럼 버려두지 않으시고(참고. 2-3절) 그들에게 다시 돌아올 것이라고 다시 한번 단언하신다(18절).

예수님은 자신이 십자가에 못 박힌 후 세상은 자신을 보지 못하겠지만, 제자들은 보게 될 것이라고 말씀하시면서(19절), 19절 끝부분에서 그것은 자신이 살아 있고 그들도 살아 있을 것이기 때문이라고 말씀하신다. 이것은 예수님이 부활 후에 세상에는 나타나지 않지만 제자들에게는 나타나실 것임을 가리키는 듯하다. 20절의 "그날"은 예수님이 십자가에 못 박히시고 나서 부활하신 때를 가리키는 것으로 보인다. 요한은 예수님이 그분의 일을 마치신 후에야 제자들이 그분이 하신 말씀이나 행위의 의미를 깨달을 수 있었음을 여러 차례 보여준다(2:22; 12:16; 20:9). 그 연속선상에서 예수님은 "그날에는"(14:20) 제자들이 그분이 지금까지 가르친 것들이 무엇을 의미했는지 깨닫게 될 것이라고 말씀하신다. 여기에서 "그날"은 예수님이 부활하신 후에 제자들이 그분을 다시 보게 될 그날이다. 그날에 제자들은 예수님과 아버지 하나님, 예수님과 그들, 그들과 성령의 관계를 알게 될 것이다. 20절에서는 예수님이 아버지 안에 계시고 제자들이 예수님 안에 있으며, 예수님이 그들 안에 계시다는 것을 제자들이 알게 될 것이라고 좀 더 구체적으로 말한다. 여기에서 또다시 예수님은 그분과 제자들의 관계를 그분과 아버지 하나님의 관계에 연결시키신다(참고. 1:18; 13:23; 13:20).

14:20에서 예수님은 제자들이 삼위일체 및 그들과 그리스도의 연합을 알게 될 것을 보여주신다. 삼위일체 속에서 세 위격은 한 본성에 참여하신다. 그리스도 안에서 한 인격은 두 본성, 즉 인성과 신성에 참여한다. 그리고 예수님은 20절에서 그분이 아버지 안에 계시는 것처럼 제자들이 예수님 안에 있는 동시에 예수님이 그들 안에 계실 것이라고 말씀하신다. 진리의 영이 제자들 안에 계실 것이고(17절), 예수님은 그 성령을 매개로 그들 안에 계실 것이다. 내주하시는 성령은 예수님과 그분의 제자들이 하나가 되어 늘 서로 안에 있어 능력을 주고받는 관계를 만들어내실 것이다.

21절에서 예수님은 15절에서 하신 말씀을 또다시 하신다. 예수님을 사랑하고 그분이 가르치신 것들을 믿는 자들은 그분이 가르치신 대로 행하여 예수님에 대한 사랑을 나타내리라는 것이다. 예수님을 사랑하는 자들은 아버지 하나님의 사랑을 받게 될 것이다. 하나님은 예수님이 가르치신 것들을 순종하고 사랑하며 믿고 신뢰하는 자들을 기뻐하신다. 마찬가지로 예수님에게 순종하는 자들은 예수님의 사랑을 받게 될 것이다. 우리가 순종할 때 하나님이 우리를 사랑하신다는 사실보다 더 큰 순종의 동기부여가 없다. 순종하면 하나님께 사랑받게 될 것을 알면서도 순종하지 않는다면, 우리는 그 어디에서도 순종의 동기를 찾을 수 없다.

예수님은 여기에서 우리의 힘과 노력으로 하나님의 사랑을 얻어야 한다고 말씀하신 것이 아니다. 하나님의 사랑은 그런 식으로 얻을 수 없다. 그런 이해는 하나님이 적대적인 세상을 지극히 사랑하여 구원하시기 위해 자기 아들을 보내셨다고 기록한 3:16의 논리에도 맞지 않는다. 예수님은 단지 순종의 동기를 부여하시기 위해 우리가 순종했을 때 어떤 결과가 올지 말씀하시는 것이다. 우리 자신의 경험에 비추어보아도 이해할 수 있는 일이다. 우리가 다른 사람들을 책임지고 있다면, 우리의 지시를 잘 따라주는 사람들에게 고마움을 느낄 것이다. 우리의 지시를 따르기 위해 희생하는 사람들을 사랑하는 마음도 점점 커질 것이다. 우리가 그들에게 사랑을 느끼는 것은, 그들이 우리를 신뢰하고 우리의 지시를 믿고 위험을 무릅쓰고서라도 행하려 하기 때문이다. 이것은 예수님과 제자들의 관계에도 그대로 적용된다. 그리스도를 사랑하여 순종하는 자들은 하나님과 그리스도의 은총과 사랑을 얻게 된다.

또한 예수님은 14:21의 끝부분에서 그분을 사랑하기 때문에 그분의 계명들을 지키는 자들은 추가적인 계시를 받게 될 것이라고 약속하신다. 예수님은 그분을 사랑하는 자들에게 자신을 나타내실 것이다. 예수님을 더 많이 경험하는 길은 그분의 계명들에 순종하는 것이다.

14:22-24 | 내 아버지가 너희와 거처를 함께하실 것이다 22절에서 "가룟인 아닌 유다"는 예수님께 21절의 마지막 말씀에 대해 질문한다. 예수님이 제자들에게 "나를 나타내리라"고 하신 말씀에는 "너희는 나를 보리니"(19절)라는 약속도 포함되어 있었는데, 19절에서 예수님은 세상은 그분을 보지 못할 것이라는 말씀도 하셨다. 예수님이 그분을 사랑하는 자들에게 자신을 나타낼 것이라고 말씀하신 것(21절)은 먼저, 그분이 부활하신 후 제자들에게 나타나신 것을 가리키지만(참고. 요 20-21장), 단지 그것만 가리키는 것은 아니다. 앞에서 예수님은 제자들이 그분 안에 있고 그분도 제자들 안에 계실 것이라고 말씀하셨고(14:20), 그분과 아버지 하나님이 그분을 사랑

하는 자들과 거처를 함께할 것이라고 말씀하셨다(23절). 그러므로 예수님이 자신을 나타내시겠다는 말씀은 단지 부활 후 나타나심뿐 아니라 예수님과 그분을 사랑하여 순종하는 자들 간의 영적인 관계도 가리킨다.

이것은 아버지 하나님과 예수님이 내주하시는 성령을 통해(16-17절), 그들을 사랑하여 순종하는 자들에게 가서 거처를 함께하실 것이라는 의미로 보인다(23절). 성령이 어떤 사람들 안에 내주하시면, 그곳에 성부와 성자도 내주하시는 것이다. 23절에서 아버지와 아들이 그들과 "거처"를 함께하실 것이라고 하신 말씀에서 "거처"로 번역된 단어는 2절에서 아버지의 집에는 "거할 곳"이 많다고 하신 말씀에 나오는 "거할 곳"과 동일하다. 예수님은 그분의 죽으심과 부활을 통해 아버지의 집에 제자들이 거할 곳을 마련하기 위해 아버지께로 가신다. 예수님의 죽으심과 부활로 말미암아 예수님을 사랑하여 순종하는 자들 안에 성령이 내주하실 것이고, 그들은 성령의 전이자 아버지의 집이 될 것이다(23절).

이러한 성전과의 연결 관계를 보며 우리는 예수님이 그분을 사랑하여 순종하는 자들에게 자신을 나타낼 것이라고 약속하신 이유를 알게 된다. 옛 언약 아래에서는 성전의 희생제사 제도를 통해 거룩하신 하나님이 죄악된 사람들 가운데 거하실 수 있었다. 그리스도의 희생제사로 옛 언약의 희생제사 제도가 성취되었지만 하나님은 여전히 거룩하시다. 따라서 하나님이 자기 백성 가운데 거하여 그들과 함께하시기 위해서는, 그들이 예수님의 계명들을 지켜야 하고, 예수님이 가르치신 것들을 사랑하고 신뢰하며 믿어야 한다.

24절에서 예수님은 사람들이 그분에게 순종하지 않는 이유를 설명하신다. 그것은 그들이 예수님을 사랑하지 않기 때문이다. 사람들은 가장 원하는 것을 선택하는 법이다. 예수님을 사랑하는 자들은 그 사랑이 가장 압도적인 동기가 되어 그분을 기쁘시게 하는 행위를 하고자 순종하게 된다. 반면에 예수님을 사랑하지 않는 자들은 다른 것들이 가장 압도적인 동기가 되기 때문에 행하는 일마다 불순종하는 죄가 된다.

여기에서 또다시 예수님은 자신과 아버지 하나님은 하나이므로 자신이 하는 말은 사실 아버지의 말씀이라고 선언하신다(24절). 예수님이 말씀하시는 것은 곧 아버지 하나님이 말씀하시는 것이다.

14:25-31 | 성령이 너희를 가르치실 것이다 성령은 제자들 안에 내주하시어, 새 언약에 의한 하나님의 임재가 그들에게 있게 하심으로 능력을 주실 뿐 아니라 그들을 가르치기도 하실 것이다. 예수님은 앞에서 말씀하신 "또 다른 보혜사"(16절) 성령이라는 개념을 여기에서 좀 더 발전시키신다. 즉 예수님이 제자들과 함께 있는 동안에는 직접 그들을 가르치셨지만(25절), 그분이 가시고 나면 또 다른 보혜사이신 성령이 그들을 가르치실 것이라고 설명하신다(26절). 예수님은 제자들에게 그분의 이름으로 기도하라고 가르치셨던 것처럼(13-14절), 아버지께서는 그분의 이름으로 성령을 보내주실 것이다(26절). 이것은 성령이 제자들에게 예수님이 말씀하셨던 모든 것을 기억나게 하심으로, 그분의 메시지와 뜻과 성품에 부합하는 사역을 이어가실 것임을 의미한다.

예수님은 제자들에게 그분이 가시는 곳과 그 목적을 충분히 밝히셨고(1-6절), 그분과 아버지 하나님의 관계도 온전히 계시하셨으며(7-11절), 그분이 그들의 기도에 응답하고(12-14절) 성령이 능력으로 그들과 함께할 것이므로(15-26절) 그들이 그분의 사역을 계속 이어가게 될 것도 충분히 알아듣게 설명하셨다(15-26절). 그래서 이제 예수님은 그들에게 평안을 끼친다고 말씀하신다(27절). 이것은 세상이 절대 줄 수 없는 평안이다. 예수님은 자신이 떠나가는 것은 세상이 그들에게 줄 수 없는 놀라운 것을 주기 위해 준비하러 가는 것임을 분명히 하셨기 때문에 이제 다시 한번 그들에게 마음에 근심하지 말라고 당부하신다(27절; 참고. 1절).

예수님은 떠나가심이라는 주제로 다시 돌아가서, 제자들이 그분을 사랑했다면 그분이 떠나가는 것을 기뻐할 것이라고 말씀하신다(28절). 여기에서 예수님이 아버지께로 가신다는 말씀은 또다시 십자가에 못 박힘으로써 구원을 이루시는 것을 가리킨다. 예수님은 아버지께서 자신보다 더 크시다는 말씀을 덧붙이신다. 이것은 제자들이 예수님이 떠나가시는 것에만 초점을 맞추지 않고 이후에 하나님이 행하실 모든 일들에 초점을 맞추고 그 일들을 생각하며 기뻐하게 될 것임을 의미하는 것으로 보인다.

예수님은 제자들에게 장래의 일들을 미리 말씀해 주신 것은, 그 일들이 일어났을 때 그분에 대한 믿음이 강해지게 하기 위해서라고 다시 한번 말씀하신다(29절; 참고. 13:19). 예수님은 이렇게 말씀하시며 자신이 아버지 하나님과 동등함을 보여주신다. 아버지 하나님은 거짓 신들이 장래의 일들을 미리 말할 수 없다는 것을 뻔히 아시면서도, 그 신들에게 그렇게 해보라고 도전함으로써 오직 하나님만이 장래의 일들을 미리 말해 줄 능력이 있음을 보여주셨다(참고. 사 44:6-8).

예수님은 앞으로도 세 장에 걸쳐서 더 말씀하실 테지만(15-17장), 이제는 그들과 많은 말을 하지 않을 것이라고 말씀하신다(14:30). 예수님이 제자들과 3년을 함께 지내셨다는 것을 생각하면, 이제 배신당하여 체포되실 때까지 시간이 그리 많이 남지 않았다. 이 세상의 임금이 오고 있다는 말씀은 그분이 잡히실 때가 다가오고 있음을 암시한다(30절). 사탄이 유다 속으로 들어갔기 때문에(13:27), 유다가 오는 것은 곧 사탄이 오는 것이었다.

그런 후 예수님은 자신이 잡히는 것은 사탄의 뜻에 따라 좌지우지되는 게 아니라(14:30), 아버지께 순종하여 목숨을 스스로 내어줌으로써 아버지 하나님에 대한 사랑을 세상에 드러내기 위해서임을 분명히 하신다(31절; 참고. 10:17-18).

아마도 이 시점에서 유월절 식사(예수님은 이것을 성찬으로 바꾸셨다)가 끝난 것으로 보인다. 예수님은 제자들에게 일어나 그곳을 떠나자고 말씀하셨고, 일행은 감람산에 있는 겟세마네 동산으로 향한다. 유다와 군인들은 머지않아 예수님을 잡기 위해 그 동산으로 올 것이었다("일어나라 여기를 떠나자", 14:31). 그렇다면 요한복음 17장에 나오는 기도는 예수님이 겟세마네에서 하신 것으로 보이므로, 15장과 16장에 나오는 말씀은 예수님이 그 동산으로 가시는 길에 제자들에게 하신 것으로 볼 수 있다.

응답

14:15-31에서 예수님은 성령이 제자들에게 오셔서 그들 안에 내주하면서 그들을 가르치실 것이고, 성령으로 말미암아 성부와 성자도 그들 가운데 계실 것이라고 말씀하신다. 아버지 하나님과 예수님은 거룩함, 사랑, 신뢰, 참된 것에 대한 믿음, 순종과 관련해 절대적으로 일치하신다.

우리는 성령의 전이고, 예수님은 우리에게 자신을 나타내시기 때문에 우리는 예수님을 사랑해야 하고 사랑하는 것이 마땅하다. 예수님의 명령에 순종한다면 결코 후회하지 않을 것이다. 그렇다면 어떻게 순종해야 하는가? 어떻게 예수님을 사랑하고 그분의 명령을 지켜야 하는가? 예수님은 우리가 그분의 이름으로 드리는 기도에 응답하겠다고 약속하셨고(13-14절), "또 다른 보혜사"이신 진리의 영을 보내주겠다고 약속하셨다(15-17절). 성령의 능력이 주어지고 예수님의 이름으로 기도한다면, 우리는 사랑하고 순종할 수 있는 힘을 충분히 갖게 된다.

1 나는 참포도나무요 내 아버지는 농부라 2 무릇 내게 붙어 있어 열매
를 맺지 아니하는 가지는 아버지께서 그것을 제거해 버리시고 무릇
열매를 맺는 가지는 더 열매를 맺게 하려 하여 그것을 깨끗하게 하시
느니라 3 너희는 내가 일러준 말로 이미 깨끗하여졌으니 4 내 안에 거
하라 나도 너희 안에 거하리라 가지가 포도나무에 붙어 있지 아니하
면 스스로 열매를 맺을 수 없음 같이 너희도 내 안에 있지 아니하면
그러하리라 5 나는 포도나무요 너희는 가지라 그가 내 안에, 내가 그
안에 거하면 사람이 열매를 많이 맺나니 나를 떠나서는 너희가 아무
것도 할 수 없음이라 6 사람이 내 안에 거하지 아니하면 가지처럼 밖
에 버려져 마르나니 사람들이 그것을 모아다가 불에 던져 사르느니
라 7 너희가 내 안에 거하고 내 말이 너희 안에 거하면 무엇이든지 원
하는 대로 구하라 그리하면 이루리라 8 너희가 열매를 많이 맺으면 내
아버지께서 영광을 받으실 것이요 너희는 내 제자가 되리라 9 아버지
께서 나를 사랑하신 것 같이 나도 너희를 사랑하였으니 나의 사랑 안
에 거하라 10 내가 아버지의 계명을 지켜 그의 사랑 안에 거하는 것 같
이 너희도 내 계명을 지키면 내 사랑 안에 거하리라 11 내가 이것을 너

희에게 이름은 내 기쁨이 너희 안에 있어 너희 기쁨을 충만하게 하려
함이라
1 “I am the true vine, and my Father is the vinedresser. 2 Every branch
in me that does not bear fruit he takes away, and every branch that does
bear fruit he prunes, that it may bear more fruit. 3 Already you are clean
because of the word that I have spoken to you. 4 Abide in me, and I in
you. As the branch cannot bear fruit by itself, unless it abides in the
vine, neither can you, unless you abide in me. 5 I am the vine; you are
the branches. Whoever abides in me and I in him, he it is that bears
much fruit, for apart from me you can do nothing. 6 If anyone does
not abide in me he is thrown away like a branch and withers; and the
branches are gathered, thrown into the fire, and burned. 7 If you abide in
me, and my words abide in you, ask whatever you wish, and it will be
done for you. 8 By this my Father is glorified, that you bear much fruit
and so prove to be my disciples. 9 As the Father has loved me, so have
I loved you. Abide in my love. 10 If you keep my commandments, you
will abide in my love, just as I have kept my Father’s commandments
and abide in his love. 11 These things I have spoken to you, that my joy
may be in you, and that your joy may be full.

12 내 계명은 곧 내가 너희를 사랑한 것 같이 너희도 서로 사랑하라 하
는 이것이니라 13 사람이 친구를 위하여 자기 목숨을 버리면 이보다
더 큰 사랑이 없나니 14 너희는 내가 명하는 대로 행하면 곧 나의 친구
라 15 이제부터는 너희를 종[1]이라 하지 아니하리니 종은 주인이 하는
것을 알지 못함이라 너희를 친구라 하였노니 내가 내 아버지께 들은
것을 다 너희에게 알게 하였음이라 16 너희가 나를 택한 것이 아니요
내가 너희를 택하여 세웠나니 이는 너희로 가서 열매를 맺게 하고 또

너희 열매가 항상 있게 하여 내 이름으로 아버지께 무엇을 구하든지
다 받게 하려 함이라 17 내가 이것을 너희에게 명함은 너희로 서로 사
랑하게 하려 함이라

12 “This is my commandment, that you love one another as I have
loved you. 13 Greater love has no one than this, that someone lay down
his life for his friends. 14 You are my friends if you do what I command
you. 15 No longer do I call you servants, for the servant does not know
what his master is doing; but I have called you friends, for all that I
have heard from my Father I have made known to you. 16 You did not
choose me, but I chose you and appointed you that you should go and
bear fruit and that your fruit should abide, so that whatever you ask the
Father in my name, he may give it to you. 17 These things I command
you, so that you will love one another.”

1 또는 “노예들”(헬라어 ‘둘로스’가 문맥에 따라 서로 다르게 번역되는 것에 대해서는 ESV의 서문을 보라). 이것은 이 절 뒤에 나오는 “종”과 20절의 “종”에도 적용된다.

단락 개관

그리스도 안에 거하라

앞에서 예수님은 제자들의 발을 씻어주시고 자신이 떠날 것임을 알려주시며(요 13장), 그런 후 자신을 믿으라고 하며 그들을 위로하셨다(14장). 그리고 이제는 “내 안에 거하라”고 가르치신다(15장). 예수님은 1-8절에서 자신은 참포도나무이고, 제자들은 가지이며, 아버지 하나님은 농부에 비유하

는 은유로 시작하신다. 9-11절에서는 제자들에게 그분의 계명들에 순종함으로써 그분의 사랑 안에 거하라고 명하시고, 12-17절에서는 서로 사랑하라는 그분의 계명이 무엇을 의미하는지 설명하신다.

단락 개요

VI. B. 5. 그리스도 안에 거하라(15:1-17)

a. 그리스도 안에 거함(15:1-8)

b. 너희 기쁨을 충만하게 하기 위한 것(15:9-11)

c. 서로 사랑하라(15:12-17)

15장

주석

15:1-8 | 그리스도 안에 거함 구약성경은 하나님의 백성을 상징적으로 묘사하는 데 식물이나 나무나 포도나무라는 표상을 통상적으로 사용한다. 예컨대, 하나님은 자기 백성을 이 땅에 '심었다'고 말씀하신다(삼하 7:10). 시편 80:8에서 다윗은 여호와가 애굽에서 포도나무 한 그루를 가져다가 이 땅에 심으셨다고 말한다. 이사야 5:1-7에서 이사야는 이스라엘을 여호와께서 심고 가꾸신 포도원에 비유한다.

이러한 구약적 배경은 예수님이 요한복음 15장에서 하신 말씀을 이해하는 데 도움이 된다. 예수님이 1절에서 자신을 "참포도나무"라고 말씀하신 것은 곧 자신이 참 이스라엘이라고 말씀하신 것이다. 예수님은 이 표상을 자신에게 적용하심으로써, 이제부터는 족보상으로 아브라함의 자손들이 아니라 예수님과 연결되어 그분에게서 생명을 얻는 관계에 있는 사람들이 하나님의 백성이라고 선언하신다. 예수님이라는 참포도나무의 일부가 되려면 그분과 연결되어 있어야 한다. 전에는 이스라엘 민족이 하나님이 키우시는 포도나무였지만, 이제는 믿음으로 그리스도와 연합된 자들이 하나님이 키우시는 포도나무다.

2절에서 예수님은 농부이신 아버지 하나님이 하시는 일을 설명하신다. 즉 아버지께서는 열매 맺지 않는 가지들은 제거하시지만, 열매 맺는 가지들은 더 많은 열매를 맺도록 가지치기를 해 주신다. 포도나무 가지가 열매를 맺지 못하는 이유는 무엇인가? 포도나무가 잘 자라서 열매를 맺으려면 햇빛이 있어야 하고, 토양이 잘 맞아야 하고, 수정이 잘 되어야 하며, 물이 충분히 공급되어야 한다. 하나님이 만유를 주관하시어 기후와 바람과 비와 토양이 모두 균형이 맞을 때, 포도나무는 잘 자라서 열매를 맺는다.

예수님은 실제로 포도나무가 아니지만 자신을 포도나무에 비유하는 은유를 사용하시고, 3-4절에서 가지가 열매 맺지 못하는(2절) 이유를 설명하신다. 3절에서 예수님은 그분을 따르는 자들은 이미 깨끗해졌다고 말씀하시는데, 3절에 나오는 '깨끗해졌다'는 단어는 2절에서 가지치기를 뜻하는 '깨끗하게 하신다'는 단어와 연결된다. 가지치기를 하지 않은 포도나무는 열매를 맺지 못한다. 예수님은 2절에서 열매 맺는 가지들이 더 많은 열매를 맺게 하기 위해 아버지께서 가지치기를 하신다고 말씀하셨는데, 이제 3절에서는 제자들에게 일러준 말로 그들이 이미 가지치기가 되어 깨끗해졌다고 말씀하신다. 이것은 아버지께서 예수님의 말씀을 통해 일하시기 때문에(14:10), 그 말씀을 통해 제자들을 이미 깨끗하게 하셨음을 보여준다(참고. 13:10).

포도나무가 잘 자라서 열매를 맺으려면 햇빛과 수정과 물과 토양이 필요하듯이, 하나님의 백성이 잘 자라서 열매를 맺기 위해서는 예수님이 필요하다. 예수님은 15:4에서 제자들에게 그들이 예수님 안에 거해야 한다고 설명하신다. 포도나무 비유에 비추어보았을 때, 이 말씀은 가지가 포도나무에 붙어 있어서 그 뿌리로부터 생명을 공급받는 것을 연상시킨다. 예수님은 4절에서 가지들이 포도나무에 붙어 있어야 열매를 맺을 수 있는 것처럼 제자들도 예수님 안에 거해야 비로소 열매를 맺을 수 있다고 비유적으로 말씀하신 것이다.

그리스도 안에 거한다는 것은 무엇을 의미하는가? 그것은 제자들과 예수님의 관계가 가지와 포도나무의 관계와 같다는 것을 의미한다. 예수님은 5절에서 이런 관계를 설명하시면서 그분 안에 거하는 자들은 많은 열매를 맺고 그분을 따르는 자들은 그분을 떠나서는 아무것도 할 수 없다고 말씀하신다. 포도나무와 연결이 끊어진 가지는 열매를 맺을 수 없다. 그리스도와 연결이 끊어진 그리스도인에게는 그리스도 같음(Christlikeness)이 있을 수 없다.

6절에서 예수님은 그분을 따르기 시작했지만 그분 안에 거하지 않는 자들에게 무슨 일이 일어나는지 설명하신다. 그런 자들은 포도나무에서 잘린 가지와 같아서 버려져 마르고, 결국 수거되어 불에 던져지고 만다. 이것은 2절의 첫 부분에서 예수님이 아버지께서는 열매 맺지 않는 가지들을 제거하신다고 말씀하신 것에 대한 좀 더 자세한 설명이다. 이는 그리스도인이 그리스도 안에 거하지 않으면 이미 얻은 구원도 잃을 수 있음을 보여주는 것인가? 지금 예수님의 말씀을 듣고 있는 청중을 고려했을 때, 우리는 가룟 유다를 포도나무 안에 거하지 않은 가지로 생각해야 할 것 같다. 예수님이 17:12에서 유다를 "멸망의 자식"으로 지칭하신 것을 감안하면, 그는 포도나무와 연결되어 생명을 공급받은 적이 아예 없었던 것으로 보인다. 유다는 예수님에게 끌리기는 했지만, 결코 "깨끗해진" 적도 없고(13:10) 거듭난 적도 없다.

사람이 열매를 맺지 못하는 것은 그리스도 안에 거하지 않기 때문이다. 그리스도 안에 거하지 않는 사람은 자신이 거듭났다는 확신을 갖지 못한다. 거듭난 사람은 포도나무와 연결되어 그 생명을 누리고 있는 가지라고 할 수 있다. 그리스도 안에 거하는 사람은 열매를 맺는다. 예수님이 15:3에서 제자들이 자신이 일러준 말로 이미 깨끗해졌다고 말씀하신 후, 4절에서 그들에게 그분 안에 거하라고 명령하신 것에 주목하라. 제자들은 예수님의 계명들에 순종했기 때문에 그분과 연결된 것이 아니다. 예수님이 말씀으로 제자들을 깨끗케 하는 이적의 역사를 행하여 그들을 자신과 연결시키신 후, 이미 생명을 공급받고 있는 그들에게 순종할 것을 명령하신다.

예수님은 제자들에게 그분 안에 거하라고 명하시는데(4절), 그 명령은 정확히 무엇을 하라는 뜻인가? 우리가 실제로 포도나무에 가지가 붙어 있기를 명한다는 것은 가지가 어떠하기를 원하는 것인가? 예수님은 7절에서 제자들이 그분 안에 거하고, 그분의 말씀이 그들 안에 거하면, 그들의 기도가 응답될 것이라고 말씀하심으로써 제자들이 무엇을 해야 하는지 설명하신다. 예수님이 7절에서 이렇게 약속하신 것은, 예수님 안에 거하고 그분의 말씀이 그들 안에 거하는 자들은 예수님이 원하시는 것을 원할 것이기 때문이다. 예수님의 말씀이 그들 안에 거하는 자들은 예수님이 원하시는 일들이 이루어지도록 기도할 것이다. 그래서 예수님은 그들의 기도가 반드시 응답될 것이라고 보장하셨다.

따라서 4절에 나오는 그리스도 안에 거하라는 명령에 순종하기 위해서는 제자들이 몇 가지 구체적인 단계를 거쳐야 한다.

1. 제자들은 그들에게 예수님이 필요하다는 것을 알아야 한다. 가지에게 포도나무가 필요하듯이 그들에게는 예수님이 필요하다. 이 사실을 진정으로 안다면 그들은 늘 예수님에게 의지하며 살 것이다. 예수님이 필요하다는 인식이 약해지는 만큼 그들이 예수님 안에 거하는 일도 약해질 것이다.
2. 예수님은 그분의 말씀이 제자들 안에 거해야 한다고 말씀하신다. 따라서 제자들은 예수님의 말씀을 접하고, 깨달을 때까지 살펴보고 분석하며 주의 깊게 묵상하고, 깨달은 말씀을 힘써 간직해야 한다. 1단계와 2단계는 서로 연결되어 있다. 예수님의 말씀이 마음속에 계속해서 살아 있는 자들은 예수님이 필요하다는 것을 늘 알 테고, 예수님이 필요하다는 것을 늘 아는 자들은 끊임없이 그분의 말씀을 접하려 하기 때문이다.

3. 3단계는 1단계와 2단계에서 자연스럽게 흘러나온다. 3단계는 예수님 안에 거하고 그분의 말씀이 그들 안에 거하는 자들에게 그들이 원하는 대로 구하라는 명령이기 때문이다. 따라서 제자들은 예수님이 가르쳐 주신 대로 "주의 뜻이 이루어지게 해달라"고 기도해야 한다. 이 기도는 모든 것을 운명에 맡긴 채 체념하고서 어떤 일이 일어나더라도 개의치 않고 초연하게 살아가는 것을 의미하지 않는다. 도리어 이 기도는 불의와 부정의와 불신앙과 불순종과 불명예에 맞서는 선전포고다. 하나님의 뜻이 이루어지게 해달라는 기도는 하나님의 이름이 거룩히 여김을 받으시고, 하나님의 나라가 오도록 기도하는 것이다. 이것은 우상들을 분쇄해 달라는 기도이고, 하나님을 대적하여 높아진 것들과 음부의 문들이 무너지게 해달라는 기도다.

예수님이 제자들에게 그분 안에 거하라고 명령하신 것은, 예수님을 전적으로 의지하고, 그분의 말씀이 마음속에 늘 살아 움직이도록 하며, 그럴 때 그들의 마음속에 생겨나는 소원들을 기도하며 살라는 뜻이다. 그런 기도들은 응답될 것이고(7절), 그들이 예수님 안에 거함으로써 아버지께서 영광을 받으시므로(8절), 그들은 많은 열매를 맺고 예수님의 제자들임을 보여주게 될 것이라고 말씀하신다(8절).

15:9-11 | 너희 기쁨을 충만하게 하기 위한 것 9절에서 예수님은 제자들에게 아버지께서 자신을 사랑하신 것같이 자신도 그들을 사랑하셨다고 말씀하신 다음, 그들에게 이 사랑 안에 거하라고 명령하신다. 아버지께서는 예수님을 어떻게 사랑하셨는가? 앞에서 예수님은 아버지께서 자신을 사랑하시어 그분이 하시는 일들을 모두 자신에게 보여주신다고 말씀하셨다(5:20). 또한 아버지께서 오직 그분만이 갖고 계신 생명을 자신에게 주어 그분 안에 있게 하셨다고 말씀하셨다(5:26). 예수님은 이에 화답하여 아버지께서 자신을 사랑하신 것처럼 자신도 제자들을 사랑하셨고, 아버지 하나님을 그들에게 나타내셨다(1:8). 그러면서 제자들에게 자신 안에 거함으

로써 늘 자신과 생명의 친교를 누리라고 명령하셨다(15:4). 예수님은 제자들에게 그들이 자신의 일을 계속할 것이고, 자신이 행한 것보다 더 큰 일들도 하게 될 것이라고 말씀하셨다(14:12).

예수님은 제자들에게 자신의 사랑 안에 거하라고 명령하시면서(15:9), 자신이 아버지 하나님의 명령을 지켜서 아버지의 사랑 안에 거하는 것처럼 그들도 예수님의 명령을 지키면 자신의 사랑 안에 거하게 될 것이라고 설명하신다(10절). 이 맥락 속에서 예수님이 제자들에게 어떤 명령을 주셨는지 다시 한번 생각해 보라. 그 명령은 다음과 같다. 서로 사랑하라(13:34-35). 하나님과 그리스도를 믿으라(14:1). 예수님이 그분과 아버지 하나님의 관계에 대해 그들에게 가르치신 것을 믿으라(14:11). 예수님 안에 거하라(15:4). 원하는 것은 무엇이든지 구하라(7절). 예수님을 따르는 자들은 이에 순종할 때 그분의 사랑 안에 거하게 될 것이다.

예수님은 자신을 따르는 자들에게 이런 말을 하는 이유를 설명하신다. 즉 그들로 하여금 자신의 기쁨을 알게 해 주어 그들의 기쁨을 충만하게 하기 위해서다(11절). 자기희생적인 사랑과 기쁨은 떼려야 뗄 수 없다. 다른 사람들을 진정으로 돌보면 그들에 대한 자기희생적인 사랑이 생기고, 다른 사람들에게 유익을 가져다주면 예수님이 지니신 기쁨에 참여하게 된다. 누군가를 위해 희생했는데도 기쁨이 생기지 않는다면, 그를 사랑하는 것 외에 다른 동기가 개입되었기 때문이다. 자기희생을 하는 동기가 자기 이익을 위한 것이라면, 거기에서는 기쁨이 생겨나지 않는다. 예수님은 백성들이 자신이 누리는 기쁨을 경험하기를 원하신다. 예수님이 말씀하시는 그 기쁨은 다른 사람들을 희생시켜서 자기 욕심을 이루는 데서 오지 않고, 다른 사람들에게 유익을 끼치기 위해 자신을 희생하는 데서 온다.

15:12-17 | 서로 사랑하라 예수님의 사랑 안에 거하는 것, 예수님의 기쁨에 참여하는 것, 서로 사랑하는 것이 서로 연결되어 있다는 사실은 이미 분명하지만, 예수님은 12절에서 다시 그 점을 분명히 하신다. 자신이 제자들의 발을 씻어주며 섬긴 것처럼 그들도 서로 섬기라고 명령하셨듯이

(13:14-15), 십자가를 앞두고서는 자신이 제자들을 사랑한 것처럼 그들도 서로 사랑하라고 명령하신다(15:12). 예수님이 13절에서 사람이 친구를 위해 자기 목숨을 버리는 것보다 더 큰 사랑이 없다고 말씀하실 때 십자가를 염두에 두신 것이 분명하다. 예수님은 10:11, 15, 17에서 십자가에 대해 말씀하시면서 정확히 자기 목숨을 버린다는 표현을 사용하셨다.

예수님은 친구들을 위해 자기 목숨을 버리시고(15:13), 예수님이 친구가 되어준 자들은 그분이 말씀하신 것을 행하게 되어 있다(14절). 사람들이 예수님에게 순종해서 그분의 친구가 되는 것이 아니라 예수님이 그들의 친구가 되어주심으로 그들이 변화되어 그분에게 순종하는 것이다.

예수님은 15절에서 제자들의 지위를 승격시키신다. 예수님은 그들을 친구로 삼아 아버지 하나님께 들은 것을 그들에게 다 말씀해 주셨기 때문에 그들은 이제 더 이상 종의 지위에 있지 않다. 종은 주인이 하는 것을 알지 못하기 때문이다. 예수님의 친구가 되기 위해서는 그분이 아버지 하나님에 대해 계시하신 것들을 알아야 한다. 예수님이 아버지 하나님에 대해 계시하신 것들을 배척하는 자들은 예수님의 친구일 수 없다.

예수님이 이 시점에서 그들이 예수님을 선택한 것이 아니라 예수님 자신이 그들을 선택했다고 말씀하신 이유는 무엇인가?(16절) 이 질문의 답을 얻는 데 꼭 필요한 단서가 이 절의 후반부에 나온다. 즉 예수님이 그들을 선택하신 것은 그들을 일꾼으로 세워 열매 맺게 하기 위해서다. 예수님을 따르는 자들이 열매 맺을 수 있는 것은 예수님이 그들을 선택하셨기 때문이다. 그들은 자신의 어떤 선택이나 효율성이나 매력이나 그 밖에 그들에게 있는 것들로 열매 맺는 것이 아니다. 예수님이 그들을 선택하여 세우셨기 때문에 그들은 열매를 맺을 수밖에 없다.

그들이 맺을 열매는 일시적이지 않고 영속적이다(16절). 예수님을 따르는 자들은 영원토록 있게 될 진정한 열매를 맺는다. 그 열매는 다음 열매를 맺으면 폐기되는 일시적인 것이 아니다. 예수님을 따르는 자들이 맺는 열매는 사람들을 죄에서 영원히 구원하는 열매이므로 영원토록 있게 될 것이다.

예수님은 여기에서 다시 한번 그들이 그분의 이름으로 아버지께 구하면 무엇이든지 다 받게 될 것이라고 약속하신다(16절; 참고. 14:13; 15:7).

그런 다음 예수님은 제자들이 서로 사랑하게 하려고 자신이 명령을 주었다고 계속해서 말씀하신다(17절). 13:34-35에 나오는 "서로 사랑하라"는 명령이 여기에서 한층 강화되고, 15:12-17은 서로 사랑하라는 명령으로 시작되고 끝나는 단락이 된다. 12-17절에 드러난 사고의 흐름을 보면 예수님이 하신 말씀들, 즉 예수님이 그들을 사랑하신 것처럼 그들도 사랑해야 한다는 말씀(12절), 예수님이 그들을 사랑하신다는 말씀(13절), 그들이 예수님의 친구라는 말씀(14-15절), 그들이 열매 맺게 하기 위해 예수님이 그들을 선택하셨다는 말씀(16절)은 모두 제자들에게 서로 사랑할 것을 강조하는 것으로 보인다.

응답

예수님은 8절에서 아버지 하나님을 영화롭게 해드리면 많은 열매를 맺게 될 것이라고 말씀하신다. 열매 맺기를 원하는가? 그렇다면 예수님 안에 거함으로써, 즉 예수님을 전적으로 의지하고 그분의 말씀 안에 거하며 기도함으로써 아버지 하나님을 영화롭게 해드려야 한다. 또한 예수님은 신자들이 아버지 하나님을 영화롭게 해드리면, 그들이 예수님의 제자임을 스스로 증명하게 될 것이라고 가르치신다. 이는 예수님이 13:35에서 그들이 서로 사랑하면 모든 사람이 그들이 그분의 제자임을 알게 될 것이라고 말씀하신 것을 생각나게 한다(참고. 13:34). 따라서 아버지 하나님을 영화롭게 해드리는 일은 예수님의 제자들이 서로를 사랑하는 모습으로 귀결된다. 우리가 그리스도 안에 거할 때 하나님이 영광 받으신다. 이는 우리가 예수님을 의지하고 그분의 말씀을 묵상하며 그분의 말씀이 가르친 대로 기도하고 서로 사랑할 때, 하나님이 영광 받으시는 것을 의미한다.

예수님은 제자들을 친구라고 부르셨다. 예수님보다 더 크거나 종들을 거느리기에 합당한 분은 없다. 그런 예수님이 그분을 따르는 이들을 친구로 여기시니 얼마나 놀라운가. 예수님은 그 누구보다 스스로를 낮추시고, 그분을 따르는 자들을 높이셨다. 요한이 요한일서 4:7에서 "사랑하는 자들아 우리가 서로 사랑하자 사랑은 하나님께 속한 것이니 사랑하는 자마다 하나님으로부터 나서 하나님을 [안다]"라고 쓴 이유를 우리는 쉽게 알 수 있다.

18 세상이 너희를 미워하면 너희보다 먼저 나를 미워한 줄을 알라
19 너희가 세상에 속하였으면 세상이 자기의 것을 사랑할 것이나 너
희는 세상에 속한 자가 아니요 도리어 내가 너희를 세상에서 택하였
기 때문에 세상이 너희를 미워하느니라 20 내가 너희에게 종이 주인보
다 더 크지 못하다 한 말을 기억하라 사람들이 나를 박해하였은즉 너
희도 박해할 것이요 내 말을 지켰은즉 너희 말도 지킬 것이라 21 그러
나 사람들이 내 이름으로 말미암아 이 모든 일을 너희에게 하리니 이
는 나를 보내신 이를 알지 못함이라 22 내가 와서 그들에게 말하지 아
니하였더라면 죄가 없었으려니와[1] 지금은 그 죄를 핑계할 수 없느니
라 23 나를 미워하는 자는 또 내 아버지를 미워하느니라 24 내가 아무
도 못한 일을 그들 중에서 하지 아니하였더라면 그들에게 죄가 없었
으려니와 지금은 그들이 나와 내 아버지를 보았고 또 미워하였도다
25 그러나 이는 그들의 율법에 기록된 바 그들이 이유 없이 나를 미워
하였다 한 말을 응하게 하려 함이라
18 "If the world hates you, know that it has hated me before it hated
you. 19 If you were of the world, the world would love you as its own;

but because you are not of the world, but I chose you out of the world,
therefore the world hates you. 20 Remember the word that I said to
you: 'A servant is not greater than his master.' If they persecuted me,
they will also persecute you. If they kept my word, they will also keep
yours. 21 But all these things they will do to you on account of my
name, because they do not know him who sent me. 22 If I had not come
and spoken to them, they would not have been guilty of sin, but now
they have no excuse for their sin. 23 Whoever hates me hates my Father
also. 24 If I had not done among them the works that no one else did,
they would not be guilty of sin, but now they have seen and hated both
me and my Father. 25 But the word that is written in their Law must be
fulfilled: 'They hated me without a cause.'

26 내가 아버지께로부터 너희에게 보낼 보혜사 곧 아버지께로부터 나
오시는 진리의 성령이 오실 때에 그가 나를 증언하실 것이요 27 너희
도 처음부터 나와 함께 있었으므로 증언하느니라
26 "But when the Helper comes, whom I will send to you from the
Father, the Spirit of truth, who proceeds from the Father, he will bear
witness about me. 27 And you also will bear witness, because you have
been with me from the beginning.

16:1 내가 이것을 너희에게 이름은 너희로 실족하지 않게 하려 함이니
2 사람들이 너희를 출교할 뿐 아니라 때가 이르면 무릇 너희를 죽이는
자가 생각하기를 이것이 하나님을 섬기는 일이라 하리라 3 그들이 이
런 일을 할 것은 아버지와 나를 알지 못함이라 4a 오직 너희에게 이 말
을 한 것은 너희로 그때를 당하면 내가 너희에게 말한 이것을 기억나
게 하려 함이요

16:1 "I have said all these things to you to keep you from falling away.
2 They will put you out of the synagogues. Indeed, the hour is coming
when whoever kills you will think he is offering service to God. 3 And
they will do these things because they have not known the Father, nor
me. 4a But I have said these things to you, that when their hour comes
you may remember that I told them to you."

1 헬라어 본문에는 "죄가 없으려니와"이며, 24절도 마찬가지다.

단락 개관

미워하는 자들과 보혜사

예수님은 요한복음 13장의 끝부분에서 자신이 떠나게 될 것을 제자들에게 말씀하신 다음, 14-15장에서는 자신이 떠나간 후에도 제자들이 자신이 해온 일들을 계속해서 잘 해 나가도록 준비시키기 위해 여러 가지 말씀을 해 주신다. 예수님은 세상이 그들을 미워하게 될 것이라고 경고하시면서도(15:18-25), 진리의 성령을 보내어 그들이 예수님을 증언하는 일을 돕게 하겠다고 약속하신다(15:26-27). 또한 그들이 박해에 직면해서도 그분의 가르침으로 실족하지 않게 될 것이라고 설명하신다(16:1-4a).

단락 개요

VI.B.6. 미워하는 자들과 보혜사(15:18-16:4a)

a. 미워하는 자들(15:18-25)

b. 보혜사(15:26-16:4a)

주석

15:18-25 | 미워하는 자들 예수님은 제자들에게 자신이 가는 곳에 그들은 따라올 수 없고(13:33), 그곳이 어디이며, 그곳에서 자신이 무슨 일을 하려는지, 그리고 다시 돌아오리라는 것(14:2-3)을 말씀하신다. 그런 다음 자신이 돌아올 때까지 제자들이 어떻게 살아야 하는지 가르치시고(14:4-15:17), 세상이 자신을 미워했던 것처럼 그들도 미워하게 될 것이라고 경고하신다(15:18-25). 18절에서는 제자들이 세상의 적개심에 어떻게 대처해야 하는지 말씀해 주신다. 그들은 세상이 먼저 예수님을 미워했다는 사실을 기억해야 한다.

예수님은 계속해서 만일 제자들이 세상에 속했더라면 세상이 그들을 사랑할 것이라고 설명하신다(19절). 마찬가지로 예수님이 세상에 속했더라면 세상은 그분을 사랑했을 것이다. 세상의 거짓된 신념에 동의하고, 죄악된 행위들을 인정하여 가담하면 세상의 사랑을 받게 될 것이다. 세상이 주는 사랑은 예수님이 13절에서 설명하신 사랑, 즉 다른 사람들을 위해 자기 목숨을 내어주는 사랑이 아니다. 세상은 망상에 속한 신념과 멸망을 초래하는 행위에 동참하는 자들만을 사랑하는데, 이것은 사실상 세상이 자기 자신만을 사랑한다는 의미다. 세상이 보여주는 사랑은 사랑이라는 이름으로 불릴 자격이 전혀 없는 이기적인 사랑이다. 아무리 열광적으로 인정하고 받아들인다고 해도 그것은 사랑이 아니다.

19절에서는 제자들이 세상에 속한 자들이 아니라는 것을 보여준다. 예수님이 그들을 세상으로부터 택하셨기 때문에 그들은 더 이상 세상에 속한 자들이 아니다(참고. 16절). 제자들은 원래 세상에 속한 자들이었지만, 아버지께서 그들을 예수님에게 주셨고(17:6), 예수님은 그들을 세상의 손아귀에서 구해내셨다(15:16, 19).

예수님은 20절에서 제자들에게 세상과 부딪치는 문제들에서 예수님보다 더 잘 헤쳐나갈 수 있을 것이라고 생각해서는 안 된다고 경고하신다. 예수님보다 좀 더 유연한 자세를 취해서 세상과 별문제 없이 지낼 수 있을 것이라고 생각한다면 착각이다. 믿음을 제대로 지킨다면 그런 일은 불가능하다. 대적들을 상대할 때 예수님보다 더 요령껏 말하고 행동해서 그들과 부딪치지 않을 것이라고 생각한다면 착각이다. 예수님은 주인이시고 가장 크신 분이다. 제자들은 예수님의 종들이고, 따라서 예수님보다 크지 못하다. 세상이 주인이신 예수님을 배척했는데, 그분의 종들이 세상의 분노를 가라앉히는 데 성공한다는 것은 있을 수 없는 일이다. 예수님은 제자들이 그분을 따르면 세상이 예수님에게 한 것처럼 그들을 대할 것이라고 솔직하게 말씀하신다.

하지만 예수님은 20절의 끝부분에서 긍정적인 측면도 말씀하신다. 예수님의 말씀을 지킨 사람들은 그분의 제자들이 하는 말도 지킬 것이다. 이것은 모든 사람이 배척하지는 않을 것이라고 제자들을 격려하시는 것일 뿐 아니라 예수님의 말씀을 받아들이는 자들은 그분이 보내신 자들, 즉 사도들의 말도 받아들일 것이라고 선언하시는 것이기도 하다. 예수님을 받아들인다고 말하면서도 그분의 제자들을 받아들이지 않는 자들은 사실 예수님을 배척하는 자들이다. 그런 자들은 마치 "성경은 미워하지만 예수님은 사랑한다"고 말하는 것과 같다. 예수님의 말씀을 지키고자 하는 자들은 성경에 기록된 사도들의 말을 지켜야 한다.

예수님은 제자들이 정확히 무엇 때문에 미움과 박해를 받게 될 것인지 말씀하신다(21절). 그것은 다름 아니라 예수님의 이름 때문이다. 제자들이 예수님의 성품과 사명을 좇아 살아가고 가르칠 텐데, 그렇게 하는 이유가 예수님 때문이라는 것을 사람들이 알고는 그들을 미워하게 될 것이라는 의미다. 예수님의 이름 때문에 박해하는 것이 그분의 성품과 사명을 좇아 살아가는 사람들을 박해하는 것과 동일한 이유는 무엇인가? 예수님이 제자들에게 자신이 살았던 대로 살라고 가르치셨고, 그들의 소임은 자신이 사람들을 가르쳤던 대로 다른 사람들을 가르치는 것이라고 말씀하셨기 때문이다. 왜 사람들은 예수님의 성품과 사명을 배척하는가? 예수님은 그들이 예수님을 보내신 이, 즉 아버지 하나님을 알지 못하기 때문이라고 설명하신다. 왜 사람들은 예수님을 미워하고 그분을 따르는 자들을 박해하는가? 그들이 하나님을 알지 못하기 때문이다.

예수님은 22절에서 자신이 와서 그들에게 말하지 않았더라면 자신을 미워하는 자들에게 죄가 없었을 테지만, 지금은 그들의 죄에 어떤 핑계도 있을 수 없다고 말씀하신다. 이것은 예수님을 보고 그분의 말씀을 들었으면서도 믿지 않은 자들에게만 죄가 있다는 의미가 아니다. 하나님의 진노는 아들에게 순종하지 않는 모든 자들 위에 머물러 있는데(3:36), 예수님은 아버지께로 가는 유일한 길이기 때문이다(14:6). 이 구절의 핵심은 그분의 말씀을 듣고 그분의 일하심을 본 자들에게 유죄선고를 내린 것과 같다는 점이다. 예수님을 보지도, 듣지도 않았더라면 그들의 죄가 그들에게 분명하게 드러나지 않았을 것이다. 예수님은 사람이 어떻게 살아야 하는지 보이시고, 모든 사람을 진심으로 사랑하심으로써 인간의 부패함과 더러움을 폭로하셨다. 이제 그들의 죄는 부정할 수 없고, 그들에게는 변명의 여지가 없다. 그런데도 그들은 죄에서 돌이켜 자비를 베풀어달라고 구하기는커녕 그들의 죄를 드러냈다는 이유로 예수님을 미워했다. 예수님을 미워하는 것은 선하고 참되며 올바르고 경건한 것을 미워하는 것이므로 곧 아버지 하나님을 미워하는 것이다(15:23).

예수님은 24절에서 자신이 행한 일들은 하나님 외에는 아무도 할 수 없는 일들이므로 자신이 의롭다는 것을 확증해 준다는 말씀을 덧붙이신다. 예수님이 하신 일들은 오직 하나님만이 하실 수 있는 일들이었고, 이것은 오직 하나님께만 있는 능력이 예수님에게 있다는 것을 증명해 주었다. 따라서 사람들은 예수님이 하신 일들을 보고서 그분이 하나님이심을 알고, 그분이 드러내신 그들의 죄를 회개하고 믿음을 가짐으로써 그분과 화해해야 했다. 하지만 그들은 죄에서 돌이켜서 예수님을 믿기는커녕 도리어 그분과 아버지 하나님을 미워하는 반응을 보였다.

예수님은 사람들이 마음을 열기만 하면 그분의 말씀이 진리임을 확신할 수 있도록 모든 증거를 보여주셨다. 그 누구도 예수님을 미워할 이유가 없었다. 예수님은 기꺼이 모든 사람을 사랑하고 도우실 준비가 되어 있었다. 그러나 예수님은 고난 받는 의인이라는 모형이 성취되어야 한다고 설명하시면서(25절), 시편 35:19과 69:4의 표현을 사용하여 그런 모형을 전형적으로 보여주는 또 하나의 구절을 인용하신다(요한복음 14:18에서 시편 41:9을 인용한 비슷한 예를 참고하라). 사람들은 근거 없이 예수님을 미워했지만, 그것은 구약성경에서 고난 받는 의인들이 부당하게 미움받는 것의 성취였다.

15:26-16:4a | 보혜사 예수님은 자신이 떠날 것이고(13:33), 자신이 그랬듯이 세상의 죄를 드러낸다는 이유로 제자들은 세상의 미움을 받게 될 것이라고 말씀하셨다(15:18-25). 제자들이 이 힘겨운 현실을 타개해갈 수 있도록 예수님이 그들을 위해 준비해 놓으신 것은 과연 무엇이었는가? 예수님은 여기에서 다시 한번 성령이 그들에게 오실 것이고, 그들이 성령으로 말미암아 더 크고 새로운 일들을 경험하게 될 것이라고 말씀하신다(26-27절). 나중에 예수님은 성령이 어떤 식으로 죄를 깨우쳐 주실지 좀 더 자세하게 말씀하실 것이다(16:8-11).

앞에서 예수님은 제자들에게 성령이 오셔서 그들과 함께 있고, 그들 안에 내주하여 결코 떠나지 않으실 것이라고 말씀하셨는데(14:15-17), 이제 여기에서는 성령이 오셔서 그들이 예수님을 증언하도록 도우실 것이라고 말씀하신다(15:26-27). 예수님은 지금까지 그들의 보혜사셨지만, 이제 그들을 떠나면서 "또 다른 보혜사"(14:16)를 보내주겠다고 약속하신다. 이 맥락에서 그들에게 필요한 도움은 예수님이 그들을 적대적인 세상, 즉 그들이 보여주는 사랑 때문에 그들을 미워할 사람들에게 보내신다는 사실에서 비롯된다(참고. 15:18-25). 성령은 그런 상황에서 그들이 예수님을 증언하도록 도우실 것이다(15:26). 예수님은 여기에서 또다시 보혜사를 "진리의 성령"으로 지칭하신다. 이것은 성령의 증언이 참되다는 것을 의미한다.

예수님은 14:16에서 자신이 구하면 아버지께서 성령을 보내주실 것이라고 말씀하셨는데, 15:26에서는 그에 대해 좀 더 자세하게 설명하신다. 즉 예수님 자신이 성령을 보내실 것이라고 말씀하시고, 그런 다음 성령은 아버지 하나님으로부터 나오신다고 설명하신다. 진리의 성령은 성부로부터 나와 성자의 보내심을 받아 예수님을 증언하실 것이다.

예수님은 제자들이 "처음부터" 그분과 함께 있었기 때문에 그분을 증언하게 될 것이라고 말씀하신다. 예수님이 16:4에서 "처음부터 이 말을 하지 아니한 것은"이라고 말씀하신 것은 "처음"이 예수님의 공생애 사역이 시작된 때를 가리킨다는 것을 보여준다(참고. 행 1:21-22). 제자들은 예수님의 지상 사역 과정을 모두 목격했기 때문에 세상이 미워하고 박해할지라도 예수님을 증언해야 한다. 그들은 예수님의 성품과 사명, 그분이 주신 말씀을 증언한다. 후에 예수님은 그분을 따르는 자들에게 모든 민족을 제자로 삼아 세례를 주고 그분이 명령한 모든 것을 가르쳐 지키게 하라고 명령하신다(마 28:18-20). 제자들은 예수님이 가르치신 것을 하나도 빠짐없이 다 가르쳐야 하고, 사도들에게 가르침을 받은 사람들도 예수님이 그들을 통해 가르치신 것에서 뒷걸음쳐서는 안 된다.

예수님은 요한복음 16:1에서 이런 일들을 제자들에게 말씀하시는 것은 그들이 실족하지 않게 하기 위해서라고 밝히신다. 이 맥락에서 실족한다는 것에는 세상의 미움 받는 것을 피하기 위해(15:18-25) 예수님을 증언하지 않는 일이 포함된다(15:27). 또한 그리스도 안에 거하지 않거나, 그분의 말씀이 그들 안에 거하지 않게 하여(15:7) 열매 맺지 못하게 되는 일(15:16)도 포함된다. 그 밖에 그리스도가 사랑하신 것처럼 사랑하지 않는 것(13:34; 15:12), 하나님을 신뢰하지 않는 것(14:1), 예수님이 가르치신 것들을 믿지 않는 것(14:11)도 포함된다. 예수님은 그분을 따르는 자들이 실족하지 않게 하기 위해 가르치신다.

예수님은 세상이 그들을 미워하고 박해할 것이라는 맥락에서 이런 말씀을 하신다(15:18-25). 이는 사람들이 그들을 회당에서 출교하고 죽이면서 그것이 하나님을 섬기는 일이라고 생각할 것이라고 경고하시는 대목(16:2)에서 더 분명하게 확인할 수 있다. 이것은 예수님이 16:1에서 말씀하신 "실족"이 박해로 인해 실제로 일어날 수 있다고 생각하셨음을 보여준다. 예수님은 15:21에서 밝히셨듯이 여기에서도 사람들이 그들을 박해하는 것은 아버지 하나님이나 예수님을 알지 못하기 때문이라고 말씀하신다(16:3). 예수님은 14:26에서 성령이 그분의 말씀을 생각나게 해 줄 것이라고 말씀하셨는데, 여기에서도 예수님이 하신 말씀을 그분 자신과 성령이 함께 생각나게 해 줄 것이라고 말씀하신다(16:4). 예수님은 특히 제자들이 박해를 받거나 순교할 "때"가 되었을 때, 그분의 가르침을 기억하기를 원하신다.

응답

예수님은 자신이 자기 백성을 세상에서 택했다고 말씀하신다(15:16, 19). 우리는 예수님이 우리를 택하셨는지 어떻게 아는가? 하나님이 이 세계를 창조하셨음을 확신하고, 이 세계에 대한 세상의 거짓된 설명을 거부하고, 하나님이 올바른 것이 무엇인지 계시해 주셨음을 확신하며 세상의 악한 길을 거부하고, 예수님이 세상의 참된 주님이심을 믿는다면, 우리는 예수님이 우리를 세상에서 택하여 세우셨다고 생각할 만한 타당한 근거를 갖고 있는 것이다.

우리는 예수님에게 어떻게 반응하고 있는가? 예수님이 우리의 죄를 드러내실 때, 베드로처럼 주님 앞에 무릎을 꿇고 나는 죄인이니 떠나달라고 고백하는가? 아니면 주님의 선하심 앞에서 우리의 악함이 드러나는 것에 분노하는가? 그리스도인은 세상의 환영을 받을 것인지, 예수님에게 신실할 것인지 둘 중 하나를 선택해야 한다. 둘 중 어느 쪽을 갖고 싶은가? 세상의 인정인가, 성령의 도우심인가? 하나님의 진노 아래 있는 반역자들의 이기적인 '사랑'인가, 진리를 증언할 기회인가? 실족할 것인가, 아니면 하나님의 성령을 통해 그 말씀의 능력을 따라 이 세상에서 예수님과 동행하는 기쁨을 누릴 것인가?

이 세상에서 예수님처럼 살려고 할 때, 예수님을 십자가에 못 박은 자들이 우리도 십자가에 못 박으려 한다는 것을 잊어서는 안 된다. 하지만 예수님이 우리의 유익을 위해 아버지께로 가셔서 우리에게 성령을 보혜사로 보내주시고 그분의 말씀을 주셨기 때문에 우리는 실족하지 않고 세상 끝날까지 예수님과 함께할 것이다(마 28:20).

4b 처음부터 이 말을 하지 아니한 것은 내가 너희와 함께 있었음이라
5 지금 내가 나를 보내신 이에게로 가는데 너희 중에서 나더러 어디로
가는지 묻는 자가 없고 6 도리어 내가 이 말을 하므로 너희 마음에 근
심이 가득하였도다 7 그러나 내가 너희에게 실상을 말하노니 내가 떠
나가는 것이 너희에게 유익이라 내가 떠나가지 아니하면 보혜사가 너
희에게로 오시지 아니할 것이요 가면 내가 그를 너희에게로 보내리니
8 그가 와서 죄에 대하여, 의에 대하여, 심판에 대하여 세상을 책망하
시리라 9 죄에 대하여라 함은 그들이 나를 믿지 아니함이요 10 의에 대
하여라 함은 내가 아버지께로 가니 너희가 다시 나를 보지 못함이요
11 심판에 대하여라 함은 이 세상 임금이 심판을 받았음이라

4b "I did not say these things to you from the beginning, because I
was with you. 5 But now I am going to him who sent me, and none
of you asks me, 'Where are you going?' 6 But because I have said
these things to you, sorrow has filled your heart. 7 Nevertheless, I tell
you the truth: it is to your advantage that I go away, for if I do not go
away, the Helper will not come to you. But if I go, I will send him to

you. 8 And when he comes, he will convict the world concerning sin
and righteousness and judgment: 9 concerning sin, because they do not
believe in me; 10 concerning righteousness, because I go to the Father,
and you will see me no longer; 11 concerning judgment, because the
ruler of this world is judged.

12 내가 아직도 너희에게 이를 것이 많으나 지금은 너희가 감당하지
못하리라 13 그러나 진리의 성령이 오시면 그가 너희를 모든 진리 가
운데로 인도하시리니 그가 스스로 말하지 않고 오직 들은 것을 말하
며 장래 일을 너희에게 알리시리라 14 그가 내 영광을 나타내리니 내
것을 가지고 너희에게 알리시겠음이라 15 무릇 아버지께 있는 것은 다
내 것이라 그러므로 내가 말하기를 그가 내 것을 가지고 너희에게 알
리시리라 하였노라
12 "I still have many things to say to you, but you cannot bear them
now. 13 When the Spirit of truth comes, he will guide you into all the
truth, for he will not speak on his own authority, but whatever he hears
he will speak, and he will declare to you the things that are to come.
14 He will glorify me, for he will take what is mine and declare it to
you. 15 All that the Father has is mine; therefore I said that he will take
what is mine and declare it to you."

단락 개관

예수님이 성령을 보내실 것이다

예수님은 제자들에게 자신이 어디로 가는지, 또 자신이 떠나고 나서 성령을 보내 주실 것이라고 말씀하심으로써, 그분이 떠나고 난 후에 남게 될 그들을 준비시키셨다. 예수님은 방금 세상이 그분을 미워했던 것과 똑같이 그들을 미워할 테지만(요 15:18-25), 성령이 그분을 증언할 것이고, 그들이 그분을 증언하도록 도울 것이라고 말씀하셨다(15:26-27). 예수님은 자신이 이런 말을 하는 것은 나중에 그들이 실족하지 않게 하기 위해서라고 설명하시고(16:1), 대적들이 예수님을 따르는 자들을 회당에서 출교하거나 죽이면서, 그렇게 하는 것이 하나님을 섬기는 것이라고 생각할 때조차도 실족해서는 안 된다고 말씀하신다(2-3절). 예수님은 제자들에게 박해를 당할 때 이러한 가르침을 기억하라고 당부하시고, 자신이 떠나면 일어나게 될 일을 다시 한번 말씀하시며(4-7절), 성령이 오셔서 어떤 일들을 하실 것인지 설명해 주신다(8-15절).

단락 개요

VI. B. 7. 예수님이 성령을 보내실 것이다(16:4b-15)
- a. 예수님은 성령을 보내기 위해 떠나시는 것이다(16:4b-7)
- b. 성령이 세상을 책망하실 것이다(16:8-11)
- c. 성령이 예수님의 영광을 나타내실 것이다(16:12-15)

주석

16:4b-7 | 예수님은 성령을 보내기 위해 떠나시는 것이다 예수님은 제자들에게 그동안은 자신이 그들과 함께 있었기 때문에 지금 말하고 있는 것을 처음부터 말해 줄 필요가 없었다고 설명하신다(4절b). 하지만 이제 떠나가실 때가 되었기 때문에 그분은 가고 없고 성령이 오셔서 그들과 함께 있게 될 때를 대비해 제자들을 준비시키기 시작하신다(참고. 13:33; 14:15-17, 25-26).

예수님은 자신이 이제 곧 아버지께로 갈 것이라고 다시 한번 말씀하시고 나서 그런데도 제자들 중에서 아무도 그분에게 어디로 가시느냐고 묻는 사람이 없다는 말씀을 덧붙이신다(16:5). 예수님은 자신이 어디로 가는지를 놓고 이미 제자들과 대화하셨다(14:5-6). 그러므로 지금 이런 말씀을 하신 것은 그분이 떠나시고 나면 어떤 일이 벌어지게 될지 묻는 사람이 없다는 의미로 보인다. 제자들은 예수님이 이제 더 이상 함께 계시지 않을 것이라는 사실 때문에 깊이 근심하느라 그분이 떠나시고 나면 어떤 일이 벌어지게 될 것인지를 생각할 여유가 없었다. 제자들은 예수님이 떠나신다는 생각에 마음에 근심이 가득했고(16:6), 예수님은 계속해서 자신이 떠나가는 것이 그들에게 유익이라는 말씀을 하시는 것이 이런 사실을 뒷받침한다(7절). 예수님은 친구들을 위해 자신의 목숨을 버리고자 하시고(15:13), 그렇게 하심으로써 유월절 어린양과 고난 받는 의인이라는 모형을 통해 하나님이 미리 보여주신 대속을 성취하실 것이다.

구약성경에서 새 시대는 성령을 새롭게 경험하는 시대가 될 것이라고 예언했다(사 32:15; 겔 36:26-27; 욜 2:28-32). 예수님이 요한복음 16:7에서 제자들에게 말씀하신 유익이란 그분이 떠나신 후에 성령을 보내실 것임을 가리킨다. 예수님이 떠나지 않으시면 아버지 하나님의 진노는 해결되지 않고 그대로 남을 것이고, 제자들이 깨끗하고 거룩하게 되어 성령의 새로운 전이 되는 것도 불가능하며, 구약성경과 옛 언약도 성취되지 못해 새 시대와 새 언약이 개시되지 못하게 될 것이다. 이 모든 이유 때문에 예수님은 자신이 떠나가지 않으면 성령이 그들에게 오실 수 없다고 말씀하신다(7절). 반면에 예수님이 아버지께로 가시면, 제자들은 성령의 새 시대를 누릴 수 있게 된다.

예수님은 여기에서 제자들을 엄하게 꾸짖지는 않지만, 그들이 근심과 슬픔에 잠겨서 그분이 떠난 후에 어떤 일이 벌어질지에 관심이 없음을 지적하시고, 그들이 하나님이 하시는 일에 관심을 두기보다는 그들 자신의 감정과 기분에 지나치게 사로잡혀 있음을 보여주신다. 그들은 자기 자신에게 사로잡혀서 하나님이 그들의 유익을 위해 무엇을 하고 계시는지 보지 못했다.

16:8-11 | 성령이 세상을 책망하실 것이다 예수님은 그분을 미워하고 박해한 자들이 그분을 따르는 자들에게도 똑같이 행할 것이라고 제자들에게 말씀하셨다(15:18-25). 예수님은 자신이 세상의 미움을 받은 것은 그들의 죄를 드러냈기 때문이라고 설명하셨다(22절). 예수님은 성령이 제자들을 도와서 그들로 하여금 그분을 증언할 수 있게 해 줄 것이라고 약속하셨고(26-27절), 이런 말씀을 하시는 것은 제자들로 하여금 실족하지 않게 하기 위해서라고 말씀하셨다(16:1-4). 예수님은 자신이 떠나가는 것이 그들에게 유익이라고 말씀하신 후(5-7절), 이제 성령이 오셔서 세상의 죄를 드러내실 것이라는 말씀으로 되돌아오신다(8-11절). 세상이 예수님을 미워한 것은 그분이 그들의 죄를 드러내셨기 때문이다. 따라서 성령이 계속해서 예수님의 제자들을 통해 세상의 죄를 드러내실 때 세상은 그들을 미워하게 될 것이다.

제자들 안에 내주하시는 성령은 세상의 죄를 보여주실 것이다. 제자들은 예수님이 의로우신 것과 동일한 방식으로 의롭지는 않지만, 믿음으로 말미암은 의를 갖고 있다. 또한 제자들은 장차 세상에 임할 심판(8절), 즉 그 심판 때에 세상이 예수님 믿기를 거부한 것에 대해 단죄를 받게 된다고 증언할 것이다(9절). 앞에서 예수님은 "그[아들]를 믿는 자는 심판을 받지 아니하는 것이요 믿지 아니하는 자는 하나님의 독생자의 이름을 믿지 아니하므로 벌써 심판을 받은 것이니라"(3:18)고 선언하셨다.

"의"[디카이오쉬네(*dikaiosynē*)]라는 단어가 요한복음에서 16:8과 10절에만 나온다는 것은 주목할 만하다[하지만 5:30, 7:24, 17:25에 나오는 디카이오스(*dikaios*, '의로운')를 참고하라]. 하나님의 의는 그리스도의 십자가를 통해 확증되고 나타난다(16:10; 참고. 롬 3:25-26). 예수님이 아버지께로 가신다는 것(요 16:5)은 그분이 십자가에 달려 의를 나타내실 것임을 의미한다.

십자가에 의해 이 세상의 임금이 쫓겨나고(참고. 12:31), 예수님을 대적하는 모든 반역자들은 장차 반드시 심판을 받게 될 것이다(16:11). 십자가는 악을 드러내고 단죄하는 동시에 하나님의 거룩하심과 사랑을 나타내기 때문에 십자가에서 참된 의가 드러난다(10절). 십자가는 반역자인 사탄을 단죄하고, 불의한 찬탈자로서 그가 저지른 반역은 정당하지 않았고 결국 성공하지 못할 것임을 드러낸다.

예수님을 영접하는 자들(1:12-13)은 전에는 세상에 속했지만, 불신앙의 죄를 드러내시는 성령으로 말미암아 자신의 죄를 회개하고 믿음으로 나왔기 때문에 지금은 세상에 속한 자들이 아니다(16:9). 성령은 예수님의 죽으심이 하나님의 백성을 대신한 대속이고 죄인들을 위한 속전이며 하나님의 진노를 가라앉힌 화목제사이자 하나님의 거룩하심을 만족시켜드린 제사임을 보여줌으로써, 그리스도 안에 나타난 하나님의 의를 깨닫게 해 준다(10절). 또한 성령은 자기 자신을 위해 살아가고자 하는 이기적인 삶의 설계자이자 창시자인 사탄이 하나님의 저울에 달아보았을 때 부족함이 발견되어, 주 그리스도의 심판을 받아 어둠의 권좌에서 끌어내려져 쫓겨났다는 것도 깨닫게 해 주신다(11절; 12:31).

예수님을 따르는 자들은 그분을 믿어야 한다는 것, 그분이 십자가에서 의를 세우셨다는 것, 그분이 참되고 아름다우며 선하신 하나님을 배신한, 멸시받아 마땅한 악당인 사탄을 이기고 승리하셨다는 것을 성령으로 말미암아 깨닫고 확신하게 된 자들이다. 그리스도인은 자신이 예수님과 함께 벌을 받아 마땅한 자들이라는 것을 깨닫고서, 죽음에 이르는 길에서 돌이켜 그들에게 자비를 보여주신 '승리자' 예수님의 발 앞에 엎드린 자들이다.

16:12-15 | 성령이 예수님의 영광을 나타내실 것이다 16:12에서 예수님은 자신에게 주어진 시간이 얼마 남지 않았다고 말씀하신다. 예수님은 하실 말씀이 여전히 많았지만, 제자들은 그 모든 말씀을 감정적으로나 지적으로나 감당하기에 역부족이었다. 하지만 예수님은 자신이 떠나고 나서 성령을 그들에게 보내줄 것이라고 말씀하셨다(7절). 그리고 이제는 성령이 그분 대신에 그들을 "모든 진리" 가운데로 인도하실 것이라고 말씀하신다(13절). 성령이 그들에게 계시해 주실 "모든 진리"는 그들이 "지금은 감당하지 못해서" 예수님이 말씀해 주실 수 없었던 "많은 것들"이다(12절).

성령은 예수님이 행하셨던 것처럼 행하실 것이다. 예수님이 자신의 권위로 행하거나 말하지 않으셨던 것처럼(7:17-18; 8:28; 12:49; 14:10), 성령도 자신의 권위로 말하지 않으실 것이다(16:13). 예수님이 아버지께로부터 들은 것들을 전하셨듯이(8:26; 15:15), 성령도 자신이 들은 것들을 말씀하실 것이다(16:13). 예수님은 성령이 "장래 일들"(13절)을 계시하실 것이라는 말씀을 덧붙이신다. 실제로 요한계시록에서 요한은 성령의 이끌림을 받아서(참고. 벧후 1:21) 예수님이 그에게 계시하시는 모든 것을 예언한다(참고. 벧전 1:10-12).

그런 후에 예수님은 성령이 예수님에게 속한 것들을 계시하실 것이라는 말씀을 덧붙이심으로써(요 16:14), 성령이 예수님과 관련된 것들을 듣고 말할 것임을 보여주신다(13절). 예수님은 계속해서 아버지께 있는 모든 것은 자신의 것이라고 말씀하신다(15절). 이것은 예수님과 아버지 하나님이 모든 것을 공유하시기 때문에 성령이 예수님의 영광뿐 아니라 아버지 하나님의 영광도 나타내실 것임을 보여준다. 성령은 예수님에게 속한 것들, 즉 그분이 누구시고 무슨 일을 행하셨고 앞으로 행하실지, 그리고 그분이 하신 일들이 이전 시대 성경에 기록된 모든 것을 어떻게 성취하는지에 관한 진리를 제자들에게 말하며 예수님의 영광을 나타내실 것이다(14절).

성령의 사역 목적은 예수님의 영광을 나타내는 것이다. 따라서 예수님에게 영광이 되지 않는 것은 성령에게서 나온 것이 아니다. 예수님은 아버지께 자신을 영화롭게 해달라고 기도하셨고, 아버지의 영광을 나타내는 것이 그분의 목적이라고 말씀하셨지만(예컨대, 17:1), 성부 또는 성자가 성령의 영광을 구하는 일은 성경 어디에도 나오지 않는다. 성부와 성령은 예수님의 영광을 구한다. 예수님과 성령은 성부의 영광을 구한다. 그러나 성부와 예수님은 결코 성령의 영광을 구하지 않는다. 이것은 삼위일체 내에서 각 위격은 완전하게 동등하고 동일한 신성을 공유하지만, 각 위격의 역할과 기능은 서로 다르다는 점을 보여준다. 성령은 성부와 성자가 성령 자신의 영광을 구하지 않는다는 사실에 불만을 갖지 않고, 도리어 기꺼이 성부와 성자의 영광을 구하는 데 헌신한다.

예수님이 이 장 전체에 걸쳐 제자들에게 성령에 관해 하신 말씀들을 생각해 보라. 예수님은 자신이 떠나갈 것이라고 말씀하신 후(13:33), 제자들에게 자신이 아버지께 구할 것이고, 아버지께서는 그들에게 성령을 보내어 그들과 영원히 함께 있게 하실 것이라고 말씀하신다(14:15-17). 예수님은 그분을 사랑하여 순종하는 자들에게 자신을 나타내실 것이고, 자신과 아버지 하나님이 그들에게 가서 거처를 그들과 함께할 것이라고 말씀하신다(14:21, 23). 그런 다음 아버지께서 예수님의 이름으로 성령을 보내실 것이고, 성령은 그들에게 모든 것을 가르치시고, 예수님이 하신 모든 말씀들을 생각나게 해 주실 것이라고 말씀하신다(14:26). 예수님은 세상이 그분을 미워했듯이 그들을 미워할 것이라고 경고하신 후(15:18-25), 자신이 아버지에게 가서 성령을 보낼 것이고, 성령은 그들에게 와서 증언하실 것이며, 또한 제자들에게 능력을 주어 증언하게 하실 것이라고 말씀하신다(15:26-27). 예수님이 떠나가실 것이라는 말에 제자들이 근심에 빠져 있음을 예수님은 지적하시면서(16:4-6), 자신이 떠나가야 성령을 그들에게 보내어(7절) 세상의 죄를 드러낼 수 있다는 점을 일깨워주신다(8-11절). 예수님은 아직도 할 말이 많이 남았지만, 제자들이 지금은 감당할 수 없을 것이라고 말씀하신 후(12절), 성령이 와서 제자들을 예수님에 관한 모든 진리로 인도하시고, 성부와 성자에게서 들은 것을 말하심으로써 예수님의 영광을 나타낼 것이라고 약속하신다(12-15절).

14:16, 26과 15:26과 16:7에서 예수님은 성령을 파라클레토스

(*paraklētos*)로 지칭하시는데, ESV와 NASB는 이 단어를 조력자(helper)로, KJV는 위로자(comforter)로, CSB(Christian Standard Bible)와 1984년판 NIV는 모사(counselor)로, 2011년판 NIV는 변호자(advocate)로 번역한다. '파라클레토스'라는 단어에는 이 모든 의미들이 담겨 있다. 즉 성령은 언약에 따라 제자들에게 내주하는 하나님의 임재이시고(위로자, 14:16), 그들의 교사이자 생각나게 하는 자시며(조력자, 14:26), 그들이 증언할 수 있도록 해 주는 증인이시고(모사, 15:26), 세상의 죄를 드러내고 그리스도의 영광을 나타내는 분이시다(변호자, 16:7-15).

응답

제자들은 깊은 근심에 빠진 나머지 예수님이 떠나가셔야 이루어질 일에 관심을 가질 여유가 없었다(16:5-6). 예수님이 떠나가셔야 성령을 그들에게 보내주실 수 있는데도 불구하고(7절) 그들은 근심에 사로잡혀 있기만 했다. 여기서 우리는 어떤 일들이 원치 않는 방향으로 전개되는 것 같을지라도, 하나님이 우리로 하여금 그리스도의 형상을 닮아가게 하는 동시에 그리스도의 영광을 나타내게 하기 위한 계획을 갖고 계심을 확신해야 한다는 교훈을 얻는다. 따라서 우리는 언제나 하나님의 지혜를 신뢰하고, 그분의 선하심에 소망을 둘 수 있다.

이 단락이 보여주는 역설을 생각해 보라. 성령이 예수님의 영광을 드러내실 때, 세상은 자기 죄로 인해 책망을 받는다. 정확히 말하자면, 성령이 예수님과 아버지 하나님에게 속한 것들을 가져다가 예수님을 따르는 자들, 즉 그리스도가 십자가에서 이루신 일들을 선포하는 이들에게 알릴 때, 세상은 예수님을 믿지 않는 것에 대해, 예수님이 아버지께로 가심으로써 이루어진 의에 대해, 이 세상의 통치자가 심판받은 일에 대해 책망을 받게 된다.

우리는 이 역설을 이렇게 요약해 볼 수 있다. 성령은 예수님의 영광을 나타내시고, 세상은 그리스도인들을 박해한다. 따라서 우리는 박해에 직면했을 때 또는 사람들이 자기 죄가 드러난 죄인들처럼 반응할 때 담대할 수 있다. 그것은 성령이 우리 안에서 그리고 우리를 통해 예수님의 영광을 드러내고 계시다는 반증으로서 우리가 기뻐해야 할 일이기 때문이다.

성령의 위로를 알지 못한다면, 요한복음 14:15-17을 묵상하라. 우리가 예수님을 믿으면 성령이 우리에게 오셔서 함께하며 결코 떠나지 않으실 것이라고 말하고 있다. 우리를 도우시는 성령을 알지 못한다면, 요한복음 14:26을 묵상하는 가운데 하나님이 성령을 통해 예수님이 하신 모든 말씀을 우리로 하여금 깨닫고 생각나게 해달라고 기도하라. 모사이신 성령을 알지 못한다면, 요한복음 15:26-27을 문맥 속에서 묵상하면서, 성령이 예수님을 증언하시는 것과 예수님이 우리로 하여금 그분을 증언하게 하셨다는 것을 깊이 생각해 보라.

죄를 깨닫게 해 주시는 성령을 알지 못한다면, 예수님과 그분의 십자가를 묵상하라(16:7-11). 우리는 하나님이 우리의 눈을 열어주사 성령이 신약 기자들에게 영감을 주어 그리스도에 대해 기록하게 하심으로써 그리스도의 영광을 나타내고 계심을 보게 해달라고 기도해야 한다(12-15절). 성령으로 말미암아 그리스도의 영광을 볼 수 있게 해달라고 아버지 하나님께 예수님의 이름으로 구해야 한다.

16 조금 있으면 너희가 나를 보지 못하겠고 또 조금 있으면 나를 보리
라 하시니 17 제자 중에서 서로 말하되 우리에게 말씀하신 바 조금 있
으면 나를 보지 못하겠고 또 조금 있으면 나를 보리라 하시며 또 내가
아버지께로 감이라 하신 것이 무슨 말씀이냐 하고 18 또 말하되 조금
있으면이라 하신 말씀이 무슨 말씀이냐 무엇을 말씀하시는지 알지 못
하노라 하거늘 19 예수께서 그 묻고자 함을 아시고 이르시되 내 말이
조금 있으면 나를 보지 못하겠고 또 조금 있으면 나를 보리라 하므로
서로 문의하느냐 20 내가 진실로 진실로 너희에게 이르노니 너희는 곡
하고 애통하겠으나 세상은 기뻐하리라 너희는 근심하겠으나 너희 근
심이 도리어 기쁨이 되리라 21 여자가 해산하게 되면 그때가 이르렀으
므로 근심하나 아기를 낳으면 세상에 사람 난 기쁨으로 말미암아 그
고통을 다시 기억하지 아니하느니라 22 지금은 너희가 근심하나 내가
다시 너희를 보리니 너희 마음이 기쁠 것이요 너희 기쁨을 빼앗을 자
가 없으리라 23 그날에는 너희가 아무것도 내게 묻지 아니하리라 내가
진실로 진실로 너희에게 이르노니 너희가 무엇이든지 아버지께 구하
는 것을 내 이름으로 주시리라 24 지금까지는 너희가 내 이름으로 아

무것도 구하지 아니하였으나 구하라 그리하면 받으리니 너희 기쁨이
충만하리라

16 "A little while, and you will see me no longer; and again a little
while, and you will see me." 17 So some of his disciples said to one
another, "What is this that he says to us, 'A little while, and you will not
see me, and again a little while, and you will see me'; and, 'because I
am going to the Father'?" 18 So they were saying, "What does he mean
by 'a little while'? We do not know what he is talking about." 19 Jesus
knew that they wanted to ask him, so he said to them, "Is this what you
are asking yourselves, what I meant by saying, 'A little while and you
will not see me, and again a little while and you will see me'? 20 Truly,
truly, I say to you, you will weep and lament, but the world will rejoice.
You will be sorrowful, but your sorrow will turn into joy. 21 When a
woman is giving birth, she has sorrow because her hour has come, but
when she has delivered the baby, she no longer remembers the anguish,
for joy that a human being has been born into the world. 22 So also you
have sorrow now, but I will see you again, and your hearts will rejoice,
and no one will take your joy from you. 23 In that day you will ask
nothing of me. Truly, truly, I say to you, whatever you ask of the Father
in my name, he will give it to you. 24 Until now you have asked nothing
in my name. Ask, and you will receive, that your joy may be full.

25 이것을 비유로 너희에게 일렀거니와 때가 이르면 다시는 비유로
너희에게 이르지 않고 아버지에 대한 것을 밝히 이르리라 26 그날에
너희가 내 이름으로 구할 것이요 내가 너희를 위하여 아버지께 구하
겠다 하는 말이 아니니 27 이는 너희가 나를 사랑하고 또 내가 하나님
께로부터[1] 온 줄 믿었으므로 아버지께서 친히 너희를 사랑하심이라

28 내가 아버지에게서 나와 세상에 왔고 다시 세상을 떠나 아버지께
로 가노라 하시니
25 "I have said these things to you in figures of speech. The hour is coming when I will no longer speak to you in figures of speech but will tell you plainly about the Father.
26 In that day you will ask in my name, and I do not say to you that I will ask the Father on your behalf;
27 for the Father himself loves you, because you have loved me and have believed that I came from God.
28 I came from the Father and have come into the world, and now I am leaving the world and going to the Father."

29 제자들이 말하되 지금은 밝히 말씀하시고 아무 비유로도 하지 아
니하시니
30 우리가 지금에야 주께서 모든 것을 아시고 또 사람의 물음을 기다리시지 않는 줄 아나이다 이로써 하나님께로부터 나오심을 우리가 믿사옵나이다
31 예수께서 대답하시되 이제는 너희가 믿느냐
32 보라 너희가 다 각각 제 곳으로 흩어지고 나를 혼자 둘 때가 오나니 벌써 왔도다 그러나 내가 혼자 있는 것이 아니라 아버지께서 나와 함께 계시느니라
33 이것을 너희에게 이르는 것은 너희로 내 안에서 평안을 누리게 하려 함이라 세상에서는 너희가 환난을 당하나 담대하라 내가 세상을 이기었노라
29 His disciples said, "Ah, now you are speaking plainly and not using figurative speech!
30 Now we know that you know all things and do not need anyone to question you; this is why we believe that you came from God."
31 Jesus answered them, "Do you now believe?
32 Behold, the hour is coming, indeed it has come, when you will be scattered, each to his own home, and will leave me alone. Yet I am not alone, for the Father is with me.
33 I have said these things to you, that in me you

may have peace. In the world you will have tribulation. But take heart; I have overcome the world."

1 일부 사본들에는 "아버지께로부터"

단락 개관

너희의 슬픔이 기쁨으로 바뀔 것이다

예수님은 자신이 떠나가야 성령을 보내실 수 있다는 것, 그리고 누가 자신의 사역을 이어받아 그분의 영광을 나타내게 될 것인지 말씀하신다(요 16:4-15). 그런 후 자신이 부활하여 제자들이 기뻐하게 될 것이라고 약속하며 자신의 죽음을 그들에게 준비시키신다(16-22절). 예수님은 그들이 기도를 통해 아버지께 새롭고 더 깊게 나아가게 될 것이라는 말씀을 덧붙이시고(23-28절), 자신이 세상을 이겼으니 담대하라고 명령하신다(29-33절).

16장

단락 개요

VI. B. 8. 너희의 슬픔이 기쁨으로 바뀔 것이다(16:16-33)
- a. 예수님의 죽음과 부활(16:16-22)
- b. 기도를 통해 아버지께 새롭게 나아감(16:23-28)
- c. 예수님이 세상을 이기심(16:29-33)

주석

16:16-22 | 예수님의 죽음과 부활 16-19절에는 "조금 있으면"이라는 말이 일곱 번 나온다. 예수님은 16절에서 이 표현을 처음으로 사용하시고, 제자들은 17-18절에서 이것이 무슨 말씀이냐며 논의하고, 예수님은 19절에서 그들에게 무엇을 논의하고 있느냐고 물으신다(19절). 예수님은 20절에서 이에 대해 좀 더 설명하시고, 21-22절에서는 자신이 말하고자 한 것이 무엇인지 예를 들어 설명하신다.

예수님은 "조금 있으면 너희가 나를 보지 못하겠고 또 조금 있으면 나를 보리라"(16절)는 말씀으로 시작하신다. 이 말씀은 적어도 두 가지 의미로 해석할 수 있다. 하나는 예수님이 하늘로 올라가시므로 제자들이 그분을 보지 못하겠지만, 재림 때 다시 보게 될 것이라는 의미다. 다른 하나는 예수님이 죽어서 장사될 것이므로 제자들이 그분을 보지 못하겠지만, 부활 후에는 다시 보게 될 것이라는 의미다. 이 단락의 나머지 부분을 보면, 두 가지 가능성 중에서 예수님이 어느 쪽을 의도하셨는지 드러난다.

23-28절에서 예수님은 제자들이 그분을 다시 본 후 기도를 통해 아버지께 새롭게 나아가게 될 것이라고 말씀하신다. 제자들이 예수님을 다시 본 후 계속해서 기도하게 된다는 것은 그들의 삶이 계속해서 이어진다는 말이다. 이것은 예수님이 재림하신 후 변화된 상황을 나타내기보다 그분의 죽으심과 부활 이후 변화된 상황에 부합하는 것으로 보인다. 따라서 예수님이 무덤에 있는 동안에는 제자들이 그분을 보지 못하겠지만, 부활 후에는 다시 보게 될 것이라고 말씀하셨을 가능성이 크다. 예수님이 죽은 자 가운데서 살아나시면, 그들은 기뻐할 것이고(22절) 기도를 통해 아버지께 새롭게 나아가게 될 것이다(23-28절). 예수님이 자신의 승천과 재림에 관해 말씀하신 것이 아님을 보여주는 또 하나의 증거는, 이 일들이 "조금 있으면" 일어날 일들이라고 말씀하신 데 있다. 따라서 예수님이 가까운 미래를 염두에 두고 이 말씀을 하셨다고 볼 수 있다.

17-18절에서 제자들은 예수님의 이 말씀에 혼란스러워하며 도대체

무슨 뜻인지 몰라 서로 논의한다. 예수님은 예리한 관찰력 또는 모든 것을 아시는 신적 능력으로 제자들이 혼란스러워한다는 것을 아시고는, 그들에게 자신의 말 때문에 서로 논의하느냐고 물으신다(19절).

그런 후에 예수님은 앞에서 말씀하신 일이 일어날 때 제자들이 어떤 감정을 느끼게 될지 미리 말씀하신다(20절). 이것은 예수님이 자신의 승천과 재림이 아니라 죽으심과 부활에 대해 말씀하고 계심을 확증한다. 제자들은 예수님이 십자가에 못 박히고 장사 되는 것을 보면서 "곡하고 애통할" 것이다. 반면에 세상은 예수님이 죽으신 것을 보고 기뻐할 것이고, 그들의 죄를 드러내던 자를 마침내 제거했다고 생각할 것이다(참고. 계 11:7-10). 예수님은 16:20의 끝부분에서 자신이 죽은 자 가운데서 살아난 후 제자들이 느끼게 될 감정으로 옮겨가신다. 제자들의 슬픔과 근심은 기쁨으로 바뀔 것이다.

16장

예수님은 21-22절에서 자신의 죽음과 부활을 여자의 "해산"에 비유하신다. 임신부가 아기를 낳을 때 산고를 겪는 것처럼 예수님이 십자가에 못 박히실 때 제자들은 큰 고통을 느끼게 될 것이다(21절). 그러나 산모가 갓 태어난 아기를 보며 산고를 잊고 기뻐하는 것처럼 제자들도 예수님이 부활하신 것을 보며 그분이 죽으실 때 느꼈던 고통을 잊고 기뻐하게 될 것이다(21-22절). 제자들이 예수님을 다시 보게 되었을 때 느낄 기쁨은 그 누구도 빼앗을 수 없는 기쁨이다(22절b).

예수님이 "해산"에 관한 비유를 사용하신 이유는 무엇인가? 아기가 태어났을 때 새 생명이 생겨나는 것처럼 예수님의 죽으심과 부활도 세상에 새 생명을 가져다준다. 여자가 창세기 3:16의 저주, 즉 "임신하는 고통"의 저주를 참아내야 하는 것처럼 예수님은 십자가의 심판을 참아내고 부활하심으로 죽음의 저주를 이기실 것이다.

16:23-28 | 기도를 통해 아버지께 새롭게 나아감 예수님은 제자들의 슬픔과 근심이 기쁨으로 변할 것이라고 말씀하신 다음(16:16-22), 자신이 떠나가는 것이 그들에게 여러모로 유익이 될 것임을 보여주신다(23-28절).

예수님이 떠나가시면 그들에게 "또 다른 보혜사"가 올 수 있을 뿐 아니라(7절), 그들이 기도를 통해 아버지께 새롭게 나아갈 수 있는 길도 열리게 된다.

예수님이 "그날에는"(23절) 이런 일이 일어날 것이라고 말씀하셨을 때, "그날"이란 제자들의 슬픔과 근심이 기쁨으로 바뀐 후를 가리키는 것임에 틀림없다(20, 22절). 예수님은 제자들이 그분의 이름으로 기도하는 것에 대해 말씀하시는데, 그 기도는 모두 그분이 떠난 후에 그들이 드리게 될 기도를 가리킨다(14:13-14; 15:16; 16:23-24, 26). 이렇게 예수님은 그분의 죽으심과 부활 이후에 제자들이 그분의 이름으로 기도하며 아버지께 나아가게 될 것이라고 말씀하신다. 그리고 그 연속선상에서 "지금까지는 너희가 내 이름으로 아무것도 구하지 아니했으나 구하라 그리하면 받으리니 너희 기쁨이 충만하리라"(24절)고 말씀하신다.

그리스도의 십자가는 그분을 따르는 자들을 죄에서 깨끗하게 해 주고 하나님의 백성의 구원을 보장한다. 예수님은 양들을 위해 목숨을 버리셨고, 그 양들을 하나하나 호명하며 불러내실 것이다. 예수님은 열매 맺게 하기 위해 제자들을 보내셨고, 그들이 열매 맺기 위해서는 예수님의 이름으로 기도하기, 즉 예수님의 성품과 사명에 부합하게 기도하기가 필수적이다. 예수님은 그들의 기도에 반드시 응답하신다. 예수님은 반드시 그분의 모든 백성을 구원하시고, 그들을 자신의 형상으로 변화시키며 영광으로 인도하실 것이기 때문이다. 예수님은 자기 백성에게 충만한 기쁨, 즉 자신이 갖고 있는 기쁨을 주고자 하신다(24절; 참고. 15:11). 충만한 기쁨은 오직 사랑을 통해 오고, 사랑은 다른 사람들의 유익을 위해 자신을 희생하는 것을 의미한다.

예수님은 자신이 "비유"(16:25)로 말씀해 오셨다는 것을 인정하신다. "비유"는 10:6에서 예수님이 자신을 선한 목자라고 하신 것을 가리키는 데도 사용된 단어다. 예수님이 제자들에게 지금까지 "비유로" 말씀하셨다는 것은, 그분이 십자가에 못 박혀 죽었다가 부활할 것을 명시적으로 말씀하지 않고, 그들이 처음에는 그분을 보지 못하다가 나중에는 보게 될 것이라고 말씀하신 것(16:16), 제자들이 그분을 볼 수 없게 되었을 때 애통해하다가 다시 보고서는 근심이 기쁨으로 바뀌게 될 것이라고 말씀하신 것(20절)을 가리킨다. “해산”의 비유를 사용하신 것도 이에 해당한다(21-22절).

예수님은 비유로 말하는 것을 그치고, 아버지에 대한 것을 공개적으로 말할 때가 올 것이라고 그들에게 약속하신다(25절). 20-21장에서 우리는 예수님이 죽은 자 가운데서 살아나신 후 그렇게 공개적으로 말씀하시는 모습을 어느 정도 보게 될 것이다. 나중에 예수님은 요한계시록에서 가림막을 벗어버리고 장차 무슨 일이 일어날지 요한에게 똑똑히 보여주신다. 누가는 예수님이 부활하신 후 그분을 따르는 자들의 “마음을 열어” 성경을 깨닫게 하셨고(눅 24:45), 승천하실 때까지 그들을 가르치셨다고 기록한다(행 1:3). 또한 예수님은 성령으로 하여금 그분이 말한 것을 생각나게 하시고, 제자들을 모든 진리 가운데로 인도하게 될 것도 염두에 두셨을 수 있다(요 14:26; 16:12-15).

예수님이 떠나가시는 것은 제자들에게 유익이 될 것이다. 그래야 예수님이 그들에게 성령을 보내주실 수 있고(7절), 그들이 예수님의 이름으로 기도하며 아버지께 새롭게 나아갈 수 있으며(23절), 예수님이 그들에게 아버지 하나님에 대해 공개적으로 분명하게 말씀하실 때가 올 것이기 때문이다(25절). 예수님은 그들과 아버지 하나님의 관계가 더 깊고 친밀해질 것이라는 말씀도 하신다(26-27절).

예수님이 26-27절에서 말씀하시는 것은 예수님을 따르는 자들이 그분의 이름으로 기도드릴 때, 아버지께서 친히 들어주실 것임을 가리키는 듯하다. 그들이 기도를 드리면 예수님이 그 기도를 아버지께 올려드려서 응답되는 것이 아니라 그들이 예수님의 이름으로 기도하면 아버지께서 직접 그 기도에 응답해 주신다는 말씀으로 보인다. 예수님은 아버지께서 그들을 사랑하신다고 말씀하며 그 점을 분명히 하신다(27절). 예수님은 아버지께서 그들을 사랑하고 은총을 베푸시는 것은, 그들이 예수님을 사랑하고 그분이 하나님으로부터 오셨음을 믿기 때문이라고 말씀하신다(27절). 요한은 여기에서 다시 한번 아버지께서 먼저 우리를 사랑하셨고(참고.

3:16), 우리가 그분을 사랑하는 것은 그분이 먼저 우리를 사랑하셨기 때문임을 분명히 한다(참고. 요일 4:19). 따라서 요한은 사람들이 아버지 하나님의 사랑을 자기 힘과 노력으로 얻는 것에 대해 말하고 있는 것이 아니다. 신자들이 예수님을 사랑하고 그분의 말씀을 믿기 때문에 은혜 가운데 있게 된 것에 대해 설명하고 있다(참고. 롬 5:1-2). 결국 예수님을 따르는 자들이 그분의 이름으로 드리는 기도에 아버지께서 응답하시는 것은 예수님이 아버지께로 가셨기 때문이다(요 16:26-27). 28절에서 예수님은 자신은 아버지에게서 나와 세상에 왔고, 이제 세상을 떠나서 아버지께로 간다는 말씀으로 자신의 초림을 요약하신다.

16:29-33 | 예수님이 세상을 이기심 제자들은 예수님이 28절에서 분명하게 말씀하시는 것을 듣고서, 29절에서 예수님이 비유가 아니라 분명하게 말씀하고 계신다는 반응을 보인 것 같다. 제자들은 거기에서 한 걸음 더 나아가 28절에서 예수님이 하나님께로부터 와서 하나님께로 돌아간다는 것을 분명하게 말씀하신 것에 근거하여, 30절에서 예수님은 모든 것을 아시는 분이라는 결론을 내린다. 또한 자신들이 알고 싶은 것을 질문하기도 전에(19절) 예수님이 이미 알고 말씀해 주시는 것을 보고, 그분은 누가 물어볼 필요가 없는 분이라는 말을 덧붙인 것으로 보인다. 이런 일들을 통해 제자들은 예수님이 하나님께로부터 오셨다는 것을 확신했다. 요한이 "예수께서 그 묻고자 함을 아시고"(19절)라고 이야기한 것은, 예수님이 예리한 관찰력이 아니라 하나님께로부터 오신 분으로서 갖고 계신 초자연적 지식을 통해 아셨다는 것을 의미하는 것으로 보인다.

13:38에서 예수님은 베드로에게 "네가 나를 위하여 네 목숨을 버리겠느냐"고 반문하신 후, 그가 예수님을 세 번 부인하게 될 것이라고 예고하셨다. 이제 16:31-32에서도 예수님은 제자들에게 "이제는 너희가 믿느냐"고 반문하신 후, 그들 모두가 예수님을 버리게 될 것이라고 예고하신다. 예수님이 하나님께로부터 오셨다는 믿음이 있어도(30-31절) 그들은 각자 목숨을 부지하기 위해 예수님을 버려두고 흩어질 것이다(32절). 하지만 예수

님은 모두가 그분을 버릴지라도, 자신이 "혼자 있는 것이 아니라 아버지께서 나와 함께 계시는" 것을 아신다(32절).

예수님이 기도를 통해 아버지께 말씀하시기 전에 제자들에게 마지막으로 하신 말씀에는, 그분이 13장에서 제자들의 발을 씻어주신 이래로 그들에게 일러주신 모든 내용이 집약되어 있다. 예수님이 13-16장에서 여러 가지 말씀을 하신 것은, 그분을 따르는 자들이 그분 안에서 평안을 누리게 하기 위해서였다(16:33). 예수님은 떠나시지만 그분이 13-16장에서 말씀하신 것을 제자들이 믿는다면, 그들에게 평안이 있을 것이다. 예수님이 경고하셨듯이 그들은 세상에서 환난을 당하게 될 것이다. 그들은 예수님이 직면하셨던 것과 동일한 위험에 직면하게 될 것이다. 그들은 그들에게 정해진 고난을 담당함으로써 그리스도의 남은 고난을 채우게 될 것이다. 예수님은 그들에게 고난도, 싸움도 없는 삶을 약속하지 않으신다. 하지만 자신이 세상을 이겼으니 담대하라고 말씀하신다(16:33).

예수님이 세상을 이기셨다는 것은 무엇을 의미하는가? 그것은 예수님이 모든 점에서 시험을 당하셨지만 죄가 없음을 의미한다(히 4:15). 그것은 예수님이 "죽기까지 [자신의 생명을] 아끼지 아니하셨다"는 의미다(참고. 계 12:11). 그것은 예수님이 "선한 싸움을 싸우고…달려갈 길을 마치고 믿음을 지켰으며," "[그분의] 직무를 다하셨다"는 의미다(참고. 딤후 4:5, 7).

응답

예수님은 제자들에게 그분이 죽은 자 가운데서 살아나신 것을 그들이 볼 때 기뻐할 것이고, 그 기쁨은 아무에게도 빼앗길 수 없는 것이라고 말씀하신다(요 16:22). 원수들은 우리의 재산, 우리가 사랑하는 사람들, 우리의 자유, 우리의 권리, 우리의 일자리를 빼앗아갈 수 있다. 하지만 우리의 기쁨은 빼앗아갈 수 없다. 왜 그러한가? 예수님이 죽은 자 가운데서 살아나셨고, 그것은 그분이 승리하셨음을 의미하기 때문이다. 예수님은 세상을 이기셨다.

예수님이 세상을 이기셨다는 것은 그분을 믿고 그분에게 충성하는 자들도 세상을 이길 수 있음을 의미한다. 예수님이 세상을 이기셨다는 것은 원수들이 신자들을 회당에서 출교하거나 죽이고, 세상이 예수님을 대했던 것과 같이 그들을 대한다고 할지라도, 신자들이 자기 생명을 사랑하지 않고 죽기까지 예수님을 증언하면, "어린양의 피와 자기들이 증언하는 말씀으로써"(계 12:11) 세상을 이길 수 있다는 것을 의미한다. 예수님이 세상을 이기셨다는 것은 이제는 죄가 주장할 수 없고 죽음이 승리할 수 없으며 사탄이 성공할 기회가 없다는 것을 의미한다.

예수님은 제자들에게 아버지께서 친히 그들을 사랑하시어 그들의 기도를 들어주실 것이라고 약속하셨다(요 16:26-27). 우리를 화나게 하고 학대한 사람이 어떤 부탁을 해오면 우리는 어떻게 반응하는가? 그런 사람들에게 보이는 반응과 사랑하는 자녀들에게 보이는 반응을 비교해 보라. 우리는 예수님의 죽으심과 부활로 말미암아 그분의 이름으로 기도를 통해 아버지께 나아갈 수 있는 기회를 충분히 사용하고 있는가? 예수님의 십자가를 통해 가능해진 아버지 하나님과의 친밀한 교제를 충분히 누리고 있는가? 우리가 예수님의 성품과 사명을 따라 기도를 드리면, 아버지께서 친히 듣고 응답해 주실 것이다. 우리는 예수님이 자기 목숨을 버려서 이루신 새 생명의 삶을 살아가고 있는가? 그리스도가 우리를 위해 모든 것을 희생하여 이루신 것들을 충분히 누리고 있는가?

17장

1 예수께서 이 말씀을 하시고 눈을 들어 하늘을 우러러 이르시되 아버
지여 때가 이르렀사오니 아들을 영화롭게 하사 아들로 아버지를 영화
롭게 하게 하옵소서 2 아버지께서 아들에게 주신 모든 사람에게 영생
을 주게 하시려고 만민을 다스리는 권세를 아들에게 주셨음이로소이
다 3 영생은 곧 유일하신 참 하나님과 그가 보내신 자 예수 그리스도
를 아는 것이니이다 4 아버지께서 내게 하라고 주신 일을 내가 이루어
아버지를 이 세상에서 영화롭게 하였사오니 5 아버지여 창세 전에 내
가 아버지와 함께 가졌던 영화로써 지금도 아버지와 함께 나를 영화
롭게 하옵소서

1 When Jesus had spoken these words, he lifted up his eyes to heaven,
and said, "Father, the hour has come; glorify your Son that the Son may
glorify you, 2 since you have given him authority over all flesh, to give
eternal life to all whom you have given him. 3 And this is eternal life,
that they know you the only true God, and Jesus Christ whom you have
sent. 4 I glorified you on earth, having accomplished the work that you
gave me to do. 5 And now, Father, glorify me in your own presence

with the glory that I had with you before the world existed.

6 세상 중에서 내게 주신 사람들에게 내가 아버지의 이름을 나타내었
나이다 그들은 아버지의 것이었는데 내게 주셨으며 그들은 아버지의
말씀을 지키었나이다 7 지금 그들은 아버지께서 내게 주신 것이 다 아
버지로부터 온 것인 줄 알았나이다 8 나는 아버지께서 내게 주신 말씀
들을 그들에게 주었사오며 그들은 이것을 받고 내가 아버지께로부터
나온 줄을 참으로 아오며 아버지께서 나를 보내신 줄도 믿었사옵나
이다

6 "I have manifested your name to the people whom you gave me out
of the world. Yours they were, and you gave them to me, and they have
kept your word. 7 Now they know that everything that you have given
me is from you. 8 For I have given them the words that you gave me,
and they have received them and have come to know in truth that I
came from you; and they have believed that you sent me."

단락 개관

하나님을 아는 것

예수님은 제자들과 가장 중요한 대화를 마치고 나서 이제 성경에서 가장 중요한 기도를 드리신다(요 17:1-26). 이 기도는 성경에 기록된 예수님의 기도 중에서 가장 길다. 예수님은 그분의 삶에서 가장 힘들고 중요한 순간, 즉 배신과 체포, 재판, 십자가 처형을 앞두고 이 기도를 드리신다. 이 기도는 예수님처럼 살고자 하는 자들에게 교훈을 준다. 예수님은 가장 괴롭고

힘든 순간을 앞두고 계셨지만, 자기 자신에 대해서는 완전히 잊고, 아버지 하나님과 자신을 따르는 자들에게 온전히 집중하신다. 1-5절에서는 예수님이 그분을 따르는 자들에게 무엇을 원하셨는지 알 수 있다. 그것은 그들이 하나님을 아는 것이었다. 그런 다음 6-8절에서는 방금 기도하신 대로 그분을 따르는 자들에게 하나님을 알게 해 주신다.

단락 개요

VI. C. 주의 기도(17:1-26)

1. 하나님을 아는 것(17:1-8)

a. 예수님은 자기 백성이 하나님을 알기 원하신다(17:1-5)

b. 예수님이 하나님을 알게 하신다(17:6-8)

17장

주석

17:1-5 | 예수님은 자기 백성이 하나님을 알기 원하신다 예수님은 제자들을 향한 강론을 마치신 후에 아버지께로 눈을 돌려서, "인자가 영광을 얻을 때가 왔도다"(12:23)라고 선언하신 것에 대응되는 내용으로 기도를 드리신다. 12장과 17장에 나오는 "때"에 대한 언급들, 그리고 12:28("아버지여, 아버지의 이름을 영광스럽게 하옵소서")과 17:1("아버지여…아들을 영화롭게 하사")의 기도는 13-16장을 앞뒤로 둘러싸는 역할을 한다. 한 알의 밀이 땅에 떨어져서 죽어야 열매를 맺을 수 있다는 말씀(12:24), 세상에 대한 심판과 이 세상의 임금이 쫓겨날 것에 대한 말씀(12:31), 자신이 들린 후에 모든 사람을 자신에게로 이끌겠다는 말씀(12:32)으로 예수님이 "자기가 어떠한 죽음

으로 죽을 것을 보여주신" 것(12:33)에서 알 수 있듯이, 12:23-28에 언급된 "때"와 "영광"은 십자가를 염두에 두신 것이 분명하다. 따라서 12:28과 17:1에 언급된 "영광"은 십자가에서 나타나게 될 영광이다.

예수님이 삶에서 가장 극심한 압박감과 고통에 직면했을 때 보이신 반응은 "아들을 영화롭게 하사 아들로 아버지를 영화롭게 하게 하옵소서"(1절)라고 아버지께 기도하는 것이었다. 이 일은 어떤 식으로 이루어지는가? 지금 예수님은 아버지께 십자가에서 자신을 영화롭게 해달라고 기도하신 것이다(참고. 13:31-32). 어떻게 예수님이 십자가에서 영화롭게 되실 수 있다는 것인가? 십자가는 아버지 하나님의 극심한 진노를 충족시켜서 하나님의 무한하신 존귀와 위엄과 권위와 정의를 견고히 세울 능력이 예수님에게 있다는 것을 나타낼 수 있다. 예수님이 모든 시대와 모든 곳에서 모든 사람들이 지은 모든 죄에 부어지는 아버지 하나님의 정의를 충족시키신다면, 그분의 존귀하심이 아버지 하나님의 존귀하심과 동등하다는 것이 증명되기 때문이다.

십자가는 예수님의 무한한 존귀하심뿐 아니라 무한한 사랑도 드러낸다. 예수님은 자기 자신이 아니라 자기 백성이 아버지의 거룩하심을 범하여 아버지의 진노를 온몸으로 받아내신 것이기 때문이다. 예수님이 자기 백성의 죄에 대한 하나님의 진노를 대신 받으신 것은 그들을 사랑하시기 때문이다. 예수님은 자기 자신이 아니라 다른 사람들을 위해 그렇게 하신다.

예수님은 아버지께서 자신을 영화롭게 하여 자신이 아버지를 영화롭게 할 수 있게 해달라고 기도하신다. 어떻게 예수님의 죽으심이 아버지를 영화롭게 해드린다는 것인가? 십자가가 아버지를 영화롭게 해드릴 수 있는 것은 하나님이 스스로 하신 말씀을 반드시 지키신다는 것이 십자가에서 증명되기 때문이다. 하나님은 인간에게 죄를 지으면 반드시 죽을 것이라고 말씀하셨고, 그 말씀이 참되어 그대로 이루어지는 것을 십자가에 보여주셨다. 사람들은 흔히 어떤 규칙을 세워 놓았더라도 상황이 여의치 않으면 규칙을 어긴다. 하지만 하나님은 자신이 세운 규칙을 절대로 어기지 않으시고, 어떤 일이 있더라도 경계를 변경하지 않으시며, 절대로 말을 바꾸지 않으신다. 십자가는 바로 그것이 사실임을 보여준다. 하나님은 자신의 거룩함을 지키기 위해 자기 아들을 아끼지 아니하시고 우리 모두를 위해 기꺼이 내어주셨다(롬 8:32).

하나님이 그분의 거룩함을 나타내신 것은 자기 백성을 향한 무한한 사랑을 나타내신 것이기도 하다. 백성들의 죄를 반드시 벌하셔야 했기 때문에 그리스도를 화목제물로 내어놓으신 것이다(롬 3:25-26). 하나님이 십자가에서 예수님을 영화롭게 하셨기 때문에 그분의 백성들은 자기 죄로 인한 형벌에서 구원받을 수 있었다.

요한복음 17:1과 2절은 논리적으로 아름답게 연결되어 있다. 예수님은 방금 1절에서 아버지께서 십자가에서 자신을 영화롭게 해달라고 기도하셨고, 이제 2절에서는 자신이 왜 영화롭게 되고자 하는지, 영화롭게 되어 무엇을 이루고자 하는지를 말씀하신다. 예수님이 영화롭게 되고자 하는 이유는 아버지께서 "만민을 다스리는 권세를 아들에게 주셨기" 때문이다. 이 대목의 논리는 이런 것이다. 아버지께서 예수님에게 만민을 다스리는 권세를 주셨다. 그래서 예수님은 그들을 위해 목숨을 내어놓기를 원하신다. 예수님은 다스리시는 분이고, 그분의 권세 아래 있는 이들을 위해 자기 목숨을 바치기를 원하시는 것이다.

예수님이 아버지께 십자가에서 자신을 영화롭게 해 주시기를 바라는 이유는 모든 권세가 그분에게 있기 때문이고, 십자가에서 영화롭게 됨을 통해 이루고자 하는 목적은 아버지께서 자신에게 주신 모든 사람들에게 영생을 주려는 데 있다(2절). 예수님은 죄에 대한 죽음의 형벌을 자신의 죽음으로 갚으실 것이기 때문에 그들에게 영생을 주실 수 있다. 예수님은 누구에게 영생을 주고자 하시는가? 아버지께서 자신에게 주신 모든 자들이다. 6:37에서 예수님은 아버지께서 주신 사람은 모두 자신에게로 올 것이고, 39절에서는 아버지의 뜻은 아버지께서 주신 사람들 중에서 자신이 단 한 명도 잃지 않는 것이라고 말씀하셨다. 10:27-29에서는 그분의 양들은 그분의 음성을 듣고, 그분은 그들에게 영생을 주며, 그들은 멸망하지 않을 것이고, 아무도 그들을 그분에게서 빼앗을 수 없는데, 그것은 그들을 그분에게 주신 아버지께서 만물보다 커서 아무도 그들을 아버지의 손에서 빼앗아갈 수 없기 때문이라고 말씀하셨다. 예수님은 요한복음 17장에서 반복해서 이 사람들을 언급하신다(2, 6, 9절; 참고. 18:9).

예수님은 자기 백성에게 영생을 주고자 하시고, 영생은 하나님과 하나님이 보내신 자신을 아는 것이라고 정의하신다(17:3). 예수님이 십자가로 가신 것은 자기 백성으로 하여금 하나님을 알게 하시기 위해서였다. 예수님은 자기 백성들이 스스로를 위해 구하는 것보다 더 좋은 것을 구하신다.

예수님은 4절에서 아버지께서 하라고 주신 일을 완수함으로써 아버지를 영화롭게 했다고 말씀하신다. 예수님은 온전히 신실하셨다. 모든 일에서 결코 아버지를 실망시키지 않았고 아버지의 뜻을 이루어 드렸다. 그리하여 아버지가 그분에게 가장 중요하다는 것을 증명하셨다. 아버지께서 하라고 주신 일들을 완수했다는 것은 아버지가 그분에게 가장 중요하기 때문에 그 어떤 일도 그 일에 방해가 될 수 없었음을 의미한다. 그 일을 완수한 예수님은 이제 아버지 옆으로 돌아가서(5절) 아버지의 영광에 영원히 참여하게 될 것이다.

17:6-8 | 예수님이 하나님을 알게 하신다 예수님은 아버지께서 주신 사람들에게 자신이 아버지의 이름을 나타냈다고 말씀하신다(6절). 앞에서 예수님은 자신을 본 자들은 아버지를 보았다고 말씀하셨다(12:45; 14:9). 이것은 예수님이 이 땅에서 그렇게 사셨다는 것을 의미한다. 예수님은 온전히 아버지의 성품과 뜻을 나타내는 삶을 사셨다. 그런 의미에서 예수님은 아버지의 이름을 나타내셨지만, 또 다른 두드러진 방식으로도 아버지의 이름을 나타내셨다. 예수님은 요한복음 전체에 걸쳐서 자신을 지칭할 때, 하나님이 불붙은 가시덤불에서 모세에게 나타나 자신이 누구인지를 알려주기 위해 말씀하신 "스스로 있는 자"라는 이름을 사용하셨다.[45]

45 여기에 인용한 다섯 개의 본문은 필자가 직접 번역했다.

- "그러나 그가 그들에게 나는 스스로 있는 자이니 두려워하지 말라 고 하셨다"(6:20, 개역개정은 "이르시되 내니 두려워하지 말라 하신대").
- "나는 너희에게 너희가 너희 죄 가운데서 죽을 것이라고 말하였노라 만일 너희가 내가 스스로 있는 자라는 것을 믿지 않는다면 너희는 너희 죄 가운데서 죽으리라"(8:24, 개역개정은 "내가 너희에게 말하기를 너희가 너희 죄 가운데서 죽으리라 하였노라 너희가 만일 내가 그인 줄 믿지 아니하면 너희 죄 가운데서 죽으리라").
- "너희가 인자를 든 후에 내가 스스로 있는 자라는 것을 알리라"(8:28, 개역개정은 "너희가 인자를 든 후에 내가 그인 줄을 알고").
- "진실로 진실로 내가 너희에게 이르노니 아브라함이 나기 전부터 나는 스스로 있느니라"(8:58, 개역개정은 "진실로 진실로 너희에게 이르노니 아브라함이 나기 전부터 내가 있느니라").
- "일이 일어나기 전에 내가 지금 너희에게 이것을 말하는 것은 일이 일어났을 때에 내가 스스로 있는 자라는 것을 너희로 믿게 하기 위해서다"(13:19, 개역개정은 "지금부터 일이 일어나기 전에 미리 너희에게 일러둠은 일이 일어날 때에 내가 그인 줄 너희가 믿게 하려 함이로라").

17:12에서 예수님은 아버지께서 주신 아버지의 이름으로 자기 백성을 지켰다고 말씀하신다. 이것은 아버지께서 아들에게 생명을 주어 그분 안에 있게 하신 것처럼(5:26), 그분의 이름도 아들에게 주신 것을 가리키는 것으로 보인다. 이 모든 것은 요한이 1:18에서 "본래 하나님을 본 사람이 없으되 아버지 품속에 있는 독생하신 하나님이 나타내셨느니라"고 선언한 것을 설명해 준다.

예수님은 자신을 따르는 자들에게 자신의 성품과 목적을 알게 해 주시고, 모든 삶을 아버지의 뜻대로 사는 가운데 아버지께서 자신을 보내면서 하라고 하신 모든 일을 이루심으로써(17:4) 아버지의 이름을 그들에게 나타내셨고 그들로 하여금 아버지를 알게 하셨다. 예수님은 아버지께서 그들을 자신에게 주시기 전에 그들이 아버지의 소유였음을 인정하신다.

이것은 아버지께서 그들을 세상에서 구별하여 자기 백성으로 삼으신 후 예수님에게 맡기셨음을 의미하는 것으로 보인다. 예수님은 이런 일이 실제로 일어났음을 보여주는 증거로 무엇을 제시하시는가? 예수님은 그들이 하나님의 말씀을 지킨 것이 그 증거라고 말씀하신다.

예수님은 제자들에게 준 말씀을 그들이 지켰다는 것을 아시기 때문에(참고. 8절), 7절에서 말씀하신 삼위일체에 관한 심오한 진리를 그들이 알 수 있다고 말씀하실 수 있었다. "지금 그들은 아버지께서 내게 주신 것이 다 아버지로부터 온 것인 줄 알았나이다." 아버지께서는 심판과 권세를 아들에게 맡기셨다(5:22, 27). 아버지께서는 아들에게 생명을 주어 아들 안에 있게 하셨다(5:26). 아버지께서는 아들에게 하실 일들을 주셨고(5:36), 아들은 그 모든 일을 완수하셨다(17:4). 아버지는 자기 이름을 아들에게 주셨고(12절), 아들은 반복해서 자신을 그 이름으로 지칭하셨다(6:20; 8:24, 28, 58; 13:19).

또한 17:8에서 예수님은 아버지께서 진리인 "말씀들"을 주어 가르치게 하셨다고 말씀하신다. 예수님은 아버지께서 가르치기를 원하시는 것들을 가르치셨다(7:16, 28; 참고. 5:30; 6:38). 제자들은 아버지께서 예수님에게 주어 가르치라고 하신 말씀들을 예수님으로부터 듣고 받아들여 지켰는데(17:8), 그것은 바로 하나님의 말씀이었다(6절). 그들이 예수님의 말씀을 받아들인 이유는 예수님이 하나님께로부터 오신 것을 믿었기 때문이다. 앞에서도 예수님은 하나님이 보내신 이를 믿는 것이 바로 하나님의 일이라고 말씀하셨다(6:29).

응답

우리는 진정으로 무엇을 원하는지 알지 못하지만, 예수님은 우리에게 무엇이 가장 필요한지를 아신다. 예수님은 우리에게 가장 좋은 것을 주고자 하신다. 즉 하나님을 계시하시고, 하나님의 이름을 나타내시고, 복음서들에 나와 있는 예수님을 통해 하나님의 성품과 계획과 역사를 분명하게 보게 하신다. 하나님을 아는 것은 가장 좋고 만족스럽고 영원하고 지속적이며 언제나 틀림이 없다. 또한 우리가 변화되고 삶을 긍정적으로 받아들이며 죽음을 물리치고 세상을 이기는 것이다. 죄사함을 받고 흠 없이 깨끗해지고 거룩함을 배우며 생명을 얻는 것이기도 하다.

예수님은 아버지께서 자신에게 주신 자들은 아버지 하나님의 말씀을 지킨다고 말씀하셨다(17:6). 우리가 세상에 속했는지, 아니면 아버지 하나님과 그분의 아들 그리스도께 속했는지를 알고 싶은가? 우리는 하나님의 말씀을 지키고 있는가? 이 일은 절대적인 완벽함을 요구하지 않는다. 말씀을 지키지 못했을 때 회개하는 것도 하나님의 말씀을 지키는 일의 일부다. 우리는 하나님의 말씀을 사랑하는가? 예수님께 영생의 말씀이 있다고 한 베드로의 고백에 공감하는가? 하나님의 말씀이 우리의 길을 비추는 빛이고, 우리가 절망할 때 소망이 되고, 연약할 때 힘이 되며, 곤경에 처했을 때 도움이 되고, 우리의 잘못을 고쳐주며, 우리의 모든 슬픔을 능가하는 기쁨이라는 것을 아는가? 하나님의 말씀이 있다는 것은 얼마나 큰 복인가!

[9] 내가 그들을 위하여 비옵나니 내가 비옵는 것은 세상을 위함이 아
니요 내게 주신 자들을 위함이니이다 그들은 아버지의 것이로소이다
[10] 내 것은 다 아버지의 것이요 아버지의 것은 내 것이온데 내가 그들
로 말미암아 영광을 받았나이다 [11] 나는 세상에 더 있지 아니하오나
그들은 세상에 있사옵고 나는 아버지께로 가옵나니 거룩하신 아버지
여 내게 주신 아버지의 이름으로 그들을 보전하사 우리와 같이 그들
도 하나가 되게 하옵소서 [12] 내가 그들과 함께 있을 때에 내게 주신 아
버지의 이름으로 그들을 보전하고 지키었나이다 그중의 하나도 멸망
하지 않고 다만 멸망의 자식뿐이오니 이는 성경을 응하게 함이니이다
[13] 지금 내가 아버지께로 가오니 내가 세상에서 이 말을 하옵는 것은
그들로 내 기쁨을 그들 안에 충만히 가지게 하려 함이니이다 [14] 내가
아버지의 말씀을 그들에게 주었사오매 세상이 그들을 미워하였사오
니 이는 내가 세상에 속하지 아니함 같이 그들도 세상에 속하지 아니
함으로 인함이니이다 [15] 내가 비옵는 것은 그들을 세상에서 데려가시
기를 위함이 아니요 다만 악에[1] 빠지지 않게 보전하시기를 위함이니
이다 [16] 내가 세상에 속하지 아니함 같이 그들도 세상에 속하지 아니

하였사옵나이다 17 그들을 진리로 거룩하게 하옵소서[2] 아버지의 말
씀은 진리니이다 18 아버지께서 나를 세상에 보내신 것 같이 나도 그
들을 세상에 보내었고 19 또 그들을 위하여 내가 나를 거룩하게 하오
니[3] 이는 그들도 진리로 거룩함을 얻게[4] 하려 함이니이다

9 "I am praying for them. I am not praying for the world but for those
whom you have given me, for they are yours. 10 All mine are yours, and
yours are mine, and I am glorified in them. 11 And I am no longer in the
world, but they are in the world, and I am coming to you. Holy Father,
keep them in your name, which you have given me, that they may be
one, even as we are one. 12 While I was with them, I kept them in your
name, which you have given me. I have guarded them, and not one
of them has been lost except the son of destruction, that the Scripture
might be fulfilled. 13 But now I am coming to you, and these things I
speak in the world, that they may have my joy fulfilled in themselves.
14 I have given them your word, and the world has hated them because
they are not of the world, just as I am not of the world. 15 I do not ask
that you take them out of the world, but that you keep them from the
evil one. 16 They are not of the world, just as I am not of the world.
17 Sanctify them in the truth; your word is truth. 18 As you sent me into
the world, so I have sent them into the world. 19 And for their sake I
consecrate myself, that they also may be sanctified in truth.

20 내가 비옵는 것은 이 사람들만 위함이 아니요 또 그들의 말로 말미
암아 나를 믿는 사람들도 위함이니 21 아버지여, 아버지께서 내 안에,
내가 아버지 안에 있는 것 같이 그들도 다 하나가 되어 우리 안에 있
게 하사 세상으로 아버지께서 나를 보내신 것을 믿게 하옵소서 22 내
게 주신 영광을 내가 그들에게 주었사오니 이는 우리가 하나가 된 것

같이 그들도 하나가 되게 하려 함이니이다 23 곧 내가 그들 안에 있고 아버지께서 내 안에 계시어 그들로 온전함을 이루어 하나가 되게 하려 함은 아버지께서 나를 보내신 것과 또 나를 사랑하심 같이 그들도 사랑하신 것을 세상으로 알게 하려 함이로소이다 24 아버지여 내게 주신 자도 나 있는 곳에 나와 함께 있어 아버지께서 창세전부터 나를 사랑하시므로 내게 주신 나의 영광을 그들로 보게 하시기를 원하옵나이다 25 의로우신 아버지여 세상이 아버지를 알지 못하여도 나는 아버지를 알았사옵고 그들도 아버지께서 나를 보내신 줄 알았사옵나이다 26 내가 아버지의 이름을 그들에게 알게 하였고 또 알게 하리니 이는 나를 사랑하신 사랑이 그들 안에 있고 나도 그들 안에 있게 하려 함이니이다

20 "I do not ask for these only, but also for those who will believe in me through their word, 21 that they may all be one, just as you, Father, are in me, and I in you, that they also may be in us, so that the world may believe that you have sent me. 22 The glory that you have given me I have given to them, that they may be one even as we are one, 23 I in them and you in me, that they may become perfectly one, so that the world may know that you sent me and loved them even as you loved me. 24 Father, I desire that they also, whom you have given me, may be with me where I am, to see my glory that you have given me because you loved me before the foundation of the world. 25 O righteous Father, even though the world does not know you, I know you, and these know that you have sent me. 26 I made known to them your name, and I will continue to make it known, that the love with which you have loved me may be in them, and I in them."

1 또는 "악한 자로부터"

2 헬라어 본문에는 (하나님에 대한 거룩한 섬김을 위해) "구별하옵소서"

3 또는 "내가 나를 성별하오니" 또는 (하나님에 대한 거룩한 섬김을 위해) "내가 나를 구별하오니"
4 헬라어 본문에는 (하나님에 대한 거룩한 섬김을 위해) "구별되게"

단락 개관

예수님이 하나 됨과 영광을 위해 기도하신다

예수님은 지금까지 기도하시는 가운데(요 17:1-8) 제자들이 하나님을 알게 되기를 원한다고 말씀하신 후, 자신이 아버지께서 주신 자들로 하여금 아버지를 알게 했다고 고백하셨다. 이제 9-26절에서 예수님은 제자들이 하나가 되어 그분의 영광을 보게 해달라고 기도하신다. 9-19절에서는 제자들을 위해 기도하시고, 20-23절에서는 제자들을 통해 믿게 될 자들을 위해 기도하시며, 24-26절에서는 자기 백성이 그분의 영광을 보게 되기를 기도하신다.

단락 개요

VI. C. 2. 예수님이 하나 됨과 영광을 위해 기도하신다(17:9-26)
- a. 예수님이 자신의 제자들을 위해 기도하심(17:9-19)
- b. 예수님이 장차 제자들을 통해 믿게 될 자들을 위해 기도하심(17:20-23)
- c. 예수님께서 자기 백성이 그분의 영광을 보게 되기를 기도하심(17:24-26)

주석

17:9-19 | 예수님이 자신의 제자들을 위해 기도하심 예수님은 자기 백성을 사랑하신다. 예수님은 양들을 위해 자기 목숨을 버리는 "선한 목자"시다(10:14-15). 바울은 에베소서 5:25에서 "그리스도께서 교회를 사랑하시고 그 교회를 위하여 자신을 주[셨다]"고 말한다. 이러한 진리의 연속선상에서 예수님은 지금 그들을 위해 기도하는 것이지 세상을 위해 기도하는 것이 아님을 분명하게 말씀하신다(9절). 예수님이 이 기도에서 세상을 배제하신 것은 다소 의외다. 하지만 성경은 예수님이 아버지께서 그분에게 주신 자들, 즉 믿는 자들에 대해 남편과 같이 특별하고 헌신된 사랑을 갖고 계심을 보여준다.

10절에서 예수님은 믿는 자들이 자신과 아버지 하나님의 것이고, 자신이 그들로 말미암아 영광을 받는다고 말씀하신다. 그런 후 예수님은 앞서 제자들에게 자신이 떠나가고 나면 그들에게 성령을 보내어 그들과 함께 있게 하겠다고 약속하신 것처럼(16:7; 14:15-17), 이제 떠나실 때가 가까워지자 제자들을 보전하고 지켜달라고 아버지께 기도하신다. 성자는 성령을 보내주겠다고 약속하시고, 아버지께 그들을 보전하고 지켜달라고 기도하신다. 여기에서 우리는 삼위일체 하나님의 세 위격이 하나님 백성의 구원과 보전을 위해 한 치의 빈틈도 없이 합력하여 일하시는 모습을 본다.

구체적으로 말하자면, 예수님은 아버지께서 자신에게 주신 아버지의 이름으로 그들을 보전하고 지켜달라고 기도하신다(17:11). 예수님과 아버지 하나님이 한 이름을 공유하고 계신다는 사실은 두 분이 하나시라는 것, 서로 연합되어 계심을 보여준다. 삼위일체 하나님, 즉 세 위격 간의 이러한 하나 됨은 예수님이 제자들의 하나 됨을 위해 아버지께 기도하는 토대가 된다. "우리와 같이 그들도 하나가 되게 하옵소서"(11절). 이러한 하나 됨은 자기 이름을 예수님에게 주신 아버지 하나님의 너그러우심에서 비롯된다. 따라서 예수님이 제자들의 하나 됨을 위해 기도하실 때, 그 하나 됨은 예수님이 하나님의 성품을 반영하여 자신과 하나님의 공동목적과 과업을 이루기 위해 자신을 내어주시는 사랑에 나타난 하나님의 너그러우심을 보여준다. 예수님을 따르는 자들도 동일한 것을 원하기 때문에 하나님이 영광받으시도록 서로를 위해 자신을 희생한다.

아버지 하나님과 예수님과 성령은 아버지께서 예수님에게 주신 모든 사람을 구원하는 목적을 위해 하나가 되어 일하신다. 아버지께서는 그들을 예수님에게 주셨고, 예수님은 아버지께서 자신에게 주신 말씀을 그들에게 주어 그들로 하여금 구원을 얻게 하셨다. 예수님은 이제 자신이 떠난 후 아버지께서 그들을 지켜주기를 바라며 그들을 위해 기도하신다.

예수님은 12절에서 자신이 그들과 함께 있는 동안에는 그들을 성공적으로 지켜오셨기 때문에 가룟 유다 외에 아무도 잃지 않았다고 말씀하신다. 예수님이 유다를 "멸망의 자식"으로 지칭하신 것은 그가 "위로부터"(참고. 3:3의 난외주) 난 자가 아니었음을 보여준다. 따라서 유다는 하나님 나라의 백성이나 하나님의 자녀가 아니었다(참고. 1:12). 유다가 거듭나지 않았고, 예수님이 그를 보전하거나 지키지 않으신 것은 "성경을 응하게 하기" 위해서였다(17:12). 따라서 예수님은 유다를 구원으로 택하신 것이 아니었다. 그가 떨어져나가 멸망한 것을 보고, 하나님의 택하심을 받아 그분의 자녀가 된 자들도 떨어져나가 멸망할 수 있다는 뜻으로 해석하면 안 된다.

유다의 배신은 어떻게 성경을 성취하는가? 하나님은 그 목적을 미리 말씀하셨고 수단도 미리 정해 놓으셨다. 즉 성경은 하나님이 그리스도를 죽음에 넘겨주고자 하시는 데 유다가 그 수단이 될 것이라고 말한다. 하나님은 이 모든 일을 주관하여 이루어지게 하신다. 하지만 유다는 자신의 행위를 스스로 자유롭게 선택했다. 아무도 그에게 그 일을 강요하지 않았다. 유다는 자신이 선택해서 행한 일에 책임이 있다. 여기에서 우리는 또다시 하나님의 주권 및 인간의 책임과 관련된 역설을 본다.

예수님은 13절에서 자신이 떠나가기 전 이 세상에 있을 때 이 기도를 하는 이유를 설명하신다. 그것은 제자들이 그분의 기쁨을 그들 안에 충만히 가지도록 하기 위해서다. 예수님이 갖고 계시는 기쁨은 그분과 아버지가 성품과 목적과 자신을 내어주는 사랑에서 하나 되신 데서 온다. 예수님은 자신을 따르는 자들이 그런 기쁨을 누리며 살기를 원하신다. 그런 기쁨은 그들이 하나님을 닮은 자들이 되어, 다른 사람들을 위해 자신을 희생하고, 자신은 낮추고 다른 사람들을 높이며, 다른 사람들을 죄의 형벌에서 자유롭게 해 주기 위해 그들의 고통을 대신 짊어지고 살 때에만 누릴 수 있다. 예수님이 갖고 계시는 기쁨은 성품과 목적, 헌신과 삶에서 하나님과 하나 되는 데서 온다. 그래서 예수님은 자신을 따르는 자들도 그렇게 살아서 자신이 갖고 있는 기쁨이 그들 속에서도 충분하게 해달라고 기도하신다.

14-16절에서 예수님은 자기 백성과 세상을 구별하는 것이 무엇인지 말씀하신다. 그것은 하나님의 말씀이다. 예수님은 자기 백성에게 말씀을 주셨고, 그분을 따르는 자들은 그 말씀을 받아들임으로써 세상이 행하는 것과 다르게 생각하고 살아가고 존재하게 되었다. 말씀으로 말미암아 세상과 다르게 살게 된 그들은 이제 더 이상 세상의 생각과 행위와 삶의 방식에 동의하지 않고, 세상에 속하지 않은 자들이 되었기 때문에(14c, 16절) 예수님과 마찬가지로 세상으로부터 미움을 받는다(14절a, b).

예수님은 그들이 세상에서 살아가면서 박해와 환난과 어려움을 당하지 않도록 그들을 세상에서 데려가 주시기를 기도하는 게 아니라 그들을 사탄과 악으로부터 지켜 주시기를 기도하는 것임을 분명히 하신다(15절). 즉 그들을 세상 밖으로 데려가 달라는 게 아니라 이 세상 가운데서 보전하고 지켜달라고 아버지께 기도하신 것이다. 예수님은 그들이 자신처럼 세상에 속하지 않은 삶을 살게 되기를 바라신다(16절).

예수님은 앞에서 그분이 제자들에게 주신 말씀으로 그들이 세상에 속하지 않게 되었다고 말씀하신 것처럼(14절), 17절에서는 진리인 아버지의 말씀으로 그들이 거룩해지고 성별되어 이 세상에서 계속 거룩하게 살아갈 수 있게 해달라고 아버지께 기도하신다. 예수님은 제자들이 이 세상에서 악에 빠지지 않고 살아가려면 어떻게 해야 한다고 말씀하시는가? 아버지께서 진리인 아버지의 말씀으로 그들을 거룩하게 하시면 그들이 그런 삶을 살아갈 수 있다고 말씀하신다.

예수님은 또다시 자신과 제자들 간의 유사성을 설명하신다. 예수님은 아버지의 품속에 계시다가 아버지의 보내심을 받고 이 땅에 오셔서 그들에게 아버지를 알리셨다(1:18). 사랑하시는 제자는 예수님의 품속에 있었고(13:23), 아버지께서 예수님을 보내셨듯이 예수님도 제자들을 보내신다(17:18).

예수님은 19절에서 "내가 나를 거룩하게 하[였다]"라고 다시 한번 말씀하신다. 제자들을 위해 자신을 구별하여 거룩한 삶과 그들의 죄를 짊어지고 죽는 죽음에 내어주셨다는 것이다. 그리고 예수님이 제자들을 위해 자신을 구별하여 그렇게 하신 덕분에 그들은 진리로 거룩하게 될 수 있었다. 그리스도가 자신을 구별하여 십자가를 지셨기 때문에 그분의 백성은 죄에서 깨끗하게 되고 선한 일들을 위해 구별되어 예수님처럼 세상으로 나가서 하나님의 사랑을 전하고, 죄악된 반역자들이 회개와 믿음을 통해 거룩하신 하나님과 화해할 수 있다는 복된 소식을 전할 수 있게 되었다.

17:20-23 | 예수님이 장차 제자들을 통해 믿게 될 자들을 위해 기도하심

예수님은 지금까지 제자들을 위해 기도해 오셨지만, 20절부터는 제자들의 증언을 통해 그분을 믿게 될 자들을 위해 기도하신다. 예수님은 아버지께서 그분을 보내셨던 것처럼 제자들을 세상으로 보내시고(18절), 제자들이 그분의 말씀으로 말미암아 세상에 속하지 않은 자들이 되었듯이(14절), 다른 사람들도 제자들이 전한 말씀으로 세상에 속하지 않은 자들이 되리라는 것을 아신다(20절).

제자들이 전한 말씀으로 말미암아 믿게 될 자들을 위해 예수님은 무슨 기도를 하시는가? 제자들을 위해 기도하셨던 것과 동일하게, 하나 됨과 연합과 일치가 그들을 통해 믿게 될 자들에게도 있게 되기를 기도하신다(21절a). 여기에서도 또다시 예수님이 그들을 위해 기도하시는 하나 됨의 토대는 그분과 아버지 하나님 간의 하나 됨이다. 예수님은 자신과 아버지 하나님이 서로 안에 있어 정체성과 본성과 목적을 공유하는 것처럼 그분을 믿는 자들도 믿음으로 말미암아 그들 안에 내주하시는 성령을 통해 서로 하나가 되고 성부 및 성자와 하나가 되게 해달라고 기도하신다(21절b).

예수님은 그분을 믿는 자들이 하나 되게 하려는 데는 매우 중요한 목적이 있다고 말씀하신다. 그 목적이란 "세상으로 아버지께서 나를 보내신 것을 믿게 하기" 위한 것이다(21절c). 예수님은 그분을 따르는 자들이 하나가 되어 세상에 속하지 않은 삶을 살게 될 때, 그분을 믿지 않던 세상이 그것을 보고서 그분이 아버지께로부터 왔음을 믿게 될 것이라고 말씀하신다. 이것은 교회가 하나 되었을 때 세상이 교회가 전하는 것이 참된 것임을 믿게 되리라고 예수님이 생각하셨음을 보여준다.

예수님이 아버지께서 자신에게 주신 영광이라고 말씀하신 것(22절)은 아버지께서 그분에게 아버지의 본성과 정체성을 주셨고, 예수님은 그것을 그들에게 계시하여 아버지의 영광을 나타내심을 의미하는 것으로 보인다(참고. 1:14, 18). 우리는 요한복음을 연구해오면서, 아버지 하나님의 영광은 예수님이 십자가를 지심으로 나타낸 아버지 하나님의 정의와 자비, 그리고 거기에 집약된 영광이라는 것을 보았다.

예수님이 이 영광을 그분을 따르는 자들에게 주셨다는 것은 무슨 뜻인가? 성령이 죄와 의와 심판을 드러내시고(16:8-11), 예수님이 아버지의 영광을 드러내실 때, 정의와 옳고 그름에 대한 사람들의 개념이 변화된다. 무엇이 옳은 것인지와 관련해서 하나님이 하신 말씀에 동의하기 시작하고, 하나님의 영광이 계시될 때 거룩함에 대한 우리의 이해가 바뀐다. 그런 과정을 통해 자비, 죄 용서, 구원에 대한 이해에 혁명이 일어난다. 따라서 예수님이 아버지께서 자신에게 주신 영광을 제자들에게 주었다고 말씀하신 것은, 그리스도께서 십자가에서 죽으심으로써 아버지 하나님의 정의와 자비를 나타내실 때 예수님을 믿는 자들이 그것을 보고 하나가 될 것임을 의미한다고 볼 수 있다(17:22).

제자들이 하나 되게 해달라고 예수님이 기도하신 목적이 복음 전도에 있었듯이(21절), 22절과 23절의 처음 부분에서 그분을 따르는 자들이 하나가 되게 해달라고 기도하시는 목적도 복음 전도에 있다. 제자들은 예수님 안에 있다(23절a). 아버지 하나님은 예수님 안에 있다(23절b). 이렇게 신자들과 그리스도의 하나 됨은 신자들 서로 간의 하나 됨을 낳는다(23절c). 이 하나 됨의 목적은 세상으로 하여금 하나님이 진정으로 예수님을 보내셨다는 것(23절d)과 예수님을 사랑하셨듯이 자기 백성을 사랑하셨음(23절e)을 알게 하는 것이다.

하나님이 예수님을 사랑하셨듯이 우리를 사랑하신다는 것은 우리가 전혀 생각하지 못한 하나님의 은혜다! 예수님은 하나님의 온전한 사랑을 받으실 자격이 있다. 하지만 우리는 그럴 자격이 전혀 없다. 아버지께서 예수님을 사랑하시듯이 우리를 사랑하시는 것은 오직 우리가 믿음으로 말미암아 성령을 통해 그리스도와 하나가 되었기 때문이다. 그런 사랑을 경험하는 자들은 변화될 수밖에 없고, 그런 변화를 경험한 자들은 세상이 알아볼 것이다. 세상은 하나님의 백성이 하나님의 사랑으로 변화되어 하나 된 것을 보았을 때, 하나님이 예수님을 보내셨음을 알게 될 것이다.

17:24-26 | 예수님께서 자기 백성이 그분의 영광을 보게 되기를 기도하심

24절에서 예수님은 자신이 14:1-3에서 약속한 것을 이루어달라고 기도하신다. 거기에서 예수님은 자신이 제자들이 거할 곳을 마련하기 위해 가셨다가 다시 돌아와 그들을 데려가서 함께 있게 하겠다고 말씀하셨다. 이제 17:24에서 예수님은 자기 백성이 자신이 있는 곳에 자신과 함께 있게 하여, 아버지께서 창세전에 아들에게 주신 무한한 영광을 그들도 누릴 수 있게 해달라고 기도하신다.

이것은 모든 사랑스러운 것과 모든 선한 것이 부분적으로 나타내는 영광, 하지만 피조 세계 전체를 통틀어 그 어떤 것도 능가할 수 없는 영광이다. 그리스도 안에 있는 하나님의 이 영광은 하나님의 계획과 목적의 완성이고, 하나님의 성품이 온전히 드러난 것이고, 하나님의 광채가 온전히 빛나는 것이며, 하나님의 사랑이 온전히 나타난 것이다. 예수님은 제자들이 전한 말씀으로 말미암아 믿게 된 자들이 그분이 창세전에 아버지 하나님과 함께 갖고 있던 영광을 보게 될 때, 하나님의 모든 계획과 목적이 완성될 것이므로 그렇게 해달라고 기도하신다.

세상은 그리스도가 아버지 하나님을 나타내시는 것을 알 수 없지만,

아버지께서 예수님을 보내셨음을 믿는 자들은 그것을 알게 된다(25절). 예수님은 아버지의 이름을 자기 백성에게 나타내셨고, 앞으로도 계속해서 그렇게 하실 것이므로 예수님의 백성은 하나님의 사랑을 경험하게 될 것이다(26절). 아버지께서 예수님을 사랑하신 이 사랑, 아버지께서 자기 자신을 예수님에게 주시고 이번에는 예수님이 자기 자신을 우리에게 주신 이 사랑이 바로 우리가 경험하는 사랑이다. 우리는 하나님이 예수님을 보내셨고, 예수님이 우리를 위해 죽으셨으며, 우리 안에 내주하시는 성령으로 말미암아 지금도 예수님이 우리와 함께하심을 경험한다. 또한 성자가 성부에게 우리를 지켜달라고 기도하셨기 때문에 성부가 우리를 끝까지 보전하고 지켜 주실 것임을 알 때 그 사랑을 경험하게 된다. 이보다 더 나은 사랑은 없다.

응답

이 단락에서 예수님은 하나 됨과 성별과 영광을 위해 기도하셨다. 이것은 우리를 위한 기도이고, 성령이 성경 기자들에게 영감을 주어 이루게 하시며 아버지께서 말씀을 사용하여 이루고자 하시는 것들이다. 우리를 하나 되게 하시고, 거룩하게 하시며, 하나님의 영광을 우리에게 보여주시는 것이다. 하나님은 절대 주권을 가진 분이시므로 반드시 그 일을 이루실 것이다. 말씀은 우리를 세상에 속하지 않은 자들로 만든다. 우리를 구별하여 아버지 하나님의 것이 되게 하고, 하나님 앞에서 우리를 거룩하게 만든다.

아버지께서는 이런 일을 이루실 수 있다. 우리는 말씀이 우리의 삶 속에서 그런 일을 할 수 있도록 자신을 말씀에 맡기고 있는가? 교회의 하나 됨을 위해 우리가 할 수 있는 일을 하고 있는가? 아버지께서 예수님을 보내신 목적, 즉 예수님이 이 땅에 오셔서 살아가고 기도하고 죽으신 목적이 우리가 지금 살아가고 있는 목적과 같은가? 교회의 목적이 우리의 목적인가?

사랑이라고 부르는 것들 중에 그리스도 안에서 나타난 하나님의 사랑

같은 것은 없다. 이기적이지 않고 순수한 그 사랑은 우리를 깨끗하게 하고 변화시키고 새롭게 하고 구원하고 보전하며 완전하게 한다. 아버지와 그리스도가 하나이신 것처럼 우리도 하나가 됨으로써 세상이 예수님을 믿도록 하려면, 우리가 서로를 섬기고 사랑하며 한마음이 되려고 애쓰는 것 외에 달리 무슨 일을 할 수 있겠는가?(17:21) 우리가 예배의 삶을 살아가는 것 외에 다른 어떤 방식으로 세상으로 하여금 하나님이 그리스도를 보내셨고 예수님을 사랑하신 것처럼 자기 백성을 사랑하셨다는 사실을 알게 할 수 있겠는가?(23절; 참고. 3:16)

1 예수께서 이 말씀을 하시고 제자들과 함께 기드론 시내 건너편으로
나가시니 그곳에 동산이 있는데 제자들과 함께 들어가시니라 2 그곳
은 가끔 예수께서 제자들과 모이시는 곳이므로 예수를 파는 유다도
그곳을 알더라 3 유다가 군대와 대제사장들과 바리새인들에게서 얻
은 아랫사람들을 데리고 등과 횃불과 무기를 가지고 그리로 오는지라
4 예수께서 그 당할 일을 다 아시고 나아가 이르시되 너희가 누구를
찾느냐 5 대답하되 나사렛 예수라 하거늘 이르시되 내가 그니라[1] 하
시니라 그를 파는 유다도 그들과 함께 섰더라 6 예수께서[2] 그들에게
내가 그니라 하실 때에 그들이 물러가서 땅에 엎드러지는지라 7 이에
다시 누구를 찾느냐고 물으신대 그들이 말하되 나사렛 예수라 하거늘
8 예수께서 대답하시되 너희에게 내가 그니라 하였으니 나를 찾거든
이 사람들이 가는 것은 용납하라 하시니 9 이는 아버지께서 내게 주신
자 중에서 하나도 잃지 아니하였사옵나이다 하신 말씀을 응하게 하려
함이러라 10 이에 시몬 베드로가 칼을 가졌는데 그것을 빼어 대제사장
의 종[3]을 쳐서 오른편 귀를 베어버리니 그 종의 이름은 말고라 11 예
수께서 베드로더러 이르시되 칼을 칼집에 꽂으라 아버지께서 주신 잔

을 내가 마시지 아니하겠느냐 하시니라
1 When Jesus had spoken these words, he went out with his disciples
across the brook Kidron, where there was a garden, which he and
his disciples entered. 2 Now Judas, who betrayed him, also knew the
place, for Jesus often met there with his disciples. 3 So Judas, having
procured a band of soldiers and some officers from the chief priests
and the Pharisees, went there with lanterns and torches and weapons.
4 Then Jesus, knowing all that would happen to him, came forward
and said to them, "Whom do you seek?" 5 They answered him, "Jesus
of Nazareth." Jesus said to them, "I am he." Judas, who betrayed him,
was standing with them. 6 When Jesus said to them, "I am he," they
drew back and fell to the ground. 7 So he asked them again, "Whom
do you seek?" And they said, "Jesus of Nazareth." 8 Jesus answered, "I
told you that I am he. So, if you seek me, let these men go." 9 This was
to fulfill the word that he had spoken: "Of those whom you gave me I
have lost not one." 10 Then Simon Peter, having a sword, drew it and
struck the high priest's servant and cut off his right ear. (The servant's
name was Malchus.) 11 So Jesus said to Peter, "Put your sword into its
sheath; shall I not drink the cup that the Father has given me?"

1 헬라어 본문에는 "나는 스스로 있는 자이니라". 6, 8절도 마찬가지다.
2 헬라어 본문에는 "그가"
3 또는 "노예". 이 구절에 두 번 나온다.

단락 개관

예수님이 자신을 내어주시다

세속주의의 출현을 연구한 한 사람이 이렇게 썼다.

"모든 사람, 모든 사회는 인간의 번영이란 무엇인가에 대한 어떤 개념을 가지고 또는 그 개념에 의거해 살아간다. 충족된 삶은 무엇으로 이루어지는가?…최고이자 최선의 삶은 인간의 번영과는 무관하다는 의미에서 저 너머의 어떤 선을 추구하거나 알거나 섬기는 일을 포함하는가?…유대교와 기독교 전통은 이 질문에 분명 그렇다고 대답할 것이다. 하나님을 사랑하고 예배하는 것이 인생의 궁극적인 목적이라는 것이다.…번영은 좋은 일이긴 하지만, 그럼에도 불구하고 그것을 추구하는 것이 우리의 궁극적인 목적은 아니다. 하지만 번영이 인간의 목적이라는 것을 부정하더라도, 우리는 그것을 다시 긍정할 수밖에 없게 된다. 모든 사람은 다른 사람들, 궁극적으로는 모든 사람이 번영하도록 도와야 한다는 것이 하나님의 뜻이고, 우리는 그 뜻을 따라 살아가야 하기 때문이다.…나는 인류 역사 속에서 철저하게 인간 중심적인 인본주의가 최초로 사람들 사이에서 하나의 선택지로 널리 채택된 사회의 출현과 함께 근대 세속주의가 출현했다고 즐겨 말한다. 내가 말하는 철저하게 인간 중심적인 인본주의란 인간의 번영 외에 그것을 초월한 어떤 궁극적인 목적이나 목표를 인정하지 않고, 인간의 번영 외에 다른 것에 충성을 맹세하지 않는 인본주의를 의미한다. 근대 이전에는 그런 사회가 존재하지 않았다."[46]

세속적인 우리 시대의 이기적인 모습은 예수님이 자신을 내어주신 사랑과 뚜렷하게 대비된다. 예수님은 요한복음 10:18에서 자신에게서 목숨을 빼앗아갈 수 있는 사람은 아무도 없다고 분명하게 선언하신 후, 자신이

46 Charles Taylor, *A Secular Age* (Cambridge, MA: Belknap, 2007), 16-18.

스스로 목숨을 내어주는 것이라고 말씀하셨다. 요한복음 18:1-11은 예수님이 목숨을 자발적으로 내어주시는 과정을 보여줄 요한복음의 마지막 막을 열고 있다. 이 단락은 예수님이 모든 상황을 완벽하게 장악하고 주관하고 계심을 보여준다. 예수님은 잡히실 때조차도 잡으러 온 자들에게 자신을 따르는 자들은 놓아주고 자신을 잡아가라고 명령하신다. 이것은 예수님의 삶이 본질적으로 무엇이었는지를 보여준다. 그것은 본질적으로 다른 사람들을 위해 자신을 내어주시는 삶이었다.

단락 개요

VII. 부인, 죽으심, 부활(18:1-20:31)

A. 예수님이 자신을 내어주시다(18:1-11)

1. 관련된 시간과 장소(18:1-2)
2. 모든 상황을 주관하시는 그리스도(18:3-6)
3. 이 사람들은 가게 하라(18:7-9)
4. 내가 잔을 마시지 아니하겠느냐(18:10-11)

주석

18:1-2 | 관련된 시간과 장소 예수님은 13:1에서 유월절을 지키기 위해 제자들과 함께 계셨다. 예수님은 14장의 끝부분에서 제자들의 발을 씻어주시고 가르침을 주신 후, "일어나라 여기를 떠나자"(14:31)라고 말씀하셨다. 예수님은 목적지인 동산으로 가면서 15-17장에 나오는 말씀을 하신 것으로 보인다. 아마도 기드론 시내 건너편에 있는 동산을 향해 천천히 걸

으며 제자들과 대화를 이어가셨을 것이다.

예수님은 13:27에서 가룟 유다에게 그가 하기로 마음먹은 끔찍한 일을 하라고 말씀하신다. 만약 예수님을 배신하고자 하는 유다의 음모를 좌절시키려 했다면, 그가 알고 있는 동산으로 가지 않으셨을 것이다. 하지만 예수님은 앞에서 자신이 이때를 위해 왔다고 말씀하신 것처럼(참고. 12:27) 이때를 피하려 하지 않으셨다. 예수님이 가룟 유다가 알고 있는 동산으로 가신 것은 10:18에서 자신이 스스로 목숨을 내어줄 것이라고 하신 말씀을 실천에 옮기신 것이다.

예수님은 아주 작은 부분에 이르기까지 담대함과 결연한 의지를 보여주는 선택을 하셨다.

18:3-6 | 모든 상황을 주관하시는 그리스도 유다가 동산으로 데려온 무리는 평소에는 서로 갈라져서 심하게 싸우다가 예수님이라는 공동의 적에 대항하기 위해 일시적으로 뭉친 세 분파에서 보낸 자들로 이루어져 있었다. 로마의 군인들로 이루어진 군대, 고위 제사장들이 보낸 경비병들, 바리새인들이 보낸 아랫사람들이 그들이다. "군대"(3절)로 번역된 단어는 로마 군단의 십분의 일 병력으로 이루어진 보병대를 가리킨다. 군단은 3,000명에서 6,000명으로 이루어져 있었기 때문에 보병대는 대략 300명에서 600명으로 추산된다[참고. BDAG, 스페이라(σπεῖρα) 항목]. 인원이 너무 많다는 생각이 든다면, 사도행전 23:23에서 바울을 예루살렘에서 가이사랴로 호송하는 데 동원된 로마군 인원이 470명이었다는 사실과 비교해 보라.

로마인들과 유대 종교 지도자들이 예수님 한 사람을 붙잡기 위해 이렇게 많은 사람들을 보낸 이유는 무엇인가? 그들의 생각에 예수님은 성전에서 소동을 일으켰고(요 2:13-22), 전에 유월절 시기에 도발적인 일들을 행했으며(6:4-59), 그분을 붙잡으라고 유대 종교 지도자들이 보낸 사람들을 현혹시켰고(7:30, 32, 45-46), 그들이 돌로 치려고 하자 어느새 빠져나갔으며(8:59), 그분을 붙잡으려고 시도했지만 피해간 전력이 있었기 때문이다(10:39). 예수님을 붙잡기가 쉽지 않음이 입증된 데다가 예수님은 다윗 가문에서 왕이 나오기를 대망하는 무리에게 "인자가 영광을 얻을 때가 왔고"(12:23), 이제 이 세상의 임금이 쫓겨나게 될 것이라고 공공연히 선언하셨다. 요한의 청중은 예수님이 십자가에서 영광 받게 될 것을 말씀하신 줄 알지만, 대적들은 세상적인 의미로 예수님의 말씀을 해석하여 그분이 반란을 일으켜서 이 세상의 나라를 세워 세상적인 영광을 얻으려 한다고 생각했을 것이다.

유대 종교 지도자들은 유월절이 하나님이 이스라엘을 애굽에서 건져내신 것을 기념하는 절기이고, 선지자들이 하나님의 백성을 위한 새로운 출애굽을 약속하는 예언을 했다는 사실을 알고 있었을 것이다. 이제까지 그들은 말로 예수님을 이길 수 없었고, 그분을 붙잡으려 했지만 번번이 실패했다. 그런 마당에 예수님이 마침내 다니엘 7:13의 인자가 영광을 받을 때가 왔다고 선언하셨으니 유대 종교 지도자들이 무슨 생각을 했겠는가? 그들은 당연히 큰 소동이 벌어지리라고 예상했을 것이다. 어쩌면 그들은 예수님이 기존의 권력 구조를 뒤집어엎고 구약에서 예언된 다윗의 나라를 세우려 한다고 예상했는지도 모른다. 왜 그들이 그런 일에 반대했는지는 유대인들이 예수님을 배척하는 충격적이고 불가사의한 일이 일어난 이유를 설명하는 중요한 열쇠다.

역설적이게도, 예수님의 대적들이 두려워한 일이 그 후에 일어났다. 비록 그들이 전혀 예상하지 못한 방식이었지만 말이다. 예수님은 무장봉기를 일으키신 것이 아니라 원수들이 자원해서 굴복하고 무장 해제하게 만드실 것이었다. 예수님은 그분을 따르는 무리를 이끌고 세상의 체제들을 공격하신 것이 아니라 자기 양들을 위해 자신의 목숨을 내어줌으로써 이 세상의 임금을 쫓아내실 것이었다(요 12:31). 그렇게 세상 나라들을 부수고, 하나님의 오른편에 앉는 권세를 견고히 세워서 자신이 세상의 참된 왕임을 보여주실 것이었다. 애굽 왕 바로의 군대가 홍해를 이길 수 없었던 것처럼 로마 군대는 예수님을 이길 수 없을 것이었다.

큰 무리가 "등과 횃불과 무기"를 가지고 왔다(18:3). 아마도 그들은 새로운 왕을 추대하려는 반란의 무리와 결전을 벌일 것으로 생각했던 것 같다. 그들은 예수님과 제자들을 세상의 반역자 무리로 규정하고, 세상의 방식으로 그 무리를 무찌를 계획을 세웠다.

요한이 4절에 기록한 예수님의 담대한 모습을 보라. 예수님은 자신이 배신당하여 팔려갈 것을 아셨다. 이 무리가 자신을 붙잡기 위해 왔다는 것도 아셨다. 잔혹함과 비웃음과 고뇌와 죽음이 기다리고 있다는 것도 아셨다. 그런 상황에서 예수님은 어떻게 하시는가? 예수님은 앞으로 걸어나가 "세상의 빛"을 죽일 어둠과 맞닥뜨리신다. 예수님은 그들에게 누구를 찾느냐고 물으신다(4절). 그들이 "나사렛 예수"(5절)라고 대답하자, 예수님은 아버지께서 자신에게 주신 이름을 사용하여(17:11, 12; 참고. 8:24, 28, 58; 13:19), "내가 그니라"(8:5, I Am, "나는 스스로 있는 자")고 밝히셨다. 그 자리에는 가룟 유다도 서 있었다.

어둠에 싸인 동산에서 육체적 무기로 무장한 무리는 혼자 서 계신 이의 능력에 밀려서 땅에 엎어진다. "세상의 빛"이신 예수님이 자신의 정체를 밝히시자 "악인들이 실족하여 넘어졌고"(참고. 시 27:2) "원수들은 물러났다"(참고. 시 56:9). 예수님은 원수들을 엎어지고 넘어지게 하심으로써 세상의 방식으로도 얼마든지 그들을 이길 수 있다는 것을 보여주셨다. 그럼에도 예수님은 힘의 우위를 활용하여 그들을 물리치거나 피하지 않으시고 자신의 목적이 아버지 하나님의 계획을 이루는 데 있음을 보여주신다. 예수님은 양들을 위해 자기 목숨을 버리고자 하신다.

18:7-9 | 이 사람들은 가게 하라 예수님은 자신을 잡으러 온 자들에게 공세를 취하심으로써 그들에 대해 유리한 고지를 확보하셨다. 그렇게 하신 의도는 그들을 공격하여 쫓아버리기 위해서도 아니고, 일단 몸을 피하여 후일을 기약하기 위해서도 아니었다. 원수들이 땅에 엎드러지자 예수님은 또다시 그들에게 누구를 찾느냐고 물으신 후(7절), 다시 한번 "내가 그니라"고 대답하면서, "나를 찾거든 이 사람들이 가는 것은 용납하라"(8절)고 요구 조건을 제시하신다.

예수님의 원수들은 세상적인 관심사를 세상적인 방식으로 추구하여 세상적인 목적을 이루고자 하는 사람들이다. 반면에 예수님은 세상적인 방식으로도 원수들을 이기실 수 있지만, 거기에 정신이 뺏겨서 자신이 해야 할 하늘에 속한 일을 잊어버리시는 분이 아니다. 예수님은 구주시고 모범이 되신다. 예수님이 제자들을 안전하게 지키기 위해 자신을 내어주지 않고 그 자리를 피하셨다면, 원수들은 예수님을 찾아내기 위해 제자들을 모두 잡아들였을 것이다. 만일 예수님이 그분을 따르는 자들을 자유롭게 해 주기 위해 자신을 내어주지 않으셨다면, 우리는 우리의 공로만 가지고 혹독한 정의 앞에 섰어야 했을 것이다. 그리고 고꾸라졌을 것이다. 예수님은 세상적으로 성공한 것처럼 보일지라도 거기에 정신이 팔려서 본분을 잊으시는 분이 아니다. 다른 사람들은 세상적인 성공에 취하여 흔들릴지라도, 예수님은 우위에 섰을 때조차 본분을 잊지 않으신다.

예수님은 아버지께서 자신을 보내어 하게 하신 일을 단호하고 담대하게 해나가신다. 예수님은 아버지께서 주신 자들에 대해 반복적으로 말씀하셨고(6:37; 10:29; 17:2, 6, 9, 24), 그들 중 단 한 사람도 잃어버리지 않을 것이라고 거듭 밝히셨다(6:39; 10:28; 17:12). 예수님이 원수들에게 자신을 내어주고 자신을 따르는 자들이 안전하게 갈 수 있게 하신 것은, 아버지께서 자신에게 주신 자들 중 한 사람도 잃지 않겠다고 하신 말씀을 이루신 것이라고 요한은 설명한다(18:9).

18:10-11 | 내가 잔을 마시지 아니하겠느냐　10절에 나오는 베드로의 행동은 모든 제자들이 혼란과 좌절에 빠져 있음을 보여준다. 베드로는 하나님을 사랑했고, 예수님을 사랑했으며, 그토록 선하신 분을 범죄자나 위험인물로 대하는 세상의 악을 미워했다. 그래서 그런 행동을 했다. 베드로는 모든 참되고 옳은 것과 함께하려고 그런 행동을 했지만, 하나님의 계획은 알지 못했다. 자기 나름대로 정의로운 목적을 위해 정의로운 일을 하려 했지만, 결과적으로는 잘못된 일을 잘못된 방식으로 하고 말았다. 그것이 베드로가 한 일이다.

베드로는 단지 칼로 대제사장의 종의 귀를 베려고 한 것은 아니었을 것이다. 그는 무리에 맞서 싸우려고 했다. 적을 물리치려는 것이든, 아니면 적의 시선을 돌려서 예수님이 피신할 기회를 마련하려는 것이든, 과연 베드로에게 승산이 있었겠는가? 그는 많은 횃불이 몰려오는 것을 보고 많은 원수들이 예수님을 잡으러 동산에 왔음을 알았을 것이다. 그는 분명히 예수님을 구하기 위해 기꺼이 죽을 각오가 되어 있었다(참고. 13:37). 하지만 그동안 예수님이 누누이 가르치고 말씀해 주셨는데도 그는 하나님의 계획을 깨닫지도, 알지도 못했다.

예수님이 베드로에게 멈추라고 말씀하셨을 때(18:11), 베드로는 더 큰 당혹감에 휩싸였을 것이다. 예수님은 베드로를 꾸짖으시고 "아버지께서 주신 잔을 마시고자" 하는 자신의 결연한 의지를 재확인시켜주신다. 예수님이 그 잔을 마시는 것은 아버지 하나님의 정의로운 진노하심에 복종하는 것이었다(예컨대, 사 51:17, 22; 렘 25:15-16). 예수님이 자신이 마실 잔에 대해 언급하신 것은, 그 밤에 단지 제자들이 안전하게 빠져나갈 수 있게 하기 위해 자신을 무리에게 내어주신 것이 아님을 확실하게 보여준다. 예수님은 그분을 따르는 자들을 단지 현세적이고 일시적으로 잡히는 데에서 건져 주신 것이 아니라 그들 위에 머물러 있던 아버지 하나님의 영원하신 형벌에서도 건져주셨다. 즉 예수님은 그들 대신에 자신을 내어주어 하나님이 죄를 벌하기 위해 그동안 준비해 두신 의로운 진노의 잔을 마셨다. 예수님은 그들 대신에 그 잔을 마심으로써 하나님이 자신도 "의로우시고," 예수님을 믿는 자들도 "의롭다고 하실" 수 있는 길을 여셨다(롬 3:26).

응답

예수님은 자신이 무엇을 위해 살아야 하는지 아셨다. 이는 그분이 그 일을 위해 죽어야 한다는 것을 아셨다는 의미다. 예수님은 자기 백성의 유익을 위해 아버지 하나님께 순종하는 것이 자신의 계속된 번영보다 더 가치 있다고 믿으셨다. 그래서 더 가치 있는 것을 위해 자신을 내어주셨다. 예수님은 그것에 목숨을 바칠 만한 가치가 있다고 생각하셨다. 문제는 우리가 예수님의 생각에 동의하느냐다.

예수님은 능력을 드러내어 대적들을 엎드리게 하신 다음, 자신을 그들에게 내어주셨다. 우리는 세상의 성공 앞에서 어떻게 반응하는가? 세상에서 성공할 수 있는 기회가 주어졌을 때, 거기에 정신이 팔려서 그리스도인답게 살아가기를 내팽개치고, 다른 사람들을 위해 자신을 희생해야 한다는 것도 잊어버리며, 하나님의 영광을 위해 모든 일을 해야 한다는 것도 망각하지 않는가?

예수님은 절대 오류가 없고, 패하거나 멸망할 수 없으며, 본분을 잊지 않으시는 분이다. 그러므로 우리의 구원은 안전하다. 그분의 능력은 절대적이고 그 사랑은 지극히 크다. 예수님은 자기 백성을 위해 목숨을 버리셨고, 그렇게 해서 구원하신 그들을 끝까지 구원하실 것이다. 이 같은 구세주가 어디 있는가? 이 같은 구원의 역사가 어디 있는가? 이 같은 대속이 어디 있는가? 회개하는 자들에게 주어지는 이 같은 상이 어디 있는가? 우리와 화해하시는 이 같은 하나님이 또 어디 있는가?

12 이에 군대와 천부장과 유대인[1]의 아랫사람들이 예수를 잡아 결박
하여 13 먼저 안나스에게로 끌고 가니 안나스는 그 해의 대제사장인
가야바의 장인이라 14 가야바는 유대인들에게 한 사람이 백성을 위하
여 죽는 것이 유익하다고 권고하던 자러라
12 So the band of soldiers and their captain and the officers of the Jews
arrested Jesus and bound him. 13 First they led him to Annas, for he was
the father-in-law of Caiaphas, who was high priest that year. 14 It was
Caiaphas who had advised the Jews that it would be expedient that one
man should die for the people.

15 시몬 베드로와 또 다른 제자 한 사람이 예수를 따르니 이 제자는 대
제사장과 아는 사람이라 예수와 함께 대제사장의 집 뜰에 들어가고
16 베드로는 문 밖에 서 있는지라 대제사장을 아는 그 다른 제자가 나
가서 문 지키는 여자에게 말하여 베드로를 데리고 들어오니 17 문 지
키는 여종이 베드로에게 말하되 너도 이 사람의 제자 중 하나가 아니
냐 하니 그가 말하되 나는 아니라 하고 18 그때가 추운 고로 종[2]과 아
랫사람들이 불을 피우고 서서 쬐니 베드로도 함께 서서 쬐더라

15 Simon Peter followed Jesus, and so did another disciple. Since that
disciple was known to the high priest, he entered with Jesus into the
courtyard of the high priest, 16 but Peter stood outside at the door. So
the other disciple, who was known to the high priest, went out and
spoke to the servant girl who kept watch at the door, and brought Peter
in. 17 The servant girl at the door said to Peter, "You also are not one of
this man's disciples, are you?" He said, "I am not." 18 Now the servants
and officers had made a charcoal fire, because it was cold, and they
were standing and warming themselves. Peter also was with them,
standing and warming himself.

19 대제사장이 예수에게 그의 제자들과 그의 교훈에 대하여 물으니
20 예수께서 대답하시되 내가 드러내 놓고 세상에 말하였노라 모든
유대인들이 모이는 회당과 성전에서 항상 가르쳤고 은밀하게는 아무
것도 말하지 아니하였거늘 21 어찌하여 내게 묻느냐 내가 무슨 말을
하였는지 들은 자들에게 물어 보라 그들이 내가 하던 말을 아느니라
22 이 말씀을 하시매 곁에 섰던 아랫사람 하나가 손으로 예수를 쳐 이
르되 네가 대제사장에게 이같이 대답하느냐 하니 23 예수께서 대답하
시되 내가 말을 잘못하였으면 그 잘못한 것을 증언하라 바른 말을 하
였으면 네가 어찌하여 나를 치느냐 하시더라 24 안나스가 예수를 결박
한 그대로 대제사장 가야바에게 보내니라
19 The high priest then questioned Jesus about his disciples and his
teaching. 20 Jesus answered him, "I have spoken openly to the world.
I have always taught in synagogues and in the temple, where all Jews
come together. I have said nothing in secret. 21 Why do you ask me?
Ask those who have heard me what I said to them; they know what I
said." 22 When he had said these things, one of the officers standing by

struck Jesus with his hand, saying, "Is that how you answer the high
priest?" 23 Jesus answered him, "If what I said is wrong, bear witness
about the wrong; but if what I said is right, why do you strike me?"
24 Annas then sent him bound to Caiaphas the high priest.

25 시몬 베드로가 서서 불을 쬐더니 사람들이 묻되 너도 그 제자 중 하
나가 아니냐 베드로가 부인하여 이르되 나는 아니라 하니 26 대제사장
의 종 하나는 베드로에게 귀를 잘린 사람의 친척이라 이르되 네가 그
사람과 함께 동산에 있는 것을 내가 보지 아니하였느냐 27 이에 베드
로가 또 부인하니 곧 닭이 울더라
25 Now Simon Peter was standing and warming himself. So they said
to him, "You also are not one of his disciples, are you?" He denied it
and said, "I am not." 26 One of the servants of the high priest, a relative
of the man whose ear Peter had cut off, asked, "Did I not see you in
the garden with him?" 27 Peter again denied it, and at once a rooster
crowed.

28 그들이 예수를 가야바에게서 관정[3]으로 끌고 가니 새벽이라 그들
은 더럽힘을 받지 아니하고 유월절 잔치를 먹고자 하여 관정에 들어
가지 아니하더라 29 그러므로 빌라도가 밖으로 나가서 그들에게 말하
되 너희가 무슨 일로 이 사람을 고발하느냐 30 대답하여 이르되 이 사
람이 행악자가 아니었더라면 우리가 당신에게 넘기지 아니하였겠나
이다 31 빌라도가 이르되 너희가 그를 데려다가 너희 법대로 재판하라
유대인들이 이르되 우리에게는 사람을 죽이는 권한이 없나이다 하니
32 이는 예수께서 자기가 어떠한 죽음으로 죽을 것을 가리켜 하신 말
씀을 응하게 하려 함이러라
28 Then they led Jesus from the house of Caiaphas to the governor's

headquarters. It was early morning. They themselves did not enter the
governor's headquarters, so that they would not be defiled, but could
eat the Passover. 29 So Pilate went outside to them and said, "What
accusation do you bring against this man?" 30 They answered him, "If
this man were not doing evil, we would not have delivered him over
to you." 31 Pilate said to them, "Take him yourselves and judge him
by your own law." The Jews said to him, "It is not lawful for us to put
anyone to death." 32 This was to fulfill the word that Jesus had spoken
to show by what kind of death he was going to die.

33 이에 빌라도가 다시 관정에 들어가 예수를 불러 이르되 네가 유대
인의 왕이냐 34 예수께서 대답하시되 이는 네가 스스로 하는 말이냐
다른 사람들이 나에 대하여 네게 한 말이냐 35 빌라도가 대답하되 내
가 유대인이냐 네 나라 사람과 대제사장들이 너를 내게 넘겼으니 네
가 무엇을 하였느냐 36 예수께서 대답하시되 내 나라는 이 세상에 속
한 것이 아니니라 만일 내 나라가 이 세상에 속한 것이었더라면 내 종
들이 싸워 나로 유대인들에게 넘겨지지 않게 하였으리라 이제 내 나
라는 여기에 속한 것이 아니니라 37 빌라도가 이르되 그러면 네가 왕
이 아니냐 예수께서 대답하시되 네 말과 같이 내가 왕이니라 내가 이
를 위하여 태어났으며 이를 위하여 세상에 왔나니 곧 진리에 대하여
증언하려 함이로라 무릇 진리에 속한 자는 내 음성을 듣느니라 하신
대 38 빌라도가 이르되 진리가 무엇이냐 하더라
33 So Pilate entered his headquarters again and called Jesus and said to
him, "Are you the King of the Jews?" 34 Jesus answered, "Do you say
this of your own accord, or did others say it to you about me?" 35 Pilate
answered, "Am I a Jew? Your own nation and the chief priests have
delivered you over to me. What have you done?" 36 Jesus answered, "My

18장

kingdom is not of this world. If my kingdom were of this world, my
servants would have been fighting, that I might not be delivered over to
the Jews. But my kingdom is not from the world." 37 Then Pilate said to
him, "So you are a king?" Jesus answered, "You say that I am a king.
For this purpose I was born and for this purpose I have come into the
world—to bear witness to the truth. Everyone who is of the truth listens
to my voice." 38 Pilate said to him, "What is truth?"

이 말을 하고 다시 유대인들에게 나가서 이르되 나는 그에게서 아무
죄도 찾지 못하였노라 39 유월절이면 내가 너희에게 한 사람을 놓아
주는 전례가 있으니 그러면 너희는 내가 유대인의 왕을 너희에게 놓
아 주기를 원하느냐 하니 40 그들이 또 소리 질러 이르되 이 사람이 아
니라 바라바라 하니 바라바는 강도[4]였더라

After he had said this, he went back outside to the Jews and told them,
"I find no guilt in him. 39 But you have a custom that I should release
one man for you at the Passover. So do you want me to release to you
the King of the Jews?" 40 They cried out again, "Not this man, but
Barabbas!" Now Barabbas was a robber.

1 헬라어로 '유다이오이'는 이 구절에서 당시 유대 종교 지도자들과 그들의 영향력 아래 있는 자들을 가리키는 것으로 보인다. 14, 31, 36, 38절도 마찬가지다.

2 또는 "노예". 26절도 마찬가지다.

3 헬라어 본문에는 "총독 관저"

4 또는 "반란을 일으킨 자"

단락 개관

예수님이 붙잡히고 배신당하심

이 단락은 인류 역사에서 가장 비극적인 사건, 즉 역사상 모든 사람들 중에서 유일하게 완전한 한 인물이 박해와 쫓김과 배신과 체포를 당한 사건에 관해 계속 이야기한다.

하지만 혼돈과 기만 속에서도 하나님의 계획은 착착 이루어졌다. 예수님은 전혀 더럽혀지지도, 부패하지도, 뜻을 굽히지도, 패배하지도 않으셨다. 충성스러운 자들이 도망치고, 담대한 자들이 배신하며, 순수한 자들이 더럽혀졌을 때에도 예수님은 여전히 변함없으셨다. 예수님은 결코 우리를 실망시키지 않으신다.

18장

단락 개요

VII. B. 예수님이 붙잡히고 배신당하심(18:12-40)

1. 예수님이 붙잡히심(18:12-14)
2. 베드로의 첫 번째 부인(18:15-18)
3. 예수님과 안나스(18:19-24)
4. 두 번째와 세 번째 부인(18:25-27)
5. 예수님과 빌라도(18:28-40)

주석

18:12-14 | 예수님이 붙잡히심 예수님은 원수들을 굴복시키신 후(6절), 자신을 내어주어 그분을 따르는 자들이 안전하게 빠져나갈 수 있게 하셨다(8-9절). 12절에서 요한은 항상 이기시던 분이 적수가 전혀 되지 못하는 자들에 의해 결박되어 끌려가시는 모습을 보여준다. 그리스도로부터 자유를 빼앗아갈 수 있는 자는 아무도 없다. 예수님이 스스로 자신을 내어주신 것이다(참고. 10:18).

안나스는 주후 6년부터 로마 총독 발레리우스 그라투스(Valerius Gratus)에게 해임당한 주후 15년까지 대제사장을 지냈다. 그래서 요한은 안나스의 사위 가야바가 당시에 대제사장이었음을 인정하면서도(18:13) 안나스를 여전히 "대제사장"이라고 부른다(15, 16, 19, 22절). 현직 대통령이 있어도 전임 대통령을 가리켜 계속해서 "대통령님" 또는 "아무개 대통령"이라고 부르는 것과 비슷하다.

요한은 앞으로 일어날 일과 그 일의 의미를 미리 보여주기 위해, 가야바가 한 사람이 민족을 위해 죽는 것이 유익하다고 예언한 것을 그의 청중에게 상기시킨다(14절; 참고. 11:49-52).

18:15-18 | 베드로의 첫 번째 부인 사도행전의 전반부에서 베드로는 예수님의 제자들 중에서 지도적인 역할을 수행했다. 사도행전 1장에서는 베드로가 주도해서 가룟 유다를 대신하여 맛디아를 사도로 선출했다(행 1:15-26). 2장에서 베드로는 오순절 사건이 있은 후에 설교했고, 3장과 4장에서는 사도들의 대변인 역할을 했다. 5장에서 하나님은 베드로를 통해 아나니아와 삽비라의 죄를 다스리셨다. 사도행전의 후반부에서 초점이 바울에게로 옮겨갈 때까지 베드로는 사도행전 내러티브의 중심이었다.

베드로가 예수님을 세 번 부인한 이야기를 감추려고 한 흔적을 성경 어디에서도 찾아볼 수 없다. 우리는 모두 죄를 짓기는 하지만 베드로가 지은 것 같은 죄를 짓지는 않는다. 인류 역사상 가장 중요한 분이신 주 예수님이 재판을 받고 계시는 동안에, 그분의 가장 가까운 제자들 중 하나였던 베드로는 예수님이 가장 외롭고 취약한 그 시간에 그분을 세 번이나 부인했다. 그 후로 베드로가 살아 있는 동안에, 실제로는 그 후의 인류 역사 속에서 그의 엄청난 실패는 우리 신앙의 핵심을 이야기할 때마다 반복적으로 거론되었다.

요한은 18:15에서 베드로에게 어떻게 이런 일이 생겼는지 그 배경을 들려준다. 베드로는 또 다른 제자와 함께 예수님을 따라갔다. 이 제자가 요한이 아니라 다른 제자들 중 하나였다면, 요한이 그 이름을 밝히지 못할 이유가 전혀 없다. 그러므로 이 구절에 나오는 익명의 제자는 요한 자신이었을 것이다. 그러한 해석은 성경의 다른 곳에서도 베드로와 요한이 단짝처럼 함께 다닌 사실에 부합한다(참고. 행 3:1). 그렇다면 우리는 요한복음이 어디서 이런 소소해 보이는 세부 정보를 얻었는지 알 수 있다. 이 다른 제자가 대제사장을 알고 있었다는 사실은 당시에 예수님에게 일어나고 있는 사건을 이해하는 데는 별 도움이 되지 않지만, 그 사건에 관여된 사람이 계속해서 언급할 수 있는 개인적이고 세세한 목격담을 제공한다.

18:15-16에서 요한은 이 익명의 제자가 어떻게 베드로를 대제사장 집 뜰로 들어올 수 있게 했는지 말한다. 이 익명의 제자는 16절에서 "문 지키는 여자"에게 말하고, 17절에서 문 지키는 여자는 베드로에게 가서 그를 집 안으로 데려오면서 "너도 이 사람의 제자 중 하나가 아니냐"고 묻는다. 불과 몇 절 앞에서 예수님이 담대하게 "내가 그니라"고 말씀하신 것과 대조적으로(5-6절), 베드로는 "나는 아니라"(17절)고 대답함으로써 자기 자신과 자신의 삶 전체를 "부정했고" 가장 큰 의무를 저버렸다.

베드로는 왜 그렇게 한 것일까? 그것은 의도적인 대답인가, 아니면 아무 생각 없이 본능적으로 튀어나온 말인가? 조금 전에 예수님은 스스로 잡혀가셨기 때문에(4-9절), 베드로가 그분을 구출할 가망이 전혀 없었다. 설령 예수님을 구할 방법을 찾았다고 해도 예수님이 피신을 거절하실 것을 그는 분명히 알았을 것이다. 따라서 베드로의 부인을 적의 영토에 침투해서 작전을 수행하는 수단으로 정당화하기는 불가능하다.

18장

베드로가 철학적인 성찰 끝에, 예수님이 저항을 포기하신 마당에 자신이 진실을 말할 의무는 없다고 결론내렸을 것 같지도 않다. 그 순간에 그런 결론을 내렸을 리 없고, 당시의 윤리적이고 철학적인 기본 전제들에 비추어보았을 때에도 그가 그랬을 가능성은 없어 보인다.

따라서 베드로가 순간적으로 생존 본능에 따라 예수님과 진리에 대한 자신의 의무를 저버렸다는 결론만 남는다. 베드로는 예상치 못한 일련의 사건을 겪으면서 두려움과 충격과 혼란에 휩싸여 예수님과의 관계를 부인함으로써 실족하고 말았다.

18:19-24 | 예수님과 안나스 안나스는 19절에서 예수님에게 그분의 제자들과 가르침에 대해 물었다. 안나스가 세속적인 관점과 시각을 지닌 인물이었음을 감안한다면, 실은 예수님이 무슨 일을 꾸미고 있었는지를 물은 것이다. 안나스는 예수님이 어떤 세력을 모았고, 그들에게 어떤 지시를 했는지, 즉 군대를 조직했는지, 그들을 어떤 식으로 편제했는지, 각 부대에는 언제 어떻게 무슨 지령을 내렸는지를 추궁했다.

예수님은 20절에서 자신은 지금까지 많은 사람들 앞에서 공개적으로 말해 왔고 은밀하게 활동하지 않았기 때문에 누구나 자신의 말을 들을 수 있었다고 대답하신다. 실제로 예수님이 무슨 말씀을 했는지는 누구나 알 수 있었다. 안나스는 무엇인가를 낚으려 했지만, 예수님은 자신에게 낚을 고기가 없다고 말씀하신 것이다. 예수님은 이 말이 사실임을 강조하기 위해 자신의 가르침을 들은 자들 중 누구에게라도 물으면 사실 확인을 할 수 있다고 덧붙이신다(21절). 그다음 구절에서 우리는 이 세상을 바라보는 서로 다른 두 가지 방식을 보게 된다(22절). 한 경비병이 예수님을 손으로 친 것은 분명 성급하게 잘못된 결론을 내리고서 예수님의 위엄을 무시하고 모욕한 행위였다. 하지만 그의 관점에서 보면 예수님이 대제사장을 무시하고 모욕한 것이었다. 예수님은 잘못한 게 없는데 때리는 것은 잘못된 일이라고 항의하며 그의 행위가 정의롭지 못함을 지적하신다(23절).

그 경비병과 대제사장 안나스는 알지 못했겠지만, 대제사장의 위엄은 예수님의 위엄으로부터 나온다. 대제사장 직분이 거룩한 것은 오직 하나님이 거룩하시기 때문이다. 거룩하신 하나님이 자신이 거룩하게 하신 자들에게 재판을 받고 계시고, 그들은 하나님의 위엄보다 그들 자신의 위엄을 더 높인다. 사실 그들은 예수님이 하나님이라는 것조차 인정하지 않는다.

그들이 하나님을 미워하고 예수님을 친 것은 그들에게는 하나님이 거룩하게 하신 것, 즉 대제사장직이 하나님 그분보다 더 소중했기 때문이다. 이것은 하나님이 주신 은사들과 관련해서 사람들이 흔히 저지르는 잘못이다. 성이나 권위나 청지기직 등은 하나님이 주신 선하고 거룩한 은사들이지만, 사람들은 그들의 쾌락이나 권력, 돈 등을 하나님보다 더 높인다. 그들은 하나님이 주신 은사들을 우상화하느라 하나님께 예배드리기를 거부한다.

안나스는 예수님에게서 범죄의 증거를 찾아내려고 애썼지만 결국 실패했다. 안나스의 패거리들은 예수님을 권위를 무시하는 범죄자로 취급했고, 예수님은 도덕적인 권위로 그들을 꾸짖으셨다. 안나스는 노력이 수포로 돌아가고 오히려 자신의 정의에 도전을 받자 예수님을 결박한 채 가야바에게 보낼 수밖에 없었다.

18:25-27 | 두 번째와 세 번째 부인 예수님이 가야바에게 호송되는 동안에 요한은 다시 베드로에게 초점을 맞춘다. 25절을 보면 베드로는 여전히 원수들과 함께 서서 불을 쬐고 있다. 25절에서 베드로는 17절에서 받은 것과 똑같은 질문을 받자 이번에도 똑같이 "나는 아니라"는 말로 자신이 예수님의 제자라는 것을 부인함으로써 또다시 자기 자신을 "부정한다." 베드로가 우긴다고 해서 사실이 달라지는 것은 아니다. 26절에서 말고(참고. 10절)의 친척이 동산에서 베드로를 보았다고 말하면서 베드로는 사실과 맞닥뜨리지만, 이번에도 사실을 부인한다. 베드로가 세 번째로 부인했을 때, 예수님이 말씀하신 대로(참고. 13:38) 닭이 울었다.

왜 베드로는 예수님을 부인했는가? 신변의 위험을 느껴서? 목숨을 부지하기 위해서? 투옥되지 않으려고? 가족을 보호하기 위해서?(참고. 막

1:30) 무엇이 중요하고 가치 있는지 베드로가 제대로 판단하고 볼 수 있었다면, 주님을 부인하기보다 사실대로 말하고 위험을 감수하는 편이 더 낫다는 것을 알았을 것이다. 감옥에 갇히는 편이 낫고, 비겁자로 살기보다 숭고한 순교자로 죽는 아버지가 되는 편이 낫고, 예수님을 부인하고 목숨을 부지하기보다 가장 중요한 분에 대한 믿음을 지키고 고귀한 죽음을 택하는 남편이 되는 편이 나았을지 모른다. 수치스럽게 목숨을 부지하는 것보다는 명예롭게 죽는 편이 더 나았을지 모른다.

베드로는 그 순간이 그에게 얼마나 중요한 순간이었는지 정확히 알지 못했다. 그 순간에 그는 주님을 부인했기 때문에 이후로 그 사실이 남은 평생 사람들의 입에 오르내렸고, 그가 죽은 후에도 오늘날까지 이야기되고 있다. 아마도 베드로는 그 순간에 깊이 생각하지 않았을 것이다. 깊이 생각했더라면 더 나은 행동을 했을 것이다. 앞장에서 그는 이에 대해 깊이 생각했기에 예수님을 위해 목숨까지 바칠 각오가 되어 있다고 확신에 차서 말할 수 있었다(요 13:37). 그러나 전에는 그에게 가장 중요했던 것이 그 순간에는 그의 마음속에서 가장 중요한 것이 되지 못했다.

18:28-40 | 예수님과 빌라도 베드로가 두 번째와 세 번째로 예수님을 부인하는 동안에(25-27절), 예수님은 가야바의 집에 도착했다가 다시 그곳에서 로마 총독 빌라도에게 이송되셨다(28절). 이 일련의 일들이 일어나는데 시간이 얼마나 소요되었는지는 요한이 "새벽이라"(28절)고 한 말에서 드러난다.

예수님과 제자들은 유월절 식사를 마치고 동산으로 갔고, 거기에서 예수님은 체포되셨다. 예수님은 이곳저곳으로 끌려다니면서 밤새 한숨도 못 자고 심문을 받으셨다. 밤새도록 심문을 받고 기진맥진한 것은 예수님이 겪으신 고난들 중 하나다.

요한은 28절의 하반절에서 또 하나의 이율배반을 부각시킨다. 대적들은 예수님을 죽임으로써 유월절을 성취하는 과정을 수행해가고 있었다. 하나님의 어린양이신(1:29, 36) 예수님이 뼈가 하나도 꺾이지 않은 채로 죽으셨을 때, 요한은 유월절 어린양이라는 모형이 예수님의 죽음을 통해 성취되었다고 선언할 것이었다(19:36; 참고. 출 12:46; 시 34:20). 하지만 여기 요한복음 18:28에서 원수들은 자신들이 부정하게 될까 봐 총독의 관저에 들어가려 하지 않았다. 그들은 유월절의 성취이신 예수님을 거부하고 죽이려 하면서도 자신들은 정결한 상태로 유월절을 지키려고 했다.

예수님의 대적들은 유월절을 지키고 유월절 식사를 하는 목적에서 완전히 벗어나 있었다. 유월절의 목적은 하나님의 백성에게 출애굽보다 훨씬 더 중요한 의미를 지닌 새로운 출애굽 구원이 장차 있게 될 것을 보여주는 데 있다. 달리 말하면, 유월절은 하나님이 예수님 안에서 이루실 구원을 보여주는 절기였다(참고. 고전 5:7).

고위 제사장들과 바리새인들, 그리고 그들과 연합한 모든 유대인들은 예수님을 배척함으로써 하나님을 배척했다. 그들은 예수님을 배척함으로써 하나님이 예수님을 통해 유월절을 성취하여 이루고자 하시는 구원을 배척했다. 하나님과 유월절의 성취이신 예수님을 배척했기 때문에 그들이 유월절을 지키기 위해 스스로를 부정하지 않게 하려는 노력은 아무 의미가 없었다. 그들은 가장 중요한 것을 무시한 채 그 가장 중요한 것 없이는 아무것도 아닌 것에만 지대한 관심을 보인다.

빌라도는 부정하게 될까 봐 우려하는 그들을 존중하여 자신이 직접 밖으로 나가서 예수님을 무슨 죄로 고발한 것이냐고 묻는다(요 18:29). 그들은 자신들이 확신하는 바를 빌라도도 믿어야 한다는 듯이 예수님이 "행악자"여서 고발한다고 대답한다(30절). 하지만 빌라도는 그들의 법에 따라 그들이 직접 예수님을 처리하라고 말한다. 그는 지금까지 그들이 보인 행태에 비추어보았을 때 예수님에 대한 고발이 옳을 것이라는 확신을 갖지 못했던 것 같다. 그러자 유대인들은 로마인들이 그들에게 사형을 선고하고 집행할 권한을 주지 않았다는 이유로 그렇게 하기를 거부한다(31절). 요한은 빌라도와 유대인들 사이에 오간 이러한 대화가 예수님이 자신이 놋뱀처럼 들려서 죽게 될 것이라고 하신 말씀을 이루기 위한 것으로 본다(32절; 참고. 12:32-33).

요한은 빌라도가 예수님이 "유대인의 왕"이라는 말을 어디에서 듣고 질문한 것인지 언급하지 않는다(18:33). 하지만 빌라도가 그렇게 질문하자 예수님은 빌라도에게 그 말이 그의 생각인지, 아니면 다른 사람들에게서 들은 것인지 물으신다(34절). 예수님에 대한 사람들의 기대와 소망에서 비롯된 소문이 빌라도의 귀에까지 들어간 것일 수도 있고(참고. 6:15), 예수님을 고발한 자들이 빌라도에게 그런 식으로 말한 것일 수도 있다. 빌라도는 예수님의 질문에 직접 대답하기를 피하고 고위 제사장들과 유대인들이 예수님을 자기에게 넘겼다는 사실을 언급하며, 예수님에게 무슨 일을 했느냐고 묻는다(18:35). 예수님이 "유대인의 왕"을 참칭했다는 말은 아마도 그분을 고발한 자들에게서 나온 것으로 보인다.

예수님은 자신이 이스라엘의 참된 왕이라는 것을 부정하지 않으면서도, 자신의 나라가 이 세상에 속한 것이 아니기 때문에 자신의 종들이 싸우지 않은 것이라고 대답함으로써 빌라도의 우려를 완화시키려 하신다(36절). 이것은 빌라도의 세상적인 관심을 겨냥해서 하신 말씀이었다. 빌라도는 오직 로마 제국과 자기 출세가 최대 관심사였기 때문에 유대인들 가운데서 일어나는 폭동이나 소요를 최소화하고 반란을 막는 데 가장 신경을 썼다. 그래서 예수님은 자신을 따르는 자들이 싸우지 않았다는 사실을 언급하며 그가 알고 싶어 하는 것을 충족시켜 주신다.

빌라도는 예수님이 유대인들의 고발을 부인하지 않음을 알아차리고 처음에 질문한 내용을 다시 한번 추궁한다(37절a). 예수님은 자신이 왕이냐 아니냐 하는 것에 관심이 없다고 말씀하시고, 이 땅에 와서 살아간 목적은 진리를 증언하는 것임을 강조하신 다음(37절b), 진리에 속한 자는 누구든지 그분의 음성을 듣게 되어 있다고 단언하신다(37절c). 예수님은 진리이시고(14:6), 그분의 양들은 그분의 음성을 듣는다(10:3, 16). 아버지께로부터 가르침을 받은 자는 누구든지 예수님에게로 온다(6:45).

빌라도는 "진리가 무엇이냐"고 묻는데, 이는 그가 예수님의 음성과 진리를 듣지 못하는 자라는 사실을 보여준다(18:38). 빌라도의 질문을 절대 진리에 대한 포스트모더니즘의 냉소주의와 유사하다고 이해하는 것은 시대착오적이다. 빌라도는 정말 진리가 무엇인지 몰라서 진지하게 질문한 것이지만, 그가 맡은 책임들 때문에 이 문제를 깊이 탐구해 볼 기회를 갖지 못한 것일 수도 있다.

빌라도는 유대인들에게 나가서 자신은 예수님에게서 아무 죄도 발견할 수 없었다고 말한다(38절). 빌라도는 예수님을 로마에 위협이 되지 않는 인물로 판단했다. 그런 후에 그는 유월절에 죄수 한 명을 놓아주는 관례를 언급하면서 자신이 예수님을 놓아주기를 원하느냐고 그들에게 묻는다(39절). 하지만 유대인들은 예수님이 아니라 바라바를 놓아달라고 소리친다. ESV는 바라바가 "강도"였다고 번역하지만, 난외주에서는 이 단어를 "반란을 일으킨 자"로 번역할 수 있다고 말한다. 요한은 이 대목에서 유대인들이 예수님을 고발한 바로 그 죄목을 가진 자를 놓아달라고 소리친 것으로 묘사하는 듯하다. 따라서 이 단어를 후자의 의미로 사용한 것 같다. 유대인들이 빌라도에게 한편으로는 예수님이 로마에 위협이 되는 인물이니 그를 십자가에 못 박으라고 요구하면서(참고. 11:48-51), 다른 한편으로는 바라바를 놓아달라고 요구한 것은 그들의 관심사가 로마도 아니고 정의도 아니라는 사실을 보여준다. 그들은 예수님에 대한 증오심에 눈이 멀어서 정의와 진리와 선함과 아름다움을 볼 수 없었다.

응답

베드로는 원수들 사이에 서서 불을 쬐고 있었다. 예수님을 미워하는 자들 앞에서 우리가 예수님을 따르는 자라는 사실을 공개적으로 인정할 때, 그들의 분노를 살 수밖에 없다고 할지라도 기꺼이 그렇게 할 준비가 되어 있는가? 더 이상 예수님의 원수들과 평화롭게 지낼 수 없고 그들이 지핀 불을 함께 쬘 수 없을지라도 기꺼이 예수님에 대한 믿음을 고백할 준비가 되어 있는가? 자기 십자가를 지고 예수님을 따를 준비가 되어 있는가?

베드로는 자신이 예수님과 함께 고난을 당할 각오가 되어 있다고 생각했지만, 실제로 그런 순간에 맞닥뜨렸을 때 아무 준비가 되어 있지 않았다. 그렇다면 우리는 준비되어 있는가? 그런 일에 직면했을 때 어떻게 할지 철저하게 숙고해 보았는가? 우리는 악에서 건져달라고 기도했는가? 시험에 빠지지 않게 인도해달라고 기도했는가? 죄가 주는 순간적인 쾌락 때문에 자신을 더럽히고 영원히 후회하는 것보다는, 죄가 주는 덧없는 쾌락을 버리고 정결하게 살아가는 것이 더 낫다는 것을 확신하는가? 성경의 가르침을 부인하거나 참된 진리를 뻔히 알면서도 일신의 안위를 위해 진리를 부정하기보다 세상 문화의 멸시를 감내하며 흠없이 살아가는 것이 더 낫다는 것을 확신하는가? 출세하고 부자로 살기 위해 수없이 타협하며 영혼의 상처를 감수하기보다 가난하지만 진리 가운데 행하는 자가 되는 것이 더 낫다는 것을 확신하는가?

예수님을 세 번이나 부인한 베드로마저 부끄러운 과거를 극복할 수 있게 해 준 강력한 복음을 생각해 보라. 복음의 그러한 능력을 아는가? 우리 인생 최대의 실패가 성경에 기록되어 역사 속에서 두고두고 회자된다고 할지라도, 그리스도 안에서 하나님의 은혜를 체험하고 나면 우리는 누구를 만나든 그 이야기를 하며 우리의 실패담도 기꺼이 나눌 수 있게 될 것이다. 이것이 베드로가 알게 된 은혜이고, 실패한 이후에도 계속해서 살아갈 수 있게 그를 붙들어준 은혜다. 이 은혜는 최악의 겁쟁이도 구원할 수 있다. 베드로가 자신의 실패담을 기꺼이 이야기할 수 있었다면(그는 실제로 그렇게 했을 것이다), 우리도 우리가 지은 죄에 대해 그렇게 할 수 있어야 한다.

예수님은 그분의 가장 담대한 제자가 그분을 부인했을 때도 전혀 흔들리지 않으셨다. 유월절 식사를 위해 자신을 정결하게 지켜야 한다고 했던 사람들이 인류 역사상 가장 더럽고 추악한 날조를 통해 그들 자신을 더럽히고 있을 때에도, 예수님은 털 깎는 자들에게 끌려가는 어린양처럼 묵묵히 그분의 길을 가셨다. 로마의 정의와 진리에 대한 관심이 평화를 지키기 위한 부끄러운 타협에 의해 밀려났을 때에도, 예수님은 흠 없는 고결함을 유지하셨고, 어떤 앙심도 품지 않으셨으며, 아버지께서 그분에게 맡기신 가장 중요한 일을 완수하셨다.

친구들은 우리를 실망시킬 수 있고, 믿음이 있다고 하는 사람들도 이기적이고 더러운 짓을 할 수 있으며, 정의를 지키기 위해 세운 제도도 부패할 수 있다. 하지만 예수님은 우리를 결코 실망시키지 않으신다. 데이비드 웰즈가 말했듯이, 악을 막는 최후의 보루는 견고했다.[47]

18장

47 David F. Wells, *God in the Wasteland: The Reality of Truth in a World of Fading Dreams* (Grand Rapids, MI: Eerdmans, 1994), 171.

1 이에 빌라도가 예수를 데려다가 채찍질하더라 2 군인들이 가시나무
로 관을 엮어 그의 머리에 씌우고 자색 옷을 입히고 3 앞에 가서 이르
되 유대인의 왕이여 평안할지어다 하며 손으로 때리더라 4 빌라도가
다시 밖에 나가 말하되 보라 이 사람을 데리고 너희에게 나오나니 이
는 내가 그에게서 아무 죄도 찾지 못한 것을 너희로 알게 하려 함이로
라 하더라 5 이에 예수께서 가시관을 쓰고 자색 옷을 입고 나오시니
빌라도가 그들에게 말하되 보라 이 사람이로다 하매 6 대제사장들과
아랫사람들이 예수를 보고 소리 질러 이르되 십자가에 못 박으소서
십자가에 못 박으소서 하는지라 빌라도가 이르되 너희가 친히 데려다
가 십자가에 못 박으라 나는 그에게서 죄를 찾지 못하였노라 7 유대인
들[1]이 대답하되 우리에게 법이 있으니 그 법대로 하면 그가 당연히 죽
을 것은 그가 자기를 하나님의 아들이라 함이니이다 8 빌라도가 이 말
을 듣고 더욱 두려워하여 9 다시 관정에 들어가서 예수께 말하되 너는
어디로부터냐 하되 예수께서 대답하여 주지 아니하시는지라 10 빌라
도가 이르되 내게 말하지 아니하느냐 내가 너를 놓을 권한도 있고 십
자가에 못 박을 권한도 있는 줄 알지 못하느냐 11 예수께서 대답하시

되 위에서 주지 아니하셨더라면 나를 해할 권한이 없었으리니 그러므
로 나를 네게 넘겨 준 자의 죄는 더 크다 하시니라

1 Then Pilate took Jesus and flogged him. 2 And the soldiers twisted
together a crown of thorns and put it on his head and arrayed him in a
purple robe. 3 They came up to him, saying, "Hail, King of the Jews!"
and struck him with their hands. 4 Pilate went out again and said to
them, "See, I am bringing him out to you that you may know that I
find no guilt in him." 5 So Jesus came out, wearing the crown of thorns
and the purple robe. Pilate said to them, "Behold the man!" 6 When
the chief priests and the officers saw him, they cried out, "Crucify him,
crucify him!" Pilate said to them, "Take him yourselves and crucify
him, for I find no guilt in him." 7 The Jews answered him, "We have
a law, and according to that law he ought to die because he has made
himself the Son of God." 8 When Pilate heard this statement, he was
even more afraid. 9 He entered his headquarters again and said to
Jesus, "Where are you from?" But Jesus gave him no answer. 10 So
Pilate said to him, "You will not speak to me? Do you not know that
I have authority to release you and authority to crucify you?" 11 Jesus
answered him, "You would have no authority over me at all unless it
had been given you from above. Therefore he who delivered me over to
you has the greater sin."

12 이러하므로 빌라도가 예수를 놓으려고 힘썼으나 유대인들이 소리
질러 이르되 이 사람을 놓으면 가이사의 충신이 아니니이다 무릇 자
기를 왕이라 하는 자는 가이사를 반역하는 것이니이다 13 빌라도가 이
말을 듣고 예수를 끌고 나가서 돌을 깐 뜰(히브리 말로[2] 가바다)에 있
는 재판석에 앉아 있더라 14 이날은 유월절의 준비일이요 때는 제육시[3]

라 빌라도가 유대인들에게 이르되 보라 너희 왕이로다 15 그들이 소리
지르되 없이 하소서 없이 하소서 그를 십자가에 못 박게 하소서 빌라
도가 이르되 내가 너희 왕을 십자가에 못 박으랴 대제사장들이 대답
하되 가이사 외에는 우리에게 왕이 없나이다 하니 16a 이에 예수를 십
자가에 못 박도록 그들에게 넘겨 주니라

12 From then on Pilate sought to release him, but the Jews cried out,
"If you release this man, you are not Caesar's friend. Everyone who
makes himself a king opposes Caesar." 13 So when Pilate heard these
words, he brought Jesus out and sat down on the judgment seat at a
place called The Stone Pavement, and in Aramaic Gabbatha. 14 Now it
was the day of Preparation of the Passover. It was about the sixth hour.
He said to the Jews, "Behold your King!" 15 They cried out, "Away
with him, away with him, crucify him!" Pilate said to them, "Shall I
crucify your King?" The chief priests answered, "We have no king but
Caesar." 16a So he delivered him over to them to be crucified.

1 헬라어 본문에서 '유다이오이'는 당시 유대 종교 지도자들과 그들의 영향력 아래 있던 자들을 가리키는 것으로 보인다. 12, 14, 31, 38절도 마찬가지다.

2 또는 "아람어로". 17, 20절도 마찬가지다.

3 대략 정오

단락 개관

그들이 주를 어떻게 대했는지 보라

이 단락은 너무나 충격적이어서 그들이 예수님을 얼마나 극악무도하게 대했는지 말로는 다 전달할 수 없다.

예수님보다 더 이스라엘 백성에게 열렬히 환영받을 분이 어디 있겠는가? 예수님은 그들이 그토록 오랫동안 기다려온 분이 아니신가? 예수님은 그들이 모든 소망을 걸어온 분이 아니신가? 그들에게 와서 예수님처럼 행하고 가르치신 이가 있었는가? 그들에게 온 이들 중에서 죽은 자를 살리고, 맹인의 눈을 뜨게 하고, 목마른 자에게 생수를 주고, 주린 자에게 하늘의 떡을 준 이가 있었는가? 그들에게 온 이들 중에서 예수님만큼 하나님을 사랑하고 이웃을 자신처럼 사랑한 이가 있었는가?

예수님 같은 분은 다시는 그들에게 오지 않을 것이었다. 그런데도 그들은 예수님은 십자가에 못 박고 악명 높은 범죄자는 놓아주라고 소리쳤다(요 18:40). 예수님은 이스라엘 백성이 가장 존귀하게 대해야 하는 분이 아닌가? 예수님의 머리에 면류관을 씌워드리고 자색 옷을 입혀드린 후 그분의 신민으로서 예를 갖추어 그분 앞에 절하는 것이 마땅하지 않은가? 그런 대접에 합당한 분이 있다면, 예수님이 바로 그런 분이시다. 같은 인간에게 존경을 받기에 합당한 분이 있다면, 예수님이 바로 그런 분이시다. 비단 예수님이 하나님의 아들이시기 때문만이 아니다. 그분이 행하고 이루신 일 때문이기도 하다. 사람들은 예수님의 머리에 면류관을 씌워드리고 자색옷을 입히며 공경하고 순종하는 것이 마땅했다. 하지만 그들은 예수님을 잔혹하게 대했다.

단락 개요

VII. C. 그들이 주를 어떻게 대했는지 보라(19:1-16a)

1. 거짓으로 예를 갖추며 조롱함(19:1-3)
2. 죄 없는 이를 단죄함(19:4-8)
3. 권한과 죄(19:9-11)
4. 가이사냐, 예수님이냐(19:12-16a)

주석

19:1-3 | 거짓으로 예를 갖추며 조롱함 빌라도는 예수님에게서 죄를 발견하지 못했다는 사실을 이미 밝혔다(18:38). 그가 19:1에서 예수님을 채찍질한 것은 아마도 유대인들이 이성을 되찾고 제정신으로 돌아와 예수님을 죽이고자 하는 생각을 철회하게 하기 위한 것으로 보인다. 예수님을 채찍질한 것이 사실은 그분의 생명을 구하기 위한 시도였다는 것이다. 빌라도는 예수님을 죽이는 것을 피하기 위해 죄 없는 분을 학대하는 편을 선택했다.

이 복음서의 저자인 요한은 예수님을 이스라엘의 합법적인 왕일 뿐 아니라 이스라엘 하나님의 성육신으로 묘사해왔다(예컨대, 1:1, 49; 6:15; 10:30). 여기에서 요한은 그의 청중 앞에 명백히 이율배반적인 장면을 묘사한다. 피조 세계의 왕으로서 면류관을 쓰셔야 할 분에게 사람들이 가시로 만든 가짜 면류관을 씌운 것이다. 그들은 이스라엘의 대제사장이자 왕이 절기 때에 입는 자색 옷을 단지 이스라엘뿐 아니라 만민의 대제사장이자 왕이신 분에게 입히고는 왕을 참칭한 자로 취급하며 멸시하고 경멸한다(19:2).

그런 다음 무례하기 짝이 없는 군인들이 예수님을 모욕하고 손으로 때린다. 예수님은 모든 무릎이 그 앞에 꿇고서(빌 2:10) 모든 입이 주로 고백하게 될 분이고(빌 2:11), "그의 진노가 급하신"(시 2:12) 분인데, 강도와 악당 같은 이들이 그런 예수님을 비꼬아 "유대인의 왕"이라고 조롱하며 상스러운 말을 뱉고 무례하게 손찌검을 한다(요 19:3). 인간의 손을 지으신 분이 그 손을 무기로 사용하는 인간의 공격을 받는 상상할 수 없는 일이 벌어진다.

19:4-8 | 죄 없는 이를 단죄함 로마의 힘과 직위를 믿고 오만방자함에 취해 있던 빌라도는 하늘과 땅의 왕이신 예수님을 무례하게 대했고, 군인들도 예수님에게 가시 면류관을 씌우고 자색 옷을 입히고서는 정말 왕이냐며 조롱하고 비웃었다. 아마도 빌라도는 이런 식으로 예수님에게 멸시와 모욕을 안겨주면 유대인들의 분노가 어느 정도 풀릴 것이라고 생각했던 것 같다(4절). 이런 식으로 수치스러운 꼴을 당한 반란군 지도자가 어떻게 다시 명예를 회복할 수 있겠는가? 그런 지도자가 어떻게 추종자들 앞에 얼굴을 들고 설 수 있겠는가? 예수님이 로마인들에게 그런 식으로 치욕을 당했는데, 대적들이 여전히 그분을 두려워할 이유가 있겠는가?

빌라도가 예수님에게서 아무 죄도 발견할 수 없었다고 말한 것(4절)은 아마도 예수님이 로마제국에 전혀 위협적이지 않음을 알았다는 뜻으로 보인다. 빌라도는 예수님이 반역죄를 짓지 않은 것으로 판단했고, 앞으로도 반란을 일으키지 않을 것이라고 확신했다. 로마제국에 의해 유지되고 있는 평화를 위협하는 정치 선동가라는 인상을 예수님에게서 받지 않은 것이다. 여기에서 빌라도의 결론은 인간 사회의 모든 통치자와 재판관과 정부의 한계를 보여준다. 예수님에게 죄가 없다는 빌라도의 판단은 옳았다. 그러나 예수님이 로마에 위협적인지, 그리고 그분이 왕이시라는 것이 정말 로마와 아무 상관없는 일인지에 대한 판단은 완전히 잘못되었다.

빌라도는 예수님을 두려워하지 않았고, 군인들은 예수님을 마음껏 조롱하고 비웃었지만, 그들이 그렇게 할 수 있었던 것도 사실은 예수님이 자신을 낮추고 죽기까지 복종함으로써 높아지실 것이라는 성경 말씀을 이룬 것이었다. 예수님은 털 깎는 자들 앞에서 침묵하는 어린양처럼 아버지께 순종하는 동안에는 전혀 위협이 되지 않을 테지만, "그의 아들에게 입맞추라 그렇지 아니하면 진노하심으로 너희가 길에서 망하리라"(시 2:12)는 경고를 무시하는 인간 사회의 오만방자한 통치자들에게 예수님보다 더 큰 위협은 존재하지 않는다.

요한복음 19:5은 인류 역사에 나타난 가장 큰 겸손과 인내, 절제, 고귀함을 보여준다. 솔로몬은 잠언 19:11에서 "노하기를 더디 하는 것이 사람의 슬기요 허물을 용서하는 것이 자기의 영광이니라"고 말했다. 여기에서 우리는 인류 역사상 가장 큰 영광을 본다. 인류 역사상에서 가장 높임을 받으셔야 할 분이 가장 큰 모욕을 당하시는 것을 본다. 인류 역사상 가장 큰 힘을 지니신 분이 가장 큰 도발 앞에서 참고 인내하시는 것을 본다. 인류 역사상 가장 큰 권위를 지니신 분이 그분의 선의와 인자하심을 힘입었을 때에만 권위를 갖는 자들에게 가장 큰 무시를 당하시는 것을 본다.

유대인들이 그들 하나님의 성육신이자 그들의 왕이신 예수님에게 요한복음 19:6에 나오는 반응을 보일 것이라고 누가 상상이나 했겠는가? 그들은 예수님을 보자 "십자가에 못 박으라"고 소리친다. 이교도인 로마인조차도 그들의 그런 행태를 역겨워하며 그들 마음대로 하라고 말한다. 유대인들은 자신들에게 사형을 선고하고 집행할 권한이 없다는 이유를 들어서 그렇게 하기를 거부하고(18:31), 로마인들에게 대신 해 달라고 요구한다. 그들은 율법을 존재하게 하신 분이자 율법의 완성이신 분, 율법을 이해하는 데 없어서는 안 될 분을 죽이려 하고 있다. 그러면서도 자신들은 율법을 철저하게 지키는 자들인 양 행세한다.

그들은 로마인들이 예수님을 처형할 근거를 만들기 위해 예수님이 그들의 법에서 사형에 처하는 범죄를 했다고 거짓말을 한다(19:7). 율법을 주신 분이자 율법의 존재 근거가 되시는 분을 율법에 의거하여 죽이려 한다. 그들은 예수님이 "자기를 하나님의 아들이라" 했다고 고발한다(7절). 이 말은 여러 가지 의미로 해석할 수 있는데, 우선 다윗 가문에서 나온 왕이라는 의미일 수 있다. 하나님은 다윗에게 그의 "씨"가 하나님에게 "아들"이 될 것이라고 말씀하셨기 때문이다(삼하 7:14). 또한 이 말은 하나님이라는 의미일 수 있다. 예수님이 자신과 하나님이 동등하다고 말씀하신 데서 그 근거를 찾아볼 수 있다(요 5:18; 10:30-31). 그러나 로마인 빌라도는 예수님이 자신을 "하나님의 아들"이라고 했다는 말을 들었을 때, 호메로스(Homeros)의 작품에 나오는 아킬레스(Achilles)나 베르길리우스(Vergilius)의 작품에 나오는 아이네이스(Aeneis) 같은 존재를 떠올렸을 것이다. 그래서 빌라도는 19:8에서 정말 예수님이 어떤 신적인 존재일 수도 있겠다는 생각에 두려워서 굳이 그분의 노여움을 살 일은 하지 않으려 했을 수 있다.

빌라도는 18:38, 19:4, 19:6에서 자신은 예수님에게서 아무런 죄도 발견하지 못했다고 밝혔다. 유대인들은 예수님이 자신을 하나님의 아들이라고 했기 때문에 처형해야 한다고 주장했다. 예수님을 하나님의 아들로 믿지 않았기 때문에 신성모독 죄로 그분을 죽여야 한다고 생각한 것이다. 그러나 요한의 관점은 예수님이 친히 말씀하신 대로 하나님의 아들이시라는 것이다.

19:9-11 | 권한과 죄 예수님이 자신을 하나님의 아들이라고 했다는 유대인들의 고발을 듣고 두려운 마음이 든(7-8절) 빌라도는 다시 관저로 돌아와 밖으로 끌고나가 많은 사람들 앞에 보였던 예수님을 불러서(5-6절), "너는 어디로부터" 왔느냐고 묻는다. 예수님은 그 질문에 아무런 대답도 하지 않으신다(9절). 예수님은 유대인들에게 "너희는 아래에서 났고 나는 위에서 났으며 너희는 이 세상에 속하였고 나는 이 세상에 속하지 아니하였느니라"(8:23)고 말씀하셨고, 18:36에서는 빌라도에게 "내 나라는 이 세상에 속한 것이 아니니라"고 말씀하신 후, 37절에서는 자신이 진리를 증언하기 위해 태어났다고 말씀하셨다. 하지만 이제 19:9에서 예수님은 빌라도에게 아무 대답도 하지 않으신다.

19장

예수님이 대답하지 않자 화가 난 빌라도는 대답을 이끌어내기 위해, 예수님을 놓아주거나 십자가에 못 박을 권한이 자기에게 있는 것을 알지 못하느냐고 위협한다(10절). 그러자 예수님은 빌라도에게 그렇게 할 권한이 있는 것은 위에서 그런 권한을 주셨기 때문이라고 말씀하신다(11절a). 이 재판의 절차와 관련된 모든 것이 하나님의 주권 아래 있다고 선언하신 것이다. 하지만 예수님은 계속해서 인간의 책임을 긍정하는 말씀을 하신다. 그런데 그 과정에서 예상치 못한 일이 벌어진다. 재판을 받고 계시는 예수님이 그분을 재판하고 있는 자들을 범죄자로 규정하고 판결하신 것이다. 예수님은 피고의 입장에서 심판주라는 자신의 진정한 역할로 돌아가신다. 그리고 예수님은 빌라도는 오직 하나님의 주권 아래에서만 권한을 갖고 있기는 하지만, 어쨌든 권한을 갖고 있기 때문에 자신을 빌라도에게 넘겨준 자의 죄가 더 크다는 판결을 내리신다(11절b).

이 말씀의 논리로 보자면, 예수님은 빌라도가 하고 있는 일과 유대인들이 하고 있는 일을 서로 다르게 보고 계신다. 유대인들은 그리스도의 죽음을 악의적으로 구하고 있는 반면에, 빌라도는 자신이 원치 않는 선택 앞에서 원칙 없이 행한 겁쟁이일 뿐이다. 예수님은 빌라도에게 죄가 없지만, 그가 유대인들의 압박을 어떻게 처리해야 할지 모르고 있다는 것을 아셨을 것이다. 따라서 빌라도의 죄는 살인자들과 결탁한 죄다. 빌라도는 유대인들의 압력에 굴복하여 자기에게 주어진 권한을 남용하고 있고, 그것은 죄다. 하지만 유대인들의 죄가 더 크다. 그들은 적극적으로 예수님을 죽이려 하고 있기 때문이다. 빌라도는 소극적으로 그 계획을 따라갈 뿐이다.

19:12-16a | 가이사냐, 예수님이냐 빌라도는 예수님을 협박했지만 별 소득이 없자(9-11절), 이제는 예수님에게 죄가 없다는 확신에 따라서(18:38; 19:4, 6) 그분을 놓아주려고 한다(12절a). 그러자 유대인들은 예수님이 자신을 왕이라고 자칭하며 가이사에게 반기를 들었는데도 그런 인물을 놓아주려는 것은 가이사에게 반역하는 것이라고 빌라도를 위협한다(12절b).

예수님이 자신을 하나님의 아들이라고 한 데는(7절) 그분이 왕이라는 의미가 담겨 있다. 이는 유대인들이 12절에서 그분이 자신을 왕이라고 했다는 고발에서 찾아볼 수 있다. 세속적이었던 빌라도는 예수님이 로마제국에 위협이 된다는 것을 깨닫지 못했다. 반면에 하나님의 나라를 대망했던 유대인들은 로마제국의 이익을 열렬히 대변한다. 예수는 하나님의 나라를 세우려고 하는 인물이므로 로마제국의 안위를 위해서는 그를 완전히 제거해야 한다는 주장이다. 그들은 예수님을 죽이려는 데 혈안이 된 나머지 가이사의 이익을 대변했다.

유대인들은 빌라도를 조종해서 그의 손을 빌어 예수님을 처형하고자 했고, 그것은 효과가 있었다. 빌라도는 판결을 내리기 위해 재판석으로 가서 앉고 예수님을 자기 앞에 세운다(13절). 예수님과 제자들은 목요일 저녁에 함께 유월절 식사를 했고, 14절은 이날이 "유월절의 준비일," 즉 토요일인 안식일을 준비하는 날이었다고 말한다. 따라서 이 일련의 사건들은 유월절 주간의 금요일에 일어났다.

18:28에서 요한은 유대인들이 예수님을 "새벽"에 가야바의 집에서 빌라도의 관저로 끌고 갔다고 말한다. 19:14에서는 "때는 제육시", 즉 대략 정오가 되었다고 말한다. 마가복음 15:25은 "때가 제삼시가 되어 십자가에 못 박으니라"고 말하고, "제삼시"는 대략 오전 9시경이었을 것이다. D. A. 카슨과 안드레아스 쾨스텐베르거(Andreas J. Köstenberger)는 둘 다 이렇게 시간이 서로 잘 맞지 않는 것은 손목시계나 그 밖에 시간을 재는 수단에 아무나 쉽게 접근할 수 없던 시대에 시간을 계산하는 방법이 부정확했기 때문이라고 설명한다.[48] 당시에는 태양의 위치를 보고 세 시간을 하나의 시간대로 계산하여 몇 시인지 결정했을 것이므로, 어떤 사람은 해가 자기 머리 위에 떠 있다고 판단해서 "제육시"라고 생각했을 수 있고, 어떤 사람은 해가 떠나서 아침의 중간을 지나고 있다고 판단해서 "제삼시"라고 생각했을 수 있다. 그렇다면 요한은 마가복음에 나오는 내용을 몰랐거나, 알았다고 하더라도 마가복음의 기록에 신경 쓰지 않고 자신의 기억을 더듬어 "제육시"라고 한 것이 된다.

앞에서 빌라도는 예수님을 "보라 이 사람이로다"(요 19:5)라는 말로 소개했지만, 이제는 "보라 너희 왕이로다"(14절)라며 그분을 소개한다. 빌라

48 D. A. Carson, *The Gospel according to John*, PNTC (Leicester, UK: Inter-Varsity Press, 1991), 605; Köstenberger, *John*, 538.

도는 예수님에게 죄가 없다고 생각해서 그분을 놓아주려 했기 때문에 그가 예수님을 유대인의 왕으로 소개한 것은 죄 없는 자를 죽이려 하는 유대인 무리를 비꼬고 모욕하기 위해서였다고 볼 수 있다.

6절에서 유대인들은 예수님을 십자가에 못 박으라고 소리쳤는데, 15절에서는 한층 더 큰 소리로 예수님을 십자가에 못 박으라고 소리친다. 빌라도가 그들을 조롱하기 위해 그들의 왕을 십자가에 못 박기를 원하느냐고 묻자, 그들은 자신들에게는 가이사 외에는 왕이 없다고 단언한다(15절). 빌라도는 예수님이나 유대인들 누구도 안중에 없었지만, 유대인들은 빌라도에게 대답하는 말을 통해 하나님의 나라와 다윗 가문에서 나올 왕에 관한 구약성경의 약속들을 거부한다. 하나님의 나라와 왕을 거부하는 것은 하나님을 거부하는 것과 같다.

빌라도는 예수님을 십자가에 못 박으라고 넘겨주었고, 그들은 예수님을 끌고 간다(16절a).

응답

우리는 어떤 왕을 원하는가? 가이사처럼 우리를 죽이는 왕을 원하는가, 아니면 예수님처럼 우리를 사랑해서 우리를 대신해 죽어줄 왕을 원하는가?

그들은 심판주이신 예수님을 재판에 회부하지만, 심판주이신 예수님은 자신을 재판하는 악인들에 대한 판결을 선고하신다. 우리는 우리 자신을 누구에게 맡기고자 하는가? 인간 재판관이나 통치자에게 의지하겠는가, 아니면 의로우신 심판주를 원하는가? 우리는 의를 따라 심판하실 이를 원하는가? 의로우신 심판주는 오직 예수님뿐이다.

17 그들이 예수를 맡으매 예수께서 자기의 십자가를 지시고 해골(히
브리 말로 골고다)이라 하는 곳에 나가시니 18 그들이 거기서 예수를
십자가에 못 박을새 다른 두 사람도 그와 함께 좌우편에 못 박으니 예
수는 가운데 있더라 19 빌라도가 패를 써서 십자가 위에 붙이니 나사
렛 예수 유대인의 왕이라 기록되었더라 20 예수께서 못 박히신 곳이
성에서 가까운 고로 많은 유대인이 이 패를 읽는데 히브리와 로마와
헬라 말로 기록되었더라 21 유대인의 대제사장들이 빌라도에게 이르
되 유대인의 왕이라 쓰지 말고 자칭 유대인의 왕이라 쓰라 하니 22 빌
라도가 대답하되 내가 쓸 것을 썼다 하니라

16b So they took Jesus, 17 and he went out, bearing his own cross, to the
place called The Place of a Skull, which in Aramaic is called Golgotha.
18 There they crucified him, and with him two others, one on either side,
and Jesus between them. 19 Pilate also wrote an inscription and put it on
the cross. It read, "Jesus of Nazareth, the King of the Jews." 20 Many of
the Jews read this inscription, for the place where Jesus was crucified
was near the city, and it was written in Aramaic, in Latin, and in Greek.

21 So the chief priests of the Jews said to Pilate, “Do not write, ‘The
King of the Jews,’ but rather, ‘This man said, I am King of the Jews.’”
22 Pilate answered, “What I have written I have written.”

23 군인들이 예수를 십자가에 못 박고 그의 옷을 취하여 네 깃에 나눠
각각 한 깃씩 얻고 속옷도 취하니 이 속옷은 호지 아니하고 위에서부
터 통으로 짠 것[1]이라 24 군인들이 서로 말하되 이것을 찢지 말고 누
가 얻나 제비 뽑자 하니 이는 성경에 그들이 내 옷을 나누고 내 옷을
제비 뽑나이다 한 것을 응하게 하려 함이러라 군인들은 이런 일을 하
고 25 예수의 십자가 곁에는 그 어머니와 이모와 글로바의 아내 마리
아와 막달라 마리아가 섰는지라 26 예수께서 자기의 어머니와 사랑하
시는 제자가 곁에 서 있는 것을 보시고 자기 어머니께 말씀하시되 여
자여 보소서 아들이니이다 하시고 27 또 그 제자에게 이르시되 보라
네 어머니라 하신대 그때부터 그 제자가 자기 집에 모시니라
23 When the soldiers had crucified Jesus, they took his garments and
divided them into four parts, one part for each soldier; also his tunic.
But the tunic was seamless, woven in one piece from top to bottom,
24 so they said to one another, “Let us not tear it, but cast lots for it to
see whose it shall be.” This was to fulfill the Scripture which says, “They
divided my garments among them, and for my clothing they cast lots.”
So the soldiers did these things, 25 but standing by the cross of Jesus
were his mother and his mother’s sister, Mary the wife of Clopas, and
Mary Magdalene. 26 When Jesus saw his mother and the disciple whom
he loved standing nearby, he said to his mother, “Woman, behold, your
son!” 27 Then he said to the disciple, “Behold, your mother!” And from
that hour the disciple took her to his own home.

28 그 후에 예수께서 모든 일이 이미 이루어진 줄 아시고 성경을 응하
게 하려 하사 이르시되 내가 목마르다 하시니 29 거기 신 포도주가 가
득히 담긴 그릇이 있는지라 사람들이 신 포도주를 적신 해면을 우슬
초에 매어 예수의 입에 대니 30 예수께서 신 포도주를 받으신 후에 이
르시되 다 이루었다 하시고 머리를 숙이니 영혼이 떠나가시니라

28 After this, Jesus, knowing that all was now finished, said (to fulfill
the Scripture), "I thirst." 29 A jar full of sour wine stood there, so they
put a sponge full of the sour wine on a hyssop branch and held it to
his mouth. 30 When Jesus had received the sour wine, he said, "It is
finished," and he bowed his head and gave up his spirit.

1 헬라어 본문에는 키톤(*chiton*). 이것은 맨살에 닿는 긴 속옷으로 겉옷 아래에 입었다.

단락 개관

그들이 주를 십자가에 못 박다

요한은 "골고다", 즉 "해골이라 하는 곳"에서 왕으로 불리신 예수님이 십자가에 못 박히신 일에 대해 이야기한다(요 19:16-22). 요한은 군인들이 자신들도 모르는 사이에 성경 말씀을 이루었고(23-24절), 예수님을 사랑하는 사람들이 십자가에서 그분과 함께 서 있었으며(25-27절), 예수님이 아버지께서 그분에게 하라고 주신 일을 다 이루셨다(28-30절)고 말한다.

단락 개요

VII. D. 그들이 주를 십자가에 못 박다(19:16b-30)

1. 유대인의 왕(19:16b-22)
2. 군인들(19:23-24)
3. 가족(19:25-27)
4. 다 이루었다(19:28-30)

주석

19:16b-22 | 유대인의 왕 로마 군인들은 예수님을 십자가에 못 박기 위해 끌고 갔고(16절b), 요한은 그들이 어디로 어떻게 갔는지 설명한다(17절). 지위가 높고 존경받는 인물의 짐이나 서류, 그 밖의 소지품을 다른 사람들이 대신 들고 가는 일은 흔하다. 이 구절에서는 "말씀"이신 분, 세계를 지으신 분, 만유를 다스리시는 분이 존귀하게 대접받을 곳이 아니라 처형장으로 가고 계시는 모습을 그리고 있다. 그분은 자신의 십자가를 직접 지고 가신다. 주 예수님이 이보다 더 낮아져서 굴욕을 참으시는 모습이 또 있겠는가?

요한은 그들의 행선지가 헬라어로 "해골이라 하는 곳"이었다고 설명한다. '해골'을 뜻하는 헬라어 크라니온(*kranion*)을 라틴어로 번역하면 칼바리아(*calvaria*)인데, 영어 캘버리(Calvary)는 이 라틴어를 음역한 것이다. 여기에서 사용된 헬라어 골고타(*golgotha*)도 히브리어 굴골레트(גלגלת)를 음역한 것으로서, 이 히브리어는 오직 여기에만 나오는 아람어 굴골타(*gulgolta*)를 거쳐 헬라어로 들어왔다. 이 히브리어는 사사기 9:53에서 아비멜렉의 부서진 해골을 가리키는 데 사용되었다. 사람들이 이곳을 '해골'이라고 부르게 된 것은 이곳의 지형이 해골을 닮았기 때문이었을 것이다.

요한복음 19:18에는 우리를 망연자실하게 만드는 말이 나온다. "그들이 거기서 예수를 십자가에 못 박[았다]." 요한은 여기에서 잠시 멈춰 서서 그 일이 갖는 감정적 · 영적 · 신학적 의미를 설명할 만도 한데, 그렇게 하지 않고 무슨 일이 일어났는지만 직설적으로 이야기한 후 계속해서 설명을 이어간다. 하지만 여기에서 십자가에 못 박히신 분은 다름 아니라 선하심 자체인 예수님이다. 그들은 예수님에게서 아무런 죄도 발견할 수 없었고, 예수님은 죄 없음의 대명사인데도, 그들은 로마제국의 힘을 빌어 그분을 십자가에 못 박았다. "세상의 빛"이 매를 맞으시고 피 흘리시며 두 강도 가운데서 십자가에 못 박히셨다(18절). 세상에서 벌어진 가장 큰 불의를 꼽는다면, 바로 예수님을 십자가에 못 박은 일이다. 사법제도가 죄 없는 시민에게 저지른 가장 큰 악을 꼽는다면, 바로 예수님을 십자가에 못 박은 일이다. 국가에 의해 살해된 한 사람을 위해 가장 많은 사람들이 슬퍼하고 애도한 일을 꼽는다면, 바로 예수님을 십자가에 못 박은 일이다. 이 세계가 더 나은 곳이 되기를 인류가 가장 간절하게 소원한 때를 꼽는다면, 바로 그들이 예수님을 십자가에 못 박은 때다.

모든 악과 불의와 반역과 시기와 증오와 악의 한복판에서 빌라도는 이 일의 스위치를 켠 자, 죄 없는 이를 놓아줄 수도 사형을 선고할 수도 있는 권한을 갖고 있는 자, 자신은 예수님에게서 아무런 죄도 발견할 수 없었다고 반복해서 선언하고서도(18:38; 19:4, 6) 정작 예수님을 십자가에 못 박도록 내어준 자(16절)였지만, 19절에서 예수님의 십자가에 "유대인의 왕"이라고 쓴 죄패를 붙임으로써 진실이 무엇인지 보여주었다. 이 이교도 로마인은 하나님과 이스라엘 민족을 조롱하기 위해 그렇게 써붙였지만, 그 죄패는 진실이 무엇인지 말해 주고 있었다. 빌라도는 로마의 영광이 영원하다고 자신했기에 진정으로 영원한 영광을 가지신 분에게 수치를 안기려고 했다.

예수님은 유대인의 왕일 뿐 아니라 만유의 왕이시다. 그런 예수님이 자기 백성의 죄를 대속하려고 그들이 받아야 할 형벌을 대신 받기 위해 부당하게 십자가에 못 박혀 죽으신 것인데도 그분의 왕권은 조롱거리가 되었다. 하지만 빌라도가 죄패에 아람어와 라틴어와 헬라어로 써서 모든 사람이 볼 수 있게 십자가에 높이 매단 문구는, 그가 지금까지 살아오면서 한 말 중에서 가장 참되었다(19-20절).

어리석게도 예수님을 배척하고 거짓으로 고발했던 반역자와 거짓말쟁이들은 예수님이 참된 왕이 아니라 단지 왕을 참칭한 자이므로 팻말에 "자칭 유대인의 왕"으로 쓰라고 항의했다(21절). 하지만 빌라도는 그들의 요청을 거부한다(22절). 반역자와 악당들이 아무리 누르려고 해도 진실은 일어나기 마련이다.

19:23-24 | 군인들 요한은 23-24절에서 예수님이 다른 사람들을 위해 죽어가시는 모습과 군인들이 그 와중에서도 살 궁리를 하는 모습을 나란히 배치한다. 세상의 구원이 그들의 눈앞에서 이루어지는 줄도 모르고 그들은 예수님의 옷을 놓고 도박을 한다. 이기적인 군인들은 십자가에서 얻은 전리품으로 예수님의 옷을 나누어 가진 후에, 그분의 속옷이 통으로 짠 것임을 발견한다. 예수님이 그런 속옷을 입으셨다는 것은, 그분이 잘 만들어진 의복의 가치를 아시고 좋은 제품의 가치를 인정하셨음을 보여준다. 사람들이 예수님을 죽이고서 그분의 옷을 입는 것은, 예수님이 그분이 이루신 의로 사람들을 덮어주시는 모습을 연상시킨다. 예수님은 십자가 위에서 죽으시고, 그분이 생전에 입으셨던 옷은 다른 사람들이 입게 된다. "호지 아니하고 통으로 짠" 속옷은 예수님의 의가 온전하고 나누어질 수 없는 것임을 보여준다. 그 의를 입은 자들은 아버지 하나님의 거룩하신 임재 앞에 부끄러움 없이 설 수 있다.

우리는 지금까지 요한이 고난 받는 의인이라는 주제와 관련해 시편들을 인용하는 것을 보았는데(예컨대, 13:18), 19:24에서도 다시 한번 그 주제와 관련된 시편을 인용한다. 시편 22편에서 다윗은 원수와 대적들이 어떻게 그를 정복하고 약탈하려 하는지 말한다. 그는 고난 받는 의인이라는 모형이 고난 받는 의인이신 예수님에게서 궁극적으로 성취될 것을 알고, 시편

22:8에서 자신의 역사적 경험을 비유적으로 묘사한다. 요한은 예수님에게 일어난 일이 다윗이 시편 22:18에서 묘사한 것의 성취였다고 말한다.

19:25-27 | 가족 세상의 왕이신 분이 자기 백성의 죄를 대신하여 십자가 위에서 죽어가고 계신다. 예수님을 처형한 군인들은 그분의 옷을 도둑질하고 있다. 왕이신 예수님은 자기 자신이 아니라 어머니를 생각하신다. 베드로는 도망치고 보이지 않았지만, 예수님의 어머니는 그녀의 친구들과 함께 그 자리에 있었다. 사람들은 그녀가 예수님의 어머니라는 것을 알았거나 쉽사리 알 수 있었을 것이다. 사람들은 손가락질하고 수군거리며 머리를 흔들었을 것이다. 하지만 예수님의 어머니는 사랑하는 아들을 홀로 죽어가게 내버려 둘 수 없었다.

어머니의 자매와 친구들이 그녀를 그런 장소에 혼자 보내지 않은 것으로 보아 그녀는 틀림없이 착한 여자였을 것이다(25절).[49] 그들도 분명 예수님을 사랑했을 것이다. 그들은 사람들의 손가락질을 충분히 감수할 정도로 예수님을 사랑했다. 예수님의 공범으로 몰려 붙잡혀갈 수도 있는 위험을 무릅쓸 정도로 예수님을 사랑했다. 그러하기에 십자가에 못 박힌 중죄인과 그의 어머니 곁에 서 있는 수치를 감수했다.

그런 어머니에게 예수님은 어떤 아들이었겠는가! 예수님은 십자가 위에서 죽어가면서도 어머니를 돌보신다(26-27절). 예수님은 부모를 공경하라는 계명을 몸소 실천하신다(신 5:16). 예수님을 닮고자 하는 사람은 자기 자신보다 다른 사람들에게 더 많은 관심을 가져야 한다. 예수님을 닮고자 하는 사람은 자신의 어머니에게 필요한 것을 채워드려야 한다. 예수님이 "사랑하시는 제자" 요한에게 어머니 돌보는 일을 맡기신 것은, 마리아의 남편 요셉이 없었다는 것을 보여준다.

또한 예수님이 어머니를 요한에게 맡기신 것은, 믿음의 가족에 속한

49 마태복음 27:56은 세베대 아들들의 어머니도 거기에 있었음을 보여준다.

사람들이 자신의 어머니를 돌봐주기를 바라셨음을 보여준다. 요한복음 7:5을 보면, 예수님의 형제들은 그분을 믿지 않았고, 바울은 예수님이 죽은 자 가운데서 부활하신 후에 그분의 형제인 야고보에게 나타나셨다고 말한다(고전 15:7). 아마도 야고보와 유다를 비롯한 예수님의 형제들은 예수님이 부활하시기 이전에는 회심하지 않은 것으로 보인다. 그래서 예수님은 죽으시면서 그분을 사랑하는 자, 그분을 이스라엘의 합법적인 왕이자 메시아로 인정하는 자에게 어머니를 맡기신 것이다.

19:28-30 | 다 이루었다 예수님은 십자가 위에서 죽으시기 직전에 모든 일이 이미 이루어진 줄 아시고 성경을 이루기 위해 "내가 목마르다"고 하셨다. 요한은 이것을 어떻게 알고 기록한 것인가?(28절) 아마도 요한은 예수님이 승천하시기 전에 이 일들에 대해 예수님과 대화를 나누었을 것이다(참고. 행 1:1-3). 그런 대화를 통해 요한은 예수님이 고난 받는 의인이라는 주제를 다루고 있는 또 하나의 시편인 69:21을 이루기 위해 목마르다고 말씀하셨음을 알았을 것이다. 예수님은 사람들이 신 포도주를 가져다 줄 것을 아시고서 목마르다고 말씀하셨고, 실제로 사람들은 예수님에게 신 포도주를 가져다주어 고난 받는 의인이라는 모형이 다시 한번 이루어졌다.

예수님은 자신이 달려갈 길을 다 마쳤음을 아셨다(요 19:28). 아버지께서 그분에게 하라고 주신 일을 완수했음을 아셨다(참고. 17:4). 예수님은 시편 69:21을 성취하신 후에, 인간이 들을 수 있는 말 중에서 가장 달콤하고 큰 위로와 기쁨을 주는 승리의 선언을 하신다. "다 이루었다"[요 19:30, 헬라어로는 테텔레스타이(*tetelestai*)]. 예수님은 끝까지 의로운 삶을 살아내셨다. 끝까지 완전한 겸손과 사랑을 보여주는 삶을 살아내셨다. 철저한 순종을 통해 아버지께서 요구하신 모든 의를 다 이루어내셨다. 가차 없이 쏟아지는 아버지 하나님의 모든 진노를 다 받아내셨다. 그 잔을 찌꺼기까지 남김없이 마셔서 다 비우셨다. 인류의 죄에 대한 모든 형벌을 치르셨다. 자기 백성을 대신한 대속물이 해야 할 모든 일을 다 하셨다. 무수히 많은 범죄를 저지른 각 사람을 위한 속죄를 완벽하게 이루어내셨다. 온갖 흠과 점을 깨끗하게 하셨고, 아버지의 진노를 제거하셨고, 율법의 요구를 충족시키셨고, 인류의 고통을 다 짊어지셨고, 인류의 모든 죄에 대한 용서를 이루어내셨고, 옛것을 새롭게 하셨고, 구원을 이루셨고, 사랑을 보여주셨고, 진리를 굳게 세우셨고, 아낌없는 자비를 베푸셨고, 깨진 것을 고치셨고, 악을 뽑아내셨고, 사탄을 이기셨고, 생명을 주겠다는 약속을 지키셨다. 다 이루셨다.

예수님은 죽으셨지만 영원히 죽으신 것이 아니었다. 예수님은 이제 더 이상 자신을 유지할 수 없는 곳으로 가신 것이 아니었다. 요한은 예수님의 죽으심을 가리켜, 예수님이 자신의 일을 다 마치고 성경을 성취하신 후에 머리를 숙이고 자신의 영혼을 내어주셨다고 묘사한다(30절). 요한은 능동형 동사를 사용하여 예수님이 "자신의 영혼을 내어주셨다"고 말함으로써, 그분이 죽는 일에서조차 스스로 자기 목숨을 내어준 능동적인 주체였음을 보여준다. 예수님이 10:18에서 이미 선언하셨듯이 사람들은 그분에게서 목숨을 빼앗을 수 없었다. 예수님은 목숨을 내어주기로 결심하고서 자발적으로 자신의 영혼을 내어주셨다.

응답

예수님이 십자가에 못 박히신 사건을 보면서 우리가 예수님을 사랑하고, 아버지의 진노를 초래한 죄를 미워하는 것 외에 다른 어떤 반응을 보일 수 있겠는가?

예수님이 죽으실 때에 함께 있었던 마리아와 요한, 그리고 그들과 함께 서 있던 사람들은 당연히 칭찬을 받아야 한다. 세상은 예수님에게 했던 것과 동일한 일을 그분을 따르는 자들에게도 하려고 한다(15:20).

당신은 예수님을 십자가에 못 박은 자들과 함께하고 있는가, 아니면 십자가에 못 박힌 예수님과 함께하고 있는가? 당신은 자기 자신을 보호하기 위해 다른 사람들을 죽이는 자들과 함께하고 있는가, 아니면 다른 사람들을 보호하고 그들에게 복 주기 위해 죽음을 택한 사람들과 함께하고 있는가? 당신은 자기 자신을 위해 사는 비참한 삶을 살고 있는가, 아니면 예수님을 믿고 다른 사람들을 위해 죽는 참된 기쁨과 구원의 삶을 살고 있는가? 예수님을 믿으라. 예수님은 당신을 구원하실 수 있다.

31 이날은 준비일이라 유대인들은 그 안식일이 큰 날이므로 그 안식
일에 시체들을 십자가에 두지 아니하려 하여 빌라도에게 그들의 다
리를 꺾어 시체를 치워 달라 하니 32 군인들이 가서 예수와 함께 못 박
힌 첫째 사람과 또 그 다른 사람의 다리를 꺾고 33 예수께 이르러서는
이미 죽으신 것을 보고 다리를 꺾지 아니하고 34 그중 한 군인이 창으
로 옆구리를 찌르니 곧 피와 물이 나오더라 35 이를 본 자가 증언하였
으니 그 증언이 참이라 그가 자기의 말하는 것이 참인 줄 알고 너희로
믿게 하려 함이니라 36 이 일이 일어난 것은 그 뼈가 하나도 꺾이지 아
니하리라 한 성경을 응하게 하려 함이라 37 또 다른 성경에 그들이 그
찌른 자를 보리라 하였느니라

31 Since it was the day of Preparation, and so that the bodies would
not remain on the cross on the Sabbath (for that Sabbath was a high
day), the Jews asked Pilate that their legs might be broken and that
they might be taken away. 32 So the soldiers came and broke the legs
of the first, and of the other who had been crucified with him. 33 But
when they came to Jesus and saw that he was already dead, they did

not break his legs. 34 But one of the soldiers pierced his side with a
spear, and at once there came out blood and water. 35 He who saw it has
borne witness—his testimony is true, and he knows that he is telling
the truth—that you also may believe. 36 For these things took place that
the Scripture might be fulfilled: "Not one of his bones will be broken."
37 And again another Scripture says, "They will look on him whom they
have pierced."

38 아리마대 사람 요셉은 예수의 제자이나 유대인이 두려워 그것을
숨기더니 이 일 후에 빌라도에게 예수의 시체를 가져가기를 구하매
빌라도가 허락하는지라 이에 가서 예수의 시체를 가져가니라 39 일찍
이 예수께[1] 밤에 찾아왔던 니고데모도 몰약과 침향 섞은 것을 백리트
라[2]쯤 가지고 온지라 40 이에 예수의 시체를 가져다가 유대인의 장례
법대로 그 향품과 함께 세마포로 쌌더라 41 예수께서 십자가에 못 박
히신 곳에 동산이 있고 동산 안에 아직 사람을 장사한 일이 없는 새
무덤이 있는지라 42 이날은 유대인의 준비일이요 또 무덤이 가까운 고
로 예수를 거기 두니라
38 After these things Joseph of Arimathea, who was a disciple of Jesus,
but secretly for fear of the Jews, asked Pilate that he might take away
the body of Jesus, and Pilate gave him permission. So he came and
took away his body. 39 Nicodemus also, who earlier had come to Jesus
by night, came bringing a mixture of myrrh and aloes, about seventy-
five pounds in weight. 40 So they took the body of Jesus and bound
it in linen cloths with the spices, as is the burial custom of the Jews.
41 Now in the place where he was crucified there was a garden, and in
the garden a new tomb in which no one had yet been laid. 42 So because
of the Jewish day of Preparation, since the tomb was close at hand, they

laid Jesus there.

1 헬라어 본문에는 "그를"
2 ESV는 "75파운드"로 번역했지만, 헬라어 본문에는 "백 리트라"로 되어 있다. 1리트라(또는 로마 파운드)는 대략 327그램이다.

단락 개관

반석, 어린양, 무덤

요한은 예수님의 체포, 재판, 십자가에 못 박히심, 죽으심에 대해 이야기한 다음, 이제 여기에서는 예수님이 십자가 위에서 죽으신 후에 일어난 일들, 즉 예수님이 얼마 동안이나 십자가 위에 그대로 계셨는지, 그리고 언제 십자가에서 내려져 장사 되셨는지 말해 준다.

단락 개요

VII. E. 반석, 어린양, 무덤(19:31-42)
  1. 반석(19:31-35)
  2. 어린양(19:36-37)
  3. 무덤(19:38-42)

주석

19:31-35 | 반석 십자가에 못 박힌 사람의 다리를 꺾는 문제를 31, 32, 33절에서 집중적으로 다루고 있다. 요한은 예수님의 다리가 꺾이지 않은 이유를 설명하기 위해 이 장면을 묘사하고 있는데, 예수님에게 무슨 일이 일어났는지에 대해서는 34-35절에서 설명한다.

어떤 사람들은 요한복음에 언급된 "준비일"은 안식일을 준비하는 날이 아니라 유월절 식사를 준비하는 날이었다고 주장한다. 또한 요한이 예수님을 유월절 어린양들이 도살되고 있던 바로 그때에 죽어가고 계신 것으로 묘사하고자 했다고 주장한다. 요한이 13장에서 예수님이 제자들과 유월절 식사를 하신 것으로 묘사하려 하지 않았다고 보는 것이다. 하지만 그러한 주장과 달리 19:31에서 요한의 묘사는 공관복음서의 묘사와 일치한다. 이 구절에서 요한은 예수님이 금요일에 십자가에 못 박히셨고, 그다음날은 안식일이었다는 것을 보여준다. 예수님과 제자들은 목요일 밤에 함께 유월절 식사를 했고(13-17장), 바로 그 밤에 예수님이 체포되셨다(18장). 예수님은 밤새도록 여러 재판을 받으신 후, 금요일 아침에 십자가에 못 박히셨다.

유대인들은 처형된 죄수들을 십자가 위에서 죽을 때까지 그대로 두어 안식일을 더럽히는 것을 원하지 않았다. 그래서 빌라도에게 죄수들의 다리를 꺾어 죽음을 앞당김으로써 밤이 되기 전에 시신들을 십자가에서 내릴 수 있게 해달라고 요청한다(19:31). 요한은 유대인들이 신명기 21:22-23의 규정을 의식해서 그런 요청을 했다고 설명하는 듯하다. "사람이 만일 죽을 죄를 범하므로 네가 그를 죽여 나무 위에 달거든 그 시체를 나무 위에 밤새도록 두지 말고 그날에 장사하여 네 하나님 여호와께서 네게 기업으로 주시는 땅을 더럽히지 말라 나무에 달린 자는 하나님께 저주를 받았음이니라."

이 대목에서 우리는 또다시 지독한 이율배반을 본다. 안식일의 안식은 하나님의 백성이 그리스도를 믿는 믿음으로 말미암아 누리게 될 안식을 가리키는 표징이었고, 구약에서 정결을 요구하는 모든 율법을 이룬 것이 그리스도의 죽음이었다. 유대인들은 이 모든 것을 잘못 알고 있었기 때문에 모든 더러운 것을 깨끗하게 하시는 예수님의 시신이 안식일을 더럽힐 것이라고 잘못 생각했다. 하지만 그 진실은 바울의 말 속에 나타나 있다. "그리스도께서 우리를 위하여 저주를 받은 바 되사 율법의 저주에서 우리를 속량하셨으니 기록된 바 나무에 달린 자마다 저주 아래에 있는 자라 하였음이라"(갈 3:13). 예수님은 율법을 성취하셨고, 자신의 죽음을 통해 율법의 저주를 제거하셨다.

유대인들의 요청으로 군인들은 예수님과 함께 십자가에 못 박힌 두 사람의 다리를 꺾었지만(요 19:32), 예수님의 다리는 꺾지 않았다. 예수님은 이미 자신의 영혼을 내어주셨기 때문이다(30절). 예수님에게 다가간 군인들은 그분이 이미 죽은 것을 발견했다(33절). 예수님의 다리가 꺾이지 않은 것과 관련해서 요한은 세 가지 일에 대해 말하고 있다. 군인들이 예수님의 다리를 꺾는 대신에 한 일(34절), 자신이 목격자로서 한 증언이 참되다는 단언(35절), 예수님의 다리가 꺾이지 않은 것은 출애굽이라는 모형과 스가랴의 예언을 성취하는 것이었다는 설명(36-37절)이 그것이다.

19장

예수님은 이미 죽으셨기 때문에(30, 33절), "그중 한 군인이 창으로 옆구리를 찌르니 곧 피와 물이 나[왔다]"(34절). 요한은 십자가에 달리신 예수님에게서 나온 피와 물을, 그분이 이 복음서에서 물과 그분의 피에 관해 하신 말씀 및 출애굽 당시 피와 물이 한 역할과 연결하려 한 것으로 보인다. 출애굽 시 이스라엘 백성들이 어린양의 피를 문설주와 인방(引枋)에 발라놓으면 죽음의 사자가 그러한 집들을 지나갔는데, 예수님이 여기에서 유월절 어린양의 역할을 하신 것이다. 예수님은 6:53-56에서 자신을 믿는 자들이 자신의 피를 마시면 영생을 얻게 될 것이라고 말씀하셨는데, 이것은 그분이 어떤 방법을 통해 유월절 식사를 성찬으로 변화시키실 것인지 미리 암시하신 것이다. 이스라엘 백성들은 출애굽 후에 광야에서 반석으로부터 물을 마셨고, 예수님은 우물가에서 사마리아 여자에게(4:10-14), 그리고 모든 목마른 자들에게(7:37-39) 생수를 주겠다고 약속하셨다.

창에 찔리신 예수님의 옆구리에서 피와 물이 나온 것은 "세상 죄를 지고 가는 하나님의 어린양"(1:29, 36)이라는 그분의 정체성에 부합한다. 또한 예수님은 광야에서 물을 낸 반석의 성취로서, 자기 백성이 순례 길을 무사히 마칠 수 있도록 그들에게 물보다 더 나은 것, 곧 성령을 주신다(7:37-39). 구약의 선지자들과 시편 기자들은 새로운 출애굽과 포로생활에서의 귀환을 예언했고, 예수님은 그들이 예언한 것을 성취하셨다. "여호와께서 그들을 사막으로 통과하게 하시던 때에 그들이 목마르지 아니하게 하시되 그들을 위하여 바위에서 물이 흘러나게 하시며 바위를 쪼개사 물이 솟아나게 하셨느니라"(사 48:21).

예수님은 하나님의 어린양이시고, 그분이 죽으면서 흘리신 피는 그분의 백성을 깨끗하게 해 준다. 예수님은 반석이시고, 목마른 자들은 반석이신 그분을 쳤을 때에 그분에게서 흘러나오는 생수인 성령을 받아 다시는 목마르지 않게 될 것이다. 예수님은 부활이자 생명이시고, 하나님의 백성은 죽음을 이기신 그분으로 말미암아 하나님이 주시는 풍성한 생명을 누리게 될 것이다.

성경 기자들은 흔히 자신을 삼인칭으로 지칭하는데, 요한도 19:35에서 자신을 삼인칭으로 지칭하는 가운데, 자기가 직접 이 일들을 보았고 목격자로서 증언하고 있으므로 자신의 증언은 권위가 있다고 단언한다. 그때에 일어난 일들을 자신이 이렇게 있는 그대로 증언하는 것은 사람들로 하여금 믿게 하기 위해서라고 밝힌다. 요한은 이 복음서의 저자로서 자신이 직접 목격한 일들을 증언하고 있기 때문에 이 복음서를 읽는 자들은 그의 증언이 참되다는 것을 믿어야 한다고 말한다.

19:36-37 | 어린양 36-37절에서 요한은 자신이 방금 이야기한 예수님에게 일어난 일이 구약성경의 가르침에서 두 갈래의 서로 다른 흐름을 성취한 것이라고 설명하면서, 그 두 가지 흐름을 각각 대표하는 본문을 인용한다. 예수님의 죽으심을 통해 성취된 구약 예언의 첫 번째 흐름은 새로운 출애굽의 예언이다. 세례 요한은 예수님을 하나님의 어린양으로 선포했고

(1:29, 36), 복음서 기자 요한은 출애굽기 12:46을 인용하여 예수님의 죽으심이 유월절 어린양의 성취라는 것을 보여준다. "그 뼈가 하나도 꺾이지 아니하리라"(요 19:36).

구약성경의 맥락에서 이 본문은 먼 미래에 메시아에게 일어날 일에 대한 예언이 아니다. 단지 이스라엘 백성이 유월절에 죽여서 먹을 어린양을 어떻게 다루어야 하는지 말해 주고 있을 뿐이다. 요한은 구약의 성경 기자들이 출애굽 이야기의 여러 부분을 인용할 때 사용한 것과 동일한 방식으로 출애굽 이야기가 나오는 이 본문을 인용한다. 예컨대, 호세아는 새로운 출애굽에 관한 예언이 이전부터 이미 있었다는 것을 보여주기 위해 호세아 1:11에서 출애굽기 1:10에 나오는 구절을 인용한다. 요한이 여기에서 구약 본문을 인용한 방식은 다윗이 시편 34:17-22을 쓴 방식과 한층 더 비슷하다. 이 본문에서 다윗은 자신을 유월절 어린양에 비유하며 자신의 뼈가 하나도 꺾이지 않을 것이라고 말하는 것으로 보인다(시 34:20; 여기에서 출 12:46이 간접 인용되고 있다). 다윗이 온갖 곤경 속에서 뼈가 꺾이지 않은 채로 살아남았을 때, 그의 원수들 및 그들과 연합한 패거리들은 단죄될 것이기 때문에 그와 함께한 자들은 "속량을 받게" 될 것이다(시 34:21-22). 예수님은 호세아가 예언한 새로운 출애굽의 성취이시고, 새롭고 더 나은 다윗으로서 유월절 어린양의 성취이시다. 요한은 호세아와 다윗이 해석한 것과 동일한 방식으로 출애굽을 해석하도록 예수님께 가르침을 받았을 것이다. 하지만 호세아와 다윗은 단지 하나님이 장차 새로운 구원을 이루실 것임을 보여주었던 반면에, 요한은 예수님이 그 구원을 성취하셨다는 것을 알았다.

19:36-37에서 요한은 새로운 출애굽이 성취되었다고 말한 후, 곧바로 스가랴가 예수님의 죽으심과 관련된 맥락(슥 11-13장)에서 그들이 자신이 찌른 자를 보리라고 한 예언이 성취되었다고 말한다(슥 12:10). 스가랴 11장에서 스가랴는 상징 행위를 통한 예언에서 여호와께서 자기 백성을 돌보라고 세우신 목자 역할을 맡고, 백성들은 그런 스가랴를 배척하며(11:8), 언약은 폐기되고(11:10), 백성들은 스가랴에게 은 삼십 개를 달아서

19장

준다(11:12). 여호와는 스가랴에게 그 돈을 하나님의 전에서 토기장이에게 던지라고 명하시고, 그 돈은 이스라엘이 스가랴에게 매긴 가치라고 말씀하신다(11:13). 예수님은 이 상징 행위를 통한 예언에서 은 삼십에 팔린 여호와의 목자를 성취하신다. 마태복음에서는 가룟 유다가 예수님을 팔고 받은 은 삼십은 결국 토기장이의 밭을 사는 데 사용됨으로써 예레미야의 예언이 성취되었다고 말한다(마 26:15; 27:9-10).

그런 후에 스가랴 12장에서 스가랴는 모든 민족에 대한 심판을 선포하지만(12:1-5), 다윗과 유다는 구원을 받게 될 것이라고 약속한다(12:6-9). 그런 다음 여호와는 "내가 다윗의 집과 예루살렘 주민에게 은총과 간구하는 심령을 부어 주리니 그들이 그 찌른 바 그를 바라보고 그를 위하여 애통하기를 독자를 위하여 애통하듯 하며 그를 위하여 통곡하기를 장자를 위하여 통곡하듯 하리로다"(12:10)라고 말씀하신다. 스가랴는 계속해서 "그날에 예루살렘에 큰 애통이 있으리니 므깃도 골짜기 하다드림몬에 있던 애통과 같을 것이라"(12:11)고 예언한다. 이것은 역대하 35:22-25에서 말하는 사건들을 가리키는 것으로 보인다. 거기에서 요시야는 므깃도에서 전사하고, 선지자 예레미야의 주도 아래 이스라엘은 그의 죽음을 애도한다. 스가랴는 장차 이 땅에서 여호와를 대표하는 이스라엘의 왕이 하나님의 원수들과 싸워 그들을 무찌르고 자기 백성을 구원한 후에(슥 12:1-9) 그 자신은 찔려서 죽고(12:10), 백성들은 요시야 왕을 애도했던 것처럼(12:11) 찔려서 죽은 그 왕을 애도하게 될 상황을 묘사한 것으로 보인다. 이 승리로 다윗 족속과 예루살렘 주민의 죄와 더러움을 씻어줄 샘이 열린다(13:1).

요한은 스가랴 12:10을 인용함으로써 19:37에서 예수님을 다윗 가문에서 나와 하나님의 대표로서 모든 민족을 심판하고 자기 백성을 구원하고서 찔려 죽는 이스라엘의 왕으로 소개한다. 이 왕으로 말미암아 깨끗하게 하는 샘이 열리고, 사람들은 장자를 잃고 애통해하는 것처럼 이 왕의 죽음을 애통하게 될 것이다. 스가랴의 예언은 감정적인 정화를 가져다준다. 백성들은 힘든 싸움 끝에 승리를 얻고 나서, 그들을 이끌고 용맹하고 담대하게 싸워 전쟁을 승리로 이끈 전쟁 영웅을 찾는다. 이 영웅은 다윗 가문의 자손이자 장자로서 이제 보좌에 오르게 될 것이었다. 하지만 승리는 영웅이 자신의 피를 주고 산 것이어서 이 왕은 원수들에 의해 찔려 상처를 입고 죽고 만다.

예수님은 모든 면에서 스가랴의 예언을 성취하신다. 그분은 여호와의 "선한 목자"시다(참고. 요 10장). 그분은 다윗 가문의 참된 왕이시고, 그분의 어머니의 장자셨다(1:49; 7:42). 그분은 하나님의 전에서 토기장이에게 던져진 은 삼십에 팔리셨다. 칼은 여호와 다음 자리에 계신 분을 겨냥했고 목자는 쓰러지셨다. 양들은 흩어졌고 목자는 찔리셨다. 그들은 그분을 바라보았다.

19:38-42 | 무덤 로마인들이 지배하는 세상에서 십자가에 못 박힌 자의 편에 선다는 것은 위험하기 짝이 없는 일이다. 특히 십자가에 못 박은 일을 한 자들이 자신의 행위가 과연 정의로운 일이었는지 확신하지 못하는 상황에서는, 단지 십자가에 못 박힌 자를 동정하는 것조차 그를 십자가에 못 박은 자들을 반대하는 것으로 해석될 수 있었다. 그들은 자신들이 처형한 사람이 죄 없는 고귀한 인물이라는 것을 상기시키는 자들을 닥치는 대로 십자가에 못 박아, 자신이 행한 일의 정당성에 관한 의문을 지워 버리려 할 수 있다.

요한은 19:38에서 아리마대 사람 요셉은 지금까지는 유대인들이 두려워서 예수님 편이라는 것을 숨겨왔지만, 빌라도에게 예수님의 시신을 내어달라고 요청하는 엄청난 위험을 감수했다고 말한다. 그로 인해 그가 예수님 편이라는 사실이 알려질 것은 두말 할 필요가 없다. 마찬가지로 3장에서 밤에 예수님을 찾아왔고, 7장에서 예수님을 비호하는 발언을 했던 니고데모도 예수님 편이라는 사실이 알려질 위험을 무릅쓰고 예수님의 시신을 장사지내는 데 필요한 값비싼 향품을 가져왔다(19:39). 예수님은 유대인의 왕을 참칭하다가 십자가에 못 박힌 인물이기 때문에 이 일이 알려질 경우 그의 평판에 치명적일 텐데도 그렇게 했다.

이 사람들, 즉 요셉과 니고데모는 어떤 대가를 치르더라도 예를 갖추어 예수님을 장사지내 드려야겠다고 단단히 각오한 것이 분명하다. 그들은 아마도 유대인들이 예수님을 정정당당하게 이길 수 없다는 것을 알고서 그분을 십자가에 못 박는 악을 저지른 것에 환멸을 느꼈을 것이다. 그들은 "여호와께 성결"이 마땅히 삶의 목표여야 하는 자들이 저지른 악에 도덕적으로 강한 반감을 느끼고 그냥 지켜보고만 있을 수 없었을 것이다. 그들은 행동해야 했다. 그러다가 그들의 명성이나 유대 사회에서의 지위나 미래의 안전에 위협을 받게 될지라도 전혀 개의치 않았다. 사회적 지위와 값비싼 향품은 그들이 마땅히 공경해야 할 분에 비하면 아무것도 아니었다.

그들은 예수님의 시신을 향품과 함께 세마포에 싸서(40절) 가까운 동산의 새 무덤에 안치한다(41절). 예수님이 동산에 장사 되신 것은 적절한 일로 보인다. 예수님의 고난과 죽으심은 저 옛적에 동산에서 벌어진 범죄로 말미암은 것이었기 때문이다(참고. 눅 3:38-4:3; 롬 5:12-21; 고전 15:21-22, 45-49). 날이 어두워지고 안식일이 이제 곧 시작될 때인 데다가 새 무덤이 가까운 동산에 있었기 때문에 그들은 자연스럽게 그 무덤에 예수님의 시신을 안치했다(요 19:42).

응답

성경이라는 책을 우리에게 주신 하나님은 도대체 어떤 분이신가! 하나님은 스가랴로 하여금 아주 시적이고 대단히 영광스러운 어떤 일을 글로 쓰게 하셨고, 그런 다음 그리스도 안에서 역사하여 그 일을 성취하셨으며, 요한을 성령으로 감동케 하여 그것을 아주 명료하고 간결하게 기록하게 하셨다. 그리고 이 모든 것이 예수님의 영광이 되게 하셨다.

그런데 성경이라는 책보다 한층 더 놀라운 것은 이 책의 주인공이신 예수님이다. 예수님을 생각하면 무엇이 떠오르는가? 예수님은 신화 속의 인물이 아니시다. 누가 그런 영웅의 이야기를 만들어낼 수 있겠는가? 예수님은 인간이 창작한 인물이 아니시다. 누가 그런 허구의 인물을 생각해 낼 수 있겠는가? 예수님은 인류에게 구원을 가져다주기 위해 태어났고 깨끗하게 하는 샘을 열기 위해 죽으신 그리스도시다. 예수님은 하나님의 어린양이시다. 오직 그분의 피만이 우리를 살릴 수 있고, 그 밖의 다른 제사는 이제 필요하지 않다. 우리는 우리를 더럽히는 것들에서 떠나야 한다. 어린양의 피가 문설주와 인방에 발라져 있는 곳으로 피하여, 죽음의 사자가 지나갈 때까지 거기에 숨어 있어야 하고, 우리의 허리를 동이고 순례 길을 떠나야 한다. 그러면 예수님의 상하신 몸이 우리에게 생명의 떡으로 주어지고, 예수님이 새 언약을 위해 흘리신 피가 우리에게 주어져, 우리는 그 순례 길을 안전하게 지나 목적지에 무사히 도달하게 될 것이다. 우리는 목적지만 바라보아야 한다. 그 목적지는 왕이신 예수님이 의로 다스리실 새 하늘과 새 땅이다.

1 안식 후 첫날 일찍이 아직 어두울 때에 막달라 마리아가 무덤에 와
서 돌이 무덤에서 옮겨진 것을 보고 2 시몬 베드로와 예수께서 사랑하
시던 그 다른 제자에게 달려가서 말하되 사람들이 주님을 무덤에서
가져다가 어디 두었는지 우리가 알지 못하겠다 하니 3 베드로와 그 다
른 제자가 나가서 무덤으로 갈새 4 둘이 같이 달음질하더니 그 다른
제자가 베드로보다 더 빨리 달려가서 먼저 무덤에 이르러 5 구부려 세
마포 놓인 것을 보았으나 들어가지는 아니하였더니 6 시몬 베드로는
따라와서 무덤에 들어가 보니 세마포가 놓였고 7 또[1] 머리를 쌌던 수
건은 세마포와 함께 놓이지 않고 딴 곳에 쌌던 대로 놓여 있더라 8 그
때에야 무덤에 먼저 갔던 그 다른 제자도 들어가 보고 믿더라 9 (그들
은 성경에 그가 죽은 자 가운데서 다시 살아나야 하리라 하신 말씀을
아직 알지 못하더라) 10 이에 두 제자가 자기들의 집으로 돌아가니라
1 Now on the first day of the week Mary Magdalene came to the tomb
early, while it was still dark, and saw that the stone had been taken
away from the tomb. 2 So she ran and went to Simon Peter and the
other disciple, the one whom Jesus loved, and said to them, "They have
taken the Lord out of the tomb, and we do not know where they have

laid him.” 3 So Peter went out with the other disciple, and they were
going toward the tomb. 4 Both of them were running together, but the
other disciple outran Peter and reached the tomb first. 5 And stooping to
look in, he saw the linen cloths lying there, but he did not go in. 6 Then
Simon Peter came, following him, and went into the tomb. He saw the
linen cloths lying there, 7 and the face cloth, which had been on Jesus’
head, not lying with the linen cloths but folded up in a place by itself.
8 Then the other disciple, who had reached the tomb first, also went
in, and he saw and believed; 9 for as yet they did not understand the
Scripture, that he must rise from the dead. 10 Then the disciples went
back to their homes.

11 마리아는 무덤 밖에 서서 울고 있더니 울면서 구부려 무덤 안을 들
여다보니 12 흰 옷 입은 두 천사가 예수의 시체 뉘었던 곳에 하나는 머
리 편에, 하나는 발 편에 앉았더라 13 천사들이 이르되 여자여 어찌하
여 우느냐 이르되 사람들이 내 주님을 옮겨다가 어디 두었는지 내가
알지 못함이니이다 14 이 말을 하고 뒤로 돌이켜 예수께서 서 계신 것
을 보았으나 예수이신 줄은 알지 못하더라 15 예수께서 이르시되 여
자여 어찌하여 울며 누구를 찾느냐 하시니 마리아는 그가 동산지기
인 줄 알고 이르되 주여 당신이 옮겼거든 어디 두었는지 내게 이르소
서 그리하면 내가 가져가리이다 16 예수께서 마리아야 하시거늘 마리
아가 돌이켜 히브리 말[2]로 랍오니 하니 (이는 선생님이라는 말이라)
17 예수께서 이르시되 나를 붙들지 말라 내가 아직 아버지께로 올라
가지 아니하였노라 너는 내 형제들에게 가서 이르되 내가 내 아버지
곧 너희 아버지, 내 하나님 곧 너희 하나님께로 올라간다 하라 하시니
18 막달라 마리아가 가서 제자들에게 내가 주를 보았다 하고 또 주께
서 자기에게 이렇게 말씀하셨다 이르니라

11 But Mary stood weeping outside the tomb, and as she wept she
stooped to look into the tomb. 12 And she saw two angels in white, sitting
where the body of Jesus had lain, one at the head and one at the feet.
13 They said to her, "Woman, why are you weeping?" She said to them,
"They have taken away my Lord, and I do not know where they have
laid him." 14 Having said this, she turned around and saw Jesus standing,
but she did not know that it was Jesus. 15 Jesus said to her, "Woman,
why are you weeping? Whom are you seeking?" Supposing him to be
the gardener, she said to him, "Sir, if you have carried him away, tell
me where you have laid him, and I will take him away." 16 Jesus said to
her, "Mary." She turned and said to him in Aramaic, "Rabboni!" (which
means Teacher). 17 Jesus said to her, "Do not cling to me, for I have not
yet ascended to the Father; but go to my brothers and say to them, 'I am
ascending to my Father and your Father, to my God and your God.'"
18 Mary Magdalene went and announced to the disciples, "I have seen
the Lord"—and that he had said these things to her.

1 헬라어 본문에는 "그의"
2 또는 "아람어로"

단락 개관

빈 무덤

우리는 예수님이 죽은 자 가운데서 살아나셨다는 것을 증명하는 논증들을 제시할 수 있고, 그러한 논증들도 나름대로의 역할이 있다.[50] 하지만 요한이 20:1-18에서 제시하는 것은 논증이 아니라 증언이고, 설명이 아니라 경험담이다. 논증은 우리의 이성과 머리를 겨냥한다. 반면에 증언과 경험담은 흔히 우리의 가슴과 지각에 작용하고, 삼단논법 같은 추론이 아니라 경험에 반응하는 지각을 통해 우리를 지식에 이르게 한다. 요한은 이 장에서 예수님이 죽은 자 가운데서 살아나셨다고 증언한다. 이 세상은 죽은 사람, 처형을 당해서 죽었다는 것을 증명할 수 있는 사람이 무덤에서 걸어나와 자기 사람들에게 평안하라고 말씀하시는 일이 일어날 수 있는 곳이라고 요한은 말한다.

단락 개요

VII. F. 빈 무덤(20:1-18)

1. 무덤으로 간 요한과 베드로(20:1-10)
2. 무덤으로 간 마리아(20:11-18)

20장

주석

20:1-10 | 무덤으로 간 요한과 베드로 요한복음 20:1-18은 막달라 마리아와 베드로를 비롯해 그 어떤 제자도 무덤이 비어 있을 것이라고는 상상조차 할 수 없었다는 것을 보여준다. 만약 예수님이 부활하셨고 무덤은 비

50 예컨대, N. T. Wright, *The Resurrection of the Son of God*, vol. 3, Christian Origins and the Question of God (Minneapolis: Fortress, 2003)을 보라.

어 있었다는 사실을 이미 알고 있지 않았더라면, 우리는 그날 아침에 빈 무덤을 본 사람들이 얼마나 놀랐을지 직접 느껴볼 수 있을지도 모르겠다. 예수님을 따르는 자들이 어떻게 느꼈을지 생각해 보라. 그들은 예수님에게 일어난 일이 부당하다는 것을 알고 있었다. 그들은 그런 부당한 일을 겪고 나서 여러 가지 생각을 많이 했겠지만, 예수님이 평소에 반복해서 하셨던 말씀, 즉 그분이 제삼일에 죽은 자 가운데서 살아날 것이라는 말씀이 정말 이루어지리라고는 생각조차 못했을 것이다(마 16:21; 17:23; 20:19; 막 8:31; 9:31; 10:34; 눅 9:22; 18:33).

아마도 그들은 충격을 받고서 낙심한 데다가, 예수님이 잡혀가실 때 그분을 버려두고 자신들만 도망친 것 때문에 자책감에 빠져 있었을 것이며, 당국자들이 그들까지 잡아들이지는 않을까 걱정하고 있었을 것이다. 하지만 막달라 마리아는 그냥 앉아 있을 수 없었다. 누가복음 8:2은 일곱 귀신 들린 그녀를 예수님이 고쳐주셨다고 말한다. 그녀는 예수님이 십자가 위에서 죽어가실 때 예수님의 어머니 옆에 서 있었다(요 19:25). 이제 그녀는 안식일이 끝나고 나서 한 주간이 시작되는 첫날 아직 어두울 때에 예수님의 시신을 둔 무덤으로 갔다.[51]

막달라 마리아는 자신도 모르게 본능적으로 그렇게 한 것으로 보인다. 그녀는 울고 기도하며 무덤으로 갔고, 그 외에 다른 특별한 계획이 있었던 것 같지 않다. 그녀는 무덤에 도착해서 무덤을 막고 있던 돌이 굴려

51 모든 복음서가 한 주간의 첫날에 예수님이 부활하셨다고 말한다(마 28:1; 막 16:2; 눅 24:1; 요 20:1, 19). 누가는 "그 주간의 첫날에" 그리스도인들이 "떡을 떼려 하여 모였다"고 말하고(행 20:7), 바울은 고린도 교인들에게 "매주 첫날에" 헌금을 해 두라고 당부한다(고전 16:2). 요한은 요한계시록 1:10에서 "주의 날"을 언급하면서 그날이 언제인지 구체적으로 설명할 필요를 느끼지 못했는데, 이것은 그의 청중이 이미 그날이 한 주간의 첫날임을 알고 있었다는 것을 보여준다. 이러한 본문들을 종합해 보면, 예수님이 죽은 자 가운데서 다시 살아나신 한 주간의 첫날은 초기 교회에 아주 중요했기 때문에 그들은 이날을 "주의 날"로 부르고 그날에 함께 모여서 부활하신 그리스도를 찬송하고 예배하며, 함께 성찬에 참여하고, 하나님의 말씀을 듣고 가르쳤다는 점을 우리는 알 수 있다. 신약성경에 나오는 가장 초기의 그리스도인들이 보여주는 이러한 증거를 따라서, 교회 역사 전체에 걸쳐서 전 세계의 모든 그리스도인들은 한 주간의 첫날에 함께 모여서 하나님을 찬송하고 성찬에 참여하며 성경의 가르침을 받아왔다.

져 있는 것을 보고 너무나 놀라서(20:1), 베드로와 "사랑하시던 그 다른 제자"인 요한에게로 달려갔다(2절). 그녀가 두 제자에게 누군가가 예수님의 시신을 알지 못하는 곳에 옮겨놓았다는 취지로 말한 것으로 보아, 그녀는 예수님이 부활하셨으리라고는 전혀 생각하지 못했음이 분명하다. 그녀는 누군가가 예수님의 시신을 가져갔다고만 생각했다. 아마도 예수님을 십자가에 못 박는 일을 공모했던 유대 당국자나 로마 당국자가 그런 짓을 했다고 생각했을 것이다.

막달라 마리아는 예수님과 함께 여행하면서 "자기들의 소유로" 예수님과 그 일행을 섬긴 "많은" 여자들 중 한 사람이었다(눅 8:1-3). 그녀는 예수님이 어떤 식으로 죽은 후 제삼일에 다시 살아날 것이라고 말씀하시는지 분명 들었을 것이다. 하지만 그녀가 처음으로 무덤에 도착한 때로부터 베드로와 요한에게 가서 말하고(요 20:1-2), 그런 후에 다시 무덤으로 돌아와 거기에 머물러 있는 동안에도(11-15절) 그녀의 머리속에는 오직 한 가지 생각만 있었다. 누군가가 예수님의 시신을 가져갔다는 것이다. 그녀는 예수님이 죽은 자 가운데서 다시 살아나셨을 가능성에 대해서는 단 한 번도 생각해 보지 않은 것 같다.

20장

베드로와 "사랑하시는 제자"는 둘 다 무덤을 향해 달렸지만, "사랑하시는 제자"가 베드로를 앞질러서 먼저 무덤에 도착했다(3-4절). 그는 몸을 구부려서 세마포로 된 수의를 보긴 했지만, 무덤 안으로 들어가지는 않았다(5절). 늦게 도착한 베드로는 곧바로 무덤 안으로 들어갔다(6절). 우리가 알고 있는 베드로를 생각해 보면, 이것은 놀랄 일도 아니다. 거기에서 베드로는 수의와 머릿수건이 따로 놓여 있는 것을 보았다(7절). 그제서야 "사랑하시는 제자"도 무덤 안으로 들어가서 보고 믿었다(8절).

"사랑하시는 제자"는 무엇을 믿었는가? 그는 무덤 안으로 들어가 보고 나서야 예수님이 죽은 자 가운데서 다시 살아나셨다는 것을 확실하게 믿게 되었다. 이것은 9절이 분명하게 보여준다. 그런 후에 요한은 이때까지 그와 베드로, 그리고 아마도 다른 제자들도 예수님이 죽은 자 가운데서 다시 살아나셔야 한다고 말하는 구약성경의 말씀들을 아직 알지 못했다고 설명한다. 그들은 성경의 어떤 말씀을 아직 알지 못했다는 것인가? 2:17에서는 제자들이 시편 69:9에 나오는 "주의 집을 위하는 열성이 나를 삼킬" 것이라는 말씀을 기억했다고 말하고(요 2:13-17에 관한 주석을 참고하라), 2:19에서는 예수님이 하나님의 진노로 성전이 파괴될 것이고 자신이 사흘 동안에 성전을 다시 세우겠다고 말씀하셨다. "너희가 이 성전을 헐라 내가 사흘 동안에 일으키리라." 그런 후에 요한은 2:22에서 "죽은 자 가운데서 살아나신 후에야 제자들이 이 말씀하신 것을 기억하고 성경과 예수께서 하신 말씀을 믿었더라"고 설명했다.

요한은 구체적으로 어떤 성경 본문이 떠올라서 예수님이 부활하셨을 것이라고 생각하게 되었는지 말하지 않는다. 아마도 그는 예수님의 죽으심이 출애굽이라는 모형의 성취이고(참고. 19:36-37에 관한 주석), 고난 받는 의인인 여호와의 종-목자-선지자라는 모형의 성취임을 보여주는 많은 주제와 본문들을 생각했을 것이다[참고. 12:37-43(38절에서); 13:18-20(18절에서); 15:18-25(25절에서); 19:23-24(24절에서); 19:28-30(28절에서); 19:36-37(37절에서)].

요한복음 20:10은 "이제 제자들이 그들에게로 다시 돌아갔다"(저자 번역, 개역개정에는 "이에 두 제자가 자기들의 집으로 돌아가니라")고 말한다. 19절은 두 제자가 한 곳에 함께 있었다는 것을 보여주기 때문에 10절은 이 두 제자가 각자 고향에 있는 집으로 흩어졌다는 의미로는 보이지 않는다. 따라서 이 절은 베드로와 요한("제자들")이 다른 제자들("그들")에게로 돌아갔다고 말하는 것으로 보인다.

요한은 이 열 개의 절에서 "보여주고 말해 준다." 그는 막달라 마리아가 예수님의 무덤에 가장 먼저 갔고, 예수님의 시신이 거기에 없음을 가장 먼저 증언한 인물이었다는 것을 보여준다. 요한이 살던 당시 사회에서는 여자들의 증언을 별로 신뢰하지 않았기 때문에 누군가가 사람들을 속이기 위해 이야기를 꾸며내려고 했다면 여자를 최초의 증인으로 내세우지는 않았을 것이다. 또한 이야기를 그럴 듯하게 꾸며내고자 했다면, 예수님의 제자들을 그렇게 어리숙한 사람들로 묘사하지는 않았을 것이다. 그들은 예수님이 죽은 자 가운데서 다시 살아날 것이라고 말씀하신 대로 실제로 하신 것을 보고 전혀 예상치 못한 일처럼 깜짝 놀라고, 예수님과 성경의 말씀을 깨닫는 데 아주 느리다(참고. 눅 24:25). 이 이야기는 그런 약점들을 그대로 노출하고 있기 때문에 역설적으로 이 이야기가 역사적으로 믿을 수 있는 것임을 보여준다. 막달라 마리아는 여자이기 때문에 증인으로 내세우기에는 약하다. 베드로와 요한은 어리숙해서 마땅히 알아차렸어야 할 것을 예상치 못한 일인 양 깜짝 놀랐고 깨닫는 것도 느려서 예수님의 중요한 제자들이라고 하기에는 어울리지 않는다. 하지만 이 이야기는 목격자의 증언이므로 진실임이 느껴진다.

요한은 역사적인 사실을 있는 그대로 말하기 위해 정확히 무슨 일이 벌어졌는지를 보여준다. 제자들은 예수님이 십자가에 못 박히셨을 때 크게 낙심하고 당혹해했듯이, 그분이 부활하셨을 것이라는 사실에 고무되었다. 예수님이 십자가에 못 박히셨을 때 그들의 마음은 무너졌고, 그분이 부활하셨을 것이라는 사실에 그들은 깜짝 놀랐다. 이 전환점이 요한복음에 나타나 있다. 예수님의 부활은 역사의 전환점이다. 예수님이 부활하신 순간은 그분이 십자가에 못 박히신 것이 실패가 아니라 왕이 전쟁에서 승리하고 개선하는 과정이었음이 밝혀진 순간이다. 예수님의 부활은 하나님이 단번에 사망에 대해 승리하셨고, 다시는 영원히 그 이전으로 돌아갈 수 없다고 증언한다.

20:11-18 | 무덤으로 간 마리아 베드로와 요한은 무덤을 떠나서 다른 제자들에게로 돌아왔지만(10절; 참고. 2, 19절), 마리아는 무덤 밖에 서서 울다가 몸을 구부려 무덤 안을 들여다보았다(11절). 예수님의 시신이 있던 곳에 두 천사가 있는 것을 보았는데 하나는 머리 쪽에, 하나는 발 쪽에 있었다(12절). 예수님의 시신이 누워 있던 곳은 마치 그룹 천사가 양쪽에서 가리고 있는 지성소의 속죄소처럼 되어 있었다(참고. 출 25:10-20). 일 년에 한 번 대속죄일에 이스라엘의 대제사장은 도살한 황소와 염소의 피를 가지고 지성소로 들어가 속죄소 위에 피를 뿌려서 성소를 속죄하고 회막을 정결하게 했다(레 16:14-16). 이제 이 두 천사는 참된 속죄의 피가 뿌려졌고, 성막

과 성전이 상징해 온 바 온 세상을 정결하게 하는 피가 뿌려짐으로써 속죄소라는 모형이 성취되었음을 보여주며 거기에 있었다.

빈 무덤이 지성소의 성취임을 보여주기 위해 천사들이 거기에 있었다는 것이 옳다면, 빈 무덤을 들여다보고 그 천사들과 대화한 마리아는 옛 언약 아래에서는 오직 대제사장만이 들어갈 수 있었던 곳으로 들어간 셈이다. 이 장면은 십자가에 못 박히신 예수님의 몸 덕분에 우리가 휘장 뒤, 즉 하나님의 임재가 있는 지성소로 들어갈 수 있는 새롭고 더 나은 길이 열렸음을 상징적으로 보여준다(히 10:20).

대제사장은 율법에 정해진 대로 여호와 앞에서 분향하여 향연으로 증거궤 위 속죄소를 가려야 "죽지 않을" 수 있었지만(레 16:13), 예수님의 죽으심과 부활 덕분에 마리아는 아주 안전하게 이 천사들과 대화를 할 수 있었다. 천사들은 마리아에게 왜 우느냐고 물었고, 그녀의 대답은 그녀가 아직도 예수님이 부활하셨을 것이라고는 전혀 생각하지 못하고, 누군가가 예수님의 시신을 탈취해 갔다고만 생각하고 있음을 보여준다(요 20:13).

마리아는 그렇게 말하고 나서 뒤로 돌이켜서 예수님을 보지만, 그분이 예수님이라는 것을 알아보지는 못했다(14절). 이로 보아 예수님의 부활하신 몸은 천사보다는 평범한 사람의 몸과 더 비슷했던 것 같다. 12-13절에서 마리아는 천사들과 대화할 때 상대가 천사임을 알고 있었던 것으로 보인다(12절에서 그들은 천사들이라 불린다). 반면에 14-15절에서 예수님과 대화할 때에는 그분을 동산지기라고 생각했기 때문이다.

예수님은 마리아에게 왜 울며 누구를 찾느냐고 물으셨다. 요한은 마리아가 예수님을 동산지기라고 생각했기 때문에 그가 예수님의 시신을 옮긴 것이냐고 물었다고 말한다(15절). 물론 그가 시신을 옮긴 것은 맞지만, 그녀가 생각하는 방식은 아니다!

16절에서 예수님은 현현 사건에서처럼 자신의 영광을 드러내시는 방식이 아니라 마리아의 이름을 부르는 방식으로 자신을 나타내신다. 예수님이 이름을 부르자 그녀는 그가 예수님인 것을 깨닫고서는 선생님("랍오니")이라고 부른다. 요한이 "랍오니"라는 아람어를 본문에 그대로 쓰고,[52]

"이는 선생님이라는 말이라"는 해설을 덧붙인 것은, 마리아가 예수님을 이 이름으로 부르며 친밀함과 헌신과 애정을 드러냈음을 보여주려고 하는 듯하다.

17절에 나오는 예수님의 대답으로 보아, 그분은 마리아가 손으로 붙들 수 있을 정도로 아주 가까이에 계셨던 것 같다. 예수님은 마리아에게 자신이 아직 아버지께로 올라가지 않았으므로 붙들지 말라고 말씀하신다. 예수님의 일이 아직 끝나지 않았고, 머지않아 자신이 아버지께로 올라갈 것이기 때문에 마리아가 예수님을 그들 곁에 계속해서 붙들어둘 수 있다고 생각하면 안 된다는 의미로 이렇게 말씀하신 것 같다. 하지만 예수님은 "형제들"에게 마리아를 보내시면서 그들을 미워하는 마음이 전혀 없고, 그들이 얼마나 존귀한 자들인지를 다시 한번 보여주신다. 제자들은 예수님을 버렸고, 베드로는 그분을 부인했다. 그럼에도 예수님은 마리아를 그들에게 보내시면서 그들을 형제라고 부르신다. 15:15에서 예수님은 그들은 이제 더 이상 종이 아니라 친구라고 말씀하셨고, 이제 여기 20:17에서는 한 단계 더 올려 그들을 형제라고 부르신다. 예수님은 그들을 형제라고 부르시고 나서 "내 아버지 곧 너희의 아버지, 내 하나님 곧 너희의 하나님"이라고 말씀하신다. 이러한 말씀은 예수님을 믿는 자들은 그분의 죽으심과 부활로 이제 하나님 아버지 앞에서 예수님과 동일한 지위를 지니게 되었음을 암시한다.

52 ESV와 NIV에서는 헤브라이스티(*Hebraisti*, 개역개정에는 "히브리 말로")를 "아람어로"로 번역한 반면에, NASB에서는 "히브리어로"로 번역한다. 두 번역어의 의미는 비슷하지만, 아람어 탈굼(*Targum*)에는 우리가 요한복음에서 보는 것과 아주 비슷한 단어 형태들이 존재한다. 이것으로 보아 요한이 사용한 '헤브라이스티'는 당시 일상어로 사용하던 아람어 방언을 가리키는 것일 가능성이 크다.

응답

우리의 어떤 열망들은 아주 깊어서 말로는 표현할 수 없다. 우리는 생각하고 인식하기 이전에 어떤 소원과 열망을 지니고 있고, 그것은 우리의 생각이 만들어내는 것이 아니라 우리 내면의 깊은 곳에서 저절로 우러나오는 사랑과 열망이다. 그러한 열망들은 통상적으로 선한 삶이나 진리 같은 것과 관련해 우리 내면의 깊은 곳에서 원하고 바라는 것들과 연관되어 있다. 아버지 하나님 앞에서 예수님과 동일한 지위를 갖는 것은 우리가 의도적으로 생각하기 전에 우리 내면의 깊은 곳에서 솟아나는 바로 그러한 궁극적인 열망들 중 하나다.

부활하신 주 예수님이 하신 말씀들은 말로는 설명할 수 없는 차원에서 작동한다. 죄에서 돌이켜서 예수님을 믿는 자들은 그분의 형제라는 것, 그들은 아버지 하나님 앞에서 예수님과 동일한 지위를 지닌다는 것, 아버지 하나님은 예수님의 아버지이자 그들의 아버지라는 것이 그 말씀들이다. 이 말씀들은 우리 내면의 깊은 곳으로 들어와 그 속을 뒤흔들어놓는 가운데, 우리가 아버지 하나님께 받아들여진 자들이라는 것, 우리는 가족이라는 사실을 보여준다.

19 이날 곧 안식 후 첫날 저녁 때에 제자들이 유대인들[1]을 두려워하여
모인 곳의 문들을 닫았더니 예수께서 오사 가운데 서서 이르시되 너
희에게 평강이 있을지어다 20 이 말씀을 하시고 손과 옆구리를 보이시
니 제자들이 주를 보고 기뻐하더라 21 예수께서 또 이르시되 너희에게
평강이 있을지어다 아버지께서 나를 보내신 것 같이 나도 너희를 보
내노라 22 이 말씀을 하시고 그들을 향하사 숨을 내쉬며 이르시되 성
령을 받으라 23 너희가 누구의 죄든지 사하면 사하여질 것이요 누구의
죄든지 그대로 두면 그대로 있으리라 하시니라

19 On the evening of that day, the first day of the week, the doors being
locked where the disciples were for fear of the Jews, Jesus came and
stood among them and said to them, "Peace be with you." 20 When he
had said this, he showed them his hands and his side. Then the disciples
were glad when they saw the Lord. 21 Jesus said to them again, "Peace
be with you. As the Father has sent me, even so I am sending you."
22 And when he had said this, he breathed on them and said to them,
"Receive the Holy Spirit. 23 If you forgive the sins of any, they are

forgiven them; if you withhold forgiveness from any, it is withheld."

24 열두 제자 중의 하나로서 디두모[2]라 불리는 도마는 예수께서 오셨
을 때에 함께 있지 아니한지라 25 다른 제자들이 그에게 이르되 우리
가 주를 보았노라 하니 도마가 이르되 내가 그의 손의 못 자국을 보며
내 손가락을 그 못 자국에 넣으며 내 손을 그 옆구리에 넣어 보지 않
고는 믿지 아니하겠노라 하니라
24 Now Thomas, one of the Twelve, called the Twin, was not with them
when Jesus came. 25 So the other disciples told him, "We have seen the
Lord." But he said to them, "Unless I see in his hands the mark of the
nails, and place my finger into the mark of the nails, and place my hand
into his side, I will never believe."

26 여드레를 지나서 제자들이 다시 집 안에 있을 때에 도마도 함께 있
고 문들이 닫혔는데 예수께서 오사 가운데 서서 이르시되 너희에게
평강이 있을지어다 하시고 27 도마에게 이르시되 네 손가락을 이리 내
밀어 내 손을 보고 네 손을 내밀어 내 옆구리에 넣어 보라 그리하여
믿음 없는 자가 되지 말고 믿는 자가 되라 28 도마가 대답하여 이르되
나의 주님이시요 나의 하나님이시니이다 29 예수께서 이르시되 너는
나를 본 고로 믿느냐 보지 못하고 믿는 자들은 복 되도다 하시니라
26 Eight days later, his disciples were inside again, and Thomas was
with them. Although the doors were locked, Jesus came and stood
among them and said, "Peace be with you." 27 Then he said to Thomas,
"Put your finger here, and see my hands; and put out your hand, and
place it in my side. Do not disbelieve, but believe." 28 Thomas answered
him, "My Lord and my God!" 29 Jesus said to him, "Have you believed
because you have seen me? Blessed are those who have not seen and

yet have believed."

30 예수께서 제자들 앞에서 이 책에 기록되지 아니한 다른 표적도 많
이 행하셨으나 31 오직 이것을 기록함은 너희로 예수께서 하나님의 아
들 그리스도이심을 믿게 하려 함이요 또 너희로 믿고 그 이름을 힘입
어 생명을 얻게 하려 함이니라

30 Now Jesus did many other signs in the presence of the disciples,
which are not written in this book; 31 but these are written so that
you may believe that Jesus is the Christ, the Son of God, and that by
believing you may have life in his name.

1 헬라어 본문에서 '유다이오이'("유대인들")는 당시의 유대 종교 지도자들과 그들의 영향력 아래 있던 자들을 가리킬 가능성이 크다.

2 헬라어 본문에는 디두모(*Didymus*). ESV 본문에는 "쌍둥이"로 되어 있다.

단락 개관

너희에게 평강이 있을지어다

예수님은 부활하신 날 저녁에 제자들에게 나타나신다(요 20:19-23). 그런 후에 8일이 지나고 나서 다시 그들에게 오셔서, 처음 제자들에게 나타나셨을 때 그 자리에 없던 도마의 의심을 없애주신다(24-29절). 요한은 자신이 이 책을 쓴 것은 사람들로 하여금 예수님이 그리스도이심을 믿고서 그 이름을 힘입어 영생을 얻게 하기 위해서라고 말한다(30-31절).

단락 개요

VII. G. 너희에게 평강이 있을지어다(20:19-31)

1. 부활하신 그리스도가 성령을 주심(20:19-23)
2. 부활하신 그리스도가 도마의 의심을 없애주심(20:24-29)
3. 너희로 믿게 하기 위한 것(20:30-31)

주석

20:19-23 | 부활하신 그리스도가 성령을 주심 19절의 전반부는 19-23절에 언급된 사건들이 예수님이 죽은 자 가운데서 다시 살아나신 바로 그날에 일어났다는 것을 확증해 준다. 요한은 제자들이 유대인들을 두려워해서 문을 걸어 잠그고 숨어 있었다고 설명한다. 유대 당국자들은 백성들 사이에서 널리 명성을 떨치고 무죄한 그들의 지도자를 처형했고, 지금 예수님의 무덤은 비어 있다. 제자들이 이렇게 두려워한 것은 자신들이 예수님과 한패라는 사실 때문만은 아니다. 예수님의 시신이 없어진 지금 당국자들은 그 시신을 가져간 가장 유력한 용의자들로 그들을 지목할 것이 뻔하기 때문이다.

요한은 19절에서 예수님이 그들 가운데 서서 그들에게 평안을 전하셨다고 말한다. 예수님의 시신이 아니라 멀쩡하게 살아 계신 그분이 그들 가운데 서 계시고, 게다가 문이 잠겨 있는 상태에서 그런 일이 벌어졌으니 그들이 얼마나 놀랐을지는 두말할 필요도 없다! 요한은 부활하시고 영화롭게 되신 그리스도께서 막달라 마리아가 동산지기로 착각할 정도로(15절) 평범한 사람의 모습을 하고 계시고, 말씀하시는 것도 부활 전에 말씀하시는 것과 비슷한 것으로 묘사한다(16절; 참고. 19-20, 26-28절). 하지만 예수님은 문이 잠겨 있었는데도 들어오실 수 있었다. 예수님은 요한복음 전체에 걸쳐서 평범한 인간이 할 수 없는 일들을 행하셨다. 오병이어로 오천 명을 먹이셨고, 물 위를 걸으셨으며(6장), 날 때부터 맹인 된 사람의 눈을 뜨게 해 주셨고(9장), 죽은 나사로를 다시 살리셨다(11장). 그럼에도 예수님이 부활한 몸으로 문이 잠겨 있는 방으로 들어와 계신 것을 보고 제자들은 크게 놀랐던 것 같다.

이 제자들 중 대부분은 예수님이 체포되실 때 마지막으로 뵙고 도망쳤었다. 그러니 예수님이 살아서 돌아오시는 전혀 예상치 못한 상황에 직면해서 예수님께 꾸지람을 들을 것이라고 생각했을 것이다. 하지만 예수님은 그들을 못마땅해하거나 책망하거나 잘못을 지적하시려는 기색이 전혀 없다. 예수님은 여전히 그들을 사랑하셨고, 그들을 대신해서 죽으심으로써 그들을 위해 이루고자 하셨던 "평안"을 선언하신다. 예수님은 아버지 하나님의 진노를 가라앉히셨고, 뱀의 머리를 부수셨으며, 죽음의 독침을 뽑아내셨고, 영생의 문을 여셨다. 예수님이 죽으시고 부활하셨기에 부활하신 주님은 그분을 아는 자들에게 평안을 전하실 수 있었다.

예수님은 그들의 마음에 평안을 전하신 후에(19절), 이제 그들의 머리에도 평안을 전하신다(20절). 즉 자신의 손과 옆구리를 그들에게 보여주어 자신이 몸으로 고난을 겪고 나서 몸으로 부활하셨다는 것을 증명해 보이신다. 제자들은 그제야 긴장을 풀고 기뻐한다. 유대인들에 대한 두려움은 이미 사라졌다. 예수님의 시신과 관련된 염려도 없어졌다. 예수님은 그들의 마음에 평안을 전하셨고, 그들의 머리에 자신의 부활을 증명하셨다. 그들은 기뻐한다.

예수님은 21절에서 그들에게 다시 한번 평안을 전하시고, 그들의 삶에 주는 평안은 다른 사람들의 유익을 위한 것이라는 말씀을 덧붙이신다. 예수님은 자신의 죽으심과 부활을 통해 얻은 평안을 그들에게 다시 한번 전하신 후, 아버지께서 자신을 보내셨듯이 자신도 그들을 보내신다고 말씀하신다. 예수님이 22-23절에서 하신 말씀에 비추어 보았을 때, 여기에서 아버지께서 예수님을 보내셨다는 것은 아주 구체적으로 말하면 이렇다. 아버지께서 예수님을 보내어 아버지 하나님의 임재가 이 땅에 있게 하심으로써 예수님을 통해 사람들의 죄 사함이 가능하게 하신 것이다.

예수님이 제자들을 향해 숨을 내쉬며 성령을 받으라고 하시고(22절), 그들이 다른 사람의 죄를 사하면 사해질 것이고 사하지 않으면 사해지지 않을 것이라고 말씀하신다(23절). 이는 이제부터 제자들이 예수님을 대신하여 이 땅에서 하나님의 임재를 대표하게 될 것이고, 하나님이 그들을 통해 사람들의 죄를 사하실 것이라고 말씀하신 것이다.

요한은 예수님이 영광을 받으실 때까지는 성령이 주어지지 않았다고 말했고(7:39), 예수님도 제자들에게 자신이 떠나가지 않으면 성령이 그들에게 오실 수 없다고 말씀하셨다(16:7). 예수님은 십자가에서 영광을 받으셨고, 그분이 십자가에서 이루신 속죄로 이제 성령은 자신의 성전인 신자들을 거처로 삼으실 것이다. 예수님은 이미 신자들의 죄를 위해 자신을 희생제물로 드리셨기 때문에 신자들은 자신의 죄를 위해 이제 더 이상 희생제사를 드릴 필요가 없다(참고. 7:39; 14:15-17).

예수님은 앞에서 성령이 그들에게로 와서 그들과 영원히 함께할 것이라고 말씀하셨다(14:16-17). 이제 예수님은 제자들을 향해 숨을 내쉬며, 그들에게 성령을 받으라고 말씀하신다(20:22). 옛 언약 아래에서 성령은 성전 안에 거했다. 예수님이 세례를 받으셨을 때, 성령이 그분에게 내려와서 그 위에 머물렀고, 이제 예수님은 내주하시는 그 성령을 제자들에게 나누어 주신다. 오순절에 성령이 강림해서 예수님을 따르는 자들이 하나님의 백성임을 공개적으로 선언하실 것이다.[53]

예수님은 제자들에게 평안을 전하셨다. 이제 하나님을 모르는 자들은 그들을 통해 하나님을 만나게 될 것이다. 이제 그들은 회개하고 믿는 자들에게 그리스도께서 그들을 위해 이루신 것에 의거해 죄 사함의 구원을 선

53 요한복음 7:39 외에 요한복음에서 성령을 '받는다'는 개념이 나오는 본문은 14:16-17과 20:22 두 곳뿐이다. 14:16-17에서는 성령이 제자들과 영원히 함께할 것이라는 점이 강조되고 있으므로, 20:22에서 다시 사용되고 있는 '성령을 받는다'는 표현은 성령이 그들 안에 내주하심을 보여준다. 이 문제에 대한 좀 더 자세한 논의는 Hamilton, *God's Indwelling Presence*를 보라.

포할 것이다. 또한 그들은 그들 자신과 세상을 엄격하게 구별해서, 교회 밖에 있는 자는 누구든지 그리스도 밖에 있고, 그리스도 없이는 죄 사함을 받을 수 없기 때문에 하나님 앞에 설 수도 없음을 알게 해 줄 것이다.

20:24-29 | 부활하신 그리스도가 도마의 의심을 없애주심 요한은 이 복음서를 쓴 목적이 복음 전도를 위한 것이 분명하게 드러나도록 이야기를 구성해 왔다. 요한은 방금 빈 무덤, 부활하신 그리스도, 성령을 주심, 죄사함의 능력에 대해 이야기했다. 다음으로 그는 19-23절에서 예수님이 부활하신 그날 저녁에 제자들에게 나타나셨을 때 그 자리에 없던 한 제자를 24-29절에서 소개함으로써, 죽은 사람은 절대로 다시 살아날 수 없다는 반론을 반박하고자 한다.

여기에서 도마는 요한의 청중 중에서 예수님의 부활을 의심하는 모든 사람을 대표하는 인물로 등장한다. 요한은 도마가 부활하신 그리스도를 직접 만져보고 나서 모든 의심을 버렸다는 것을 보여준다. 예수님이 부활하신 그날 저녁에 제자들에게 처음으로 나타나 평안을 전하셨을 때(24절), 도마는 그 자리에 없었기 때문에 제자들이 부활하신 예수님을 보았다고 한 말을 의심할 수밖에 없었다(25절). 25절에서 도마는 다른 제자들이 20절에서 했던 것을 자기도 동일하게 해 보아야 믿을 것이라고 말한다. 부활하신 예수님의 몸에 나 있는 상처들을 직접 만져보고 확인해야 믿겠다는 것이다.

요한은 26절에서 예수님이 처음에 제자들에게 나타나실 때 하신 일을 또다시 반복하셨다고 말한다. 이번에도 제자들(이번에는 도마도 있었다)은 문을 걸어 잠근 채 함께 모여 있었고, 예수님은 문이 잠겨 있었는데도 방 안으로 들어오셨으며 자신의 죽음과 부활을 통해 얻은 평안을 그들에게 전하셨다. 그리스도의 인자하심을 보라(27절). 부활하신 주님은 도마를 꾸짖지 않으시고 야단치거나 혼내지 않으신다. 도리어 도마에게 자신의 상처들을 직접 만져보고서, 믿음 없는 자가 되지 말고 믿는 자가 되라고 말씀하신다.

요한은 도마가 예수님을 실제로 만져보았다는 기록은 하지 않고, 대신에 그가 보인 경외의 반응만 기록해 놓았다(28절). 요한은 말씀이 하나님이시라는 선언으로 복음서를 시작했고(1:1), 이제 복음서가 끝나갈 무렵에 도마가 예수님을 자신의 주님이요 하나님이라고 고백하는 장면을 보여준다(20:28).

예수님은 도마의 고백을 수정하지도 거부하지도 않으신다. 대신에 도마처럼 보고 믿는 것이 아니라 보지 않고도 믿는 자들이 복되다고 선언하신다(29절). 그분에 대한 다른 사람들의 증언을 믿음으로 기꺼이 받아들이는 것이 복되다고 말씀하신 것이다. 도마가 증거를 구한 것이 잘못되었다기보다 이 복음서의 청중에게 태도를 분명히 하라고 명하시는 것이다. 요한의 청중은 예수님을 직접 보지 못했고, 그분의 입에서 나온 말씀들을 들을 뿐이다. 그런데도 듣고 믿는다면, 그들은 복된 자들이라는 것이다(참고. 벧전 1:8; 계 1:3).

20:30-31 | 너희로 믿게 하기 위한 것 요한이 이 복음서를 쓴 목적은 그가 서문을 통해 예수님의 놀라운 정체성을 보여준 것(1:1-18)을 시작으로, 사람들이 예수님의 유일무이한 정체성을 증언한 것을 보도하고, 복음서의 첫머리에서 예수님을 메시아로 소개하며(1:41), 복음서의 끝부분에서 예수님을 하나님이라고 한 도마의 고백을 소개한 것(20:28)에 이르기까지 이 복음서 전체에 분명하게 드러나 있다. 또한 요한은 예수님을 표적들을 행하시고, 생명은 오직 그분을 믿는 데서 온다고 단언하시는 분으로 묘사한다. 그런 후에 30-31절에서 자신이 이 복음서 전체를 통해 의도한 바가 무엇인지 분명하게 요약해서 제시한다.

30절에서 요한은 예수님이 다른 많은 표적들을 행하셨다고 밝힌다. 요한이 이 복음서에서 예수님이 능력으로 행하신 역사로 소개한 많은 일들은 성경을 성취한 역사들이었다. 따라서 요한은 예수님이 행하신 수많은 역사들 중에서 그분이 구약이 기다려온 메시아임을 가장 잘 보여주는 표적들을 골라서 복음서에 기록한 것으로 보인다. "예수께서 제자들 앞에서 이 책에 기록되지 아니한 다른 표적도 많이 행하셨[다]"는 표현은 다른 복음서들에 나오는 기사들뿐 아니라 제자들이 구술한 다른 증언들도 종합해서 말한 것이다.

요한은 자기가 쓴 복음서가 예수님이 무엇을 행하셨는지를 보여주는 유일한 글이라고 주장하지 않는다. 우리는 요한의 글이 다른 제자들이 쓴 글과 차이가 있다고 생각해서도 안 된다. 31절에서 밝힌 대로 요한은 어떤 목적이 있어서 이 복음서를 썼다. 그래서 그는 예수님이 행하신 수많은 표적들 중에서 예수님이 메시아, 즉 다윗 가문의 기름부음 받은 왕이고, 사무엘하 7:14에 약속된 하나님의 아들이라는 것을 사람들이 믿게 하는 데 가장 적합한 것들을 선택해서 그 목적에 가장 적합한 방식으로 복음서에 배열했다.

응답

예수님이 하나님의 아들 메시아이심을 믿는다는 것은 메시아가 세상에 필요했기 때문에 하나님이 메시아를 보내기로 약속하셨음을 믿는다는 것이고, 그러므로 세상에 관한 그러한 이해를 받아들인다는 것을 의미한다. 이는 세상이 인간의 죄 때문에 망가졌다는 것을 인정하고, 하나님은 선하시고 세상을 사랑하셔서 망가진 세상을 고쳐주고자 하신다는 것을 인정해야 한다는 뜻이기도 하다. 하나님이 세상의 상처를 싸매기 위해 선택하신 방법은 여자의 후손, 아브라함의 자손, 유다의 자손, 다윗의 자손인 분을 이 땅에 보내기로 약속하시고, 실제로 보내주신 것이다.

예수님은 하나님이 약속하신 바로 그분이고, 그것을 믿는 자들은 그분의 죽으심과 부활로 말미암아 그분의 이름으로 영생을 얻게 된다고 요한은 말한다. "믿음으로 말미암아 은혜로 주어지는 구원"이라는 표현을 사용하지는 않지만 그가 가르치고 있는 내용이 바로 그것이다. 하나님이 은혜를 베풀어 예수님을 이 땅에 보내주신 것은 세상을 사랑하시기 때문이다(요 3:16).

예수님은 자신이 하나님이 보내신 자라는 것을 믿으라고 하셨고(6:29), 그렇게 하는 자들에게 영생을 주겠다고 하셨으며(5:24), 자신이 들리고 나서야 사람들이 자신이 누구인지를 알게 될 것이라고 말씀하셨다(8:28).

하나님이 자기 백성을 얼마나 사랑하시는지를 아는가? 하나님은 우리를 지극히 사랑하시기 때문에 우리로 하여금 예수님이 그리스도이심을 믿게 하기 위해 성령을 보내어 예수님이 사랑하신 사도 요한에게 영감을 주고 이 복음서를 쓰게 하셨다. 이 복음서는 자기 아들을 이 땅에 보내신 하나님의 사랑을 생생하게 보여준다! 우리는 믿는가? 예수님이 하나님의 아들 메시아이심을 믿는다면, 우리는 다음과 같은 사실도 믿어야 한다. 즉 하나님이 세상을 선하게 지으셨다는 것, 인간의 죄 때문에 죄와 죽음이 세상에 있게 되었다는 것, 하나님이 자신의 정의를 세우기 위해 예수님을 보내어 십자가 위에서 죽게 하셨다는 것, 예수님의 부활하심으로 장차 모든 사람이 몸으로 부활하여 믿지 않는 악인들은 영벌을 받고 믿음으로 의롭게 된 자들은 영생을 받게 되고 피조 세계도 새로워져서 의인들은 새 하늘과 새 땅에서 살아가게 되리라는 것이다.

예수님이 도마의 의심에 어떻게 반응하셨는지 생각해 보라. 우리가 의심한다고 해서 예수님이 못마땅해 하실 것이라고 생각하는가? 우리가 회의적인 생각을 갖고 있다고 예수님이 우리를 이상하게 여기실 것 같은가? 우리가 정직한 모습을 보인다면 예수님은 우리를 인자하게 대해 주실 것이다. 우리가 품고 있는 어떤 질문에도 온유하게 대답해 주실 것이다. 예수님이 하신 말씀을 듣고서 마음속에 어떤 의문이 생겨났다면, 우리는 그 의문을 예수님에게 안심하고 가져갈 수 있다. 예수님은 우리의 모든 질문과 의문에 기꺼이 대답해 주실 것이다.

예수님을 믿는다는 것은 어떤 단편적인 사실을 받아들이는 것이 아니다. 예수님을 믿는 믿음은 요한(그리고 마태, 마가, 누가, 바울, 야고보, 베드로, 유다)의 증언을 그대로 다 믿을 때 생겨난다. 그러한 증언을 받아들인다는 것은 성경이 이 세계에 관한 참된 이야기를 우리에게 들려주고 있음을 믿는 것이다.

1 그 후에 예수께서 디베랴 호수에서 또 제자들에게 자기를 나타내셨
으니 나타내신 일은 이러하니라 2 시몬 베드로와 디두모라 하는 도마
와 갈릴리 가나 사람 나다나엘과 세베대의 아들들과 또 다른 제자 둘
이 함께 있더니 3 시몬 베드로가 나는 물고기 잡으러 가노라 하니 그
들이 우리도 함께 가겠다 하고 나가서 배에 올랐으나 그날 밤에 아무
것도 잡지 못하였더니

1 After this Jesus revealed himself again to the disciples by the Sea of
Tiberias, and he revealed himself in this way. 2 Simon Peter, Thomas
(called the Twin), Nathanael of Cana in Galilee, the sons of Zebedee,
and two others of his disciples were together. 3 Simon Peter said to
them, "I am going fishing." They said to him, "We will go with you."
They went out and got into the boat, but that night they caught nothing.

4 날이 새어갈 때에 예수께서 바닷가에 서셨으나 제자들이 예수이신
줄 알지 못하는지라 5 예수께서 이르시되 얘들아 너희에게 고기가 있
느냐 대답하되 없나이다 6 이르시되 그물을 배 오른편에 던지라 그리

하면 잡으리라 하시니 이에 던졌더니 물고기가 많아 그물을 들 수 없
더라 7 예수께서 사랑하시는 그 제자가 베드로에게 이르되 주님이시
라 하니 시몬 베드로가 벗고 있다가 주님이라 하는 말을 듣고 겉옷을
두른 후에 바다로 뛰어 내리더라 8 다른 제자들은 육지에서 거리가 불
과 한 오십 칸[1]쯤 되므로 작은 배를 타고 물고기 든 그물을 끌고 와서
4 Just as day was breaking, Jesus stood on the shore; yet the disciples
did not know that it was Jesus. 5 Jesus said to them, "Children, do you
have any fish?" They answered him, "No." 6 He said to them, "Cast
the net on the right side of the boat, and you will find some." So they
cast it, and now they were not able to haul it in, because of the quantity
of fish. 7 That disciple whom Jesus loved therefore said to Peter, "It is
the Lord!" When Simon Peter heard that it was the Lord, he put on his
outer garment, for he was stripped for work, and threw himself into the
sea. 8 The other disciples came in the boat, dragging the net full of fish,
for they were not far from the land, but about a hundred yards off.

9 육지에 올라보니 숯불이 있는데 그 위에 생선이 놓였고 떡도 있더
라 10 예수께서 이르시되 지금 잡은 생선을 좀 가져오라 하시니 11 시
몬 베드로가 올라가서 그물을 육지에 끌어 올리니 가득히 찬 큰 물고
기가 백쉰세 마리라 이같이 많으나 그물이 찢어지지 아니하였더라
12 예수께서 이르시되 와서 조반을 먹으라 하시니 제자들이 주님이신
줄 아는 고로 당신이 누구냐 감히 묻는 자가 없더라 13 예수께서 가셔
서 떡을 가져다가 그들에게 주시고 생선도 그와 같이 하시니라 14 이
것은 예수께서 죽은 자 가운데서 살아나신 후에 세 번째로 제자들에
게 나타나신 것이라
9 When they got out on land, they saw a charcoal fire in place, with fish
laid out on it, and bread. 10 Jesus said to them, "Bring some of the fish

that you have just caught." 11 So Simon Peter went aboard and hauled
the net ashore, full of large fish, 153 of them. And although there were
so many, the net was not torn. 12 Jesus said to them, "Come and have
breakfast." Now none of the disciples dared ask him, "Who are you?"
They knew it was the Lord. 13 Jesus came and took the bread and gave
it to them, and so with the fish. 14 This was now the third time that Jesus
was revealed to the disciples after he was raised from the dead.

15 그들이 조반 먹은 후에 예수께서 시몬 베드로에게 이르시되 요한
의 아들 시몬아 네가 이 사람들보다 나를 더 사랑하느냐 하시니 이르
되 주님 그러하나이다 내가 주님을 사랑하는 줄 주님께서 아시나이다
이르시되 내 어린양을 먹이라 하시고 16 또 두 번째 이르시되 요한의
아들 시몬아 네가 나를 사랑하느냐 하시니 이르되 주님 그러하나이다
내가 주님을 사랑하는 줄 주님께서 아시나이다 이르시되 내 양을 치
라 하시고 17 세 번째 이르시되 요한의 아들 시몬아 네가 나를 사랑하
느냐 하시니 주께서 세 번째 네가 나를 사랑하느냐 하시므로 베드로
가 근심하여 이르되 주님 모든 것을 아시오매 내가 주님을 사랑하는
줄을 주님께서 아시나이다 예수께서 이르시되 내 양을 먹이라 18 내가
진실로 진실로 네게 이르노니 네가 젊어서는 스스로 띠 띠고 원하는
곳으로 다녔거니와 늙어서는 네 팔을 벌리리니 남이 네게 띠 띠우고
원하지 아니하는 곳으로 데려가리라 19 이 말씀을 하심은 베드로가 어
떠한 죽음으로 하나님께 영광을 돌릴 것을 가리키심이러라 이 말씀을
하시고 베드로에게 이르시되 나를 따르라 하시니

15 When they had finished breakfast, Jesus said to Simon Peter, "Simon,
son of John, do you love me more than these?" He said to him, "Yes,
Lord; you know that I love you." He said to him, "Feed my lambs."
16 He said to him a second time, "Simon, son of John, do you love

21장

me?" He said to him, "Yes, Lord; you know that I love you." He said
to him, "Tend my sheep." 17 He said to him the third time, "Simon, son
of John, do you love me?" Peter was grieved because he said to him
the third time, "Do you love me?" and he said to him, "Lord, you know
everything; you know that I love you." Jesus said to him, "Feed my
sheep. 18 Truly, truly, I say to you, when you were young, you used to
dress yourself and walk wherever you wanted, but when you are old,
you will stretch out your hands, and another will dress you and carry
you where you do not want to go." 19 (This he said to show by what
kind of death he was to glorify God.) And after saying this he said to
him, "Follow me."

20 베드로가 돌이켜 예수께서 사랑하시는 그 제자가 따르는 것을 보
니 그는 만찬석에서 예수의 품에 의지하여 주님 주님을 파는 자가 누
구오니이까 묻던 자더라 21 이에 베드로가 그를 보고 예수께 여짜오되
주님 이 사람은 어떻게 되겠사옵나이까 22 예수께서 이르시되 내가 올
때까지 그를 머물게 하고자 할지라도 네게 무슨 상관이냐 너는 나를
따르라 하시더라 23 이 말씀이 형제들[2]에게 나가서 그 제자는 죽지 아
니하겠다 하였으나 예수의 말씀은 그가 죽지 않겠다 하신 것이 아니
라 내가 올 때까지 그를 머물게 하고자 할지라도 네게 무슨 상관이냐
하신 것이러라

20 Peter turned and saw the disciple whom Jesus loved following them,
the one who also had leaned back against him during the supper and
had said, "Lord, who is it that is going to betray you?" 21 When Peter
saw him, he said to Jesus, "Lord, what about this man?" 22 Jesus said to
him, "If it is my will that he remain until I come, what is that to you?
You follow me!" 23 So the saying spread abroad among the brothers

that this disciple was not to die; yet Jesus did not say to him that he was not to die, but, "If it is my will that he remain until I come, what is that to you?"

24 이 일들을 증언하고 이 일들을 기록한 제자가 이 사람이라 우리는 그의 증언이 참된 줄 아노라
24 This is the disciple who is bearing witness about these things, and who has written these things, and we know that his testimony is true.

25 예수께서 행하신 일이 이 외에도 많으니 만일 낱낱이 기록된다면 이 세상이라도 이 기록된 책을 두기에 부족할 줄 아노라
25 Now there are also many other things that Jesus did. Were every one of them to be written, I suppose that the world itself could not contain the books that would be written.

1 헬라어 본문에는 "200규빗". 1규빗은 대략 45센티미터다.
2 또는 "형제 자매들"

단락 개관

해변에서의 아침 식사

요한복음 21장의 의미를 제대로 이해하려면, 이때 제자들이 어떤 처지에 있었는지 생각해 보아야 한다. 그동안 예수님의 제자들은 메시아적인 인물의 열정에 고취되어 몇 년의 세월을 지내왔다. 그분은 가르침과 치유 사역으로 이 땅을 가득 채웠고 큰 명성을 얻으셨다. 제자들은 그분의 사랑을

보았고 약속을 들었으며 모든 것을 버리고 그분을 따랐다. 예수님은 그들을 실망시킨 적이 없으셨다.

그런 후에 그분은 배신을 당하여 십자가에 못 박혀 죽으셨다. 그러나 정말 놀랍게도 죽은 자 가운데서 살아나 다시 돌아오셨다. 당연히 예수님이 살아 계시다는 사실에 제자들은 큰 힘을 얻었다. 하지만 그분이 하신 두 가지 말씀에 그들은 크게 놀랐다. 예수님은 부활 후 그들에게 나타나 아버지께서 자신을 보내신 것처럼 자신도 그들을 보낸다고 말씀하셨다(20:21). 또한 전에도 말씀하셨듯이 이제도 계속해서 자신은 그들 곁에 머물러 있을 수 없고, 곧 아버지께로 올라가야 한다고 말씀하셨다(20:17).

나사렛 예수의 최측근이었던 이 가난한 갈릴리 어부들이 어떤 곤경에 처했는지 생각해 보라. 그들은 모든 민족을 제자 삼는 사역을 하라는 명령을 받았지만, 예수님은 머지않아 떠나실 것이다. 그들이 그 일을 할 수 있으려면 예수님이 이제 그들에게 해 주셔야 할 것은 무엇인가? 21장에서 예수님은 그들에게 지금 절실하게 필요한 것을 주신다. 예수님이 몸으로는 그들과 함께하지 못할지라도 그들이 어디에 있는지를 알고 계신다는 확신이 제자들에게 필요했다. 또 그들은 예수님이 그들에게 필요한 것을 공급해 주시고, 앞으로도 부활하신 그대로 계속해서 살아계시며, 베드로가 예수님을 부인했다고 할지라도 사도의 자격을 잃은 것은 아니라는 확신이 필요했다. 그들이 가야 할 길을 예수님이 알고 주관하신다는 것과 그들이 계속해서 그분을 따라야 한다는 확신이 필요했다.

단락 개요

VIII. 해변에서의 아침 식사(21:1-25)

A. 153마리의 물고기(21:1-14)

B. 베드로의 회복(21:15-19)

C. 사랑하시는 제자(21:20-25)

주석

21:1-14 | 153마리의 물고기 1절에서 예수님은 부활 후에 또다시 제자들에게 나타나셨다. 이 일련의 일들에서 예수님은 모든 상황을 알고 완벽하게 주관하신다. 요한은 부활 후 시간이 얼마나 흘렀는지 말해 주지 않지만, 제자들이 예루살렘을 떠나서 갈릴리로 돌아와 있었다는 것은 분명하다. 그 후에 그들은 다시 예루살렘으로 돌아왔을 것임에 틀림없다. 사도행전 1:4은 성령이 그들에게 임하여 권능을 받게 될 때까지 예루살렘에서 기다리라고 예수님이 말씀하셨다는 것을 보여준다.

21장

요한복음 21:2을 보면, 제자들 중에서 일곱 명이 함께 있었다. 베드로의 이름이 가장 먼저 언급되고, 그가 21장에서 주도적인 역할을 한다. 이것은 그가 복음서의 다른 곳들에서 다른 제자들을 이끄는 역할을 한 것과 일치한다. 20:19-23에서 예수님이 부활 후 처음으로 제자들에게 나타나셨을 때 그 자리에 없었다가 24-29절에서 다시 나타나신 예수님을 보고 그분의 부활을 믿게 된 도마도 거기에 있었고, 나다나엘도 있었다. 요한복음에서 처음으로 그들의 아버지 이름으로 언급된 세베대의 아들들도 거기에 있었고, 익명의 두 제자도 있었다.

요한이 여기에서 제공하는 정보만 보면, 베드로를 비롯해 제자들이 물고기를 잡으러 간 것이 잘못된 일이라고 비판할 수는 없다(21:3). 이 본문에는 베드로를 비롯해 제자들이 예수님이 그들에게 주신 일을 내팽개치고 물고기나 잡으러 다녔다고 볼 만한 근거가 전혀 나오지 않는다. 이 본문에서 예수님과 제자들이 무슨 말을 주고받았고 어떤 일을 했는지 끝까지 읽어보지 않았기 때문에(참고. 20:30), 우리는 그들이 물고기를 잡으러 간 것이 믿음을 잃었거나 소명을 게을리했다고 단정할 입장이 아니다. 그들은 예수님이 보내주신 성령으로 말미암아 권능을 받게 될 날을 기다리면서, 그들에게 새로운 일이 주어진 것이 분명해질 때까지 자신과 가족의 생계를 위해 물고기를 잡으러 갔다.

요한은 자신의 청중 중에서 누가복음 5:1-11에 언급된 비슷한 사건을 알고 있는 사람들이 이 두 사건을 자연스럽게 서로 비교해 보지 않을 수 없도록 이 장에 나오는 사건을 묘사한다. 누가복음 5:5에서 그랬듯이 요한복음 21:3에서도 제자들은 밤새도록 물고기를 한 마리도 잡지 못한다. 예수님이 이제 막 동이 트는 새벽에 나타나셨다는 사실(4절)은 제자들이 그들 앞에 서 있는 분이 예수님이신지 잘 알아보지 못한 이유를 적어도 부분적으로는 설명해준다(참고. 7, 12절). 8절은 제자들이 해변에서 대략 90미터 정도 떨어져 있었다고 말한다. 새벽이어서 어스름한 데다가 거리도 가깝지 않았기 때문에 제자들은 해변에 계신 분이 예수님이라는 것을 알지 못했다(4절). 5절에서 예수님은 그들에게 물고기를 잡았느냐고 물으셨고, 그들은 한 마리도 잡지 못했다고 대답한다. 누가복음 5:4에서 그랬듯이 요한복음 21:6에서도 예수님은 그물을 다시 내리면 물고기를 잡게 될 것이라고 말씀하신다. 누가복음 5:5-6에서 베드로가 그물을 내려서 그물이 찢어지려고 할 정도로 물고기를 많이 잡았듯이, 요한복음 21:6에서도 제자들이 그물을 다시 던졌을 때 그물을 배로 끌어올릴 수 없을 정도로 많은 물고기를 잡았다.

누가복음 5:1-11에 언급된 사건과 병행되는 여러 가지 일들 덕분에 요한복음 21:7에서 요한은 그분이 예수님이심을 알아볼 수 있었다. 요한은 즉시 베드로에게 그분이 주님이심을 알렸고, 베드로는 겉옷을 두르고 나서 물속으로 뛰어들어 해변을 향해 헤엄쳐 갔다. 다른 제자들은 작은 배를 타고서 그물을 해변으로 끌고 왔다(8절).

이 이야기는 부활의 능력을 덧입으신 예수님을 보여준다. 예수님은 물고기가 어디에 있는지를 아시고, 그 물고기를 잡으려면 제자들이 어떻게 해야 하는지를 아신다. 예수님은 제자들에게 말씀으로 명령하시고, 그들은 순종하며, 그물은 물고기로 가득 찬다. 해변에 도착한 제자들은 예수님이 그들을 위해 조반을 준비해 놓으신 것을 본다. 예수님이 피워놓으신 숯불(9절)은 요한복음에서 숯불이 등장하는 또 다른 장면, 즉 베드로가 예수님을 부인했던 장면(18:18)을 상기시킨다. 제자들을 위해 생선과 떡을 준비해 놓으신 예수님은 그들에게 방금 잡은 물고기 몇 마리를 가져오라고 말씀하신다(21:10).

베드로는 예수님이 해변에 계시다는 것을 알았을 때 그 즉시 물 속으로 뛰어든 것처럼 그들이 방금 잡은 물고기 몇 마리를 가져오라고 예수님이 말씀하시자마자 물고기가 가득한 그물을 해변으로 끌어올린다. 그들은 물고기가 몇 마리인지 세어보았고, 요한은 153마리였다고 분명하게 밝힌다. 이 숫자와 관련해서 여러 가지 설명이 있지만, 가장 분명하고 믿을 수 있는 설명은 요한은 단지 역사적으로 정확한 사실을 제시한다는 것이다.

누가복음 5:6에서는 잡은 물고기가 너무 많아서 그물이 찢어졌지만, 이번에는 그물이 찢어지지는 않았다(요 21:11). 12절에서 예수님은 제자들에게 와서 조반을 먹으라고 하셨고, 요한은 제자들이 아직도 그분이 과연 예수님이 맞는지를 확신하지 못해 긴가민가했다고 말한다. 그들은 그분이 주님이신 것을 알았지만 그 사실을 재확인하고 싶었던 것이다. 하지만 감히 예수님에게 묻지는 못한 것 같다. 새벽의 어스름 때문에 제자들은 그분이 주님이심을 한 점의 의심 없이 확신하지 못했을 수 있다. 예수님이 과연 부활하신 것이 맞는지 여전히 의문이 남아 있었는지도 모른다. 13절에서 예수님은 떡과 생선을 제자들에게 나누어 주시고, 요한은 예수님이 죽은 자 가운데서 부활하신 후에 요한복음 20장에서 문을 닫아걸고 모여 있던 제자들에게 두 번 나타나시고 나서(19-23, 24-29절), 이번이 세 번째로 나타나신 것이라고 설명한다.

모든 것이 두세 증인에 의해 확증되어야 하기 때문에(참고. 고후 13:1-2), 요한복음에서 예수님이 부활 후에 세 번 나타나신 것은 그분이 진정 육체로 부활하여 살아 계신다는 것을 증명한다. 요한복음 20:27에서 도마가 예수님의 몸을 물리적으로 만질 수 있었다는 것을 보여주듯이, 21:12에서는 예수님이 물리적으로 아침 식사를 하셨다는 것을 보여준다(참고. 15절; 눅 24:41-43).

21:15-19 | 베드로의 회복 누가복음 5:6-7에서 엄청나게 많은 물고기를 잡은 후에, 베드로는 예수님의 발 앞에 엎드려서 "주여 나를 떠나소서 나는 죄인이로소이다"(5:8)라고 말했고, 예수님은 "무서워하지 말라 이제 후로는 네가 사람을 취하리라"(5:10)고 대답하셨다. 그런 후에 누가는 그들(베드로와 그의 동업자였던 세베대의 아들들, 5:10)이 해변에 도착했을 때 "모든 것을 버려두고 예수를 따[랐다]"(5:11)고 말한다. 요한복음 21장에서 벌어진 일련의 과정도 그때와 비슷비슷하다. 제자들이 많은 물고기를 잡은 후, 예수님과 베드로 사이에 대화가 이어지고, 요한이 등장하고 나서 예수님이 베드로에게 자기를 따르라고 부르시는 것으로 이 사건은 끝난다.

이번에 숯불 앞에서(요 21:9) 예수님은 전에 숯불 앞에서 일어났던 일(18:18)을 역전시키려고 하신다. 거기에서 베드로는 예수님을 세 번 부인했는데(18:17, 25, 27), 여기에서 예수님은 베드로로 하여금 그분을 사랑한다고 세 번 고백하게 하신다. 예수님의 첫 번째 질문은 얼핏 보면 이상하다. 예수님은 베드로에게 다른 제자들이 그분을 사랑하는 것보다 더 그분을 사랑하느냐고 물으신다(21:15). 그 사랑이 어떻게 표현되는지 방식을 알지 못한다면, 그런 비교는 뜬금없어 보인다. 예수님이 이렇게 물으신 것은 베드로가 다른 사람들보다 예수님을 더 사랑한다는 것을 자랑할 기회를 주기 위해서가 아니었다. 다만 예수님에 대한 베드로의 넘치는 사랑을 고백할 기회를 주신 것이다. 그런 다음 예수님은 베드로에게 그 사랑을 어떻게 표현해야 하는지 말씀해 주신다. "내 어린양을 먹이라." 베드로가 고백한 대로 예수님을 지극히 사랑한다면, 그 사랑은 그분의 어린양들을 먹이는 일로 표현될 것이다.

그런 후에 예수님은 베드로에게 그분을 사랑하느냐고 또다시 물으신다. 베드로가 그렇다고 대답하고 그런 줄 주님이 아신다고 말하자, "내 양을 치라"(16절)고 그에게 말씀하신다. 예수님이 세 번째로 동일한 질문을 하자 베드로는 근심하면서 예수님은 모든 것을 아시는 분이므로 그가 예수님을 사랑하는 것도 당연히 알고 계신다고 고백한다. 그러자 예수님은 앞서 두 번의 대답에서 사용하신 표현들을 한데 섞어서, "내 양을 먹이라"(17절)고 말씀하신다.

예수님에게 속한 "어린양들"과 "양들"이란 주 예수께서 자기에게로 부르실 사람들을 가리킨다(참고. 10:3, 11, 16). 예수님이 베드로에게 명하신 "먹이는 것"과 "치는 것"은 목회 사역, 즉 성경을 가르치고 양 무리를 인도하며 병든 자나 상처 난 자들을 돌보는 사역을 가리킨다. 베드로가 베드로전서 5:1-4에서 쓴 내용은 그가 목회자의 의무들을 기쁜 마음으로 받아들이고 수행했다는 것을 보여준다.

어떤 사람들은 예수님이 처음 두 질문에서 "네가 나를 사랑하느냐"고 물으실 때에는 동사 아가파오(*agapaō*)를 사용하셨고, 베드로는 동사 필레오(*phileō*)를 사용해서 예수님을 사랑한다고 대답한 반면에, 세 번째 질문에서는 예수님이 동사 '필레오'를 사용하셨고, 베드로는 또다시 동사 '필레오'를 사용해서 대답했다는 사실에 주목한다. 하지만 이 두 동사는 동의어로서 서로 바꿔서 사용해도 의미 차이는 없다고 보아야 한다. 요한은 흔히 동의어를 사용하여 표현에 다양성을 부여한다. 그래서 아버지께서 아들을 사랑하신다고 말할 때 이 두 동사를 모두 사용하고(예컨대, 요 3:35; 5:20), 예수님이 사랑하시는 제자에게 갖고 계신 사랑을 묘사할 때도 이 동사를 모두 사용한다(예컨대, 20:2; 21:7). 아가파오는 하나님의 특별한 사랑을 표현하는 데 사용된다는 주장은 터무니없다. 헬라어 구약성경에서 다말에 대한 암논의 추악한 사랑을 묘사할 때 '아가파오'가 사용되는 것이 그 반증이다(삼하 13:1, 4, 15).

베드로는 전에 예수님을 세 번 부인했는데, 이제 예수님은 베드로에게 예수님을 사랑한다고 세 번 고백할 수 있는 기회를 주신다. 예수님이 세 번째로 동일한 질문을 하셨을 때 베드로가 근심했다는 것(요 21:17)은 그가 못마땅해했다는 뜻이 아니다. 베드로는 예수님을 사랑한다고 세 번에 걸쳐 고백하는 기회를 가짐으로써, 전에 그가 예수님을 세 번에 걸쳐 부인하여 얻게 된 해악을 중화시킬 수 있었다.

예수님은 베드로에게 예수님 대한 그의 사랑이 그분에게 속한 사람들에 대한 사랑으로 표현되어야 한다는 점을 분명히 하신다. 또한 예수님은 베드로가 그분을 사랑하기 때문에 결국 그분을 위해 목숨을 버리게 될 것이라고 말씀해 주신다(18-19절). 예수님은 베드로가 해야 할 일은 하나님의 백성을 섬기는 데 자신의 모든 것을 바치신 예수님의 본을 따르는 것이라고 말씀하시고, 하나님의 양 무리를 돌보는 목자로서 헌신하는 그의 삶이 결국 순교로 완성될 것이라고 설명하신 후, "나를 따르라"(19절)고 말씀하신다. 예수님에게 직접 들은 이 말씀을 베드로는 분명 마음에 깊이 새겼을 것이다. 그러기에 그는 베드로전서 2:20-21의 말씀을 썼을 것이다.

21:20-25 | 사랑하시는 제자 예수님과 베드로가 아침식사를 끝낸 후에(15절) 함께 걷는 동안, 예수님이 베드로에게 그분을 사랑한다고 세 번 고백할 수 있는 기회를 주신 것이 이 시점에 와서야 분명해진다. 20절에서 베드로가 뒤를 돌아보고 사랑하시는 제자가 그들을 따르고 있는 것을 발견했을 때, 예수님과 베드로가 함께 걷고 있었다는 사실이 밝혀진다. 그 자리에 사랑하시는 제자가 있었다고 해서 예수님과 베드로의 친밀한 시간이 방해받지는 않았다. 예수님과 베드로는 그 사랑하시는 제자와 아주 가깝고 친해서, 그런 시간에 함께 있는 것을 전혀 개의치 않았기 때문이다. 앞서 20절에서는 베드로가 최후의 만찬에서 그 사랑하시는 제자에게 은밀하게 신호해서 누가 배신자인지 예수님에게 물어보게 했고(참고. "머릿짓을 하여," 13:24), 그 사랑하시는 제자가 예수님과 가까웠다는 점을 상기시키며 그들의 친밀한 관계를 보여준다.

사복음서는 이 사랑하시는 제자에 대한 묘사에 부합하는 유일한 후보가 세베대의 아들 요한임을 보여준다. 복음서들 전반에 걸쳐서 베드로와 야고보와 요한은 서로 친하고 예수님과도 친한 모습으로 나온다(이 세 명은 변화산에서도 예수님과 함께 있었고, 예수님이 배신당하시던 그 밤에 따로 물러가 기도하실 때에도 함께 있었다). 특히 요한복음에서는 베드로와 요한이 서로 친했고 예수님과도 친했다는 것을 보여준다.

예수님은 방금 21:18에서 베드로가 앞으로 어떻게 될 것인지 예언하셨고, 베드로와 요한이 아주 친했음을 고려해 볼 때, 요한이 앞으로 어떻게 될지 베드로가 궁금해한 것은 전혀 이상하지 않다(21절). 예수님은 베드로에게 요한의 미래는 그가 상관할 일이 아니고, 그는 오직 예수님을 따르는 일에만 전념하면 된다고 말씀하신다(22절). 예수님은 이 세상을 주관하시는 그분의 절대적인 주권을 단언하는 방식으로 그렇게 말씀하신다. "내가 올 때까지 그를 머물게 하고자 할지라도"(22절). 이 말씀은 베드로와 요한에게 일어나는 모든 일은 예수님이 그들을 위해 의도하신 일들이라는 것을 의미한다. 예수님은 베드로에게 자신이 모든 일을 주관하고 있으므로 베드로가 요한의 미래를 걱정할 필요가 없다고 말씀하신 것이다. 따라서 베드로는 모든 염려와 걱정에서 해방되어, 오로지 예수님을 따르는 일에만 전념할 수 있다.

요한은 23-24절에서 예수님이 요한에 대해 말씀하신 것과 관련해서 사람들 사이에 오해가 생겼다며, 예수님은 요한이 죽지 않을 것이라고 말씀하신 것이 아니라고 해명한다. 베드로는 순교를 당한 반면에 요한은 오래 살면서 요한복음과 세 편의 서신과 계시록을 쓰는 등 많은 일을 했다. 하지만 그런 일은 중요하지 않다. 이 두 사람에게는 그리스도가 생의 전부이기 때문에 죽는 것도 유익했다는 사실이 중요하며(참고. 빌 1:21), 그것이 두 사람의 삶을 의미 있게 만들어주었다.

요한복음 21:24에 일인칭 복수형 "우리"가 사용되었다고 해서, 이 글을 쓴 사람이 요한이 아닌 다른 사람들이었을 것이라고 보는 것은 옳지 않다. 예컨대, 요한은 이곳에서 그러하듯이 요한삼서 1:12에서도 일인칭 복수형을 사용해서 "우리도 증언하노니 너는 우리의 증언이 참된 줄을 아느니라"고 썼다. 즉 요한복음 21:24은 요한이 자기 자신을 종종 "우리"로 지칭했음을 보여준다. 이것은 "사랑하시는 제자"가 이 복음서에 나오는 일들을 기록하고 증언한 제자라는 사실을 보여준다. 이렇게 "사랑하시는 제자"가 이 일들을 증언하고 기록했다는 단언은 요한이 이 복음서의 저자임을 선언하고, 이 복음서의 저작과 관련된 그 밖의 다른 이론들을 원천적으로 차단한다. 요한은 자신이 이 복음서를 썼고, 자신이 목격한 일들을 글로 증언했다고 말한다.

또한 요한은 자신의 증언이 참되다고 말한다. 이렇게 말하는 것은 청중으로 하여금 그의 증언이 참되다는 것을 인정하게 하기 위해서다. 요한이 쓴 것을 거부하는 것은 목격자인 그의 증언을 거부하는 것이다. 요한이 쓴 것을 거부하는 것은 그를 거짓말쟁이라고 선언하는 것이다. 반면에 요한이 쓴 것을 받아들이는 것은 믿는 것이고, 믿는 자는 예수님의 이름을 힘입어 생명을 얻게 된다(20:31).

요한은 아름다운 말씀으로 그의 복음서를 끝마친다. 21:25에서 요한은 예수님이 행하신 모든 일을 다 기록하는 것은 자기 능력을 벗어난 일이고, 설령 그렇게 기록했다고 할지라도 그 모든 일들을 담은 책들은 너무나 방대해서 이 세상에 둘 수 없을 것이라고 말한다. 여기에서 요한은 예수님이 행하신 일들은 그 범위와 의미에서 무한하다고 단언한다. 세상은 아주 크고, 세상 전체의 크기에 비하면 요한복음은 아주 작다. 그러나 예수님이 행하신 일은 너무나 깊고 한이 없다!

응답

요한복음은 별 볼 일 없는 동네 출신의 한 사람 이야기에서 시작하여, 그 분이 하신 일들은 너무나 많고 엄청나 그 일들을 다 기록한 책은 이 세상에 둘 수 없을 정도로 방대하다는 말로 끝난다. 요한은 예수님이 메시아,

하나님의 어린양, 랍비, 모세와 선지자들이 기록한 분, 하나님의 아들, 이스라엘의 왕이시라는 것을 보여준다. 예수님은 무너졌다가 사흘 만에 다시 지어진 성전이시다. 예수님은 신랑, 야곱보다 더 크신 이, 모세 같은 선지자, 세상의 구주시다. 예수님은 아버지 하나님에게 보내심을 받은 분, 심판주, 생명을 주시는 분, 생명의 떡, 생수를 주시는 분, 세상의 빛, 스스로 있는 자, 맹인의 눈을 뜨게 해 주신 분, 선한 목자, 양의 문, 부활과 생명이시다.

요한은 예수님을 성전의 성취, 유월절 어린양의 성취이신 하나님의 어린양, 하늘에서 주어진 만나의 성취이신 생명의 떡, 광야 반석의 성취로서 성령을 주신 분으로 소개한다. 예수님은 죄인의 친구, 영혼의 피난처, 우리를 대신해 죽으심으로 우리의 빚을 갚아주시고 아버지의 진노를 제거하시고 부활하여 우리를 사로잡고 있던 무시무시한 사망을 분쇄해 버리신 분이다.

예수님을 알고 그분의 이름을 믿는 것은 영생을 얻는 것이다. 예수님은 풍성한 생명을 주기 위해 오셨고, 그분을 따른다는 것은 그분이 주시는 풍성한 생명을 누리며 결코 목마르거나 주리지 않는 삶을 살아가는 것이다. 이는 그 영혼이 그분 안에서 만족을 누리기 때문이고, 그들이 서로 사랑하고 용서하면서 초월적으로 하나 되어 합력하여 하나님의 영광을 구하기 때문이다.

성경구절 찾아보기

국제제자훈련원은 건강한 교회를 꿈꾸는 목회의 동반자로서 제자 삼는 사역을 중심으로 성경적 목회 모델을 제시함으로 세계 교회를 섬기는 전문 사역 기관입니다.

ESV 성경 해설 주석

요한복음

초판 1쇄 인쇄 2021년 4월 20일
초판 1쇄 발행 2021년 5월 1일

지은이 제임스 해밀턴
편　집 이언 두기드, 제이 스클라, 제임스 해밀턴
옮긴이 박문재

펴낸이 오정현
펴낸곳 국제제자훈련원
등록번호 제2013-000170호(2013년 9월 25일)
주소 서울시 서초구 효령로68길 98(서초동)
전화 02)3489-4300 **팩스** 02)3489-4329
이메일 dmipress@sarang.org

ISBN 978-89-5731-826-3 94230
978-89-5731-825-6 94230(세트)

※ 책값은 뒤표지에 있습니다. 잘못된 책은 구입하신 곳에서 교환해드립니다.